WERNER TRAXEL

GRUNDLAGEN UND METHODEN DER PSYCHOLOGIE

WERNER TRAXEL

GRUNDLAGEN UND METHODEN DER PSYCHOLOGIE

EINE EINFÜHRUNG IN DIE PSYCHOLOGISCHE FORSCHUNG

2., VÖLLIG NEUBEARBEITETE UND ERWEITERTE AUFLAGE

VERLAG HANS HUBER
BERN STUTTGART WIEN

1. Auflage unter dem Titel *Einführung in die Methodik der Psychologie*, Bern und Stuttgart (Verlag Hans Huber) 1964.

Spanische, vom Verfasser überarbeitete Ausgabe unter dem Titel *La psicología y sus métodos*, Barcelona (Editorial Herder) 1970.

Library of Congress Catalog Card Number: 73-78238
ISBN 3-456-30576-1

BUCHDRUCKEREI GASSMANN AG SOLOTHURN
PRINTED IN SWITZERLAND

RICHARD PAULI
ZUM GEDENKEN

INHALTSÜBERSICHT

«Die Absicht ... geht dahin, eine Seelenforschung herbeyzuführen, welche der Naturforschung gleiche; in so fern dieselbe den völlig regelmässigen Zusammenhang der Erscheinungen überall voraussetzt, und ihm nachspürt durch Sichtung der Thatsachen, durch behutsame Schlüsse, durch gewagte, geprüfte, berichtigte Hypothesen, endlich, wo es irgend seyn kann, durch Erwägung der Grössen und durch Rechnung.»

J. F. Herbart, 1824

VORWORT

Die erste, nun schon seit einiger Zeit vergriffene Auflage dieses Buches hatte das Ziel, «die psychologische Methodik in ihren Grundzügen und ihren inneren Zusammenhängen zu beschreiben». Es war ein erster Versuch dieser Art, zum mindesten in der deutschsprachigen Literatur. Schon damals war ich bestrebt, nicht einfach einzelne Methoden aneinandergereiht darzustellen, sondern – soweit es mir möglich war – die einzelnen methodischen Schritte «systematisch aus ihren Grundlagen zu entwickeln und in ihrer inneren Notwendigkeit aufscheinen zu lassen».

In der vorliegenden Neufassung hat vor allem die Erörterung der allgemeinen Grundlagen der Psychologie noch sehr viel mehr Gewicht erhalten, so daß ihr nun eine gewisse Selbständigkeit zukommt. Ich hielt es für richtig, dies auch im Titel des Buches auszudrücken. Im übrigen ist der Text vollständig revidiert und zum großen Teil auch neu geschrieben worden. Die Veränderungen gegenüber der ersten Auflage erstrecken sich daher über alle Kapitel. Vieles ist hinzugekommen, vieles anders angeordnet, besser formuliert oder durch Beispiele ergänzt, einiges auch kürzer gefaßt worden.

Bei allen Neuerungen hoffe ich aber, den Charakter einer Einführung, die kein spezielles Wissen psychologischer Tatsachen voraussetzt, gewahrt zu haben. Nach wie vor wendet sich das Buch vor allem an Studenten, aber auch an andere Leser, die sich über fundamentale Fragen psychologischer Forschung zu orientieren wünschen.

Im Hinblick auf gute Verständlichkeit und Übersichtlichkeit habe ich mich wiederum sehr um eine klare, präzise und möglichst knappe Darstellungsweise bemüht. Sie bringt es freilich auch mit sich, daß viel von dem, was vorweg gedacht wurde, im Text nicht mehr direkt zum Ausdruck kommt und nur beiläufig oder zwischen den Zeilen angedeutet ist. Bei flüchtiger Lektüre mag dann manches einfacher erscheinen, als es gemeint sein kann. Ich glaube, dem Leser diesen Hinweis zu schulden, damit er sich nicht mit einem nur oberflächlichen Verständnis zufriedengibt.

Ich danke allen, die mir geholfen haben: Frau Diplom-Psychologin Christel Astrid Brucks, den Herren Diplom-Psychologen Wilfried Buchmeier, Siegmund Gehlert, Dieter Heller und Wolfgang Vehrs für Verbesserungsvorschläge, die ich zumeist übernommen habe, Frau Isolde Brückner für eine mustergültige Abschrift meines Manuskripts und für die Anfertigung neuer Abbildungsvorlagen und meiner Tochter für ihre Hilfe beim Korrekturlesen.

Vor allem danke ich meiner Frau für jahrelange Unterstützung meiner Arbeit in allen Stadien der Entstehung des Buches.

Das Buch ist dem Andenken eines Vertreters klassischer europäischer Experimentalpsychologie, meines Münchener Lehrers RICHARD PAULI, gewidmet.

Bayreuth, im Dezember 1973 W. TRAXEL

I. Psychologie als Wissenschaft

1. WISSENSCHAFT UND METHODE

Die Psychologie von heute versteht sich als eine Erfahrungswissenschaft. Diese Feststellung gilt insofern allgemein, als sich sämtliche gegenwärtig bestehenden Richtungen der Psychologie auf die Erfahrung als ihre Grundlage berufen, auch wenn sie im einzelnen die Erfahrungsdaten auf verschiedene Art gewinnen und sie unterschiedlich verarbeiten und beurteilen. Betrachten wir die Psychologie zu Beginn nur in diesem weiten Zusammenhang, so erhalten wir damit schon wesentliche Informationen über ihre Eigenart und ihre Ziele; zudem erkennen wir auch, welche Erwartungen an psychologische Forschung zu richten sind.

Definition einer Wissenschaft. Eine jede Wissenschaft läßt sich definieren als ein System methodisch gewonnener Aussagen über einen bestimmten Gegenstand. Zu einer Wissenschaft gehören also stets: ein Gegenstand, Aussagen über diesen Gegenstand und Methoden, mit denen diese Aussagen gefunden werden. Fehlte es an einem hiervon, so wäre die betreffende Wissenschaft nicht möglich. Der Gegenstand muß sich nach bestimmten Gesichtspunkten innerhalb der Gesamtheit aller möglichen Gebiete abgrenzen lassen; andernfalls ist die betreffende Wissenschaft nicht selbständig, sondern sie gehört ganz oder zum Teil einer anderen an. Die Aussagen, die eine Wissenschaft macht, sind die Resultate ihrer Forschung. Sie sind begrifflich, gegebenenfalls auch mathematisch, formuliert und sollen so aufeinander bezogen und miteinander verbunden sein, daß sie in ihrer Gesamtheit die innere Struktur des Gegenstands abbilden.

Eine Erfahrungswissenschaft oder empirische[1] Wissenschaft ist cha-

[1] *Empirie* (von griechisch ἐμπειρία) bedeutet *Erfahrung,* auch soviel wie *erfahrungswissenschaftliche Forschung.*

Empirismus ist dagegen eine erkenntnistheoretische Richtung, nach der alle Erkenntnis auf Erfahrung zurückgeht, oder auch die Anschauung, daß bestimmte psychische

rakterisiert durch die Art ihres Gegenstands, der ein konkreter, realer ist, und kein abstrakter, ideeller, nur gedachter, sowie durch ihre Verfahrensweise: Sie geht von Daten der Beobachtung aus, vergleicht diese miteinander und zieht daraus Schlüsse.

Am Anfang jeder wissenschaftlichen Arbeit steht ein bestimmtes Problem, eine Frage, die gelöst werden soll. Stellt man aber eine Frage, so rechnet man auch schon mit bestimmten Antworten; andernfalls würde man die Frage gar nicht erst stellen, sondern in einem Zustand absichtsloser Verwunderung verbleiben. Wenn nun zu einer wissenschaftlichen Frage eine bestimmte Antwort als möglich vorweggenommen wird, so nennt man dies eine Hypothese. Die Hypothese ist die formulierte Erwartung über den Ausgang einer erst zu unternehmenden Untersuchung. Deren einzelne Schritte haben sich nach dem Inhalt der Hypothese zu richten. Die Untersuchung selbst ist die Prüfung der Hypothese und soll entweder mit deren Bestätigung oder mit deren Verwerfung und möglichst nicht mit einem ungewissen Ergebnis enden.

Erfahrungswissenschaftliche Erkenntnis. Das Ziel der Forschung ist es, gesichertes Wissen über ihren Gegenstand zu erwerben: Erkenntnisse sollen den festen Bestand einer Wissenschaft ausmachen. Dies bedeutet auch für die Psychologie, daß sie sich mit der Feststellung von Tatsachen zu beschäftigen hat und daß ihre Aussagen kritischer Prüfung standhalten müssen. Psychologie kann also nicht eine Sache persönlicher Meinungen sein, wenn sie als Wissenschaft gelten soll.

Man kann sich allerdings darüber streiten, ob und wieweit wir überhaupt imstande sind, Erkenntnisse zu haben. Dies ist eine philosophische Frage, deren Berechtigung nicht bezweifelt werden muß. Doch ihre Erörterung gehört in das Gebiet der Erkenntnistheorie und ist nicht Sache einer einzelnen Wissenschaft, obwohl auch eine solche einiges dazu beitragen kann. Eine empirische Wissenschaft nimmt als Erkenntnis hin, was sich unter den einmal gegebenen Bedingungen unseres Wahrnehmens und Urteilens als Tatsache nachweisen läßt. Daß damit eine absolute, das heißt auch unabhängig von der Eigenart und den Begrenzungen menschlichen Denkens gültige Wahrheit gefunden sei, wird sie nicht behaupten.

Leistungen (z.B. die Raumwahrnehmung) durch Erfahrung bedingt (nicht angeboren) sind.

Empiriker ist jemand, der empirische Forschung betreibt. *Empirist* ist ein Anhänger des Empirismus.

Wir akzeptieren eine wissenschaftliche Aussage dann als wahr, wenn sie unter gleichen und methodisch einwandfreien Bedingungen reproduzierbar ist, das heißt wenn sie vorhergesagt werden kann, und wenn sie anderen, schon so gut wie nur möglich gesicherten Tatsachen nicht widerspricht. Vorhersagbarkeit und Widerspruchsfreiheit sind somit Kriterien wissenschaftlicher Geltung.

Wir lassen also die philosophische Problematik des Erkenntnisbegriffs beiseite. Aber auch nachdem diese notwendige Einschränkung vollzogen ist, läßt sich nicht behaupten, eine Erfahrungswissenschaft wie die Psychologie habe schließlich nur mit unanfechtbaren Tatsachen zu rechnen, mag dies auch als Ziel vorschweben. Denn nicht alle Hypothesen lassen sich unter den gegebenen Verhältnissen schon bestätigen oder widerlegen. Sie haben trotzdem einen Wert, wenn sie die überhaupt in Betracht kommenden Antwortmöglichkeiten spezifizieren und die völlige Ungewißheit auf ein geringeres Maß reduzieren. Und selbst dann, wenn durch eine Untersuchung eine annehmbare Entscheidung erzielt worden ist, hat dieses Resultat immer noch einen höheren oder einen niedrigeren Grad von Sicherheit.

Sowohl Tatsachen wie auch Annahmen gehören zum Inhalt einer Erfahrungswissenschaft. Manchen Aussagen kann volle Gewißheit zugesprochen werden, andere dagegen erscheinen als reine, wenn auch sinnvoll begründete Vermutungen. Eine scharfe Trennung zwischen diesen beiden Kategorien läßt sich nicht prinzipiell vollziehen. Die Aussagen einer empirischen Wissenschaft lassen sich somit als Wahrscheinlichkeitsurteile verstehen, wobei im günstigsten Fall der höchste Wahrscheinlichkeitsgrad, eben die Gewißheit, praktisch erreicht sein kann, dann nämlich, wenn die Anforderungen der Vorhersagbarkeit und Widerspruchsfreiheit restlos erfüllt sind.

Hypothesen und Theorien. Wie man sieht, sind Hypothesen die Wachstumspunkte der Forschung. Mehr oder weniger hypothetische Aussagen stellen auch häufig die einzigen zeitweilig erhältlichen Antworten auf eine Frage dar. Freilich sind auch sie nicht mit privaten Überzeugungen zu verwechseln, denn sie müssen sich auf schon vorhandenes Wissen stützen können. Daher sind sie in ihrem Spielraum begrenzt und können keineswegs nach Belieben aufgestellt werden. Auch dürfen sie schon bekannten Tatsachen – sofern diese wirklich als völlig sicher gelten können – nicht widersprechen. Dagegen brauchen Hypothesen nicht mit anderen Hypothesen im Einklang zu stehen. Stets muß aber eine wissenschaftliche Hypothese letztlich entscheidbar, das heißt als akzeptabel oder nicht akzeptabel erweisbar sein. Eine Hypothese, die hierzu keinerlei Handhabe erkennen läßt, auch nicht angesichts künftig zu erwartender methodischer Fortschritte, hat in der Wissenschaft keinen Platz. Sie mag allenfalls interessehalber unter der Rubrik «Unlösbare Probleme» registriert werden.

Eine besondere Funktion der Hypothesen sei hier noch angedeutet. Wie gesagt, bildet die Wissenschaft ein System von Aussagen, das heißt, die einzelnen Aussagen werden aufeinander bezogen und miteinander verbunden. Dies geschieht, indem man sich bestimmte Vorstellungen über das Zusammenhängen und Ineinandergreifen verschiedener Sachverhalte macht. Meistens sind dies Vorstellungen hypothetischer Art. Eine solche Hypothese, mit allem, was daraus über die Beziehungen zwischen den Sachverhalten gefolgert wird, ist eine Theorie. Eine Theorie macht nicht nur die Tatsachen verständlich und überschaubar, indem sie diese in größere Zusammenhänge einordnet; es werden durch sie auch wieder neue und speziellere Hypothesen über weitere, noch unbekannte Sachverhalte angeregt. So zieht eine Theorie fast regelmäßig weitere Untersuchungen nach sich und führt nicht selten auch zu neuen Entdeckungen.

Die Bedeutung der Methoden. Die Mittel, mit denen die Forschung zu ihren Resultaten kommt, sind die Methoden. Die Gesamtheit der Methoden einer Wissenschaft ist ihre Methodik. Das Vorhandensein eines ausgebauten und in seinen Teilen aufeinander abgestimmten Methodenbestands gehört zu den Kriterien einer Wissenschaft.

Was man gewöhnlich unter «Wissenschaftlichkeit» versteht, ist vor allem eine Sache der geeigneten Methoden. So ist zum Beispiel die praktische Menschenkenntnis des Alltags nicht deswegen keine wissenschaftliche Psychologie, weil sie keinen definierbaren Gegenstand hätte und weil es ihr an theoretischen Vorstellungen fehlte, sondern weil sie keine Methoden besitzt, die zu einem systematischen Wissenserwerb taugten und mit denen sich grobe und unkontrollierbare Irrtümer vermeiden ließen.

Die Methoden einer Wissenschaft müssen deren Gegenstand angepaßt sein. Daher schreibt die Eigenart des jeweiligen Gegenstands auch die zu seiner Erforschung in Frage kommenden Verfahren in deren allgemeinen Zügen schon vor. Es kommt jedoch im einzelnen immer darauf an, die bestehenden methodischen Möglichkeiten zu erkennen, richtig einzuschätzen und aufs beste zu nutzen. Ständig wird daher versucht, die vorhandenen Verfahren zu verbessern oder auch neue methodische

Wege zu erschließen. Ferner sind Methoden daraufhin zu prüfen, ob sie auch wirklich für ihren Zweck geeignet sind und zu der beabsichtigten Feststellung von Tatsachen führen. Dies geschieht einmal durch die kritische Analyse der einzelnen in der Anwendung einer Methode enthaltenen Operationen, zum anderen durch den Vergleich der Ergebnisse verschiedener Methoden bei ihrer Anwendung auf dieselbe Fragestellung. Daher verfügt jede über ihre Anfangsstadien hinausgewachsene Wissenschaft über einen besonderen Zweig: die Methodenlehre oder Methodologie.

Die Ergebnisse der Forschung hängen in jeder Hinsicht von ihren Methoden ab, und es ist klar, daß eine Wissenschaft oder eine einzelne wissenschaftliche Richtung mit der Leistungsfähigkeit ihrer Methoden steht oder fällt. Daraus wird es verständlich, daß die Beziehung zwischen Gegenstand und Methoden wechselseitig ist: Sind auch die Methoden durch die Eigenschaft des Gegenstands schon vorgezeichnet, so hängt es doch von der Verfügbarkeit ergiebiger Verfahren ab, ob das betreffende Gebiet tatsächlich in seinem vollen Umfang erforschbar ist. Faktisch wird dieser Bereich durch die Methoden und deren jeweiligen Entwicklungsstand begrenzt. Hieraus erklärt es sich, wenn die einzelnen Teilgebiete der Psychologie noch in einem sehr ungleichen Ausmaß erforscht sind.

Methodik und «Strategie» der Forschung. Es muß eindringlich betont werden, daß die Methoden den Charakter von Werkzeugen haben. Die Methodik ist ein Arsenal von Werkzeugen; die Methodologie ist eine wissenschaftliche Werkzeuglehre. Dies möge stets im Blick behalten werden. Die Methoden lehren uns nicht, wie wir neue Probleme entdecken können, welche Fragestellungen als wichtig oder weniger wichtig zu gelten haben und welcher weitere Gebrauch von den Ergebnissen einer Untersuchung gemacht werden kann. Es sind daher – außerhalb des Bereichs methodischer Maßnahmen – ständig besondere Überlegungen anzustellen, die mit der Erkennung und Gewichtung von Problemen zu tun haben, die zu bestimmten Zielsetzungen der Forschung führen und unter deren Aspekten auch wiederum mehrere Untersuchungen aufeinander abgestimmt geplant werden. Solche Überlegungen und Entscheidungen wollen wir «strategisch» nennen. Die Strategie ist der Methodik (die wir dann als «Taktik» verstehen können) übergeordnet, oder sie sollte dies wenigstens sein, auch wenn die Taktik wiederum der Strategie gewisse Grenzen setzt.

Die Strategie der Forschung ist, ebenso wie Methodik und Methodologie, ein weites Gebiet. Als eine Lehre ist sie noch nicht konstituiert, obwohl es hier einiges zu lehren gäbe. Wir können aber umfassende, allerdings meist unausgesprochen gebliebene, strategische Konzeptionen aus dem Lebenswerk bedeutender Forscher herauslesen; noch deutlicher zeigen sie sich in den bevorzugten Problemstellungen und Arbeitsweisen der verschiedenen Richtungen oder «Schulen» innerhalb einer Wissenschaft. Uns soll hier der Hinweis auf die Existenz einer Strategie der Forschung genügen.

Jedenfalls erschöpft sich die Forschung nicht in methodischen Operationen. Dies sei auch betont im Hinblick auf gewisse Verlockungen zu bequemer Routinearbeit, die von der sicheren Beherrschung von Methoden, namentlich sehr viel speziellerer, als sie hier dargestellt werden, ausgehen mögen. Soll die Forschung fruchtbar und konstruktiv sein, soll sie nicht in belangloser Kleinarbeit verkümmern, so bedarf sie eines größeren Konzepts. Sie muß die innerhalb ihres Gebiets oder Teilgebiets wichtigen Probleme aufspüren, diesen den Vorrang zuerkennen und dafür sorgen, daß sie aussichtsreich angreifbar werden. Der Wert der rein methodologischen Forschung, der hierbei eine Schlüsselstellung zukommt, steht außer Frage. Aber Methoden sind nie Selbstzweck, immer nur Mittel zum Zweck. Ohne schöpferischen Einfall wäre mit den differenziertesten Methoden kein nennenswerter Fortschritt zu erzielen.

Wissenschaftliche «Richtungen». Unter den Vertretern einer Wissenschaft besteht zu keinem Zeitpunkt völlige Übereinstimmung in den Grundanschauungen. Gerade in der Psychologie sind – mehr als wohl in den meisten anderen Wissenschaften – immer wieder einzelne «Richtungen» hervorgetreten, in denen sich meist aus einer gemeinsamen «Schule» stammende Forscher zusammenfanden.

Richtungen innerhalb einer Wissenschaft beruhen im Grunde immer auf besonderen theoretischen Annahmen und strategischen Konzepten. Ihr Entstehen kann meist nur aus der jeweiligen zeitlichen Situation der betreffenden Wissenschaft verstanden werden. In der Regel ist eine neu entstandene Richtung gekennzeichnet durch einen starken theoretischen Gegensatz, in den sie sich zu einer älteren, bis dahin vorherrschenden Richtung stellt. Damit geht das Bemühen einher, die schon vorhandenen Forschungsergebnisse in ihrer Geltung oder ihrer Bedeutung anzuzweifeln oder ihnen eine andere, neue Deutung im Sinn des eigenen Standpunkts zu geben. Es ergibt sich fast von selbst, daß bei dem Versuch, möglichst viele Sachverhalte unter dem neuen Aspekt zusammenzufassen, zunächst über das hinaus gegangen wird, was durch die Tatsachen selbst wirklich nahegelegt wird. In der weiteren Entwicklung kommt es dann zu einer teilweisen Zurücknahme der ursprünglich sehr weit gesteckten Ziele, zusammen mit der Erkenntnis, daß auch die Anschauungen der anderen Richtung wenigstens auf manchen Gebieten nicht unberechtigt sind. Der bleibende Gehalt der verschiedenen Richtungen wird endlich richtig eingeschätzt und wird zum Allgemeingut des Wissens.

Aus alledem wird ersichtlich, daß eine Richtung nicht mit einem bestimmten Gebiet der Forschung gleichzusetzen ist. Ein neues Gebiet kann durch eine neue Methode erschlossen werden, wobei theoretische Vorstellungen eine durchaus untergeordnete Rolle spielen können. Eine Richtung geht dagegen stets von einer theoretischen Konzeption aus.

Die theoretischen Annahmen einer bestimmten Richtung werfen neue Fragestellungen auf und führen zu deren empirischer Untersuchung. Dabei kommt es auch zu einer verstärkten Beachtung spezieller methodischer Probleme, die damit verbunden sind. Neben den neuen Erkenntnissen und Anregungen, die aus einer Richtung hervorgehen, liegt in der Weiterbildung und Verfeinerung bestimmter methodischer Mittel ihr Hauptverdienst.

Eine Forschungsrichtung bevorzugt meist bestimmte Methoden. Andererseits sind aber die Methoden im wesentlichen nicht notwendig an bestimmte Richtungen gebunden. So machen selbst einander widersprechende Richtungen weitgehend von den gleichen Verfahren Gebrauch und stützen sich auf ihre Ergebnisse. Die Unterschiede liegen hauptsächlich in der Wahl der Fragestellungen und in der Deutung der Resultate.

Es ist zu bemerken, daß die Methoden die Funktion eines einigenden Bandes innerhalb einer Wissenschaft zu erfüllen vermögen, da mit ihnen über Geltung oder Nichtgeltung einer theoretischen Annahme zu entscheiden ist. Methoden vermitteln also nicht nur Resultate; ihre planvolle und kontrollierte Anwendung verhindert auch letztlich die Divergenz des wissenschaftlichen Denkens in Extreme, zwischen denen keine Vermittlung mehr möglich wäre.

In der Psychologie sind allerdings die Methoden selbst vielfach der Gegenstand von Kontroversen gewesen. Es gibt jedoch einen Bestand gesicherter und sehr zweckmäßig aufeinander abgestimmter Methoden für die psychologische Forschung, deren Leistungsfähigkeit niemand verkennen wird, der von den Möglichkeiten wissenschaftlicher Arbeit genug weiß, um keine Wunder von ihr zu erwarten. Auf die Darstellung dieses Methodensystems wird es unter anderem hier ankommen.

Grundlagenforschung und wissenschaftliche Praxis. Die Fragestellungen einer Wissenschaft entspringen nicht allein – und nicht einmal vorwiegend – dem bloßen Bedürfnis nach Wissen um seiner selbst willen. Denn wie jegliches Wissen, so sind auch die Ergebnisse der Forschung mögliche Mittel zur Bewältigung bestimmter Probleme im Leben des Einzelnen oder der Gesellschaft, mag es sich dabei um kulturelle, soziale, technische oder wirtschaftliche Fragen handeln. Zahlreiche Fragen werden von vornherein aus diesem Grund an die Forschung herangetragen. Daraus folgt die Tatsache, daß ihre Resultate praktischen Nutzen oder auch Schaden stiften können, je nachdem, ob sie richtig oder falsch sind, und je nachdem, welcher Gebrauch von ihnen gemacht wird. Der Wissenschaftler trägt somit seiner Mitwelt gegenüber große Verantwortung. Dies gilt für den Psychologen, ähnlich wie für den Arzt, sogar in besonderem Maße.

Eine Wissenschaft findet also auch ein mehr oder weniger umfangreiches praktisches Anwendungsgebiet vor. Es ist dies kein Gebiet außerhalb ihres Gegenstands, sondern vielmehr eine Seite oder ein Aspekt ihres Gegenstands. Man unterscheidet demgemäß zwischen «reiner» Wissenschaft einerseits und «praktischer» oder «angewandter» andererseits. Wir vermeiden hier die gängige Gegenüberstellung von «theoretischer» und «praktischer» Wissenschaft. Denn die reine Wissenschaft, auch «Grundlagenforschung» genannt, hat es keineswegs nur mit Theorien zu tun, und die praktische Wissenschaft kommt ihrerseits nicht ohne Theorien aus.

Es bestehen, was die Art der Methoden und der Ergebnisse angeht, keinerlei grundsätzliche Unterschiede zwischen reiner und praktischer Forschung. Es ist allein eine Sache des Motivs und des Zwecks, ob eine gegebene Untersuchung mehr der einen oder mehr der anderen Seite zuzurechnen ist. Oft ist es gar nicht sinnvoll, hierüber entscheiden zu wollen, und übrigens ist es meist nur eine Frage der Zeit, bis ein Ergebnis der reinen Forschung auch praktische Bedeutung erhält, sofern es diese nicht von vornherein besitzt. Wie die Geschichte der Wissenschaften zeigt, sind viele praktisch außerordentlich wichtige Entdeckungen gemacht worden, noch bevor ihr praktischer Wert überhaupt erkennbar war.

Wir haben die Eigenart der Wissenschaft in großen Zügen zu charakterisieren versucht und damit zugleich Feststellungen getroffen, die auch für die Psychologie gelten und das allgemeinste darstellen, was sich über diese verbindlich aussagen läßt. Wir haben an dieser Stelle noch keinen Versuch unternommen, Grundlagen und Methoden der Psychologie inhaltlich näher zu bestimmen, denn alles dies ergibt sich erst aus der Natur des Gegenstands, mit dem es die Psychologie zu tun hat. Immerhin wurde aber bereits – wiederum in allgemeinster Form – angedeutet, welche Aufgaben den Methoden der Psychologie als den Werkzeugen psychologischer Forschung zukommen und welche Fragen mit ihrer Erarbeitung und Anwendung verbunden sind.

Zusammenfassung. Jede Erfahrungswissenschaft – und damit auch die Psychologie – ist ein System methodisch gewonnener Aussagen über einen bestimmten konkreten Gegenstand. Jede einzelne Untersuchung geht von einer Fragestellung aus, zu der eine Hypothese als Vorwegnahme einer möglichen Antwort gebildet wird. Über die Geltung der Hypothese soll die Untersuchung entscheiden.

Unabhängig von aller erkenntnistheoretischen Problematik sind erfahrungswissenschaftliche Erkenntnisse Wahrscheinlichkeitsurteile im Spielraum zwischen begründeter Vermutung und praktischer Gewißheit. Kriterien der Geltung sind Vorhersagbarkeit und Widerspruchsfreiheit.

Neben den schon gesicherten Resultaten gehören auch die Hypothesen zum Bestand einer Wissenschaft. Sie müssen jedoch grundsätzlich nachprüfbar sein. Eine besondere Funktion kommt den Hypothesen bei der Theorienbildung zu.

Nach dem Gegenstand einer Wissenschaft richtet sich im wesentlichen das methodische Vorgehen. Andererseits hängen die Ergebnisse von den verwendeten Methoden ab, und die Verfügbarkeit von Methoden bestimmt über das Ausmaß, in dem der Gegenstand erforschbar ist.

Methoden sind nicht mehr und nicht weniger als die Werkzeuge der Forschung. Das Erkennen von Problemen und die Bewertung ihrer Bedeutung ist Sache einer «Strategie» der Forschung, deren Wirksamkeit zwar offenkundig ist, die aber als Lehre noch nicht konstituiert ist.

In jeder Wissenschaft treten «Richtungen» und «Schulen» auf, die von bestimmten theoretischen und strategischen Konzepten ausgehen. Ihre oft «einseitig» pointierten Standpunkte können eine starke Anregung ausüben; was sich davon in der klärenden Auseinandersetzung behauptet, wird schließlich zum Allgemeingut der Forschung. Die Anwendung bestimmter Methoden ist nicht notwendig an bestimmte Richtungen gebunden.

Wissen wird nicht nur um seiner selbst willen erstrebt, sondern ebenso aus dem Bedürfnis, praktische Aufgaben verschiedener Art zu lösen. Man hat demgemäß zwischen «reiner» Forschung («Grundlagenforschung») und «angewandter» oder «praktischer» Forschung unterschieden. Die Unterschiede bestehen jedoch nur in ihrer Zielsetzung, nicht in den Methoden. Viele zunächst nur zur reinen Wissenschaft gerechnete Resultate erweisen nach einiger Zeit ihre große praktische Bedeutsamkeit. Da die Anwendung wissenschaftlicher Erkenntnisse faktischen Nutzen oder Schaden stiften kann, trägt der Wissenschaftler Verantwortung gegenüber seiner Mitwelt.

2. DER GEGENSTAND DER PSYCHOLOGIE IN SEINER ENTWICKLUNG

Die Psychologie hat in ihrer Geschichte außerordentlich große Wandlungen durchgemacht. Wir wollen nur soweit darauf eingehen, als diese Wandlungen auch den Gegenstand der Psychologie ergriffen haben. Dies aber ist unumgänglich, weil hier neuere Gegenstandsdefinitionen die älteren bisher nie ganz ersetzen konnten, sondern sie vielmehr an den Rand gedrängt haben, von wo aus sie, oft unbemerkt, noch weiterwirken. Daher kann die Kenntnis des Früheren dem Verständnis des Gegenwärtigen nur von Nutzen sein.

Der Gegenstand einer Wissenschaft wird so abgegrenzt, daß eine Gesamtheit von Sachverhalten und Problemen von ihm umfaßt wird, die Wesentliches gemeinsam haben und untereinander in einer engen Beziehung stehen. Insofern ist der Gegenstand ein in sich geschlossenes, relativ einheitliches «Gebiet». Aber die Gesichtspunkte, nach denen die Abgrenzung erfolgt, sind nicht ausnahmslos und nicht immer durch die Sache selbst vorgeprägt; auch andere Aspekte können dabei eine Rolle spielen. Wie schon zuvor erwähnt, entscheiden die effektiv bestehenden methodischen Möglichkeiten darüber, was sozusagen den faktischen Gegenstand ausmacht. Ähnlich wirken die jeweils vorherrschenden Überzeugungen von der wissenschaftlich angemessenen Art der Erforschung. Sie können am Beispiel anderer Wissenschaften orientiert sein und den faktischen Gegenstand wesentlich bestimmen. Ferner läßt sich ein Gegenstand selten so scharf definieren, als daß es keine Überschneidungen mit Nachbargebieten gäbe. Wird das Wissen über einen Gegenstand sehr umfangreich und damit schwer überschaubar, so entsteht eine Tendenz zu seiner Aufspaltung in mehrere Gegenstände. Und schließlich können sich auch übergreifende geistesgeschichtliche Wandlungen auf die Auffassung vom Gegenstand einer Wissenschaft auswirken.

Sehr unterschiedliche und zeitlichem Wechsel unterworfene Bedingungen, nicht nur die «Natur der Sache», bestimmen also die Anschauungen darüber, was der Gegenstand einer Wissenschaft sei und wie er erforscht werden müsse. Er ist darum nichts ein für allemal Feststehendes.

Alle diese Bedingungen haben in der Geschichte der Psychologie mitgespielt. Die Psychologie hat wohl noch mehr fundamentale Veränderungen erfahren als fast alle anderen Wissenschaften. Hinzu kommt im Fall der Psychologie noch, daß man sie zu jeder Zeit sehr verschieden sehen kann: mit den Augen des Philosophen, des Naturwissenschaftlers, des Erziehers, des Arztes, ja selbst des Ingenieurs. Und je nachdem kann man andere Züge an ihrem Gegenstand hervorheben.

Anfänge und Vorstufen wissenschaftlicher Psychologie. In ihren Anfangsgründen, der griechischen Philosophie des 6. bis 4. Jahrhunderts vor Christus, bildete die Psychologie noch ebensowenig ein eigenes Gebiet wie die anderen heute bestehenden Wissenschaften. Psychologische Gedanken wurden einbezogen in die Versuche, Welt und Leben überhaupt zu erklären. So dachten sich die ionischen Naturphilosophen (THALES, ANAXIMANDER, ANAXIMENES, HERAKLIT) den Urstoff der Welt als etwas Lebendiges und Seelenhaftes. Konkretere Vorstellungen finden sich in der attischen Epoche. PLATON (427–347 v. Chr.) sah in der Seele den Lebensträger, das der Bewegung wie auch dem Erkennen Zugrundeliegende. Von ihm stammt auch eine Unterscheidung einzelner Seelenteile und deren Lokalisation in verschiedenen Körpergegenden. ARISTOTELES (384–322 v. Chr.), dem wir die erste systematische Abhandlung psychologischer Fragen verdanken, betrachtete die Seele als «Entelechie», als die dem Körper innewohnende zielstrebende Kraft, die seine Entwicklung bewirkt und das Leben in ihm unterhält. Diese Auffassung der Seele als Lebensprinzip hat sich mit manchen Abwandlungen bis in die Neuzeit erhalten.

Das Mittelalter übernahm die Lehren der Antike, besonders die des ARISTOTELES, und bemühte sich um ihre Weiterbildung. Die Seele interessierte nun vor allem unter den Gesichtspunkten der Religion. Stand zuvor das psychologische Denken im Dienst der Philosophie, so jetzt – wie die Philosophie selbst – im Dienst der Theologie.

Philosophische Psychologie in der Neuzeit. Erst in der Neuzeit taucht das Wort «Psychologie» (aus ψυχη, Hauch, Leben, Seele, und λογος, Wort, Begriff) auf, ein Anhaltspunkt dafür, daß man nun Psychologie als eine eigene philosophische Disziplin ansah. PHILIPP MELANCHTHON (1497 bis 1560) soll den Begriff geprägt haben, was aber nicht erwiesen ist. Fest steht, daß der Name «Psychologia» zuerst 1590 von dem Marburger Philosophen und Physikprofessor RODOLPH GOCLENIUS (1547–1628) als Titel eines Buches verwendet wurde. Nicht sehr viel später brach RENÉ DESCARTES (1596–1650) mit der einheitlichen Betrachtung von Seele und Leib, indem er, schärfer als dies vor ihm geschehen, geistige und körperliche Welt (res cogitans und res extensa) voneinander zu trennen suchte. Die Unterscheidung war philosophisch begründet, trug aber viel zur Konstituierung einer Psychologie mit selbständigem Gegenstand bei. Die

Frage nach der Art des Zusammenhangs zwischen Leib und Seele wurde durch Descartes sehr aktuell.

Neben und inmitten metaphysischer Spekulationen über Wesen und Eigenschaften der Seele finden sich schon frühzeitig Ansätze zu einer empirischen psychologischen Forschung. Juan Luis Vives (1492–1540) hatte bereits die Bedeutung von Beobachtung und Experiment im psychologischen Bereich erkannt. Auf empirischen Grundlagen beruhte auch das von empiristischen Philosophen (John Locke, 1632–1704; David Hume, 1711–1776) geschaffene System der Assoziationspsychologie, mit dem das gesamte Seelenleben aus einfachsten Eindrücken und deren Verbindungen (Assoziationen) erklärt werden sollte. Christian Wolff (1679 bis 1754) unterschied eine *psychologia empirica* und eine *psychologia rationalis*. Während die eine ihre Aussagen aus der Erfahrung zu gewinnen hatte, sollte die andere durch logische Schlüsse Erkenntnisse über die Seele vermitteln. Besonders durch Wolff wurde auch der Begriff «Psychologie» verbreitet; bis ins 19. Jahrhundert blieb er allerdings auf das deutsche Sprachgebiet beschränkt. Johann Nikolaus Tetens (1736–1807) wollte die Psychologie ganz auf Erfahrung aufbauen; aus dieser sollten erst die metaphysischen Aussagen folgen.

Empirische Psychologie im 19. Jahrhundert. In der ersten Hälfte des 19. Jahrhunderts läßt sich eine starke Strömung verfolgen, die auf eine Psychologie als selbständige Wissenschaft hinarbeitete. Ihr stand zunächst noch die Nachwirkung Kants (1724–1804) entgegen, der eine wissenschaftliche Psychologie für nicht möglich erklärt hatte. Doch die kritischen Reaktionen auf die Entwicklung der deutschen spekulativen Philosophie nach Kant gaben einer empirischen Psychologie Auftrieb, und das Beispiel der zur selben Zeit mächtig aufstrebenden Naturwissenschaft wies ihr die Richtung.

Johann Friedrich Herbart (1776–1841) machte mit seiner Lehre von der Vorstellungsmechanik den Versuch, die Dynamik des psychischen Geschehens mit Hilfe mathematischer Formeln zu beschreiben. Friedrich Eduard Beneke (1798–1854) sah in der Psychologie bereits die Grundlage aller anderen Wissenschaften, auch der Philosophie, ein Standpunkt, der als «Psychologismus» bezeichnet wird. Rudolf Hermann Lotze (1817–1881) wollte die Psychologie als «Physiologie der Seele» behandeln.

Die empirischen Psychologen dieser Epoche, in der sich die moderne Psychologie vorbereitete, lehnten Erörterungen über die jenseits der Erfahrung liegende Seele im allgemeinen durchaus nicht ab; sie betrachteten jedoch die Erforschung der konkret feststellbaren seelischen Äußerungen, des Denkens, des Fühlens und des Wollens, als die erste und vordringliche Aufgabe. Nur ganz allmählich vollzog sich die Wendung von der Philosophie zur Naturwissenschaft und die damit einhergehende Verwandlung des Gegenstands.

Indessen kam die empirische Psychologie anfangs nicht gut voran. Es blieb im wesentlichen bei der Beschreibung mehr oder weniger gesicherter Beobachtungen, wie man sie auch von früher her schon kannte, und diese wurden voreilig mit weitreichenden Spekulationen vermengt. HERBARTS großer Entwurf erwies sich nicht als tragfähig, denn seine mathematisch formulierten Hypothesen waren keiner Nachprüfung zugänglich. Solange es an ergiebigen Methoden mangelte, blieb das Programm einer empirischen Psychologie unrealisierbar.

Die Entstehung der modernen Psychologie. GUSTAV THEODOR FECHNER (1801–1887) gelang der entscheidende Durchbruch. Seine Leistung besteht darin, daß er die experimentelle Methode in die Psychologie einführte und mit ihr die mathematische Behandlung der gewonnenen Daten verband. FECHNER war zwar nicht der erste, der Experimente unternahm, die in ihrer Art als psychologisch zu bezeichnen waren; auch fand er die Idee einer mathematischen Psychologie bereits vor. Aber erst er war imstande, experimentelle und mathematische Methoden so auszubilden und aufeinander abzustimmen, daß sich ein taugliches Instrumentarium empirischer Forschung entwickeln konnte. Damit schuf FECHNER der empirischen Psychologie erst ein Fundament; er wurde so zum Begründer der modernen Psychologie. Als deren Geburtsdatum gilt das Jahr 1860, in dem FECHNERS Werk «Elemente der Psychophysik» erschien.

Dabei ging es FECHNER weniger um eine experimentelle Psychologie im heutigen Sinn, sondern spezieller um die von ihm so genannte Psychophysik, eine Wissenschaft, welche die gesetzmäßigen Beziehungen zwischen äußeren Einwirkungen und psychischen Reaktionen beschreiben und deuten sollte. Aus diesem Bereich stammt auch das von FECHNER aufgestellte, erste quantitativ ausgedrückte psychologische Gesetz.

War FECHNERS Gegenstandskonzeption auch nicht identisch mit derjenigen der nun bald auf den Plan tretenden Experimentalpsychologie, so gab sein Werk doch der stagnierenden empirischen Psychologie enorme Impulse. Zum ersten Mal kam es in der Psychologie zu systematischer Forschung. Mit den neuen Methoden wurden weitere Probleme angegangen, und neben der Psychophysik entstanden die einzelnen Arbeitsgebiete der experimentellen Psychologie.

Die frühe Experimentalpsychologie fand ihren großen Organisator und Systematiker in WILHELM WUNDT (1832–1920). Er gründete 1879 in Leipzig das erste «psychologische Laboratorium», jahrzehntelang das Zentrum der psychologischen Forschung, von dem aus die neue Wissenschaft ihren Weg in die Welt nahm. Neben WUNDT hatten andere Forscher an der Entstehung und ersten Konsolidierung der experimentellen Psychologie wesentlichen Anteil. Erwähnt seien wenigstens HERMANN v. HELMHOLTZ (1821–1894), HERMANN EBBINGHAUS (1850–1909) und GEORG ELIAS MÜLLER (1850–1934).

Nachdem die Psychologie ihre empirischen Möglichkeiten erkannt hatte, kümmerte sie sich nicht mehr viel um die metaphysische Seele. Selbst das Wort «Seele» schien nun entbehrlich zu werden. Wenn der Neukantianer FRIEDRICH ALBERT LANGE (1828–1875) eine «Psychologie ohne Seele» forderte, so manifestierte sich darin nur die Konsequenz einer langen Entwicklung. Tauchte der Begriff «Seele» weiterhin im psychologischen Sprachgebrauch auf, so bezeichnete er etwas anderes als früher: nicht mehr etwas Substantielles, Wesenhaftes, sondern vielmehr etwas Aktuelles, eine Gesamtheit von Ereignissen: die psychischen Vorgänge, die psychischen Erscheinungen[2].

Die Vertreter der neuen Psychologie mußten damit die Seele noch nicht zu einem Fabelwesen erklären; persönlich mochten sie sogar von der Existenz einer Seele im alten Sinn überzeugt sein. Aber sie waren sich weitgehend darin einig, daß die hierhergehörigen Fragen bei der Philosophie zu lassen seien. Mit ihrer empirischen Betrachtungsweise löste sich die Psychologie von der Philosophie und begann ihr eigenes Dasein zu führen.

Weitere Entwicklung und neue Gegensätze. Um die Jahrhundertwende stellte sich die Psychologie bereits als eine konsolidierte Einzelwissenschaft mit einem sicheren Bestand an Methoden und Resultaten dar. Indessen läßt die Frage, was alles zu den seelischen Erscheinungen zu rechnen sei, der Beantwortung einen weiten Spielraum. Die Psychologie des 19. Jahrhunderts identifizierte die psychischen Erscheinungen weitgehend mit den Vorgängen im Bewußtsein. Das Bewußtsein war ihr Gegenstand: Sie verstand sich als Bewußtseinswissenschaft. Man kann jedoch

---

[2] *Psychisch* wird immer in der Bedeutung *seelisch* gebraucht (z.B. psychisches Geschehen, ein psychisches Merkmal); *psychologisch* heißt dagegen stets: *zur Psychologie gehörig, auf die Psychologie bezüglich* (z.B. eine psychologische Methode, eine psychologische Tatsache).

den Begriff des Bewußtseins recht unterschiedlich verstehen. Auch liegt die Frage nahe, ob denn alles, was sich im Bewußtsein zeigt, Thema der Psychologie zu sein habe. Franz Brentano (1838–1917) vertrat den Standpunkt, es müsse der Psychologie nicht um die Inhalte des Bewußtseins, sondern vielmehr um die aktiven psychischen Leistungen (die psychischen Akte) gehen. Hieraus entstand ein Gegensatz zwischen «Inhalts-» und «Aktpsychologie». Andererseits finden sich schon bei Thomas von Aquino (1225–1274), später vor allem bei Gottfried Wilhelm v. Leibniz (1646–1716) Erörterungen über ein Unbewußt-Seelisches. Das «Unbewußte» wurde in neuem Zusammenhang sehr aktuell durch die von Sigmund Freud (1856–1939) begründete Psychoanalyse, weil in dieser Lehre dieser Bereich, die Sphäre der Triebe und ihre Dynamik, die Hauptrolle spielt.

Bei allen diesen und weiteren Gegensätzen, die noch aufkamen, wie etwa dem zwischen «natur-» und «geisteswissenschaftlicher», «erklärender» und «verstehender», «elementaristischer» und «ganzheitlicher» Psychologie, bestand aber immer noch Einmütigkeit darüber, daß es die Psychologie mit dem «inneren», dem seelischen Geschehen zu tun habe, und insofern gab es doch noch eine einheitlich akzeptierte Gegenstandsauffassung bei allen Meinungsverschiedenheiten im übrigen.

Der Gegenstand der Psychologie wurde nach längerer Zeit erstmals wieder grundsätzlich in Frage gestellt, als kurz vor dem ersten Weltkrieg die als «Behaviorismus» bezeichnete Spielart einer «objektiven Psychologie» auf der Bildfläche erschien. Nachdem es in Europa schon mehrfach verwandte Bestrebungen gegeben hatte, die dann insbesondere durch Forschungen von Iwan Pawlow (1849–1936) und Wladimir v. Bechterew (1857–1927) starke Förderung erhielten, wurde diese Lehre in Amerika von John B. Watson (1878–1958) erstmals mit großem Erfolg propagiert. Es war ihr erklärtes Ziel, die psychischen Erscheinungen aus der Betrachtung auszuschließen, weil sie nicht objektiv erfaßbar seien. Es sollte, wie der Name «Behaviorismus» schon sagt, allein das äußere Verhalten von Individuen Gegenstand der Psychologie sein. Das Programm erwies sich jedoch in dieser Form als unausführbar; es zeigte sich, daß doch immer wieder auf das «innere» Geschehen zurückgegriffen werden mußte. Die Vertreter des Behaviorismus sahen sich daher genötigt, in Fortbildungen ihrer Lehre die Wiederaufnahme des Psychischen in die Forschung auf Umwegen oder in verschleierter Form zu legitimieren, auch wenn sie die Psychologie weiterhin als Lehre vom Verhalten deklarierten. Die behavioristischen Ideen gewannen erst zu einem Zeitpunkt, in dem man sich in Amerika schon wieder von ihnen zu lösen begann (nach 1950), auch in Europa und speziell in Deutschland an Boden, ein Zeichen dafür, daß hier die psychologische Forschung ihre frühere Rolle als Schrittmacher der Entwicklung gänzlich ausgespielt hatte.

Im Effekt gab der Behaviorismus der Psychologie eine andere wissenschaftstheoretische Deutung, betonte stärker bestimmte methodologische Forderungen und entwickelte auch neue Begriffe. Untersucht wurde aber im Grunde weitgehend dasselbe wie zuvor. Kennzeichnend dafür ist es, daß der Behaviorismus den schon vorhandenen Methodenbestand zum größten Teil übernahm. Unbestreitbar haben indessen die behavioristischen Gesichtspunkte zu einer Bevorzugung einzelner Problemkreise und zur Vernachlässigung anderer geführt und auf diesem Weg das Gesamtbild der Psychologie wesentlich mitbestimmt.

Die große Wende in der Geschichte des Gegenstands der Psychologie bleibt jedoch der Wechsel der Betrachtung von der substantiellen Seele zu den aktuellen seelischen Erscheinungen, der Übergang von der philosophischen Spekulation zur empirischen Forschung.

Die schon vor Jahrhunderten aufgetauchte Idee einer empirischen Psychologie wäre ohne die Anwendung experimenteller und mathematischer Methoden kaum zu verwirklichen gewesen. Diese neuen methodischen Möglichkeiten waren es, die die Psychologie von Grund auf veränderten. Sie führten fast mit Notwendigkeit zu der Beachtung von Problemen und zu der Ausgestaltung von Gebieten, die der alten philosophischen Psychologie fern gelegen hätten. So wurde die Psychologie auch zu einer angewandten Wissenschaft mit der zugehörigen praktischen Forschung und infolgedessen auch ein Berufsfach. Man mag es bedauern, daß die ursprüngliche umfassende philosophische Betrachtungsweise heute fast ganz zurückgetreten ist. Andererseits hat die erfahrungswissenschaftliche Forschung in wenig mehr als hundert Jahren ein Vielfaches an konkreten Ergebnissen hervorgebracht, gegenüber den sich durch viele Jahrhunderte erstreckenden Bemühungen um die Klärung des Wesens der Seele, wenn auch diese Ergebnisse auf einem ganz anderen Gebiet liegen als dem früheren und wenn auch die Psychologie gegenwärtig noch immer nicht das Bild einer völlig ausgereiften und in sich fest gefügten Wissenschaft bietet.

Zusammenfassung. Psychologische Ideen traten zuerst im Zusammenhang mit philosophischen Versuchen auf, das Wesen der Welt zu deuten. Später entwickelte sich eine Psychologie als philosophische Disziplin, deren Gegenstand die Seele war. Versuche, psychologische Fragen unter erfahrungswissenschaftlichen Aspekten zu behandeln, reichen weit zurück, konnten sich aber lange Zeit nicht durchsetzen, zumal sie wenig Erfolge vorzuweisen hatten. Erst um die Mitte des 19. Jahrhunderts erhielt durch FECHNERS Psychophysik die empirische psychologische Forschung eine tragfähige methodologische Grundlage, wodurch die Entstehung der modernen experimentellen Psychologie ermöglicht wurde. Der Gegenstand wandelte sich: Es ging nicht mehr um die substantielle Seele, sondern nur noch um die aktuellen seelischen Erscheinungen, die zeitweise weitgehend mit den Vorgängen im Bewußtsein gleichgesetzt wurden. Trotz rascher Konsolidierung der Psychologie blieben doch Meinungsverschiedenheiten darüber, was alles zu den seelischen Erscheinungen zu rechnen sei. Der Behaviorismus wollte den Gegenstand der Psychologie wiederum neu formulieren, indem er allein die Erforschung des äußeren Verhaltens zur Aufgabe der Psychologie erklärte; jedoch erwies sich dieses Programm als nicht konsequent durchführbar.

Unbestreitbar ist indessen die heutige Psychologie eine Erfahrungswissenschaft, die auf die Erkenntnis «innerer» Prozesse und Verarbeitungsweisen abzielt. Die ältere philosophische Betrachtung ist weitgehend aufgegeben worden. Andererseits ist die Psychologie auch zu einer praktisch anwendbaren Wissenschaft geworden. Manche grundsätzliche Fragen, die den Gegenstand und die Methoden betreffen, sind freilich auch heute noch nicht in allen Punkten hinreichend geklärt.

Literatur

Wissenschaftslehre (allgemein) und Psychologie als Wissenschaft:

BOCHENSKI (1971), DAVIES (1973), DIEMER (1964), ESSLER (1970 f.), POPPER (1966), REICHENBACH (1968), SEIFFERT (1971), STEGMÜLLER (1969). – ARNOLD (1970), BROWN und GHISELLI (1955), KERLINGER (1964), KLIX (1971), S. KOCH (1959), LATHROP (1969), RUBINSTEIN (1960), THOMAE und FEGER (1969), WITTE (1966).

Geschichte der Psychologie:

BORING (1950, 1953), DESSOIR (1902, 1911), DORSCH (1963), KLEMM (1911), MISIAK und SEXTON (1966), MURPHY (1949), PONGRATZ (1967), PONGRATZ, TRAXEL und WEHNER (1972), ROBACK (1964), WITTE (1967).

II. Voraussetzungen, Grundbegriffe, Grundtatsachen

1. URSPRÜNGE PSYCHOLOGISCHEN DENKENS

Arten von Voraussetzungen. «Das berühmte Wort von der voraussetzungslosen Wissenschaft ist nicht so zu verstehen, daß die Wissenschaft überhaupt keine Voraussetzungen machen soll, sondern nur so, daß sie nicht von fragwürdigen, ungewissen Voraussetzungen ausgehen soll.» (KIRSCHMANN 1927, S. 351.) Es ist dem wissenschaftlichen Charakter der Psychologie sicherlich nicht abträglich, wenn sie irgendwelche Voraussetzungen hat, wohl aber wäre es dafür von Schaden, wenn diese Voraussetzungen unbeachtet, ungeprüft, ja unerkannt blieben. Denn dann handelte es sich um Vorurteile. Nicht Voraussetzungsfreiheit, die es nicht gibt, aber Vorurteilsfreiheit muß eine Wissenschaft anstreben.

Zwei Arten von Voraussetzungen der Psychologie können wir unterscheiden: solche, die die Eigenart des menschlichen Denkens mit sich bringt, und solche, die durch die geschichtliche Überlieferung angeboten werden. Von beidem war schon die Rede. Beides hängt natürlich eng zusammen, und zwar wechselseitig: Die Denkweise des einzelnen Forschers oder einer Forschergeneration ist unvermeidlich durch die tradierten Gedanken früherer Generationen mitbestimmt. Andererseits könnte das Überkommene schwerlich wirksam bleiben, wenn es nicht gewissen allgemeinen, die Generationen überdauernden Denkweisen entgegenkäme. Aus diesem Grund ist gerade die Revision von Grundannahmen einer Wissenschaft stets ein schwieriges Unterfangen.

In der Psychologie wird als selbstverständlich vorausgesetzt, daß der Mensch psychologisch denken kann, und zwar – grundsätzlich wenigstens – auch richtig psychologisch denken kann. Einführungen in die Psychologie beginnen nicht selten mit der Feststellung, das psychologische Denken sei so alt wie die Menschheit selbst. So zutreffend diese Feststellung sicherlich ist, so ist sie doch trivial. Sehr viel wichtiger wäre es für uns, zu wissen, wie der Mensch dazu gekommen ist und immer wieder dazu kommt, psychologisch zu denken, psychologische Probleme zu sehen und psychologische Vorstellungen, sowohl über sein eigenes wie auch über fremdes psychisches Geschehen, zu entwickeln. Denn hierin könnten wesentliche Voraussetzungen – auch für eine wissenschaftliche Psychologie – liegen. Doch um die Lösung dieser Frage hat man sich bisher kaum bemüht.

Ein fehlerhaftes Konzept. Es mag in der Tat so scheinen, als brauche diese Frage gar nicht erst gestellt zu werden, da sie sich von selber löse. Denn wir glauben psychische Erscheinungen, wie Gedanken, Erinnerungen, Gefühle, Motive und dergleichen, direkt als solche in uns selbst vorzufinden. Man hat sie, damit im Einklang, als Inhalte der «unmittelbaren Erfahrung» bezeichnet. Wir meinen sie in unserem eigenen Erleben zu bemerken und sie darin immer wiederzuerkennen, sie zu überblicken und sie voneinander abgrenzen zu können. Was aber ist dann natürlicher, als daß man über das Vorgefundene, Wahrgenommene, nachzudenken beginnt und sich bestimmte Vorstellungen über seine Zusammenhänge macht? Wir verfahren ja ganz entsprechend auch mit dem, was wir nicht in uns, sondern außerhalb unserer selbst wahrnehmen. Daß man Psychisches erkennt und darüber nachdenkt, erscheint ebenso selbstverständlich, wie daß man Dinge und Vorgänge in der Außenwelt sieht oder hört und darüber nachdenkt. Selbstverständliches aber kann man nicht und braucht man auch nicht zu erklären.

Eine ganz andere Frage ist es, ob und wieweit die Wahrnehmung des Psychischen und die hieraus getroffenen Beschreibungen und Feststellungen auch den Anforderungen wissenschaftlicher psychologischer Forschung Genüge leisten können. Hier scheiden sich dann die Geister. Aber die Auffassung, daß man Psychisches unmittelbar vorfinde und daß dies die Grundlage sei, von der das psychologische Denken ohne weiteres ausgehen könne, wird doch von den allermeisten geteilt. Auszunehmen sind einige frühe, sehr radikale Behavioristen, die die Existenz psychischer Erscheinungen überhaupt leugnen zu müssen glaubten.

Offenbar neigen wir dazu, den Bereich des Psychischen in Analogie zur äußeren Welt zu sehen. Wir sprechen auch oft von psychischen Erscheinungen wie von Dingen, die wir in unserer Tasche tragen («Ich habe eine Idee»; «ich habe das Gefühl ...»; «ich habe kein Interesse daran» usw.). In einem Punkt allerdings besteht keine solche Analogie: Wir stellen uns etwas Psychisches nicht vor als etwas im Raum Lokalisierbares, Ausgedehntes. Um so erstaunlicher, daß wir glauben, es wahrnehmen zu können. Denn wir sind ja zugleich davon überzeugt, daß es gar keinen Ort und kein Objekt gibt, wo und woran wir es wahrnehmen könnten.

Sicherlich liegt hier eine Nachwirkung der alten Anschauung von der substantiellen Seele vor. Diese Anschauung ist zwar offiziell aufgegeben; man denkt sich die Seele einfach weg. Doch man betrachtet nichtsdestoweniger die psychischen Erscheinungen weiterhin so, als handele es sich dabei um Merkmale einer immateriellen Seelensubstanz beziehungsweise um sich an dieser abspielende Vorgänge. Hierin ist ohne Zweifel eine Voraussetzung der Psychologie zu sehen, die aus der Geschichte übernommen wird und zugleich dem Alltagsdenken entgegenkommt und die daher ungeprüft geblieben ist.

Sind aber darin schwerwiegende Konsequenzen zu erkennen? Leider ja! Denn die Ansicht, wonach die psychischen Erscheinungen direkt wahrnehmbar sind, hat folgerichtig dazu geführt, daß man für die Psychologie ein besonderes Verfahren postulierte: die Methode der Selbstbeobachtung oder der Introspektion. Die Annahme dieser Methode, mit der es möglich sein soll, mehr oder weniger systematisch und planmäßig das psychische Geschehen in seinen Eigenheiten und in seinem Verlauf unmittelbar zu erfassen und zu erforschen, hat aber in der Diskussion um die Grundlagen der Psychologie eine heillose Verwirrung angerichtet. Unglücklicherweise ist diese Verwirrung bei den Gegnern dieser Methode nicht geringer als bei ihren Befürwortern, und die gegensätzlichen Standpunkte haben sich derart verfestigt, daß es sehr schwierig geworden ist, einen neuen Ansatz für die Lösung der Frage nach den Ursprüngen psychologischen Denkens zu finden.

Es ist hier nicht der Ort, alles anzuführen, was gegen die Selbstbeobachtung spricht, und zwar nicht nur gegen die wissenschaftliche Ergiebigkeit dieses Verfahrens, sondern auch gegen die bloße Möglichkeit eines solchen Verfahrens. Erwähnt sei nur, daß nie geklärt werden konnte, wie Selbstbeobachtung überhaupt funktionieren soll und daß die Annahme einer solchen Methode in unauflösbare Widersprüche führt. Da es sich dabei um Methodenfragen handelt, werden wir erst später darauf genauer eingehen. Jedenfalls rechnen wir nicht mit der Möglichkeit, das eigene Erleben direkt zu beobachten. Sie scheidet als psychologische Methode aus. Nur soviel sei hier gesagt: Was uns in unserem Erleben, in unserem Sehen, Hören, Erinnern, Denken oder Fühlen gegeben ist, das sind zunächst nur Erscheinungen und Vorgänge in der Außenwelt, beziehungsweise an unserem eigenen Körper, und keine psychischen Vorgänge. Wir sehen zum Beispiel einen Gegenstand im Raum. Dessen sind wir sicher. Können wir aber daneben auch noch – sozusagen mit einem inneren Auge – den psychischen Prozeß sehen, durch den wir das gesehene Objekt erkennen? Sicherlich nicht! Was für das Sehen gilt, das gilt entsprechend auch für andere Fälle. Was wir wahrnehmen können, sind immer nur die Produkte psychischer Tätigkeit, nicht diese Tätigkeit selbst. Sie ist also gerade nicht Gegenstand der «unmittelbaren Erfahrung».

Diskrepante Erfahrungen. Können wir mit einer direkten Beobachtbarkeit der psychischen Vorgänge nicht rechnen, so muß die Frage nach den Ursprüngen psychologischen Denkens um so dringlicher gestellt werden. Allerdings fällt es nicht leicht, diese Ursprünge aufzuspüren, da sie, wie wir darzustellen versuchten, von überlieferten und im Lauf des individuellen Lebens erworbenen vorwissenschaftlichen Vorstellungen überwuchert sind. Es bieten sich aber dennoch zahlreiche Gelegenheiten, bei denen sich etwas vom Entstehungsprinzip psychologischen Denkens zu erkennen gibt. Dies soll an einigen Beispielen deutlich werden. Es handelt sich dabei um in der Psychologie wohlbekannte Tatsachen, die wir freilich unter einem anderen Gesichtspunkt als bisher üblich zu sehen haben.

Abbildung 2/1 zeigt ein sogenanntes Umspringbild, das «Pokal-Profil-Muster», auch «Rubinscher Becher» genannt. Es gibt sehr viele derartige Muster, aus denen der Betrachter völlig Verschiedenes herauslesen kann. Im vorliegenden Beispiel erkennt man entweder einen Kelch oder zwei einander zugewandte menschliche Profile, je nachdem, ob man mehr den weißen oder mehr den schwarzen Flächenanteil beachtet. Blickt man länger auf die Figur, so kann man bemerken, daß die beiden Erscheinungsformen im Wechsel auftreten, daher der Name «Umspring-

Abb. 2/1. Pokal-Profil-Muster (Rubinscher Becher).

bild». Sieht man aber gerade das eine, so kann man währenddessen das andere nicht sehen.

Schon dieses einfache Beispiel demonstriert uns eine Tatsache, die für unsere Frage sehr wesentlich wird: Bei ein und derselben Reizgrundlage, also bei gleichbleibenden äußeren Bedingungen, kann völlig Verschiedenes wahrgenommen werden, und zwar von derselben Person. Wir nennen dies eine diskrepante Erfahrung.

Natürlich ist eine solche Vorlage mit Absicht doppeldeutig gezeichnet. Doch die Tatsache, daß einmal dies, dann jenes gesehen wird und daß das Sehen des einen das Sehen des anderen jeweils ausschließt, läßt die Wirksamkeit eines Einflusses in der Wahrnehmung erkennen, der offenbar nicht aus der äußeren Reizgrundlage zu erklären ist. Denn an ihr ändert sich während des Betrachtens nicht das mindeste. Es kann folglich nur *an uns selbst* liegen, wenn wir Verschiedenes sehen. Es muß hier noch ein weiterer, ein «innerer» Faktor im Spiel sein. Wir haben etwas davon bemerkt, wie durch die Wahrnehmung das Wahrgenommene irgendwie einer besonderen Verarbeitung unterzogen wird. Es hat sich uns damit ein psychischer Faktor verraten.

Mehr allerdings noch nicht! Wir wissen nicht ohne weiteres, worin dieser psychische Faktor oder Prozeß eigentlich besteht und worauf er beruht; nur der Schluß auf seine Existenz ist zwingend. Erst aus weiteren Überlegungen und namentlich aus Vergleichen mit schon bekannten ähnlichen Erscheinungen wird eine Deutung nahegelegt: Wir nehmen an, daß wir es hier wohl mit einem Einfluß zu tun haben, der sich als «Einstellung» bezeichnen läßt. Damit ist der beobachtete Sachverhalt mit einem psychologischen Begriff belegt, und mit diesem Begriff wird auch eine Erklärung des Phänomens versucht: Es wird vermutet, daß bestimmte, aus früheren Wahrnehmungen nachwirkende Erfahrungen beim Betrachten des Umspringbildes aktuell werden und die Auffassungsweise bestimmen. (S. dazu Rohracher 1971, S. 218 ff.)

Ein anderes Beispiel: Wenn wir denselben Gegenstand in unterschiedlicher Entfernung sehen, so ist das von ihm auf der Netzhaut des Auges entworfene Bild entsprechend unterschiedlich groß (vgl. Abb. 2/2). Die lineare Größe des Netzhautbildes nimmt proportional zur Entfernung des Objekts vom Auge ab. Dies ist der rein optische Sachverhalt; er ist aus dem Strahlensatz leicht verständlich. Für die Größe, in der ein bekanntes Objekt effektiv gesehen wird, trifft dies jedoch durchaus nicht zu. Wir sehen es vielmehr bei wechselndem Abstand vom Auge innerhalb gewisser Grenzen stets annähernd gleich groß, trotz variierender Netzhautbildgröße. Mit geeigneten Verfahren läßt sich die sehr erheb-

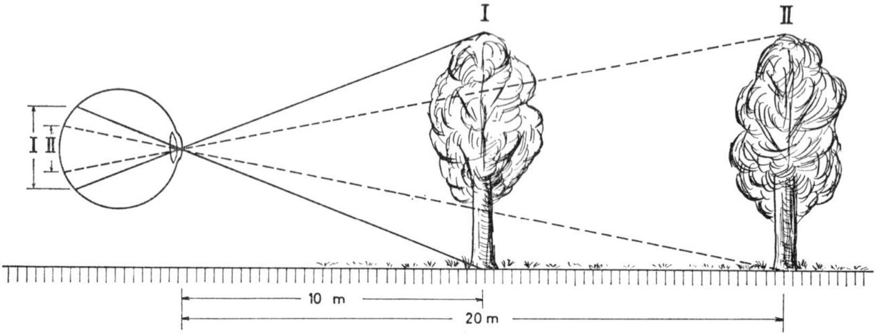

Abb. 2/2. Größenkonstanz: Das Objekt II wird auf der Netzhaut nur halb so groß abgebildet wie das Objekt I. Tatsächlich wird der Unterschied jedoch nie in vollem Ausmaß bemerkt; die Gegenstände werden vielmehr in ihrer wahren Größe gesehen.

liche Abweichung der tatsächlichen Sehgröße von der Netzhautbildgröße recht genau bestimmen.

Auch hier muß etwas am Werk sein, das nicht in den äußeren Bedingungen liegt, ein Einfluß, der die Aufrechterhaltung der Sehgröße trotz wechselnder äußerer Umstände bedingt. Wiederum müssen wir hierfür einen psychischen Faktor annehmen, auch wenn wir über ihn nichts völlig Sicheres wissen. Man spricht von «Größenkonstanz» und meint mit diesem Begriff den eben geschilderten Sachverhalt. Der Begriff dient der Beschreibung des Phänomens, ohne daß schon eine Erklärung dahinterstehen muß.

Schließlich noch ein drittes Beispiel einer diskrepanten Erfahrung: Betrachten wir die hier wiedergegebene Figur, so sehen wir die rechte Seite der unterteilten waagrechten Strecke deutlich länger als die linke. Vergleichen wir aber beide Teilstrecken mit Hilfe eines Zirkels oder eines Zollstocks, so finden wir sie gleich lang (Abb. 2/3).

Wie kann der bloße Eindruck von der genauen Messung so auffällig abweichen? Dies widerspricht unseren sonstigen Erfahrungen; denn normalerweise können wir die Längen von Strecken auf einem Blatt Papier

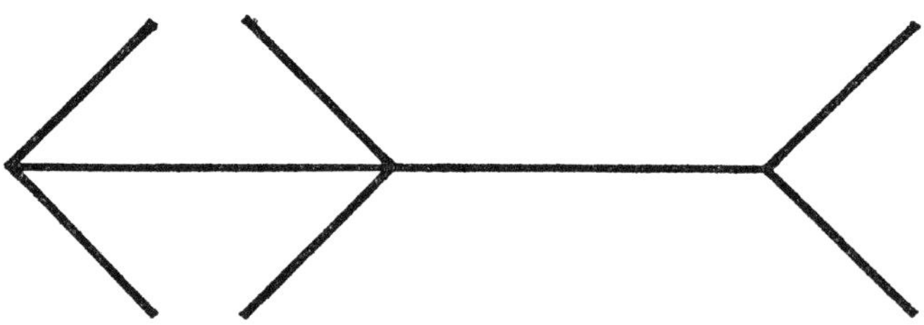

Abb. 2/3. Müller-Lyersche Täuschung.

recht gut abschätzen. Zweifellos haben die an die Waagrechte angesetzten Schenkel etwas mit der Täuschung zu tun; wir beziehen sie offenbar in unseren Gesamteindruck mit ein und es gelingt uns nicht, von ihnen abzusehen. Die Täuschung verschwindet auch nicht, wenn wir die Figur länger betrachten und einzelne Teile miteinander vergleichen; nur ihr Ausmaß kann geringer werden. Jedenfalls bemerken wir, daß wir hier etwas anders wahrnehmen, als es «in Wirklichkeit» beschaffen ist. Der Tatbestand des Fehleindrucks wird mit dem Begriff der «optischen Täuschung» bezeichnet. Über die psychischen Vorgänge oder Faktoren, die man zur genaueren Erklärung solcher Phänomene anzunehmen hat, sind zahlreiche Theorien aufgestellt worden.

Die Bedeutung diskrepanter Erfahrungen für psychologisches Denken. Worin unterscheiden sich diese drei Beispiele, was ist ihnen gemeinsam und was läßt sich aus ihnen folgern?

Im ersten Beispiel (Umspringbild) ermöglicht dieselbe Vorlage zwei gänzlich verschiedene Wahrnehmungseindrücke. Es läßt sich jedoch nicht behaupten, der eine Eindruck sei der Vorlage angemessener als der andere. Beide Wahrnehmungen haben insofern als «richtig» zu gelten.

Im zweiten Beispiel (Größenkonstanz) ist dagegen die Reizgrundlage, das Netzhautbild, veränderlich, während die Wahrnehmung weitgehend die gleiche bleibt. Die bessere Übereinstimmung mit den tatsächlichen Verhältnissen zeigt aber die Wahrnehmung; sie ist gegenstandsgerecht.

Im dritten Beispiel schließlich (geometrisch optische Täuschung) führt, der üblichen Erwartung gemäß, eine bestimmte äußere Reizkonstellation zu einer recht stabilen Wahrnehmung. Doch der Wahrnehmungseindruck steht hier mit einem anderen, als genauer anerkannten (nämlich dem beim Nachmessen) im Widerspruch und wird somit als trügerisch erkannt.

Das Gemeinsame aller drei Fälle besteht darin, daß der einfache und direkte Zusammenhang zwischen den äußeren Bedingungen und dem dadurch ausgelösten Eindruck irgendwie beeinträchtigt, «gestört» scheint. Wir machen hier Erfahrungen, die mit anderen Erfahrungen in einer unübersehbaren Diskrepanz stehen: Wir bemerken, daß wir die Dinge anders wahrnehmen oder anders wahrnehmen können, als uns diese nach unseren sonstigen Wahrnehmungen und Überlegungen gegeben sein müßten. Es kommt vor, daß unsere Wahrnehmungen variieren, während die Dinge unverändert bleiben; es kommt ebenso vor, daß unsere Wahrnehmungen die gleichen bleiben, während sich die Dinge eigentlich veränderlich darbieten müßten.

Allen drei Fällen ist noch etwas weiteres gemeinsam: Nirgends zeigt sich ein Anlaß, eine besondere Form des Beobachtens, nämlich Selbstbeobachtung, zu vermuten. Es mag sich hier wohl um überraschende Feststellungen handeln, aber es besteht keinerlei Grund, anzunehmen, es sei dazu irgendeine zusätzliche Beobachtungsfunktion notwendig. Die einzige Besonderheit ist hier die, daß gewöhnliche Wahrnehmungen mit anderen, ebenso gewöhnlichen Wahrnehmungen in einem auffallenden Widerspruch stehen, das heißt: die diskrepante Erfahrung.

Solche und ähnliche diskrepante Erfahrungen sind es aber gerade, die Probleme aufwerfen. Sie weisen uns darauf hin, daß in unserem Erleben das Objekt der Wahrnehmung auf irgendeine Weise verarbeitet wird, daß unsere Eindrücke von unserem eigenen – freilich meist kaum absichtlichen – Zutun abhängen. Sie zwingen uns, bestimmte psychische Funktionen anzunehmen und psychologische Konzepte zu bilden (wie etwa das der «Einstellung»). Ein solches Konzept muß noch nicht eine wissenschaftlich befriedigende Erklärung sein, es kann aber wenigstens eine Hypothese sein, die sich genauer untersuchen läßt.

Können psychologische Fragen überhaupt nur dann entstehen, wenn solche Diskrepanzen vorhanden sind? Wir halten dies für sehr wahrscheinlich. Denn wenn es keine Diskrepanzen gäbe, so könnten wir keinen Unterschied finden zwischen den erlebten Inhalten einerseits und der Tätigkeit des Erlebens andererseits; das heißt, die psychische Verarbeitung der äußeren Eindrücke gäbe sich uns gar nicht erst zu erkennen. Freilich wird hier lediglich eine Theorie skizziert. Aber von theoretischer Art sind die Lösungsversuche zu Grundproblemen immer. Und diese Theorie erscheint uns insofern leistungsfähig, als sie die Ursprünge psychologischen Denkens ohne den Rückgriff auf die mehr als fragwürdige Selbstbeobachtung aufzuzeigen vermag. Weiterhin ist es sicherlich von Interesse, daß diskrepante Erfahrungen nicht nur als Grundlage wissenschaftlicher Fragestellungen in Betracht kommen, sondern allgemein, auch im alltäglichen Denken, für die Bildung psychologischer Vorstellungen die entscheidende Rolle spielen dürften.

Denn die hier angeführten Beispiele sind keine vereinzelten Fälle, sondern sind nur zur Demonstration dreier Typen von Diskrepanzerfahrungen aus einer großen Zahl von Tatsachen gleicher Art herausgegriffen. Auch finden sich derartige Diskrepanzen keineswegs nur auf dem Gebiet der Wahrnehmung oder spezieller dem des Sehens, sondern auch auf anderen Bereichen.

Weiteres zur Entwicklung des psychologischen Denkens. Vor allem gibt es Diskrepanzerfahrungen von ganz allgemeiner und elementarer Art. Dies sind Erfahrungen, wie sie jeder Mensch macht, auch ohne psychologische Überlegungen im Sinn zu haben und auf psychologische Erkenntnisse auszugehen. Es wird meist nur schwer möglich sein, genau anzugeben, wann diese Erfahrungen erstmals im Leben eintreten; sie ergeben sich wohl auch oft nicht mit einem Mal, sondern nur allmählich nach mehrfacher Wiederholung bestimmter Eindrücke. Doch irgendwann, und gewiß schon sehr früh, wird sich zum Beispiel das Kind seines Sehens bewußt, und zwar wahrscheinlich indem es beim Schließen und Öffnen der Augen bemerkt, daß die Umwelt einmal verschwindet, dann aber wieder auftaucht, daß also das Bild der Umwelt von eigener Tätigkeit abhängt. Irgendwann wird der Unterschied zwischen Wachen und Träumen erkannt, und dies wohl auf Grund von gewissen Unvereinbarkeiten im räumlichen und zeitlichen Zusammenhang zwischen den Eindrücken beim Aufwachen und den gerade zuvor noch gehabten Eindrücken. Zu irgendeinem Zeitpunkt wird dem Kind auch bewußt, daß es bestimmte Eindrücke von Personen, Dingen, Ereignissen hat, obwohl diese im Moment gar nicht gegenwärtig sind, daß es sich also etwas «nur vorstellt». Und ebenso wird es allmählich die Erfahrung machen, daß seine Gefühle nicht den Personen oder Gegenständen seiner Umgebung als Eigenschaften anhaften, sondern daß dies seine eigenen Reaktionen auf verschiedene Erlebniseindrücke sind. Man kann allerdings beim gegenwärtigen Stand des Wissens großenteils nur Vermutungen über diese Entwicklung anstellen, und es ist anzunehmen, daß hier zahlreiche Erfahrungen von der geschilderten Art in einer höchst komplizierten Weise ineinandergreifen und aufeinander aufbauen.

Hieran anschließend oder hierzu parallel verläuft ein weiterer, ebenfalls recht verwickelter Prozeß: die Übertragung des über das eigene seelische Geschehen erworbenen Wissens auf andere belebte Wesen. Auf Grund unserer eigenen Erfahrungen erkennen wir im sozialen Kontakt schon früh, daß wir auch bei anderen Menschen, ja selbst bei Tieren, mit Psychischem zu rechnen haben. Zwar können wir niemals in einer anderen Person direkt «drinstecken», aber wir sind sicher, daß auch sie sieht, hört, erinnert, fühlt, denkt. Sie bestätigt uns dies auch fortwährend durch ihr gesamtes Verhalten. Indem wir nun das, was wir von uns selbst bereits wissen, auf andere Menschen anwenden, können wir uns auch inhaltlich wenigstens ein allgemeines, ungefähres, obzwar sicherlich lückenhaftes Bild von deren «inneren» Vorgängen machen, und es wird uns dadurch ihr Tun und Lassen begreiflich. Wir entdecken, daß wir so ihre

Reaktionen auf gegebene Anlässe häufig richtig vorhersehen können, nicht zuletzt ihre Reaktionen auf unser eigenes Handeln. Wir lernen, aus Mienen, Gesten und Worten das dahinterstehende Psychische herauszulesen. So bilden wir im Laufe unseres Lebens, und wiederum von früher Kindheit an, Ideen über fremdes seelisches Geschehen und entwickeln unter Verwertung von vielerlei weiteren Beobachtungen eine mehr oder weniger umfangreiche und verläßliche praktische Menschenkenntnis. Eine immense Bedeutung in diesem Prozeß kommt dem Erwerb der Sprache zu: Die Sprache bietet uns bereits vorgeformte psychologische Begriffe an; sie versorgt uns – über den durch eigene Erfahrung erschlossenen Horizont hinaus – mit teils zutreffenden, teils weniger zutreffenden psychologischen Vorstellungen. Dies alles spielt sich ab, ohne daß uns viel davon deutlich bewußt wird, und es bedarf dazu auch gar nicht eines absichtlichen und systematischen Reflektierens und Schlußfolgerns.

Zur Vermeidung von Mißverständnissen. Wenn wir, wie eben ausgeführt, in diskrepanten Erfahrungen die Ursprünge psychologischer Ideen und Probleme sehen, so mag dagegen vielleicht eingewendet werden, es seien irgendwelche Diskrepanzen beinahe überall aufweisbar und es sei deshalb nicht einzusehen, wieso aus ihnen zuerst ein Wissen über das eigene und fremde Erleben und später die psychologische Betrachtung hervorgehe. Dazu sei bemerkt: Es gibt in der Tat unzählige Abweichungen zwischen Beobachtungen, die sich dadurch erklären, daß zwischen zwei Feststellungen etwas mit dem *beobachteten Objekt* vorgegangen ist. Solche Abweichungen werden zum Anlaß anderer, nicht psychologischer Fragen. Sie waren aber hier nicht gemeint. Unter diskrepanten Erfahrungen wollten wir nur solche verstanden wissen, für die der Grund eben nicht in einem äußeren Objekt und in dessen Veränderungen gesucht werden kann, sondern nur in uns selbst.

Auch dies sei durch Beispiele erläutert: Taucht man einen geraden Stab zur Hälfte in Wasser, so erscheint er bekanntlich geknickt. Natürlich liegt auch darin zunächst ein Widerspruch: Man weiß ja, daß der Stab gerade ist und daß sich daran durch das Eintauchen nichts ändern kann. Doch die Erscheinung ist – ganz anders als etwa die Müller-Lyersche Täuschung – restlos auf äußere Bedingungen zurückführbar, nämlich auf die Brechung des Lichts beim Durchgang von einem Medium ins andere. Wir sind hier durch nichts gezwungen, eine besondere, zusätzliche, psychische Verarbeitung anzunehmen. Gleiches gilt zum Beispiel für das bekannte Dopplersche Phänomen: Bewegt sich eine Schallquelle rasch auf das Ohr zu, so wird der Ton höher, entfernt sie sich vom

Ohr, so wird er wieder tiefer. Auch die hierin liegende Diskrepanz (man weiß, daß die Tonhöhe einer Glocke gleich bleibt, und stellt nun scheinbar das Gegenteil fest) löst sich allein in physikalischer Betrachtung. Denn je nach der Bewegungsrichtung der Schallquelle treffen das eine Mal mehr, das andere Mal weniger Schwingungen pro Zeiteinheit das Ohr, und von der Schwingungszahl hängt, wie schon bekannt ist, die Tonhöhe ab. Darüber hinaus bringt der Doppler-Effekt psychologisch nichts Neues.

Ganz allgemein ordnen wir solche Erfahrungen, bei denen eine ihnen innewohnende Diskrepanz durch In-Rechnung-Stellung äußerer Bedingungen verschwindet, in unser Bild von einer bewußtseinsunabhängigen äußeren Welt ein. Sehr wahrscheinlich tragen solche Erfahrungen sogar entscheidend zur Konstitution dieses Bildes bei. Soweit dagegen diskrepante Erfahrungen sich nicht in dieses Bild einfügen lassen, sondern darin widersprüchlich bleiben, entwickeln wir daraus unsere Konzepte von psychischen Funktionen beziehungsweise das Konzept der Seele. Es findet also ein zwangsläufiger Sonderungsprozeß statt. Wir können übrigens nicht umhin, diesen Prozeß, nachdem wir einmal wissen, daß er sich «in uns» abspielt, seinerseits als ein psychisches Geschehen zu bezeichnen.

Genauer betrachtet, handelt es sich dann um eine Leistung unseres Denkens. Es besteht jedenfalls kein Grund, anzunehmen, daß dieser Sonderungsprozeß unmittelbar von Gefühlen oder Bedürfnissen abhänge und durch sie gesteuert werde. Denn die Sonderung ist denknotwendig und unausweichlich. Das Denken kann freilich nicht die diskrepanten Tatsachen als solche beseitigen; es vermag sie sich lediglich begreiflich zu machen, indem es psychische Instanzen für sie verantwortlich macht und Seele und Welt auseinanderdividiert.

Eine beinahe philosophische Frage ist es, ob wir ohne diskrepante Erfahrungen überhaupt das Wissen von unserem eigenen Ich haben könnten. Sie mag hier dahingestellt bleiben.

Schon ein primitives, prälogisches Denken ist imstande, die Trennung zwischen äußerer, körperlicher, und innerer, seelischer Welt zu vollziehen. Wie man aber aus den zuletzt gebrachten Beispielen sieht, besteht die Möglichkeit der Mißdeutung und falschen Einordnung, und dies sogar noch auf einem ziemlich weit fortgeschrittenen Niveau. Ohne einige physikalische Kenntnisse könnte man den Doppler-Effekt leicht für ein psychologisches Phänomen halten. Andererseits kann es geschehen, daß wir psychische Erscheinungen der äußeren Welt zurechnen. So setzt sich zum Beispiel die Erkenntnis, daß Gefühle psychische Reaktionen sind, im Laufe des Lebens nicht restlos durch. Wir bezeichnen ein Bild als «schön» und meinen damit, dieses Bild besitze als solches und an sich die Qualität des Schönen, während wir doch nur unsere eigenen emotionalen Anmutungen zum Ausdruck bringen. Wir halten unsere persönliche Reaktion für eine Eigenschaft des Bildes.

Noch ein Hinweis ist wohl angebracht: Psychologisch relevante Diskrepanzen müssen nicht aus dem Erleben jeweils ein und derselben Person stammen; sie können auch durch die Aussagen verschiedener Personen vermittelt werden. Ein Beispiel: Wir stellen fest, daß die Farben Grün und Rot von den meisten Menschen sicher unterschieden werden; einigen anderen jedoch mißlingt dies konstant. Auch dies ist eine diskrepante Erfahrung, nämlich für denjenigen, der die betreffenden Aussagen miteinander vergleicht. Damit wird das Sehen von Farben zu einem psychologischen Problem. Denn offenbar sehen manche Menschen gleiche Farbqualitäten, wo andere verschiedene sehen. Damit wird nicht nur nahegelegt, daß es Mängel des Farbensehens gibt, sondern auch – und das vor allem – daß «Farbe» eine psychische Erscheinung ist. Es besagt gar nichts dagegen, daß die Farbenblindheit neurologische Grundlagen hat. Solche Grundlagen lassen sich für alle psychischen Erscheinungen zwar nicht immer sicher erkennen, aber doch wenigstens immer vermuten, was daher auch zur Aufstellung zahlreicher «physiologischer» Theorien in der Psychologie geführt hat (vgl. Kapitel XI, 2). Primär handelt es sich jedenfalls um einen psychologischen Sachverhalt: Die Farbe, wie wir sie sehen, ist nicht eine Eigenschaft der Gegenstände; sie hängt vielmehr von der Organisation unseres Wahrnehmens ab.

Die hier vorgebrachten Gedanken sollen nicht als philosophisch mißverstanden werden. Es liegt uns fern, irgendwelchen Kommentar zu metaphysischen Problemen geben zu wollen. Und wir sind auch davon überzeugt, daß wir uns hier auf einem der Erfahrung zugänglichen Boden bewegen und diesen Boden nicht verlassen. Es geht uns allein darum, die Ursprünge psychologischen Denkens und die Entstehung psychologischer Probleme aufzuzeigen. Hieraus mögen sich dann freilich – sekundär – andere Probleme, etwa solche der Erkenntnistheorie, ergeben. Sie gehen den Psychologen nicht mehr und nicht weniger an als jeden anderen Forscher.

Die hier angedeutete Diskrepanztheorie scheint uns der Psychologie ein solides Fundament bieten zu können, und zwar aus mehreren Gründen: Sie kann von Anfang an erklären, wie das psychologische Denken überhaupt in Gang kommt. Sie braucht praktisch nichts weiter vorauszusetzen als die erste und letzte, unumstößliche und gewisseste Tatsache: die Existenz eines erlebenden Subjekts. Sie kann auf die nicht haltbaren methodologischen Anschauungen von der Selbstbeobachtung völlig verzichten. Sie berücksichtigt die effektiv bestehenden Verbindungen zwischen den vorwissenschaftlichen Ursprüngen der Psychologie und der sich daran anschließenden wissenschaftlichen Betrachtung und weist damit nachdrücklich auf die Notwendigkeit hin, die psychologischen Grundbegriffe kritisch zu untersuchen, denn diese stammen zum großen Teil noch aus dem vorwissenschaftlichen Stadium. Die Diskrepanztheorie macht ferner die Methoden der Psychologie, wie sie tatsächlich im Gebrauch sind, verständlich: Sie erklärt die allgemeine Arbeitsweise psychologischer Forschung, nämlich aus gewöhnlichen Beobachtungen auf indirektem Weg auf das Psychische zu schließen, das wir direkt nicht zu fassen bekommen. Und schließlich betont sie, daß sich mit dieser Theorie die Psychologie als eine Erfahrungswissenschaft darstellen wird, die sich in nichts Grundsätzlichem von anderen Erfahrungswissenschaften unterscheidet, abgesehen natürlich von ihrem spezifischen, für sie konstitutiven Gesichtspunkt, der darin besteht, das zu erforschen, was nicht den Dingen und Vorgängen der Außenwelt, sondern unserem eigenen Zutun beigemessen werden muß.

Zusammenfassung. Zu den nicht genügend überprüften Voraussetzungen der Psychologie gehört die gängige Meinung, daß wir psychische Erscheinungen direkt in uns selbst wahrnehmen können. Wenn auch der wissenschaftliche Wert solcher «Selbstbeobachtung» umstritten ist, so wird doch damit gerechnet, daß das psychologische Denken in ihr immerhin seine Grundlage hat. Indessen spricht manches dagegen, daß Selbstbeobachtung, das heißt die Erfassung des Psychischen im eigenen Erleben, überhaupt möglich ist. Da hier ein verfehltes Konzept vorzuliegen scheint, mußte eine andere Erklärung erarbeitet werden, die unter der Bezeichnung «Diskrepanztheorie» vorgestellt wird.

Hiernach beginnen wir, psychologisch zu denken und psychologische Probleme zu erkennen, indem wir – ohne daß dabei Selbstbeobachtung im Spiel wäre – bemerken, daß die Art und Weise, wie wir etwas erleben, «an uns liegt», das heißt von uns innewohnenden Faktoren abhängt. Wir werden zu dieser Einsicht gezwungen durch mannigfache diskrepante Erfahrungen, die wir uns durch äußere Bedingungen auf keinen Fall erklären könnten. Gäbe es derartige Diskrepanzerfahrungen nicht, so würden wir vermutlich überhaupt nicht auf die psychischen Erscheinungen hingewiesen. Wir würden dann in dem Glauben leben, daß sich die Welt einfach wie in einem Spiegel in unserem Erleben abbildete, und nichts davon bemerken, daß hier noch besondere vermittelnde und transformierende Prozesse dazwischengeschaltet sind.

Um die Diskrepanzen zu erklären, müssen wir psychologische Vorstellungen bilden, zunächst über unser eigenes psychisches Geschehen; wir übertragen diese Konzepte aber alsbald auch auf fremdes psychisches Geschehen. Diese Konzepte stellen oft reine Hypothesen dar. Aufgabe der weiteren Forschung ist es dann, sie zu überprüfen.

Nach dieser Auffassung ergibt sich das Wissen vom Psychischen also nicht durch eine besondere Art von Beobachtung, sondern aus dem Nachdenken über gewöhnliche Beobachtungen, wenn diese die geschilderten Diskrepanzen aufweisen.

Die Diskrepanztheorie scheint der Psychologie eine tragfähige wissenschaftstheoretische Grundlage zu liefern und überdies mit den tatsächlichen Möglichkeiten und Verfahrensweisen der psychologischen Forschung in weit besserer Übereinstimmung zu stehen als andere, noch unreflektiert hingenommene vorwissenschaftliche Anschauungen.

2. GENAUERE CHARAKTERISTIK DES GEGENSTANDS UND SEINER MERKMALE

Die Realität des Psychischen. Die psychischen Erscheinungen sind uns nicht von vornherein als solche gegeben und nicht direkt zugänglich. Vielmehr müssen wir erst aus bestimmten, im einzelnen sehr vielgestaltigen Erfahrungen entnehmen, daß unsere Erlebnisinhalte von psychischer Natur sind und nicht einfach Spiegelbilder der Außenwelt. Insofern ist das Psychische etwas Erschlossenes. Dies bedeutet jedoch nicht, es sei etwas weniger Reales als die «äußere» Wirklichkeit. Im Gegenteil, denn wir haben ja erkannt, daß unsere Anschauung von eben dieser Wirklichkeit ein Produkt psychischer Tätigkeit ist. Und damit erkennen wir auch – freilich nachträglich, aber darum nicht weniger sicher – die «äußere» Welt als das Vermittelte und die psychische Tätigkeit als das Vermittelnde. Es besteht kein Grund, die seelischen Erscheinungen als Gegenstand der Psychologie in Zweifel zu ziehen, und die Psychologie ist, was die Sicherheit ihrer Ausgangsbasis betrifft, in keiner ungünstigeren Lage als andere Wissenschaften. Eine andere Frage ist es natürlich, ob und wieweit sich die über das Psychische gebildeten Anschauungen im einzelnen bewähren oder nicht bewähren. Darüber zu entscheiden, ist Aufgabe der Wissenschaft.

Die Psychologie hat es unbedingt mit konkreten Tatsachen zu tun. Sie hat zum Beispiel zu erforschen, wie wir die Umgebung und den eigenen Körper wahrnehmen, wie wir etwas lernen, über einige Zeit behalten und allmählich wieder vergessen, wie wir denken und Aufgaben lösen, wie wir auf etwas mit Emotionen der Freude, der Furcht oder des Zorns reagieren, wie und wodurch wir zu all unserem Tun und Lassen motiviert werden. Die vielfältige Art und Weise, auf die wir mit unserer personalen und sachlichen Umwelt in Beziehung treten und uns mit ihr auseinandersetzen, ist Gegenstand der Psychologie.

Was läßt sich über diese psychischen Prozesse, von denen eben einige als Beispiele genannt wurden, Genaueres aussagen? Gibt es dafür eine umfassende Charakterisierung und lassen sich bestimmte Merkmale angeben, die ihnen allen gemeinsam sind? Einzelne Forscher (Pauli 1927, Lersch 1970) haben in diesem Sinn Prinzipien der Psychologie herausgestellt. Im folgenden sollen hierzugehörige Grundbegriffe und Tatsachen erörtert werden, wobei zu bemerken ist, daß damit auch Fragen angeschnitten werden müssen, die in der Psychologie noch immer als strittig gelten und die daher nicht ohne kritische Diskussion abgehandelt werden können.

Das Psychische als das «Subjektive». Man hat die psychischen Vorgänge als «subjektiv» bezeichnet und sie damit den «objektiv» gegebenen körperlichen Prozessen und überhaupt den Dingen und Vorgängen in der Außenwelt gegenübergestellt. Die Besonderheit der psychischen Ereignisse besteht demnach darin, daß sie als Inhalte des Erlebens jeweils nur einem individuellen Träger, einem Subjekt, angehören. Jeder hat sein eigenes Erleben; es gehört ihm allein; es ist unveräußerlich. Niemand kann mit den Augen eines anderen sehen, mit dem Gehirn eines anderen denken. So ist eine Schmerzempfindung stets ein Erlebnisinhalt einer einzelnen Person. Kein anderer kann eben diesen Schmerz unmittelbar wahrnehmen; er kann allenfalls aus dem äußeren Verhalten jener Person erkennen, daß sie Schmerz empfindet. Aber damit erlebt er nicht eben diesen Schmerz, er hat ihn nicht selbst, es ist nicht sein Schmerz. Andere Personen können natürlich ihrerseits ebenfalls Schmerzen empfinden, aber dann hat jede von ihnen wiederum ihren eigenen, «persönlichen», individuellen Schmerz. Dieser Sachverhalt ist mit dem Begriff der Subjektivität gemeint. Und da dies nicht nur für Schmerzwahrnehmungen und andere Wahrnehmungen gilt, sondern genauso für Gedanken, Gefühle und alle anderen Inhalte des Erlebens, hat man die «Subjektivität» des Psychischen zu einem Prinzip erhoben.

Anders als ein Schmerz, ein Gedanke oder ein Gefühl kann dagegen ein Objekt in der Außenwelt, etwa ein Haus oder ein Baum, grundsätzlich von jedermann wahrgenommen werden. Man sagt daher, es handle sich hier um etwas «Objektives».

So einleuchtend diese Unterscheidung von Subjektivem und Objektivem auch ist, gibt sie doch leicht Anlaß zu Mißverständnissen. Denn es können hier leicht zwei verschiedene Gesichtspunkte miteinander vermengt werden, und sehr häufig geschieht dies auch. Da hieraus schwerwiegende methodologische Irrtümer entstehen, kann nicht eindringlich genug darauf hingewiesen werden.

Wenn man sagt, ein Baum sei etwas Objektives, und wenn man damit meint, er existiere, auch ohne daß jemand ihn sieht, so ist dagegen gar nichts einzuwenden. Denn wir zweifeln nicht daran, daß es eine von unserem Erleben unabhängige Außenwelt gibt. Auch wenn gesagt wird, der Schmerz einer einzelnen Person sei etwas Subjektives, besteht diese Behauptung aus den schon genannten Gründen durchaus zu Recht.

Der sehr häufig begangene Fehler entsteht in dem Moment, in dem behauptet wird, die einzelne *Wahrnehmung* des Baumes sei auch «objektiv». Denn dann wird gegen eine elementare psychologische Tatsache verstoßen: Es wird dann übersehen, daß jegliche Wahrnehmung, gleichgültig ob die eines Schmerzes oder die eines Baumes, nichts anderes ist als ein psychischer, ein subjektiver Inhalt, der jeweils nur einer einzelnen Person zugehört. Denn wird auch der Baum von hundert Personen betrachtet, es liegen dann ebensoviele einzelne, individuelle, subjektive Wahrnehmungen vor. Diese stimmen sehr wahrscheinlich nicht sämtlich genau miteinander überein. Vermutlich werden sich die verschiedenen Einstellungen und Interessen der einzelnen Betrachter hierin unterschiedsbildend auswirken. Und ein Farbenblinder sieht sogar ganz gewiß den Baum wesentlich anders als ein Farbentüchtiger.

Wie das Erleben ganz allgemein, so ist auch jede wissenschaftliche Beobachtung zunächst etwas rein Subjektives. Dies gilt sogar für den Fall, daß die Beobachtung mit Hilfe von Meßinstrumenten ausgeführt wird. Denn auch Instrumente müssen von einzelnen Personen abgelesen werden, denen die Meßwerte als subjektive Wahrnehmungsdaten gegeben sind. Daher hat es keinen Sinn, von «objektiven» Beobachtungen zu sprechen, wenn damit gemeint ist, die Dinge und Vorgänge in der Außenwelt würden dabei so erfaßt, wie sie unabhängig vom wahrnehmenden Subjekt existieren. Wenn wir einen Baum grün *sehen*, so kann dies nicht bedeuten, der Baum müsse auch absolut (das heißt unabhängig von unserem Wahrnehmen) grün *sein*. Hierüber sollte es in der Tat keine Meinungsverschiedenheit geben, und auch darüber nicht, daß wir überhaupt nicht wissen können, wie ein Baum «an sich» aussehen müsse.

Jede Wissenschaft, selbst die exakteste, beruht auf subjektiven Tatsachen, insofern als sie in den Köpfen einzelner Menschen entsteht und weitergebildet wird. Während es aber allen Wissenschaften, ausgenommen die Psychologie, darauf ankommt, die durch das Erleben vermittelte äußere Wirklichkeit zu erforschen, also hinter das Subjektive zu greifen, geht es der Psychologie gerade darum, dieses Subjektive selbst zu untersuchen und die Gesetzmäßigkeiten, die auch hierin herrschen, zu entdecken. Damit wird klar, daß der Psychologie in der Gesamtheit der Wissenschaften eine fundamentale Bedeutung zukommt, wenn sie nur ihre Aufgaben wahrzunehmen versteht.

Die Eigenart der psychologischen Betrachtungsweise. Die Psychologie hat also, wie soeben angedeutet, eine besondere Betrachtungsweise. Dies soll noch durch ein paar Beispiele illustriert werden: Eine optische Täuschung mag für einen Physiker interessant sein, falls durch sie Fehler bei physikalischen Beobachtungen entstehen können. Den Psychologen dagegen interessiert diese Täuschung selbst; er wird versuchen, die Bedingungen für das Auftreten des Täuschungseindrucks herauszufinden. Die Logik fragt danach, ob ein Ergebnis des Denkens formal richtig oder falsch ist, das heißt ob eine Schlußfolgerung bei gegebenen Voraussetzungen gültig ist. Die Psychologie dagegen entscheidet nicht über die formale Geltung von Denkergebnissen, sondern sie fragt nach dem Verlauf des Denkens; sie will etwa feststellen, ob am Denkprozeß stets anschauliche Vorstellungen beteiligt sind, wie sich die Fähigkeit zum Denken im Lauf des Lebens entwickelt, was diese Entwicklung begünstigen oder stören kann usw. Die Ethik versucht, Normen für das sozial verantwortliche Handeln aufzustellen, wobei sie von bestimmten Wertgesichtspunkten ausgeht. Die Psychologie gibt keine moralischen Werturteile ab, doch sie untersucht zum Beispiel, wie es zu dem Phänomen des Gewissens kommt und wie sich die das Gewissen konstituierenden emotionalen Haltungen auf das Handeln des Menschen tatsächlich auswirken.

So hat die Psychologie eine spezifische Betrachtungsweise, ohne einer anderen Wissenschaft die ihre streitig zu machen. Natürlich heißt dies nicht, daß die Psychologie von Ergebnissen anderer Wissenschaften keine Notiz zu nehmen brauchte. Es heißt zum Beispiel nicht, daß die Grundsätze der Logik auf psychologische Schlußfolgerungen nicht anzuwenden wären oder daß der Psychologe sein Handeln nicht an ethischen Normen zu orientieren hätte. Doch dies betrifft nicht den besonderen psychologischen Aspekt, um dessen Klarstellung es hier ging.

Bewußtes und Unbewußtes. Man hat die psychischen Erscheinungen auch mit dem Begriff des Bewußtseins zu kennzeichnen versucht; die neuere Psychologie glaubte anfangs in diesem Begriff, der ihr alles Psychische zu umfassen schien, einen Ersatz für den alten Seelenbegriff gefunden zu haben. Aber die Wörter «Bewußtsein» und «bewußt» sind vieldeutig, und ebenso das Wort «unbewußt». Schon deshalb mußte es hierüber zu endlosen Auseinandersetzungen kommen, bei denen sich die daran Beteiligten oft nicht darauf besannen, in welchem Sinn sie die Begriffe anwendeten.

Mit dem Wort «Bewußtsein» kann sowohl ein innerer Schauplatz psychischer Ereignisse verstanden werden (sie «spielen sich im Bewußtsein ab») als auch ein Merkmal dieser Ereignisse selbst (es kommt ihnen mehr oder weniger Bewußtsein zu). Schon THEODOR WAITZ (1849, S. 64f.) beklagte diesen Doppelsinn. Wird das Wort in der an zweiter Stelle genannten Bedeutung gebraucht, so kann im einzelnen wiederum Verschiedenes damit gemeint sein. Im weitesten Sinn wird als «bewußt» jegliches Erleben bezeichnet. Dies läßt sich durch den Hinweis auf den Zustand der Bewußtlosigkeit verdeutlichen: «Wenn der Arzt von einem Kranken sagt: ‚Er hat kein Bewußtsein', so ist dies gleichbedeutend mit:

er hat keine Empfindungen, fühlt, will und denkt nichts» (Pauli 1927, S. 2). In einem engeren Sinn wird als «bewußt» nur dasjenige verstanden, was sozusagen im Blickpunkt des Erlebens steht und klar festgestellt wird, im Unterschied zu dem, was im Erleben gar nicht recht bemerkt wird, obwohl es bemerkt werden könnte. Ich höre das Schlagen der Uhr in meinem Zimmer, aber es ist mir meist gar nicht deutlich bewußt. Erst wenn ich genau darauf achte, wird es mir bewußt. Die Bedeutung des Wortes Bewußtsein wird noch mehr eingeschränkt, wenn man es nur für solches Erleben verwenden will, in dem «eine Abgehobenheit eines Subjekts von einem Objekt» (Lersch 1970, S. 530) mitgegeben ist, wobei also der Erlebende über sein Erleben reflektiert. Dem Tier und dem Säugling soll in diesem Sinn nichts eigentlich bewußt sein. Es gibt noch speziellere Auslegungen, so etwa wenn Hebb (1973, S. 304) Bewußtsein mit komplexen Denkprozessen gleichsetzt.

Ebenso wie über das Bewußtsein, so gibt es auch über das Unbewußte oder Unbewußt-Psychische verschiedene Auffassungen. Jaspers (1959, S. 10) hat die gängigen Bedeutungen zusammengestellt.

Um Wortbedeutungen würden wir nicht streiten. Aber es scheint uns hinter dem Streit um Worte ein tiefgreifendes Mißverständnis zu stehen, das Mißverständnis nämlich, daß Bewußtsein oder Unbewußtes einerseits und Psychisches andererseits auf derselben Ebene der Betrachtung liegen müßten. Hierzu muß Stellung genommen werden.

Wenn jemand sagt, er sei sich irgendeines Sachverhalts «bewußt», so drückt er damit aus, es sei ihm etwas Bestimmtes in seinem Erleben gegeben, also psychisch gegeben. Daran ist nicht zu zweifeln. Aber was ist psychisch gegeben? Wenn dasjenige, was bewußt ist, stets etwas Psychisches ist, so kann der Satz «Es ist etwas bewußt» ja nur soviel bedeuten wie «Es ist Psychisches psychisch gegeben». Dies entspricht auch in der Tat der von uns bereits kritisierten Ansicht, wonach das Psychische im Erleben direkt vorfindbar sei. Aber man dreht sich im Kreis, wenn man Bewußtes und Psychisches gleichsetzt. Es wird damit auch die Annahme von Unbewußt-Psychischem nahegelegt. Denn viele als psychisch zu bezeichnende Verarbeitungsweisen gelangen im allgemeinen nicht zu einer bewußten Feststellung. Dieses Unbewußt-Psychische muß als ein nicht psychisch gegebenes Psychisches aufgefaßt werden, was ebenfalls recht unbefriedigend ist. Man kann andererseits nicht den Begriff des Unbewußt-Psychischen als einen Widerspruch in sich selbst abtun, wie dies zum Beispiel Jodl (1924, S. 128) versuchte, indem er von vornherein und stillschweigend die Begriffe «bewußt» und «psychisch» als identisch voraussetzte.

Von anderen kaum zu lösenden Problemen, die mit der Gleichsetzung des Bewußtseins mit dem Psychischen überhaupt auftauchen, soll gar nicht erst die Rede sein. Jedenfalls werden hier wissenschaftliche Standpunkte zur reinen Meinungssache, und aus Ratlosigkeit ist man schnell bereit, die Diskussion darüber der Philosophie zuzuschieben, obwohl sie durchaus in der Psychologie am Platze wäre.

Denn es gibt einen für die Psychologie gangbaren Weg: Wir müssen uns zunächst der ursprünglichen Bedeutung des fragwürdigen Begriffs erinnern. Das Wort «Bewußtsein» kommt von «Wissen»; es heißt soviel wie «Haben von Wissen». Wir halten es für notwendig und heilsam, diesem Wort keinerlei andere Bedeutung mehr zu unterlegen. Es ist damit ohnedies angedeutet, daß Bewußtsein als ein Wissen einem Subjekt zukommt, ferner, daß dieses Wissen ein Produkt psychischer Tätigkeit ist. Insofern wird nichts behauptet, was elementaren Tatsachen widerspräche. Aber wir werden das Bewußtsein unter einem anderen Aspekt sehen.

Man spricht von verschiedenen Bewußtseinsgraden. Dies sind Klarheitsgrade des jeweiligen Wissens. Schon der flüchtigste Eindruck, der mir nur sagt «Da ist etwas» oder «Da bewegt sich irgend etwas», bedeutet schon ein Wissen. Aber dieses Wissen ist sehr viel weniger detailliert und differenziert als die völlig klare und bestimmte Wahrnehmung, Erinnerung oder Erkenntnis eines Sachverhalts. Auch wenn ich an etwas zweifle, so weiß ich dabei doch etwas, zum mindesten von einem Problem und von meinem Zweifel. Und wenn das Bewußtsein eingeschränkt oder gestört ist, wie im Fieber oder im Rausch, dann bedeutet dies, daß ich weniger klar und weniger richtig wahrnehme, erinnere, erkenne, also daß mein Wissen beeinträchtigt ist.

Die Menge des Wissens, das ein Individuum haben kann, ist praktisch unbestimmbar. Aber soviel jemand insgesamt auch wissen mag, es kann ihm in jedem Augenblick jeweils nur ein winzig kleiner Ausschnitt davon psychisch gegeben sein. Dies wird als die «Enge des Bewußtseins» bezeichnet (Näheres hierüber bei PORT 1955). Man kann nicht an vielerlei zugleich denken, sondern hat stets nur einige wenige Inhalte psychisch präsent. Alles übrige Wissen ist im «Gedächtnis» gespeichert; es kann aber je nach Umständen von dort abgerufen, gegenwärtig gemacht werden. Wir werden nicht dieses «latente» Wissen, nur weil es momentan nicht aktuell ist, als «unbewußt» bezeichnen. Eher ist hierfür der von ROHRACHER (1971, S.62) verwendete Begriff des «Mitbewußten» angebracht.

Jedes Wissen hat etwas zum Inhalt; es ist Wissen von etwas, von Gegenständen, Lebewesen, Ereignissen und allen denkbaren Sachverhalten. Wir halten es für verfehlt, über das letzte Wesen dieser Inhalte irgendeine Aussage zu versuchen. Der Mensch ist gezwungen, die Eindrücke, die sich ihm bieten, zum einen Teil der äußeren Welt, zum anderen Teil seinem eigenen Zutun zuzurechnen. Wir werden daher nicht damit anfangen, mit metaphysischen Spekulationen nach einem hinter dem uns Zugänglichen stehenden Absoluten greifen zu wollen.

Sinnvoll dagegen kann es sein, die Inhalte unseres Wissens zu klassifizieren. Und da können wir unter anderem unterscheiden: historisches Wissen, physikalisches Wissen, philologisches Wissen und auch psychologisches Wissen. Unbewußt ist uns etwas, solange wir es nicht wissen, gleichgültig, welchem Gebiet dieses Wissen zugeschrieben werden kann. Bewußt ist es uns, sobald wir es wissen.

Für die Psychologie gilt genau das gleiche: Die psychische Verarbeitung erfolgt unbewußt, das heißt, ohne daß wir von ihr etwas wissen. Es besteht hier kein Unterschied gegenüber anderen Ereignissen, die auch vonstatten gehen, ohne daß wir über sie informiert sind, wie etwa das Wachstum der Pflanzen, der Lauf der Planeten. Bewußt wird uns das Psychische, indem wir darüber nachdenken und es dadurch erkennen. Das Psychische als solches ist unbewußt; bewußt ist dagegen das Psychologische, nämlich die Kenntnis vom Psychischen, die man erworben hat.

Das Ich. Ein weiterer Begriff, mit dem sich die Psychologie schon immer sehr schwer getan hat, ist der Begriff des «Ich». Auch dieses Wort wird in verschiedenartigen Bedeutungen aufgefaßt (siehe hierüber Th. Lipps 1901), und es wurden theoretische und philosophische Anschauungen sehr unterschiedlichen Inhalts dazu ausgebildet. Sehen wir von alledem ab, so können wir das Ich betrachten als dasjenige, zu dem die individuellen psychischen Vorgänge jeweils gehören. Damit kann man unter dem Ich eine reine Erfahrungstatsache verstehen. So mag der Leser, der in diesem Augenblick diese Zeilen liest, sich vergegenwärtigen: «*Ich* bin es, der eben in diesem Buch liest; es sind *meine* Eindrücke, Vorstellungen und Gedanken, die ich dabei habe.» Näher beschreiben oder gar definieren läßt sich dieser Sachverhalt allerdings nicht. Versucht man dies doch, so gerät man sofort in Tautologien, das heißt, man erklärt den Begriff immer wieder durch diesen selbst. Denn das Ich ist eine letzte, auf nichts anderes mehr zurückführbare Erfahrungstatsache. Beschreiben und definieren läßt sich aber stets nur etwas «Vorletztes». Das Phänomen, daß es ein Subjekt gibt, welches etwas inne wird, etwas erlebt und weiß, ist keiner Analyse zugänglich. Aus diesem Grund kann das Ich auch nicht erforscht werden und kann die Psychologie auch nicht «Wissenschaft vom Ich» sein. Werden Fragen nach dem Ursprung und nach der Natur des Ich gestellt, so können diese nur durch philosophische Spekulationen beantwortet werden. Psychologische Fragen sind es also nicht.

Die Tatsache des Ich ist indessen, obwohl sie sich nicht weiter erforschen und erklären läßt, etwas unbedingt Gewisses, und es ist ebenso offenkundig, daß die psychischen Vorgänge mit dieser Tatsache zusammenhängen, auch wenn sich nicht behaupten läßt, das Ich sei geradezu das Produkt jener Vorgänge. Es bestünde für die Psychologie kein Grund, den Begriff des Ich ängstlich zu meiden, zumal sich mit der Bezugnahme auf ihn der Gegenstand der Psychologie besser konkretisieren läßt. Denn man kann die Funktion der psychischen Instanzen geradezu darin sehen, daß sie zwischen dem Ich und der äußeren Welt die Mittlerrolle spielen (wobei der eigene Körper mit zur äußeren Welt zu rechnen ist). Dabei ist auch schon die Tatsache berücksichtigt, daß es eine zweitrangige Frage ist, ob diese psychische Tätigkeit bewußt wird oder nicht, ja ob überhaupt ein Erleben stets dazugehört. Wenn die Psychologie die psychischen Vorgänge untersucht, so macht sie keine Aussagen über das Ich (übrigens auch nicht über die äußere Welt), sondern über die Art und Weise, wie das Ich mit seiner Umwelt in Beziehung tritt.

Was ist Objektivität? Das Psychische, ob es bewußt wird oder nicht, kommt immer jeweils einem individuellen Träger, einem Ich, einem Subjekt zu; insofern ist es subjektiv. Davon war schon die Rede, und auch davon, daß keine Wahrnehmung oder Beobachtung objektiv sein kann in dem Sinn, daß damit ein Objekt so erkannt würde, wie es «an sich» beschaffen wäre. Dies ist eine elementare psychologische Erkenntnis, und es mutet geradezu grotesk an, wenn die Psychologie vorgibt, «objektive» Beobachtungen («objektiv» im Sinn von «absolut» verstanden) anstellen zu wollen und anstellen zu können, weil sie sich damit selbst verleugnet. Dabei hätte gerade die Psychologie andere Wissenschaften lehren können, was Objektivität in einem wissenschaftlich brauchbaren Sinn ist.

Läßt man sich nicht von außerwissenschaftlichen Ideen leiten, so kann man unter «Objektivität» nur dies verstehen: die Übereinstimmung der über Dinge oder Vorgänge gemachten Aussagen. Beschreiben zahlreiche Beobachter einen Sachverhalt auf Grund ihrer (subjektiven) Wahrnehmungen in völlig gleicher Weise, so beweist dies, daß die Urteile nicht durch persönliche Eigenarten und Meinungen beeinflußt und verfälscht sind, vorausgesetzt, daß keine gegenseitige Beeinflussung unter den Beobachtern stattgefunden hat.

Mit einer «objektiven» Aussage kann also sinnvollerweise nicht gemeint sein eine Aussage über das unerkennbare Absolute, sondern eine

Aussage, in der konkret nachweisbar viele Beobachter miteinander übereinstimmen. Eine weniger durch metaphysische Vorstellungen vorbelastete Bezeichnung für solche Objektivität ist «Intersubjektivität» oder «Konkordanz».

Wenn alle Beobachter eines Sachverhalts dieselben Angaben darüber machen, so ist aus Gründen der Plausibilität anzunehmen, daß sie auch im wesentlichen dieselben (oder zumindest sehr ähnliche) Wahrnehmungen hatten. Genau genommen läßt sich freilich die Intersubjektivität immer nur in den Aussagen über die Wahrnehmungen nachweisen, da sich die psychischen Inhalte, auf denen diese Aussagen beruhen, ja nicht direkt, von Person zu Person, miteinander vergleichen lassen.

Das Psychische ist subjektiv, die Psychologie als Wissenschaft hat objektiv (im Sinn von «intersubjektiv») zu sein.

Die Objektivität (Konkordanz) kann verschiedene Grade annehmen. Vollkommene Objektivität findet sich verhältnismäßig selten oder nur unter bestimmten Bedingungen. Der jeweilige Grad der Objektivität läßt sich rechnerisch ermitteln. Sehr hoch ist er im allgemeinen, wenn Meßinstrumente verwendet werden können, weil hier in jeder einzelnen Wahrnehmung ein gleichbleibender Maßstab schon mitgegeben ist. So hat man zum Beispiel nur abzulesen, bei welcher Zahl einer Skala der Zeiger des Instruments steht. Auch hier kommen Abweichungen in den Angaben verschiedener Beobachter vor, aber im allgemeinen kann man von vornherein damit rechnen, daß solche Messungen in hohem Grade objektiv sind. Anders dagegen, wenn kein äußerer Maßstab vorliegt, sondern wenn die Beobachter mit einem «inneren» Maßstab arbeiten müssen, das heißt mit Hilfe eines sogenannten Bezugssystems, das auf Erinnerungen an frühere Wahrnehmungen beruht. Man spricht in diesem Fall gewöhnlich nicht von «Messungen», sondern von «Schätzungen». Deren Objektivität ist meist bedeutend geringer. Andererseits liefern nicht unbedingt nur Meßinstrumente beziehungsweise «äußere» Maßstäbe hoch objektive Ergebnisse. So wird zum Beispiel in der Beobachtung, daß ein Stein (bei einer bestimmten Temperatur) «heiß» ist, durchaus mit hoher intersubjektiver Übereinstimmung zu rechnen sein. Wie man daraus ersieht, ist hohe Objektivität nicht etwa nur an die Leistungen des Gesichts- und Gehörssinns gebunden; auch mit dem Tastsinn oder mit dem Temperatursinn gemachte Beobachtungen können durchaus befriedigend objektiv sein. (Weiteres zum Thema «Objektivität» bringt Kapitel IX, 2.)

Wenn das Psychische als «subjektiv» bezeichnet wird, so sollte man sich dabei die eben geschilderten Tatsachen stets gegenwärtig halten, da der Ausdruck sonst leicht zu unzutreffenden Vorstellungen führt. Mit der Subjektivität des Psychischen haben die anderen Wissenschaften ebenso zu rechnen wie die Psychologie selbst. Ebenso wie andere Wissenschaften kommt aber auch die Psychologie zu Resultaten, die nicht eine Sache persönlicher Meinung, sondern intersubjektiv sind.

Daß das Subjektive für denjenigen, der es jeweils hat, etwas Unsicheres sei, wird niemand behaupten, wenn er dabei an sein eigenes Erleben denkt. Man tut auch aus praktischen Gründen gut daran, seine Erlebnisinhalte – auch nachdem man ihre subjektive Natur erkannt hat – als etwas höchst Reales zu betrachten. An ihnen orientiert man sein gesamtes Handeln. Dennoch muß die Psychologie nach intersubjektiven Ergebnissen streben, wenn sie verbindliche Aussagen machen will. Es wäre in der Tat um die Psychologie wie um jede andere Wissenschaft schlecht bestellt, gäbe es nicht die Möglichkeit der Verständigung über Subjektives und könnten nicht die Aussagen über Subjektives untereinander verglichen werden. Daß die Psychologie hierzu in der Lage ist und daß sie dabei methodisch grundsätzlich nicht anders verfährt als andere Erfahrungswissenschaften, kann in den folgenden Kapiteln besser demonstriert werden als durch spezielle Erörterungen an dieser Stelle, die überdies der weiteren Darstellung manches vorwegnehmen müßten. Erwähnt sei hier nur noch, daß objektive (intersubjektive) Ergebnisse nicht notwendig schon «richtige» Ergebnisse bedeuten müssen. Objektivität ist aber eine wesentliche Voraussetzung dafür, daß Resultate als verbindlich anerkannt werden können.

Psychisches und Physisches. Die psychischen Funktionen stehen mit den körperlichen Funktionen in enger Beziehung. Es sei nur darauf hingewiesen, daß Wahrnehmungen von der Tätigkeit der Sinnesorgane, vom Geschehen in Nervenbahnen und in Gehirnzentren abhängen, daß beim Lernen und Denken sich Vorgänge im Gehirn abspielen, daß emotionale Erregungen mit bestimmten körperlichen Veränderungen zusammenhängen, daß die Tätigkeit der Hormondrüsen sich auf die Stimmungslage und die Antriebserlebnisse auswirkt, oder daß ein psychisches Motiv eine koordinierte und zielgerichtete Folge von Bewegungen, eine Handlung, nach sich zieht.

Nach der allgemeinen Erfahrung rechnet man hier mit einem wechselseitigen Zusammenhang: Physische Vorgänge können psychische Veränderungen hervorrufen und psychische Prozesse wiederum physische Veränderungen. Es gibt für diese Beziehung allerdings verschiedene Möglichkeiten der Deutung. Diese bilden den Gegenstand des philosophischen Leib-Seele-Problems. Wir führen sie nur kurz an und nur, um die Aufgaben der empirischen Forschung darauf noch deutlicher werden zu lassen.

a) Seelisches und Körperliches existieren selbständig nebeneinander und sind durch wechselseitige Ursache-Wirkung-Zusammenhänge miteinander verbunden (Wechselwirkungslehre).

b) Zwischen Leib und Seele gibt es keine Beziehungen. Psychische und physische Prozesse verlaufen parallel, wodurch lediglich der Eindruck einer Verbundenheit entsteht (Parallelismus).

Diese beiden Anschauungen heißen *dualistisch*, weil sie zwei voneinander unabhängig existierende Substanzen annehmen, zum Unterschied von den folgenden, die mit nur einer Substanz rechnen und daher *monistisch* genannt werden.

c) Das Körperliche wird als das eigentlich Wirkliche betrachtet, das Seelische als eine Begleiterscheinung, die nur vom Materiellen bewirkt wird und die selbst nicht auf das Materielle zurückwirken kann (Materialismus).

d) Das eigentlich Wirkliche ist ein psychisches beziehungsweise geistiges Prinzip; das Materielle ist lediglich ein Produkt oder eine Erscheinungsform des Geistigen (Spiritualismus oder Idealismus).

e) Seelisches, beziehungsweise Geistiges, und Körperliches sind beides nur für den Betrachter verschiedene Erscheinungsformen einer und derselben Wirklichkeit, sind also im Grunde identisch (Identitätslehre).

Es gibt zahlreiche verschiedene Ausgestaltungen der Versuche zur Lösung des Leib-Seele-Problems; sie lassen sich indessen alle auf eine der fünf genannten Grundformen zurückführen.

Die Frage nach dem Zusammenhang von Leib und Seele ist sachlich eng verknüpft mit der Frage nach dem Wesen der Wirklichkeit überhaupt. Daraus wird wohl schon verständlich, daß die Erörterung dieser Frage nicht Sache der empirischen Wissenschaft, sondern Sache der Philosophie ist. In der Tat kann die empirische Forschung zur Lösung dieses Problems so gut wie nichts beitragen. Andererseits sollte sich die Forschung selbst von bestimmten Voraussetzungen hinsichtlich der Art des Leib-Seele-Zusammenhangs freihalten.

Für die psychologische Forschung ist allein entscheidend, daß überhaupt ein gesetzmäßiger Zusammenhang zwischen psychischen und körperlichen Funktionen besteht. Nach seiner inneren Natur braucht sie nicht zu fragen. Es genügt für die Forschung zu wissen, daß bestimmte äußere Reizsituationen zu bestimmten psychischen Veränderungen führen und daß diese Veränderungen wieder nach außen in Erscheinung treten, sei es als rein körperliche Reaktion, sei es als sprachliche Mitteilung der betreffenden Person über ihr Erleben. Hieraus kann wiederum darauf geschlossen werden, wie jene äußeren Gegebenheiten psychisch verarbeitet werden.

Wir betrachten damit nicht das Leib-Seele-Problem als ein Scheinproblem, auch wenn wir zuvor versucht haben, das Entstehen der großen Konzepte «Seele» und «Welt» als psychische Leistung zu erklären. Denn die Tatsache, daß wir aus psychologischer Notwendigkeit Psychisches und Physisches voneinander trennen und in diesen Begriffen denken müssen, kann nichts darüber aussagen, wie die Wirklichkeit unabhängig von unserer psychischen Verarbeitung beschaffen ist. Das Problem besteht also immerhin.

Das Verhalten. Die Tatsache, daß die psychischen Funktionen einerseits durch äußere Bedingungen angeregt und beeinflußt werden, andererseits sich wieder nach außen manifestieren (ein Sachverhalt, auf dem übrigens jegliche Wissenschaft und darüber hinaus das individuelle und soziale menschliche Leben überhaupt beruht), bildet die Grundlage der psychologischen Forschung in einer speziellen Beziehung: Um über die psychischen Funktionen Aussagen machen zu können, ist die Psychologie auf die Erfassung ihrer Äußerungen, auf die Beobachtung des Verhaltens, angewiesen. Als Verhalten gelten alle von außen feststellbaren Aktivitäten eines Individuums, wie zum Beispiel Muskelbewegungen, nervenelektrische Erscheinungen, Veränderungen im Blutkreislauf, Drüsensekretionen, und nicht zuletzt Laut- und Sprachäußerungen.

Das Verhalten ist ein Geschehen und ist wie jedes andere durch Beobachtung zu erfassen. Es kann an seinem Träger im Unterschied zum subjektiv Gegebenen grundsätzlich von beliebig vielen anderen Personen wahrgenommen werden. Ferner kann ein Verhalten auch Spuren hinterlassen, die von seinem Träger dann losgelöst sind, aus denen sich aber noch später auf dessen vorausgegangenes Verhalten schließen läßt. Es handelt sich hierbei um die verschiedenen Leistungen, die ein Individuum vollbringt. So läßt sich zum Beispiel an Hand einer schriftlichen Leistung unter Umständen feststellen, ob und in welchem Grad eine Person fähig ist, eine bestimmte Denkaufgabe zu lösen. Natürlich kann dies grundsätzlich auch durch die Beobachtung des aktuellen Verhaltensprozesses beim Lösen der Aufgabe festgestellt werden. Aber in sehr vielen Fällen genügt hier die Feststellung des schriftlich fixierten Ergebnisses des Lösungsversuchs.

Gegen die Feststellung, die Beobachtung des Verhaltens sei grundlegend für die psychologische Forschung, kann eingewendet werden, daß mit ihr das psychische Geschehen nicht erfaßt werde, da dieses nur dem Subjekt selbst zugänglich sei. Doch gerade hierin zeigt sich die methodologische Bedeutung des Verhaltens. Ein einzelner Mensch kann zwar sicherlich aus seinem eigenen Erleben manche psychologische Schlüsse ziehen, und es wäre eine Psychologie, die auf den Erfahrungen einer einzelnen Person über sich selbst beruhte, immerhin denkbar, wenn es auch schwer vorstellbar wäre, daß diese Person nicht ihre psychologischen Deutungen des Verhaltens anderer Menschen darin mitverarbeiten würde. Sollte aber solch eine private Psychologie nicht ganz allein auf die Gedankenwelt dieser einen Person beschränkt bleiben, so müßte diese davon etwas in Wort oder Schrift mitteilen. Und damit wären ihre psychologischen Erfahrungen schon zu Verhaltensdaten transformiert. Natürlich wäre damit keine Objektivität gewonnen. Davon könnte allenfalls die Rede sein, wenn die Äußerungen dieser einen Person mit entsprechenden Äußerungen anderer Personen verglichen würden und wenn sich dabei weitgehende Übereinstimmung ergäbe.

Ohne Zweifel richtet sich die psychologische Untersuchung nicht auf die äußeren Reizsituationen und nicht auf die äußeren Reaktionen als solche; es kommt ihr vielmehr auf die zwischen beiden ablaufenden psychischen Prozesse an. Und ohne Zweifel macht auch der Psychologe bei seiner Tätigkeit mit Nutzen von der Kenntnis seines eigenen psychischen Geschehens Gebrauch, vor allem wenn es darum geht, Probleme zu erkennen, Hypothesen aufzustellen und Untersuchungsmöglichkeiten auszudenken. Aber das Ergebnismaterial, das aus der Untersuchung hervorgeht und an dem die Hypothesen geprüft werden, besteht dennoch in Verhaltensdaten.

Es ist jedoch völlig verfehlt, die Psychologie als «Wissenschaft vom Verhalten» zu bezeichnen. Man kann eine Wissenschaft sinnvollerweise nicht nach ihrer Methode, sondern nur nach ihrem Gegenstand, von dem die Methode abhängt, definieren. Andernfalls könnte man auch versuchen – um ein Beispiel aus der Biologie zu gebrauchen – die Gewebelehre als die Wissenschaft vom Mikroskop oder als einen Zweig der Optik zu bezeichnen, weil sie ohne die Verwendung optischer Hilfsmittel an ihr Objekt überhaupt nicht herankäme. Die Psychologie, wenn sie als Wissenschaft betrieben werden soll, käme ohne die Beobachtung des Verhaltens ebenfalls nicht an ihren Gegenstand heran. Sie darf aber deswegen nicht als «Wissenschaft vom Verhalten» mißverstanden werden. Wir betonen dies nicht aus übertriebener Liebe zu begrifflicher Präzision, sondern weil wir sehen, daß eine Wissenschaft, die sich über ihre

Grundlagen nicht klar wird, aus einem Zustand permanenter Krise in Forschung und Praxis nicht herausfinden kann.

Psychische Funktionen als Lebensvorgänge. Psychische Erscheinungen sind offenbar nur in der Welt des Lebendigen anzutreffen; sie gehören zu den Lebenserscheinungen. Mit dieser Feststellung wird eine Reihe speziellerer Aussagen nahegelegt, deren Vergegenwärtigung für die genauere Kenntnis des Gegenstands und auch für das Verständnis der Methoden von Bedeutung ist.

Als Lebenserscheinungen sind die psychischen Vorgänge an eine Einheit, das *Individuum*, gebunden und stehen untereinander in Zusammenhang, derart daß kein einzelner Vorgang unabhängig von dem übrigen Geschehen zu denken ist. Jeder einzelne Prozeß wird durch alles gleichzeitige Geschehen und auch durch das vergangene Geschehen im selben Organismus mitbestimmt. Es ist also mit sehr komplexen Verhältnissen zu rechnen. Diese Tatsache wird man sich auch dann gegenwärtig halten, wenn, wie dies oft notwendig ist, eine bestimmte Erscheinung in scheinbarer Isolierung betrachtet wird.

Hervorzuheben ist auch die *Variabilität* der Lebenserscheinungen. Zwar stimmen die Lebewesen einer Art in allen Grundzügen ihres Bauplans und der Funktion ihrer Organe überein, jedoch ist keines dem anderen als Ganzes völlig gleich, denn jedes einzelne Merkmal variiert innerhalb eines gewissen Spielraums. Dies zeigt sich ausnahmslos, gleichgültig ob es sich etwa um Messungen der Körpergröße, um Beobachtungen der Reaktionen auf einen äußeren Reiz oder um Feststellungen über geistige Leistungen handelt.

Aber nicht nur unter verschiedenen Individuen findet sich ein bestimmtes Merkmal in unterschiedlicher Ausprägung; auch beim einzelnen Individuum führen wiederholte Feststellungen desselben Merkmals – selbst wenn die Meßbedingungen augenscheinlich die gleichen bleiben – zu voneinander abweichenden Resultaten, obwohl der Umfang der Variation hier geringer ist. Es ist also sowohl mit einer *interindividuellen* als auch mit einer *intraindividuellen* Variation zu rechnen.

Diese Variationen sind darauf zurückzuführen, daß an jedem Merkmal wie auch an jedem Prozeß zahlreiche Bedingungen beteiligt sind, deren Kombinationen sich von Mal zu Mal in qualitativer und quantitativer Hinsicht mehr oder weniger stark unterscheiden. So ist zum Beispiel die Körpergröße eines Menschen bedingt durch genetische Faktoren, durch die Menge und die Zusammensetzung seiner Nahrung während des Wachstumsalters und sicherlich noch durch weitere Umwelteinflüsse.

Allerdings findet die Variation nur innerhalb eines begrenzten Bereichs statt und sie darf bei manchen Feststellungen vernachlässigt werden. Es wurde schon erwähnt, daß alle Lebewesen einer Art in den Grundzügen übereinstimmen; andernfalls wären sie nicht derselben Art zuzurechnen. Ferner ist die Variation der Lebenserscheinungen nicht regellos: Wie fast immer zu bemerken ist, tritt eine bestimmte Größe des untersuchten Merkmals am häufigsten auf, und die Abweichungen von ihr nach oben und unten werden um so seltener, je größer sie sind. Die Gesamtheit dieser Werte kann durch die Angabe eines Mittelwerts und eines Kennwerts für das Ausmaß der Variation (Streuung) charakterisiert werden.

Die Komplexität der Bedingungen und die daraus folgende Variabilität der Merkmale bringen für die psychologische Forschung besondere Probleme mit sich. Darauf wird im nächsten Kapitel noch näher einzugehen sein.

Ein anderes Lebensmerkmal, das den psychischen Erscheinungen zukommt, ist die Tatsache der *Entwicklung*. An dem Vorgang der Differenzierung, der mit dem Leben des Individuums beginnt und der über das jugendliche Stadium zur Ausbildung eines Zustands der Reife führt, haben die psychischen Funktionen insgesamt teil. Wie für die Entwicklung allgemein, so ist auch für die des Seelischen das Vorhandensein von ererbten Dispositionen sowie ihre weitgehende Förderung oder Hemmung durch die Einflüsse der Umwelt unbestritten. Bemerkt sei noch, daß der Entwicklungsprozeß eine Quelle der Variation darstellt.

Weitere Charakteristika des Lebens, die sich bei den psychischen Vorgängen zeigen, lassen sich anführen. So sind die psychischen Funktionen insofern *zweckmäßig*, als sie ebenso wie die körperlichen das Leben des Organismus sichern und erhalten. Ein menschliches Wesen, das nichts wahrnehmen könnte, also weder sehen noch hören, Wärme und Kälte usw. verspüren könnte, oder auch nur die wahrgenommenen Eindrücke nicht aufbewahren und weiter verwerten könnte, wäre, auf sich selbst gestellt, gewiß nicht lebensfähig. Mit den übrigen Lebensfunktionen teilen die psychischen indessen auch die Eigenschaft, daß sie in krankhafter Weise beeinträchtigt und verändert werden können.

Ganz allgemein wäre von den psychischen Vorgängen noch zu sagen, daß sie, wie das Leben überhaupt, nicht zu verstehen sind als reine Reaktionen auf irgendwelche Außenweltbedingungen, also nicht als etwas im Grunde Passives, als eine bloße Widerspiegelung von Einflüssen, die den Organismus treffen. Im Gegenteil ist jeder psychische Vorgang zu betrachten als Teil der aktiven Auseinandersetzung des Organismus mit seiner Umwelt mit Hilfe der ihm innewohnenden Kräfte. Aktivität ist hier immer zu erkennen, ob sie sich nun in der Veränderung der Umwelt durch das Lebewesen oder in der Anpassung des Individuums an die Bedingungen der Umwelt manifestiert.

Eine Einsicht, die sich bei unserer Betrachtung nebenbei ergibt, soll nicht unerwähnt bleiben, nämlich die, daß sich die großen Teilgebiete der Psychologie aus der Lebenseigentümlichkeit der seelischen Erscheinungen herleiten lassen. Dies gilt für die *Allgemeine Psychologie*, die auf der Tatsache beruht, daß die psychischen Äußerungen verschiedener Individuen sich in ihren Grundzügen gleichen; es gilt für die *Differentielle Psychologie*, welche speziell die Variation der psychischen Merkmale zum Gegenstand hat, die als Voraussetzung der persönlichen Eigenart beim Menschen besonders interessiert und deren Kenntnis wiederum eine Grundlage für die praktische Anwendung der Psychologie ist. Ferner gilt es offenkundig für die *Entwicklungspsychologie*, deren Aufgabe es ist, hauptsächlich die Ontogenese der psychischen Funktionen von der Geburt des Menschen an, soweit möglich aber auch deren Phylogenese (das heißt die Entwicklung im Lauf früherer Generationen) zu erforschen. Schließlich läßt sich aus der Lebenseigentümlichkeit des Psychischen auch die *Psychopathologie* herleiten, deren Gegenstand die krankhaften Veränderungen der psychischen Funktionen sind.

Das Psychische als Geschehen. Es wurde bereits von psychischen Vorgängen, Prozessen, gesprochen. In der Tat ist es berechtigt, das Psychische als ein Geschehen zu bezeichnen. Nachdem wir, durch diskrepante Erfahrungen von der beschriebenen Art angeregt, der psychischen Verarbeitung auf die Spur gekommen sind, erkennen wir auch, daß hierbei andauernd Veränderungen vor sich gehen. Wir können leicht feststellen, daß die Inhalte unseres Wahrnehmens, Vorstellens oder Denkens nicht verharren. Es herrscht in unserem Erleben ein ständiges Kommen und Gehen von Eindrücken.

Dieser fortwährende Wechsel läßt sich nicht einfach damit erklären, daß auch in der Umwelt sich immerfort Veränderungen abspielen, die im Erleben bloß reflektiert werden. Denn selbst wenn sich außen gar nichts ändert, so ändern sich trotzdem unsere Eindrücke. Es ist uns zum Beispiel nicht möglich, einen ruhenden Gegenstand einige Minuten lang starr fixierend zu betrachten, ohne daß unsere Wahrnehmung sich deutlich ändert. Und was hier schon von einem Wahrnehmungsinhalt gilt, das gilt für andere Inhalte noch eher: Wir sind nicht imstande, einen Inhalt unseres Denkens länger als für ein paar Sekunden uns unverändert gegenwärtig zu halten; er wandelt sich schnell, beziehungsweise er wird von anderen Inhalten abgelöst. (Dies liegt auch geradezu in der Natur des Denkens, denn es ist ein Voranschreiten von einer Ausgangsposition zu einem Ziel.)

Andererseits spricht man in der Psychologie auch von Zuständen, zum Beispiel bei den emotionalen Stimmungen. Wenigstens ist es ungewohnt, hier einen Vorgang zu sehen. Doch auch hier liegt, genauer betrachtet, nichts Beharrendes vor. Einmal ist wahrzunehmen, daß eine Stimmung, etwa eine Depression, nicht plötzlich mit voller Intensität einsetzt, sondern erst allmählich sich entwickelt. Und wenn sie ihre volle Ausprägung erreicht hat, so bleibt sie wiederum nicht konstant, sondern ist zuweilen stärker, zuweilen schwächer, manchmal deutlicher, manchmal weniger deutlich wahrnehmbar. Auch Stimmungen zeigen einen Verlauf, sind also ein Geschehen. Man spricht hier lediglich von «Zuständen», weil sich die Veränderungen verhältnismäßig langsam vollziehen.

Um ein Mißverständnis zu vermeiden, sei noch folgender Hinweis gebracht: Es gibt im Psychischen wie im Physischen bestimmte Merkmale, die eine gewisse Konstanz aufweisen, wie etwa einzelne Persönlichkeitseigenschaften oder die Höhe der Intelligenzleistung. Aber Persönlichkeitsmerkmale sind nur der Ausdruck der Tatsache, daß bestimmte emotionale Prozesse und Motivierungen bei einer Person in relativ konstanter Weise ablaufen. Und die Intelligenzhöhe ist nur Ausdruck für die Leistungsfähigkeit von Lern- und Denkvorgängen. Wenn hierfür ein Maß bestimmt wird, so ist es ein Maß für die Geschwindigkeit und Sicherheit, mit der diese Prozesse vonstatten gehen. Also wird doch etwas erfaßt, dem ein Geschehen zugrunde liegt; es handelt sich um Eigenschaften von Vorgängen, um Verlaufsmerkmale. (Auch bei solchen Merkmalen kann freilich nur mit Einschränkungen von Konstanz gesprochen werden. Weder eine Persönlichkeitseigenschaft noch die geistige Leistungsfähigkeit eines Menschen ist etwas Unbeeinflußbares und völlig Unveränderliches.) Worauf es jetzt ankam, war nur dies: nicht zu verwechseln den Vorgang einerseits und seine Eigenschaften, Merkmale, andererseits. Die Merkmale können tatsächlich einigermaßen gleich bleiben, sind aber doch Merkmale von Vorgängen und nichts Selbständiges neben diesen.

Ebenso wie das Psychische selbst, so sind auch seine Äußerungsformen, die Verhaltensweisen verschiedenster Art, unbestreitbar Vorgänge. Hierzu sind keine besonderen Erläuterungen notwendig. Zu jedem Zeitpunkt zeigt ein Individuum eine Fülle von Verhaltensformen. Selbst wenn wir uns den Extremfall denken, daß ein lebender Mensch eine völlig starre Körperhaltung einnähme, so könnten wir an ihm doch noch viele Verhaltensvorgänge feststellen; denn er hat einen bestimmten Muskeltonus, der auf andauernder Innervation der Muskulatur beruht, er atmet, der Blutkreislauf ist, dank der Herztätigkeit, in Bewegung, der Blutdruck wird vielleicht gewisse Variationen aufweisen usw. Würden wir solche Verhaltensweisen registrieren, so könnten wir aus deren Veränderungen auch beim bewegungslosen Menschen immer noch auf einiges schließen, das sich psychisch in ihm abspielt, etwa auf Veränderungen seiner emotionalen Lage.

Kurz gesagt: So lange der Mensch am Leben ist, zeigt er bestimmte Verhaltensweisen, und diese sind Vorgänge. Erst mit dem Tod haben die Verhaltensvorgänge ein Ende.

Wie wir sehen, hat es die Psychologie durchweg mit Geschehen zu tun. Das Psychische erweist bei genauerer Betrachtung seinen Geschehenscharakter, und das Verhalten, das der Forschung den Zugang zum Psychischen bietet, ist von vornherein und offenkundig ein Geschehen. Daher sind auch die Methoden der Psychologie auf die Erfassung von Vorgängen hin entworfen.

Zusammenfassung. Der Gegenstand der Psychologie und seine allgemeinen Merkmale können durch eine Reihe fundamentaler Sachverhalte charakterisiert werden.

Was wir von der Wirklichkeit wissen, ist uns vermittelt durch psychische Funktionen. Insofern ist das Psychische selbst etwas unbedingt Reales, zumindest kann es nicht weniger wirklich sein als das Bild, welches es uns von der Welt liefert.

Das Psychische wird als «subjektiv» bezeichnet. Dies ist richtig, wenn damit gemeint ist, daß ein jeder seine eigenen Erlebnisinhalte hat und daß diese einem anderen nicht unmittelbar zugänglich sind. «Objektiv» nennt man dagegen dasjenige, was außerhalb des Subjekts, in der Außenwelt, existiert. Objektiv ist zum Beispiel ein Baum, subjektiv die Wahrnehmung dieses Baumes. Wahrnehmungen oder Beobachtungen sind ausnahmslos subjektiv, gleichgültig, über welche Sinnesorgane sie vermittelt und welche Hilfsmittel (etwa Meßinstrumente) dabei verwendet werden.

Das Subjektive als Gegenstand der Psychologie bedingt deren spezifische Betrachtungsweise: Es interessiert sie nicht der Baum (das ist Sache der Botanik), sondern wie ein Baum wahrgenommen wird.

Der alte Streit darum, ob das Psychische, Subjektive, mit dem Bewußten gleichzusetzen sei oder ob es auch ein Unbewußt-Psychisches gebe, beruht auf einem Mißverständnis. Das vieldeutige Wort «Bewußtsein» muß auf die Bedeutung von «Wissen» reduziert werden. Bewußt ist etwas Psychisches, ebenso wie alles Nicht-Psychische, wenn man davon weiß. Unbewußt ist es, solange man keine Erfahrung darüber gemacht hat. Die sogenannten Bewußtseinsgrade sind Grade der Klarheit und Sicherheit des jeweils gegenwärtigen Wissens. Die Menge des in jedem Moment präsenten Wissens ist eng begrenzt; man kann nicht gleichzeitig vieles auffassen oder an vieles, das man in der Tat weiß, gleichzeitig denken («Enge des Bewußtseins»).

Die Psychologie braucht den Begriff des «Ich» nicht zu vermeiden, wenn darunter die Tatsache verstanden wird, daß die psychischen Funktionen einem individuellen Träger, dem Subjekt, zukommen. Das Ich ist etwas absolut Gewisses. Die Psychologie untersucht zwar nicht das Ich, ebensowenig wie sie Bäume untersucht, aber sie kann unter Zuhilfenahme des Ich-Begriffs ihren Gegenstand konkreter bestimmen: Die Psychologie erforscht die Art und Weise, wie das Ich, das Subjekt des Erlebens, mit seiner Umwelt in Beziehung tritt und sich mit ihr auseinandersetzt.

Das Psychische ist subjektiv, doch die Psychologie muß als Wissenschaft objektiv sein. Was aber ist «Objektivität» in einem für die Wissenschaft brauchbaren Sinn? Wir dürfen voll davon überzeugt sein, daß unabhängig von unserem Ich eine Außenwelt existiert, dürfen jedoch nicht glauben, wir könnten diese Außenwelt so erkennen, wie sie «an sich», das heißt unabhängig von der psychischen Verarbeitung unserer Eindrücke, beschaffen ist. «Objektivität» kann in einem für die Wissenschaft brauchbaren Sinn nur bedeuten, daß die Aussagen vieler Beobachter über einen Sachverhalt miteinander übereinstimmen, daß Intersubjektivität oder Konkordanz in den Urteilen besteht. Alsdann sind die Aussagen unbeeinflußt von besonderen persönlichen Meinungen, wenn auch nicht unbeeinflußt von den allgemeinen Eigentümlichkeiten psychischer Verarbeitung, was sie ja nicht sein können. Solche Auffassung von Objektivität enthält keine müßigen Spekulationen. Objektivität in diesem Sinn ist eine Sache des Grades, und ihr jeweiliger Grad kann konkret ermittelt werden.

Psychische Funktionen sind eng verbunden mit körperlichen Funktionen. Über die innere Natur dieses Zusammenhangs gibt es verschiedene Theorien. Sie bilden den Gegenstand des Leib-Seele-Problems. Die Psychologie braucht sich um die Lösung dieser philosophischen Frage nicht zu bemühen. Für sie genügt es, daß überhaupt eine gesetzmäßige Beziehung zwischen Psychischem und Physischem besteht, die es erlaubt, Rückschlüsse vom einen aufs andere zu ziehen.

Besondere Bedeutung hat dies im Hinblick auf das Verhalten. Da die Psychologie als Wissenschaft objektiv sein muß, das heißt auf übereinstimmenden Feststellungen an zahlreichen Personen beruhen muß, und da der Psychologe an das Erleben anderer Personen nicht unmittelbar herankommen kann, ist die psychologische Forschung auf die Erfassung von Verhaltensweisen, von körperlichen Reaktionen jeder Art und von sprachlichen Äußerungen anderer Personen unabdingbar angewiesen. Aus dem Verhalten muß auf die «innere», die subjektive Verarbeitung geschlossen werden. Dennoch ist es unbesonnen und inkonsequent gedacht, wenn man die Psychologie als Verhaltenswissenschaft zu definieren versucht. Denn das Verhalten eröffnet ja nur den Zugang zum Gegenstand der Psychologie.

Die psychischen Funktionen sind selbst den Lebenserscheinungen zuzurechnen, denn sie zeigen die wesentlichen Merkmale des Lebendigen, nämlich Bindung an eine Einheit, das Individuum, enge Verflochtenheit der Vorgänge untereinander und damit hochkomplexe Bedingungsverhältnisse, Variabilität der Bedingungskombinationen und demzufolge auch Variabilität der beobachtbaren Merkmale, wodurch es sehr schwierig wird, die zweifellos bestehenden Gesetzmäßigkeiten zu erkennen, ferner Entwicklung im Wechselspiel von anlagemäßigen Dispositionen und Umwelteinflüssen, Zweckmäßigkeit, wie sie den Lebensfunktionen allgemein zukommt, solange sie nicht krankhaft verändert sind, was aber auch im psychischen Bereich der Fall sein kann. Nicht zuletzt teilen die psychischen Funktionen mit den körperlichen Lebensfunktionen die Eigenschaft, daß sie keine nur passiven Reaktionen sind, sondern Prozesse aktiver Auseinandersetzung des Organismus mit seiner Umwelt. Aus der Zugehörigkeit der psychischen Funktionen zum Bereich des Lebendigen sind auch einige Hauptgebiete der Psychologie herzuleiten und ebenso einige methodologische Gegebenheiten, mit denen die psychologische Forschung stets zu rechnen hat.

Schließlich zeigt sich das Psychische als ein Geschehen; es besitzt «Ereignischarakter». Im Erleben herrscht ein steter Wechsel von Eindrücken. Wo gleichbleibende «Zustände» vorzuliegen scheinen, da handelt es sich, genauer betrachtet, um langsam ablaufende Prozesse. Und wenn man auch relativ konstante Eigenschaften oder Merkmale findet, so sind dies eben immer Eigenschaften und Merkmale eines Geschehens, das dann annähernd gleich verläuft, aber eben doch ein Geschehen bleibt. Dies gilt gleichermaßen für das Erleben wie auch für das Verhalten. Auch die Tatsache, daß die Psychologie stets mit Vorgängen zu rechnen hat, ist für ihre Methoden von fundamentaler Bedeutung.

Weitere Literatur: Traxel (1968, 1969).

III. Methodologische Grundlagen

1. PSYCHOLOGISCHE GESETZMÄSSIGKEIT

Was bedeutet «Gesetzmäßigkeit»? Wissenschaft kann nicht weiter gedeihen, als Gesetzmäßigkeit in ihrem Gebiet herrscht. Wo wir nicht damit rechnen könnten, daß zwischen den Erscheinungen, die wir wahrnehmen, gewisse Beziehungen bestehen, welche es gestatten, beim Vorliegen bestimmter Bedingungen das Eintreten einer bestimmten Folge vorauszusagen, da brauchten wir die Mühen der Forschung nicht erst auf uns zu nehmen; sie wären von vornherein vergeblich.

Wenn wir etwas erforschen, dann setzen wir schon, wenigstens stillschweigend, die Existenz gesetzmäßiger Beziehungen voraus. Dabei brauchen wir nicht einmal zu wissen, worin das Wesen dieser Beziehungen eigentlich besteht; wir müssen uns keine Gedanken etwa über die innere Natur des Ursache-Wirkung-Zusammenhangs machen. Es genügt uns, daß auf ein bestimmtes Früheres ein bestimmtes Späteres mit Sicherheit folgt, gleichgültig, wie und wodurch das Hervorgehen des einen aus dem anderen geschieht.

Mit Gesetzmäßigkeit rechnen wir nicht nur, wenn wir wissenschaftlich denken, sondern auch im Alltag. Wenn ich davon überzeugt bin, daß das Dach über meinem Kopf, das bis heute gehalten hat, unter denselben Umständen wie den bisherigen auch morgen noch halten wird, so vertraue ich auf die fortwährende Geltung der Gesetze der Statik, deren physikalische Formulierung ich freilich gar nicht kennen muß. Wenn ich glaube, daß ein Mensch, den ich als aufrichtig kennengelernt habe, mich auch künftig nicht so leicht belügen wird, so gehe ich schon davon aus, daß sein Erleben und Handeln nicht vom Zufall regiert wird, sondern daß Gesetzmäßigkeit darin ist.

Gesetze im strengsten Sinn des Wortes sind uns vor allem aus der Physik bekannt. Wenigstens in der sogenannten klassischen Physik gibt es solche Gesetze, die eine Beziehung vollständig und exakt beschreiben, keine Ausnahme davon zulassen und deren Geltung sich auch tatsächlich jederzeit nachweisen läßt. Kein konkretes Geschehen in der Natur untersteht allerdings nur einem einzigen Gesetz. Dies gilt selbst für einen scheinbar so einfachen Vorgang wie die Schwingung eines Pendels. Eine einfache Formel besagt zwar, daß die Schwingungsdauer, das heißt die Zeit für einen Hin- und Hergang eines Pendels, nur von zwei variablen Größen abhängt: von der Länge des Pendels und von der Erdbeschleunigung. Da die letztere jeweils am selben Ort der Erde gleich bleibt, ändert sich die Schwingungsdauer an einem bestimmten Ort allein mit der Pendellänge. Aber dies gilt nur für ein «ideales», sogenanntes mathematisches Pendel, das man sich als eine punktförmige, an einem gewichtslosen Faden hängende Masse zu denken hat. Das «physische Pendel» einer Uhr hingegen wird in seiner Schwingung noch von anderen Faktoren beeinflußt: vom Luftwiderstand und von der unvermeidlichen Reibung in der Aufhängung. Auch diese Einflüsse folgen freilich ihrerseits ganz bestimmten, faßbaren Gesetzen. So ist der Vorgang durch mehrere, miteinander interferierende Gesetze determiniert, von denen aber jedes einzelne seine Bedeutung im Ganzen beibehält. So kann ich, obwohl es ein mathematisches Pendel in der Natur nicht gibt, den Gang meiner Uhr, falls sie merklich vor- oder nachgeht, regulieren, indem ich einfach ihr Pendel durch Drehen der Stellschraube verlängere oder verkürze.

Haben wir in der Psychologie nun, was die Gesetzmäßigkeit betrifft, mit völlig anderen Verhältnissen zu rechnen? Auch hier spricht man von Gesetzen. Es gibt zum Beispiel eine Beziehung zwischen der physikalisch meßbaren Stärke eines Reizes und der Intensität des von ihm ausgelösten Empfindungseindrucks. Je mehr Licht etwa eine Fläche remittiert, desto heller wird sie gesehen. Auch diese Beziehung, die nicht in direkter Proportionalität besteht, läßt sich mathematisch formulieren. Doch auch vom Helligkeitseindruck gilt, daß er nicht von einem Gesetz allein bestimmt wird. So spielt hierbei unter anderem der Adaptationsgrad, das heißt der jeweilige Grad der Gewöhnung des Auges an die momentanen Lichtverhältnisse, eine Rolle. Ebenso der Kontrast: Wie hell eine Fläche gesehen wird, hängt auch von ihrer mit ihr zugleich wahrgenommenen Umgebung ab. Dasselbe Grau ist auf schwarzem Grund sehr viel heller als auf weißem. Adaptationsgrad und Kontrast folgen ihrerseits eigenen, formulierbaren Gesetzen. So ist also die wahrgenommene Helligkeit einer Fläche, wenn wir von noch weiteren Einflüssen hier absehen, bestimmt erstens durch eine allgemeine Beziehung zwischen Lichtremission und Helligkeit, zweitens durch die Adaptation und drittens durch den Kontrast.

Gesetze lassen sich nicht nur auf dem Gebiet der Wahrnehmung, sondern auch in anderen Bereichen psychologischer Forschung erkennen: Gesetze über den Verlauf des Lernens und des Vergessens, ja sogar über emotionales Geschehen.

Ist nun die Gesetzmäßigkeit, mit der die Psychologie zu rechnen hat, in ihrem Wesen eine andere als die, mit der Physik, Chemie oder Biologie zu tun haben? Als man versuchte, die Psychologie in eine «erklärende» und in eine «verstehende» aufzuteilen, wurde dies in der Tat oft behauptet. Die Zusammenhänge im Psychischen, so wurde argumentiert, seien innerlich nachvollziehbar, einfühlbar, die nichtpsychischen (zum Beispiel physikalischen) Zusammenhänge dagegen lediglich «von außen» erfaßbar. Damit sollte für den psychischen Bereich auch eine besondere Art des Geschehenszusammenhangs konstruiert werden. Aber dies war eine überflüssige Annahme, die sich durch nichts wirklich stützen ließ. Denn unter dem Begriff der Gesetzmäßigkeit hat man ein Prinzip von so allgemeiner Natur zu verstehen, daß man schwerlich mit sinnvoller Begründung von verschiedenen Arten von Gesetzmäßigkeit – etwa je nach der Art ihrer Feststellung oder je nach den besonderen Gegenständen der einzelnen Wissenschaften – reden kann. Wenn wir hier von «psychologischen Gesetzen» sprechen, so meinen wir damit nur, daß sie psychische Beziehungen zum Inhalt haben, nicht aber, daß es Gesetze von einer besonderen Art wären. (Was das Verhältnis von Erklären und Verstehen betrifft, so verweisen wir auf die ausführlichere Behandlung dieses Themas in Kapitel XI. Dort wird auch gezeigt, daß die sogenannte verstehende Deutung von Zusammenhängen durchaus von allgemeinen, die Psychologie übergreifenden Regeln des Denkens Gebrauch machen muß.)

Die Erkennbarkeit psychologischer Gesetze. Daß im psychischen Geschehen Gesetzmäßigkeit herrscht, daran kann wohl kaum gezweifelt werden. Eine andere Frage ist es, mit welchem Grad von Sicherheit und Genauigkeit ein einzelnes psychologisches Gesetz sich erkennen und nachprüfen läßt. Hierin liegt in der Tat das große Problem der Psychologie.

Ein Gesetz kann um so eher entdeckt werden, je besser die an einem Geschehen beteiligten Bedingungen überschaut werden können, je eindeutiger sie sich in Maß und Zahl ausdrücken lassen und je klarer sie sich voneinander isolieren lassen. Diese Voraussetzungen sind in der Physik weitgehend erfüllt, in der Psychologie sind sie nur teilweise, und dies nicht einmal in allen ihren Gebieten, gegeben. Seit es eine systematische psychologische Forschung gibt, steht sie in einem langwierigen, zähen und oft nicht sehr erfolgreichen Kampf mit den hieraus entstehenden Schwierigkeiten.

Wie schon erwähnt, gehören die psychischen Prozesse zu den Lebenserscheinungen; sie besitzen deren allgemeine Eigenschaften. Dazu gehört auch die Vielzahl der an jedem einzelnen Vorgang beteiligten Bedingungen und ihr außerordentlich verwickeltes Ineinandergreifen.

An der von KÜLPE (1913) aufgestellten Funktionsformel für Gefühle läßt sich dies gut demonstrieren. Sie lautet:

$$G = f\,[I, D, E_{(r,\,i,\,a)}, R_{(v,\,m)}]$$

Die einzelnen Buchstaben stehen für verschiedene Entstehungsbedingungen eines bestimmten Gefühls. Es bedeuten: I die Individualität des Subjekts, das heißt seine allgemeine emotionale Ansprechbarkeit, sein «Temperament»; D seine momentane Disposition, seine «Stimmung»; E die aktuellen gefühlserregenden Bedingungen; dies können im einzelnen sein: bestimmte Reize (r), Inhalte (i) oder Akte, psychische Tätigkeiten (a); R die Reaktionen auf eine bereits vorangegangene Gefühlserregung, die auf ein neu entstehendes weiteres Gefühl zurückwirken, und zwar teils vorstellungsmäßig, gedanklich (v), teils motorisch-kinästhetisch (m). Mit letzterem sind körperliche Begleiterscheinungen des primären Gefühls gemeint, die vom Subjekt empfunden werden und damit wieder die neue Gefühlserregung beeinflussen.

Hier ist offenbar mit noch komplizierteren Verhältnissen zu rechnen als in dem zuvor erwähnten Beispiel der Helligkeitsempfindung. Nehmen wir einmal an, daß KÜLPES Formel tatsächlich alle relevanten Faktoren enthält, so sind diese Faktoren doch nur ihrer Art nach angegeben. Wir ersehen daraus noch nichts über ihr Ineinandergreifen und Zusammenwirken und über die Gewichtigkeit des einen oder anderen innerhalb des Ganzen. Ferner sind die Möglichkeiten, etwa die allgemeine emotionale Ansprechbarkeit einer Person und ihre augenblickliche Stimmungslage voneinander abzugrenzen und genau und womöglich quantitativ zu bestimmen, recht beschränkt. (Auch von der Anwendung von «Persönlichkeitstests» kann man hier nicht allzuviel erwarten.)

Dennoch ist dies nicht so zu verstehen, als herrsche im psychologischen Bereich keine Gesetzmäßigkeit, als sei hier der Ablauf des Geschehens ohne alle Regel. Im Gegenteil. Wir dürfen davon überzeugt sein, daß die gesamte psychische Verarbeitung mit allem, was daraus hervorgeht, allgemeinen psychologischen Gesetzen unterliegt. Freilich, kein einzelnes Ereignis, welcher Art auch immer, wird sich durch ein einzelnes Gesetz beschreiben lassen, in der Psychologie noch weniger als anderswo. Jedes individuelle Geschehen und jedes individuelle Merkmal muß hier als eine Resultante aus zahlreichen allgemeinen Gesetzmäßigkeiten aufgefaßt werden. So schreibt FRAISSE (1966, S. 11f.):

«In der Medizin zum Beispiel gibt es viele typische Krankheiten. Der Patient kann an einer dieser Krankheiten leiden, aber seine Reaktion wird von seiner Konstitution abhängen. In der Psychologie kann man Merkmale und Zeitabschnitte der Pubertätskrise angeben, aber dieses allgemeine Schema zeigt sich in jedem einzelnen Fall etwas verändert durch allgemeine Gesetze, die aus der Stellung des Kindes in der Geschwisterreihe, seinem sozialen oder ethnischen Milieu oder aus seinem Gesundheitszustand folgen.»

Wenn verschiedene Individuen unter denselben äußeren Verhältnissen unterschiedlich reagieren, so ist dies verständlich aus der Verschiedenheit der individuellen Bedingungskonstellationen. Diese sind jeweils abhängig von der gesamten Geschichte des betreffenden Individuums oder auch mehr von seiner momentanen Disposition. Würden wir alle hier herrschenden Bedingungen kennen, so könnten wir grundsätzlich mit Gewißheit die auf ebenso bekannte Einflüsse hin eintretenden Reaktionen vorhersagen.

Wir können indessen niemals die im individuellen Fall wirksamen Bedingungen alle kennen. Daher hat die psychologische Forschung keinen leichten Stand. Andererseits, wenn man sich mit Befunden und Voraussagen begnügt, die nicht die volle Gewißheit, sondern nur eine annehmbare Wahrscheinlichkeit beanspruchen, so ist nicht die lückenlose Kenntnis sämtlicher Bedingungen Voraussetzung, sondern nur die einiger besonders wesentlicher. Oft läßt sich alsdann sogar angeben, welcher Grad von Sicherheit einer Feststellung beziehungsweise einer Prognose zukommt.

Psychologische Gesetze als «statistische» Gesetze. Wie lassen sich im Bereich des Lebendigen überhaupt allgemeine Gesetze erkennen? Nehmen wir zum Beispiel an, es solle erforscht werden, wie sich die Menge der angebotenen Nahrung auf das Größenwachstum einer bestimmten Tierart auswirkt. Das Wachstum ist von mehreren, von uns zum Teil nicht kontrollierbaren Bedingungen abhängig, nicht nur von der Nahrungsmenge. Wir haben daher zu erwarten, daß einerseits gleich ernährte Individuen verschieden groß sein werden und daß andererseits verschieden ernährte Individuen dennoch von gleicher Größe sein können. Solange wir die Individuen einzeln betrachten, werden wir unter Umständen von einer Gesetzmäßigkeit kaum etwas bemerken.

Ganz anders jedoch, wenn wir nicht bei den einzelnen Meßwerten bleiben, sondern Durchschnittswerte bilden, nämlich einen Durchschnittswert der erreichten Körpergröße für alle reichlicher ernährten und einen für alle weniger reichlich ernährten Tiere. Wir ersehen daraus mit einem Mal klar, daß die Nahrungsmenge tatsächlich von Einfluß auf das Größenwachstum ist, denn die Tiere, die weniger Nahrung hatten, sind – wie der Vergleich der Mittelwerte zeigt – deutlich in ihrem Wachstum hinter den besser ernährten zurückgeblieben.

In den Mittelwerten gibt sich die Gesetzmäßigkeit zu erkennen. Im Mittelwert ist die Variation der Einzelwerte aufgehoben und, unter bestimmten Voraussetzungen, sind damit auch die für die beabsichtigte Feststellung unwesentlichen, im einzelnen gar nicht bekannten Bedingungen sozusagen gegenseitig neutralisiert. Man kann also davon sprechen, daß «unter sonst gleichen Bedingungen» ein bestimmter Faktor diesen oder jenen Einfluß ausübt.

Wenn nun zum Beispiel festgestellt werden soll, ob sich zwei verschiedene Lehrmethoden unterschiedlich auf den Lernerfolg bei Kindern einer bestimmten Altersstufe auswirken, so liegen, was die Erkennung einer etwa bestehenden Gesetzmäßigkeit betrifft, im Prinzip dieselben Verhältnisse vor. Die einzelnen Kinder sind in vielerlei Merkmalen voneinander verschieden, insbesondere werden von vornherein manche ein besseres, manche ein schlechteres Gedächtnis haben, manche stärker, manche schwächer überhaupt zum Lernen motiviert sein. Sie werden schon allein deshalb, unabhängig von der Art der Lehrmethode, teils besser, teils schlechter abschneiden. Wenn wir eine Aussage über die Ergiebigkeit beider Methoden machen wollen, so müssen wir uns wiederum auf Durchschnittswerte stützen: Wir müssen einen Mittelwert jeweils für den Lernerfolg bei der einen und bei der anderen Methode errechnen. Hierin wird sich dann zeigen, welcher von den beiden Methoden der überwiegende Erfolg zukommt, falls überhaupt ein Unterschied besteht. Und je größer die Differenz zwischen den beiden Mittelwerten ausfällt, um so sicherer wird sich konstatieren lassen, daß die eine Lehrmethode zu einem höheren, die andere zu einem geringeren Lernerfolg führt. (Von den speziellen Maßnahmen, die zu treffen sind, damit Mittelwerte sinnvoll miteinander verglichen werden können, sei hier noch nicht die Rede.)

Wie man sieht, sind Wissenschaften, die es mit Lebenserscheinungen zu tun haben, und somit auch die Psychologie, auf statistische Verfahren angewiesen. Denn Mittelwerte, und auch andere Maße, mit denen die Psychologie arbeitet, sind statistische Größen. Die Gesetze, welche die

Psychologie formulieren kann, sind «statistische Gesetze», das heißt Gesetze, die auf Durchschnittswerten beruhen und die für Durchschnitte gelten.

Wir sprechen von «statistischen Gesetzen», und nicht von «statistischer Gesetzmäßigkeit». Dies mag wie eine allzufeine Unterscheidung anmuten, hat aber seinen guten Grund: Wir gehen davon aus, daß im psychischen Geschehen auch im individuellen Fall jeder einzelne Vollzug strenger Gesetzmäßigkeit folgt, das heißt, daß auch hier eine bestimmte Konstellation von Bedingungen immer zum gleichen Ergebnis führen muß. Allein, die gleiche Bedingungskonstellation wiederholt sich nur selten, und daher finden wir kaum die Gleichförmigkeit im Geschehen, wie wir sie in der Physik beobachten können. Nur in der Zusammenfassung einer größeren Zahl von Fällen, wobei die unterschiedlichen Konstellationen sich ausgleichen, erkennen wir klar die allgemeine Gesetzmäßigkeit und dann eben als statistisches Gesetz.

Allerdings müssen nicht für alle Feststellungen zuerst Mittelwerte errechnet und miteinander verglichen werden oder andere statistische Verfahren angewendet werden. Wo die Beziehung zwischen Bedingungen und Folge unmittelbar und überschaubar zutage tritt, da brauchen wir nicht viele Beobachtungen, weil dann kaum mit unbekannten Bedingungen gerechnet werden muß. Um zu erkennen, wie oft eine Lähmung der vom Nervus ischiadicus versorgten Muskeln eintritt, wenn dieser Nerv durchschnitten wird, braucht man keine Sammlung von einschlägigen Fällen anzulegen (CLAUDE BERNARD 1865, S. 192). Und um zu erfahren, wie oft Menschen mit Unlustgefühlen reagieren, wenn sie plötzlich bemerken, daß ein angestrebtes wichtiges Ziel nicht erreichbar ist, bedarf es wohl auch nicht zahlreicher Beobachtungen. Indessen haben wir es in der Psychologie weniger häufig als etwa in der Biologie mit derart direkten und offenkundigen Zusammenhängen zu tun.

Zusammenfassung. Forschung ist nur so weit sinnvoll, als Gesetzmäßigkeit im Untersuchungsgegenstand angenommen werden kann. Auch im täglichen Leben gehen wir davon aus, daß Gesetzmäßigkeit in allem Geschehen herrscht, in der unbelebten Natur ebenso wie im Verhalten unserer Mitmenschen. Kein einzelner Vorgang, nicht einmal die Schwingung eines Pendels, läßt sich indessen durch ein bestimmtes einzelnes Gesetz allein beschreiben. Stets unterliegt ein konkretes Geschehen mehreren Gesetzen, durch die es modifiziert zu denken ist. Dennoch behält jedes Gesetz seine Bedeutung innerhalb des Ganzen erkennbar bei.

Auch in der Psychologie lassen sich Gesetze finden. Es besteht kein

Grund, anzunehmen, daß im psychischen Geschehen eine Gesetzmäßigkeit von besonderer, anderer Art als sonst in der Wirklichkeit vorläge. Jedoch ist es schwieriger, psychologische Gesetze zu erkennen als etwa physikalische. Denn am psychischen Geschehen sind wie an jedem Lebensgeschehen besonders viele und kompliziert zusammenhängende Bedingungen beteiligt, die sich vorwiegend nicht als exakte Größen darstellen lassen und die schwerlich voneinander zu trennen sind. Zudem sind diese Bedingungen nicht einmal der Art nach sämtlich bekannt.

Trotz dieser Erschwerungen kann die Psychologie zur Erkenntnis gesetzmäßiger Beziehungen gelangen, wenn sie sich dabei auf Durchschnittswerte stützt. In Mittelwerten sind unter bestimmten Voraussetzungen die unkontrollierbaren und unbekannten Faktoren aufgehoben, und Mittelwerte sind daher weit eher vergleichbar als einzelne Beobachtungsdaten. Die Psychologie ist aus diesen Gründen auf die Anwendung statistischer Verfahren angewiesen. Ihre Gesetze sind «statistische Gesetze». Nur in solchen Fällen, in denen ein sehr enger, unmittelbarer und ohne weiteres einsehbarer Zusammenhang vorliegt, bedarf es keiner statistischen Verarbeitung einer größeren Anzahl von Erfahrungsdaten.

2. DAS GANZE UND DIE ANALYSE

Hat das Ganze Teile? In der älteren Psychologie war viel von «psychischen Elementen» die Rede. Man wollte darin «gewissermaßen Bausteine sehen, die einfach aneinander gefügt das Ganze ergeben» (PAULI 1930, S. 27). So sprach man insbesondere von Empfindungselementen (zum Beispiel einfache Farb- oder Helligkeitseindrücke), aber auch von Vorstellungs- und Gefühlselementen. Eine komplexe Gesichtswahrnehmung, etwa die einer Landschaft, könnte man sich demnach zusammengesetzt denken aus vielen solcher Elementarbestandteile. Die Frage, welche Arten und welche Anzahl von psychischen Elementen anzunehmen seien, hat die Psychologie zeitweise sehr beschäftigt.

Etwa seit der Jahrhundertwende wurde der Begriff des psychischen Elements in wachsendem Maß kritisiert. Das Ganze, so wurde geltend gemacht, sei mehr als die Summe seiner Teile. Dies ist nun, wie viele Schlagworte, sachlich nicht ganz zutreffend: Es kann etwas gewiß nie *mehr* sein als die Summe seiner Teile (falls es überhaupt Teile hat). Aber zweifellos war mit jenem Satz etwas Richtiges gemeint: Ein Ganzes kann Eigenschaften haben, die sich nicht aus den Eigenschaften seiner Teile ableiten lassen. Die Wahrnehmung einer Landschaft läßt sich in der Tat nicht als ein Mosaik von Farb- und Helligkeitsempfindungen verstehen. Dies war freilich auch schon JOHN STUART MILL (1806–1873) geläufig. Er vertrat in seiner Lehre von der «psychischen Chemie» (mental chemistry) die Auffassung, daß die Verbindungen der psychischen Elemente andere Eigenschaften hätten als diese Elemente selbst. Später sprach WUNDT in diesem Sinn von der «schöpferischen Synthese».

Kann man aber überhaupt beim Psychischen von Teilen oder Elementen reden? Hierüber hat sich bereits KANT (1786, Vorrede) sehr klar und entschieden geäußert. Er meinte, daß sich das «Mannigfaltige der inneren Beobachtung nur durch blose Gedankentheilung von einander absondern, nicht aber abgesondert aufbehalten und beliebig wiederum verknüpfen» ließe. Damit ist gesagt, daß man das Psychische nicht wie einen körperlichen Gegenstand in einzelne Bestandteile zerlegen kann und daß sich daher auch nicht aus dem Ganzen herausgelöste Komponenten voneinander unabhängig zur Wirkung bringen lassen, wie dies etwa in der Physik oder in der Chemie geschieht. KANT zog hieraus schwerwiegende Folgerungen für die Psychologie als Wissenschaft.

Andere Forscher pflichteten zwar diesen Folgerungen KANTS nicht bei, widersprachen ihm jedoch nicht im übrigen. So vertrat BRENTANO

(1874) den Standpunkt, daß das Psychische eine unteilbare Einheit sei, was aber noch nicht bedeute, daß es auch etwas Einfaches sein müsse. Innerhalb des Gesamtphänomens ließen sich aber Teilphänomene («Divisive», wie BRENTANO sie nannte) unterscheiden. Dem entspricht es, wenn KLAGES später (1948, S. 37) mit speziellerem Bezug auf den menschlichen Charakter auf den Fehler hinwies, Eigenschaften mit Teilen zu verwechseln, und feststellte: «Teile lassen sich trennen, Eigenschaften nur unterscheiden.»

Indessen scheinen selbst die Vertreter der sogenannten Elementenpsychologie nicht mit konkret isolierbaren Teilen des Psychischen gerechnet zu haben. PAULI (1930, S. 27) schrieb, die «atomisierende Auffassung», die «Bündeltheorie», hätte besonders der Assoziationspsychologie nahegelegen, sei aber von ihr gar nicht ausdrücklich vertreten worden. Und WUNDT, von vielen für einen «Elementaristen» gehalten, schrieb die folgenden Sätze (1908, S. 401): «Die psychischen Elemente sind ... insofern reine Produkte begrifflicher Abstraktion, als sie in dem isolierten und beharrenden Zustand, in dem wir sie uns zum Behuf der Untersuchung ihrer fundamentalen Eigenschaften denken, keine Realität besitzen. Gleichwohl sind sie unmittelbare Inhalte der wirklichen Erfahrung selbst, da sie niemals anders gedacht werden können, als mit den ihnen in der unmittelbaren Wahrnehmung zukommenden Eigenschaften.» Der zweite Satz mag fragwürdig sein, aber der erste läßt jedenfalls klar erkennen, daß WUNDT die psychischen Elemente keineswegs in direkter Analogie zu den real existierenden Elementen der Chemie verstanden wissen wollte. DAVID KATZ, ein Forscher, der gewiß nicht jener «atomistischen» Psychologie nahestand, bemerkte daher zu den Vorwürfen, die gegen sie erhoben wurden, sicherlich mit Recht, «daß sich die Ankläger hier doch wohl einer gewissen Übertreibung schuldig gemacht und eher eine Karikatur als ein korrektes Porträt der älteren Psychologie geliefert haben» (1948, S. 9). Ohne auf die Anlässe dieser Übertreibungen und Entstellungen einzugehen, können wir feststellen, daß in der angeblich so strittigen Frage seit jeher faktisch mehr Einmütigkeit herrschte, als dies manche pointierten Formulierungen eines Standpunktes vermuten lassen: Das Psychische hat keine separablen Bestandteile, es hat lediglich unterscheidbare Merkmale.

Um Mißverständnisse zu vermeiden, sei betont, daß sich dies alles auf das «innere», psychische Geschehen bezieht. Die äußeren Bedingungen, durch die psychische Reaktionen ausgelöst werden, sind natürlich zum großen Teil weitgehend isolierbar und voneinander getrennt zu handhaben. Eine geometrische Figur, mit der ich optische Täuschungen untersuchen will, ist mir in allen Stücken bekannt, und ich kann auch nach Belieben einzelne Merkmale der Figur (als Bedingungen) voneinander unabhängig verändern, ohne daß dabei etwas meiner Kontrolle entgehen müßte. Ich kann ebenso die einzelnen Merkmale einer Unterrichtsmethode, das heißt die Art und Weise, wie sie angewendet werden soll, in allen Details festlegen und auch diese Details variieren, je nachdem, was ich erproben will. Ja sogar die äußere Gesamtsituation kann ich hinreichend unter Kontrolle bekommen, wenn ich an vielerlei Umstände denke und sie berücksichtige. Allein auch dies ist zu bedenken: Die äußeren Bedingungen, die überschaubar, meßbar, isolierbar und variierbar sind, werden sofort zu inneren Bedingungen transformiert und fließen mit anderen, schon vorhandenen inneren Bedingungen zusammen. Ich stelle zum Beispiel mit einfachen klaren Worten einer Person eine Aufgabe. Wie diese Aufgabe von ihr aufgefaßt wird, hängt aber von inneren Bedingungen ab, zum Beispiel von der momentanen Konzentration bei dieser Person.

Dies also ist die Lage, mit der die Analyse in der Psychologie zu rechnen hat: Sie soll sich auf dieses innere Geschehen richten, an dem stets vieles untrennbar mitbeteiligt ist, was wir gerade nicht untersuchen wollen. Auf Grund des uns zugänglichen Zusammenhangs zwischen äußeren Situationen und äußeren Reaktionen soll die innere Verarbeitung, die ein unteilbares Ganzes darstellt, analysiert werden.

Analyse ist unvermeidlich. Die Analyse in der Psychologie kann nicht im dinglichen, stofflichen Bereich, sondern nur auf der gedanklichen Ebene vollzogen werden. (Man kann hierin eine gewisse Analogie zur Analyse in der Logik und in der Mathematik sehen.) Dieser Umstand und die Schwierigkeiten, die sich damit zweifellos verbinden, haben immer wieder einzelne Forscher dazu veranlaßt, die Analyse für die Psychologie überhaupt abzulehnen.

Aber ohne Analyse auf dieser oder jener Ebene kommt eine Wissenschaft nicht aus. Das Wort SPRANGERS (1925, S. 13) von der «zerstörenden Analyse» kann nur auf einem Mißverständnis der tatsächlichen Möglichkeiten und des tatsächlichen Verfahrens psychologischer Analyse beruhen. Ist nicht SPRANGER selbst auf seine Weise analytisch vorgegangen, indem er bestimmte «Lebensformen» des Menschen unterschied oder gewisse Prinzipien in der seelischen Entwicklung des Jugendlichen herauszuarbeiten versuchte? Die Gefahren der Analyse liegen nicht in der befürchteten Zerstörung des Ganzen, sondern vielmehr in falschen Unterscheidungen und in der Bildung unangemessener Begriffe und theoretischer Vorstellungen, die den Fortschritt der Forschung behindern können.

Was bedeutete es für eine Wissenschaft, wenn sie auf analytisches Denken verzichten wollte? Da es keine Wissenschaft und keine einzelne wissenschaftliche Richtung gibt, welche tatsächlich einen solchen Verzicht geleistet hätte, könnte man allenfalls in einem Gedankenexperiment die Konsequenzen entwickeln, die sich daraus ergäben. Jedenfalls könnte nicht daran gedacht werden, irgendwelche gesetzmäßige Beziehungen zu erkennen; es wäre nicht möglich, Klassifikationen aufzustellen; es könnten vielleicht undifferenzierte und unverbindliche Aussagen über das Ganze gemacht werden, wahrscheinlich aber nicht einmal das.

Auch von Vertretern der «Ganzheitspsychologie», einer Richtung also, die am ehesten zu Vorbehalten gegenüber analytischen Verfahren neigen mußte, ist dies anerkannt worden. So schreibt EHRENSTEIN, ein Ganzheitspsychologe sei nicht ein Forscher, «der seinen Namen daher hat, weil er nur vom Ganzen des Bewußtseins in allgemeinen Sätzen redet, sondern er ist durchaus ein Freund genauer, wo es angängig ist, in Maß und Zahl die gewonnenen Ergebnisse darstellender Analyse – Analyse freilich nach dem Verfahren des Vergleichs verschiedener Gesamtumstände» (1947, S. 27).

Die Tatsache, daß wir gezwungen sind, auch da, wo wir nicht Teile räumlich voneinander trennen können, analytisch vorzugehen, indem wir wenigstens gedanklich Sonderungen vornehmen, mag als Hinweis auf eine fundamentale Eigenschaft unseres Denkens verstanden werden. Das Denken ist, wie FRAISSE (1966, S. 23) sagt, ebenso wie der Blick oder die Rede an die Folge gebunden. Nur im Nacheinander können wir die Dinge erfassen und beschreiben, und dies setzt schon Analyse voraus. Andererseits wird man in den analytischen Unterscheidungen nicht lediglich willkürliche Akte des wahrnehmenden und denkenden Subjekts sehen. Vielmehr scheinen die Unterscheidungen, die man trifft, wenigstens zum Teil, innerhalb des Gegenstands schon vorgeprägt. Wenn man die Wahrnehmungen nach verschiedenen Modalitäten, wie Sehen, Hören, Riechen, Schmecken und so weiter einteilt, so ist dies offenbar mehr als ein Kunstgriff des Denkens. (Dabei darf freilich nicht übersehen werden, daß zum Beispiel Sehen und Hören bei unserer Orientierung in der Umwelt eng zusammenarbeiten und daß wir ihre Leistungen meist nicht bewußt voneinander zu trennen versuchen.) Während sich Wahrnehmungsarten voneinander unterscheiden lassen, können wiederum weitere psychische Funktionen gegenüber den Wahrnehmungen abgegrenzt werden, und zwar jeweils auf Grund bestimmter Merkmale. Nicht immer allerdings ist die Abgrenzung zwischen verschiedenen Funktionen so eindeutig wie etwa die zwischen Sehen und Hören.

Ziele der Analyse in der Psychologie. Je nach dem spezielleren Gegenstand der Untersuchung und je nach den angewendeten Verfahren lassen sich verschiedene Arten und verschiedene Ebenen der Analyse aufweisen. Hier seien nur die Analyse von Strukturen und die Analyse von Bedingungen als die wohl wichtigsten Arten erwähnt. Die Strukturanalyse ist der Analyse in der Chemie formal nicht unähnlich. So wie man in der Chemie untersucht, aus welchen Elementen eine Verbindung besteht, so kann man in der Psychologie untersuchen, welche unterscheidbaren Teilleistungen in einer komplexen Intelligenzleistung enthalten sind (freilich mit dem Unterschied, daß man in der Psychologie, wie zur Genüge ausgeführt, nicht mit effektiv separierbaren Komponenten rechnen kann). Oder man kann versuchen, festzustellen, welche einzelnen Wesenszüge oder Faktoren den Aufbau der menschlichen Persönlichkeit ausmachen. Diese Analyse der Struktur ist gewissermaßen statisch; es geht ihr um die Aufgliederung eines wenigstens über den Zeitraum der Untersuchung hin unverändert andauernden Zustands.

Der Bedingungsanalyse dagegen kommt es gerade auf die Erforschung von Veränderungen an. Hier wird die Frage «Was geschieht, wenn ...?» gestellt, oder, gewissermaßen retrospektiv ausgedrückt, die Frage «Wie kommt es, daß ...?». Wenn untersucht wird, wie sich mit dem Lebensalter die Häufigkeit von Vorurteilen bei den betreffenden Personen verändert oder wie sich unterschiedliche Verhaltensweisen von Erziehern auf das soziale Verhalten von Kindern auswirken, so handelt es sich um Analyse von Bedingungen.

Die strukturelle Analyse wird im allgemeinen der Bedingungsanalyse vorausgehen. Wenn ich zum Beispiel feststellen will, unter welchen Bedingungen bestimmte emotionale Reaktionen auftreten, so benötige ich zuvor eine Übersicht über die Arten der überhaupt in Betracht kommenden emotionalen Reaktionen. Dazu muß ich verschiedene solcher Reaktionen, wie zum Beispiel Freude, Furcht, Ärger, Hoffnung und Enttäuschung, in bezug auf ihre Merkmale analysieren, andernfalls könnte ich sie nicht voneinander unterscheiden, folglich könnte ich auch die möglicherweise unterschiedliche Bedeutung verschiedener Bedingungen überhaupt nicht bemerken.

Die Strukturanalyse ist in der Regel die unerläßliche Voraussetzung für die Bedingungsanalyse. In der tiefer greifenden Bedingungsanalyse sehen wir jedoch das eigentliche Ziel der Forschung. Wir können nicht bei der Beschreibung von Zuständen stehen bleiben; wir müssen auch versuchen, über ihr Zustandekommen Aufschluß zu gewinnen. Hinter den strukturellen Merkmalen stehen die Prozesse, die zur Ausbildung dieser Merkmale führen. Und die Gesetzmäßigkeiten müssen in den Prozessen gesucht werden. Eine Forschung, die bei der Aufklärung der statischen Struktur stehen bleiben wollte, müßte auf die Dauer steril werden; sie muß daher alsbald zur Analyse der die Struktur tragenden und bedingenden Vorgänge übergehen.

Gesetze können nur mit analytischen Methoden gefunden werden. Aus dem verflochtenen Komplex zahlreicher Bedingungen, die an einem konkreten Geschehen beteiligt sind, müssen einzelne Bedingungen hervorgehoben und in ihren Auswirkungen verfolgt werden. Praktisch geschieht dies, indem man einzelne Bedingungen verändert, während man andere unverändert läßt, und dann beobachtet, ob und wie der betreffende Vorgang hiervon beeinflußt wird.

Wir gehen davon aus, daß Gesetze allgemeingültig sind, also nicht nur für den individuellen Fall zutreffen. Ein Gesetz, das mit Sicherheit nur für einen einzigen Menschen gelten würde, wäre für uns uninteressant, da wir es nirgends sonst anwenden könnten. Dies scheint der Behauptung von der «Einmaligkeit» jedes Individuums zu widersprechen. Tatsächlich ist kein Mensch als Ganzes und in jeder Hinsicht «einmalig». Dies zu behaupten, hieße das «Allgemeinmenschliche», an dem jeder teilhat, völlig verkennen. Einmalig ist allenfalls die jeweilige Kombination der Bedingungen und das Muster der durch sie ausgeprägten Merkmale. Die persönliche Besonderheit ist aufzufassen als das Resultat verschiedener Bedingungskombinationen, die aber nach allgemeiner Gesetzmäßigkeit miteinander zusammenhängen und zu bestimmten Folgen führen. Selbstverständlich ist die persönliche Eigenart für die Psychologie in Forschung und Praxis von allergrößter Bedeutung. Eben darum muß sie der Analyse unterzogen werden. Hierzu wieder FRAISSE (1966, S. 11f.):

«Das Individuum kann zum Gegenstand der Untersuchung werden, sofern es nur in einigen Zügen einzigartig ist, in anderen Zügen aber dem Bereich des schon Bekannten angehört. Unser Denken schreitet nur voran, indem es möglichst viele Aspekte des Neuen auf das Alte zurückführt und sich so vom Allgemeineren zum Individuelleren bewegt. Und letzten Endes ist das Individuelle ein ‚Knoten von allgemeinen Gesetzen', wie es COURNOT ausgedrückt hat.

Der Psychologe hat nicht nur die Aufgabe, Kategorien von Verhaltensweisen aufzustellen, *das* Verbrechen beispielsweise, sondern auch die, ein konkretes Verhalten zu erklären: *dieses* Verbrechen. Er kann dies nur auf dem Umweg über allgemeine Gesetze erreichen, oder wenn man so sagen will, indem er durch sukzessive Annäherung den Fall in immer weniger allgemeine Beziehungen stellt. Einem bestimmten Verbrecher begegne ich mit dieser Ausgangshaltung: Er ist ein Mann von bestimmtem Alter, der bestimmte psychophysische Züge aufweist (Körperbautyp und Temperament), der durch Wohnort, Bildungsstand und Beruf einer bestimmten Gesellschaftsschicht angehört. Jede dieser Bestimmungen hat einen Sinn und eine allgemeine Bedeutung. Gewiß, die persönliche Geschichte dieses Menschen ist einzigartig, jedoch in vielem tausend anderen ähnlich. Er ist, beispielsweise, Sohn aus einer geschiedenen Ehe, von einer eifersüchtigen Stiefmutter erzogen oder von einem Konflikt zwischen seinen Ansprüchen und seiner beruflichen Stellung beherrscht. Sogar die Beziehungen zwischen diesen Determinanten sind bekannt oder erforschbar. Die Untersuchung wird schließlich sein Verbrechen erklären können aus der Art, wie hier mehrere allgemeine Gesetze sich gegenseitig beeinflußt haben: das Zusammenwirken der Umstände, von dem der Richter sprechen wird.

Die Unterschiede zwischen den Individuen bedeuten nicht, daß sich ein jedes wegen einer oder mehrerer Eigenschaften dem allgemeinen Gesetz entzieht, sondern daß, von dem eingenommenen Aspekt aus gesehen, das allgemeine Gesetz in seiner Auswirkung von einem oder mehreren anderen allgemeinen Gesetzen beeinflußt wird.

Die Wissenschaft geht von Einzelfällen aus, um dann den Einzelfall auf dem Umweg über allgemeine Gesetze zu erklären. Es gibt keinen anderen Weg zum Verständnis.»

Zusammenfassung. Anders als körperliche Gegenstände bilden die psychischen Funktionen ein unteilbares Ganzes. Man kann hier nicht Teile oder «Elemente» voneinander trennen und wieder miteinander verbinden, wie dies der Chemie möglich ist; man kann vielmehr lediglich am Ganzen Unterscheidungen vornehmen, Teilphänomene innerhalb des Gesamtphänomens hervorheben.

Die Analyse bewegt sich daher in der Psychologie nicht auf der physischen, sondern auf der gedanklichen Ebene. Solche Analyse ist allerdings unumgänglich. Analysierendes Denken ist eine Voraussetzung dafür, daß etwas Bestimmtes erkannt und daß von Bestimmtem geredet werden kann. Schon weil wir nicht alles auf einmal auffassen und nicht alles auf einmal aussprechen können, sind wir auf die Analyse angewiesen. Es drückt sich hierin wohl eine fundamentale Eigenschaft unseres Denkens aus, aber auch sicherlich mehr als nur das. Denn die analytischen Unterscheidungen, die wir vornehmen, finden sich im Gegenstand bereits mehr oder weniger deutlich vorgezeichnet und werden somit durch ihn selbst nahegelegt.

Die Analyse von Strukturen ist auf die Erkennung einzelner Komponenten innerhalb eines als statisch betrachteten komplexen Zusammenhangs gerichtet. Die Analyse von Bedingungen soll die gesetzmäßigen Beziehungen aufdecken, die zwischen einzelnen Stadien von Prozessen bestehen.

Ohne Analyse wären keine Gesetze erkennbar. Gesetze sind stets allgemeiner Natur. Die Besonderheit des individuellen Falls ist nicht dadurch gegeben, daß besondere individuelle Gesetzmäßigkeiten bestehen, sondern vielmehr durch die Besonderheit der individuellen Bedingungskonstellation. Ein bestimmtes Verhalten einer Person läßt sich verstehen als Schnittpunkt mehrerer allgemeiner Gesetze. Nur soweit man die Kombination der im jeweiligen Fall gerade maßgebenden gesetzmäßigen Beziehungen kennt, läßt sich ein bestimmtes Verhalten befriedigend erklären.

Allgemeine Gesetze werden zwar aus der Analyse einer größeren Anzahl von Beobachtungen abgeleitet; sie werden aber alsdann wieder auf den konkreten Einzelfall zu dessen Erklärung angewendet.

3. DIE METHODISCHEN OPERATIONEN IM ÜBERBLICK

Aus den vorangegangenen Erörterungen läßt sich auch über die Methoden der Psychologie schon Grundsätzliches ableiten: Es sind Vorgänge beziehungsweise Merkmale von Vorgängen zu untersuchen; folglich werden, allgemein gesprochen, Verfahren der Beobachtung anzuwenden sein. Es handelt sich um Lebensvorgänge, an denen stets zahlreiche variable, zum Teil unbestimmbare und unbekannte Faktoren beteiligt sind, folglich können nur statistische Gesetze aufgestellt werden, wozu statistische Methoden anzuwenden sind. Die Subjektivität des Psychischen und die Tatsache der psychophysischen Verknüpfung führen, wenn nicht zu besonderen Methoden, so doch zu bestimmten Aspekten der Forschung: Ihr Gegenstand kann nicht das äußere Verhalten als solches sein, es muß aber dieses Verhalten erfaßt werden, wenn auf die psychischen Funktionen geschlossen werden soll. Ferner ließ sich zeigen, wie sich schon aus einigen Grundmerkmalen des Gegenstands eine Teilung der Psychologie in einzelne Gebiete mit jeweils spezifischen Aufgabestellungen ergibt. Diese und andere bereits angedeutete Gegebenheiten bestimmen die Methodik der Psychologie und ihre jeweiligen Gesichtspunkte. Im folgenden sollen die Methoden im geschlossenen Zusammenhang entwickelt werden.

Die Aufgaben der Methoden. Die Methoden der psychologischen Untersuchung dienen dazu, Beobachtungen anzustellen, Beobachtungen miteinander zu vergleichen und aus dem Vergleich Schlüsse zu ziehen, um eine Frage zu beantworten. In diesen drei Operationen: Beobachten, Vergleichen und Folgern, von denen sich jeweils die nächste an die ihr vorhergehende anschließt, besteht im Grunde die gesamte psychologische, wie überhaupt jede erfahrungswissenschaftliche Methodik. Jede einzelne Methode ist dazu da, die eine oder die andere dieser Operationen zu ermöglichen oder zu vervollkommnen; sie muß daher ihrem besonderen Zweck gemäß ausgebildet sein und gehandhabt werden. In ihrer Gesamtheit teilen sich die Methoden in die genannten Aufgaben und sind dementsprechend aufeinander abgestimmt.

Wir sprechen hier von den psychologischen Untersuchungsmethoden, den Werkzeugen der psychologischen Forschung und Diagnostik. Es gibt daneben eine weitere, bisher weniger systematisierte Gruppe von Methoden: die Verfahren der psychologischen Beratung, der psychologisch fundierten Erziehung und der psychotherapeutischen Behandlung. Sie können hier nicht erörtert werden.

Der Ausführung der methodischen Operationen liegen bestimmte psychische Leistungen zugrunde; daher können sie selbst mit psychologischen Begriffen charakterisiert werden. Das Beobachten ist im wesentlichen ein Akt der Wahrnehmung, das Folgern ein Akt des Denkens. Das Vergleichen nimmt auch in dieser Sicht die mittlere Stellung ein, insofern als sowohl Wahrnehmungs- wie auch Denkleistungen darin eingehen. In ihrem aktuellen Vollzug freilich lassen sich die methodischen Operationen nicht streng nach psychologischen Gesichtspunkten trennen: Es gibt kein Beobachten ohne gleichzeitiges Denken, da die Beobachtungstätigkeit ständig vom Gedanken an eine Fragestellung geleitet wird; ebenso finden während des Schlußfolgerns immer wieder Vergleiche statt. Das Grundkonzept erfahrungswissenschaftlichen Denkens ist indessen in diesen drei Schritten beschlossen. Dies soll nun etwas genauer ausgeführt werden.

Das methodologische Grundschema. Der Begriff der Beobachtung wird meist nur da gebraucht, wo man erwarten kann, daß sich während des Wahrnehmens etwas verändert, wo also mit einem Geschehen zu rechnen ist. Zu einer Beobachtung in diesem Sinn gehört es demnach, daß wenigstens zwei Ausschnitte aus einem Vorgang, ein früherer und ein späterer, aufgefaßt werden.[1] Natürlich können es auch mehr als zwei Ausschnitte sein. Da es aber mindestens zwei sind, ist mit einer Beobachtung auch eine Feststellung darüber verbunden, ob zum späteren Zeitpunkt eine Veränderung gegenüber einem früheren eingetreten ist oder nicht eingetreten ist. Dabei spielt es im Prinzip keine Rolle, wie weit die beiden erfaßten Ausschnitte zeitlich auseinander liegen; es kann sich um Sekundenbruchteile, es kann sich um Jahre handeln, je nachdem, wie es die Fragestellung vorschreibt. Will ich die Reaktion einer Person auf einen Lichtreiz beobachten, so habe ich davon auszugehen, daß die Zeit, die zwischen Reizdarbietung und Reizbeantwortung liegt, in Hundertstelsekunden ausgedrückt werden muß, daß also die Ausschnitte zeitlich sehr nahe beieinander liegen. Will ich dagegen die Intelligenzentwicklung eines Schulkindes untersuchen, so wird es im allgemeinen genügen, wenn ich im Abstand von einigen Monaten Erhebungen darüber mache.

[1] Der Sprachgebrauch ist allerdings nicht eindeutig festgelegt. Häufig wird schon von «Beobachtung» gesprochen, wenn überhaupt eine Feststellung über einen Sachverhalt auf Grund aufmerksamer Wahrnehmung gemacht wird. Auch einzelne Meßdaten werden als «Beobachtungen» bezeichnet.

Wir können dies allgemeingültig wie folgt darstellen:

$$\underset{t \rightarrow}{A} \cdots | a_1 | \cdots | a_2 | \cdots$$

A ist der in der Zeit t ablaufende Vorgang; a_1 und a_2 sind zwei in der Beobachtung erfaßte Ausschnitte. Wir haben uns vorzustellen, daß der gesamte Vorgang schon vor dem ersten Beobachtungsausschnitt begonnen haben kann und sich auch nach dem zweiten noch fortsetzen kann. Die Beobachtung erfolgt punktuell. Welche Ausschnitte wir dafür wählen, hängt einmal wieder von der Fragestellung ab, nach der uns bestimmte Ausschnitte mehr, andere weniger zu interessieren haben, und zum anderen von gewissen äußeren Gegebenheiten, denn nicht jeder Ausschnitt ist gleich gut erfaßbar.

Nun kann aber eine einzelne Beobachtung, die sich über zwei oder mehrere Ausschnitte desselben Vorgangs erstreckt, für sich allein betrachtet noch überhaupt keinen wissenschaftlichen Wert haben, selbst wenn sie absolut genau und fehlerlos wäre. Irgendeine Bedeutung kann eine Beobachtung erst in dem Moment erlangen, in dem sie sich mit mindestens einer weiteren vergleichen läßt. Denn die Schlußfolgerung setzt den Vergleich voraus; dieser aber erfordert wiederum prinzipiell zwei Beobachtungen über je zwei Ausschnitte der betreffenden Vorgänge. Wir haben demnach unser Schema durch einen weiteren Vorgang A', wiederum mit zwei beobachteten Ausschnitten, a_1' und a_2', zu ergänzen:

$$\text{Vorgang} \begin{cases} A \cdots \;|\; \overbrace{a_1 \;|\; \cdots \;|\; a_2}^{\text{Ausschnitt}} \;|\; \cdots \\ A' \cdots \;|\; a_1' \;|\; \cdots \;|\; a_2' \;|\; \cdots \end{cases}$$
$$t \rightarrow$$

Zu diesem vervollständigten Schema soll gleich ein Demonstrationsbeispiel gegeben werden, und zwar wählen wir der guten Anschaulichkeit wegen noch einmal ein Beispiel aus der Wahrnehmungslehre.

Vorgang A: Eine Person betrachtet das in Abb. 3/1 wiedergegebene Muster und gibt auf eine entsprechende Frage hin an, die beiden waag-

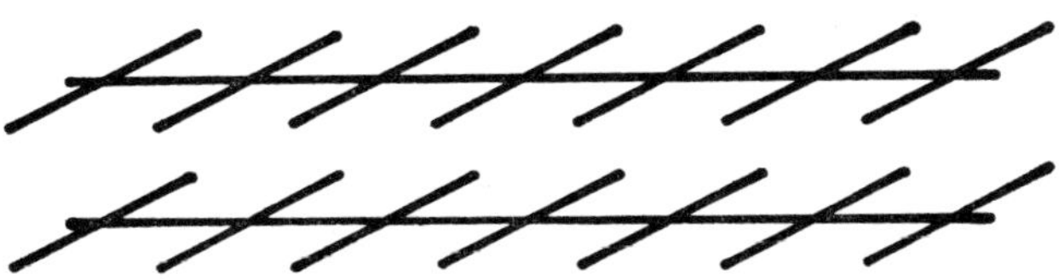

Abb. 3/1.

rechten Strecken der Figur seien parallel. Dies ist ein in sich zusammenhängender Vorgang. Das Anblicken der vorgezeigten Figur (a_1) und das Urteil über eine bestimmte Eigenschaft dieser Figur (a_2) sind Ausschnitte aus demselben Ablauf, die offenkundig zusammengehören und die aufeinander bezogen werden können.

Vorgang A': Derselben Person wird wieder ein Muster gezeigt, und zwar diesmal das in Abb. 3/2 dargestellte. Nachdem sie diese Vorlage angesehen hat (a_1'), gibt sie an, die beiden waagrechten Strecken seien divergent (a_2').

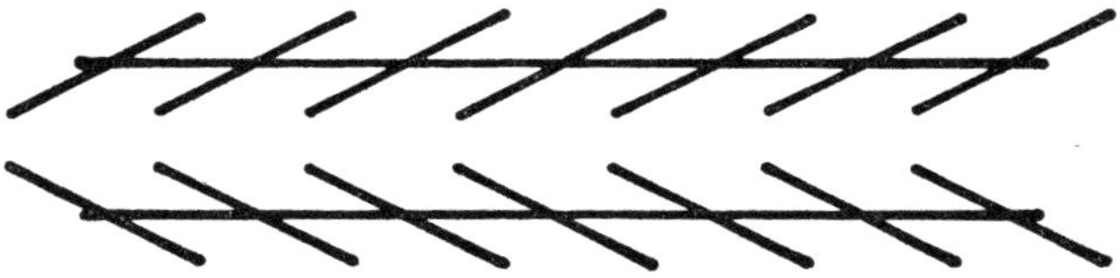

Abb. 3/2.

Der Beobachter wird nun den Vorgang A mit dem Vorgang A' vergleichen. Auf Grund ihres unmittelbaren Zusammenhangs sind zunächst einerseits die Ausschnitte a_1 und a_2, andererseits a_1' und a_2' aufeinander zu beziehen: Man wird sagen, innerhalb des Vorgangs A sei a_2 abhängig von a_1 und innerhalb des Vorgangs A' sei a_2' abhängig von a_1'. Oder anders ausgedrückt: Bei A führt a_1 zu a_2, bei A' führt a_1' zu a_2'.

$$a_1 \longrightarrow a_2$$
$$a_1' \longrightarrow a_2'$$

Der Vergleich der beiden früheren Ausschnitte von A und von A' einerseits und der beiden späteren andererseits zeigt, daß hier bei der Verschiedenheit der beiden früheren Ausschnitte auch eine Verschiedenheit der beiden ihnen jeweils zugeordneten späteren besteht. Hieraus bietet sich nun die Folgerung an, daß es die oben und unten gegensinnige Anordnung der Schrägstriche in Abb. 3/2 ist, die den täuschenden Eindruck der Nichtparallelität hervorruft. Wir sagen, diese besondere Anordnung sei *die Bedingung* für das Auftreten der Täuschung. Denn wenn die Schrägstriche sämtliche in derselben Richtung verlaufen (Abb. 3/1), bleibt die Täuschung ja aus.

Der Prozeß des Beobachtens, Vergleichens und Folgerns ist damit abgeschlossen, soweit es sich um die Auffindung eben dieser einzelnen Tatsache handelte.

Weitere Erläuterungen zum methodologischen Schema. Das soeben dargestellte Schema zeigt die methodischen Operationen lediglich in ihrem Prinzip und bei einfachsten Verhältnissen. Gewiß geht die erfahrungswissenschaftliche Forschung so wie beschrieben vor. Doch im einzelnen ist noch manchen Umständen zusätzlich Rechnung zu tragen. Auch darauf soll hier schon hingewiesen werden. Zuvor sind aber noch einige Anmerkungen angebracht.

In unserem letzten Beispiel wurde demonstriert, wie aus zwei Beobachtungen eine Folgerung gezogen wurde. Wir haben dabei stillschweigend die Voraussetzung gemacht, daß es sich hier um zwei völlig fehlerfreie Beobachtungen gehandelt habe. Dies sei erwähnt, noch bevor wir auf den Begriff des Fehlers genauer eingehen. Aber es leuchtet bereits ein, daß bei der Darbietung der einen oder der anderen Figur irgendetwas hätte geschehen sein können, das das Urteil der befragten Person im einen oder im anderen Fall «verfälscht» hätte, sei es, daß die beiden Vorlagen unter nicht ganz denselben äußeren Bedingungen dargeboten wurden, sei es, daß sich an der Einstellung der Person zu ihrer Aufgabe zwischen dem ersten und dem zweiten Urteil etwas verändert hätte. In beiden Fällen hätte ein Fehler vorgelegen, der die Geltung unserer Folgerung hätte zunichte machen können. Und auch wenn wir diese Vermutung, weil durch keinerlei konkrete Anhaltspunkte begründet, zurückweisen könnten, so bliebe doch dies: daß unsere beiden (fehlerfreien) Beobachtungen nur an einer einzigen Person gemacht wurden. Es könnte sich daher sehr wohl um eine vereinzelt auftretende Wahrnehmungsanomalie handeln, und wir würden unsererseits einen Fehler machen, wenn wir das Ergebnis verallgemeinern wollten.

Auf jeden Fall muß daher in der Praxis sowohl der Vorgang A wie auch der Vorgang A' mehrmals beobachtet werden, soll die Folgerung gesichert sein und verallgemeinert werden können.

Es kann die Frage gestellt werden, ob tatsächlich immer etwas aufeinander bezogen und miteinander verglichen und daraus etwas gefolgert werden muß. Gehört es nicht zu den Aufgaben der Psychologie, auch einzelne Phänomene zu beschreiben, zum Beispiel den Affekt «Zorn»? Wir bestreiten dies nicht. Aber auf welche Weise ist dies möglich? Wollen wir nicht im Effekt den Zorn durch sich selbst beschreiben, so müssen wir uns auf etwas weiteres stützen. Wir können die Reaktion «Zorn» durch den Hinweis auf eine Situation verständlich machen, die geeignet ist, bei einem Individuum Zorn auszulösen; wir können uns auf Verhaltensweisen beziehen, die bei Zorn aufzutreten pflegen; wir können schließlich verdeutlichen, was mit dem Begriff gemeint ist, indem wir den

Zorn von anderen Affekten abheben. In alledem sind aber bereits die methodischen Operationen der geschilderten Art enthalten, denn es müssen auch hier verschiedene Ausschnitte desselben Vorgangs aufeinander bezogen und Vergleiche zwischen einander zeitlich entsprechenden Ausschnitten verschiedener Vorgänge angestellt werden, wenn man zu konkreten Aussagen gelangen will.

Im übrigen interessiert die Wissenschaft praktisch kaum eine Erscheinung für sich allein, sondern fast immer nur in ihrer Beziehung mit anderen Erscheinungen, da sie sich stets in Abhängigkeit von solchen ändert und andere sich in Abhängigkeit von ihr ändern und sie somit kein isoliertes Dasein führt und als einzelnes Phänomen überhaupt nicht verstanden werden könnte.

Es kommt vor, daß von zwei Vorgängen, die miteinander zu vergleichen sind, der eine durch frühere Erfahrungen bereits hinreichend genau bekannt ist. So weiß man schon, um bei unserem Beispiel zu bleiben, daß bei parallelen Linien, die in gleicher Richtung von ihrerseits parallelen Schrägstrichen geschnitten werden (wie etwa im Rautenmuster des bayerischen Wappens), nicht der Eindruck wie bei unserer Täuschungsfigur aufzutreten pflegt. Ebenso weiß man, daß zwei parallele Linien, die allein, ohne alle Zutaten, auf ein Blatt Papier gezeichnet sind, nicht divergent erscheinen. Wir werden daher den unmittelbaren Grund der Täuschung, wie sie bei Abb. 3/2 entsteht, sobald wir uns durch eine Nachprüfung von der tatsächlichen Parallelität überzeugt haben, sofort richtig deuten, auch ohne den Vergleichsvorgang noch einmal besonders zu untersuchen. Ein Vergleich wird jedoch auch hier gezogen: Er besteht darin, daß wir eine neue Beobachtung mit einem aus schon länger zurückliegenden Beobachtungen stammenden Wissen in Verbindung bringen. Es ist dies ein ziemlich häufiger Fall. Vergleiche zwischen Beobachtungen sind jedenfalls immer im Spiel, wenn Schlüsse gezogen werden, gleichgültig, ob diese Beobachtungen praktisch gleichzeitig gemacht worden sind oder ob ein längerer Zeitraum zwischen ihnen liegt.

Es lassen sich nicht beliebige Vorgänge miteinander vergleichen. Im Gegenteil ist Vergleichbarkeit eher ein Sonderfall, und es ist eine Aufgabe methodischer Planung, die Vergleichbarkeit anzustreben und zu gewährleisten. Denn Vergleiche sind nur soweit sinnvoll, als sich auf die betreffenden Vorgänge ein gemeinsamer Gesichtspunkt anwenden läßt, unter dem sie betrachtet werden können. In unserem Beispiel läßt sich für die beiden Figuren (Abb. 3/1 und 3/2) ein bestimmtes einzelnes Merkmal konstituieren, das als «Anordnung der Schrägstriche» bezeichnet werden kann. Dieses Merkmal ist dem Betrachter in zwei Varianten präsentiert worden, die sich nur in einem Punkt voneinander unterscheiden, nämlich darin, daß die unteren parallelen Schrägstriche bei der ersten Figur in derselben Richtung wie die oberen verlaufen, in der zweiten dagegen in einer den oberen entgegengesetzten Richtung. Die beiden Varianten oder Kategorien des Merkmals «Anordnung der Schrägstriche» können wir kurz nennen: 1. «Schrägstriche entgegen laufend» und 2. «Schrägstriche gleich laufend». In allen weiteren Merkmalen, die sich für die Figur noch angeben ließen, mußte Gleichheit herrschen; so durften nicht die Schrägstriche hier länger, dort kürzer, hier stärker geneigt, dort weniger stark geneigt sein; die beiden Waagrechten mußten natürlich auch tatsächlich genau parallel zueinander liegen. Denn hätte außer in der Anordnung der Schrägstriche noch ein weiterer Unterschied zwischen den beiden Varianten bestanden, so wäre nicht zu erkennen gewesen, daß es in der Tat die Anordnung der Schrägstriche war, die den täuschenden Eindruck hervorbrachte. Wir hätten es dann sozusagen mit einer Gleichung mit zwei (oder mehr) Unbekannten zu tun gehabt, ohne über genügend Informationen für ihre Lösung zu verfügen. Der Vergleich der Vorgänge *A* und *A'* hätte keine klare Schlußfolgerung erlaubt. Wir hätten höchstens sagen können, es müsse *irgendeine* Verschiedenheit zwischen den beiden Figuren sein, die die unterschiedlichen Eindrücke beim Betrachter auslöse.

Hierzu noch ein anderes Beispiel. In einer älteren Untersuchung wurden einmal Messungen des elektrischen Hautwiderstands an zwei Personengruppen vorgenommen, und zwar an Volksschülerinnen und an Reichswehrsoldaten. Und da die Meßergebnisse in ihren Durchschnitten bei den beiden Gruppen differierten und der Autor glaubte, die Schülerinnen und die Soldaten unterschieden sich in einem bestimmten charakterologischen Merkmal wesentlich voneinander, so folgerte er, daß in den Hautwiderstandsgrößen eben jenes Charaktermerkmal zum Ausdruck käme. Es leuchtet ein, daß hier dem Vergleich und der Folgerung daraus jede Berechtigung fehlte. Der Autor hätte nicht mehr behaupten dürfen, als daß die unterschiedlichen Meßwerte durch alle möglichen Unterschiede, die man sich zwischen Schülerinnen und Soldaten, in charakterlicher wie in jeder anderen Hinsicht, nur denken kann, bedingt sein können.

Merkmale beziehungsweise Kategorien von Merkmalen sind freilich nicht aufzufassen als etwas letzthin Einfaches, nicht weiter Analysierbares. So ist zum Beispiel das Merkmal «Geschlecht» von sehr komplexer Natur. Seine Kategorien «Männlich» und «Weiblich» sind zwar einfache Begriffe; diese stehen aber für eine Vielzahl von Unterschieden in physischer wie auch in psychischer Beziehung. Ebenso bezeichnet etwa der Begriff «Erziehungsstil» stets einen Merkmalskomplex (siehe zu diesem Begriff ERICH WEBER 1970). Dennoch kann man durchaus Jungen und Mädchen etwa hinsichtlich ihrer Reaktionen auf einen bestimmten Erziehungsstil miteinander vergleichen. Wenn die beiden zu untersuchenden Gruppen in ihrem Alter, in ihrem Bildungsstand und in ihrer sozialen Herkunft nicht merklich voneinander abweichen, so wird man, anders als im vorhergehenden Beispiel, sie als weitgehend vergleichbar betrachten. Allerdings, je komplexer ein Merkmal, desto mehr Deutungen sind möglich, wenn es um die Erklärung eines Unterschieds geht, der in einer Untersuchung in Abhängigkeit von jenem Merkmal gefunden wurde. Reagieren Jungen und Mädchen auf denselben in der Schule verwirklichten Erziehungsstil unterschiedlich, so kommt dafür eine ganze Reihe von Gründen in Frage: die möglicherweise unterschiedliche Situation von Jungen und Mädchen in der Familie, eine unterschiedliche Ansprechbarkeit auf emotionalem Gebiet, ein unterschiedlicher Verlauf der psychischen Entwicklung im allgemeinen, so daß gleiches Alter bei Jungen und Mädchen nicht auch gleichen Entwicklungsstand bedeutet, und anderes mehr. Selten werden daher in solchen Fällen die gestellten Fragen durch eine einzige Untersuchung zu beantworten sein; recht oft dagegen führen hier auch mehrere Untersuchungen zu keinem eindeutigen Ergebnis. Andererseits ist es häufig – wenigstens fürs erste und zumindest für einen rein praktischen Zweck – nicht unbedingt notwendig, über alle Zusammenhänge genau unterrichtet zu sein. Wenn ich weiß, daß Jungen auf den betreffenden Erziehungsstil in bestimmter Weise anders reagieren als Mädchen, so gibt mir dies immerhin Hinweise für mein pädagogisches Handeln. Freilich wäre mir noch mehr geholfen, wenn ich auch die Gründe für das unterschiedliche Verhalten ganz durchschaute. Denn je mehr ich von den allgemeinen, im individuellen Fall in besonderer Konstellation zusammentreffenden Gesetzen weiß, desto einsichtiger und desto weniger durch «Rezepte» gebunden kann ich handeln, desto weniger Fehlurteile und Fehlentscheidungen im einzelnen werde ich treffen. Soviel an dieser Stelle zur Frage der Vergleichbarkeit und zu dem, was direkt mit ihr zusammenhängt.

Merkmale als Variable. In unserem früheren Beispiel wurden einem Beschauer zwei Figuren vorgezeigt, die ein Merkmal «Anordnung der Schrägstriche» in zwei Varianten aufwiesen. Auch für das Urteil des Betrachters über eine bestimmte Eigenschaft dieser Figur waren zwei Kategorien vorgesehen, die dieser für jede der beiden Figurenvarianten verwenden konnte, nämlich «Parallel» und «Divergent». (Eine dritte Kategorie hätte heißen können «Unentscheidbar» und wäre vom Betrachter dann zu gebrauchen gewesen, wenn er zu keinem eindeutigen Urteil gelangt wäre.) In anderen Beispielen war von weiteren Merkmalen die Rede: Geschlecht, Charaktereigenschaften, physiologische Meßwerte, Erziehungsstil, irgendwelche Reaktionen auf diesen Erziehungsstil.

Wir hatten es dabei überall mit veränderlichen Merkmalen zu tun; es ließen sich für jedes von ihnen verschiedene «Varianten», «Kategorien», «Klassen», «Werte» angeben. In der Tat können wir nur mit derart variablen Merkmalen arbeiten. Gesetzt den Fall, es spielte in einem Geschehen stets irgendein unveränderlicher, niemals fehlender Faktor mit, so könnten wir diesen nie bemerken und folglich auch nicht untersuchen. Ebenso wäre die Untersuchung einer tatsächlich variablen Bedingung undenkbar, wenn immer nur ein und dieselbe Folge in Betracht käme, wenn also etwa im Fall der Täuschungsfigur dem Betrachter nur eine einzige Urteilskategorie, sagen wir: «Parallel», zur Verfügung stünde.

Aus diesem Grund ist die psychologische wie jede andere erfahrungswissenschaftliche Untersuchung immer eine Untersuchung an variablen Merkmalen, kurz: an «Variablen».

Nach verschiedenen Gesichtspunkten lassen sich jeweils Arten von Variablen unterscheiden. Bevor wir darauf eingehen, sei noch einmal betont, daß die Kategorien (oder Klassen) einer Variablen, je nach der Eigenart des betreffenden Merkmals, ihrerseits entweder einfacher oder komplizierter zu definieren sind. Teils lassen sie sich nur qualitativ beschreiben (zum Beispiel verschiedene Formen eines Erziehungsstils), teils lassen sie sich quantitativ, durch Zahlen, ausdrücken (zum Beispiel Gewichtsgrößen, die eine Person in bezug auf ihre Schwere miteinander vergleichen soll). Eine Variable kann ferner einfach durch die Alternative «Merkmal vorhanden – Merkmal nicht vorhanden» charakterisiert sein (zum Beispiel: eine Emotion ist nach einem bestimmten Reiz entweder eingetreten oder ausgeblieben). Weiter sei erwähnt, daß auch einzelne Klassen ganz verschiedenartiger Variabler zum Zweck des Vergleichs miteinander in Beziehung gebracht werden können. So können zum Beispiel hohe und tiefe Töne mit hellen und dunklen Farben als Reize im Hinblick auf ihre ästhetischen Anmutungen miteinander verglichen werden. Freilich liegt dann ein komplexerer Vergleich vor: Es müssen ihm Beobachtungen von wenigstens vier Vorgängen zugrunde liegen, nämlich Darbietungen von hohen und von tiefen Tönen und von hellen und von dunklen Farben sowie die Urteile über die jeweiligen ästhetischen Eindrücke.

Arten von Variablen, psychologisch betrachtet. Eine Unterscheidung einzelner Arten von Variablen ergibt sich zunächst unter einem inhaltlichen Gesichtspunkt. In unserem Beispiel der optischen Täuschung gab es eine Variable «Anordnung der Schrägstriche» und eine Variable «Urteil des Betrachters». Wir können hier allgemeiner von einer *Reizvariablen* und einer *Reaktionsvariablen* sprechen. Es ist üblich geworden, Reizvariable mit dem Buchstaben S (nach lat. stimulus, Stachel, Sporn, Reiz) und Reaktionsvariable mit dem Buchstaben R zu bezeichnen.

Wir können dies jetzt auf unser zuvor dargestelltes Schema übertragen, das damit auf die Verhältnisse in der Psychologie abgestimmt wird. Nach wie vor sind im Prinzip wenigstens zwei, und zwar miteinander vergleichbare Vorgänge zu beobachten; deren Ausschnitte bezeichnen wir jetzt mit den Buchstaben S und R.

$$\begin{array}{l|l|l|l|l} A\cdots & S_a & \cdots & R_a & \cdots \\ A'\cdots & S_a' & \cdots & R_a' & \cdots \end{array}$$
$$t \rightarrow$$

S_a und S_a' sind verschiedene Klassen derselben S-Variablen und sind zu verstehen als zwei verschiedene Reizbedingungen, unter denen die Vorgänge A und A' verlaufen: S_a führt zur Reaktion R_a und S_a' zur Reaktion R_a'. Wir können dies auch so ausdrücken:

$$S_a \longrightarrow R_a$$
$$S_a' \longrightarrow R_a'$$

Der Vergleich von S_a und S_a' einerseits mit R_a und R_a' andererseits dient dazu, den möglicherweise bestehenden Einfluß einer Variation von S auf die Variation von R festzustellen. Damit soll eine allgemeine Aussage über die Beziehung $S \longrightarrow R$ gemacht werden.

Dazu noch eine Anmerkung. Es ist nach den früheren Ausführungen wohl leicht einzusehen, daß eine Person nie auf einen einzelnen S-Variablenwert reagiert. Ein bestimmter Reiz stellt nur einen Ausschnitt aus einer jeweilig bestehenden Reizsituation dar, die ihrerseits durch zahlreiche verschiedene S-Variable zu charakterisieren wäre. Man kann daher die S-Variablen auch als «Situationsvariable» bezeichnen, wobei die Übereinstimmung des Symbols mit dem Anfangsbuchstaben des Wortes gewahrt ist.

Unter der Reizsituation hat man die Gesamtheit aller äußeren Faktoren zu verstehen, die im gegebenen Moment auf eine Person einwirken können. So ist unter anderem auch die Anweisung, die einer Person für ihre Aufgabe erteilt wird, zu den Faktoren zu rechnen, die zusammen die Reizsituation ausmachen. Diese Anweisung bleibt freilich, aus Gründen der Vergleichbarkeit, für mehrere Beobachtungen dieselbe; grundsätzlich ist aber natürlich auch sie variierbar. Als ein Komplex von *S*-Variablen läßt sich ferner das gesamte Milieu verstehen, in dem ein Individuum sich entwickelt. Da allerdings sehr viele, nicht klar voneinander isolierbare und auch meist nicht auf längere Dauer stabil bleibende *S*-Variable dieses Milieu darstellen, ist es hier meist sehr schwierig, die Bedeutung einer einzelnen solchen Variablen im ganzen Lebenszusammenhang mit hinreichender Sicherheit festzustellen. Es sei an die oft diskutierte Frage erinnert, ob sich die Darstellung von Gewalttätigkeit in Film und Fernsehen auf die Jugendkriminalität auswirkt. So plausibel es scheint, daß hier eine Verbindung besteht, ist es doch sehr schwierig, sie direkt empirisch nachzuweisen.

Eine Reaktion ist jegliches Verhalten einer Person. Es kann sich dabei ebenso um rein physische Vorgänge handeln, die an ihr feststellbar sind (zum Beispiel Veränderungen des Pulses oder der Atmung), wie auch um Leistungen beim Lösen von Aufgaben, um Aussagen, die sie in Form eines einfachen Urteils oder auch mit mehreren Worten über ihre Erlebnisinhalte macht, wie überhaupt um Handlungen jeder Art.

Zum besseren Verständnis der Beziehungen ist noch darauf hinzuweisen, daß eine Reaktion für dasselbe Individuum wiederum eine neue Reizsituation einleiten oder auch bereits darstellen kann. Solches ist zum Beispiel der Fall, wenn eine Person den Erfolg ihres Verhaltens wahrnimmt oder wenn die mit einer Verhaltensweise auftretenden körperlichen Veränderungen Empfindungen (als «Rückmeldungen») auslösen. Darin zeigt sich die Tatsache, daß wir es mit einem ständigen Fluß von Erscheinungen zu tun haben, aus dem wir bei der Untersuchung nur jeweils einzelne Phasen herausgreifen.

An dieser Stelle kann eine weitere Unterscheidung eingeführt werden, nämlich die von *unabhängigen* und *abhängigen* Variablen. Die Verbindung von *S* und *R* durch einen Pfeil ($S \longrightarrow R$) soll andeuten, daß *R* als von *S* abhängig aufgefaßt wird. Der Begriff der unabhängigen Variablen ist freilich mit Einschränkungen zu verstehen, denn es gibt schlechthin nichts, was nicht abhängig wäre von etwas anderem, Vorhergehendem. Doch innerhalb der Grenzen des beobachteten Vorgangs gesehen, ist der Ausdruck «unabhängige Variable» zweifellos am Platz. Bei den *R*-Variablen stellt sich eine entsprechende Frage nicht; es handelt sich bei ihnen stets um abhängige Variable. (Eine neuere, analoge Unterscheidung ist die von Prädiktorvariablen und Kriteriumsvariablen. Sie besagt im wesentlichen dasselbe wie die Unterscheidung von unabhängigen und abhängigen Variablen.)

Die Beziehung zwischen R und S läßt sich in den allgemeinen Ausdruck fassen:

$$R = f(S)$$

Damit ist gemeint, daß die Reaktion irgendeine, nicht näher bestimmte Funktion der S-Variablen ist. Tatsächlich wird, wie zuvor erwähnt, stets mit einem Komplex von S-Variablen zu rechnen sein, von denen R abhängt, so daß wir schreiben können:

$$R = f(S_1, S_2, S_3, \cdots S_n)$$

Ist nun die funktionale Beziehung zwischen R und einer bestimmten einzelnen S-Variablen bekannt, so läßt sich bei Gleichheit aller sonstigen Bedingungen, zu jedem Wert von S der dazugehörige Wert von R angeben; anders ausgedrückt: R läßt sich aus S vorhersagen. Gesetzt den Fall, daß die funktionale Beziehung zwischen der Anzahl der Lesungen eines Lernstoffs (Variable S) und der Menge des aus diesem Stoff Behaltenen (Variable R) bekannt ist, so läßt sich vorhersagen, wie groß der jeweilige Lernerfolg nach jeder Anzahl von Lesungen dieses Stoffs sein wird. Aus den im ersten Abschnitt dieses Kapitels schon genannten Gründen wird eine solche Voraussage in der Psychologie, die es ja mit statistischen Gesetzen zu tun hat, nicht exakt sein, sondern stets nur einen wahrscheinlichen Wert nennen können.

Das S-R-Schema ist indessen nicht vollständig. Es ist darin noch nicht berücksichtigt, daß zwischen Reiz und Reaktion weitere Bedingungen liegen, die ebenfalls variabel sind und die das durch den einzelnen Reiz beziehungsweise durch die gesamte Reizsituation ausgelöste Geschehen mitbestimmen. Schon in unserem einfachen Beispiel haben wir mit solchen Einflüssen zu rechnen. Es ist daran zu denken, daß die Wahrnehmung der dargebotenen Muster von der Leistungsfähigkeit der Sinnesorgane abhängt; eine Sehschwäche kann die Wahrnehmung und damit auch das Urteil beeinflussen. Weiter kommen in Betracht: die Einstellung des Betrachters zu seiner Aufgabe, das heißt ob er es damit genauer oder weniger genau nimmt, ferner seine momentane Konzentrationslage und schließlich irgendwelche Erfahrungen, über die er etwa auf Grund früherer ähnlicher Wahrnehmungen bereits verfügt. Bei geeigneter Gestaltung der Untersuchung läßt sich auch der Einfluß solcher Variabler auf das Verhalten des Betrachters nachweisen.

Es handelt sich also hier um eine Art von Variablen, mit denen bestimmte psychische, physische und psychophysische Faktoren beim Individuum charakterisiert werden. Neben den gerade dafür genannten Beispielen gehören zu dieser Gruppe auch Lebensalter, Geschlecht, Intelligenzgrad, emotionale Erregbarkeit, momentane Stimmungslage und vieles andere mehr.

Man kann diese Variablen als *Organismus-(O-) Variable* oder als *Persönlichkeits-(P-) Variable* bezeichnen, je nachdem ob man sie mehr unter einem physiologischen oder mehr unter einem psychologischen Aspekt sieht. Wir bevorzugen den Ausdruck «Personvariable» als den beide Aspekte umfassenden Begriff, denn die Psychologie hat es mit dem Erleben und Handeln von Personen zu tun, und eine Person ist auch immer ein Organismus.

Die *P*-Variablen stehen sozusagen zwischen *S*- und *R*-Variablen. Denn eine Reizsituation führt über eine Person und die in dieser liegenden Bedingungen zur Reaktion. Die Reaktion ist somit als eine Funktion sowohl von Reizvariablen als auch von Personvariablen aufzufassen:

$$R = f\,(S, P)$$

Ebenso wie die Reaktion von mehreren *S*-Variablen abhängt, so hängt sie natürlich auch von mehreren *P*-Variablen ab. Es sei hier noch einmal an KÜLPES Funktionsformel (vgl. S. 70) erinnert, die einen frühen Versuch darstellt, die für eine emotionale Reaktion maßgebenden variablen Faktoren zusammenzufassen. Freilich zeigt sich hier (wie auch in vielen anderen Fällen) das speziellere methodische Problem, wie diese Faktoren auch in ihren qualitativen oder quantitativen Ausprägungsgraden (eben als Variable) zu erfassen sind.

Um die Rolle, die ein bestimmter Faktor in einem Geschehen spielt, zu erkennen, ist es einmal erforderlich, daß einzelne Klassen oder Werte, die dieser Faktor als Variable haben kann, durch Schätzung oder Messung unterschieden werden können. Zum anderen ist es alsdann notwendig, daß dieser Faktor variiert wird, während alle übrigen noch mitspielenden Faktoren konstant bleiben; andernfalls ist es nicht feststellbar, welche Bedeutung gerade diesem Faktor in dem betreffenden Geschehen zukommt. Dieses Prinzip wurde bereits näher ausgeführt. Hier ist es insofern wieder erwähnenswert, als sich zwei große Gebiete der Psychologie auch danach unterscheiden lassen, welche Variablen jeweils verändert und welche konstant gehalten werden. Die *allgemeine* Psychologie, der es ja darauf ankommt, die unabhängig von individueller Eigenart geltenden Gesetze zu finden, pflegt einzelne *S*-Variable zu variieren und bemüht sich, die *P*-Variablen in ihrer Gesamtheit jeweils konstant zu halten. Die *differentielle* Psychologie und die psychologische Diagnostik dagegen untersuchen den Einfluß verschiedener Klassen von *P*-Variablen auf die Reaktionen; dabei müssen die *S*-Variablen insgesamt konstant bleiben.

Soll zum Beispiel festgestellt werden, wie sich zwei (oder mehr) verschiedene Erziehungsstile bei einer bestimmten Gruppe von Jugendlichen auswirken, so steht die Untersuchung unter dem allgemeinpsychologischen Aspekt. Soll dagegen festgestellt werden, wie sich ein und derselbe Erziehungsstil bei verschiedenen Klassen von Jugendlichen (etwa Jungen und Mädchen) auswirkt, so steht sie unter differentiellpsychologischem Aspekt. Soll festgestellt werden, wie sich mehrere Arten des Erziehungsstils bei jeder von mehreren Gruppen von Jugendlichen auswirken, so sind beide Aspekte in der Untersuchung vertreten.

Arten von Variablen, formal betrachtet. Nachdem die Variablen bereits inhaltlich charakterisiert wurden, sind nun noch wichtige formale Unterscheidungen zu erwähnen.

Nach einem Gesichtspunkt unterscheidet man *stetige* (kontinuierliche) und *diskrete* (diskontinuierliche) Variable. Eine stetige Variable, wie zum Beispiel die Körpergröße oder die Temperatur, kann innerhalb eines bestimmten Bereichs jeden beliebigen Wert annehmen; eine diskrete Variable dagegen (zum Beispiel die Anzahl von Personen oder Ereignissen) nur bestimmte Werte.

Ferner kann man nach der Art der Feststellungen, die getroffen werden, unterscheiden zwischen «Nominal-», «Ordinal-», «Intervall-» und «Verhältnisvariablen» beziehungsweise nach den diesen Feststellungen zugrunde liegenden Maßstäben zwischen entsprechenden Typen von «Skalen» (siehe hierzu STEVENS 1951, TORGERSON 1958).

Ein Merkmal ist eine *Nominalvariable*, wenn es in zwei oder mehr qualitativ verschiedene Kategorien unterteilt ist. Eine zweiklassige Nominalvariable ist zum Beispiel das Geschlecht, eine mehrklassige die Augenfarbe oder eine Reihe von Unterrichtsfächern. Zwischen den einzelnen Kategorien besteht keine Beziehung im Sinn eines Mehr oder Weniger, Größer oder Kleiner oder dergleichen. Es besteht lediglich Verschiedenheit zwischen den Kategorien und Gleichheit jeweils innerhalb einer Kategorie. Daher ist auch, wenn man die Kategorien ordnet und sie durch Ziffern oder Buchstaben bezeichnet, die Reihenfolge gleichgültig. Es kommt nur darauf an, daß sich die Kategorien unter den gemeinsamen Oberbegriff fügen, daß ihre Bedeutung klar festgelegt ist und daß dann jede Beobachtung beziehungsweise jeder Merkmalsträger in die Kategorie eingeordnet wird, die dafür in Betracht kommt. Wie man sieht, handelt es sich hier um die logische Operation des Klassifizierens. In der

Tat stellt jede Klassifikation, wie zum Beispiel eine Einteilung von Emotionen nach ihren auslösenden Bedingungen oder von Interessen nach einzelnen Gebieten, eine Nominalvariable dar.

Eine *Ordinalvariable* liegt vor, wenn für eine Reihe von Beobachtungen eine Rangordnung hergestellt wird und damit – im Unterschied zur Nominalvariablen – Angaben über ein Mehr oder Weniger gemacht werden. So kann man zum Beispiel für eine Gruppe von 10 Schülern eine Rangordnung nach der Güte ihrer Leistungen in einem bestimmten Fach bilden, wobei der Schüler mit der höchsten Leistung die Rangziffer 10, derjenige mit der geringsten die Rangziffer 1 erhält. Aus Rangplatzzahlen ist jedoch nicht zu ersehen, wie groß der Abstand zwischen je zwei Leistungen ist. Es wird vielleicht der beste Schüler in dieser Rangordnung um sehr viel besser sein als der zweitbeste, dieser aber nur wenig besser als der drittbeste.

Die *Intervallvariable* ist dadurch charakterisiert, daß – im Unterschied zur Ordinalvariablen – gleichen Differenzen von Zahlen auch gleich große Unterschiede in dem dadurch ausgedrückten Merkmal entsprechen. Hier liegen also Messungen im üblichen Sinn vor. Wird die Höhe einer Leistung in Einheiten einer Intervallskala angegeben, so ist zum Beispiel eine Leistung von der Größe 20 gegenüber einer solchen von der Größe 15 um den gleichen Betrag besser wie diese gegenüber einer Leistung von der Größe 10. Damit ist aber noch nicht gesagt, daß auch gleichen Zahlenverhältnissen gleiche Verhältnisse der Merkmalsgröße entsprächen. Bekanntes Beispiel für eine Intervallvariable ist die nach der Celsiusskala gemessene Temperatur. Eine Temperaturzunahme von 20° auf 30° ist ebenso groß wie eine solche von 30° auf 40°. Es hätte jedoch keinen Sinn zu sagen, daß eine Temperatur von 40° doppelt so hoch sei wie eine solche von 20°. Denn die Intervallvariable besitzt nur einen willkürlich gewählten Nullpunkt. Daher sind hier keine Aussagen über die Verhältnisse der gemessenen Größen möglich. (Wohl aber können die Verhältnisse der Differenzen angegeben werden: Eine Temperaturzunahme von 40° auf 80° ist doppelt so groß wie eine solche von 40° auf 60°.)

Die *Verhältnisvariable* besitzt dagegen einen echten Nullpunkt, das heißt bei dem Meßwert Null ist auch das gemessene Merkmal Null. Da im übrigen auch die Eigenschaften der Intervallskala gegeben sind, entsprechen gleichen Meßwertverhältnissen auch gleiche Größenverhältnisse des Merkmals. Als Beispiele für Verhältnisvariable können Länge und Gewicht genannt werden.

Je nachdem, welche von diesen vier Arten von Variablen vorliegt, sind in der weiteren Verarbeitung der gefundenen Ergebnisse bestimmte statistische Methoden angezeigt und andere nicht angebracht. Es ist verständlich, daß man bestrebt sein wird, ein Merkmal als Intervall- oder Verhältnisvariable zu erfassen, wo dies möglich ist. Wenn wir feststellen können, daß zwei Größen sich um einen definierten Betrag unterscheiden oder in einem bestimmten Verhältnis zueinander stehen, so sagt uns dies weit mehr, als wenn wir lediglich angeben können, daß die eine größer als die andere ist, oder überhaupt nur, daß beide irgendwie verschieden sind. Den einzelnen Typen von Variablen kommt also sehr unterschiedlicher Informationsgehalt zu.

Alle in unserem Schema inhaltlich gekennzeichneten Variablen können jedem der unter formalem Gesichtspunkt unterschiedenen vier Typen angehören. Man hat es in psychologischen Untersuchungen sehr häufig mit Nominal- und Ordinalvariablen zu tun. Es gibt indessen Möglichkeiten, die in ihrem Informationsgehalt vollkommeneren Variablen mit Hilfe besonderer Methoden und unter bestimmten Voraussetzungen aus den informationsärmeren zu entwickeln. Hierzu dienen die Verfahren der Skalierung, auf die aber erst weit später eingegangen werden kann.

Zum Abschluß dieser Betrachtung noch eine Bemerkung: Variable sind keine Prozesse. Sie sind vielmehr eher als etwas Begriffliches anzusehen, und zwar als Oberbegriffe, zu denen zwei oder mehr Klassen (als Unterbegriffe) gehören. Solche Begriffe sind teils direkt aus der Beobachtung entnommen und können sich somit auf eine durchaus reale Grundlage beziehen, teils bezeichnen sie auch etwas nicht unmittelbar Beobachtbares, sondern etwas aus Beobachtungen lediglich Erschlossenes. Wir untersuchen indessen nicht Begriffe, sondern Prozesse beziehungsweise deren Ergebnisse. Jedoch wäre dieses ohne die Konstituierung und Definition von Variablen nicht möglich. Wir müssen uns auf Variable und ihre Klassen beziehen können, wenn wir beobachtete Vorgänge beschreiben wollen und wenn wir aus dem Vergleich von Beobachtungen Schlüsse ziehen wollen.

Fehler. Zu einem großen Teil dreht sich die psychologische Methodik um die Vermeidung oder Verminderung von Fehlern. Dem Begriff des Fehlers kommen zwei Bedeutungen zu: Man sagt, jemand mache einen Fehler, wenn er eine Methode nicht sachgemäß anwendet oder aus einem Resultat einen ungerechtfertigten Schluß zieht. Andererseits spricht man auch davon, daß ein Resultat selbst falsch sei oder einen Fehler enthalte. Beides hängt natürlich miteinander zusammen: Fehlerhafte Handhabung einer Methode führt zu einem fehlerhaften Ergebnis. Es ist aber keineswegs alles, was unter die Bezeichnung «Fehler» fällt, auf das Handeln des Untersuchers zurückführbar; viele Fehler entstehen vom Untersucher unabhängig. Um aber Fehler ausschalten oder einschränken zu können, muß man vor allem wissen, welche Gründe sie haben und wie sie ein Resultat beeinflussen.

Was ist überhaupt ein Fehler? Es gibt in wissenschaftlicher Betrachtung keinen Fehler an sich, sondern nur Fehler im Zusammenhang mit einer bestimmten Fragestellung. Ein Fehler ist nichts anderes als der Einfluß eines Faktors, den man nicht untersuchen wollte, auf ein Ergebnis. Jede Variation einer abhängigen Variablen, die nicht durch eine Veränderung der untersuchten unabhängigen Variablen bedingt ist, bedeutet einen Fehler. Der Fehler ist zu verstehen als eine Abweichung von einem «wahren» Wert, als der Beitrag eines «Fehlerfaktors» oder «Störfaktors» zu einem Ergebnis. Da diese Faktoren ihrerseits mehrere Klassen, Grade oder Werte besitzen, spricht man auch von Fehler- oder Störvariablen.

Ein Beispiel: Es soll untersucht werden, ob derselbe Lernstoff bei optischer oder bei akustischer Darbietungsweise besser behalten wird. Unabhängige Variable ist hier die Darbietungsart mit ihren Klassen «Optisch» und «Akustisch», abhängige Variable die Behaltensleistung, die in mehreren Graden gemessen werden kann. Für die Untersuchung sind zwei Gruppen von Personen zu bilden; der einen wird der Stoff optisch, der anderen akustisch präsentiert. Nun ist es aber möglich, daß in der einen Gruppe mehr Personen mit besonders gutem (oder auch besonders schlechtem) Gedächtnis sind als in der anderen Gruppe. Wenn ich nun die Ergebnisse beider Gruppen miteinander vergleiche, so habe ich zu erwarten, daß sich darin die Auswirkungen von zwei Faktoren vermischt haben: einmal die Art der Stoffdarbietung (*S*-Variable), was zu untersuchen war, und zum anderen die individuell unterschiedliche Lernfähigkeit (*P*-Variable), die hier nicht zu untersuchen war. Die Variationen der *P*-Variablen gehen als Fehler in meine Ergebnisse ein.

Was in der einen Untersuchung ein Fehlereinfluß ist, muß dies in einer anderen durchaus nicht sein. In einer anderen Untersuchung könnte gerade die interindividuell unterschiedliche Lernfähigkeit Ziel der Feststellung sein. Auch hier würde man zweckmäßigerweise einen Lernstoff verwenden, und zwar als Prüfmittel. Aber wenn man diesen Stoff nun manchen Personen optisch, anderen dagegen akustisch darbieten würde, so wäre dies eine in diesem Fall ungerechtfertigte Variation der *S*-Variablen, durch die Fehler in die Ergebnisse gebracht würden.

Wie man hieraus sieht, wirken sich Fehler in den Ergebnissen nachteilig auf deren Vergleichbarkeit aus. Ein Fehler läßt sich auch verstehen als dasjenige, was die Vergleichbarkeit stört. Vergleichbarkeit, als Voraussetzung der einwandfreien Schlußfolgerung, verlangt aber, daß nur im untersuchten Merkmal Variation herrscht beziehungsweise wirksam wird. Dieses «Prinzip der einen Variablen» ist uns nun schon wiederholt begegnet. In der Tat kommt es stets darauf an, durch die geeigneten methodischen Maßnahmen die Untersuchung bis zu dem Punkt zu treiben, an dem sich die Wirkung einer einzelnen Variablen zu erkennen gibt, nachdem die Fehler auf ein Ausmaß reduziert worden sind, das die Schlußfolgerung nicht mehr verhindert.

Das Methodenarsenal, das hierfür bereitsteht, soll erst in späteren Kapiteln in den wesentlichen Punkten dargestellt werden. Dennoch seien hier wenigstens zwei Kategorien von Fehlern erwähnt: die systematischen und die zufälligen Fehler. Ein systematischer Fehler beeinflußt jede Einzelbeobachtung in derselben Weise; daher wird ein Mittelwert aus mehreren solchen Beobachtungen in einer ganz bestimmten Richtung «verschoben» sein. Zufällige Fehler dagegen treten, der Tendenz nach, ebenso oft als positive wie als negative Abweichungen von einem «wahren» Resultat auf und lassen daher den aus Einzelbeobachtungen gebildeten Mittelwert praktisch unbeeinflußt; sie vermindern jedoch die Sicherheit der Schlußfolgerung und lassen die Gesetzmäßigkeit nur als «statistisches Gesetz» erkennen. Für die Beseitigung oder Reduzierung dieser Fehler stehen zwei Gruppen von Methoden zur Verfügung: Den systematischen Fehlern sucht man durch sogenannte Kontrollmethoden, den zufälligen durch statistische Verfahren beizukommen. Hierüber an anderer Stelle mehr.

Die weitere Verarbeitung von Resultaten. Die beschriebenen methodischen Operationen werden nicht zu dem Zweck ausgeführt, um lediglich eine Aussage über die beobachteten Fälle zu machen. Man zieht vielmehr die Folgerung in der Hoffnung, eine Gesetzmäßigkeit zu finden, die – freilich mit der Beschränkung, die sich aus der Eigenart statistischer Gesetze ergibt – auf zahllose weitere Fälle anwendbar ist, welche grundsätzlich von gleicher Art sind, aber nicht beobachtet werden konnten. Habe ich an einer Gruppe von Personen festgestellt, daß bei ihnen allen oder bei fast allen eine bestimmte Linienkonfiguration einen Täuschungseindruck auslöst, so werde ich erwarten, daß dieses Ergebnis sich bei einer gleichartig zusammengesetzten weiteren Gruppe, und sogar bei zahlreichen weiteren solchen Gruppen, wiederholen würde, wenn auch wohl mit gewissen Abweichungen. Wir suchen nach Ergebnissen, die sich verallgemeinern lassen, denn nur auf dem Weg über das Allgemeine können wir das Individuelle beschreiben, einordnen, erklären und verstehen. Dies wurde auch schon zuvor ausgeführt.

Die Verallgemeinerung ist indessen nicht der einzige Schritt, der sich an die bloße Konstatierung eines Ergebnisses anschließt. Es genügt uns nicht, zu wissen, daß eine gesetzmäßige Beziehung besteht; wir wollen auch wissen, warum sie besteht. Wir suchen nach einer Erklärung für den gefundenen Zusammenhang; diese ist das eigentliche Ziel. Wie hat man sich, um hier noch einmal unser Beispiel heranzuziehen, den Täuschungseindruck zu erklären? Gewiß ist er durch die besondere Anordnung der Schrägstriche bedingt; dies hat ja der Vergleich der Urteile über die Figuren in Abb. 3/1 und Abb. 3/2 erbracht. Aber Erklären heißt Unbekanntes auf Bekanntes zurückführen. Und was wäre in diesem Fall das Bekannte? Innerhalb unseres Demonstrationsbeispiels wäre es jedenfalls nicht zu finden. Beschränkten wir uns hier konsequent auf die vergleichende Betrachtung der Vorgänge *A* und *A'* und auf das, was sich daraus unmittelbar folgern läßt, so bliebe der Täuschungseindruck ein nicht weiter erklärbares Kuriosum.

Die Erklärung können wir nur erhalten, indem wir uns Gedanken darüber machen, was im Betrachter, der die Täuschungsfigur wahrnimmt, vorgeht, welchem Verarbeitungsprinzip diese Reizkonfiguration unterliegt. Es ist an andere, ähnliche Phänomene zu denken, etwa an die Müller-Lyersche Täuschung. Es kann sich die Vermutung anbieten, daß bei beiden Täuschungsfiguren (Abb. 2/3, S. 38, und Abb. 3/2, S. 86), obwohl sie äußerlich wenig gemeinsam zu haben scheinen, dieselben inneren Verarbeitungsprozesse am Werk sind. Und schließlich ergibt sich in der Tat, daß diese beiden und viele weitere geometrisch-optische Täuschungen auf dasselbe allgemeine, in ganz anderem Zusammenhang bereits bekannte, Prinzip zurückzuführen sind. (Näheres bei Tausch 1954, 1955, Kristof 1961.)

Um ein wissenschaftliches Resultat in größere Zusammenhänge einzuordnen und damit zu erklären, müssen andere Beobachtungen herangezogen werden, neue Hypothesen aufgestellt werden und diese in neuen Untersuchungen überprüft werden. So ist durch die Sache selbst dafür gesorgt, daß die Forschung niemals stehenbleibt, weil nämlich gelöste Fragen sofort neue Fragen aufwerfen; und auf solche Weise erweitert und vervollständigt sich unser Wissen mehr und mehr.

Zusammenfassung. Die erfahrungswissenschaftliche Methodik gliedert sich in drei Operationen: Beobachten, Vergleichen und Folgern. Alle einzelnen Methoden dienen einem dieser drei Zwecke. Sie sind so aufeinander abgestimmt, daß sich mit ihrer kombinierten Anwendung die Untersuchung zum Erfolg, das heißt zu einer klaren Antwort auf die gestellte Frage, führen läßt.

Von Beobachtung wird gesprochen, wenn mit Veränderungen am Wahrnehmungsgegenstand zu rechnen ist. Um einen Vorgang zu erfassen, sind mindestens zwei nacheinander erfolgende Wahrnehmungen erforderlich. Einer einzelnen Beobachtung über zwei oder mehr Ausschnitte desselben Vorgangs kann jedoch noch keinerlei wissenschaftliche Bedeutung zukommen. Erst wenn sie sich mit mindestens einer weiteren, ähnlichen Beobachtung vergleichen läßt, kann sie zu einer Schlußfolgerung über die Bedeutung einer in beiden Beobachtungen wirksamen Bedingung beitragen. Denn die Wissenschaft interessiert sich nicht für isolierte Fakten, sondern es kommt ihr auf die Beziehungen zwischen ihnen an, auf dasjenige, was Gemeinsamkeiten und Unterschiede hervorruft.

Es können nicht beliebige Vorgänge (beziehungsweise Beobachtungen über solche) sinnvoll miteinander verglichen werden. Aus dem Vergleich soll, gemäß der präzisen Fragestellung, auf die Bedeutung eines bestimmten Faktors geschlossen werden. Dies setzt voraus, daß sich die miteinander zu vergleichenden Vorgänge nur hinsichtlich eines einzigen Faktors unterscheiden, während alle weiteren beteiligten Faktoren konstant bleiben. Dieses «Prinzip der einen Variablen» durchzieht als eine Leitlinie die gesamte empirische Methodik und manifestiert sich in verschiedenen Zusammenhängen.

Untersuchbar sind nur veränderliche Merkmale. Ein in allem Geschehen mitspielender konstanter Faktor wäre überhaupt nicht zu erkennen. Die psychologische Forschung hat es stets mit Variablen (Veränderlichen) zu tun, für die sich verschiedene (mindestens zwei) Klassen, Kategorien, Werte, angeben lassen.

Es werden einzelne Arten von Variablen unterschieden. Unter dem inhaltlichen Gesichtspunkt der psychologischen Untersuchung teilt man ein in Reiz-(*S*-)Variable und Reaktions-(*R*-)Variable sowie in die gewissermaßen dazwischenstehenden Organismus-(*O*-) oder Person-(*P*-) Variablen. Denn erforscht werden die Beziehungen zwischen Reizen (oder Situationen) und daraufhin folgenden Reaktionen sowie zwischen Merkmalen des Individuums und davon beeinflußten Reaktionen, um so auf die Gesetzmäßigkeiten der inneren Verarbeitung zu schließen.

Eine weitere Unterscheidung ist die nach unabhängigen und abhängigen Variablen. Sie gilt freilich nur innerhalb der Grenzen des beobachteten Vorgangs.

Unter formalem Gesichtspunkt unterscheidet man stetige und diskrete Variable sowie nach einer anderen Einteilung Nominal-, Ordinal-, Intervall- und Verhältnisvariable. Die den einzelnen Variablenarten zukommenden Eigenschaften sind von erheblicher methodischer Bedeutung.

Die psychologische Forschung untersucht nicht eigentlich Variable, sondern Prozesse. Doch diese Prozesse können nur mit Hilfe definierter Variabler erfaßt werden, und daher ist Forschung nur soweit möglich, als sie sich auf Variable stützen kann.

Fehlerhafte Handhabung einer Methode führt zu fehlerhaften Ergebnissen. Aber nicht alle Fehler in den Ergebnissen sind vom Untersucher verschuldet. So wirken sich bei einer allgemeinpsychologischen Untersuchung die individuellen Besonderheiten der dazu herangezogenen Personen als «Fehler» aus. Ein Fehler ist zu definieren als der Einfluß eines Faktors, der nicht untersucht werden sollte, auf ein Ergebnis. Es kann dies ein systematischer, alle Einzelergebnisse in gleicher Weise betreffender Fehler sein oder ein zufälliger, die einzelnen Daten mehr oder weniger, in dieser oder jener Richtung, beeinflussender Fehler. Man kann einen Fehler auch als dasjenige verstehen, was die Vergleichbarkeit und damit die Schlußfolgerung beeinträchtigt, oder als dasjenige, was dem Prinzip der einen Variablen zuwiderläuft. Die psychologische Methodik dreht sich zu einem erheblichen Teil um nichts anderes als darum, Fehler für die Schlußfolgerung unschädlich zu machen. So ist zum Beispiel die Tatsache, daß man sich faktisch niemals mit der Mindestanforderung für eine Schlußfolgerung begnügt (nämlich zwei Beobachtungen unter einer einmal variierten Bedingung), darauf zurückzuführen, daß man sich um den Ausgleich von Zufallsfehlern bemühen muß.

Die Forschung bleibt nicht bei der bloßen Konstatierung einer gesetzmäßigen Beziehung stehen. Sie sucht vielmehr auch diese Beziehung zu erklären, indem sie deren Gründe angibt und damit das zunächst für sich allein dastehende Neue auf etwas schon Bekanntes zurückführt. Zu diesem Zweck wird eine neu gefundene Tatsache mit anderen, vermutlich mit ihr verwandten Tatsachen in Verbindung gebracht, wobei sich gegebenenfalls neue Hypothesen über die möglichen Zusammenhänge anbieten, die ihrerseits in weiteren Untersuchungen geprüft werden müssen. Da neue Resultate regelmäßig neue Fragen aufwerfen, steht die Forschung niemals still.

Weitere Literatur: Andreas (1972), Andrews (1948), Humphrey (1963, Einleitung), Kerlinger (1964), Zimny (1961).

IV. Psychologische Begriffe und Einteilungen

1. PSYCHOLOGISCHE BEGRIFFE UND IHRE DEFINITION

Zur Bedeutung der Begriffe. Weit mehr als im täglichen Leben ist man in der Wissenschaft genötigt, Inhalte des Denkens präzise zu formulieren. Denn sonst könnte man sich selbst keine Rechenschaft darüber geben, was man eigentlich weiß und was nicht, und man wäre auch nicht imstande, sich darüber sinnvoll auszudrücken. Wir sind daher in besonders hohem Maß auf die Bildung und Verwendung von Begriffen angewiesen. Mit Hilfe von Begriffen können wir eine Vielfalt von Erscheinungen überschaubar machen, Ordnung und Klarheit in unser Denken bringen, unsere Gedanken anderen verständlich machen und auch wiederum die Gedanken anderer verstehen.

Alle Schritte wissenschaftlicher Forschung sind mit dem Gebrauch von Begriffen verbunden. Schon die Fragestellung einer Untersuchung bedarf begrifflicher Klärung; sie schließt begriffliche Voraussetzungen ein und erfordert die begriffliche Formulierung. Jede Beobachtung wird von begrifflichem Denken geleitet und muß begrifflich eingeordnet werden, damit sie zu einer Schlußfolgerung dienen kann. Ferner ist die Verständigung über Beobachtungen und die Mitteilung von Forschungsresultaten nicht denkbar ohne die Verwendung von Begriffen. Das gleiche gilt auch für die Bildung, Darstellung und kritische Erörterung von Theorien.

Unter einem Begriff versteht man allgemein eine durch das Denken gewonnene, mit einer festen Bezeichnung verbundene Bedeutungseinheit von bestimmter klarer Abgrenzung. Im Begriff wird das vergegenwärtigt, was den von ihm umfaßten einzelnen Gegenständen gemeinsam ist, während von dem, worin sie sich unterscheiden, abgesehen wird. Insofern ist ein Begriff das Ergebnis einer Abstraktion: Einzelne Merkmale werden hervorgehoben und konstituieren den Bedeutungsgehalt, andere dagegen werden demgegenüber vernachlässigt.

Was ein Begriff enthält, wird in seiner Definition entwickelt und ausgelegt. Daher kann der Begriff mit seiner Definition logisch gleichgesetzt werden.

Wir verzichten hier auf formale Erörterungen über Begriffe (zum Beispiel über Umfang und Inhalt, Unter- und Überordnung von Begriffen, Begriffssysteme und dergleichen), die uns in das Gebiet der Logik führen würden und die hier doch nicht mit der angemessenen Ausführlichkeit behandelt werden könnten. Statt dessen werden wir uns besonders mit den sachlichen Grundlagen und Anforderungen der psychologischen Begriffsbildung beschäftigen.

Ursprünge psychologischer Begriffe. In den Inhalten unserer Wahrnehmungen sind uns nicht ohne weiteres auch schon Abgrenzungen zwischen einzelnen Komponenten oder Teilinhalten mitgegeben. Das Wahrgenommene differenziert sich für uns erst, wenn wir es genauer zu erfassen suchen, mit dem Ziel, Urteile darüber zu bilden und Mitteilungen darüber zu machen. Wir beginnen alsdann, Einzelheiten zu unterscheiden und Merkmale zu konstituieren, von denen wir die einen beachten, andere jedoch unbeachtet lassen, je nachdem, was wir feststellen wollen. Mit der von einer bestimmten Absicht getragenen Betrachtung von Objekten oder Beobachtung von Prozessen verbinden sich also bereits Analyse und Abstraktion, und damit beginnen die gedanklichen Operationen, die zur Begriffsbildung führen und die in der sprachlichen Fixierung und in der Mitteilung der aufgefaßten Einzelheiten ihren Niederschlag finden.

Aus der Tätigkeit der Beobachtung ergibt sich auch die psychologische Begriffsbildung, wenigstens in ihren Anfängen. Sie umfaßt freilich nicht nur Sachverhalte, die in der Erfahrung gegeben sind; manche psychologische Begriffe lassen nur noch einen lockeren und weitläufigen Zusammenhang mit Erfahrungsdaten erkennen. Dies ist unvermeidlich, denn die Aufgaben der Forschung gehen weit über die bloße Beschreibung von Beobachtungstatsachen hinaus.

Spezifisch psychologische Begriffe bezeichnen entweder ausdrücklich etwas Subjektives, «innerlich» Gegebenes (hierzu gehören Begriffe wie: Denken, Erinnern, Wollen, Ärger, Traum), oder sie weisen wenigstens indirekt auf etwas Psychisches hin (zum Beispiel: Handlung, Lernen, Intelligenz, Neurose, Anspruchsniveau). Wie die an zweiter Stelle genannten Beispiele zeigen, müssen nicht immer unmittelbar psychische Prozesse angesprochen sein; auch lassen sich viele psychologische Begriffe ohne eine direkte Bezugnahme auf Psychisches definieren; allein es ist doch stets etwas Subjektives mitgemeint. So könnte man etwa den Begriff «Handlung» auf keinen Fall verstehen, ohne daran zu denken, daß vor und während einer Handlung sich etwas «innerlich» abspielt.

Wie entstehen nun diese spezifisch psychologischen Begriffe? Wie schon gesagt: im Zusammenhang mit dem Beobachten. Aber nicht alle Beobachtungen fordern das psychologische Denken heraus und führen zu psychologischen Begriffen. Wir müssen hier wieder verweisen auf unsere Theorie über die Ursprünge des psychologischen Denkens (vgl. Kapitel II, 1). Bestimmte diskrepante Erfahrungen sind es, die uns davon überzeugen, daß die Art und Weise, in der wir etwas erleben, «an uns selbst liegt», und die uns damit überhaupt erst zur Entdeckung der psychischen Verarbeitung führen.

An einigen Beispielen wurde dies genauer demonstriert. Es sei noch einmal daran erinnert, wie beim Betrachten des Umspringbildes (Abb. 2/1, S. 36) einmal dies, einmal jenes gesehen wird, obwohl sich währenddessen an der Vorlage überhaupt nichts ändert. Solch ein Phänomen zwingt uns dazu, die Erklärung für die diskrepante Beobachtung auf der Ebene des Psychischen zu suchen, und wir entwickeln daher einen psychologischen Begriff wie den der «Einstellung». Es ist anzunehmen, daß alle spezifisch psychologischen Begriffe ihren Ursprung in derartigen diskrepanten Erfahrungen haben, wenn auch der Entwicklungsprozeß des psychologischen Denkens erst wenig erforscht ist, weil man das Problem kaum gesehen hat.

Die spezifisch psychologischen Begriffe sind zum großen Teil nicht erst von der Psychologie selbst gebildet, sondern von ihr aus der Umgangssprache übernommen und dann meist noch präzisiert worden. Trotzdem müssen wir immer dann von spezifisch psychologischen Begriffen sprechen, wenn sie direkt etwas Psychisches bezeichnen oder wenn in ihnen zumindest auf eine psychische Komponente ihrer Bedeutung hingewiesen wird.

Daneben bedient sich die Psychologie einer großen Anzahl von nichtspezifischen Fachausdrücken wie auch von Begriffen der Umgangssprache, die zunächst nicht auf Psychisches hindeuten. Wörter, wie Größe, Farbe, Schall, Leistung, divergent, hell, schön, sind nicht dazu bestimmt, etwas Subjektives auszudrücken; sie beziehen sich vielmehr auf Dinge und Vorgänge in der äußeren Welt. Gleichwohl können solche Begriffe entweder selbst unter psychologischem Aspekt betrachtet werden oder wenigstens durch die Fragestellung einer Untersuchung psychologische Bedeutung erhalten. So habe ich unter psychologischem Gesichtspunkt zum Beispiel eine Farbe als ein psychisches Produkt aufzufassen und zu verstehen und die Aussage, etwas sei schön, als den Ausdruck einer subjektiven Reaktion. Aus Urteilen über die Größe von Gegenständen kann ich schließen auf die psychischen Gesetzmäßigkeiten der Größenwahrnehmung, aus Urteilen wie «parallel» und «divergent» auf das Vorliegen eines Täuschungseindrucks, aus der fortschreitenden Verbesserung einer bestimmten Leistung auf einen sich abspielenden Lernprozeß usw. Solche Begriffe können also dazu dienen, Beobachtungen und Aussagen über Beobachtungen zu formulieren, die dann im Hinblick auf die ihnen zugrunde liegenden oder in ihnen zum Ausdruck kommenden inneren Prozesse zu interpretieren sind.

Ferner gibt es in der Psychologie wie in allen anderen Gebieten eine große Anzahl von allgemein-wissenschaftlichen und methodologischen Begriffen (wie zum Beispiel Variable, Experiment, Mittelwert, Theorie). Sie drücken weder direkt noch indirekt etwas vom Gegenstand aus; sie werden auch nicht zu inhaltlichen Schlußfolgerungen über den Gegenstand herangezogen. Es handelt sich hierbei um die Begriffe, mit denen die Forschung diejenigen Grundgedanken und Operationen beschreibt, welche sie anwenden muß, um zu Resultaten bestimmten Inhalts zu kommen.

Die Definierbarkeit psychologischer Begriffe. Wenn es darum geht, äußere Gegebenheiten zu definieren, so stellen sich dabei für die Psychologie keine anderen und keine schwierigeren Fragen als für solche Wissenschaften, die sich allein mit äußeren Gegebenheiten befassen. Reizsituationen oder einzelne Reizvariable und Verhaltensweisen verschiedenster Art lassen sich meist hinreichend vollständig und allgemeinverständlich beschreiben. Mit besonderen Problemen wäre eher bei der Definition spezifisch psychologischer Begriffe zu rechnen. Ohne solche Begriffe, in denen Subjektives gemeint oder mitgemeint ist, wäre keine Psychologie möglich, wie sich am deutlichsten gerade da gezeigt hat, wo versucht wurde, ohne sie auszukommen. Daher bedürfen gerade diese Begriffe einer möglichst genauen Klärung. Nicht alle Begriffe psychologischer Art lohnen freilich solche Mühe, und manche, hinter denen nur sehr vage Vorstellungen stehen, wird man lieber vermeiden, statt zu versuchen, sie zu definieren.

Es gibt verschiedene Arten von Definitionen. Am bekanntesten ist die Nominaldefinition. Sie ist eine Worterklärung; mit ihr wird ein Begriff auf andere Begriffe zurückgeführt. Dies geschieht durch Angabe der nächsthöheren Gattung (genus proximum) und des artbildenden Merkmals (differentia specifica); zum Beispiel: Ein Quadrat ist ein Viereck mit gleichen Seiten und gleichen Winkeln. Eine andere, nicht weniger wichtige Art der Begriffsbestimmung ist die Realdefinition, die Sacherklärung. Sie besteht in der Aufzählung einzelner Beispiele, die unter den betreffenden Begriff fallen. So läßt sich der Begriff «Großstadt» durch die namentliche Nennung einiger bekannter Großstädte verständlich machen. Alle Nominaldefinitionen beruhen letztlich auf Realdefinitionen.

Manche Begriffe können nicht definiert werden. Dies gilt einmal für die allgemeinsten Begriffe, für die es keinen Oberbegriff gibt (wie zum Beispiel Dasein, Ding, Größe), zum anderen für die speziellsten, konkretesten Begriffe (die sogenannten Individualbegriffe), die nicht durch entsprechende nebengeordnete Begriffe erklärt werden können.

Auch in der Psychologie gibt es eine Reihe derartiger nicht definierbarer Grundbegriffe. Für solche Begriffe wie zum Beispiel «Bewußtsein», «Ich», oder «Erleben» läßt sich keine Bestimmung im eigentlichen Sinn geben. Allenfalls Umschreibungen sind hierfür möglich, die aber das Gemeinte mehr oder weniger ausdrücklich oder unausdrücklich bereits enthalten. Als ein Beispiel für eine solche Umschreibung kann die auf S. 50f. zitierte Äußerung von Pauli über das Bewußtsein dienen. Auch wenn wir zuvor Bewußtsein als «Haben von Wissen» bezeichnet haben (S. 52), so ist dies keine Definition des Phänomens Bewußtsein, sondern nur ein Hinweis auf die klarere ursprüngliche Bedeutung des Wortes. (Die Verdeutlichung eines Wortes durch etymologische Angaben wird auch als «Verbaldefinition» bezeichnet.)

Nicht zu definieren sind auch einzelne nicht weiter analysierbare psychische Inhalte, wie zum Beispiel die Farbqualität «Grün» (psychologisch, das heißt als Erlebniseindruck verstanden, und nicht physikalisch als Licht von bestimmter Wellenlänge). Nur durch sich selbst ist solch ein einzelner Inhalt hinreichend charakterisiert; einem Rot-Grün-Blinden kann man auf keine Weise die Erfahrung vermitteln, wie ein Normalsichtiger die Farbqualität Grün sieht.

Wenn ein Begriff nicht definierbar ist, so heißt das nicht, daß man sich über ihn nicht verständigen könnte. Schon in unserer Kindheit lernen wir die Bedeutung von Begriffen wie «Größe», «Schwere», «Helligkeit» kennen, indem wir bestimmte Unterschiede zwischen Gegenständen wahrnehmen und die Bezeichnungen für diese Unterschiede erfahren, und auch im späteren Leben erwerben wir auf Grund solcher Demonstration noch neue Begriffe.

In der Tatsache, daß unter den psychologischen Begriffen solche vorkommen, die nicht definierbar, sondern nur in ihrer Bedeutung umschreibbar oder demonstrierbar sind, kann kein Mangel gesehen werden, welcher der psychologischen Begriffsbildung anhaftet. Wäre es ein Mangel, so wäre davon ja auch keineswegs die Psychologie allein betroffen. Freilich finden sich wohl gerade unter den allgemeinsten wie auch unter den konkretesten Begriffen viele von psychologischer Art, woraus hervorgeht, daß psychische Momente in dem gesamten System unserer Begriffe von hervorragender Bedeutung sind. In der Tat läßt sich in vielen unserer im Alltag und in anderen Wissenschaften gebräuchlichen Begriffe deren Grundlage in bestimmten Wahrnehmungs- oder Emotionsqualitäten unschwer erkennen, auch wenn sie gar nichts Psychisches mehr bezeichnen sollen (zum Beispiel im Begriff der Schwere oder in dem des Wertes); für viele andere ist wenigstens indirekt eine solche Abkunft nachweisbar.

Handelt es sich nicht um Begriffe von übergeordneter Bedeutung oder um letzte Individualbegriffe, so können psychologische Begriffe im Prinzip genauso definiert werden wie solche aus allen anderen Bereichen.

Fast immer läßt sich für einen psychologischen Begriff eine Realdefinition geben, nämlich dann, wenn mehrere Erscheinungen gleicher Gattung darunter fallen und diese aus der allgemeinen Erfahrung bereits bekannt sind und nur angegeben werden muß, welcher Name (als Oberbegriff) dafür stehen soll. Für den Begriff «Emotion» wird eine solche Realdefinition etwa lauten: «Emotionen sind Erscheinungen wie Freude, Zorn, Mitleid, Angst, Begehren.» Für Wahrnehmungen ist entsprechend anzugeben, daß es sich dabei um Vorgänge wie Sehen, Hören, Riechen, Schmecken usw. handelt. Durch die Art der Beispiele wird hier nicht nur klargestellt, welche einzelnen Inhalte unter dem Begriff zusammengefaßt werden, sondern auch – und das ist nicht weniger wichtig – auf welche er nicht angewendet werden soll. Zur Verständigung über das Gemeinte und zur Regelung des wissenschaftlichen Sprachgebrauchs können solche Definitionen durchaus hinreichen. Allerdings kann man sich damit nicht mit stets gleicher Sicherheit über verschiedene Phänomene verständigen. So können Wahrnehmungsinhalte, wie zum Beispiel Farben, ohne weiteres an Gegenständen der Außenwelt demonstriert werden, während dies bei Emotionen nicht mit solcher Unmittelbarkeit möglich ist. Daher konnte sehr viel leichter über verschiedene Merkmale der Farbwahrnehmung (Qualität, Helligkeit und Sättigung) allgemeine Übereinstimmung erzielt werden als über die Merkmale der Emotionen.

Nominaldefinitionen lassen sich für psychische Erscheinungen geben, wenn man sie auf andere solche Erscheinungen zurückführen kann. So hat man das Denken charakterisiert als einen Ablauf von Vorstellungen, der auf ein Ziel gerichtet ist. Hier werden also die nächsthöhere Gattung und das artbildende Merkmal eindeutig angegeben: Nicht jeder Vorstellungsablauf muß ein Ziel haben; das Denken wird als Spezialfall eines solchen Ablaufs betrachtet. Allein, solche Definitionen enthalten in der Psychologie häufig ein theoretisches Moment. Im genannten Beispiel besteht dieses darin, daß Vorstellungen für das Wesentliche im Denkprozeß gehalten werden, was jedoch durchaus bestritten werden kann. Nicht immer ist solch ein theoretisches Moment in einer Definition so leicht zu bemerken wie hier.

Die Begriffsbestimmung kann auch dann in die Form einer Nominaldefinition gekleidet werden, wenn es möglich ist, den betreffenden Gegenstand durch seine Bedingungen zu charakterisieren; zum Beispiel können Wahrnehmungen definiert werden als diejenigen Erlebnisse, welche durch die Funktion der Sinnesorgane vermittelt werden. Freilich ist diese Definition, wie viele Nominaldefinitionen, unvollständig; sie zählt nicht sämtliche in der Wahrnehmung mitspielenden Faktoren (wie etwa Erfahrungen und Gestaltgesetze) auf. Immerhin wird auch damit der Begriff präzisiert: Man wird nach dieser Definition nicht Wahrnehmungen mit Lern- oder Denkvorgängen verwechseln.

Wenigstens dem Anschein nach liegt eine Nominaldefinition vor, wenn zum Beispiel Emotionen bestimmt werden als solche Erlebnisse, die durch die Qualität des Angenehmen oder Unangenehmen charakterisiert sind. Aber hiermit wird der Begriff der Emotion nicht auf etwas anderes zurückgeführt, denn die Wörter «angenehm» und «unangenehm» bezeichnen ihrerseits Emotionsqualitäten. Eine solche Begriffsbestimmung ist daher hinsichtlich ihres Inhalts einer Realdefinition gleichzusetzen, kann freilich als solche durchaus zweckmäßig sein.

Insgesamt betrachtet, bestehen für die Definition psychologischer Begriffe die gleichen allgemeinen Möglichkeiten wie für nichtpsychologische Begriffe. Trotzdem mangelt es vielen psychologischen Begriffen an Klarheit, Eindeutigkeit und Allgemeingültigkeit. Nach einer Forderung, wie sie Faraday für die Physik aufgestellt hat, nämlich daß alle Fachausdrücke von einfacher Art, von klarer Bedeutung und frei von Hypothesen sein sollten, hat sich die Psychologie in ihrer Geschichte wenig gerichtet. Aber die Gründe für jene Mängel können nicht allein in solchem Versagen gesehen werden; sie liegen noch mehr im Gegenstand selbst als in der Art seiner Behandlung.

Es war schon davon die Rede, daß sich die Analyse in der Psychologie nur im Bereich des Denkens abspielen kann, soweit es eben um die Analyse der inneren Verarbeitung geht; das heißt es können einzelne psychische Funktionen nicht voneinander isoliert werden, auch wenn sich ihre äußeren Bedingungen isolierend variieren lassen. Nun können zwar an dem, was sich nicht trennen läßt, Unterscheidungen getroffen werden (weshalb man ja überhaupt psychische Erscheinungen definieren kann), aber es bleibt doch oft genug die Frage offen, ob die Abgrenzungen auch an der richtigen Stelle gezogen wurden. Lernen und Denken sind gewiß nicht das gleiche. Ist es aber richtig, beides definitorisch streng voneinander zu scheiden? Dies erscheint insofern fragwürdig, als sich zeigen läßt, daß beim Lernen weitgehend dieselben Leistungen (Unterscheiden, Abstrahieren, Verallgemeinern, Herstellen von Beziehungen) erforderlich sind wie beim Denken. Sind, um ein anderes Beispiel zu nennen, Emotionen wirklich wesensverschieden von Wahrnehmungen? Zugegeben muß werden, daß zumindest bei stärkeren Emotionen auch gleichzeitig Organwahrnehmungen auftreten. Sind diese nun Bestandteil, vielleicht sogar Grundlage des Emotionserlebnisses, oder nur seine Begleiterscheinung?

Definieren läßt sich, innerhalb der oben aufgezeigten Begrenzungen, faktisch alles, und um klare Verhältnisse zu schaffen, gibt man Definitionen für Lernen, Denken, Emotionen und alle anderen bekannten psychischen Funktionen, möglichst in der Form einer Nominaldefinition. Auf diese Weise aber wird man, wie schon angedeutet, je nach dem vertretenen theoretischen Standpunkt, denselben Sachverhalt unterschiedlich definieren, und hieraus folgt, daß derselbe Begriff in erheblich voneinander abweichenden Bedeutungen vorkommen kann.

Ganz zu vermeiden ist dies nicht. Die Forderung, daß eine Definition lediglich eine Beschreibung zu sein habe und keine darüber hinausgehende Deutung des Begriffsinhalts bringen solle, läßt sich in der Psychologie häufig schwerer erfüllen als in anderen Gebieten. Denn das Psychische ist ja nicht, wie irrtümlich behauptet wurde, direkt als solches vorfindbar und beschreibbar; es wird vielmehr erst aus Beobachtungen erschlossen. Da aber der Prozeß der Erschließung von unterschiedlichen Voraussetzungen und Aspekten ausgehen kann und da diese sich in seinem Resultat auswirken, ist es verständlich, wenn auch die psychologischen Grundbegriffe unterschiedlich interpretiert werden. Allerdings bleibt es unbefriedigend, wenn theoretisch bestimmte Erklärungen als neutrale Begriffsbestimmungen ausgegeben werden.

Viele Unzuträglichkeiten wären jedoch vermeidbar, nämlich da, wo die Uneinheitlichkeit der Wortbedeutungen nicht aus einer theoretischen Problematik, sondern hauptsächlich aus der Nachlässigkeit des Sprachgebrauchs erwächst. Dies gilt zum Beispiel für das mit «Verstärkung» oder «Bekräftigung» ins Deutsche übersetzte Wort «reinforcement», das fast willkürlich in völlig voneinander abweichenden Bedeutungen verwendet wird. ENGLISH und ENGLISH (1958, S. 452) schreiben dazu: "It is not uncommon to find several of these meanings in the same usage of the term. Reinforcement sometimes means a stimulus, sometimes a response, sometimes any of several organic effects of either stimulus or response, or any combination of these. So versatile a term is rapidly losing scientific usefulness."

Hier wurde einem ursprünglich präziseren Fachausdruck durch vielfachen unbedachten Gebrauch seine klare Bedeutung genommen. Aber auch das Gegenteil ist möglich, und dies sogar bei Wörtern, die zunächst keine wissenschaftlichen Begriffe darstellten. Das Wort «Gefühl» wird in der Umgangssprache in wenigstens fünf klar unterscheidbaren Bedeutungen verwendet (s. TRAXEL 1972, S. 235f.), und dieselben Bedeutungen können auch dem Wort «Empfindung» zukommen. Immerhin ist es gelungen, die beiden Begriffe in der Psychologie so weit zu differenzieren und zu präzisieren, daß hier im allgemeinen unter «Gefühlen» nur bestimmte emotionale Erlebnisse verstanden werden, während als «Empfindungen» Wahrnehmungseindrücke bezeichnet werden. Über Empfindungen wie auch über Gefühle können jedoch im einzelnen wiederum unterschiedliche theoretische Auffassungen gebildet werden.

Konstitutive und operationale Definitionen. Es wurden bis jetzt solche Definitionen erörtert, mit denen ein Begriff durch Wort- oder Sacherklärungen bestimmt wird. Dies geschieht, allgemein gesprochen, indem man den betreffenden Begriff in seinen Zusammenhang mit anderen allgemeineren oder spezielleren Begriffen stellt, in deren Bereich er fällt oder die in seinen Bereich fallen. Man hat derartige Bestimmungen als konstitutive Definitionen bezeichnet und ihnen eine andere Art, die operationalen Definitionen, gegenübergestellt. Obwohl seit längerem bekannt, werden diese Definitionen erst in neuer Zeit auch in der Psychologie in stärkerem Ausmaß angewendet. Sie erscheinen verwandt mit den älteren genetischen Definitionen, sind aber nicht mit ihnen gleichzusetzen. Genetische Definitionen erläutern den Begriffsgegenstand durch die Art seiner Entstehung, zum Beispiel: «Ein Kreis entsteht, indem ein Punkt in gleichbleibendem Abstand um einen anderen Punkt bewegt wird.» Eine operationale Definition dagegen drückt den zu definierenden Gegenstand oder Sachverhalt durch die methodischen Maßnahmen (Operationen) aus, die zu seiner Feststellung führen. So lautet eine sehr bekannte operationale Definition der Intelligenz: «Intelligenz ist das, was mit den Intelligenztests gemessen wird.» Gemeint ist mit diesem schlagwortartigen Beispiel, daß man nicht nach Belieben von einer angenommenen allgemeinen Fähigkeit «Intelligenz» sprechen könne, sondern daß man sich stets nur auf die besonderen Prüfverfahren zu beziehen habe, auf Grund deren Anwendung man den Begriff «Intelligenz» gebraucht. Eine Aussage über die Intelligenz hätte demnach keinen Sinn, wenn sie über das hinausginge, was lediglich durch die methodischen Operationen gegeben ist. Solche operationalen Definitionen sind den schon früher erwähnten Umschreibungen zuzurechnen.

Eine konstitutive Definition macht dagegen eine Aussage über den Begriffsgegenstand selbst. Für die Intelligenz haben W. Stern, E. Claparède und andere Autoren weitgehend übereinstimmend derartige Definitionen gegeben. Nach der Formulierung von Stern (1923, S. 343) ist Intelligenz die «allgemeine Fähigkeit, durch welche der Mensch neuen Anforderungen des Lebens mit Hilfe von Denkleistungen zu entsprechen vermag». Hier zeigt sich wiederum anschaulich, daß solche Definitionen Probleme aufwerfen können: Es läßt sich einmal der Begriff «Fähigkeit» in Frage stellen; zum anderen kann bezweifelt werden, ob Intelligenz als etwas Einheitliches zu betrachten ist und ob nicht zutreffender nur von speziellen «Intelligenzen» (zum Beispiel «praktischer Intelligenz», «technischer Intelligenz») die Rede sein müßte.

Eine operationale Definition ist demgegenüber weit weniger durch theoretische Annahmen vorbelastet und erscheint daher in vielen Fällen als die sicherste. In der Tat ist nicht zu bestreiten, daß operationale Definitionen von Nutzen sein können, indem durch sie unklaren und vieldeutigen Vorstellungen über Umfang und Inhalt eines Begriffs vorgebeugt werden kann. Es ist jedoch in der Praxis der Forschung nicht möglich, allein mit operationalen Definitionen zu arbeiten. Viele Begriffe, und zwar gerade solche, die in der Psychologie von grundlegender Bedeutung sind, lassen sich nicht wirklich operational definieren, abgesehen davon, daß eine solche Definition oft immens umständlich ausfallen müßte. Man kann wohl versuchen, zum Beispiel den Begriff «Neurose» zu umschreiben, indem man alles angibt, was man tut, um bei einem Menschen eine Neurose festzustellen, doch man kann dann auch bemerken, daß man hierbei auf konstitutive Komponenten nicht verzichten kann, also keine operationale Definition in reiner Form erhält.

Aber der Begriffsschatz einer Wissenschaft bliebe nicht nur fragmentarisch, wenn man allein operational definierte Begriffe zulassen wollte, es könnte sich auch gar kein funktionsfähiges Begriffssystem entwickeln. Denn die Feststellung eines Sachverhalts setzt voraus, daß man bereits ein Konzept davon hat, was man überhaupt feststellen will, mag dies auch noch kein völlig präziser und klarer Begriff sein. Wissenschaftliches

Denken beruht nicht auf Operationen und fängt nicht bei Operationen an. Operationale Definitionen können nur eine begrenzte, spezielle Bedeutung besitzen. (Näheres hierüber bei PLUTCHIK 1963, KERLINGER 1964.)

Es ist auch nicht abzusehen, wie mit operationalen Definitionen eine Vereinheitlichung des Begriffsgebrauchs erzielt werden könnte. Im Gegenteil wäre eher eine Vervielfachung der Begriffe zu erwarten, die die Verständigung noch mehr erschweren würde. Bei der großen Anzahl von Prüfverfahren für die Intelligenz müßte unter «Intelligenz» immer wieder etwas anderes verstanden werden, je nach der gerade angewendeten Methode. In einem bestimmten Stadium der Forschung ist dies vielleicht nicht immer zu umgehen; es ist auch nützlich, wenn man sich die Methodenabhängigkeit von Ergebnissen gegenwärtig hält. Aber letztlich sollen die Begriffe für die Tatsachen, die man untersucht, und nicht für die methodischen Maßnahmen stehen. Wir müssen daher, unter ständiger Überprüfung und Verbesserung unserer Methoden, uns allmählich immer näher an den jeweiligen Untersuchungsgegenstand heranarbeiten und so zu Aussagen von ständig wachsender Sicherheit beziehungsweise immer geringer werdender Fehlervariation kommen, und nicht umgekehrt den Untersuchungsgegenstand jeweils nach der gerade angewendeten Methode bestimmen wollen.

Gerade in diesem Zusammenhang ist eine Gefahr durch operationale Definitionen darin zu sehen, daß sie häufig eine Flucht in die Unverbindlichkeit erleichtern. In Diskussionen versuchen Wissenschaftler nicht selten, sich der Kritik zu entziehen, indem sie versichern, sie hätten etwas «nur operational» definiert, besonders wenn bezweifelt wird, daß für die untersuchte Frage die gewählte Methode angemessen war. Vor allem aber kann der Entwurf einer Fragestellung und der inhaltliche Aufbau einer Untersuchung nicht allein mit dem Denken in operationalen Begriffen bewerkstelligt werden. Hier ist man doch gezwungen, sich unter den verwendeten Begriffen mehr vorzustellen als lediglich das, was durch die methodischen Operationen gegeben ist. Will man zum Beispiel das Entstehen von Konflikten erforschen, so wird man zuerst eine inhaltlich bestimmte Vorstellung von dem Sachverhalt «Konflikt» und seinen Merkmalen haben müssen; erst darauf kann man die methodische Seite des Themas in Angriff nehmen. Natürlich hat man zu bedenken, daß das Resultat dieser Untersuchung zunächst nur unter den Bedingungen eben der Methoden gilt, zu denen man sich entschlossen hat. Ob und wie weit es auch noch darüber hinaus Geltung beanspruchen kann, muß durch weitere Überlegungen zu klären versucht werden, die ebenfalls mit dem

Denken in operationalen Begriffen wenig zu tun haben. Diese Überlegungen kommen leicht zu kurz, wenn operationistische Aspekte vorherrschen. Daher lassen sich die Resultate solcher Untersuchungen häufig nicht an das schon vorhandene Wissen anschließen.

Schließlich sei noch dies betont: Mit operationalen Definitionen allein könnte die Psychologie auch ihren praktischen Aufgaben nicht gerecht werden. Denn gerade auf dem Gebiet der Praxis wird von einer Wissenschaft verlangt, daß die Begriffe, deren sie sich bedient, eine konstitutive Bedeutung haben und nicht nur methodische Operationen beschreiben. Und nicht einmal nur Außenstehende werden einen operationistischen Standpunkt als l'art pour l'art bewerten.

Es muß indessen unterschieden werden zwischen den operationalen Definitionen und dem operationistischen Standpunkt, wie er von BRIDGMAN (1927) begründet wurde. (Siehe dazu STEGMÜLLER 1969.) Unsere Kritik richtet sich weniger auf die operationalen Definitionen, die zumindest als vorläufige Begriffsbestimmungen sehr zweckmäßig sein können, als vielmehr auf die wissenschaftstheoretische Auffassung des Operationismus, von der wir uns in der Psychologie – über andere Gebiete maßen wir uns kein Urteil an – keine sehr fruchtbare Strategie versprechen.

Eines freilich bleibt von aller dieser Kritik unberührt: die Forderung, wonach sämtliche methodischen Schritte einer Untersuchung so genau mitgeteilt werden müssen, daß ein anderer Forscher dadurch in die Lage versetzt wird, diese Untersuchung unter praktisch denselben Bedingungen zu wiederholen, und auch die Ergebnisse so detailliert beschrieben werden müssen, daß sie sich mit den Ergebnissen einer späteren, gleichartigen Untersuchung in allen Punkten vergleichen lassen. Wenn der Operationismus diese, allerdings schon lange übliche Forderung, erneut mit besonderer Betonung versieht, so ist ihm wenigstens in diesem Punkt lebhaft beizupflichten.

Fehlerhafte Begriffsbildungen. Die Sprache ist Ausdruck des Gedankens. Nur wenn man selbst etwas vollkommen verstanden hat, kann man es anderen in unmißverständlicher und vor allem in einfacher Form mitteilen. Um dies so gut wie irgend möglich zu erreichen, sollte man zuerst die Bedeutung eines jeden Begriffs, mit dem man denkt und durch den man das Gedachte ausdrückt, sorgfältig prüfen. Leider gibt es für eine Abhandlung, wie sie zum Beispiel GERLACH (1962) über die Sprache der Physik geschrieben hat, in der Psychologie – wenigstens im deutschen Sprachgebiet – noch nichts Entsprechendes, obwohl dies hier noch nötiger wäre.

Die fehlerhaften Begriffsbildungen in der Psychologie sind unterschiedlich in ihrer Art und Tragweite. Wir finden in deutschen Veröffentlichungen nicht selten Schreibweisen wie zum Beispiel «abnormal» (statt «abnorm» oder «anomal»), «Extirpation» (statt «Exstirpation»), «Homeostase» (statt «Homöostase»), «Prediktor» (statt «Prädiktor»). Dies sind keine begrifflichen, sondern orthographische Fehler, dadurch bedingt, daß der Autor die betreffenden Ausdrücke nur aus dem Englischen kennt, wo sie anders als im Deutschen geschrieben werden. Ein grammatischer Fehler liegt dagegen vor, wenn es zum Beispiel heißt, daß zwei Merkmale «korrelieren» (statt: «korreliert sind»); eine im Deutschen, im Gegensatz zum Englischen, sehr häufige Falschbildung. Eine Tautologie ist das Wort «Prüftest», denn es bedeutet soviel wie «Prüf-Prüfung» oder «Prüf-Prüfmethode». Solche sprachlichen Mängel sollten natürlich vermieden werden; sie wirken jedoch im allgemeinen nicht sinnentstellend.

Sinnstörend sind die begrifflichen Fehler. Wenn zum Beispiel der methodische Begriff des «paarweisen Vergleichs» ins Englische mit "paired comparison" übersetzt wurde, so entspricht dies nicht dem Sachverhalt, denn es werden dabei keine Vergleiche gepaart. Es sollte heißen "comparison by pairs" (Woodworth 1938, S. 378) oder einfach "pair comparison". Eine gröbere Sinnentstellung liegt in den Ausdrücken «bedingter Reiz» und «unbedingter Reiz». Es sind damit gar keine Reize gemeint, die durch etwas bedingt oder nicht bedingt sind. Vielmehr ist der «bedingte» Reiz ein Reiz, der nur unter gewissen Bedingungen wirksam wird, während der «unbedingte» stets wirksam ist. Hier wurden also der Reiz und seine Wirkung verwechselt. Diese begriffliche Falschbildung ist bei der Übersetzung von Arbeiten Pawlows entstanden. Auch im Englischen wurden die Wörter "conditioned" und "unconditioned" gesetzt, während es "conditional" und "unconditional" hätte heißen sollen (Woodworth u. Schlosberg 1954, S. 542). Der Fehler soll über das Deutsche in das Englische gewandert sein (Hilgard u. Bower 1970, S. 66). Auf der Verwechslung von Wörtern beruhen auch die Begriffe "extrapunitiv", "intropunitiv" und "impunitiv" (Rosenzweig), mit denen verschiedene persönliche Reaktionsweisen auf Mißerfolgserlebnisse bezeichnet werden, und zwar sind hier «poena» (Strafe) und «culpa» (Schuld) verwechselt worden, denn gemeint ist, daß jemand die *Schuld* bei anderen oder bei sich selbst sucht oder sie niemandem zuschreibt (Metzger 1972, S. 266). Seit einigen Jahren ist zu bemerken, daß sogar die Begriffe «psychisch» und «psychologisch» nicht mehr immer sicher angewendet werden; insbesondere wird das Wort «psychologisch» auch da gebraucht, wo es «psychisch» heißen müßte. Dies entspricht dem angelsächsischen Sprachgebrauch. Es gibt im Englischen wohl das Wort "psychic"; es bedeutet aber dort auch soviel wie «okkult», «übersinnlich», wurde daher lange Zeit von der Psychologie völlig gemieden und taucht erst in den letzten Jahren wieder häufiger in der Bedeutung von «psychisch» auf. Für «psychisch» hat das Englische auch das Wort "mental" (was im Deutschen meist spezieller im Sinn von «geistig» verstanden wird), doch auch dieses wurde nicht sehr gern verwendet, weil es allzu eindeutig auf subjektive Inhalte hinweist. So zog man sich aus der Affäre, indem man den Ausdruck "psychological" unterschiedslos gebrauchte (psychological phenomena, psychological processes, psychological facts). In Europa wird dies nun hier und da mit ziemlicher Verspätung nachgeahmt.

Noch ein paar Beispiele für fehlerhafte Begriffsbildungen seien erwähnt: "Purposive behaviorism" (TOLMAN) müßte genau genommen eine behavioristische Richtung bedeuten, die auf ein Ziel hinarbeitet (was man übrigens keiner einzigen Forschungsrichtung absprechen könnte); gemeint ist aber ein Behaviorismus, der das von ihm untersuchte Verhalten als ein zweckgerichtetes Handeln betrachtet. "Subjective behaviorism" (MILLER, GALANTER und PRIBRAM 1960) wäre als eine behavioristische Richtung anzusehen, welche die persönlichen (subjektiven) Mutmaßungen ihrer Vertreter als erwiesene Tatsache akzeptiert; es soll sich jedoch um einen Behaviorismus handeln, der neben dem äußeren Verhalten auch das innere «subjektive» Geschehen in seine Forschungen einbezieht. «Verstärkungslernen» müßte wörtlich verstanden ein Lernen *von* Verstärkungen sein; gemeint ist jedoch das Lernen *durch* Verstärkung (das heißt durch Bekräftigung einer zu erlernenden Verhaltensweise, etwa durch Belohnung). «Negativer Transfer» läßt vermuten, daß bei zwei oder mehr Lerntätigkeiten irgendeine Schwierigkeit oder Störung vom einen Lernprozeß in den anderen hinüberwandern könne. Man kommt nicht sofort darauf, daß der Ausdruck das gleiche wie «Lernhemmung» bedeutet, wobei freilich keine Rede davon sein kann, daß etwas transferiert wird.

Man sage nicht, es ginge hier um Nebensächliches. Denn fehlerhafte oder verschwommene Begriffe sind die sichersten Anzeichen dafür, daß das Denken noch nicht denjenigen Klarheitsgrad erreicht hat, der für die weiter zu unternehmenden Schritte Erfolg verspricht. Andererseits verhilft gerade das unablässige Sichbemühen um sprachlogisch einwandfreie Begriffe und Formulierungen zu größerer gedanklicher Klarheit.

Niemand ist dagegen versichert, fehlerhafte Begriffe zu übernehmen oder selbst solche zu bilden. Um so mehr müßte es in der Psychologie zur allgemeinen Gepflogenheit werden, jeden nicht völlig eindeutigen Begriff einer kritischen Analyse zu unterziehen. Damit könnte der Bedeutungsgehalt stabilisiert und der Konfusion vorgebeugt werden, und es ließe sich verhindern, daß einzelne Begriffe (wie etwa «Konditionierung», «Verstärkung», «Frustration», «Rolle», «Modell») zu Bestandteilen eines verwaschenen Fachjargons werden.

Zur Neubildung von Begriffen. Die Psychologie scheint, aufs Ganze gesehen, keinen Mangel an Fachausdrücken zu haben, sondern eher, wenigstens hier und da, einen Überfluß davon. Daher ist die Frage berechtigt, ob immer noch neue Begriffe in die Terminologie eingeführt werden müssen, wie dies ja ständig geschieht. In der Tat hat man davon nicht immer günstige Wirkungen auf die Verständigung zu erwarten, und es müßte für jede Begriffsneubildung eine hinreichende Begründung verlangt werden.

Auf jeden Fall ist die Einführung eines neuen Begriffs begründet, wenn er einen neu gefundenen oder noch nicht benannten Sachverhalt oder eine neue Idee bezeichnet. Als durch Féré und Tarchanoff bekannt geworden war, daß bei emotionalen Erregungen bestimmte elektrophysiologische Veränderungen im Hautgewebe eintreten, und Veraguth dafür den Namen «psychogalvanisches Reflexphänomen» erfand, bestand wirklich Bedarf nach einem solchen (oder ähnlichen) neuen Begriff. Als die Psychologie damit begann, die Gestaltwahrnehmung zu erforschen, da mußten auch Begriffe wie «Raumgestalt», «Zeitgestalt», «Tongestalt» (Mach) und «Gestaltqualität» (v. Ehrenfels) zur Beschreibung oder Erklärung der untersuchten Tatsachen geprägt werden. Als Karl Bühler die blitzartig aufleuchtende Einsicht in einen Zusammenhang mit dem Namen «Aha-Erlebnis» bezeichnete, war das Phänomen als solches zwar sicherlich nicht unbekannt, aber noch unbenannt, und daher war solch ein prägnanter und treffender neuer Ausdruck dafür gewiß am Platz.

Berechtigt ist die Neubildung von Begriffen auch immer dann, wenn damit schon gebräuchliche falsch gebildete oder mehrdeutige Begriffe ersetzt werden sollen. Wird anstatt des Ausdrucks «bedingter Reiz» die Bezeichnung «konditionaler Reiz» (also bedingungsweise wirksamer Reiz) verwendet, so bringt dies, obwohl es sprachlich etwas umständlicher anmutet, einen Gewinn an Klarheit. Mehrdeutig sind zum Beispiel die Wörter «links-» und «rechtsasymmetrisch» beziehungsweise «links-» und «rechtsschräg» (als Bezeichnungen für die Form einer Häufigkeitsverteilung von Meßdaten). Denn eine feste Zuordnung der

Asymmetrie oder «Schräge» ist damit nicht gegeben. Völlig unmißverständlich kann man dagegen von «links-» oder «rechtsgipfligen» Verteilungen sprechen.

Sehr oft ist es angebracht, Übersetzungen für fremdsprachige Begriffe zu bilden. Von sprachlicher Schönheit ganz abgesehen, gibt den meisten Lesern (und selbst vielen Autoren) ein in ihrer eigenen Sprache ausgedrückter Begriff die deutlichere Vorstellung. Freilich findet man die Übersetzung für ein bisher nur im angelsächsischen Bereich übliches Fachwort kaum in einem Wörterbuch. Man muß sie selbst bilden, und zwar weniger als Übersetzung des Wortes, sondern vielmehr als Bezeichnung des gemeinten Sachverhalts. Fällt sie prägnant und präzise aus und kommt sie frühzeitig, dann hat sie gute Chancen, sich durchzusetzen. So wird für den Ausdruck "shock absorber" im Deutschen heute meist «Pufferreiz» geschrieben. (Gemeint ist ein Reiz, der anderen vorangestellt wird, um einer Versuchsperson die Gewöhnung an die Situation und an ihre Aufgabe zu ermöglichen.) Ein anderes Beispiel bietet der englische Ausdruck "correction for attenuation" (als Bezeichnung für die Schätzung der «wahren», das heißt durch irrelevante Faktoren unbeeinflußten Korrelation), der, noch bevor er bei uns sehr bekannt war, mit «Minderungskorrektur» übersetzt wurde und seitdem unter diesem Namen im Deutschen üblich geworden ist.

Die Neubildung von Begriffen richtet sich jedoch keineswegs immer nach den genannten Gründen. Manche Autoren versuchen, neue, eigene Ausdrücke in den psychologischen Sprachgebrauch einzuführen, ohne sich zuvor von deren Unentbehrlichkeit genügend überzeugt zu haben. Auf diese Weise sind zahlreiche praktisch synonyme oder analoge Bezeichnungen für denselben Sachverhalt entstanden. Es müßte darin kein Nachteil gesehen werden, sofern allgemein bekannt wäre, daß es sich um bedeutungsgleiche oder bedeutungsverwandte Wörter handelt. Dies kann jedoch namentlich bei neugebildeten Ausdrücken nicht ohne weiteres vorausgesetzt werden. (Die Wörter «Kurzzeitgedächtnis» oder «Kurzspeicher» werden nicht immer sofort als gleichbedeutend mit dem älteren Begriff «unmittelbares Behalten» erkannt.) Damit wird die Integration des Wissens behindert. In der Meinung, es handele sich um neuentdeckte Pänomene, versäumt man, die darüber mitgeteilten Ergebnisse mit dem schon vorhandenen Wissensbestand in Beziehung zu bringen. Die Vervielfachung der Begriffe stört den Zusammenhang und die Kontinuität der Forschung. Wird aus einem bestimmten Grund ein neuer Terminus anstelle eines sonst üblichen verwendet, so sollte ausdrücklich darauf hingewiesen werden.

Es gibt auch den umgekehrten Fall, nämlich wenn dasselbe Wort in einer neuen, von der ursprünglichen abweichenden Bedeutung gebraucht wird. Der betreffende Begriff wird damit mehrdeutig (äquivok). Als Beispiel sei nochmals der Begriff «Bewußtsein» angeführt, mit dem recht Verschiedenes gemeint sein kann (vgl. S. 50f.). Auf die Dauer sind äquivoke Begriffe der Verständigung wohl noch abträglicher als synonyme. Denn es kommt darüber, falls es sich dabei um Grundbegriffe handelt, zu schier endlosen Diskussionen über die vermeintlich «eigentlich richtige» Bedeutung. In solchen Auseinandersetzungen ist manchmal viel Scharfsinn aufgewendet worden, nur leider am falschen Platz, denn mit wirklicher Forschung hat dies noch ziemlich wenig zu tun. Eigentümlicherweise wird dabei übersehen, daß es eine Sache der Übereinkunft ist, welche Bedeutung man einem bestimmten Terminus durch seine Definition verleiht. Die Vermutung, wonach Gegensätze zwischen einzelnen «Richtungen» der Forschung nicht zuletzt auch durch bloße Äquivokationen bedingt sind, scheint uns nicht unbegründet.

Wie die Erfahrung zeigt, ist es schwer, hier Abhilfe zu schaffen. Aber wenn jeder Autor genau angeben würde, in welcher besonderen Bedeutung er einen von ihm gebrauchten äquivoken Begriff versteht, so wäre damit schon viel gewonnen.

Neugebildete oder in Mode kommende Begriffe werden zuweilen ein Opfer ihrer immer weiter fortschreitenden Verallgemeinerung, die eine Bedeutungsverarmung mit sich bringt. Als vor einigen Jahrzehnten der Begriff «Ganzheit» aufkam, wurde er rasch zu einer Art Zauberwort. Nicht nur sah man jetzt überall ganzheitliche Eigenschaften und Zusammenhänge des Psychischen; es schien damit sogar ein Mittel gewonnen, Probleme zu lösen, indem man einen Sachverhalt als «ganzheitlich bedingt» erklärte. Freilich läßt sich so nichts erklären, und es wurden offene Fragen dadurch eher zugedeckt als beantwortet. Als man sich dessen bewußt wurde, verlor der durchaus berechtigte, nur durch wahllose Anwendung überstrapazierte Begriff sein Prestige. Er wird daher heute von vielen Autoren ganz vermieden. Ein Beispiel aus neuerer Zeit liefert der Begriff "social perception". Damit wurde zunächst sowohl die Wahrnehmung sozialer Beziehungen bezeichnet wie auch die Tatsache, daß soziale Bedingungen sich auf das Wahrnehmen auswirken (s. GRAUMANN 1956). Daneben wurden aber unter diesem Namen noch weitere, ganz heterogene Erscheinungen subsumiert, was wohl besonders dadurch begünstigt wurde, daß der Begriff sprachlich fehlgebildet ist.

Schließlich darf nicht verschwiegen werden, daß wir bei manchen Begriffsneubildungen auch mit dem zu rechnen haben, was ENGLISH und

English (1958, S. 70f.) "bogus erudition" nennen und was wir mit «Scheingelehrsamkeit» übersetzen wollen. Die beiden Autoren verstehen darunter die Verwendung bestimmter anspruchsvoller Fachausdrücke, für die auch einfachere Wörter gesetzt werden könnten. Sie meinen, "many Latin and Greek neologisms (esp. in medicine) were introduced at least partly to bewilder and impress the layman." Und weiter: "The most unfortunate form of bogus erudition is use of a technical term in a vague or general sense. This adds to the offense of pretentiousness that of depriving more accurate writers of a convenient expression for a legitimate meaning." Wir begnügen uns mit dem Hinweis und empfehlen dem Leser, wachsam zu sein und zu prüfen, welche geläufigen (und nicht nur lateinischen, griechischen oder englischen) Begriffe Ausdruck solcher auf äußere Wirkung berechneten Scheingelehrsamkeit sein können.

Zusammenfassung. Das wissenschaftliche Denken und die Verständigung unter Wissenschaftlern sind in besonderem Maß auf klare und eindeutige Begriffe angewiesen. Daher bedürfen die verwendeten Begriffe einer genauen Bestimmung.

Die Begriffsbildung fängt mit der Beobachtung an. Auch die spezifisch psychologischen Begriffe beruhen auf dieser Grundlage. Die diskrepanten Erfahrungen, die uns die psychische Verarbeitung verraten, zwingen uns auch zur Formulierung der gewonnenen psychologischen Vorstellungen durch Begriffe. Teils stammen diese schon aus Alltagserfahrungen, teils sind sie erst in der Psychologie selbst gebildet worden. Freilich verfügt die Psychologie nicht nur über Begriffe, die direkt oder indirekt etwas «Inneres», Psychisches, bezeichnen oder in denen solches wenigstens mitgemeint ist; sie wäre jedoch, wie sich gezeigt hat, ohne diese überhaupt nicht möglich.

Wie für Begriffe aller Bereiche, so gilt auch für die psychologischen, daß sich einerseits die allgemeinsten, andererseits die speziellsten nicht definieren, sondern nur umschreiben oder demonstrieren lassen. Innerhalb der hierdurch gegebenen Grenzen können aber alle psychologischen Begriffe durch Nominal- oder Realdefinitionen bestimmt werden. Nominaldefinitionen spezifisch psychologischer Begriffe sind nicht selten stark theoretisch beeinflußt, zuweilen sind sie auch faktisch Realdefinitionen.

Die Schwierigkeiten, auf welche die Analyse des Psychischen stößt, wirken sich in der Begriffsbildung aus. Viele Abgrenzungen sind fragwürdig, und daher kann die Definition desselben Sachverhalts verschieden ausfallen, je nach dem Gesichtspunkt, unter dem er gesehen wird.

Andererseits liegt es oft an nachlässigem Sprachgebrauch, wenn psychologische Begriffe nicht klar und eindeutig definiert erscheinen.

Den üblichen (konstitutiven) Definitionen hat man die operationalen gegenübergestellt. Mit diesen soll ein Begriffsgegenstand allein durch die zu seiner Feststellung dienenden Maßnahmen (Operationen) definiert werden. Indessen setzen solche Definitionen ein Begriffssystem schon voraus, außerdem sind viele wichtige Begriffe nicht auf diese Weise definierbar. Die Forschung beginnt nicht mit operationalen Definitionen, sie käme mit ihnen allein auch nicht zum Ziel. In vielen Fällen sind operationale Definitionen zweifellos nützlich; ein operationistischer Standpunkt als Prinzip ist jedoch nicht konsequent aufrechtzuhalten und würde zu vorwiegend nachteiligen Folgen führen.

Fehlerhafte Begriffsbildungen finden sich in der Psychologie in größerer Anzahl. Sie besagen wörtlich etwas anderes als das, was mit dem betreffenden Begriff ausgesagt werden soll. Dadurch bedingen sie unklare oder falsche Vorstellungen über das Gemeinte und werden zu Hindernissen für die Forschung. Ein jeder Begriff sollte deshalb nicht einfach hingenommen, sondern kritisch daraufhin überprüft werden, ob er sachlich und logisch angemessen ist.

Die Neubildung von Begriffen ist berechtigt, wenn neugefundene Tatsachen oder Ideen vorliegen, wenn ein fehlerhafter oder uneindeutiger Begriff durch einen besseren ersetzt werden muß oder wenn eine Übersetzung für einen fremdsprachlichen Ausdruck zu bilden ist. Unberechtigt sind dagegen Begriffsneubildungen, wenn es schon hinreichend genaue und klare Begriffe für dieselbe Sache gibt, denn die Existenz von Synonymen kann die Verständigung erschweren. Aus demselben Grund ist es nicht angebracht, schon üblichen Begriffen neue Bedeutungen anzuhängen und sie damit mehrdeutig zu machen. Begriffe, die in Mode kommen, werden oft in ihrer Bedeutung so sehr ausgeweitet und verallgemeinert, bis sie, obwohl sie ursprünglich berechtigt und treffend waren, fast keinen faßbaren Sinn mehr haben. Es kommt auch vor, daß bestimmte Begriffe gebildet oder übernommen werden in der Absicht, andere damit durch Gelehrtheit und Modernität zu beeindrucken. Man sollte sich bemühen, solche Begriffe zu identifizieren, und sollte sie natürlich selbst vermeiden.

2. PSYCHOLOGISCHE EINTEILUNGEN

Einteilung und Klassifikation. Unter einer Einteilung versteht man in der Logik und in der wissenschaftlichen Systematik die Aufgliederung eines Gattungsbegriffs in die Artbegriffe, die ihm untergeordnet sind und seinen Umfang ausmachen. So läßt sich zum Beispiel der Gattungsbegriff «Wahrnehmung» nach einzelnen Wahrnehmungsarten aufteilen. Durch fortgesetzte Untereinteilung eines Einteilungsganzen in Gruppen und Untergruppen ergibt sich eine Begriffspyramide: die Klassifikation. Jeder Begriff ist hierin Oberbegriffen von steigendem Allgemeinheitsgrad untergeordnet, wodurch er in immer umfassendere Beziehungen gestellt wird. Ein Beispiel für eine solche Klassifikation ist die botanische Systematik, mit der eine jede Pflanze als Angehörige einer bestimmten Art, Gattung, Familie usw. charakterisiert wird; ein anderes Beispiel ist die für das Bibliothekswesen geschaffene Dezimalklassifikation, eine Kennzeichnung aller Wissensgebiete bis in deren speziellste Verzweigungen durch Ziffern beziehungsweise Ziffernkombinationen. Häufig wird allerdings auch von einer «Klassifikation» gesprochen, wo, genau genommen, eine Einteilung gemeint ist.

Die Logik stellt an Einteilungen gewisse Anforderungen. Eine Einteilung soll vollständig sein, das heißt nichts auslassen oder ausschließen, was zum betreffenden Gattungsbegriff gehört. Es soll der Einteilungsgrund festgehalten werden, das heißt das Merkmal, wonach die Einteilung erfolgt, soll dasselbe bleiben. Die einzelnen Glieder der Einteilung sollen sich gegenseitig ausschließen, also einander nicht in ihrer Bedeutung überschneiden (andernfalls kann eine Untereinteilung erforderlich werden). Schließlich soll die Einteilung stetig von den enger zusammengehörigen zu den weiter entfernten Gliedern fortschreiten. Diese Grundsätze lassen sich auch auf Einteilungen in den Erfahrungswissenschaften anwenden.

Den Fragen der Einteilung wird heute in der Psychologie verhältnismäßig wenig Beachtung geschenkt. Aber dadurch ändert sich nichts an der fundamentalen Bedeutung dieser Fragen. Unterscheidungen sind unausweichlich, und wenn sie, wie dies oft geschieht, unausdrücklich und beiläufig und ohne viel Überlegung vollzogen werden, so sind sie nur um so fragwürdiger. Da einer Untersuchung stets Merkmale zugrunde gelegt werden, stehen auch Einteilungen im Hintergrund. Insbesondere sei darauf hingewiesen, daß Nominalvariable, von denen vorher die Rede war (S. 96f.) und mit denen in der Psychologie ja sehr viel gearbeitet werden muß, im Prinzip nichts anderes sind als die hier zu behandelnden Einteilungen.

Beispiele von Einteilungen. Begriffliche Unterscheidungen erscheinen uns als am besten gesichert, wenn sie sich direkt auf Gegenstände der Erfahrung beziehen. So ist uns die Verschiedenheit von Sehen und Hören und anderen Wahrnehmungsmodalitäten wohl vertraut, und auf Grund der Kenntnis der Bedingungen, von denen Wahrnehmungen abhängen und die ihnen allen gemeinsam sind, getrauen wir uns auch, sie sicher gegenüber anderen psychischen Vorgängen abgrenzen zu können. Daher bietet die Einteilung der Wahrnehmungen keine besonderen Schwierigkeiten. (Von der auch heute noch nicht ganz geklärten Lage auf dem Gebiet der Organwahrnehmungen sei dabei abgesehen.)

In anderen Fällen sind die Unterscheidungen nicht so eindeutig. Dies gilt zum Beispiel von den Einteilungen der emotionalen Qualitäten. Gewiß handelt es sich auch bei Emotionen – unvoreingenommen betrachtet – um etwas höchst Reales. Sie lassen sich auch anhand bestimmter Kriterien von Erlebnissen anderer Art abgrenzen. Trotzdem können Unklarheiten darüber entstehen, was alles zu den Emotionen zu rechnen ist und was nicht. Aber auch die Unterteilung der als Emotionen anerkannten Erlebnisse hat seit jeher große Schwierigkeiten bereitet, und es war nicht möglich, sich auf eine bestimmte Einteilung zu einigen. Weil es hier an leicht zugänglichen Anhaltspunkten, die von selbst eine Einteilung nahelegen würden, fehlte, konnte es geschehen, daß im Lauf der Zeit verschiedenste Gesichtspunkte für die Einteilung der Emotionen herangezogen wurden.

Daher eignen sich die Versuche zur Einteilung der Emotionen besonders gut zur Demonstration der Probleme, die bei psychologischen Einteilungen auftreten können. Wir erwähnen im folgenden die bekanntesten der bisher angewendeten Einteilungsaspekte (siehe hierzu auch TRAXEL 1972).

Die einfachste Einteilung der Emotionen (oder Gefühle) nimmt nur zwei genuine Gefühlsarten, nämlich Lust und Unlust, an (sogenannte Lust-Unlust-Theorie oder hedalgische Theorie). Die in der Erfahrung gegebene Vielfalt emotionaler Qualitäten wird erklärt durch die Verschiedenheit der emotionsauslösenden Bedingungen und die das Gefühl begleitenden Empfindungen und Vorstellungen. Viele ältere Autoren (zum Beispiel EBBINGHAUS, KÜLPE, LEHMANN, LINDWORSKY, TITCHENER) vertraten diese Auffassung.

Andere Autoren rechneten mit einer größeren, bestimmten oder unbestimmbaren, Anzahl von Emotionsqualitäten (zum Beispiel WUNDT, JAMES, RIBOT, TH. LIPPS, KRUEGER, MCDOUGALL). Größere Bedeutung für das Problem der Einteilung erlangte besonders die sogenannte dreidimensionale Gefühlstheorie WUNDTS. Nach ihr sind an jedem Gefühl drei Komponenten beteiligt, die durch die Gegensatzpaare Lust–Unlust, Erregung–Beruhigung und Spannung–Lösung repräsentiert werden. Zwischen diesen «pluralistischen» Einteilungen und der «dualistischen» Lust-Unlust-Theorie gibt es Übergänge, da manche Autoren (zum Beispiel MESSER, ZIEHEN) zwar Lust und Unlust als Grundqualitäten ansahen, diese aber noch weiter unterteilten.

Bei der Annahme mehrerer Emotionsqualitäten konnten weitere Gliederungen getroffen werden. Man hat «niedere» und «höhere», sinnliche und geistige, natürliche und kulturbedingte, einfache und komplexe Gefühle und solche primärer, sekundärer und tertiärer Stufe unterschieden. In diesen Teilungen drückt sich im wesentlichen immer der gleiche Gesichtspunkt aus; meist werden hier jeweils die auf einzelnen Empfindungen beruhenden, als ursprünglich und elementar angenommenen Gefühle den an das Denken und Urteilen gebundenen gegenübergestellt. Einzelne Einteilungen geben Lust und Unlust als elementare Gefühle an und gliedern die komplexen höheren Gefühle noch weiter auf.

Wieder andere Einteilungen gehen ganz von inhaltlichen Aspekten aus. So hat man zum Beispiel die komplexen Gefühle gegliedert in intellektuelle, ästhetische, soziale, ethische und religiöse. Nach dem Gesichtspunkt der auslösenden oder begleitenden anderen psychischen Prozesse wurden Vorstellungs-, Urteils-, Phantasie- und Begehrungsgefühle unterschieden (HÖFLER); nach der Zugehörigkeit zu verschiedenen psychischen Bereichen empfindungsbedingte, triebbedingte und persönlichkeitsbedingte Gefühle (ROHRACHER). Auch die «Tiefe» der Gefühle, das heißt der Grad, in dem sie das Ich berühren und ergreifen, wurde zur Einteilung herangezogen (SCHELER). LERSCH hat die Aufgliederung der Gefühlsqualitäten an seiner Systematik der Strebungen orientiert. Wie man sieht, liegt eine fast verwirrende Vielfalt von Einteilungsversuchen vor.

Kritische Betrachtung. Für die Beurteilung der genannten Einteilungsversuche ist es wichtig, zu bemerken, daß die meisten von ihnen gar nicht von den Phänomenen selbst ausgehen. Vielmehr wurden in den meisten Fällen die Einteilungen nach Gesichtspunkten gebildet, die man gewissermaßen von außen an den Gegenstand herangetragen hat, also etwa nach verschiedenen Arten von Inhalten, die Gefühle hervorrufen, nach Kulturgebilden, auf die sich Gefühle beziehen können, oder auch nach rein formalen Kategorien.

Damit ist noch nicht gesagt, daß solche Einteilungsversuche geradezu unrichtig seien. Unterscheidet man zum Beispiel zwischen intellektuellen und ästhetischen Gefühlen usw., so ist dagegen nichts einzuwenden, wenn man dabei festhält, daß sich diese Einteilung nur auf die emotionsauslösenden Anlässe richtet. Entsprechendes gilt für die Zuordnung zu einzelnen psychischen Funktionen oder Bereichen. Wenn man jedoch danach fragt, worin sich die auf diese Weise unterschiedenen Qualitäten (also etwa intellektuelle und ästhetische Gefühle) nun auch in ihrer Eigenart als Inhalte des Erlebens unterscheiden und worin ihre jeweilige Besonderheit besteht, so lassen uns diese Einteilungen im Stich, weil sie eben die Phänomene selbst gar nicht berücksichtigen.

Eine Analogie mag dies noch verdeutlichen: Würden wir die Farben nicht, wie sich dies in ihrem allgemein anerkannten Ordnungssystem, dem Farbenkreis (nach Ostwald, Hering oder Munsell), ausdrückt, auf Grund ihrer Wahrnehmungsqualität nach ihrer Ähnlichkeit anordnen, sondern etwa nach reinen Farben und Mischfarben oder nach lebhaften und ruhigen oder warmen und kalten Farben einteilen, so würden wir ganz ähnliche Gesichtspunkte anwenden, wie sie für die meisten Einteilungen der Emotionsqualitäten maßgebend geworden sind. Es leuchtet ein, daß auch hier viele solcher Aspekte möglich wären und daß diese keineswegs einander ausschließen müßten.

Die Lust-Unlust-Theorie geht im Gegensatz zu den meisten anderen Einteilungsversuchen von den Emotionserlebnissen selbst aus. Die Zurückführung ihrer Vielfalt auf nur zwei Qualitäten ist jedoch das Resultat einer radikalen Abstraktion, und man bezeichnet daher diese Einteilung mit Recht als eine Theorie. Solche theoretisch bestimmten Einteilungen stehen leicht in der Gefahr, Erfahrungstatsachen zu übersehen, wie sich am Beispiel der Lust-Unlust-Lehre gut aufweisen läßt. Es will hieran nicht einleuchten, daß zum Beispiel Ärger und Angst, also zwei phänomenal sehr verschiedene unlustvolle Emotionen, nur in den jeweils dabei auftretenden Vorstellungen oder anderen nichtemotionalen Erlebnisinhalten verschieden sein sollen. Nimmt man, um dieser Schwierigkeit zu begegnen, mehrere Unterarten von Lust und Unlust an, so liegt streng genommen schon eine pluralistische Einteilung vor, die freilich immer noch mit dem Umstand zu rechnen hat, daß es emotionale Erlebnisse gibt, die weder lust- noch unlustbetont zu sein scheinen. Setzt man aber, wie dies auch geschehen ist, Gefühle von vornherein mit einfacher Lust und Unlust gleich, so besteht die Gefahr, daß Wesentliches aus der Betrachtung ausgeschlossen wird. Im übrigen wird dadurch das Problem nur verschoben. Gegen die Annahme von Lust und Unlust als einzigen Gefühlsqualitäten spricht auch die Tatsache, daß es nicht gelungen ist, durch Messung der körperlichen Begleiterscheinungen zwischen Lust und Unlust zu differenzieren, wohl aber zwischen Ärger und Angst (Ax 1953). Alles dies schließt indessen nicht aus, daß Lust und Unlust als eine Dimension der Gefühle neben anderen in Frage kommen.

Von rein theoretischer Natur ist eine Unterscheidung wie die von «niederen» und «höheren» Gefühlen; hier wird dazu noch eine Wertung nahegelegt. Die Einteilung in einfache und komplexe Gefühle ist ebenfalls wesentlich theoretisch bestimmt. Allgemein wird die Gliederung um so fragwürdiger sein, in je stärkerem Maß sie von theoretischen Vorstellungen getragen wird, denn solche sollten in eine Einteilung von Phänomenen, die immerhin der Erfahrung zugänglich sind, möglichst wenig eingehen.

Was hier am Beispiel der Emotionen aufgezeigt wurde, läßt sich auf viele andere psychologische Einteilungen übertragen. So finden wir in den Einteilungen der Triebe, Bedürfnisse, Interessen, Strebungen oder Begabungen, Fähigkeiten und dergleichen grundsätzlich die gleichen Probleme.

Anforderungen an psychologische Einteilungen. Um eine brauchbare Einteilung zu gewinnen, genügt es in den Erfahrungswissenschaften nicht, die formalen Anforderungen zu erfüllen, die in den zuvor erwähnten Beispielen oft nicht genügend berücksichtigt wurden. Vielmehr sehen wir hier die wichtigste Forderung, die auch an alle psychologischen Einteilungen zu richten ist, darin, daß sie mehr als reine Ordnungsschemata darstellen sollen. Sie sollen die betreffenden Erscheinungen nicht nach irgendeinem äußerlichen Aspekt unterscheiden, der mit der Sache selbst nur sehr wenig zu tun hat, sondern sich nach der Eigenart der Erscheinungen richten. Denn Unterscheidungen haben keinen großen Wert, wenn sie nichts weiter vermögen, als ein Ordnungsbedürfnis zu befriedigen. Darüber hinaus muß man von einer Einteilung erwarten, daß sie zu konkreten Aussagen über die Beziehungen zwischen den unterschiedenen Gegenständen führt und sie nicht zusammenhanglos nebeneinander stellt, ferner, daß sie wohlbegründete Angaben hinsichtlich der grundlegenden Prinzipien ermöglicht, auf die sich die Mannigfaltigkeit der geordneten Gegenstände zurückführen läßt, und schließlich ist von einer den Tatsachen angemessenen Einteilung zu verlangen, daß sie sich auch praktisch bewährt, indem sie sich auf die Wirklichkeit anwenden läßt, bei der empirischen Untersuchung als brauchbar erweist und bei der Formulierung der einzelnen Fragestellungen eine wesentliche Hilfe leistet.

Es ist in diesem Zusammenhang von Nutzen, sich daran zu erinnern, was schon BRENTANO (1911, S. 25) zu den Fragen der Einteilung und Klassifikation geschrieben hat:

«An welche Grundsätze haben wir uns bei der Grundeinteilung der psychischen Phänomene zu halten? – Offenbar an diejenigen, welche auch anderwärts bei der Klassifikation in Betracht kommen und von deren Anwendung uns die Naturwissenschaft mehr als *ein* ausgezeichnetes Beispiel bietet.

Eine wissenschaftliche Klassifikation soll von der Art sein, daß sie in einer der Forschung dienlichen Weise die Gegenstände ordnet. Zu diesem Zwecke muß sie natürlich sein; das heißt sie muß das zu einer Klasse vereinigen, was seiner Natur nach enger zusammengehört, und sie muß das in verschiedene Klassen trennen, was seiner Natur nach sich relativ fern steht. Daher wird sie erst bei einem gewissen Maß von Kenntnis der Objekte möglich; und es ist die Grundregel der Klassifikation, daß sie aus dem Studium der zu klassifizierenden Gegenstände, nicht aber aus apriorischer Konstruktion hervorgehen soll.»

Auch die weiteren Worte BRENTANOS haben ihre Aktualität noch nicht verloren: «Allerdings begreift es sich bei dem zurückgebliebenen Stande der Psychologie sehr wohl, daß man gerne auf andere Untersuchungen als die der psychischen Phänomene gestützt eine entsprechende Klassifikation gewinnen möchte. Allein wenn der naturgemäße Weg noch wenig gangbar ist, so knüpft sich doch an keinen anderen eine Hoffnung, dem Ziele näher zu kommen.»

Möglichkeiten empirischer Einteilung. Soll eine Einteilung entstehen, die den Erfahrungstatsachen selbst Rechnung trägt, so müssen die unangemessenen Aspekte durch ein empirisches Ordnungsprinzip ersetzt werden. Man kann zum Beispiel versuchen, die Einteilung – zumindest vorläufig – nach einem Gesichtspunkt zu erstellen, der sich mit dem Begriff «Ähnlichkeit» umschreiben läßt. Er läßt sich auch auf Emotionsqualitäten anwenden, denn daß diese einander mehr oder weniger ähnlich sind, ist nicht zu bestreiten. Sicherlich ist zum Beispiel der Ärger der Wut ähnlicher als der Angst; dagegen könnte ein Gefühl des Abscheus hinsichtlich der Ähnlichkeit zwischen Ärger und Angst stehen. Ärger und Ehrfurcht sind einander wohl überhaupt nicht ähnlich; wohl aber könnten Ehrfurcht und Angst etwas gemeinsam haben.

Mit solchen Überlegungen wird die Einteilung der Emotionsqualitäten zum Gegenstand einer empirischen Untersuchung, deren Ergebnis durchaus offen ist. Denn man wird nicht nach eigenem Belieben die Einteilung vornehmen, sondern eine Gruppe von Personen Urteile über die Ähnlichkeit zwischen verschiedenen Emotionsqualitäten abgeben lassen. Vorausgesetzt muß werden, daß die Emotionen, nach denen gefragt wird, den Beurteilern aus eigener Erfahrung bekannt sind und daß diese sich bei ihren Angaben nach den ihnen erteilten Anweisungen richten. Theoretische Voraussetzungen sind dagegen in einem solchen Verfahren kaum enthalten.

Aus den so gewonnenen Daten läßt sich alsdann ein System von Ähnlichkeitsbeziehungen erstellen, und auf dieser Grundlage wird es dann auch endlich sinnvoll, die Qualitäten nach Anhaltspunkten, die aus ihrer Anordnung selbst hervorgehen, noch zu größeren Gruppen beziehungsweise unter bestimmten Kategorien zusammenzufassen.

Die Ähnlichkeitsanalyse ist nur das einfachste Beispiel für die Möglichkeiten einer empirisch begründeten Einteilung. Es stehen hierzu mehrere andere Verfahren zur Verfügung. Was die Einteilung der Gefühlsqualitäten betrifft, so hat sich gezeigt, daß verschiedene Methoden dieser Art bei verschiedenen Autoren zu weitgehend übereinstimmenden Resultaten führten (Traxel 1960a, 1961a, 1962a, Traxel und Heide 1961, Ertel 1964, Kristof 1964), eine Tatsache, die bei der schon als hoffnungslos geltenden Situation auf diesem Gebiet überraschen mußte und die nachdrücklich auf die Notwendigkeit und den Nutzen empirischer Einteilungsmethoden hinweist (s. hierzu auch Traxel 1966a, 1972).

Zusammenfassung. Eine Einteilung entsteht durch Aufgliederung eines Gattungsbegriffs in einzelne Artbegriffe, eine Klassifikation im engeren Sinn (Systematik) durch fortschreitende weitere Untergliederung. Psychologische Einteilungen sind in manchen Fällen ziemlich unproblematisch (zum Beispiel die Einteilung der Wahrnehmungsmodalitäten). Wenn jedoch die betreffenden Erscheinungen in der Erfahrung schwerer faßbar sind und wenn nicht genau festgelegt ist, was alles unter den Gattungsbegriff fällt, so stößt auch die Einteilung auf beträchtliche Schwierigkeiten. Am Beispiel der Einteilung der Gefühle oder Emotionen wurde aufgezeigt, welche Vielfalt von Gesichtspunkten in einem solchen Fall ins Spiel kommen kann. Hierzu war kritisch zu bemerken, daß die meisten von diesen Einteilungen zu wenig vom Erfahrbaren ausgehen, sondern vielmehr auf nur formalen oder sogar sachfremden und unangemessenen Gesichtspunkten beruhen, abgesehen davon, daß manche allgemeine

Anforderungen, die an Einteilungen gestellt werden, nicht genügend berücksichtigt wurden.

Eine Einteilung ist ziemlich wertlos, wenn sie nur ein Ordnungsbedürfnis befriedigt und nicht der Forschung dient. Die Forschung kann nur mit sogenannten natürlichen Einteilungen etwas anfangen, welche die tatsächlichen Beziehungen zwischen den Einteilungsgliedern in den wesentlichen Punkten widerspiegeln. Hierzu ist es notwendig, ein empirisches Einteilungsprinzip, zum Beispiel den Aspekt der Ähnlichkeit, heranzuziehen. Die Einteilung wird damit zum Gegenstand einer empirischen Untersuchung. Am Beispiel der Gefühlseinteilungen wurde dies wiederum ausgeführt. Während früher auf diesem Gebiet fast nur einander widersprechende persönliche Meinungen zu finden waren, haben hier verschiedenartige empirische Einteilungsmethoden schließlich übereinstimmende Ergebnisse erbracht.

3. BEGRIFFLICHE ARBEITSHYPOTHESEN UND FIKTIONEN

Begriffliche Voraussetzungen der Untersuchung. Wie schon einmal erwähnt, werden bereits mit der Formulierung der Fragestellung gewisse Voraussetzungen gemacht, die für das Resultat der Untersuchung sehr bedeutsam werden können. An einem Beispiel sei dies genauer ausgeführt.

Wenn wir eine Untersuchung über die Frage anstellen, ob sich die Gefühlsqualitäten Lust und Unlust in bestimmten körperlichen Begleiterscheinungen unterscheidbar ausdrücken, so setzen wir damit stillschweigend voraus, daß die Begriffe Lust und Unlust auch einen psychologisch zutreffenden Einteilungsgrund darstellen, das heißt, daß mit diesen Begriffen eine Unterscheidung getroffen wird, die der Eigenart der Gefühlsqualitäten auch wirklich gerecht wird. Nur wenn dies der Fall ist, kann überhaupt mit einem positiven Resultat der Untersuchung gerechnet werden. Andererseits berechtigt aber ein negatives Resultat noch nicht dazu, eine bestehende Einteilung zu verwerfen, solange sie noch durch andere Anhaltspunkte und Erfahrungen gestützt wird.

Dieses Beispiel ist in zweierlei Hinsicht interessant: Einmal zeigt sich hieran wieder klar die Bedeutung einer Einteilung für die empirische Forschung; zum andern ist daraus zu entnehmen, daß die Wahl bestimmter Begriffe der Aufstellung einer *Arbeitshypothese* gleichkommen kann. In diesem Sinn sollten jedenfalls manche begrifflichen Unterscheidungen, wie sie etwa aus Einteilungsversuchen hervorgehen, verstanden werden.

Unter einer Arbeitshypothese versteht man eine vorläufige Annahme, die nicht zur Erklärung eines Sachverhalts dient, sondern die vielmehr einen Leitfaden für die Forschungsarbeit bildet und Anregungen für die Untersuchung spezieller Probleme gibt, so lange bis sie sich entweder als richtig erweist oder nicht mehr gebraucht wird und aufgegeben werden kann.

Arbeitshypothesen besitzen einen gewissen Grad von Wahrscheinlichkeit. Daher kann man die Annahme, daß Lust und Unlust als wesentliche Merkmale der Gefühle in Betracht kommen (wenn es auch wohl nicht die einzigen sind), sicherlich als eine Arbeitshypothese betrachten, denn diese Merkmale erscheinen uns in der Tat charakteristisch für Emotionen.

Von der Arbeitshypothese zu unterscheiden ist die *Fiktion* («Erdichtung», «Erfindung»). Dies ist eine Annahme, die man nicht für sehr wahrscheinlich hält und mit deren Unrichtigkeit man auf Grund irgendwelcher Widersprüche mit den Tatsachen sogar rechnet, mit der man sich aber vorläufig zufrieden gibt, weil mit ihr als Denkhilfe eine sonst unverständliche Tatsache begreiflich werden kann. Eine derartige Fiktion war in der Physik die des Äthers als dem Medium der Lichtwellen.

Arbeitshypothesen sind als ein Mittel des theoretischen Denkens für die Forschung unentbehrlich. Fiktionen können ihr manchmal nützlich sein, und daher sind auch gegen ihre Aufstellung und ihren Gebrauch keine grundsätzlichen Einwände zu erheben. Immer müssen jedoch Arbeitshypothesen und Fiktionen als solche erkannt und eingeschätzt werden. Werden sie irrtümlich wie Tatsachen angesehen, so erwachsen daraus die nachteiligsten Folgen für die wissenschaftliche Arbeit, und es kann im äußersten Fall zu einer Stagnation der Forschung auf einem bestimmten Gebiet kommen.

Unser eingangs erwähntes Beispiel zeigt, wie sich die Verkennung einer Arbeitshypothese auswirken kann: Man wäre vielleicht bei einem negativen Ergebnis der Untersuchung geneigt, verallgemeinernd zu behaupten, daß sich verschiedene emotionale Qualitäten nicht durch die in der betreffenden Untersuchung festgestellten körperlichen Symptome unterscheiden ließen. Ein solcher Schluß wäre jedoch verfrüht, denn es könnte sein, daß dieselben Ausdruckssymptome eine Differenzierung erbracht hätten, wenn sie auf eine andere Unterscheidung emotionaler Qualitäten bezogen worden wären.

Wurde die für die Untersuchung zugrunde gelegte Einteilung im Sinn einer Arbeitshypothese aufgefaßt, so ist ihr hier angenommener negativer Ausgang ohne schwerwiegende Konsequenz: Man wird, sofern man das Resultat nicht durch irgendwelche Mängel in der Ausführung der Untersuchung bedingt glaubt, eine neue, mehr oder minder abgeänderte Fragestellung formulieren und demgemäß eine weitere Untersuchung beginnen. Ist man dagegen der festen Überzeugung, daß die zuerst verwendeten Begriffe die tatsächlichen und einzigen Wesensmerkmale der untersuchten Gegenstände seien, so wird einem der Zugang zu einem neuen Untersuchungsentwurf eher verschlossen bleiben.

Psychologischer Begriffsrealismus. Wir können die Anschauung, nach der die psychologischen Begriffe mit der Wirklichkeit übereinstimmen, als eine Art von *Begriffsrealismus* bezeichnen, in Anlehnung an die Bedeutung dieses Wortes in der Philosophie. Freilich wird diese Anschauung in der Psychologie nie ausdrücklich vertreten; sie ist vielmehr implicite und unbemerkt wirksam und geht in dieser Weise in psychologische Problemstellungen, insbesondere auch in Einteilungsversuche ein.

Der Wert von Arbeitshypothesen und Fiktionen läßt sich im einzelnen Fall nur daran ermessen, was sie für die Auffindung von Tatsachen zu leisten vermögen, denn ihnen selbst kommt ja kein Erkenntniswert zu. In der Psychologie haben sich bisher die hinter manchen Begriffen steckenden Arbeitshypothesen und Fiktionen, ob sie nun als solche erkannt wurden oder nicht, allerdings nicht als sehr fruchtbringend erwiesen. Dies kommt daher, daß es sich hierbei meist um solche Begriffe handelt, die aus dem vorwissenschaftlichen psychologischen Denken stammen. Sie wurden zunächst von einer älteren psychologischen Richtung, der Lehre von den «Seelenvermögen» (sogenannte Vermögenspsychologie), übernommen und aus dieser wieder von der neueren Psychologie, ohne daß ihre Eignung im Hinblick auf die Grundlagen und Anforderungen erfahrungswissenschaftlicher Forschung überprüft wurde.

Solche Begriffe finden wir besonders in dem Gebiet der Psychologie, das man nach ROHRACHERS Terminologie als die Lehre von den psychischen Kräften bezeichnen kann. Es handelt sich dabei um Begriffe wie «Trieb», «Strebung», «Interesse», «Werthaltung» und andere mehr. Ihrem Wesen nach sind diese Begriffe am ehesten den Fiktionen zuzurechnen. Sie beruhen nicht, wie etwa die Begriffe «Emotion» oder «Stimmung», auf Beobachtungsdaten, sondern haben nur einen indirekten, weitläufigen Zusammenhang mit Inhalten der Erfahrung. Sie wurden auch nicht in erster Hinsicht dazu konzipiert, um Erfahrungstatsachen zu bezeichnen, sondern sie sollen mehr zu deren Erklärung dienen. Eine Erfahrungstatsache ist es zum Beispiel, daß sich ein Mensch oft irgendwelchen technischen Aufgaben widmet und daß er dies nach seiner Aussage gerne tut. Es ist nun der Wunsch des Beobachters, hierfür eine Ursache zu finden, und er nennt diese dann «technisches Interesse». Ebenso kommt es zur Annahme von einem «künstlerischen Interesse», einem «wissenschaftlichen Interesse» usw. und zu dem Urteil, ein Mensch habe mehr oder weniger «Interessen» oder auch «Neigungen». Sieht man an diesen «Interessen» besonders den Umstand, daß sie auf die Verwirklichung eines Handlungsziels gerichtet sind, so spricht man eher von «Strebungen», denkt man an die Wertschätzung, die jemand für den Gegenstand seines «Interesses» hegt, so spricht man wieder von bestimmten «Werthaltungen».

Diese Deutungen sind Ergebnisse kausalen Denkens. Es wird für eine bestimmte Erlebens- oder Handlungsweise eine Ursache (hier: ein «Interesse») eingesetzt. Gegen das Kausaldenken soll damit nichts eingewendet werden, zumal es sich, trotz aller erkenntnistheoretischen Problematik, im wissenschaftlichen Gebrauch praktisch bewährt und kaum entbehrt werden könnte. Es ist aber nur dann sinnvoll, wenn für eine Erscheinung eine andere als ihre Bedingung aufgewiesen werden kann, in der Weise, daß, wenn die erste Erscheinung gegeben ist, die andere darauf folgt. Solches ist in unserem Beispiel jedoch unmöglich. Ein «Interesse» läßt sich mit keinen Mitteln aufzeigen und auch nicht auf irgendeinem indirekten Weg als existent erweisen. Der Begriff des Interesses gibt keine Erklärung; er ist lediglich Ausdruck eines Erklärungsbedürfnisses und ist ebenso als eine Fiktion zu werten wie der Begriff des Äthers. Wir können ihn auch nicht als einen theoretischen Begriff bezeichnen, denn theoretisches Denken muß eine Erklärung anbieten können.

Was hier am Beispiel des Interesses ausgeführt wurde, läßt sich ohne weiteres auf die artverwandten Begriffe übertragen, nicht zuletzt auf den Begriff des Triebes.

Man hat es natürlich auch unternommen, diese Begriffe voneinander abzugrenzen und einzuteilen, ohne sich freilich gegenwärtig zu halten, daß ihnen nicht auch ebenso voneinander abgrenzbare und gewissermaßen als selbständig zu denkende Realitäten entsprechen. Statt dessen nimmt man diese Begriffe in der gegenwärtigen Psychologie noch vielfach für die Tatsachen selbst. Hierin zeigt sich die schon erwähnte begriffsrealistische Haltung.

Der Hauptmangel dieser Einstellung besteht offenbar darin, daß fiktive Begriffe da gebraucht werden, wo Begriffe, die die Erfahrungstatsachen bezeichnen, am Platz wären. Beim Gebrauch dieser Begriffe in der Alltagssprache ist dies nicht so wesentlich, wenn nur mit ihnen das Gemeinte ungefähr angedeutet wird, denn es kommt hier ja nicht auf die Erforschung der Erscheinungen an. Im wissenschaftlichen Gebrauch führt derselbe Umstand indessen dazu, daß man auf dem betreffenden Forschungsgebiet über die Gegenstände wohl in spekulativer Form diskutieren kann, aber keine Möglichkeit findet, sie konkret zu untersuchen.

Hieraus erklärt sich der Mangel an gesicherten Resultaten in der Psychologie der «Triebe», «Strebungen», «Interessen» und dergleichen. Nicht weil es aus methodischen Gründen unmöglich wäre, dieses Gebiet im gleichen Maß empirisch zu erforschen, wie etwa die Wahrnehmungs- oder Lernpsychologie, hat man hier bis jetzt zu wenig erreicht, sondern weil man hier seit jeher begriffliche Fiktionen mit den realen Erscheinungen verwechselt hat. Denn diese Fiktionen können nur in wenigen Fällen eine empirische Untersuchung anregen, weil sie sich auf das in der Erfahrung Vorgefundene nicht anwenden lassen und auch gar nicht erkennen lassen, wie eine Fragestellung methodisch gelöst werden könnte. Dies ist um so bedauerlicher, als es sich bei den in Frage stehenden Phänomenen nicht um verhältnismäßig nebensächliche Randerscheinungen des psychischen Geschehens handelt, sondern gerade um solche, deren Erforschung für die Aufklärung des Erlebens und Handelns am wichtigsten ist.

Zur Überwindung fiktiven Denkens. Um Abhilfe zu schaffen, müssen zunächst die begriffsrealistischen Fiktionen im einzelnen erkannt werden. Hierfür werden hauptsächlich zwei Anhaltspunkte in Betracht kommen:

Immer dann, wenn für eine Gruppe zusammengehöriger Phänomene die verschiedenartigsten Einteilungsversuche geboten werden, ohne daß einer von ihnen entscheidende Argumente für seine Geltung beanspruchen kann, werden wir damit rechnen müssen, daß fiktives Denken am Werk ist, so zum Beispiel wenn der eine Autor das Verhalten des Menschen aus einem einzigen Trieb erklären zu können glaubt, ein anderer aber hierfür vier oder fünf, und wieder ein anderer 18 Triebkräfte für nötig hält. Dabei ist noch zu entscheiden, ob die Fiktion nur die begrifflichen Unterscheidungen betrifft, oder ob bereits der Gegenstand der Einteilung ein fiktiver ist.

Ein weiterer Anhaltspunkt ist gegeben, wenn ein psychologischer Begriff keine grundsätzliche Möglichkeit erkennen läßt, das mit ihm Gemeinte einer konkreten Untersuchung zu unterziehen. Hier liegt die Vermutung nahe, daß dieser Begriff selbst eine Fiktion darstellt, denn sofern ein Begriff für etwas in der Erfahrung Gegebenes stehen soll, muß es auch irgendeine Möglichkeit geben, dieses in der Erfahrung zu erfassen.

Wurde ein Begriff als Fiktion erkannt, so wird man versuchen, auf die Tatsachen zurückzugehen, aus deren Verarbeitung durch das abstrahierende, klassifizierende und substantialisierende Denken er hervorgegangen ist.

Wir werden gut daran tun, dem Menschen zunächst überhaupt keine «Triebe», «Interessen», «Strebungen», «Begabungen», «Fähigkeiten» usw. zuzuschreiben, sondern uns nur auf das zu beziehen, was uns in der Erfahrung direkt zugänglich ist, also auf Verhaltensweisen und Urteilsdaten. Die Untersuchung muß sich an das Aktuelle und unmittelbar Beobachtbare halten; nur dann ist sie der Eigenart des Gegenstands der Psychologie wie auch den methodischen Möglichkeiten psychologischer Forschung angemessen.

Bevor wir also ein Verhalten auf irgendeinen Trieb zurückführen, werden wir nach seinem aktuellen Anlaß suchen. Wir stellen dann vielleicht fest, daß ihm ein bestimmter emotionaler Prozeß zugrunde liegt, der sich etwa als «Begehren» kennzeichnen läßt und der durch einzelne Merkmale genauer bestimmt werden kann (starke psychophysische Aktivität, vorwiegende Lustbetonung, Neigung zu einer «dominanten» Haltung). Hiervon ausgehend werden wir dann untersuchen, unter welchen Bedingungen solche Prozesse auftreten, auf welche Objekte sie sich richten, in welcher Häufigkeit sie vorkommen, welchen Grad von Konstanz sie über längere Zeit aufweisen, durch welche Einflüsse sie verändert werden usw. Man sieht, wie sich bei einer auf die aktuellen Vorgänge selbst gerichteten Betrachtung sogleich konkrete Fragen ergeben, die auch empirisch angreifbar und lösbar erscheinen. Ein bloß fiktiver Begriff gäbe hierzu keine Handhabe.

Zusammenfassung. Begriffe und Einteilungsaspekte können in eine Untersuchung als Voraussetzungen eingehen, von denen das Ergebnis entscheidend beeinflußt wird. Endet eine Untersuchung ohne ein greifbares Resultat, so kann dies an der Wahl unangemessener Begriffe oder Unterscheidungen liegen. Um falsche Schlüsse in einem solchen Fall zu vermeiden, sollte man bedenken, daß Begriffe und Einteilungen oft nur Arbeitshypothesen sind, die revisionsbedürftig sein können und daher zur Diskussion gestellt werden müssen.

Neben Arbeitshypothesen gibt es in der Psychologie auch Fiktionen, die ebenfalls durch Begriffe und Einteilungen repräsentiert werden. Sie sind aus der Psychologie des Alltags sowie aus der sogenannten Vermögenspsychologie übernommen worden und werden vielfach als etwas tatsächlich Existierendes angesehen. Insofern gibt es in der Psychologie eine Haltung des Begriffsrealismus. Fiktionen dienen zuweilen als Denkhilfen; sie sind aber Scheinerklärungen. Auf den Fortschritt der Forschung können sie sich äußerst hinderlich auswirken, wenn sie den Zugang zu den untersuchbaren Tatsachen verbauen.

An bestimmten Merkmalen lassen sich Fiktionen erkennen. Es kommt darauf an, daß man sich von fiktiven Denkformen befreit und sich auf die Erforschung der aktuellen Prozesse konzentriert, denn nur dies ist mit der Eigenart des Gegenstands der Psychologie und mit den Möglichkeiten seiner Untersuchung vereinbar.

Weitere Literatur: Hessen (1964), Kamlah und Lorenzen (1967), Plutchik (1968), Schneewind (1969), Underwood (1957).

V. Die psychologische Beobachtung

1. ALLGEMEINES ÜBER BEOBACHTUNG UND FRAGESTELLUNG

Beobachtungen als Grundlage der Fragestellung. Jedes psychologische Wissen geht letztlich auf Beobachtungen zurück. Dabei handelt es sich ursprünglich meist gar nicht um Feststellungen, die im voraus geplant und vorbereitet waren, sondern um gelegentliche, zufällige und unerwartete Wahrnehmungen, die zum Gegenstand des Nachdenkens werden. Hieraus entsteht der Wunsch nach einer ausführlicheren und genaueren Kenntnis der nur einmal oder wenige Male beobachteten Erscheinung. So ergibt sich die wissenschaftliche Fragestellung.

Zur Demonstration soll uns ein historisches Beispiel, die von PURKINJE entdeckte Veränderung der Helligkeitswerte der Farben in der Dämmerung, dienen. Eine gelegentliche Beobachtung zeigte, daß ein bestimmtes Rot, das bei Tag deutlich heller erscheint als ein bestimmtes Blau, in der Dämmerung schon als fast schwarz wahrgenommen wird, während das Blau als ein mittleres Grau gesehen wird.

Eine solche Beobachtung gibt den Anstoß zu einer systematischen Untersuchung. Zunächst wird festzustellen sein, ob bei gegebener Gelegenheit das vom ersten Beobachter bemerkte Phänomen auch von anderen wahrgenommen wird, genauer: ob es nur von einzelnen, von den meisten oder gar von allen in Übereinstimmung mit dem ersten Beobachter beschrieben wird. Man tritt offenbar bereits mit gewissen Erwartungen an die Untersuchung heran, und es hängt von deren Ergebnis ab, ob sich diese Erwartungen bestätigen werden oder nicht.

Vor Beginn der Untersuchung wird man aber die Fragestellung genau formulieren, denn es ist eine notwendige Voraussetzung, daß man jederzeit gegenwärtig hat, was man eigentlich feststellen will. Der Rückgriff auf die Fragestellung erlaubt stets die Orientierung über das, was konkret zu tun ist. Diese so selbstverständlich erscheinende Voraussetzung muß betont werden, denn es ist ein nicht seltener Fehler, daß das Problem eben nicht präzise festgelegt wird, die Beobachtungen nicht genau darauf abgestimmt werden und daß dann die Resultate keine Antwort auf die gestellte Frage geben, sondern irgendetwas ganz anderes aussagen.

Hierzu gehört es auch, daß die Fragestellung nicht zu weit gefaßt werden darf. Man kann keine einzelne Untersuchung zum Beispiel über das «Lernen» unternehmen, da Lernen in sehr vielfältiger Form und unter verschiedensten Bedingungen stattfindet, sondern nur über einen einzelnen Aspekt des Lernens, zum Beispiel das Lernen von bestimmten Bewegungskoordinationen oder den Einfluß der Motivation auf das Lernen. Auch hier wird sich noch eine nähere Bestimmung des Problems als notwendig erweisen. Geht man schon von einer konkreten Erfahrung aus, so ist es meist nicht schwierig, das Problem präzise zu formulieren. Im erwähnten Beispiel kann die Frage lauten: «Wie verhalten sich die Helligkeitswerte der Farben Rot und Blau zueinander bei Tageslicht und bei Dämmerlicht?» Die Erwartung, unter der die Untersuchung vorgenommen wird, die Hypothese, die geprüft werden soll, ist die, daß sich das Helligkeitsverhältnis der beiden Farben in der Dämmerung gegenüber dem Tageslicht umkehrt.

Weniger einfach ist es meist, zur konkreten Frage zu gelangen, wenn man sich zunächst nur für ein weiteres Gebiet interessiert, zum Beispiel für das Farbensehen ganz allgemein. Es gilt dann erst einen unter zahlreichen möglichen Aspekten zu finden, der Gegenstand der Untersuchung werden soll. Dieser Fall ergibt sich allerdings nur dann, wenn man vor der Notwendigkeit steht, ein Thema, etwa für eine Dissertation, zu finden. Für den Forscher, der sich bereits in ein bestimmtes Gebiet eingearbeitet hat, folgen die Fragestellungen beinahe von selbst aus seinen spezielleren Interessen, aus seinem «strategischen» Plan, aus seiner Kenntnis offener Probleme sowie aus den Untersuchungen, die er schon ausgeführt hat und die stets wieder zu weiteren Fragen hinleiten.

Bevor man ein Problem in Angriff nimmt, wird man sich darüber informieren, welche Tatsachen hierüber bereits bekannt sind, um die schon vorliegenden Erfahrungen für die eigene Arbeit nutzbar zu machen und um zu vermeiden, daß von einem überholten Stand des Problems ausgegangen und unnötig doppelte Arbeit geleistet wird.

Schließlich ist noch zu erwägen, ob die Untersuchung einer bestimmten Fragestellung im Hinblick auf den möglichen Erkenntnisgewinn lohnend erscheint. Dies läßt sich nur zum Teil auf Grund des vorhandenen Wissens beurteilen, und es ist oft nicht möglich, die Tragweite einer Beobachtung adäquat einzuschätzen. Es gibt kein sicheres Kriterium dafür, ob sie etwa zusammen mit anderen Tatsachen grundlegende Bedeutung erhält (wie das erwähnte Beispiel für die Theorie des Sehens) oder ob sie mehr oder weniger nebensächlich bleiben wird.

Die Notwendigkeit weiterer Beobachtungen. Hat sich eine klare Problemstellung ergeben, so kann die systematische Untersuchung beginnen. Es soll dabei zunächst nur um die Sammlung weiterer Beobachtungen gehen, die zur Kontrolle der ersten Beobachtung dienen. Die mehrfache Wahrnehmung desselben Phänomens durch denselben Beobachter genügt dabei nicht, wenn etwas über die allgemeine Geltung der Beobachtung ausgesagt werden soll, denn es könnte sich um eine individuelle Besonderheit dieser einzelnen Person handeln (in unserem Beispiel um eine Anomalie des Farbensehens). Es müssen offenbar mehrere Personen als Beobachter herangezogen werden. Diese sollen dann eine «Stichprobe» der Gesamtheit bilden, von der wieder auf diese zurückgeschlossen werden kann.

Es handelt sich bei unserem Beispiel nach dem zuvor Gesagten (S. 92ff.) um die Untersuchung einer Beziehung zwischen einer Reizvariablen und einer Reaktionsvariablen, wobei die letztere in Urteilen besteht. Die Reizvariable besteht in den beiden Bedingungen «Tageslicht» und «Dämmerlicht» und kann, da es sich um ein Mehr oder Weniger an Helligkeit handelt, als Ordinalvariable betrachtet werden. Für das Urteil sind, wie man sehen wird, mehr als zwei Kategorien anzusetzen.

Es ergibt sich nun die Notwendigkeit, sich über die verlangten Beobachtungsleistungen und über ihre Resultate zu verständigen. Es bedarf dazu eindeutiger, unverwechselbarer Begriffe. Im herangezogenen Beispiel bereitet dies keine Schwierigkeit. Es ist den Beobachtern leicht klarzumachen, was sie feststellen sollen; auch die Kategorien der Beschreibung sind denkbar einfach, da beim Vergleich der Helligkeiten nur anzugeben ist, ob der eine oder der andere Farbträger unter der jeweiligen Bedingung (Tageslicht oder Dämmerlicht) heller erscheint, oder daß beide gleich hell erscheinen. Es ist außerdem noch mit der Angabe «Unsicher» zu rechnen. Demnach besitzt die Urteilsvariable vier qualitativ bestimmte Kategorien.

Von derart einfachen Kategorien wird man stets Gebrauch machen, wenn dies möglich ist und mit dem Ziel der Untersuchung im Einklang steht. Eine Beobachtung, die auf diese Weise auszudrücken ist, wird *gebundene* Beobachtung genannt. Aber nicht immer stehen solche einfachen Beschreibungskategorien zur Verfügung; in manchen Fällen ist man auf die sogenannte *freie* Beobachtung angewiesen, die es dem Beobachter selbst ganz oder teilweise überläßt, das am Beobachtungsinhalt wesentlich Erscheinende festzustellen. (Näheres hierzu im Abschnitt 3 dieses Kapitels.)

Selektion in der Beobachtung. Es ist in unserem Beispiel zu bemerken, daß, wie schon früher angedeutet, jede Beobachtung, auch wenn sie von einfacher Art ist, bereits unter einem bestimmten Gesichtspunkt geschieht, mit dem eine Abstrahierung verbunden ist. So achtet der Beobachter hier hauptsächlich nur auf die Helligkeit beziehungsweise auf den Helligkeitsunterschied der Farben, er sieht ab von der Art, von der Form und von der Größe der Gegenstände, die die Farbe tragen und selbst von dem Sättigungsgrad der Farben (im Tageslicht). Es wird wohl bei einer Beobachtung auch von dem etwas wahrgenommen, was nicht festgestellt werden soll, allein die Konzentration des Beobachters ist doch im wesentlichen auf ein einzelnes Merkmal oder auf sehr wenige Merkmale des Beobachteten gerichtet. Dies ist auch im täglichen Leben nicht anders: Wir erinnern uns, vor kurzem mit einem Bekannten gesprochen zu haben; auch der Inhalt des Gesprächs ist uns noch im wesentlichen gegenwärtig; dagegen erinnern wir uns oft nur schwer oder überhaupt nicht an die Kleidung dieses Bekannten, die wir nicht beachteten, wenn sie uns nicht aus irgendeinem Grund auffiel.

Allgemein beobachtet man an einem Geschehen nur das, was für die Fragestellung wichtig erscheint, während das, was hierzu keine Beziehung hat oder was man bereits weiß, der Feststellung meist entgeht. Im Grunde ist dies notwendig, da nie alles erfaßt werden kann, und auch zweckmäßig, da die Konzentration dem Wesentlichen zugute kommt und überflüssige Anstrengungen erspart werden.

In manchen Fällen können jedoch einzelne Erscheinungen, die am Rande des Blickfeldes liegen und die man daher leicht übersieht oder für unwesentlich hält, außerordentlich bedeutsam sein, sei es für das gerade bearbeitete Problem, sei es in einem anderen Zusammenhang. Es sei nur darauf verwiesen, daß zufällige und unerwartete Beobachtungen häufig den Ursprung einer Untersuchung bilden. Niemand wird den Fehler, daß er Wichtiges übersieht, vermeiden können. Dieser Fehler tritt allerdings am häufigsten dann auf, wenn man glaubt, aller wesentlichen Beobachtungsaspekte recht sicher zu sein, und wenn eine Untersuchung in einer rein routinemäßigen, schematischen Weise ausgeführt wird. Daher führen solche Untersuchungen nicht so leicht über ihr engeres Ziel hinaus und geben weniger Anregungen zu neuen Fragestellungen.

Natürlich muß jede Untersuchung nach einem Schema aufgebaut

werden, das streng einzuhalten ist, wenn sichere Resultate erzielt werden sollen. Es wirkt sich jedoch hierauf nicht störend aus, wenn neben den unmittelbar geforderten Beobachtungen noch andere Anhaltspunkte verschiedenster Art, gewissermaßen als Nebenprodukte, gesammelt und aufbewahrt werden. Man gewinnt damit unter Umständen nicht nur das gesuchte Resultat, sondern daneben auch noch neue Probleme und Hypothesen für weitere Untersuchungen. Die Fortschritte einer Wissenschaft sind zu einem nicht geringen Teil auch dadurch bedingt, daß eine Untersuchung oft noch etwas mehr erbringt als gerade das beabsichtigte Resultat.

Hat man für die weitere Untersuchung die gewünschte Beobachtungsleistung genau festgelegt, so läßt man die Beobachtung aus den erwähnten Gründen von mehreren Personen vollziehen, um eine größere Anzahl von Ergebnissen zu erhalten. Der Zweck dieses Vorgehens, nämlich die Sicherstellung der allgemeineren Geltung des einmal beobachteten Phänomens, kann indessen nur dann erreicht werden, wenn bei jeder Wiederholung der Beobachtung auch tatsächlich der gleiche Sachverhalt vorliegt. Ist dies nicht der Fall, so sind die einzelnen Beobachtungen nicht untereinander vergleichbar. Die Bedingungen müssen für die verschiedenen Beobachtungen die gleichen sein. In unserem Beispiel hätten wir also darauf zu achten, daß stets dieselben beiden Farbqualitäten den Beobachtern vorgelegt werden, daß die Beleuchtungsverhältnisse bei allen Beobachtungen dieselben sind, daß allen Beobachtern eine gleiche Zeit für die Anpassung des Auges an die Dämmerung verbleibt (sofern sich die Beobachtung nicht über die ganze Zeit des Wechsels vom Tag zur Dämmerung erstrecken soll) und manches andere mehr.

Zusammenstellung der Beobachtungen. Liegt eine genügend groß erscheinende Anzahl von Beobachtungen vor, so folgt als nächstes die Zusammenfassung und möglichst übersichtliche Darstellung der gewonnenen Ergebnisse.

Für die möglichen Aussagen der Beobachter ergibt sich das folgende Schema (S. 144), in dessen Felder jeweils einzutragen ist, mit welcher Häufigkeit die einzelnen Aussagen aufgetreten sind. Für jeden Beobachter werden zwei Angaben eingetragen, eine für die Bedingung «Tageslicht», eine für «Dämmerlicht». Aus der Verteilung der Häufigkeitszahlen in diesem Schema läßt sich bereits abschätzen, ob die Helligkeitsverschiebung ein Phänomen von mehr allgemeinem oder mehr vereinzeltem Vorkommen ist, anders ausgedrückt: wie hoch der Konkordanzgrad dieser Beobachtungen im ganzen ist.

		R-Variable			
		Rot heller	Blau heller	gleiche Helligkeit	unsicher
S-Variable	Dämmerlicht				
	Tageslicht				

Es ist einleuchtend, daß man nicht bei einer Beobachtung von bestimmter Art stehen bleibt, sondern sich durch sie zu weiteren planmäßigen Beobachtungen verwandter oder anderer Art führen läßt. Man wird also die geschilderten Beobachtungen auf andere Farbqualitäten ausdehnen, um festzustellen, ob und in welchem Grad hier ähnliche Helligkeitsverschiebungen auftreten. Das Ergebnis wird schließlich die genaue Kenntnis der Helligkeitsunterschiede aller Farben im Tageslicht und in der Dämmerung sein. Die Tatsache, daß hier gesetzmäßige Beziehungen zu erkennen sind (nämlich eine Verschiebung des Helligkeitsmaximums im Farbenspektrum nach der kurzwelligen Seite beim Dämmerungssehen), fordert schließlich eine Erklärung.

Gelegentliche und experimentelle Beobachtung. Beobachtungen, wie die in unserem Beispiel beschriebenen, sind anfangs meist zufällig. Sie können aber wiederholt werden, so oft dazu Gelegenheit ist. Nehmen wir an, die erste Beobachtung der Helligkeitsverschiebung bei Rot und Blau sei an zwei Gegenständen (zum Beispiel Buchrücken in einem Regal) gemacht worden. Diese Beobachtung kann regelmäßig wiederholt werden, da die Gelegenheit dazu sich jeden Tag mit dem Eintritt der Dämmerung bietet, wobei auch andere Beobachter hinzugezogen werden können.

Ein derartiges Vorgehen ist aber umständlich und zeitraubend, und niemand wird es in dieser Form praktizieren, weil eine einfachere und zweckmäßigere Möglichkeit auf der Hand liegt. Sie besteht darin, daß man nicht abwartet, bis die zu untersuchende Erscheinung gelegentlich eintritt, sondern daß man selbst sie herbeiführt. Im vorliegenden Fall würden wir also durch Abblendung des Tageslichts ein künstliches Dämmerlicht schaffen und wären daher nicht mehr an eine bestimmte Tageszeit gebunden. Wir könnten die Beobachtung der Helligkeitsverschiebung der Farben dann innerhalb einer Stunde mehrmals wiederholen, sei es, daß wir jeweils selbst Beobachter sind, sei es, daß wir jedes Mal eine andere Person oder eine Gruppe von Personen die Beobachtung ausführen und mitteilen lassen.

Ein solches Verfahren ist ein *Experiment*. Seine Vorzüge liegen nicht nur in der Zeitersparnis, die seine Anwendung mit sich bringt und die gegenüber der Gelegenheitsbeobachtung noch weit erheblicher sein kann, als dies in unserem Beispiel der Fall ist, sondern auch, allgemein gesprochen, in den besseren Beobachtungsmöglichkeiten und in der größeren Genauigkeit der getroffenen Feststellungen. Offenkundig ist ein Experiment kein Ersatz für die Beobachtung, sondern eine Beobachtung unter besonderen Bedingungen, weshalb man auch von *experimenteller Beobachtung* spricht.

In vielen Fällen gelingen Beobachtungen nicht befriedigend, weil der Beobachter mit seiner Tätigkeit noch nicht genügend vertraut ist. Auch eine genaue Anweisung für die verlangten Leistungen reicht nicht aus, wenn die Beobachtungstätigkeit selbst erst einiger Übung bedarf. So ist es zum Beispiel für einen Ungeübten schon nicht immer leicht, bei der Beurteilung der Helligkeit verschiedener Farben instruktionsgemäß von der Qualität der Farben abzusehen. Vor allem bei schwierigeren Beobachtungen ist mit Fehlurteilen auf Grund mangelnder Übung zu rechnen. Es empfiehlt sich dann, den Beobachtern einige Übung in den verlangten Leistungen zu vermitteln, bevor man sie zu der Untersuchung selbst heranzieht.

Zusammenfassung. Alles psychologische Wissen beruht im Grunde auf Beobachtungen. Diese ergeben sich anfänglich meist rein zufällig und unbeabsichtigt und führen alsdann zu einer systematischen Untersuchung mit einer genau festgelegten Fragestellung. Um den Geltungsbereich der ersten Beobachtung zu ermitteln, müssen entsprechend dieser Fragestellung mehrere weitere Beobachtungen unter gleichbleibenden und kontrollierten Bedingungen gesammelt werden. Die Ergebnisse werden in Kategorien eingeordnet, wie dies insbesondere bei gebundener Beobachtung möglich ist; doch sollte auch auf beiläufige freie Beobachtung nicht verzichtet werden, weil sich daraus oft neue Gesichtspunkte für eine weitere Untersuchung ergeben. Große Zeitersparnis und erheblichen Gewinn für die Genauigkeit der Resultate kann die experimentelle Gestaltung der Beobachtung bringen.

2. DIE EIGENART PSYCHOLOGISCHER BEOBACHTUNG

Jedes Beobachten besteht in einer auf bestimmte Inhalte konzentrierten Wahrnehmungstätigkeit einer Person. Damit wird schon ausgedrückt, daß Beobachtung ein psychischer Prozeß ist, in dessen Verlauf einzelne Wahrnehmungsinhalte zum Gegenstand der Feststellung werden. Dies gilt für jegliche Beobachtung, von welcher Art sie auch immer sein mag.

In der Psychologie hat man zu unterscheiden zwischen Beobachtungen, die der Psychologe selbst anstellt, und Beobachtungen, die er andere Personen machen und sich von ihnen mitteilen läßt. Unsere vorher gebrachten Beispiele, etwa die Untersuchung der Müller-Lyerschen Täuschung und die des Purkinjeschen Phänomens, ließen dies bereits erkennen. Es müssen hier mehrere Personen als Beobachter herangezogen werden, andernfalls könnte ja von Objektivität des erhaltenen Befundes nie die Rede sein. Diese Personen teilen ihre Beobachtungen dem Psychologen mit, der die Urteile zur Kenntnis nimmt und registriert und der somit seinerseits auch wieder Beobachtungen macht. (In manchen Fällen ist, um höhere Objektivität zu erzielen, auch mehr als ein Psychologe als Beobachter erforderlich, etwa dann, wenn nicht einfache Urteile zu registrieren, sondern komplexe Verhaltensweisen zu beobachten und einzuordnen sind.)

Die Auseinandersetzung um die Selbstbeobachtung. Wenn nun eine Person über eine Wahrnehmung, ein Gefühl oder eine Stimmung oder einen Inhalt ihres Denkens berichtet, so ist darin unbestreitbar eine Aussage über einen Erlebniseindruck enthalten. Man hat solche Beobachtungen, ob sie nun in der Form eines kurzen Urteils oder in der Form einer ausführlicheren Beschreibung ausgedrückt werden, mit dem Begriff der «Selbstbeobachtung», «Erlebnisbeobachtung» oder auch der «Introspektion» bezeichnet. Wie schon in anderem Zusammenhang gesagt (vgl. Kap. II, 1), halten wir die Annahme, daß man das Erleben beobachten könne, für einen Irrtum. Die nähere Begründung dafür wird aus dem folgenden hervorgehen.

Viele Autoren haben in solcher Selbstbeobachtung eine Methode gesehen, die allein für die Psychologie charakteristisch und für sie unentbehrlich sei. Dieser Methode sollte unsere Kenntnis von den psychischen Vorgängen überhaupt zu verdanken sein. Denn wie sonst könnten wir von solchen Vorgängen etwas wissen, gäbe es nicht die Möglichkeit, sie im eigenen Erleben zu beobachten? Daher erschien die Selbstbeobachtung als die grundlegende Methode der Psychologie. Ihr gegenübergestellt hat man die «Fremdbeobachtung» oder «Ausdrucksbeobachtung», die der Psychologe anwendet, wenn er das Verhalten von Personen wahrnimmt und daraus Schlüsse auf deren psychische Vorgänge zieht. Selbstbeobachtung kann er entweder an seinem eigenen Erleben anstellen, oder er kann sich von anderen über deren Selbstbeobachtungen Mitteilungen machen lassen (sogenannte fremde Selbstbeobachtung).

Auch heute wird noch vorwiegend die Meinung vertreten, daß dieses Verfahren der Selbstbeobachtung jedenfalls möglich ist, unabhängig davon, ob man seinen wissenschaftlichen Wert höher oder niedriger einschätzt.

Es hat um die Selbstbeobachtung lange methodologische Auseinandersetzungen gegeben, die noch immer nicht abgeschlossen sind. In neuerer Zeit verwarfen die Vertreter des Behaviorismus die Introspektion als eine unbrauchbare Methode, hauptsächlich mit der Begründung, daß ihre Ergebnisse nicht von anderen Beobachtern nachprüfbar seien. Aber schon lange vorher sind schwerwiegende Einwände gegen diese Methode erhoben worden. KANT (1786, 1798) machte geltend, daß ein Erlebnis, das zum Gegenstand der Beobachtung gemacht wird, dadurch verändert oder sogar zerstört werde. COMTE (1864) ging noch weiter und erklärte die Selbstbeobachtung überhaupt für unmöglich, da sie eine Spaltung des Subjekts in einen erlebenden und in einen das Erleben beobachtenden Teil erfordere. KANT bezog sich bei seiner Kritik besonders auf die Beobachtung von Affekten, COMTE auf die des Denkens. Abgelehnt wurde die Selbstbeobachtung auch von F.A. LANGE (1875) und, mit Einschränkungen, von BRENTANO. Später betonte WEINSCHENK (1936), daß unser Wissen um die psychische Natur der Wahrnehmung nicht unmittelbar, sondern aus einer «Seitenschau» des Wahrnehmungsvorgangs gewonnen wird, was ebenfalls einer Ablehnung der Selbstbeobachtung gleichkommt.

Im allgemeinen wurde anerkannt, daß die verschiedenen Einwände wenigstens auf tatsächlich bestehende Fehlerquellen der Introspektion hinwiesen. Insbesondere wurde nicht bestritten, daß die Absicht, ein Erlebnis zu beobachten, einen Störeinfluß bilden konnte, durch den dieses verändert oder unterdrückt werden konnte.

Gegen diese nicht zu leugnende Fehlerquelle wurden vor allem zwei Möglichkeiten der Abhilfe empfohlen. Einmal sollte eine längere planmäßige Übung in der Selbstbeobachtung den Störeinfluß beträchtlich vermindern können, zum anderen sollte eine unverfälschte Erfassung des Erlebens aus dem sich sofort daran anschließenden Erinnern möglich sein. Solche «rückschauende Selbstbeobachtung» wurde durch die Tatsache des unmittelbaren Behaltens erklärt. Das unmittelbare Behalten kommt zum Beispiel darin zur Geltung, daß man bei dem zunächst nicht beachteten Schlagen einer Uhr einige Glockentöne noch nachträglich auffassen und zählen kann. Ähnlich kann man auch noch kurze Zeit nach Ablauf eines Denkvorgangs aus der frischen Erinnerung etwas darüber aussagen, wie man bei der Lösung einer Aufgabe vorgegangen ist, ob man sich dabei etwas anschaulich vorgestellt hat und dergleichen mehr.

Durch diese Argumente schienen die Einwände gegen die Selbstbeobachtung einiges an Gewicht zu verlieren, zumal ja auch außer allem Zweifel steht, daß man Aussagen über das eigene Erleben machen kann. Die Tatsache, daß man von seinem Erleben etwas weiß, scheint zum mindesten auf die Möglichkeit der Selbstbeobachtung hinzuweisen. Aus diesem Grund wurde diese Möglichkeit meist auch von denjenigen nicht direkt geleugnet, welche die Introspektion aus methodischen Gründen für unangebracht hielten und von ihr keinen Gebrauch machen wollten.

Ist Selbstbeobachtung überhaupt möglich? Trotzdem muß die Frage gestellt werden, worin die Eigenart der Introspektion überhaupt besteht. Denn wenn sie in der Tat die Methode darstellt, der die allgemeinsten psychologischen Grundkenntnisse zu verdanken sind, so verdient sie größte Beachtung. Vor allem muß angegeben werden, worin sich Selbstbeobachtung von gewöhnlicher Beobachtung unterscheidet. Zu diesem Zweck müßte geklärt werden, was sich eigentlich psychisch abspielt, wenn ein Erlebnis zum Gegenstand der Beobachtung gemacht wird. Es müßte hier zu dem übrigen, ohnedies ablaufenden psychischen Geschehen, noch ein besonderer Vorgang hinzukommen, der diesem Geschehen übergeordnet oder nebengeordnet wäre. Man hat hierfür auch einen «inneren Sinn» angenommen, mit dessen Hilfe sich die Tätigkeit der «äußeren» Sinne (des Sehens, des Hörens usw.) sozusagen in zweiter Instanz erfassen und kritisch beurteilen lassen soll.

Indessen läßt sich ein solcher innerer Sinn weder nachweisen, noch läßt sich zeigen, worin die Besonderheit der angeblich auf ihm beruhenden Selbstbeobachtung gegenüber der gewöhnlichen Beobachtung bestehen soll. Stellt man hiernach konkrete Fragen, was ja wohl notwendig ist, so erhält man nicht einmal Anhaltspunkte, die eine bestimmte konkrete Antwort nahelegen würden. So erging es auch dem Versuch Paulis (1927, S. 30f.; 1930, S. 5), eine «Theorie der Selbstbeobachtung» zu begründen. Pauli war unseres Wissens der einzige Forscher, der die Introspektion konsequent als ein psychologisches Problem behandeln wollte;

niemand hat auch wohl die Problemstellung im einzelnen genauer formuliert. Doch schon die fundamentale, für alles weitere entscheidende Frage, nämlich welche psychischen Vorgänge die Selbstbeobachtung ausmachen, erwies sich als unbeantwortbar, und so blieb die Theorie der Selbstbeobachtung schon im Ansatz stecken. Auch kein anderer Autor hat hier mehr Erfolg gehabt.

Man kann zwar die Selbstbeobachtung als eine Hinwendung der Aufmerksamkeit auf das psychische Geschehen bezeichnen. Aber damit ist für die Erklärung ihrer Eigenart gar nichts gewonnen. Sehen wir davon ab, daß die «Aufmerksamkeit» ihrerseits eine recht fragwürdige Erscheinung ist (Rubin 1926, Düker 1956), der mit dem Wort gemeinte Sachverhalt, nämlich das Bemühen, etwas möglichst deutlich und intensiv zu erfassen, ist in jeglicher Beobachtungstätigkeit verwirklicht und ist somit durchaus nicht für die Introspektion besonders charakteristisch. Und davon abgesehen wird ja gerade betont – selbst von den Verfechtern der Selbstbeobachtung – daß es sogar einen Störeinfluß bedeutet, wenn die Aufmerksamkeit auf das psychische Geschehen gerichtet wird, zumindest während seines aktuellen Verlaufs. Die Erklärung der Selbstbeobachtung als eine Hinwendung der Aufmerksamkeit auf die psychischen Prozesse ist daher nicht nur unergiebig, sie enthält auch einen Widerspruch.

Die Annahme, daß die Introspektion einen besonderen Beobachtungsprozeß darstellt, führt auch noch zu weiteren Widersprüchen. Läßt man zum Beispiel in einer psychologischen Untersuchung eine Person mehrere verschieden schwere Gewichte miteinander vergleichen und Urteile über ihre Eindrücke abgeben, um welche Form von Beobachtung handelt es sich dann? Man kann sicher ausschließen, daß sich die betreffende Person der Fremd- oder Ausdrucksbeobachtung bedient. Es kann sich, wenn man bei der eingeführten Unterscheidung bleibt, nur um Selbstbeobachtung handeln. Fallen dann aber nicht sehr viele Beobachtungen, auch viele im täglichen Leben und in anderen Wissenschaften, in die Kategorie der Selbstbeobachtung, etwa alle Beobachtungen, die in Schätzurteilen ausgedrückt werden? Sind dies alles Selbstbeobachtungen? Gewiß nicht. Aber wenn das Abschätzen eines Gewichts, einer Entfernung, einer Zeitspanne oder irgendeiner anderen Größe keine Selbstbeobachtung ist, dann kann dasselbe, was in der Psychologie als Selbstbeobachtung gilt, im Alltag oder in anderen Wissenschaften mit Fremdbeobachtung identisch sein. Man müßte daher, um diesen Widerspruch zu vermeiden, von drei Beobachtungsformen in der Psychologie sprechen: von Selbstbeobachtung, von Fremdbeobachtung und auch noch von «gewöhnlicher» Beobachtung. Aber dies wäre vergeblich, denn das Problem würde damit nicht gelöst. Die Frage nach der Natur der Beobachtungsarten bliebe bestehen, und es kämen nur neue Schwierigkeiten hinzu.

Noch ein Widerspruch verdient Erwähnung. Wenn man wie in unseren Beispielen Täuschungsmuster oder Gewichtsunterschiede beurteilen lassen will, so ist es allgemein üblich, die betreffenden Personen anzuweisen, sie sollten lediglich ihre Eindrücke, so wie sie ihnen gegeben sind, schildern, beziehungsweise in einen einfachen Urteilsausdruck fassen, sie sollten dagegen nicht diese Eindrücke schon nach irgendwelchen Gesichtspunkten analysieren oder theoretisch zu deuten versuchen. Soweit mit derartigen Möglichkeiten gerechnet wird, sind solche Vorsichtsmaßnahmen die Regel, und man ist sich darüber einig, daß ihre Nichtbeachtung eine Fehlerquelle bilden würde. Denn aus Ergebnissen, die bereits durch persönliche Deutungen der betreffenden Personen irgendwie verändert wären, könnten keine sicheren Schlüsse mehr gezogen werden. Daher wird den Beurteilern eingeschärft, sie sollten sich gewissermaßen «naiv» über ihre Eindrücke äußern. Dies bedeutet aber doch wohl, daß man gerade da, wo nach üblicher Ansicht Selbstbeobachtung verlangt wird, in Wirklichkeit darum bemüht ist, die nach ihrem Urteil befragten Personen von allen Introspektionsversuchen geradezu abzuhalten. Jedenfalls ist nicht ersichtlich, worin sich die in dieser Form geforderte Beobachtungstätigkeit von jeder gewöhnlichen Beobachtung unterscheiden soll.

Nicht einmal die Mängel, die man der Selbstbeobachtung zugeschrieben hat, sind für diese charakteristisch. Es sind zum einen Teil Fehler, die allgemein bei Beobachtungen auftreten, wenn deren Ausführungsbedingungen nur genügend erschwert werden, und hängen dann im wesentlichen mit der schon früher erwähnten sogenannten Enge des Bewußtseins (siehe S. 52) zusammen: Man kann nicht zwei Beobachtungstätigkeiten streng gleichzeitig ausführen. Zum anderen Teil sind es Fehler, die erst bei der Deutung von Beobachtungen oder durch eine Vermengung von Beobachtung und Deutung entstehen. Wir kommen noch auf derartige Fehler zu sprechen.

Nach den vorangegangenen Erörterungen spricht sehr viel mehr gegen die Annahme, daß es eine Selbstbeobachtung gibt, als dafür.

Gleichartigkeit aller Beobachtung. Die erwähnten Widersprüche lösen sich sofort auf, wenn man die ohnedies nicht zu fundierende Annahme aufgibt, daß die Introspektion ein Beobachtungsvorgang von besonderer, eigener Art sei. An früherer Stelle wurde schon betont, daß jegliche Beobachtung ein psychischer Prozeß ist. Jede Beobachtung besteht in Wahrnehmungen, an die sich auch noch ein wenigstens kurzfristiges Behalten anschließen muß, bis das Wahrgenommene mitgeteilt beziehungsweise notiert wird. Selbstbeobachtung würde bedeuten, daß das während der Beobachtung Erlebte noch ein zweites Mal beobachtet und erlebt würde. Darin liegt aber nicht nur eine unbewiesene, sondern allem Anschein nach auch unzutreffende und überdies unnötige Annahme. In ihrem Grunde beruht sie auf der Meinung, daß wir bereits in der Beobachtung das Gesehene und den psychischen Vorgang des Sehens, das Gehörte und den Vorgang des Hörens, das Gedachte und den Vorgang des Denkens voneinander trennen könnten. Solches ist aber gänzlich unmöglich. Wer dies bezweifelt, möge selbst einmal den praktischen Versuch dazu unternehmen. Wir glauben vorhersagen zu können, daß dieser recht unbefriedigend ausfallen wird. Wenn wir solche Unterscheidungen treffen können, so nicht schon in der Beobachtung, sondern erst durch deren weitere Verarbeitung und mit Hilfe der Reflexion über das Erlebte. Wir kehren damit zu der schon von LANGE (1875, S. 385) geäußerten Auffassung zurück, «daß die Natur aller und jeder Beobachtung dieselbe ist, und daß der Unterschied hauptsächlich nur darin liegt, ob eine Beobachtung so beschaffen ist, daß sie von Andern gleichzeitig oder später ebenfalls gemacht werden kann, oder ob sie sich jeder solchen Aufsicht und Bestätigung entzieht». LANGE sieht genau den entscheidenden Punkt: die Frage der Objektivität der Beobachtung, das heißt ihrer Unabhängigkeit von persönlicher Meinung und Willkür. Wo aber wäre in diesem Punkt ein prinzipieller Unterschied zwischen der Wahrnehmung eines Gegenstands und der Empfindung eines Schmerzes nach einem Nadelstich? Lasse ich jemand anderen einen Gegenstand beschreiben, so kann ich diesen Gegenstand zugleich auch selbst wahrnehmen und die Aussage der anderen Person mit meinen eigenen Eindrücken vergleichen. Und wenn ein anderer einen Nadelstich als schmerzhaft bezeichnet, so kann ich dies an mir selbst überprüfen, falls mir diese Erfahrung nicht schon geläufig sein sollte. Freilich, es können nicht eigenes Erleben und fremdes Erleben miteinander verglichen werden, sondern nur eigenes Erleben und fremde Aussage, beziehungsweise mehrere fremde Aussagen untereinander. Doch dies gilt wiederum nicht nur für psychologische Beobachtungen, sondern für Beobachtungen auf allen Gebieten ausnahmslos. Jedenfalls hat es keinen Sinn, von einer «objektiven» Beobachtung hier und einer «subjektiven» dort zu sprechen. Gewiß gibt es Unterschiede in der Objektivität (das heißt im Grad der intersubjektiven Übereinstimmung). Aber es kommt dabei nicht darauf an, ob etwas als «außen» oder als «innen» wahrgenommen wird. Die Frage nach der Objektivität von Beobachtungen ist keine erkenntnistheoretische Frage, sondern vielmehr eine solche der jeweiligen konkreten Bedingungen, nämlich der individuell mehr oder minder unterschiedlichen neurophysiologischen Bedingungen sowie der psychischen Bedingungen, wie sie etwa durch Gewöhnung, Erfahrung und Einstellung jeweils konstelliert sind. Daraus ergibt sich auch, wie schon früher angedeutet, daß «Objektivität» (oder besser «Intersubjektivität» oder «Konkordanz» der Urteile) nicht im Sinn eines Entweder–Oder, sondern als eine Sache des Grades zu betrachten ist.

Was nun direkt die psychologische Beobachtung betrifft, gilt folgendes: Wenn wir beschreiben, was wir sehen und wie wir dies sehen, so beschreiben wir damit auch bereits unsere Gesichtswahrnehmungen; wenn wir beschreiben, was wir hören und wie wir etwas hören, so beschreiben wir ebenso unsere Gehörwahrnehmungen. Wenn wir schildern, woran wir denken (oder gerade gedacht haben), so ist dies gleichbedeutend mit einer Beschreibung des Vorgangs unseres Denkens. Und wenn wir beschreiben, wie wir von etwas angemutet werden, so beschreiben wir damit unser Fühlen. Einer sekundären Instanz der Beobachtung bedarf es dazu nicht. Allerdings ist mit der Beobachtung allein noch keine Psychologie zu machen. Diese wird erst möglich mit den sich daran anschließenden Schritten.

Was man als Selbstbeobachtung bezeichnet hat, ist in Wirklichkeit keine Beobachtung, sondern es sind eben diese Schritte, die der gewöhnlichen Beobachtung folgen, nämlich die gedankliche Verarbeitung des Beobachteten unter einem spezifischen, hier unter einem psychologischen Gesichtspunkt. Jede Forschung beginnt damit und besteht darin, daß man über Beobachtetes nachdenkt und versucht, es zu deuten und zu erklären. Der Physiker verfährt dabei nach seinen physikalischen Aspekten, der Erkenntnistheoretiker nach erkenntnistheoretischen und der Psychologe eben nach psychologischen. In der Psychologie hat man freilich den folgenschweren Irrtum begangen, die Tätigkeit des Denkens und Erklärens auf die Ebene des Beobachtens zu verschieben; es wurde für die Spezifität der Selbstbeobachtung gehalten, was in Wahrheit psychologische Interpretation gewöhnlicher Beobachtung ist.

Es geht hier nicht um theoretische Standpunkte, noch weniger handelt es sich um einen Streit über Wortbedeutungen. Der Irrtum war in der Tat folgenschwer, denn er führte zu einer Spaltung der Psychologie und zu einem unklaren und in sich widersprüchlichen Bild der Psychologie als Wissenschaft. Der Behaviorismus, der die vermeintlich «introspektive» Psychologie ablösen sollte, war eine falsche Reaktion auf einen falschen Standpunkt. Mit ihm entwickelten sich überdies methodologische Zwangsvorstellungen, die einer fruchtbaren Entfaltung psychologischer Forschung an vielen Stellen im Weg standen.

Als fruchtbar hingegen erweist es sich, den Glauben an die direkte Beobachtbarkeit des Psychischen aufzugeben. Wir werden damit dazu gezwungen, die Ursprünge psychologischen Denkens erheblich differenzierter zu betrachten, als dies bisher geschah. Wir werden insbesondere darauf hingewiesen, daß psychologisches Denken einer Entwicklung unterliegt, deren Ergebnisse auch in die wissenschaftliche Arbeit als Voraussetzungen hineingetragen werden. Die Erforschung dieses Entwicklungsprozesses und die damit zugleich einhergehende kritische Überprüfung unserer psychologischen Grundbegriffe bilden eine wichtige, bis jetzt kaum wahrgenommene Aufgabe. Mit unserer früher dargelegten «Diskrepanztheorie» psychologischen Denkens glauben wir, hierfür eine Grundlage bieten zu können. Auf der anderen Seite folgt aus der Aufgabe des Glaubens an die Introspektion auch die Abkehr von einem veralteten, naiven und metaphysischen Objektivitätsbegriff, den sich die Psychologie seltsamerweise zu eigen gemacht hat, obwohl er allen psychologischen Grundtatsachen zuwiderläuft, zugunsten eines rein empirischen Objektivitäts- oder Konkordanzbegriffs, der ganz dem entspricht, was in der psychologischen Forschung methodisch möglich ist und tatsächlich geschieht. So wird sich schließlich die Psychologie als eine Erfahrungswissenschaft mit einer in sich geschlossenen und folgerichtigen Methodologie darstellen, die durchaus gleichrangig neben anderen solchen Wissenschaften steht. Freilich mögen die hierzu erforderlichen Überlegungen etwas diffizil sein, doch es führt kein bequemerer Weg um sie herum. Hat man aber aus dem Irrgarten der «introspektiven» Psychologie herausgefunden und auch die Wüste des Behaviorismus hinter sich gebracht, so zeigt sich auf einmal der Weg, der zu einer wissenschaftlichen Psychologie führt.

Zusammenfassung. Jede Beobachtung beruht auf psychischen Prozessen; jede Mitteilung über eine Beobachtung enthält eine Aussage über Erlebtes. Dennoch wurde von vielen Autoren daneben noch eine besondere Art von Beobachtung angenommen, die für die Psychologie spezifisch und grundlegend sein sollte: die Selbst- oder Erlebnisbeobachtung beziehungsweise Introspektion. Mit ihr müßte es möglich sein, das Psychische unmittelbar als solches zu erfassen. Hierzu müßte zum Beispiel bei der Wahrnehmung eines Baumes der gesehene Baum von dem Erlebniseindruck «Baum» getrennt werden können, und zwar schon in der

Beobachtung (andernfalls wäre diese Selbstbeobachtung ja nicht von der gewöhnlichen Beobachtung zu unterscheiden).

Gegen die Selbstbeobachtung wurden seit langem Einwände erhoben. Die Kritiker wiesen meist auf die Fehlerquellen dieser Methode hin; seltener wurde dagegen die Möglichkeit einer Introspektion überhaupt in Abrede gestellt. Die Verfechter der Selbstbeobachtung versuchten, die vorgebrachten Einwände wenigstens teilweise zu entkräften.

Es muß indessen die Frage gestellt werden, worin die Selbstbeobachtung eigentlich besteht, welche psychischen Funktionen sie ausmachen und insbesondere wodurch sich diese gegenüber den bei der gewöhnlichen Beobachtung beanspruchten Funktionen unterscheiden sollen. Auf diese Frage gibt es aber keine Antwort. Ein «innerer Sinn», der fiktive Träger der Introspektion, läßt sich nicht nachweisen; ebensowenig kann die «Aufmerksamkeit» zur Erklärung herangezogen werden. Überdies führt die Annahme einer Selbstbeobachtung zu methodologischen Widersprüchen, und auch die praktische Handhabung des Verfahrens entspricht gar nicht dem, was man sich unter einer Beobachtung des Erlebens vorzustellen hätte.

Wir verneinen daher die Möglichkeit einer Selbstbeobachtung. Alle Beobachtung ist von derselben Art. Beschreibe ich *Erlebtes*, so beschreibe ich damit auch zugleich mein *Erleben*. Es hat keinen Sinn, zwischen beidem schon in der Beobachtung einen Unterschied machen zu wollen. Was man als die Besonderheit der Selbstbeobachtung angesehen hat, ist in Wirklichkeit keine Beobachtungsleistung, sondern vielmehr eine Leistung des Interpretierens, und zwar des Interpretierens von Beobachtungen gewöhnlicher Art unter einem psychologischen Gesichtspunkt.

Die Ablehnung der Introspektion hat beträchtliche methodologische Konsequenzen. Sie verlangt, daß die Entstehung psychologischer Vorstellungen und Probleme anders als bisher erklärt wird. Eine solche Erklärung wurde bereits an ihrem Ort (Kapitel II) mit der Theorie der diskrepanten Erfahrungen gegeben. Die Einsicht in die Gleichartigkeit aller Beobachtung ermöglicht es (oder erleichtert es wenigstens) ferner erheblich, den in der heutigen Psychologie noch üblichen, aber veralteten metaphysischen Objektivitätsbegriff aufzugeben und an seine Stelle einen empirischen Objektivitäts- beziehungsweise Konkordanzbegriff zu setzen, der allein zu den Grundlagen einer Erfahrungswissenschaft beitragen kann.

3. FORMEN PSYCHOLOGISCHER BEOBACHTUNG

Wenn auch jede Beobachtung in ihrem Wesen von gleicher Art ist, und die psychologische Beobachtung somit keine Sonderstellung einnimmt, so werden doch Beobachtungen unter verschiedenen Bedingungen, von verschiedenen Personen, mit unterschiedlichen Aufgaben, mit unterschiedlichen Zielen angestellt. Aus diesen Gründen sprechen wir von einzelnen Formen der Beobachtung.

Eigene (direkte) und fremde (vermittelte) Beobachtung. Diese Unterscheidung wird vom Standpunkt des Psychologen aus gezogen. Als eigene beziehungsweise direkte Beobachtung bezeichnen wir es, wenn sie von demjenigen, der die Untersuchung ausführt, selbst angestellt wird, sei es an irgendwelchen Objekten, sei es an Personen. Der Psychologe kann, um ein schon verwendetes Beispiel wieder aufzugreifen, eine bestimme Linienkonfiguration entwerfen und daran feststellen, ob etwa ein Täuschungseindruck auftritt. (Wir glauben klargestellt zu haben, daß hier nicht von «Selbstbeobachtung» gesprochen werden kann.) Der Psychologe wird sich nun freilich nicht nur auf seinen eigenen Eindruck und sein eigenes Urteil verlassen; er wird vielmehr auch andere Personen dasselbe Muster betrachten und Urteile darüber abgeben lassen. Dabei handelt es sich dann – vom Standpunkt des Untersuchers gesehen – um ihm vermittelte fremde Beobachtungen. Indem nun der Psychologe die Aussagen über das dargebotene Muster auffaßt, stellt er seinerseits wieder Beobachtungen an, und dies sind natürlich wiederum seine eigenen, direkten Beobachtungen. So gelangen die Wahrnehmungen anderer dem Psychologen auf dem Weg über seine eigenen Beobachtungen zur Kenntnis. Allerdings werden dabei nicht fremde Beobachtungen unmittelbar in eigene transformiert, denn der Psychologe nimmt ja nicht die Eindrücke anderer direkt als solche wahr, sondern nur Äußerungen darüber in Gestalt eines Urteils. Was er hier beobachtet, ist also lediglich die Ausdrucksform der fremden Eindrücke.

Die direkten Beobachtungen des Psychologen an anderen Personen sind stets Beobachtungen eines Verhaltens. Die Äußerung einer (fremden) Beobachtung ist freilich nur *eine* Form des Verhaltens. Daneben beobachtet der Psychologe, je nach der Fragestellung, andere Verhaltensweisen, die nicht Äußerungen fremder Beobachtungen sind. Es können dies einmal sein: bestimmte Leistungen, die eine andere Person ausführt, zum Beispiel die Lösung einer Denkaufgabe, das Anfertigen einer Zeichnung. Hierzu ist es nicht notwendig, daß die betreffende Person irgendwelche Mitteilungen über ihre Eindrücke macht; es genügt in vielen Fällen die Feststellung des Leistungsverlaufs oder auch nur die seines Ergebnisses, um die durch die Fragestellung geforderten Schlüsse zu ziehen. Zum anderen kann es sich bei den beobachteten Verhaltensdaten um rein physische Veränderungen handeln (Muskelbewegungen, Blutkreislaufreaktionen und andere organische Prozesse). Diese treten zum großen Teil unwillkürlich ein und können auf psychische Prozesse hinweisen, auch ohne daß die betreffende Person irgendwelche Aussagen darüber macht. Man bezeichnet daher solche Vorgänge als «Ausdruckserscheinungen». Die technischen Verfahren zu ihrer Beobachtung und Messung werden «Ausdrucksmethoden» genannt.

Zu jeder dieser drei Formen von beobachtetem Verhalten sei noch ein Beispiel gebracht.

a) Eine Person wird gebeten anzugeben, ob zwei Gewichte verschieden schwer sind. Dies erfordert eine (fremde) Beobachtung und deren Ausdruck durch ein Urteil.

b) Eine Person soll eine Reihe vorgesprochener Zahlen nachsprechen. Hier wird man nicht sagen können, daß diese Leistung in einer Beobachtung und einem Urteil seitens dieser Person bestehe.

c) Einer Person wird eine Reihe von Bildern nacheinander dargeboten. Während der Darbietung jedes einzelnen Bildes werden die für die betreffende Person unmerklichen Variationen ihres elektrischen Hautwiderstands gemessen. Auch hier wird von dieser Person offenbar keine Beobachtung verlangt.

Erwähnt sei noch, daß in derselben Untersuchung auch mehr als nur eine Form des Verhaltens erfaßt werden kann. So kann der Psychologe zum Beispiel eine Person sowohl Urteile abgeben lassen als auch zugleich die Veränderungen einer physiologischen Variablen messen. In diesem Fall liegt eine kombinierte Beobachtung von Verhaltensformen des Typus a) und des Typus c) vor.

Freie und gebundene Beobachtung. Die Unterscheidung von freier und gebundener Beobachtung bezieht sich nicht allein auf die Form, in der die Urteile über das Beobachtete abgegeben werden, sondern schon auf die Art der Beobachtungstätigkeit selbst. Bei der freien Beobachtung sind die allgemeinen Gesichtspunkte von vornherein andere als bei der gebundenen.

Nehmen wir an, es solle festgestellt werden, ob für das Gefühl des Ekels das Auftreten bestimmter Körperempfindungen charakteristisch ist.

Man wird hierzu, wie immer, mehrere Personen über ihre Eindrücke zu befragen haben. In einem solchen Fall wäre es aber sicherlich nicht am günstigsten, wenn man von Anfang an diese Personen auf ganz bestimmte Antwortkategorien festlegen wollte, noch bevor man selbst einen sicheren Überblick über die in Frage kommenden Antworten besitzt. Daher wird man es zunächst den Befragten freistellen, was ihnen am Beobachtungsinhalt überhaupt faßbar und mitteilenswert erscheint und wie sie die Mitteilung formulieren. Aus den so gewonnenen Angaben wird nachträglich eine Einteilung nach verschiedenen Kategorien erstellt, die in einer künftigen Untersuchung als die Reaktionsvariable dient. Es liegt im Wesen der Sache, daß Untersuchungen mit freier Beobachtung meistens als Voruntersuchungen anzusehen sind; jedoch können auch noch in späteren Stadien angestellte freie Beobachtungen von Nutzen sein, weil sie neue Gesichtspunkte aufwerfen und eine neue Untersuchung vorbereiten können.

Hat man das Beobachtungsziel genau festgelegt und ebenso die Reaktionsvariable definiert, so ist in der Regel die gebundene Beobachtung am Platz. Als Beispiel kann uns die Beobachtung des schon erwähnten Purkinjeschen Phänomens (S. 139ff.) mit der hierbei erforderlichen Beurteilung von Helligkeitsverhältnissen dienen. Die Beobachtung war hier auf ein ganz bestimmtes einzelnes Merkmal gerichtet; für das Urteil kamen drei, allenfalls vier Kategorien in Betracht. Damit waren die Urteilsmöglichkeiten in diesem Fall erschöpft. Bei anderen Fragestellungen kann natürlich die Urteilsskala mehr als drei oder vier Kategorien enthalten.

Die Urteile bei gebundener Beobachtung lassen sich allgemein in zwei Arten einteilen: Vergleichsurteile und sogenannte absolute Urteile. Das Vergleichsurteil ist stets eine Aussage über einen Eindruck, die im Hinblick auf einen bestimmten anderen gemacht wird. Es wird zum Beispiel ein Reiz oder eine Reizkonfiguration gegenüber einer weiteren als «größer», «kleiner» oder «gleich» oder als «angenehmer», «weniger angenehm» oder «gleich angenehm» bezeichnet. Bei den absoluten Urteilen entfällt dagegen die ausdrückliche Bezugnahme auf ein bestimmtes Vergleichsobjekt; es werden vielmehr die einzelnen Reize oder Reizkonfigurationen jeweils einzeln für sich betrachtet. Solche absoluten Urteile können zum Beispiel lauten «angenehm», «neutral» und «unangenehm» oder «schwer» und «leicht», «hell» und «dunkel» usw. Antworten wie «Ja» und «Nein», wie sie oft auch in Fragebogen verlangt werden, sind ebenfalls zu den absoluten Urteilen zu rechnen.

Der Begriff des absoluten Urteils oder des absoluten Eindrucks ist freilich mit erheblichen Einschränkungen zu verstehen. Denn oft beruht das «absolute» Urteil doch auf Vergleichen, zwar nicht auf Vergleichen mit momentan präsenten Eindrücken, aber auf Vergleichen mit früheren Eindrücken, die erinnert werden. Auf jeden Fall liegt den absoluten Urteilen ein Bezugssystem zugrunde, das auf vorangegangenen Erfahrungen beruht; zum Beispiel wenn der eine Eindruck als «schön», ein anderer dagegen als «sehr schön» bezeichnet wird. (Zum Problem der Bezugssysteme siehe Witte 1960.)

Im einzelnen gibt es für die Abgabe von Urteilen bei gebundenen Beobachtungen wiederum verschiedene Vorschriften, von denen noch später (Kapitel X) die Rede sein wird.

Erwähnt sei noch, daß die Unterscheidung von freier und gebundener Beobachtung nicht nur für fremde Beobachtungen gilt, sondern genauso auch auf die eigenen Beobachtungen des Psychologen angewendet werden kann.

Zufällige und systematische Beobachtung. Je nachdem, ob die Beobachtung bei einem Experiment oder in einer nichtexperimentellen Situation stattfindet, kann man entweder von experimenteller oder von gelegentlicher Beobachtung sprechen. Diese Unterscheidung betrifft also im wesentlichen die Umstände, unter denen die Beobachtungen ausgeführt werden, und nicht deren Form oder Inhalt. Es kann sich grundsätzlich im einen und im anderen Fall um genau die gleichen, eigenen oder fremden, freien oder gebundenen Beobachtungen handeln.

Gelegenheitsbeobachtung ist in zwei Formen möglich. Wir wollen diese als zufällige und als systematische Beobachtung bezeichnen. Die zufällige ist die unbeabsichtigte und unerwartete Beobachtung. Als das Purkinjesche Phänomen entdeckt wurde, hat es sich zweifellos um eine solche zufällige Beobachtung gehandelt. Bei der systematischen Beobachtung wird dagegen bereits mit dem Eintreten bestimmter Vorgänge gerechnet. Daher kann sich der Beobachter hier auch schon auf seine Tätigkeit vorbereiten. Will man eine Gruppe von Kindern beim Spiel beobachten, so kann man einmal die Gelegenheit hierfür selbst schaffen, zum anderen im voraus die Gesichtspunkte für die Beobachtung entwickeln und überhaupt für möglichst günstige Bedingungen für die Beobachtung sorgen. Obwohl aber solche Vorbereitungen getroffen werden, wollen wir hier noch nicht von experimenteller Beobachtung sprechen. Denn dazu wäre es nötig, daß der Beobachter selbst in das Geschehen eingreift, was er aber in unserem Beispiel, wie wir annehmen wollen, gar nicht tut. Gleichwohl ist seine Beobachtung von vornherein auf ein bestimmtes Ziel gerichtet und hält sich an schon vorher ausgearbeitete Richtlinien, geschieht also insofern systematisch. Um experimentelle Beobachtung handelte es sich jedoch erst dann, wenn der Beobachter das Spiel der Kinder durch Herstellung und Abwandlung bestimmter Bedingungen beeinflussen würde, um die Wirkungen dieser von ihm selbst eingeführten Variationen zu studieren.

Experimentelle Beobachtung ist immer auch systematische Beobachtung, denn das Experiment wird ja zu dem Zweck entworfen und ausgeführt, um ganz bestimmte Beobachtungen unter ganz bestimmten Bedingungen zu ermöglichen. (Allerdings kann es auch bei einem Experiment vorkommen, daß unbeabsichtigte und unerwartete Ereignisse eintreten und beobachtet werden. Diese Beobachtungen werden dann jedoch sozusagen nebenher gemacht.)

Querschnitt- und Längsschnittbeobachtung. Eine weitere Unterscheidung, nämlich die von Querschnitt- und Längsschnittbeobachtung, richtet sich ebenfalls, genau genommen, weniger auf die Form der Beobachtung, sondern mehr auf die Anlage der Untersuchung. Man spricht daher auch von Querschnitt- und Längsschnittuntersuchung. Dennoch sollen die Begriffe hier erklärt werden.

Bei der Querschnittuntersuchung werden an einer größeren Anzahl von Personen Beobachtungen im selben Zeitabschnitt gemacht. Wenn zum Beispiel Normwerte für eine Intelligenzleistung bei einer bestimmten Altersgruppe ermittelt werden sollen, so erfordert dies Beobachtungen an einer Stichprobe von Personen dieses Alters. Die Häufigkeitsverteilung der Intelligenztestleistungen der einzelnen Personen bildet die Grundlage für die Errechnung der Normwerte. Es wird hier nicht danach gefragt, wie hoch die Intelligenzleistung der Angehörigen der Stichprobe zu früheren Zeitpunkten war oder zu späteren Zeitpunkten sein wird. Um die Normen für niedrigere und höhere Altersgruppen zu erhalten, bildet man weitere Stichproben entsprechenden Alters aus anderen Personen, das heißt es werden mehrere Querschnitte betrachtet.

Bei der Längsschnittbeobachtung werden dagegen mehrere Beobachtungen über einen längeren Zeitraum an denselben Personen angestellt. Das Wesentliche ist hier, daß auch die bei der einzelnen Person auftretenden Veränderungen beobachtet werden können. Wenn es zum Beispiel darum geht festzustellen, ob der Grad einer Begabung vom Kindes- bis zum Reifealter mehr oder weniger konstant bleibt oder aber stärkere Variation zeigt, so sind dazu wiederholte Beobachtungen an denselben Personen erforderlich. Längsschnittuntersuchungen werden verhältnismäßig wenig unternommen. Einmal erfordern sie einen großen Zeitaufwand, und es kann sehr schwierig werden, die Angehörigen einer Stichprobe über mehrere Jahre hin immer wieder zu erreichen. Zum anderen wird die Vergleichbarkeit zwischen den Angehörigen der Stichprobe fortschreitend geringer, infolge der Verschiedenheit der zahlreichen in der Zwischenzeit auf sie einwirkenden Einflüsse. Man ist daher unter Umständen fast ganz darauf angewiesen, die Schlußfolgerungen auf Beobachtungen jeweils an derselben Person zu stützen und sozusagen das allgemeine Gesetz in seiner Verwirklichung am einzelnen Fall zu suchen. Dies ist in dem Maß aussichtsreich, in dem es gelingt, durch sehr sorgfältiges Studium des individuellen Falls die wichtigsten der hier wirksamen Bedingungen kennenzulernen. Um aber auf diesem Weg gewonnene Ergebnisse mit einiger Sicherheit verallgemeinern zu können, bedarf es wiederum weiterer solcher Längsschnittbeobachtungen, wenn nicht an ganz gleichartigen, so doch an sehr ähnlichen Fällen.

Längsschnittuntersuchungen sind namentlich für die Entwicklungspsychologie ein oft unentbehrliches Instrument. Manche Fragen zur Intelligenz- oder zur Persönlichkeitsentwicklung können nur auf Grund von Längsschnittbeobachtungen beantwortet werden. Aber nicht nur bei der Entwicklung im engeren Sinn, sondern auch allgemein bei der Erforschung komplex bedingter, sich über längere Zeit erstreckender Veränderungen ist die Längsschnittbeobachtung am Platz (zum Beispiel bei der Analyse der Gründe und der Verfolgung des Verlaufs einer psychischen Erkrankung). Da eine gut angelegte Längsschnittuntersuchung eine sehr differenzierte und intensive Betrachtung und Berücksichtigung der besonderen Gegebenheiten und Zusammenhänge bei den einzelnen Fällen erfordert, kann sie manchmal lebensnäher und aufschlußreicher sein als eine entsprechende Querschnittuntersuchung zum gleichen Thema. (Beispiele für Längsschnittuntersuchungen finden sich bei Meili 1957, Nickel 1972, Oerter 1973.)

Qualitative und quantitative Beobachtung. Wenn das Ergebnis einer Beobachtung ohne direkte Bezugnahme auf gleichartige andere, mögliche oder tatsächliche Ergebnisse ausgedrückt wird, so nennt man dies qualitative Beobachtung. Man kann zum Beispiel das Verhalten eines Kindes beim Spielen oder beim Lösen einer Aufgabe schildern, indem man sich dazu bestimmter Eigenschaftsbegriffe bedient, wie etwa: «lebhaft», «unbefangen», «ängstlich», «vorsichtig», «schwerfällig» usw. In solchen Aussagen wird insofern nicht direkt auf andere Beobachtungen Bezug genommen, als nicht gesagt wird, dieses Kind habe sich lebhafter verhalten als ein anderes oder als Kinder dieses Alters im Durchschnitt.

Quantitative Beobachtungen sind dagegen dadurch gekennzeichnet, daß sie in ihrer Formulierung bereits eine Aussage über ein Mehr oder Weniger gegenüber einem anderen Gleichartigen enthalten. Sage ich von einem Kind, es sei lebhafter als ein anderes, ebenfalls beobachtetes Kind, von einer Farbe, sie sei heller als eine andere, von einer Emotion, sie sei stärker als eine bestimmte andere, so liegt in diesem Vergleichsurteil schon eine quantitative Bestimmung, wenn auch in einfachster Form.

Ein weiterer Schritt besteht darin, daß angegeben wird, *wie* lebhaft sich das Kind verhalten hat (ob «ziemlich», «sehr» oder «äußerst» lebhaft) beziehungsweise entsprechend wie hell eine Farbe, wie stark eine Emotion ist. Solche Feststellungen erlauben es, die betreffende einzelne Beobachtung in eine Vielzahl derartiger Beobachtungen einzuordnen, das heißt ihre Stelle in einer Reihenfolge genauer zu bestimmen.

Schließlich ist zu erwägen, ob wir auch angeben können, um welchen Betrag das beobachtete Kind lebhafter war oder sogar, ob es doppelt oder dreimal so lebhaft war als ein anderes, beziehungsweise *um wieviel*, oder *wievielmal* eine Farbe heller oder eine Emotion stärker war als eine andere. In diesem Fall könnten wir im üblichen Sinn von einer Messung des beobachteten Merkmals sprechen.

Wie man sieht, entspricht die Unterscheidung von qualitativer und quantitativer Beobachtung den schon früher unter formalem Gesichtspunkt unterschiedenen Typen von Variablen beziehungsweise Skalen (vgl. S. 96ff.). Wenn eine Beobachtung durch die Angabe einer von mehreren Kategorien einer Nominalvariablen ausgedrückt wird, so handelt es sich um eine qualitative Beobachtung. In allen anderen Fällen, das heißt wenn dem Beobachtungsdatum eine Ordinal-, Intervall- oder Verhältnisskala zugrunde liegt, liegen quantitative Beobachtungen vor, freilich von unterschiedlichem Informationsgehalt.

Quantitative Beobachtungen sind stets «gebundene» Beobachtungen, unabhängig davon, ob sie mit Hilfe eines Meßinstruments ausgeführt werden oder ob sie (als Schätzurteile) auf einem «inneren» Maßstab beruhen. Qualitative Beobachtungen sind dagegen nicht notwendigerweise auch «freie» Beobachtungen; denn eine gebundene Beobachtung kann durchaus an einer Nominalskala orientiert sein.

Qualitative Beobachtungen können insofern quantitativ behandelt werden, als sie sich zählen lassen. Es läßt sich feststellen, wie oft in einer Gruppe von Kindern während des Beobachtungszeitraums bestimmte soziale Verhaltensweisen (wie etwa Kontaktaufnahme, Aggression, Resignation usw.) aufgetreten sind. Die Häufigkeiten dieser einzelnen Erscheinungen lassen sich alsdann miteinander vergleichen. Dies ändert freilich nichts daran, daß die so verarbeiteten qualitativen Beobachtungen qualitative Daten bleiben, solange sie eben nicht selbst Ausdruck einer quantitativen Abstufung sind. Zähle ich also lediglich die als Aggression zu bezeichnenden Verhaltensweisen, so verzichte ich darauf, einen Unterschied bezüglich der Stärke dieser Aggressionen zu machen. In vielen Fällen genügt ein solches Verfahren den Anforderungen der Fragestellung.

Zusammenfassung. Die psychologische Beobachtung ist in ihrem Wesen nicht von anderer Art als die Beobachtung, wie sie in allen anderen Erfahrungswissenschaften gebräuchlich ist. Dennoch ist es zweckmäßig und dem Verständnis dienlich, einzelne Formen der Beobachtung zu unterscheiden. Zum Teil ergibt sich dies aus dem Gegenstand und den spezifischen Aufgaben der Psychologie; dies gilt für die Unterscheidung von eigenen (direkten) und fremden (vermittelten), von freien und gebundenen und von Querschnitt- und Längsschnittbeobachtungen. Zum anderen Teil handelt es sich um Unterscheidungen, wie sie auf sämtliche wissenschaftliche Beobachtungen anzuwenden sind (zufällige und systematische, qualitative und quantitative Beobachtung).

Zu erwähnen ist, um Mißverständnisse zu vermeiden, daß die Zugehörigkeit einer bestimmten Beobachtung zu der einen Beobachtungsform die zu einer anderen nicht ausschließt. So kann zum Beispiel eine gegebene Beobachtung zu bezeichnen sein erstens als eine eigene, zweitens als eine gebundene, drittens als eine systematische, viertens als eine Längsschnittbeobachtung und schließlich fünftens als eine quantitative Beobachtung.

4. ZUR AUSFÜHRUNG PSYCHOLOGISCHER BEOBACHTUNGEN

Vor und während der Ausführung psychologischer Beobachtungen sind verschiedene Überlegungen anzustellen und Regeln zu beachten, um möglichst unverfälschte und hinreichend genaue Daten zu erhalten. Teils betrifft dies die eigenen Beobachtungen des Psychologen, teils die ihm vermittelten fremden Beobachtungen. Manche der hier zu erörternden Gesichtspunkte gelten auch für beides.

Voraussetzungen über das zu Beobachtende. Will man etwas beobachten oder beobachten lassen, so muß man davon ausgehen können, daß auch tatsächlich das beobachtet werden kann, was beobachtet werden soll. Wenn man emotionale Reaktionen auf bestimmte Bildinhalte untersuchen will, setzt man voraus, daß die Bilder, die man hierzu verwendet, überhaupt emotionale Reaktionen auslösen können. Aus den Ergebnissen, nämlich den Urteilen der befragten Personen über diese Bilder, wird schließlich zu entnehmen sein, ob und wieweit diese Annahme richtig war.

In vielen anderen Fällen ist man von vornherein davon überzeugt, die Möglichkeit der gewünschten Beobachtung sichergestellt zu haben. Will man Gewichtsunterschiede beurteilen lassen und hat man die dafür vorgesehene Gewichteserie genau auf ihre Abstufungen geprüft, ist man gewiß, über eine Reizvariable zu verfügen, auf die sich Vergleichsurteile wie «schwerer» und «leichter» sinnvoll beziehen lassen.

Aber auch wenn derart einfache und eindeutige Voraussetzungen vorzuliegen scheinen wie in diesem Beispiel, ist man nicht immer dagegen versichert, einen Fehler zu begehen. Denn das physikalische Wissen von den Bedingungen einer Wahrnehmung kann nicht unbedingt auf diese selbst übertragen werden. Der Fehler, der hierdurch entstehen kann, wird als «Reizirrtum» (stimulus error, TITCHENER) bezeichnet. So könnte man erwarten, das tiefste Schwarz in einer Dunkelkammer wahrzunehmen; tatsächlich sieht man aber hier das sogenannte subjektive Augengrau. Das tiefste Schwarz wird dagegen bei vollem Tageslicht, bei der Kontrastierung einer schwarzen mit einer weißen Fläche wahrgenommen (KATZ 1948, S. 24ff.). Ein solcher Fehler ist jedoch oft nicht leicht zu entdecken, da er in den Ergebnissen nicht zum Ausdruck kommen muß.

Es können, wie namentlich dieses letzte Beispiel zeigt, Beobachtungen unter unzutreffenden Voraussetzungen über den Beobachtungsgegenstand angestellt werden. Abhilfe kann hier nur die sorgfältige Analyse und Prüfung solcher Voraussetzungen bringen. Woran dabei zu denken und was alles dabei zu berücksichtigen ist, hängt ganz von der jeweiligen Fragestellung und von der besonderen Beobachtungsleistung ab. Wir müssen uns mit den genannten Beispielen begnügen.

Die Einstellung. Eine speziellere Art von Voraussetzungen der Beobachtung sind die Einstellungen, mit denen der Beobachter an seine Aufgabe herantritt. Unter einer Einstellung verstehen wir hier die Nachwirkung von Erfahrungen aus früheren Beobachtungen gleicher Art, insbesondere die Vermutungen und Erwartungen, die sich auf weitere Beobachtungen solcher Art richten.

Grundsatz jeder Beobachtung muß es sein, nur den reinen Sachverhalt zu erfassen und zu beschreiben. Dazu gehört zweierlei: Einmal dürfen bestimmte Erwartungen (die kein Beobachter völlig unterdrücken kann) das Beobachtungsergebnis als solches nicht beeinflussen und verändern; zum anderen darf das Ergebnis nicht, bevor es genau festgelegt ist, schon unter dem Aspekt einer bestimmten Erklärung gesehen werden, wodurch eine andere, vielleicht besser angemessene Erklärung leicht ausgeschlossen werden könnte. Dies ist sowohl von den Beobachtungen des Psychologen wie auch von denen anderer Personen zu fordern.

Eine Einstellungswirkung kann sich schon in unserem oben angeführten Beispiel, der Beurteilung der Helligkeit von Farben, geltend machen: Wenn der Beobachter weiß, wie sich die Helligkeiten der zu vergleichenden Qualitäten im Tageslicht zueinander verhalten, so kann dadurch sein Urteil über das Helligkeitsverhältnis im Dämmerlicht beeinträchtigt werden. Es wäre also besser, wenn der Beobachter in diesem Fall gar nicht wüßte, daß es sich beide Male um dieselben Farbmuster handelt.

Eine Vermischung einer Beobachtung mit einer Deutung wird erkennbar, wenn eine Person nach der Betrachtung der in Abb. 3/2 (S. 86) wiedergegebenen Täuschungsfigur äußert, sie habe die beiden waagrechten Strecken als nicht parallel wahrgenommen, *weil* sie gewohnt sei, auf die Figur als Ganzes zu achten und nicht auf deren einzelne Teile. Gefragt war ja nur, ob die zwei Strecken parallel gesehen werden oder nicht, denn das sollte festgestellt werden. Hier aber hat sich der Beobachter zu der ihm gestellten Aufgabe noch eine Nebenaufgabe gesetzt, deren Wirkung auf die Lösung der eigentlichen Aufgabe schwerlich abzusehen ist, und er hat sich nicht an die gewünschte reine Beschreibung seines Eindrucks gehalten. Man wird sagen, er habe nicht die richtige Einstellung zu seiner Aufgabe gehabt. Oft kann eine solche Fehlhaltung unerkannt bleiben. Sie kann natürlich auch dazu führen, daß ein Beobachter angibt, er sähe die Strecken parallel, weil er *weiß*, daß sie tatsächlich parallel sind.

Einstellungen können auch persönliche Gründe haben. Namentlich dann hat man mit fehlerhaften Angaben zu rechnen, wenn mit der Aussage zugleich eine Selbstbeurteilung verbunden ist. Dies zeigt sich besonders, wenn man Personen über emotionale Erscheinungen befragt, denn dieses Gebiet steht der Selbsteinschätzung des Individuums näher als die meisten anderen Bereiche. Manches, was man über das Erlebte aussagen könnte, ist nicht mit einem vorteilhaften Bild von der eigenen Persönlichkeit in Einklang zu bringen. Beobachtungen, die hierfür problematisch werden können, werden oft übersehen und gelangen gar nicht erst zur Feststellung oder werden so umgedeutet, daß sie sich in das Bild einfügen, oder aber sie werden besonders schnell vergessen, vielleicht auch «verdrängt».

Von solcher Selbsttäuschung läßt sich die absichtliche Täuschung anderer unterscheiden, was jedoch methodisch von geringerer Bedeutung ist. Denn ob eine fehlerhafte Aussage wissentlich oder unwissentlich gemacht wird, ist wenigstens für das reine Beobachtungsdatum ohne Belang.

Diese Fehlerquelle ließe sich durch mannigfache Beispiele illustrieren. Sie gibt sich etwa dann zu erkennen, wenn ein Beobachter, der im Anschluß an die sukzessive optische Darbietung der Wörter «Buch» und «Mädchen» nach der emotionalen Wirkung dieser Wörter befragt wird, angibt, diese sei bei der Wahrnehmung des Wortes «Buch» stärker gewesen, während die zugleich gemessenen, für das Auftreten von Emotionen kennzeichnenden körperlichen Symptome bei der Darbietung des Wortes «Mädchen» sehr viel stärker waren. Man geht in diesem Fall sicher nicht fehl mit der Annahme, daß der Beobachter dem ihn befragenden Psychologen die Wahrheit nicht sagen wollte. Solche Fehler treten zwar im allgemeinen noch nicht sehr häufig auf; sie mehren sich jedoch natürlich, wenn Fragen gestellt werden, die dem Beobachter in der gegebenen Situation wirklich indiskret erscheinen.

Ähnliche Fehler können vorkommen, wenn ästhetische Wertungen das Urteil über das Wahrgenommene mitbestimmen. Werden zum Beispiel Fragen über den Grad der Wohlgefälligkeit verschiedener Musikstücke gestellt, so können die Urteile gewiß in beträchtlichem Maß von konventionellen Meinungen über das, was als schön und wertvoll zu gelten habe, beeinflußt werden. Mancher wird angeben, daß ihn ein klassisches Werk, das ihn in Wahrheit gelangweilt hat, angenehmer berührt habe als ein alltäglicher Schlager, durch den seine Stimmung vielleicht momentan gehoben wurde. Er scheut sich aber, dies zu äußern, etwa in der Befürchtung, als «oberflächlich» oder «ungebildet» zu gelten. Gesichtspunkte des Prestiges, Sorge um die eigene Geltung in den Augen anderer, spielen also eine Rolle. Es ist schwierig, hier den wahren Sachverhalt zu erfahren; oft wird man in solchen Fällen nur feststellen können, daß etwa die Resultate zu einzelnen Teilfragestellungen innerhalb der Untersuchung nicht recht zueinander passen, und man kann daraus bestimmte Schlüsse ziehen (TRAXEL und WREDE 1959).

Wie man sieht, kann die Einstellung des Beobachters von großer Bedeutung für das Beobachtungsresultat sein. Mängel der Einstellung können bewirken, daß das zu Beobachtende bereits verändert wahrgenommen wird; sie können auch lediglich zu einer unsachgemäßen Interpretation der Beobachtungsinhalte führen. Auf jeden Fall werden diese Mängel die Äußerungen über die Beobachtung beeinflussen, die dann nicht mehr der Fragestellung angemessen sind. Es ist daher eine wichtige Aufgabe des Psychologen, bei den Personen, die er um ihre Urteile befragt, für eine möglichst sachgerechte Einstellung zu sorgen. Dies kann durch entsprechende Hinweise und Anleitungen geschehen. Die Gestaltung der Untersuchung sollte es auch ermöglichen, die Einstellung zu überprüfen, wo dies notwendig erscheint (Näheres darüber in Kapitel VI).

Die Einstellung spielt auch beim Psychologen als Beobachter eine Rolle, und zwar verständlicherweise um so mehr, je stärker die Reaktionen der anderen Person direkt oder indirekt durch diese Einstellung beeinflußt werden können. Er muß daher alles zu vermeiden suchen, wodurch der zu beobachtende Sachverhalt entweder von vornherein verfälscht oder auch nachträglich verändert werden könnte. So hat der Psychologe, der jemand anderen um dessen Urteil befragt, darauf zu achten, daß er nicht ungewollt durch sein eigenes Verhalten irgendwelche Erwartungen bezüglich dieses Urteils verrät und möglicherweise damit schon die Reaktion beeinträchtigt. Andererseits hat er auch darauf zu achten, daß er nicht Äußerungen anderer im Sinn seiner eigenen Erwartungen umdeutet. Diese Gefahr ist um so größer, je weniger eindeutig und unmißverständlich das fremde Urteil formuliert ist.

Der Schwierigkeitsgrad von Beobachtungen. Nicht alle Eindrücke lassen sich mit gleicher Leichtigkeit beobachten und beurteilen. In unseren bisher gebrachten Beispielen hatten wir es meist mit Beobachtungen von recht geringem Schwierigkeitsgrad zu tun. So ist die Beurteilung des Eindrucks, den ein Täuschungsmuster hervorruft, eine sehr einfache Aufgabe; es gehört freilich auch hier dazu, daß der Beobachter seine Aufgabe richtig verstanden hat und sich bemüht, sie richtig zu erfüllen.

Schwieriger kann die Beobachtung werden, wenn nicht Aussagen über stabile äußere Reizsituationen gefordert sind, sondern Aussagen über relativ flüchtige und komplexe Eindrücke. Dies gilt unter anderem für Organwahrnehmungen und die mit ihnen zusammenhängenden Erlebnisse emotionaler Erregung, und vor allem für das Denken.

Eine Schwierigkeit bei der Untersuchung von Emotionen mag durch den folgenden Sachverhalt illustriert werden: Man kann selbst bei sich eine Emotion dadurch hervorrufen, daß man sich eine bestimmte Situation, in der sie vorher aufgetreten ist, wieder mit ihren Einzelheiten vergegenwärtigt. In vielen Fällen wird dann diese Emotion selbst wieder aktuell. Versucht man aber nun, von dieser wiedererweckten Emotion etwas zu erfassen, etwa die merklich werdende Beschleunigung des Pulses zu beobachten, so verschwinden derartige Symptome meist wieder sehr schnell. Man hat dieses Phänomen als eine Eigentümlichkeit der vermeintlichen Selbstbeobachtung angesehen. Die Erklärung dafür ist aber von allgemeinerer Art und ziemlich einfach: Der Beobachter setzt sich hier zwei Aufgaben, nämlich einmal die Aufgabe, sich in der Erinnerung frühere Erlebnisse wieder zu vergegenwärtigen, zum anderen die Aufgabe, die dabei auftretenden Emotionssymptome zu beobachten. Sobald nun der Beobachter sich der zweiten Aufgabe zuwendet, gerät die erste wieder aus dem Blickfeld; damit verliert aber die emotionale Reaktion ihre Grundlage und klingt daher selbst ab. Solche Beeinträchtigung ist aber nicht eine spezifische Wirkung der Selbstbeobachtung; es zeigt sich hier, wie schon angedeutet, lediglich ein Sonderfall der als «Enge des Bewußtseins» bekannten Erscheinung. Wir können zum Beispiel nicht gleichzeitig einen Text lesen und dazu noch einem Gespräch folgen. Wo solche Doppelleistungen tatsächlich möglich zu sein scheinen, da beruhen sie, nach allem, was man weiß, nicht auf einer genau simultanen, sondern auf einer sukzessiven beziehungsweise rasch alternierenden Auffassung. Solch ein alternierendes Beobachten ist aber in dem in Rede stehenden Fall schwerlich möglich, da hier die emotionale Reaktion eine länger andauernde Vergegenwärtigung der auslösenden Situation voraussetzt. In der Tat können emotionale Erregungen sehr viel besser beobachtet werden, wenn sie auf einer aktuellen Situation beruhen, die wenigstens für mehrere Sekunden bis zu einigen Minuten stabil bleibt. Läßt man zum Beispiel konkrete Wahrnehmungsinhalte bezüglich ihrer Emotionswirkung beurteilen, so kann man mit Ergebnissen rechnen, die ebenso konsistent sind, wie man es sonst von Urteilen über Wahrnehmungsinhalte erwarten kann (Traxel u. Becher 1957, Traxel 1959, 1960b).

Die Schwierigkeiten, wie sie sich einstellen, wenn durch Erinnerungen herbeizitierte emotionale Erregungen beobachtet werden sollen, zeigen sich in noch stärkerem Maß bei Beobachtungen beim Denken. Auch wenn wir über etwas nachdenken, müssen wir uns dabei ständig etwas früher Wahrgenommenes vergegenwärtigen. Dieser Prozeß zerfällt, sobald man versucht, Feststellungen darüber zu machen. Die «Enge des Bewußtseins» bestimmt auch hier die Grenzen der Auffassungsmöglichkeit. Diese Grenzen werden freilich um einiges erweitert durch das schon erwähnte unmittelbare Behalten, dem wir es unter anderem auch verdanken, daß wir zum Beispiel zusammenhängende Sätze sprechen und verstehen können und daß wir nach Diktat schreiben können. Auf Grund solchen unmittelbaren Behaltens kann eine Person auch angeben, wie sie eine einfache Denkaufgabe, etwa die Aufgabe, zwei Zahlen zu addieren, gelöst hat. So wird sie vielleicht berichten, daß sie bei der Aufgabe 8 + 7 zunächst die Zahl 7 «in Gedanken» in 2 und 5 zerlegt, dann die Zahl 2 in einem visuellen Vorstellungsschema zu 8 hinzugefügt habe, so daß die 10 «voll wurde», und darauf den Rest 5 in diesem Schema auf die 10 gesetzt habe, womit das Ergebnis 15 feststand. Solche Aussagen sind aus der frischen Erinnerung möglich, und es braucht nicht bezweifelt zu werden, daß sie richtig wiedergeben, was sich abgespielt hat. Handelt es sich jedoch um kompliziertere Aufgaben, so ist auch das unmittelbare Behalten nicht mehr ergiebig genug.

Wie überall, so ist es auch bei der Untersuchung von Denkprozessen am günstigsten, wenn man Äußerungen während des aktuellen Geschehens beobachten kann. So kann man eine Person, während sie eine Denkaufgabe löst, die einzelnen Schritte ihres Vorgehens kommentieren lassen (sogenanntes «lautes Denken»). Mit dieser Methode konnten einige aufschlußreiche Resultate über die Gesetzmäßigkeiten des Denkverlaufs gewonnen werden (Dörner 1972, Lüer 1973). Wird zur Lösung einer Denkaufgabe ein konkretes Material verwendet (wie zum Beispiel bei einem Puzzlespiel), so kann außerdem noch das manuelle Verhalten beobachtet werden, woraus ebenfalls Schlüsse auf die Verlaufsweise des Denkprozesses gezogen werden können.

Die Beobachtung mit Hilfe des unmittelbaren Behaltens wird man im übrigen nicht als «rückschauende Selbstbeobachtung» betrachten können. Es handelt sich hier einfach um Aussagen auf Grund der Erinnerung. Wollte man hier von rückschauender Selbstbeobachtung sprechen, so müßte man konsequenterweise jedes gewöhnliche Erinnern mit diesem Begriff bezeichnen.

Der Einfluß des Beobachtetwerdens. Es war schon bei der Erörterung der Einstellung auch die Rede davon, daß die Urteile eines Beobachters aus bestimmten persönlichen Gründen verfälscht sein können. Damit verwandt, aber nicht identisch, ist der mögliche Einfluß, den die Tatsache des Beobachtetwerdens auf das gesamte Verhalten eines Individuums (nicht nur auf seine Urteile oder sonstigen sprachlichen Äußerungen) ausüben kann. Eine Person, die sich beobachtet weiß, wird nicht unbedingt dasselbe Verhalten zeigen wie in einer unbeobachteten Situation. Eine solche Veränderung kann sicherlich auch dann auftreten, wenn das betreffende Individuum nicht unmittelbar durch eine andere Person beobachtet wird, sondern wenn die Beobachtung durch Registrierinstrumente ausgeführt wird, etwa durch Filmkamera oder Tonbandgerät. Es gilt daher als allgemeiner Grundsatz, daß die Beobachtung möglichst unauffällig zu erfolgen hat, wenn sie nicht überhaupt unbemerkt bleiben kann. Auch dies läßt sich allerdings in vielen Fällen bewerkstelligen. So verwendet man besonders zur Beobachtung von Kindern sogenannte Einwegfenster, das heißt lichtdurchlässige Spiegelfenster und andere Einrichtungen, hinter denen der Beobachter nicht gesehen werden kann (s. hierzu HECKHAUSEN 1963). Eine solche verheimlichte Beobachtung ist indessen nur mit Einschränkungen vertretbar.

Es bedarf kaum des Hinweises, daß ein Verhalten unter dem Eindruck des Beobachtetwerdens nicht nur unwillentlich, etwa durch Befangenheit, verändert sein kann. Ebenso hat man damit zu rechnen, daß eine Person unter diesen Bedingungen sich bewußt anders verhält als sonst. Es gibt keine allgemeingültigen Regeln dafür, wie man hieraus erwachsende Fehlerquellen erkennen könnte. Ob sie auftreten oder nicht, hängt jedenfalls sehr von der Situation ab, in der die Beobachtung stattfindet, von dem sozialen Kontakt, den der beobachtende Psychologe mit der beobachteten Person herzustellen versteht, und von dem Vertrauen, das er bei ihr erwirbt. In Situationen, die das Selbstwertgefühl des beobachteten Individuums stark ansprechen oder die den Charakter einer Prüfung besitzen, hat man am ehesten mit unabsichtlichen und auch mehr oder weniger absichtlichen Veränderungen des Verhaltens zu rechnen.

Die Mitteilung von Beobachtungen. Die Ergebnisse der fremden Beobachtungen werden mitgeteilt, und damit werden sie in Verhaltensdaten übergeführt. Aus diesen Verhaltensdaten kann der Psychologe entnehmen, was eine Person unter den Bedingungen der gegebenen Situation wahrgenommen, erinnert oder gefühlt hat, und indem er diese Reaktionen mit bestimmten Reizvariablen in Beziehung setzt, hofft er die Schlüsse ziehen zu können, mit denen seine Fragestellung beantwortet wird.

In die Mitteilung der Beobachtung kann alles mit eingehen, was noch neben der Aufgabestellung von Einfluß gewesen sein mag. War die Einstellung des Beobachters der Sache nicht angemessen, war die Ausführung der Beobachtung zu schwierig, so wird sich dies auch in der Mitteilung niederschlagen. Dies versteht sich von selbst. Doch davon abgesehen ist auch die Form, die für die Mitteilung als solche vorgeschrieben wird, von Bedeutung. Die zweckmäßigste Form, in der Beobachtungen mitgeteilt werden sollen, ist vor der Untersuchung zu finden. Die Anweisungen, die dem Beobachter gegeben werden, sollen ihm nicht nur die geforderte Leistung erklären und die geeignete Einstellung bei ihm erzeugen; sie sollen vielmehr auch von vornherein festlegen, auf welche Art die Mitteilung des Beobachteten geschehen soll.

Es kommt vor allem darauf an, zu vermeiden, daß die befragte Person gezwungen ist, ihre Äußerungen in umfangreiche, umständliche und schwierige Formulierungen zu kleiden, die unklar und mehrdeutig sein können und die sich mit den Äußerungen anderer Personen zum gleichen Sachverhalt schwer vergleichen lassen und die somit nur mit starken Einschränkungen verwertbar sind. Freie Beobachtung ist, wie schon einmal erwähnt, in manchen Fällen unentbehrlich und wertvoll, wenn es nämlich darum geht, Fragestellungen zu präzisieren und Beobachtungs- und Urteilsaspekte zu erkunden; für die Zwecke fortgeschrittener Forschung sollte aber nach Möglichkeit die gebundene Beobachtung verwendet werden, weil sie die günstigsten Voraussetzungen für die Auswertung des Datenmaterials bietet. Es geht also darum, einerseits die Reizsituation so zu gestalten, daß wirklich konkrete Beobachtungen angestellt werden können, andererseits aber auch den Urteilsmodus so festzulegen, daß die befragten Personen ihre sprachliche Reaktion auf einfache Weise und unmißverständlich durch Angabe von Kategorien einer Urteilsvariablen ausdrücken können. Beides muß Hand in Hand gehen. Die Urteile lassen sich zum Beispiel formulieren als Alternativurteile (wie im Fall der früher erwähnten optischen Täuschung: «parallel» – «nicht parallel»), als Vergleichsurteile («links heller» – «rechts heller» beim Purkinjeschen Phänomen) oder als Schätzurteile (zum Beispiel «sehr angenehm», «angenehm» usw. bei emotionalen Eindrücken). Formal gesehen stellen die Urteilsvariablen, durch die Beobachtungen mitgeteilt werden, in den meisten Fällen Nominal- oder Ordinalvariable dar. Bei manchen Untersuchungen werden allerdings auch Angaben wie «halb so groß wie ...» oder «doppelt so laut wie ...» verlangt. Dann kann die Urteilsvariable als eine Verhältnisvariable aufgefaßt werden.

Ergänzend sei noch bemerkt, daß man nicht alle sprachlichen Äußerungen als Urteile bezeichnen kann. Bei vielen Fragestellungen der Psychologie kann man darauf verzichten, eine andere Person Urteile über irgendwelche Eindrücke abgeben zu lassen, und sich auf die Feststellung anderer sprachlicher oder nichtsprachlicher Leistungen beschränken. Zu einem Urteil gehört auch ein Inbeziehungsetzen und Vergleichen von Eindrücken. Wenn daher zum Beispiel eine Person bei einer Untersuchung des Lernens lediglich wiederzugeben hat (mündlich oder schriftlich), was sie von einem vorher dargebotenen Lernstoff behalten hat, wird man diese Reproduktionsleistung nicht als ein Urteil bezeichnen. Wohl handelt es sich aber auch hier um eine Mitteilung (nämlich der Menge des Behaltenen), aus der der Vollständigkeitsgrad der Leistung hervorgeht.

Leistungen dieser Art genügen vollauf, um etwa festzustellen, in welcher Weise die Menge des Gelernten mit der Anzahl von Darbietungen des Lernmaterials zunimmt. Es ergibt sich dabei eine bestimmte funktionale Beziehung zwischen der Reizvariablen (Ordnungszahl der Darbietung) und der Reaktionsvariablen (Umfang des Behaltenen), die sich in der Form einer Kurve ausdrücken läßt. Es wird bei einer solchen Untersuchung nicht angestrebt, etwas über die Prozesse des Wahrnehmens (bei der Einprägung) und des Erinnerns (bei der Reproduktion) im einzelnen zu erfahren. Dennoch wäre es verfehlt, zu glauben, es würde hier nicht Psychisches erforscht. Denn die gesuchte Beziehung zwischen der Häufigkeit der Einprägung und der jeweiligen Menge des Gelernten ist ja nichts anderes als das Ergebnis psychischer Verarbeitung.

Die Beobachtung körperlicher Reaktionen. In manchen Untersuchungen werden vom Psychologen rein körperliche Reaktionen, wie sie auf bestimmte Reize hin eintreten können, beobachtet, entweder für sich allein oder zugleich mit Reaktionen der schon genannten Arten. Zu diesen physischen Reaktionen gehören zum Beispiel die Erscheinungen der Mimik und Gestik wie auch die schon früher erwähnten Veränderungen der Puls- und Atmungsfrequenz, der Herztätigkeit, des elektrischen Hautwiderstands usw.

Solche Beobachtungen werden aus verschiedenen Gründen in der psychologischen Forschung herangezogen. Einmal gehört es auch zu den Aufgaben der Psychologie, die Beziehungen zwischen psychischen und physischen Funktionen zu erkunden. Das Gebiet, das sich speziell dieser Aufgabe annimmt, wird «physiologische Psychologie» oder «Psychophysiologie» genannt. Zum anderen kann eine physische Variable unter gewissen Bedingungen eine Urteilsvariable ersetzen. Man wird hiervon Gebrauch machen, wenn aus Gründen, die von verschiedener Art sein können, das Urteil als wenig brauchbar und verläßlich erscheint (zum Beispiel weil die befragten Personen den betreffenden Sachverhalt gar nicht zu beobachten und zu beurteilen in der Lage sind oder weil sie vermutlich keine unbefangenen, unverfälschten Aussagen darüber machen würden). Soll etwa festgestellt werden, wie stark eine Person auf einen bestimmten Reiz affektiv anspricht, so erweist sich in vielen Fällen eine körperliche Reaktion als ein sichererer Indikator hierfür als das Urteil dieser Person (Syz 1926, Traxel 1960c). Solche Verhaltensvariable, die an die Stelle eines Urteils treten können, werden gewöhnlich «Ausdruckserscheinungen» genannt.

Es handelt sich dabei zum Teil um Erscheinungen, die schon aus Erfahrungen des Alltags bekannt sind, so zum Beispiel, wenn ein bestimmter Gesichtsausdruck als ein Zeichen für eine Reaktion der Freude oder des Ärgers aufgefaßt wird oder ein Vibrieren der Stimme als Symptom von Erregung. Die wissenschaftliche Untersuchung indessen bevorzugt die Verwendung von körperlichen Äußerungen, die nicht nur rein eindrucksmäßig feststellbar, sondern auch meßbar sind. Dies ist vor allem dann unerläßlich, wenn man aus einem Ausdruckssymptom nicht allein das Vorhandensein oder Nichtvorhandensein einer psychischen Gegebenheit erkennen, sondern auch auf deren Ausprägungsgrad schließen will. Die hierzu dienenden physiologischen Meß- und Registriermethoden werden in der experimentellen Psychologie in einem spezielleren Sinn als «Ausdrucksmethoden» bezeichnet. Es sind Verfahren zur Erfassung von körperlichen Vorgängen, die mit bloßem Auge meist gar nicht wahrnehmbar sind und von denen man daher aus der gewöhnlichen alltäglichen Beobachtung auch gar nicht weiß, daß sie irgendetwas vom inneren Geschehen ihres Trägers «ausdrücken». Auf Grund systematischer Untersuchungen hat man jedoch erkannt, daß zum Beispiel eine enge Beziehung zwischen der Intensität einer emotionalen Veränderung und der Größe der Hautwiderstandsänderungen besteht (McCurdy 1950, Traxel 1960b, 1972). Aus dem Auftreten einer großen Widerstandsänderung schließt man daher auf das Vorhandensein einer relativ starken Emotion. Die physische Erscheinung dient hier als Indikator für eine psychische.

Die Anwendung von solchen physiologischen Indikatoren bietet, wo sie möglich ist, erhebliche Vorteile gegenüber der eindrucksmäßigen Beobachtung. Es werden fein abstufbare quantitative Ergebnisse gewonnen, die meist einer Intervall- oder Verhältnisskala entsprechen. Die Genauigkeit der Feststellung ist hauptsächlich eine technische Frage. Damit sind günstige Voraussetzungen für die spätere Auswertung der Daten gegeben. Hinzu kommt, daß es sich bei den gemessenen Erscheinungen meist um Vorgänge handelt, die vom autonomen Nervensystem gesteuert werden und die sich nicht willentlich von der beobachteten Person beeinflussen lassen. Nur wenige Menschen sind imstande, etwa eine Beschleunigung ihrer Herztätigkeit oder eine andere vegetative Reaktion zu unterdrücken, was aber dann auch wieder mit einiger Wahrscheinlichkeit zu erkennen ist.

Allerdings steht die Kenntnis dieser psychophysischen Beziehungen noch immer in den Anfängen, und die Anwendung physiologischer Meßverfahren als Indikatoren für psychische Veränderungen ist zur Zeit erst in begrenztem Umfang möglich. Die Ausdrucksbeobachtung, wie sie im täglichen Leben geübt wird, ist daher auch im wissenschaftlichen Gebrauch vorderhand nicht zu entbehren. In der praktischen Psychologie, insbesondere in der psychologischen Diagnostik, gilt dies in noch stärkerem Maß. Ihre Mängel können bis zu einem gewissen Grad durch die persönliche Erfahrung des Beobachters ausgeglichen werden und durch die Tatsache, daß sich dieser bei der Beobachtung auf mehrere Anhaltspunkte, namentlich auf die Kenntnis der Situation (zum Beispiel bei der Beurteilung des mimischen Ausdrucks) stützen kann.

Die Fixierung von Beobachtungen. Alle Beobachtungsinhalte können über den flüchtigen Augenblick des Geschehens hinaus festgehalten werden und bleiben damit verfügbar. Von dieser Möglichkeit wird man bei jeder Untersuchung Gebrauch machen. Urteile über Beobachtungen wie auch andere Aussagen von Personen (zum Beispiel Auskünfte, die sie über sich selbst geben, oder Leistungen, die sie ausführen) werden in Schrift oder Ton festgehalten. Physiologische Veränderungen, die in bestimmten Reizsituationen auftreten, werden auf Registrierstreifen aufgenommen, zusammen mit der Markierung der auslösenden Reize; der Ausdruck der Mimik oder der Stimme kann auf Film oder Magnetband fixiert werden.

Hierin zeigt sich nebenbei, daß die psychologische Beobachtung ebenso wie die Beobachtung in anderen Wissenschaften technische Hilfsmittel verwenden kann und auch darauf angewiesen ist. Zum Teil sind diese Hilfsmittel schon für die momentane Erfassung des betreffenden Vorgangs notwendig (zum Beispiel Meßanordnungen für physiologische Variable), zum Teil werden sie erst für die Registrierung erforderlich. Viele Geräte vereinigen als schreibende Meßinstrumente beide Funktionen in sich (s. Kapitel VI, 4).

Durch die Registrierung der Beobachtungssituation und der einzelnen Ereignisse können die Resultate unter günstigsten Bedingungen ausgewertet werden. Voraussetzung ist natürlich, daß in die Aufnahme des

Geschehens selbst keine erheblichen Fehler eingeflossen sind (zum Beispiel durch die Verwendung ungenauer Meßinstrumente). Das beobachtete Geschehen spielt sich oft ziemlich rasch ab, und die Erfassung aller wesentlichen Einzelheiten kann die Wahrnehmungskapazität und Konzentration des Beobachters überfordern; es entgeht ihm daher unter Umständen Wichtiges. Solche Mängel lassen sich zwar bis zu einem gewissen Grad vermeiden, wenn sich mehrere Beobachter in ihre Aufgabe teilen (indem zum Beispiel ein Beobachter die motorischen, ein anderer die sprachlichen Äußerungen eines Kindes in einer gegebenen Situation innerhalb eines bestimmten Zeitraums aufzeichnet), ganz beheben lassen sie sich jedoch auf diese Weise nicht. Ist das zu beobachtende Verhalten dagegen als Tonfilmaufnahme registriert worden, so kann alles zunächst Übersehene später noch festgestellt werden. Dabei ist es auch wieder von Vorteil, daß nun mehrere Beobachter zur Kontrolle herangezogen werden können. In vielen Fällen ist allerdings die Registrierung eines Vorgangs so präzise und eindeutig, daß verschiedene Beobachter voneinander unabhängig stets zu praktisch denselben Resultaten kommen werden; eine fast vollkommene Intersubjektivität kann hier von vornherein erwartet werden. Dies gilt etwa für die Ermittlung von Meßwerten aus der Aufzeichnung physischer Reaktionen; wo genau gemessen oder gezählt werden kann, ist eine Nachprüfung des Befundes durch mehrere Personen in der Regel überflüssig.

Die große Bedeutung technischer Hilfsmittel für die psychologische Beobachtung kann nicht bezweifelt werden. Viele Untersuchungen wären ohne solche Hilfsmittel von vornherein undurchführbar.

Beurteilung und Deutung von Beobachtungen. In vielen Fällen stellt sich erst gar nicht die Frage, wie der Psychologe seine eigenen oder die ihm vermittelten fremden Beobachtungen beurteilen und deuten soll. Gibt eine Person beim Vergleichen zweier Gewichte an, diese seien «gleich schwer», so ist dies eine Aussage, die keiner besonderen Beurteilung bedarf, vorausgesetzt, daß die Bedingungen für das Vergleichen einwandfrei waren. Löst eine Person bei einem psychologischen Test eine bestimmte Anzahl von Aufgaben und erreicht damit eine bestimmte Punktzahl, so ergibt sich die Einordnung dieser Leistung unmittelbar aus einer dafür erarbeiteten Norm, so daß der den Test anwendende Psychologe nicht gezwungen ist, lediglich nach seinem Eindruck zu urteilen. Auch hier wird vorausgesetzt, daß der Test genau nach den Vorschriften, unter denen die Normierung gilt, durchgeführt wurde. Zeigt eine Person auf einen Reiz hin ein bestimmtes physiologisches Symptom, von dem feststeht, daß es für affektive Erregung kennzeichnend ist, so wird man daraus mit großer Wahrscheinlichkeit direkt entnehmen können, daß bei dieser Person soeben eine affektive Erregung eingetreten ist.

In vielen anderen Fällen dagegen liegt die Bedeutung eines Beobachtungsinhalts keineswegs schon von vornherein klar und eindeutig fest, ja es sind oft im Anschluß an die Wahrnehmung noch besondere Urteilsakte erforderlich, um das Ergebnis der Beobachtung überhaupt zu formulieren. Dies gilt, wenn das Ergebnis in Form einer Schätzung ausgedrückt werden muß, ebenso wenn der Beobachtungsinhalt erst durch eine Interpretation psychologisch bedeutsam wird. Zwischen der Wahrnehmung und der Formulierung des Beobachteten liegt in diesen Fällen sozusagen ein Ermessensspielraum. Soll ich etwa einen Aufsatz nach seiner Qualität beurteilen, so steht mir hierfür eine Notenskala zur Verfügung, die nichts anderes ist als eine Schätzskala. Denn ich kann die Qualität eines Aufsatzes kaum messen; wollte ich hier quantitative Gesichtspunkte einführen, so wäre wohl mehr Unwesentliches als Wesentliches für mein Urteil über die Qualität der Leistung ausschlaggebend.

So muß ich also meinen Gesamteindruck analysieren und darüber reflektieren, um das Schätzurteil zu finden. Solch ein Urteil wird gewiß nicht wahllos und willkürlich gegeben; es beruht auf vorausgegangenen Erfahrungen, und die Schätzungen sehr erfahrener Beurteiler zeigen gewöhnlich eine recht hohe intersubjektive Übereinstimmung. Allein dieser Objektivitätsgrad ist doch geringer, als wenn sich die Beobachter nach einem festgelegten äußeren Maßstab richten können. Denn es können bei den einzelnen Beurteilern verschiedenartige individuelle Tendenzen bestehen, die auch zu stärkeren Abweichungen zwischen ihren Urteilen führen können. So stützt sich der eine Beurteiler bei der Bewertung eines Aufsatzes mehr auf den Inhalt, ein anderer mehr auf Stilmerkmale. Insofern als hier nicht alles im gleichen Maß beachtet wird, werden auch die Ergebnisse, zwar nicht immer, aber doch nicht selten, verschieden ausfallen.

Daneben gibt es die allgemeinen Tendenzen im Gebrauch von Schätzwerten. Es gibt Beurteiler, die dazu neigen, unverhältnismäßig viele «gute» Urteile abzugeben (sogenannter Mildeeffekt), während andere gerade zum Gegenteil neigen können. Manche scheuen die eindeutige Stellungnahme und geben daher fast nur «mittlere» Schätzungen (Fehler der Mittentendenz); umgekehrt bevorzugen andere gerade die extremen Urteile, meiden also das mittlere Urteil.

Man kann hierin die Wirkungen verschiedener Einstellungen einzelner Beurteiler sehen. Was eben am Beispiel der Bewertung von Aufsätzen veranschaulicht wurde, gilt freilich nicht nur für die Beurteilung von

Schul- oder Testleistungen, sondern vielmehr für alle Fälle, in denen Urteile nach den Graden einer Schätzskala abgegeben werden, und da wiederum sowohl für eigene wie auch für fremde Beobachtungen.

Ferner kann eine Beobachtung und das daraus hervorgehende Schätzurteil durch vorausgegangene Beobachtungen am selben Subjekt oder Objekt beeinflußt werden. Ein Beispiel dafür ist der sogenannte Hofeffekt (nach dem lateinischen Wort halo = Hof auch «Haloeffekt» genannt). Er besteht darin, daß eine Erfahrung, die man bereits über eine Person besitzt, sich auf weitere Beobachtungen an dieser Person auswirken kann. Dies zeigt sich besonders bei der Beurteilung von «Eigenschaften» eines Menschen. Sie kann durch die Kenntnis anderer Eigenschaften oder durch den Gesamteindruck, den man bereits von ihm erhalten hat, erheblich mitbestimmt werden. Man tritt dann schon mit bestimmten Erwartungen an die Beobachtung heran und nimmt bevorzugt dasjenige wahr, was diesen Erwartungen entspricht, während man anderes, nicht minder Wesentliches eher übersieht. Bei der Beurteilung des Beobachteten wird der Hofeffekt noch begünstigt durch das Bestreben, ein möglichst eindeutiges und einheitliches Gesamturteil zu bilden. In der Tat entstehen unter diesem Einfluß oft recht überzeugende, in sich selbst recht plausible, nur eben doch falsche Beurteilungen. Jede Beschreibung und Deutung menschlichen Verhaltens muß mit Widersprüchen rechnen, und es ist besser, solche Widersprüche zunächst bestehen zu lassen, als sie zugunsten eines in sich schlüssigen Gesamturteils zu übergehen.

Neben Fehlern, die auf allgemeinen Urteilstendenzen beruhen, finden wir also solche, die durch spezielle vorgefaßte Meinungen bedingt sind. Auch emotionale Einstellungen des beobachtenden Psychologen gegenüber der beobachteten Person, Sympathie und Antipathie, können hier bedeutsam werden. Eine geradezu verhängnisvolle Rolle können aber allgemeine theoretische Vorstellungen, insbesondere solche über die Motive des beobachteten Verhaltens, spielen. Sie können einmal dazu führen, daß man alles, was in eine solche Theorie nicht paßt, übersieht und die Beschreibung bereits im Sinn der betreffenden Lehre abfaßt, zum anderen dazu, daß man jede Beobachtung gemäß dieser Anschauung beurteilt beziehungsweise auch den Beobachtungsinhalt entsprechend umdeutet.

Von einer Deutung der Beobachtung sprechen wir, wenn aus dieser auf etwas geschlossen wird, das in dem reinen Beobachtungsinhalt noch nicht direkt repräsentiert ist. Insofern ist eine Deutung nicht dasselbe wie eine Beurteilung. Bei der Beurteilung, etwa einer Leistung, soll diese möglichst zutreffend gekennzeichnet werden als das, was sie ist. Bei der Deutung dagegen wird nach Hintergründen des Beobachteten gesucht. Beides ist freilich nicht immer scharf voneinander zu trennen. Doch wenn ich zum Beispiel das Verhalten eines Menschen als «verlegen» bezeichne, so ist dies eine Beurteilung, die noch verhältnismäßig nahe beim Wahrgenommenen bleibt. Glaube ich aber überdies auch den Grund für diese Verlegenheit angeben zu können, so ist dies eine Deutung des beobachteten Verhaltens.

Wenn zuvor gesagt wurde, daß es bei der Beobachtung zunächst allein auf die Konstatierung des reinen Sachverhalts ankomme, so gilt dies angesichts der Fehler, wie sie bei Deutungen unterlaufen können, in besonderem Maß. Jede voreilige Vermengung von Beobachtung und Deutung muß vermieden werden. Zuerst muß das Beobachtete für sich dargestellt werden, ebenso wie man die Merkmale irgendeines Vorgangs beschreiben würde, hinter dem gar nichts Psychisches zu vermuten ist. Erst wenn dies in neutraler Weise geschehen ist, kann eine Interpretation versucht werden, die sich dann in der Regel noch auf weitere Anhaltspunkte stützen können muß. Es werden zum Beispiel sprachliche Fehlleistungen (sich versprechen) nach der psychoanalytischen Theorie als Ausdruck ins sogenannte Unbewußte verdrängter Wünsche aufgefaßt. Diese Deutung ist dann und wann sicher richtig. Es gibt aber mehrere andere Gründe für das Sichversprechen, die sich aus den Eigenheiten des Vorstellungsverlaufs erklären lassen und die keineswegs auf verdrängte Wünsche hinweisen, die aber von der Psychoanalyse überhaupt nicht in Erwägung gezogen werden. Der Grundsatz, das Beobachtete und seine Deutung so sorgfältig wie möglich auseinanderzuhalten, kann allein solcher Einseitigkeit vorbeugen. Dies läßt die Möglichkeit der Selbstkritik an den eigenen Mutmaßungen offen und hindert auch andere nicht daran, sich ihr eigenes Urteil über den mitgeteilten Sachverhalt zu bilden.

Zusammenfassung. Die sachgemäße Ausführung psychologischer Beobachtungen (sowohl der eigenen wie auch der fremden) verlangt die Berücksichtigung mehrerer Gesichtspunkte.

Schon vor der Beobachtung ist zu klären, ob auch wirklich das beobachtet werden kann, was gemäß der Fragestellung beobachtet werden soll. Nicht immer ist dies gewährleistet. Man hat daher seine Voraussetzungen über das zu Beobachtende zu prüfen.

Von großem Einfluß auf die Beobachtungsresultate können Einstellungen des Beobachters sein, die auf früheren Erfahrungen, Erwartungen, persönlichen Meinungen und Wertungen beruhen. Sie können bewirken, daß das Beobachtete bereits verändert aufgefaßt oder auch erst anders beurteilt wird, als es der tatsächlichen Gegebenheit entspricht. Grundsatz muß es sein, zunächst nur das festzustellen, was man tatsächlich wahrnimmt. Jede Erklärung muß dahinter zurückgestellt werden.

Beobachtungen sind unterschiedlich schwierig. Namentlich wenn flüchtige Eindrücke erfaßt werden sollen und wenn die Beobachtungsaufgabe mit der sogenannten Enge des Bewußtseins in Konflikt gerät oder das unmittelbare Behalten überfordert, ist mit Beeinträchtigungen zu rechnen. Nach Möglichkeit soll die Beobachtung direkt das aktuelle Geschehen erfassen, also nicht sozusagen nachträglich angestellt oder geäußert werden.

Weiß eine Person, daß sie beobachtet wird, so kann dies ihr Verhalten erheblich verändern. Man wird daher die Beobachtung möglichst unauffällig gestalten, jedoch ist eine verheimlichte Beobachtung nur mit Einschränkung vertretbar.

Für die Mitteilung namentlich fremder Beobachtungen sollten einfache und unmißverständliche Ausdrücke vorgesehen werden. Nach Möglichkeit sollte man daher die gebundene Beobachtung anwenden.

Viele Mitteilungen (zum Beispiel Reproduktionsleistungen) sind nicht als Urteile über Beobachtungen anzusehen. Es gibt ferner Verhaltensweisen, die in rein körperlichen Reaktionen bestehen und die auch nicht als Mitteilungen aufzufassen sind, die aber an die Stelle von Mitteilungen treten können. Zu ihrer Feststellung sind häufig besondere Meßanordnungen erforderlich.

Alle Beobachtungsdaten müssen in geeigneter Form fixiert werden, damit sie für die spätere Auswertung verfügbar sind. Technische Hilfsmittel leisten dabei wertvolle Dienste; oft sind sie hierfür überhaupt unentbehrlich.

Viele Beobachtungen verlangen keine besondere Beurteilung. In anderen Fällen dagegen bedarf es nach der Wahrnehmung noch weiterer Verarbeitung, um das Beobachtungsergebnis überhaupt zu formulieren. Hierbei können sich wieder bestimmte Einstellungen und Urteilstendenzen störend auswirken. Über die Beurteilung des Beobachteten hinaus geht dessen Deutung. Denn damit wird eine Erklärung für den beobachteten Sachverhalt angestrebt. Um den hierin liegenden Fehlerquellen zu begegnen, ist vor allem wieder zu fordern, daß vor jeder Deutung, und von ihr klar abgehoben, der reine wahrgenommene Tatbestand beschrieben wird.

Weitere Literatur: Festinger und Katz (1953), Foppa (1970), Jones und Gerard (1967), Ingenkamp und Parey (1971), Kirchhoff (1957), König (1956, 1967), de Landsheere (1971), Meili (1965), Pauli-Arnold (1972), Thomae (1971), Traxel (1968, 1969).

VI. Das psychologische Experiment

1. CHARAKTERISTIK, AUFBAU UND ARTEN DES PSYCHOLOGISCHEN EXPERIMENTS

Beobachtung und Experiment. Ein Experiment ist kein Ersatz für die Beobachtung, denn es dient auch selbst der Beobachtung. Andererseits erschöpft sich der Vollzug eines Experiments keineswegs in Beobachtungen, und es kommen zu den methodischen Prinzipien der Beobachtung andere hinzu. Es ist daher angebracht, das psychologische Experiment in einem eigenen Kapitel zu behandeln. Dies empfiehlt sich auch in Anbetracht der großen Bedeutung, die dieser Methode in der psychologischen Forschung zukommt.

Jede Erfahrungswissenschaft muß bestrebt sein, möglichst günstige Voraussetzungen für Beobachtung und Analyse ihres Gegenstands zu schaffen, weil davon ihr Fortschritt abhängt. Unter den gewöhnlichen Verhältnissen sind diese Voraussetzungen häufig nicht gegeben, und zwar aus den folgenden Gründen:

1. Der Beobachtungsgegenstand ist ohne besondere Hilfsmittel, wie zum Beispiel Meßinstrumente oder Registriergeräte, nur ungenau oder gar nicht erfaßbar. Der Grund für die Behinderung der Beobachtung liegt in diesem Fall in einer unzulänglichen Anpassung unserer Sinnesorgane an den Gegenstand oder in unserer Unfähigkeit, das Wahrgenommene vollständig aufzufassen und zu behalten.

2. Auch wenn die Beobachtung an sich gut möglich ist, kann ihr Aussagewert doch gering bleiben, wenn sie sich auf seltene Gelegenheiten beschränken muß. Liegen nur sehr spärliche Beobachtungen zu einem Sachverhalt vor, so lassen sich in den meisten Fällen keine zuverlässigen Angaben darüber machen und keine Gesetzmäßigkeiten oder Regeln erkennen.

3. Es ist nicht möglich, allein mit der alltäglichen Beobachtung in einem von mehreren oder vielen Bedingungen abhängigen Geschehen die Bedeutung jeder einzelnen Bedingung zu erkennen.

Die Schwierigkeiten der ersten Art können behoben werden durch die

Verwendung geeigneter Hilfsmittel, von denen einige schon genannt wurden; die der zweiten oder dritten Art können überwunden werden durch die absichtliche Herbeiführung des zu beobachtenden Geschehens, verbunden mit seiner planmäßigen Gestaltung. Ein solches Verfahren ist bekanntlich ein Experiment oder Versuch.

Merkmale und Vorzüge des Experiments. Das grundlegende Merkmal des Experiments ist schon angedeutet worden: Es besteht in der absichtlichen, planmäßigen Auslösung eines Vorgangs zum Zweck der Beobachtung und Analyse. Formal betrachtet, handelt es sich bei einem Experiment darum, daß ein Experimentator bestimmte Bedingungen (unabhängige Variable) für ein Geschehen setzt und daraufhin untersucht, welchen Einfluß diese Bedingungen ausüben, indem er Beobachtungen über die abhängigen Variablen anstellt und miteinander vergleicht. Wesentlicher Punkt beim Experiment ist die Tatsache, daß der Experimentator die unabhängigen Variablen selbst zur Wirkung bringt.

Die Vorzüge, die sich daraus ergeben, sind leicht einzusehen. Von großem Wert ist bereits die Beherrschung der Eintrittsbedingungen. Der Experimentator braucht nicht darauf zu warten, bis der ihn interessierende Vorgang gelegentlich von selbst eintritt. (Hierauf ist es zurückzuführen, daß eine experimentelle Wissenschaft in der Regel sehr viel schnellere Fortschritte macht als eine andere.) Weiterhin hat der Experimentator die Möglichkeit, durch die Gestaltung des Versuchs störende Einflüsse verschiedener Art sowohl von dem zu erforschenden Geschehen wie auch von der Beobachtungstätigkeit fernzuhalten, und schließlich ist er auch in der Lage, die Untersuchung auf einen Zeitpunkt zu legen, zu dem er für die Beobachtung besonders gut vorbereitet ist. Letzteres ist namentlich von Bedeutung, wenn für die Beobachtung besondere Hilfsmittel bereitgestellt werden müssen.

Mit dem ersten Hauptmerkmal des Experiments, seiner «Willkürlichkeit», steht ein zweites in innerem Zusammenhang. Wenn schon ein Ereignis absichtlich hervorgerufen werden kann, so ist es auch möglich, daß dies mehrmals in gleichartiger Weise geschieht. Diese Wiederholbarkeit ermöglicht es, verhältnismäßig rasch eine größere Anzahl von experimentellen Daten zu sammeln, um damit alsbald über die Geltung eines Ergebnisses zu entscheiden. Wie jede einzelne Beobachtung, so können auch ganze Beobachtungsreihen wiederholt werden. Die Untersuchung eines Forschers kann von einem anderen nachvollzogen werden. Daß sich diese Möglichkeit auf den inneren Zusammenhang der Forschung günstig auswirkt, versteht sich von selbst.

Aus der Wiederholbarkeit des Experiments folgt ein weiteres methodisches Prinzip von größter Bedeutung. Will man dieselbe Beobachtung wiederholen, so wird man streng darauf achten, daß die Eintrittsbedingungen und alle übrigen äußeren Umstände des Geschehens stets dieselben bleiben. Ist nun eine Beobachtungsreihe auf diese Weise ausgeführt worden, so kann in einer weiteren Beobachtungsreihe eine der bekannten Bedingungen abgeändert, variiert werden. Aus dem unterschiedlichen Ergebnis gegenüber der ersten Reihe läßt sich die Wirkung dieser Veränderung auf das Geschehen erkennen. Es ist klar, daß jeweils nur eine einzige Bedingung verändert werden darf. Würden nämlich zwei oder mehr Bedingungen zugleich variiert, so wäre es nicht mehr möglich festzustellen, auf welche von ihnen eine Veränderung im beobachteten Geschehen zurückzuführen ist. Man hat daher auch von einer *isolierenden Variation* der Bedingungen gesprochen. Wird also eine weitere Bedingung abgeändert, so erfordert dies wiederum neue Versuche. Durch fortgesetzte Variation jeweils einer Bedingung und Konstanthaltung aller übrigen in mehreren Versuchsreihen gewinnt man schließlich Einblick in die Rolle, die die einzelnen Bedingungen im komplexen Vorgang spielen, und kommt also zu einer Klärung der Bedingungsstruktur des untersuchten Geschehens. Das Ziel ist dabei, nach Möglichkeit auch quantitative Bestimmungen der Wirkung der einzelnen Bedingungen zu erhalten.

In welchem Ausmaß die im Experiment liegenden methodischen Möglichkeiten ausgenutzt werden, hängt von der Fragestellung ab. So kann man zum Beispiel von der Variation der Bedingungen in größerem oder in kleinerem Umfang Gebrauch machen. Interessiert eine bestimmte einzelne Bedingung des Geschehens zunächst nur wenig, so wird man auf ihre Variation in diesem Stadium der Untersuchung ganz verzichten. Aber auch bei den Bedingungen, die der Variation unterworfen werden, wird man im allgemeinen nicht sehr viele Valenzen der betreffenden unabhängigen Variablen verwenden. Soll nur die Wirksamkeit einer Bedingung überhaupt geprüft werden, so können hierfür zwei Klassen genügen (zum Beispiel die Klassen «Tageslicht» und «Dämmerlicht» der Variablen «Beleuchtung» bei dem früher erwähnten Purkinjeschen Phänomen). Zur Feststellung gesetzmäßiger Beziehungen vom Typus $Y = f(X)$ zwischen zwei Variablen, bei denen sich zahlreiche Klassen angeben lassen, ist es jedoch notwendig, daß auch mehrere Abstufungen im Experiment untersucht werden (so zum Beispiel, wenn die Abhängigkeit der Dauer eines Nachbildes von der Intensität des vorausgegangenen Lichtreizes bestimmt werden soll).

Die Wiederholbarkeit des Experiments ist praktisch stets gegeben, wenn auch die Beobachtung nicht immer am selben Objekt (beziehungsweise in der Psychologie: an derselben Person) wiederholt werden kann. Aber offenbar wäre eine Beobachtung, die auf der planmäßigen Herstellung eines Geschehens beruht, auch dann noch als experimentell zu bezeichnen, wenn dieses aus irgendwelchen Gründen nicht wiederholbar wäre. Ferner ist die Möglichkeit einer quantitativen Behandlung der Beobachtungen keine notwendige Voraussetzung für das Experiment, sie kennzeichnet nur seine vollkommenere Ausgestaltung. Ein rein qualitatives Resultat kann schon oft im Sinn der Fragestellung zweckentsprechend sein. Ebenso kann die experimentelle Eigenart einer Beobachtung gewahrt bleiben, wenn gleichzeitige Beobachtbarkeit des Geschehens durch mehr als eine Person, unmittelbare Registrierbarkeit der Veränderungen und die Verwendung technischer Hilfsmittel nicht gegeben sind (METZGER 1952).

Man kann einen Unterschied machen zwischen dem Experiment und der experimentellen Methode. Das Experiment, der einzelne Versuch, ist nur ein methodischer Schritt nach anderen und vor weiteren Schritten im Vollzug der experimentellen Methode. Diese ist als ein Prinzip und eine Strategie wissenschaftlichen Denkens anzusehen. Sie besteht, wie KANT es ausgedrückt hat, darin, daß man eine Frage an die Natur stellt, und zwar so, daß diese eine klare Antwort darauf geben muß. Was man an Überlegungen vorher anstellt, um diese Frage eindeutig zu formulieren, und was später noch zu leisten ist, um die erhaltene Antwort richtig zu interpretieren und einzuordnen, das alles gehört in den Zusammenhang der experimentellen Methode. Die experimentelle Methode ist also weit mehr als nur «Versuchemachen», auch wenn der Versuch eine besonders wichtige Instanz in der Beweisführung ist. Dies sollte insbesondere bedacht werden, wenn von «experimenteller Psychologie» die Rede ist.

Inneres und äußeres Experiment. In der Psychologie ergibt sich für eine einzelne Person die Möglichkeit, einen Versuch, mit oder ohne Gebrauch äußerer Hilfsmittel, für sich allein anzustellen, denn manche psychischen Vorgänge, wie bestimmte Wahrnehmungen, Lern- und Denkprozesse, kann man planmäßig bei sich selbst hervorrufen. Es handelt sich dann um einen «inneren» oder «Selbstversuch». Das Wissen vom Versuchszweck und von den einzelnen Gegebenheiten der Versuchssituation kann freilich die unbefangene Beobachtung bei vielen Aufgabestellungen stark beeinträchtigen. Zudem ist das Ergebnis eines inneren Experiments zunächst keiner Verallgemeinerung fähig. Lediglich erste Vermutungen über eine allgemeinere Geltung können aus einem solchen Experiment gezogen werden, und darin liegt sein Wert und seine Bedeutung.

Es ist indessen eine Reihe klassischer Untersuchungen in der Form des Selbstversuchs ausgeführt worden. FECHNER machte selbst unzählige Gewichtsvergleiche zur Nachprüfung des von ihm aufgestellten Gesetzes über die Beziehung zwischen Reiz und Empfindung. EBBINGHAUS, der Begründer der Lernpsychologie, experimentierte anfangs allein an seinem eigenen Gedächtnis, fand aber schon damit Gesetze des Lernens und Vergessens, die in der folgenden Zeit tausendfach bestätigt wurden. GALTON hat die von ihm erfundene Methode des freien Assoziierens, die später vor allem in der Psychotherapie zu Bedeutung kam, zuerst bei sich selbst erprobt und kam dabei bereits zu wesentlichen Einsichten in die unbewußte Verarbeitung von Erlebnisinhalten.

Es ist sicherlich kein Zufall, daß Selbstversuche, die mit außergewöhnlicher Sorgfalt ausgeführt wurden, nicht selten am Anfang der systematischen Erforschung eines Problems standen. In der Tat kann dieses Verfahren zur Entwicklung von Hypothesen und Beobachtungsaspekten sowie auch zum Kennenlernen aller äußeren und inneren Umstände eines Versuchs von unersetzlichem Nutzen sein. Daher wird sich auch in der Ausbildung des Psychologen der Selbstversuch stets als sehr wertvoll erweisen (siehe hierzu HELLER und KRÜGER 1971).

Die weitere Forschung ist freilich auf den «äußeren» Versuch angewiesen, und meist ist an diesen gedacht, wenn von einem psychologischen Experiment gesprochen wird. Der äußere Versuch erfordert die Teilnahme von wenigstens zwei Personen, einem *Versuchsleiter* (abgekürzt Vl) und einer oder mehreren *Versuchspersonen* (Vpn).

Dem Vl obliegt die Planung und Vorbereitung des Versuchs, die Auslösung des zu untersuchenden Vorgangs durch eine entsprechende Beeinflussung der Vp, die Beobachtung der Vp und die Festlegung ihrer Äußerungen. Der Vp als dem Träger des zu erforschenden Erlebens und Verhaltens kann die Aufgabe gestellt werden, Aussagen über ihre Beobachtungen zu machen. Ist dies nicht notwendig, so genügt es, wenn die Vp auf die experimentelle Beeinflussung hin bestimmte körperliche Reaktionen zeigt. Oder es wird gewünscht, daß die Vp nach Anweisung bestimmte Leistungen ausführt. Psychologische Vorkenntnisse sind für die Aufgaben der Vp meist nicht erforderlich, ja in manchen Fällen erweisen sie sich dafür eher als hinderlich.

Phasen des Experiments. Im Verlauf einer experimentell-psychologischen Untersuchung können wir in Anlehnung an PAULI-ARNOLD (1972, 1. Bd., S. 19ff.) mehrere Phasen unterscheiden:

1. Die Planung und Vorbereitung des Versuchs, wie sie sich aus der Fragestellung, die untersucht werden soll, ergibt.

2. Zu Beginn des Experiments erhält die Vp eine Anweisung über ihre Aufgaben im Versuch. Diese Anweisung, die man meist als Instruktion bezeichnet, verfolgt einmal den Zweck, die dem Versuch angemessene Einstellung der Vp zu erreichen (Bereitschaft zur Erfüllung der Aufgabe, Konzentration); zum andern wird der Vp erklärt, was sie zu tun hat.

3. Es werden nun bestimmte Bedingungen gesetzt, die den zu untersuchenden Vorgang auslösen sollen. (Es wird zum Beispiel ein Reizwort genannt, auf das die Vp mit dem ersten ihr darauf einfallenden Wort reagieren soll.)

4. Es tritt darauf ein psychischer Vorgang ein (Hören des Reizwortes, dadurch auftauchende Vorstellungen, Finden des Reaktionswortes).

5. Die Vp reagiert in der verabredeten Weise. In unserem Beispiel nennt die Vp lediglich ein Wort, das Reaktionswort. In anderen Fällen kann es die Aufgabe sein, einen Eindruck zu schildern oder ein einfaches Urteil darüber abzugeben, oder aber es kommt nur darauf an, daß bestimmte Ausdruckserscheinungen eintreten, ohne alle sprachlichen Äußerungen.

6. Die Reaktionen der Vp (sprachliche Äußerungen, Handlungen, Ausdrucksvorgänge) werden vom Vl aufgezeichnet oder durch technische Hilfsmittel registriert.

7. Nach dem Abschluß einer Reihe von Versuchen werden die Ergebnisse zusammengestellt und unter dem Gesichtspunkt der Fragestellung ausgewertet. Die Auswertung ist aber nicht mehr zum Experiment selbst zu rechnen, sondern wird besser als ein eigenes Stadium innerhalb der gesamten Untersuchung betrachtet, zumal hier wieder mit Methoden von ganz anderer Art gearbeitet werden muß.

Wird eine experimentelle Untersuchung geplant, so empfiehlt es sich unbedingt, ihren Verlauf an Hand dieser sieben Phasen aufzugliedern und zu durchdenken. Soweit das schon vorhandene Wissen es zuläßt, muß man versuchen, alles zu erwägen, was in den einzelnen Phasen geschehen kann. In jedem einzelnen Abschnitt können Fehler entstehen, die das Resultat der gesamten Arbeit zunichte machen. Ferner müssen die einzelnen Phasen von vornherein aufeinander abgestimmt werden. Dies geht so weit, daß bereits in der Planung die Möglichkeiten der Auswertung der späteren Ergebnisse berücksichtigt werden müssen. Geschieht dies nicht, so kann es leicht vorkommen, daß sich die Ergebnisse als wertlos erweisen. Entsprechendes gilt für die Beziehungen unter allen einzelnen Schritten, die zwischen der Planung und der Auswertung der Untersuchung liegen. Wir werden die Grundsätze des Aufbaus einer experimentellen Untersuchung noch ausführlicher behandeln. Zuvor sollen noch einige Unterscheidungen von Arten des psychologischen Experiments erwähnt werden.

Arten von Experimenten. Nach der Zielsetzung lassen sich drei Arten des psychologischen Experiments unterscheiden:

a) Der *Darstellungsversuch.* Es wird ein Vorgang zum Zweck seiner genaueren Kenntnis herbeigeführt. So kann der Vl der Vp Rechenaufgaben stellen, um beschreiben zu lassen, wie sich der Vorgang des Rechnens innerlich abspielt. Ein Darstellungsversuch liegt auch vor, wenn ein Verhalten oder eine Leistung nur zum Zweck des genaueren Kennenlernens hervorgerufen wird, während man von Zusammenhängen mit verschiedenen Bedingungen noch absieht.

b) Der *Kausalversuch.* Mit ihm soll die Abhängigkeit eines Vorgangs von einzelnen Bedingungen erkannt werden. Hier wird etwa, um bei dem genannten Beispiel zu bleiben, festgestellt, wie die Rechenleistung von Übung, Ermüdung, vom Lebensalter, von bestimmten Pharmaka und anderen Faktoren beeinflußt wird. (Die Unterscheidung von Darstellungs- und Kausalexperimenten stammt von BAADE, 1916.)

c) Der *Prüfungsversuch* oder *Test.* Hier kommt es darauf an, Symptome zu gewinnen, die in ihrer Bedeutung bereits bekannt sind und auf bestimmte Merkmale ihres Trägers hinweisen. Bei dieser Zielsetzung dient zum Beispiel die Rechenleistung als Indikator der psychischen Leistungsfähigkeit einer Vp. Die Vp wird bei Tests meist als Proband (Pb) bezeichnet. Diese Versuchsform wird besonders in der praktischen Psychologie angewendet. Die Betrachtung ist dabei auf die einzelne Person gerichtet, für die eine Diagnose zu stellen ist. Daneben können Tests auch in Fragestellungen der reinen Forschung Verwendung finden.

Manche Autoren rechnen die Tests nicht zu den Experimenten, weil sie nicht dazu entworfen sind, den Einfluß verschiedener Bedingungen auf die Reaktionen zu studieren. In der Tat muß ein Test stets bei jeder Person in derselben Form durchgeführt werden, wenn er als diagnostisches Mittel dienen soll. Würde hier unterschiedlich vorgegangen, so wären die Resultate verschiedener Personen nicht vergleichbar, und es könnte nichts darüber ausgesagt werden, wie weit die Leistung einer bestimmten Person etwa über oder unter dem Durchschnittswert liegt. Die

Variation der Bedingungen unterbleibt hier also notwendigerweise. Das Experiment im strengen Sinn ist jedoch gerade auf die Analyse der Bedingungen hin angelegt, und diese ist ohne deren Variation nicht zu erreichen. Insofern kommt die Ausführung eines Tests einer Messung näher als einem Experiment. Andererseits aber gehört die absichtliche und kontrollierte Auslösung eines Geschehens zu einem Test ebenso wie zu einem Experiment im engeren Sinn.

PAULI hat eine Einteilung der wissenschaftlichen Beobachtungsformen gegeben (1927, S. 23) und darin zwischen einem vollständigen und einem unvollständigen Experiment unterschieden. Das vollständige Experiment ist durch die isolierende Variation von Bedingungen gekennzeichnet; beim unvollständigen fehlt diese. Wendet man diese Unterscheidung auf die Tests an, so hat man sie zu den Experimenten, freilich zu den unvollständigen, zu zählen. (In diese Kategorie fallen dann auch die oben erwähnten Darstellungsversuche.)

Natürlich können auch bei einem Test einzelne Bedingungen abgewandelt und so in ihrer Auswirkung auf die Leistungen untersucht werden. Tatsächlich dient aber der Test in einem solchen Fall dann immer als Forschungsinstrument und nicht mehr als ein diagnostisches Verfahren.

Psychologische Versuche werden ferner nach *Erkundungs-* und *Entscheidungsexperimenten* eingeteilt. Diese Unterscheidung bezieht sich im wesentlichen auf die Genauigkeit, mit der auf Grund des bereits vorhandenen Wissens die Hypothese des Experiments formuliert ist, und ist im wesentlichen von gradueller Art. Ist die Hypothese so eindeutig, daß ein dazu ausgeführtes Experiment zwingend die eine Annahme beweisen und die entgegengesetzte widerlegen muß, so nennt man dieses ein *kritisches Experiment* (experimentum crucis).

Nach der Anzahl der zur Untersuchung kommenden unabhängigen Variablen können die psychologischen Experimente in *einfache* und *komplexe* eingeteilt werden. Beim einfachen Experiment wird nur eine unabhängige Variable verändert, beim komplexen deren zwei oder mehr, wobei ihre einzelnen und auch ihre kombinierten Auswirkungen auf die Reaktionen festgestellt werden.

Nach der Rolle der Vp im Experiment unterscheidet man *Eindrucks-* und *Ausdrucksversuche* (WUNDT) beziehungsweise Erlebnis- und Leistungsexperimente (ROHRACHER), je nachdem ob von der Vp Aussagen über ihre Eindrücke verlangt werden oder ob nur Verhaltensmerkmale und Leistungen festgestellt werden. Zuweilen wird auch eine Kombination dieser beiden Formen verwendet, indem man eine Vp zuerst eine Leistung ausführen läßt beziehungsweise ihre Ausdruckssymptome registriert und sie daran anschließend über die Eindrücke, die sie während des Versuchs hatte, befragt.

Ein anderer Gesichtspunkt der Einteilung ergibt sich aus dem Wissen der Vp vom Versuch:

a) Das *wissentliche* Verfahren. Die Vp kennt hier Zweck und Verlauf des Versuchs von vornherein.

b) Das *halbwissentliche* Verfahren. Nur ein Teil der Einzelheiten ist der Vp bekannt.

c) Das *unwissentliche* Verfahren. Die Vp erfährt nur so viel vom Versuch, als zur Teilnahme unbedingt erforderlich ist.

d) Der *Wirklichkeitsversuch*. Während bei den drei vorher genannten Versuchsformen die Vp wenigstens weiß, daß sie an einem Experiment teilnimmt und über ihre Aufgabe vorher unterrichtet wird, erhält sie hier darüber keine Aufklärung, damit die Lebensechtheit der Situation gewahrt bleibt. Die Vp erfährt, wenn überhaupt, erst nach dem Versuch, daß sie an einem Experiment teilgenommen hat. Es ist allerdings in der Regel nicht sinnvoll, solche Experimente in den Räumen eines wissenschaftlichen Instituts auszuführen.

Es können ferner, nach der Anzahl der an einem Experiment zugleich teilnehmenden Vpn, *Einzel-* und *Gruppenversuche* unterschieden werden.

Schließlich kann man psychologische Experimente in *qualitative* und *quantitative* einteilen. Diese Unterscheidung betrifft die Art der Beobachtungen (vgl. Kapitel V, 4). Maßgebend ist hier, welchem Typus von Variablen die Beobachtungsdaten angehören.

Die erwähnten Einteilungsgesichtspunkte können sämtlich auf jedes psychologische Experiment angewendet werden. So kann zum Beispiel ein bestimmtes Experiment ein Kausalversuch, ein kritisches Experiment, ein einfaches Experiment, ein Leistungsexperiment, ein unwissentlicher Versuch, ein Einzelversuch und ein quantitativer Versuch sein.

Zusammenfassung. Die Voraussetzungen für die Untersuchung eines Geschehens sind unter gewöhnlichen Verhältnissen häufig nicht oder nur sehr unvollkommen erfüllt. Neben der Anwendung von Hilfsmitteln der Beobachtung ist insbesondere das experimentelle Verfahren das wirksamste Instrument, mit dem hier Abhilfe zu schaffen ist. Die Hauptmerkmale des Experiments sind Willkürlichkeit, Wiederholbarkeit und Variierbarkeit. Hierin deuten sich auch bereits seine Vorzüge für die Forschung an: Zeitersparnis, vorbereitete und störungsfreie Beobachtung, Möglichkeit der Nachprüfung von Beobachtungen, Möglichkeit der Analyse komplexer Bedingungsstrukturen.

Sogenannte innere Experimente oder Selbstversuche können in der Psychologie von großem Wert sein, namentlich am Beginn der systematischen Erforschung eines Problems und zu Ausbildungszwecken. Die Regel bildet jedoch der «äußere» Versuch, zu dem mindestens zwei Personen gehören, Versuchsleiter und Versuchsperson, denen in den geschilderten einzelnen Phasen des Experiments verschiedene Aufgaben zukommen.

Nach verschiedenen Gesichtspunkten lassen sich die psychologischen Experimente jeweils einteilen, so etwa nach dem Versuchszweck, nach der Art der Beobachtungen beziehungsweise Leistungen, die gefordert werden, sowie nach anderen Merkmalen der Versuchsgestaltung. Dabei ist zu beachten, daß ein jedes Experiment unter jedem der genannten Einteilungsaspekte betrachtet werden kann.

2. PLANUNG UND AUSFÜHRUNG EINES PSYCHOLOGISCHEN EXPERIMENTS, DEMONSTRIERT AN EINEM BEISPIEL

Wenn auch der Grundgedanke eines Experiments ziemlich einfach ist, so erfordert doch seine Verwirklichung im konkreten Fall zahlreiche verschiedenartige Überlegungen. Man kann sich den Aufbau und den Verlauf eines Versuchs am besten an einem Beispiel vergegenwärtigen. Wir wollen daher ein recht unkompliziertes Experiment in allen seinen Phasen schildern.

Die Präzisierung der Fragestellung. Als Ausgangspunkt unseres Experiments können wir uns eine alltägliche Beobachtung denken, nämlich die Feststellung, daß man eine Reihe von Zahlen, Buchstaben oder Wörtern nach einmaligem Hören unmittelbar nachsprechen oder niederschreiben kann, wenn die Reihe nur wenige Glieder enthält, daß aber, sobald es sich um eine größere Anzahl von Einheiten handelt, ein wiederholtes und mehrmaliges Hören der Reihe erforderlich ist, bis das fehlerfreie Nachsprechen gelingt, wozu dann auch noch das Bemühen kommen muß, die Reihe zu erlernen. Dies gilt zum Beispiel für das Behalten einer Telephonnummer, für das Nachschreiben eines zuvor buchstabierten Wortes oder für das Behalten einer Reihe von Namen.

Diese Beobachtung kann zu mehreren wissenschaftlichen Fragestellungen führen. Die elementarste und am nächsten liegende wollen wir hier herausgreifen: Es solle festgestellt werden, wie groß der Umfang dieses «unmittelbaren Behaltens» ist, insbesondere ob sich ein kritischer Punkt angeben läßt, über den hinaus kein unmittelbares Behalten mehr möglich ist. Anders ausgedrückt: Es ist zu ermitteln, wie die Reproduktionsleistung von der Anzahl der Glieder einer Reihe abhängt, vor allem bei welcher Anzahl die Reihe eben noch fehlerfrei wiedergegeben werden kann. Der Umfang dessen, was nach einer Darbietung unmittelbar behalten wird, macht die sogenannte Gedächtnisspanne aus.

In der auszuführenden Untersuchung stellt die Reihenlänge die Reizvariable (unabhängige Variable), die Reproduktionsleistung die Reaktionsvariable (abhängige Variable) dar. Beide Variable sind Verhältnisvariable; die Beobachtungen des Vls sind quantitative Beobachtungen.

Für unser Experiment steht bis jetzt nur fest, daß der Vp bestimmte Inhalte darzubieten sind, die sie darauf reproduzieren soll. Es ist zuerst zu klären, welcher Art diese Inhalte sein sollen. In Betracht kommen

Zahlen, Buchstaben, Wörter oder sinnfreie Buchstaben- beziehungsweise Lautkombinationen (sogenannte sinnlose Silben). Die verwendeten Inhalte sollen von derselben Art sein, damit sie untereinander gut vergleichbar sind. Um ein möglichst homogenes Material zu besitzen, haben wir uns also für eine der genannten Arten zu entscheiden. Unter diesem Gesichtspunkt ist auch zu berücksichtigen, daß die Inhalte für die Vp von möglichst gleichem Bekanntheitsgrad sein sollen; wären sie dies nicht, so wären einzelne Inhalte leichter zu behalten als andere; die Ergebnisse der Reproduktion könnten hierdurch starken Schwankungen unterworfen werden, die mit der wahren Größe der Gedächtnisspanne nichts Wesentliches zu tun haben. Aus dem gleichen Grund haben wir auch darauf zu achten, daß unter den einzelnen Inhalten möglichst keine bedeutungshaften Beziehungen bestehen, durch die die Reproduktion des einmal Aufgefaßten beträchtlich erleichtert würde. Die Vp könnte dann bereits Entfallenes aus dem Gesamtzusammenhang heraus erschließen und richtig wiedergeben. Uns kommt es aber darauf an festzustellen, wie viele voneinander unabhängige Inhalte reproduziert werden können. Die Frage, wieweit Sinnzusammenhänge die Wiedergabe erleichtern, wäre der Gegenstand eines weiteren Versuchs.

Nach diesen Überlegungen entschließen wir uns zur Verwendung von Ziffern als Darbietungsmaterial. Gleicher Bekanntheitsgrad der einzelnen Ziffern darf vorausgesetzt werden; daß sie unterschiedlich schwierig zu reproduzieren sind, ist nicht von vornherein anzunehmen. Ferner dürfen wir damit rechnen, daß einzelne Ziffern ein recht beziehungsloses Material darstellen, was wir auch aus schon vorliegenden Untersuchungen entnehmen können. Ähnliches gilt übrigens auch von den sogenannten sinnlosen Silben, doch ist es hier immer noch leichter, Beziehungen zu sinnhaften Inhalten herzustellen, die dann das Behalten in unkontrollierbarer Weise unterstützen würden, als bei Ziffern.

Was die Darbietung der Ziffern betrifft, so kommt neben der akustischen auch die optische in Betracht. Im letzteren Fall hätten wir uns eines sogenannten Gedächtnisapparats zu bedienen, durch den die einzelnen Inhalte nacheinander in einem bestimmten Tempo, jeder für eine bestimmte Zeit, exponiert werden. Wir wollen uns in unserem Beispiel für die akustische Darbietung entscheiden, nehmen wir an, weil uns kein Gedächtnisapparat zur Verfügung steht.

Eine weitere Frage betrifft die Form der Reproduktion. Wir können die Vp die vorgesprochenen Ziffern mündlich oder schriftlich wiedergeben lassen. Wir entscheiden uns für die mündliche Reproduktionsweise, da hierbei die Vp die Ziffern rascher wiederholen kann, als wenn sie diese niederschreibt, wobei vielleicht damit zu rechnen wäre, daß die letzten Ziffern einer längeren Reihe während des Aufschreibens bereits wieder entfallen. Voraussetzung für die mündliche Wiedergabe ist natürlich, daß der Versuch als Einzelversuch stattfindet. Im Gruppenversuch wäre die schriftliche Reproduktion unumgänglich; die angedeutete mögliche Fehlerquelle müßte dabei in Kauf genommen werden. Wir wollen aber annehmen, daß wir genügend Zeit haben, um die Untersuchung in Einzelversuchen durchzuführen.

Auf Grund dieser verschiedenen Überlegungen sind wir nun in der Lage, die Fragestellung, die zunächst noch recht allgemein und im einzelnen noch unverbindlich gehalten war, auch im Hinblick auf das, was im Versuch konkret geschehen soll, präzise zu formulieren. Sie lautet demnach: «Wie viele Ziffern können nach einmaligem Hören noch fehlerfrei nachgesprochen werden?» Unsere Untersuchung wird uns auf diese Frage eine brauchbare Antwort geben, vorausgesetzt, daß wir im weiteren Verlauf keine Fehler begehen. Zu beachten ist, daß das Ergebnis sich nur auf diese Fragestellung in dieser Fassung beziehen wird, und darüber hinaus gar nichts aussagen wird, solange man es nicht mit anderen Ergebnissen in Beziehung setzen kann. Dazu muß auch noch bedacht werden, daß unser Resultat zunächst nur unter den anderen spezielleren Bedingungen unseres Versuchs zu betrachten ist; es ist noch nicht entschieden, wie weit es sich verallgemeinern läßt.

Mit der notwendigen genauen Formulierung der Fragestellung wird also auch bereits der Geltungsbereich des späteren Resultats eingegrenzt. Wir erhalten bei unserem Versuch eben die Gedächtnisspanne für Ziffern, nichts anderes. Die Bestimmung der Gedächtnisspanne zum Beispiel für sinnvolle Wörter wäre eine zwar nahe verwandte, aber doch eine eigene Fragestellung, denn wir können bei Kenntnis der Gedächtnisspanne für Ziffern noch nichts Verbindliches über die Gedächtnisspanne für Wörter aussagen.

Vorbereitung und Durchführung der Untersuchung. Es ist nun unsere Aufgabe, den Versuch so zu gestalten, daß seine Anlage der präzisierten Fragestellung entspricht. Hierzu gehört unter anderem die zweckmäßige Zusammenstellung des Versuchsmaterials.

Zuerst werden wir Ziffernreihen von verschiedener Länge bilden. Wir glauben sicher zu sein, daß eine Reihe von vier Ziffern immer richtig nachgesprochen werden kann, daß also die Gedächtnisspanne stets über dieser Größe liegt. Dagegen haben wir keine klare Vermutung über diejenige Reihenlänge, die auf keinen Fall mehr richtig wiedergegeben werden kann. Wir dehnen daher vorsichtshalber die Länge der Reihe bis zu 15 Ziffern aus, in der Erwartung, daß eine solche Reihe wohl von niemandem mehr fehlerfrei reproduziert wird.

Wir stellen nun die einzelnen Reihen, von vier bis zu 15 Ziffern, zusammen. Wir werden aber nicht so vorgehen, daß wir nun einzelne Ziffern, so wie sie uns gerade einfallen, aufschreiben. Vielleicht würden wir hierbei manche Ziffern ungewollt häufiger verwenden als andere oder bestimmte Aufeinanderfolgen bevorzugen und andere eher vermeiden. Wir wissen nichts darüber, welchen Effekt dies für das Ergebnis des Versuchs haben könnte. Wir verwenden daher eine zufällige Abfolge von Ziffern, die von allen persönlichen Einflüssen wirklich frei ist. Es gibt mehrere Möglichkeiten, solche Zufallsfolgen selbst herzustellen; wir bedienen uns der Tabellen, die für derartige Zwecke schon aufgestellt worden sind (s. hierzu zum Beispiel Mittenecker 1970, Erna Weber 1972), und notieren, an irgendeiner Stelle der Tafel beginnend, die hierin in waagrechter, senkrechter oder diagonaler Richtung aufeinander folgenden Ziffern, so viele, wie wir für alle unsere Reihen benötigen. Bei diesem Verfahren dürfen wir sicher sein, daß – bei einer genügend großen Anzahl von Ziffern – alle einzelnen Ziffern annähernd gleich häufig vorkommen und auch jeder Ziffer gleich häufig jede Ziffer nachfolgt.

Wir bilden so zwölf Reihen, die kürzeste aus vier, die längste aus 15 Ziffern bestehend. Da wir aber damit rechnen, daß eine Vp auch einmal eine Reihe, die sie durchaus behalten könnte, aus nebensächlichen Gründen (zum Beispiel momentane Unaufmerksamkeit) nicht richtig wiedergibt, werden wir Vorsorge dagegen treffen, daß sich ein solcher Fehler im Gesamtergebnis zu stark auswirkt. Dies geschieht, indem wir jede Reihe von bestimmter Länge mehr als einmal, sagen wir dreimal darbieten, und zwar jeweils wieder aus anderen Ziffern bestehend. Wir werden daher dreimal 12 Reihen bilden.

Im Versuch selbst werden wir nicht etwa mit der kürzesten Reihe von vier Gliedern beginnen, dann die Reihe von fünf Ziffern darbieten und so fort, denn die Vp würde diese Folge sofort erkennen und könnte sich darauf einstellen. Sie wüßte dann schon immer im voraus, wie viele Glieder die nächste Reihe enthalten wird, und könnte sich dadurch eine Reproduktionshilfe schaffen. Wieder würden also unkontrollierbare Nebenbedingungen entstehen. Um dem abzuhelfen, werden wir die 36 Reihen ihrerseits wieder in zufälliger Folge darbieten und diese wiederum an Hand der erwähnten Tafel auf entsprechende Weise festlegen.

Zu klären ist noch, in welchem zeitlichen Abstand die Ziffern vorgesprochen werden sollen. Nachdem wir einige Ziffernreihen zur Probe in verschiedenen Tempi laut aufgesagt haben, kommen wir zu dem Resultat, daß ein Darbietungstempo von einer Ziffer pro Sekunde wohl geeignet ist. Als Kontrolle für die Einhaltung des Tempos dient uns eine Spezialstoppuhr, deren Zeiger in drei oder in sechs Sekunden eine Umdrehung macht.

Zweckmäßigerweise werden wir die Ziffernreihen nicht in jedem Versuch immer wieder aufs neue selbst vorsprechen, sondern wir bedienen uns hierzu eines Magnetophongeräts. Wir lassen eine Person, die über eine helle, klare Stimme und eine gute Artikulation verfügt, ein Tonband mit den Ziffernreihen in der festgelegten Abfolge besprechen. Dieses Verfahren hat mehrere klare Vorteile. Es entlastet uns einmal fast ganz von der Darbietung des Versuchsmaterials; wir brauchen uns darauf im Versuch nicht mehr zu konzentrieren. Die Einhaltung des Tempos des Vorsprechens, die Richtigkeit der Wiedergabe der einzelnen Reihen und die Verständlichkeit des Gesprochenen haben wir schon gleich nach der Aufnahme überprüft. Mit Darbietungsfehlern ist daher in den Versuchen nicht mehr zu rechnen. Ferner haben wir erreicht, daß die Versuchsbedingungen für alle unsere Versuche konstant bleiben, soweit dies die Darbietung betrifft.

Als nächstes überlegen wir uns, wie wir die Anweisung, die wir unseren Vpn zu geben haben, am zweckmäßigsten formulieren. Von dieser Instruktion ist zu fordern, daß sie die Aufgabe der Vp vollständig erklärt, dabei aber möglichst kurz und prägnant gefaßt, unbedingt verständlich ist und nichts Überflüssiges enthält.

In unserem Beispiel bereitet die Instruktion keine besonderen Probleme. Wir werden der Vp etwa folgendes sagen: «Sie werden jetzt vom Tonband einzelne Reihen von Zahlen hören. Versuchen Sie bitte nach jeder Reihe, die gehörten Zahlen – auf mein Zeichen hin – in derselben Folge nachzusprechen!» Obwohl diese Anweisung recht einfach ist, geben wir der Vp noch Gelegenheit, Fragen über die Aufgabe zu stellen, bevor wir mit der Darbietung beginnen.

Im Hinblick auf die spätere Auswertung der Ergebnisse müssen wir uns darüber im klaren sein, wann die einzelne Leistung als «richtig» und wann sie als «falsch» gelten soll. Wir legen dies schon vor Beginn der Versuche fest. Die Entscheidung ist hier wiederum einfach: Die Wiedergabe der einzelnen Reihe ist richtig, wenn die Zahlen dieser Reihe sämtlich und in der vorgegebenen Folge nachgesprochen wurden; andernfalls wird die Wiedergabe als falsch gewertet. Wir verzichten also auf eine Wertung von Teillösungen. Diese alternative Beurteilung der Leistungen ergibt sich notwendigerweise aus der Formulierung der Fragestellung des

Versuchs («Wie viele Ziffern können nach einmaligem Hören noch fehlerfrei in derselben Folge nachgesprochen werden?»); im übrigen ist damit kein Verzicht auf eine detaillierte Information verbunden, da wir ja – ebenfalls im Hinblick auf die Fragestellung – Reihen von verschiedener Länge darbieten werden. Den Vpn teilen wir über die Art der Beurteilung ihrer Leistungen nichts mit.

Offen ist noch die Frage nach Umfang und Zusammensetzung der Gruppe der Vpn. Wir entscheiden uns so, daß wir für die Versuche fürs erste eine Gruppe von 60 Vpn im Alter von 20 bis 30 Jahren, je zur Hälfte männlichen und weiblichen Geschlechts, vorsehen. Es soll sich dabei um geistig normale Personen handeln; außerdem sollen sie nicht einer Berufsgruppe angehören, deren Tätigkeit vielleicht eine besondere Übung im Merken von Zahlen mit sich bringen könnte. Natürlich müssen die Vpn normales Gehör besitzen. Wir prüfen dies vor jedem Versuch auf die einfachste Weise (Flüstersprache, 5 m Entfernung).

Vor der Durchführung der Versuche mit diesen 60 Vpn unternehmen wir aber zur Probe einige Vorversuche, besonders um festzustellen, ob die Begrenzung der Reihenlängen (die kürzesten bestehen aus vier, die längsten aus 15 Ziffern) zweckentsprechend ist.

Wir wollen annehmen, wir hätten acht Vorversuche gemacht und es sei dabei vorgekommen, daß eine der Reihen von vier Ziffern einmal nicht richtig nachgesprochen wurde; andererseits sei keine Reihe mit mehr als elf Ziffern richtig wiedergegeben worden. Auf Grund dieser Information, die wir nicht früher erhalten konnten, sehen wir uns zu einer Korrektur an unserem Versuchsmaterial veranlaßt. Die Längen der Reihen müssen so gewählt sein, daß die kürzeste in allen Fällen, die längste in keinem Fall mehr richtig nachgesprochen wird. Der Bereich der Reihenlängen muß alle Größen umfassen, die für die spätere Bestimmung der Gedächtnisspanne in Betracht kommen; er soll aber auch nicht erheblich über das hinausgehen, was erfahrungsgemäß noch richtig wiedergegeben werden kann. Wir fügen unserem Versuchsmaterial also auch noch Reihen von je drei Ziffern hinzu, während wir andererseits die Reihen mit mehr als zwölf Ziffern wieder aussondern. Die Folge der endgültig für die Versuche zu verwendenden Ziffernreihen wird nun aufs neue nach dem Zufall bestimmt und es wird auch eine neue Tonbandaufnahme hergestellt.

Ist der Versuch in allen seinen Einzelheiten im voraus festgelegt worden, wie dies für das Gelingen der Untersuchung erforderlich ist, so bleibt über die Durchführung nicht mehr viel zu sagen.

Wir haben vor allem darauf zu achten, daß wir in allen einzelnen Versuchen den ausgearbeiteten Plan genau einhalten. Alle möglicherweise bedeutsamen Bedingungen müssen in den 60 Versuchen gleich bleiben. Dies wird wiederum gerade durch den Plan des Versuchs ermöglicht. So muß zum Beispiel die Instruktion als eine der wichtigsten Versuchsbedingungen stets im gleichen Wortlaut und mit dem gleichen Ausdruck erteilt werden. Irgendwelche Erfahrungen, die wir vielleicht erst nach mehreren Versuchen (nicht schon in den Vorversuchen) gemacht haben, können keine Verwertung mehr finden, sobald die Versuchsreihe begonnen hat. Entdecken wir jetzt noch Mängel im Aufbau des Versuchs oder Fehlerquellen, so müssen wir diese in Kauf nehmen, oder wir müssen die Versuchsreihe abbrechen und sie nach Abänderung des Aufbaus und nötigenfalls nach weiteren Vorversuchen von neuem beginnen.

In unserem Beispiel besteht unsere Aufgabe als Vl im wesentlichen darin, nach Erteilung der Instruktion die Reproduktionsleistungen der Vpn zu verfolgen. Wir haben für diesen Zweck eine Liste, die sämtliche Ziffernreihen in der Folge, in der sie vorgesprochen werden, enthält, und stellen daran jeweils fest, ob eine Reihe richtig oder falsch wiedergegeben wurde. (Natürlich könnten wir die Reproduktionsleistungen auch sämtlich auf Tonband aufnehmen, um sie später auf ihre Richtigkeit zu prüfen. Da dies aber mit fast gleicher Sicherheit schon während des Versuchs geschehen kann, entscheiden wir uns für die ökonomischere sofortige Kontrolle.)

Nach der Beendigung der Versuchsreihe verfügen wir über die Ergebnisse der Reproduktionsleistungen für 1800 Ziffernreihen, da jede der 60 Vpn dreimal 10 Reihen nachzusprechen versuchte. Auf die Auswertung der Resultate wird später noch eingegangen werden.

Ergänzende Bemerkungen. In der vorangegangenen Beschreibung eines Versuchs sind zwar die wichtigsten Gesichtspunkte erörtert worden, die in diesem Beispiel zu berücksichtigen sein werden, aber es können noch mehrere weitere Fragen beim Aufbau eines derartigen Versuchs erwogen werden, so etwa die Frage, ob bei der Zusammenstellung der Zahlenreihen bestimmte Abfolgen verworfen werden sollen (wenn sich zum Beispiel zufällig eine regelmäßige Folge, wie 2, 4, 6, 8 ergibt), oder ob man die Vp die Reihe sofort nach der Darbietung, oder erst nach einer, allerdings sehr kurzen Pause reproduzieren lassen soll. Es wurde auch hier, wo es um die Darstellung von Aufbau und Ausführung eines Versuchs ging, wenig über die Überlegungen bei der Zusammenstellung der Versuchspersonengruppe gesagt, zumal auf die sich dabei stellenden Fragen erst später einzugehen ist. Auf jeden Fall sei dies betont: Jedes Experiment, auch ein sehr einfaches, verlangt eine äußerst gründliche, in alle Details gehende Planungsarbeit, wenn es genaue und gültige Resultate bringen soll. Es kann hierin kaum zuviel getan werden, und die Mühe, die man sich um ein Experiment vor seiner Ausführung macht, wird oft genug durch Zeitersparnis im weiteren Verlauf mehr als nur wettgemacht. Denn eine sehr gut vorbereitete Versuchsreihe wird man nicht so leicht wegen später entdeckter Unzulänglichkeiten wiederholen müssen.

Das in unserem Demonstrationsbeispiel herangezogene unmittelbare Behalten beziehungsweise die Gedächtnisspanne ist übrigens eine sehr ausgiebig untersuchte Erscheinung. Es liegen zahlreiche Arbeiten vor über die Abhängigkeit des unmittelbaren Behaltens vom jeweiligen Lernstoff, von Lebensalter und Geschlecht, von Übung und Ermüdung, von der Intelligenz usw. Hieraus kann man ersehen, wie eine solche Erscheinung bei einer zusätzlichen Abwandlung der betreffenden Situations- oder Personvariablen in allen ihren verschiedenen Beziehungen erforscht werden kann. (Näheres hierüber in der Monographie von SÜLLWOLD 1964.)

Zusammenfassung. Planung und Ausführung eines psychologischen Experiments werden am Beispiel der Bestimmung der Gedächtnisspanne demonstriert. Es werden die Hauptgesichtspunkte und Überlegungen dargestellt, die zur Präzisierung der Fragestellung führen und die für die Wahl des Versuchsmaterials, die Gestaltung des Versuchsablaufs, die Zusammenstellung der Vpn und die Bewertung ihrer Leistungen von Bedeutung sind.

Sorgfältiges Durchdenken des Versuchsaufbaus in allen Einzelheiten, genaue Vorbereitung des Ablaufs, Ausführung von Vorversuchen zur Erprobung und gegebenenfalls Korrektur des Plans sind Voraussetzungen sachgemäßen und ökonomischen psychologischen Experimentierens.

3. WEITERE HINWEISE ZUR AUSFÜHRUNG PSYCHOLOGISCHER EXPERIMENTE

Im vorangehenden Kapitel (V, 4) wurden bereits Gesichtspunkte erörtert, die bei psychologischen Beobachtungen von Bedeutung sind. Bei Experimenten sind darüber hinaus für die praktische Durchführung noch weitere Aspekte zu berücksichtigen. Einige davon kamen schon in unserem soeben beschriebenen Beispiel zur Sprache; sie hatten sich indessen hier auf eine spezielle Fragestellung, nämlich die Untersuchung der Gedächtnisspanne, zu beschränken. Im folgenden sollen daher weitere Hinweise gegeben werden, die für zahlreiche und verschiedenartige psychologische Experimente gelten. Sie beziehen sich hauptsächlich auf Forschungsversuche. Bei Prüfversuchen (Tests) sind zum Teil dieselben, zum Teil auch wieder andere Bedingungen maßgebend.

Die äußere Situation. Ein erster Punkt ist hier die Wahl der Versuchszeit. Der Versuch sollte zu einer Tageszeit stattfinden, zu der noch nicht mit Ermüdung der Vp zu rechnen ist. War die Vp unmittelbar vor dem Versuch längere Zeit angespannt tätig, so kann dies ihre Leistung beeinträchtigen (etwa wenn im Versuch die Lösung schwieriger Denkaufgaben verlangt wird). Ebenso kann es sich ungünstig auswirken, wenn die Vp im Anschluß an den Versuch etwas vorhat, wodurch ihre Konzentration bereits abgelenkt wird. Durch Fragen kann man sich vergewissern, ob derartige Störeinflüsse vorliegen.

Der Raum, in dem der Versuch stattfindet, sollte einfach und zweckmäßig eingerichtet sein, aber nicht kahl und unfreundlich wirken. Er sollte nichts enthalten, was die Vp ablenken könnte. Das gilt insbesondere für Versuche mit jugendlichen Vpn. Aber auch bei Versuchen mit Erwachsenen wird man zum Beispiel vermeiden, daß Apparate, die momentan nicht gebraucht werden, im Raum herumstehen. Zu achten ist auch auf eine ruhige Lage des Versuchsraums; gegen Störungen von außen ist Vorsorge zu treffen.

Die Vorbereitung des Versuchs muß abgeschlossen sein, wenn die Vp den Raum betritt. Geräte, die verwendet werden sollen, müssen vorher aufgestellt und auf ihr richtiges Funktionieren überprüft worden sein, zum Beispiel Registrierapparate mit ausreichendem Papiervorrat versorgt sein, Schreibmaterial für Notizen muß bereitliegen und dergleichen, so daß sich der Vl sogleich der Vp zuwenden kann und unerwünschte Unterbrechungen im Verlauf des Versuchs möglichst ausgeschlossen sind.

Man hat damit zu rechnen, daß alle Verzögerungen und Zwischenfälle im Versuch die Einstellung der Vp zu ihrer Aufgabe beeinträchtigen.

Die Haltung des Vls gegenüber der Vp. Dies ist ein Faktor von großer Bedeutung. Er ist gewiß oft von größerem Einfluß auf die Resultate, als man annehmen möchte. Eine Haltung von ruhiger, freundlicher Sachlichkeit ist immer angebracht. Ein paar Worte der Anerkennung oder des Dankes für die Bereitschaft der Vp, sich zur Verfügung zu stellen, sind nicht nur eine Höflichkeitsformel, sie können auch die Vp zu größerer Teilnahmewilligkeit und Gewissenhaftigkeit anspornen. Ein kurzes Gespräch, das die Vp zugleich in allgemeiner Form in die Versuchssituation einführt, kann dazu dienen, den erwünschten sozialen Kontakt zwischen Vp und Vl herzustellen. Dies kann mit allen Vpn in annähernd gleicher Weise geschehen. Verfehlt ist es, wenn der Vl eine verschlossene, unpersönliche und wortkarge Haltung zeigt. In psychologischen Experimenten noch unerfahrene Vpn reagieren hierauf häufig mit Unsicherheit und Mißtrauen, was sich dann auch in ihren Leistungen auswirkt. Ebenso ist es verfehlt, wenn der Vl durch sein Verhalten bei der Vp den Eindruck erweckt, daß es bei dem Versuch auf Gewissenhaftigkeit und konzentrierte Mitarbeit nicht so sehr ankomme. Diese Gefahr besteht wohl am ehesten dann, wenn Vl und Vp Studienkollegen sind und der Versuch auf beiden Seiten in dem Bewußtsein vollzogen wird, daß er als Bestandteil der Ausbildung beziehungsweise einer Prüfungsarbeit unvermeidlich ist und eben abgeleistet werden muß. Man kann nicht behaupten, daß durch eine solche Haltung die Ergebnisse immer entwertet würden. In vielen Fällen ist es aber zweifellos besser, wenn Vl und Vp nicht persönlich gut miteinander bekannt sind. Dies gilt zum Beispiel auch für Experimente, in denen die Vp Aussagen über in starkem Maß persönlichkeitsrelevante Erlebnisse zu machen hat. Einem fremden Vl gegenüber wird sie hier vielleicht mitteilsamer und aufrichtiger sein als gegenüber einem Vl aus dem Kreis der Kollegen oder näheren Bekannten.

Zur sachgemäßen Ausführung des Experiments ist es unerläßlich, daß sich der Vl im Versuch genügend Zeit läßt. Besonders der Anfänger im psychologischen Experimentieren macht oft den Fehler, einen Versuch viel zu schnell ablaufen zu lassen; er gibt seine Anweisungen zu rasch, bedient Geräte hastig und kommt nicht zur Niederschrift seiner Notizen. Gewiß ist jeder unnötige Aufenthalt zu vermeiden, aber der Vl muß den Versuch so gestalten, daß er selbst dem Verlauf folgen kann. Auch ist zu bedenken, daß sich eine unruhige Haltung des Vls oft auf die Vp überträgt und ihre Leistungen in einer unerwünschten Weise beeinflußt.

Die Instruktion. Die Instruktion muß, wie schon früher gesagt, nach Inhalt und Form in allen Versuchen einer Reihe dieselbe bleiben. Für den Erfolg des Versuchs ist es aber auch nicht unwesentlich, wie die Instruktion vom Vl dargeboten wird. Man kann, um Gleichheit sicherzustellen, die Versuchsanweisung den Vpn schriftlich vorlegen. Dagegen ist nichts einzuwenden, jedoch wirkt diese Art der Instruktion wohl meist nicht ebenso motivierend wie die mündliche, die eher geeignet ist, ein Bewußtsein der Verantwortung in der Vp wachzurufen. Voraussetzung ist freilich, daß die mündliche Anweisung in einwandfreier Weise erteilt wird. Dazu gehört es, daß der Vl die Instruktion in Inhalt und Betonung auswendig weiß. Eine stockend und undeutlich aufgesagte oder eine nachlässig und monoton hingesprochene Instruktion verfehlt ihre Wirkung. Die Vp wird den Vl unter Umständen nicht ernst nehmen und sich im Versuch weniger Mühe geben. Die Versuchsanweisung muß ruhig, in klarem Ausdruck und bestimmtem Ton vorgetragen werden. Damit erhält auch die Vp den Eindruck, daß sie vor einer Aufgabe steht, die grundsätzlich lösbar ist.

Die Instruktion wird am besten zuerst schriftlich entworfen, wobei man in Stichwörtern alles notiert, was der Vp gesagt werden soll. Der Entwurf ist sorgfältig darauf zu prüfen, ob er nichts Unklares und Mißverständliches enthält, ob einzelne Ausdrücke durch klarere und einprägsamere ersetzt werden können und ob allen einzelnen Punkten der Anweisung jeweils das rechte Gewicht gegeben wurde und sie in der richtigen Reihenfolge stehen. Der Wortlaut der Instruktion ist dann so zu fassen, wie es der natürlichen Rede entspricht.

Die Wahl der Worte kann manchmal Schwierigkeiten bereiten. Man hat unter anderem zu beachten, daß man bei der Instruktion Fachausdrücke vermeidet, die einem selbst sehr geläufig sind, deren Kenntnis man aber bei nicht psychologisch vorgebildeten Vpn nicht voraussetzen kann. Anstatt der präziseren wissenschaftlichen Begriffe müssen hier oft Ausdrücke der Umgangssprache gebraucht werden, die dann aber so erläutert werden müssen – und zwar wiederum umgangssprachlich – daß sie eine klare Bedeutung haben. Es kann daher notwendig werden, in Vorversuchen zu erproben, welche sprachlichen Bezeichnungen (etwa für bestimmte emotionale Erscheinungen) am sichersten verstanden werden, welche Umschreibungen am besten aufgefaßt werden.

Eine Instruktion darf nicht zu lang werden und nicht zu viele Einzelheiten enthalten, damit die Vp nicht die Übersicht über ihre Aufgabe verliert. Ferner ist darauf zu achten, daß die Vp immer nur die notwendigen allgemeinen Anleitungen zu ihrer Leistung erhält und ihr nicht schon bestimmte Erwartungen inhaltlicher Art hinsichtlich der Ergebnisse suggeriert werden. Namentlich in Versuchen mit Kindern und Jugendlichen hat man mit dieser Fehlerquelle sehr zu rechnen. Junge Vpn richten sich in ihren Aussagen oft stark nach den von ihnen vermuteten Erwartungen und Wünschen des Vls, betrachten den Versuch als eine Art Examen und sind dann eher bestrebt, eine vermeintlich verlangte richtige Lösung zu erraten, als die Aufgabe im Sinn der Anweisung zu bearbeiten. Daher muß man hier besonders darauf bedacht sein, nicht unwillkürlich in Worten, Mienen oder Gesten einen Suggestionseinfluß auszuüben.

Je nach der Fragestellung muß an andere mögliche Mißverständnisse gedacht werden. Bei der Untersuchung emotionaler Vorgänge läßt sich zum Beispiel feststellen, daß manche Vpn dazu neigen, nicht die aktuelle Gefühlsbetonung eines Reizes (etwa eines Reizwortes) zu beobachten und zu beurteilen, wie dies meist erwünscht ist, sondern daß sie zu ihren Aussagen Erinnerungen heranziehen, die mit dem dargebotenen Reiz in irgendeiner Beziehung stehen, oder auf Grund intellektueller Erwägungen urteilen oder sich von Vorurteilen verschiedenen Ursprungs leiten lassen. Es ist Aufgabe der Instruktion, auch solchen Fehlern vorzubeugen, wo es darauf ankommt.

Am Ende der Instruktion soll man die Hauptpunkte in stichwortartiger Zusammenfassung wiederholen und die Vp auffordern, Fragen über etwa unklar Gebliebenes zu stellen. Ist man im Zweifel, ob alles richtig verstanden worden ist, so lasse man die Vp ihre Aufgabe selbst beschreiben. Dies empfiehlt sich ohnedies, wenn die Vp schwierigere Leistungen auszuführen hat.

Viele Worte lassen sich aber oft sparen, indem man der Vp ein Übungsbeispiel gibt, an dem sich auf sehr anschauliche Weise erklären läßt, worum es im Versuch geht. Indessen ist dies nicht in allen Fällen mit der Fragestellung des Versuchs vereinbar.

Die Einstellung der Vp. Die Vp bringt schon gewisse innere Vorbedingungen zum Versuch mit. Einerseits ist dies hierfür sogar notwendig, andererseits kann durch besondere Vorbedingungen das Experiment auch beeinträchtigt werden. Die Ergebnisse können zum Beispiel darunter leiden, daß sich die Vp zeitweilig in schlechter körperlicher oder psychischer Verfassung befindet, durch dem Versuch vorangegangene Erlebnisse noch stark in Anspruch genommen ist oder aus irgendwelchen Gründen nicht das erforderliche Maß an Bereitschaft zur Teilnahme am Versuch besitzt.

Es ist ratsam, sich soweit möglich vor Beginn des Versuchs darüber zu vergewissern, ob die angemessenen Vorbedingungen bei der Vp gegeben sind. Es gehört mit zur Instruktion, neben der Erläuterung der speziellen Aufgabe auch auf die allgemeine Verfassung der Vp in der Weise regelnd einzuwirken, daß möglichst günstige Voraussetzungen für den Verlauf des Versuchs (Interesse, Konzentration, Aufrichtigkeit des Urteils) geschaffen werden.

Die Einstellung der Vp zum Versuch hängt ab von solchen Vorbedingungen, vom Verhalten des Vls, vom Verständnis der Instruktion, außerdem aber noch von Einflüssen anderer Art. Es ist begreiflich, daß die Vp über den Zweck des Versuchs nachdenkt und ihrer Aufgabe mit einiger Spannung entgegensieht. Nun ist es zwar ein methodischer Grundsatz, der Vp nicht mehr Auskunft über den Zweck und den Verlauf des Versuchs zu geben, als dies für die sachgerechte Teilnahme notwendig ist. Damit soll vermieden werden, daß die Vp Vorkenntnisse erlangt, die ihre Beobachtungen oder sonstigen Leistungen beeinflussen könnten, somit also einer Suggestion gleichkämen. Es ist aber nicht angebracht, die Vp über das Ziel der Untersuchung gänzlich im unklaren zu lassen. Sie würde dann vielleicht während des Versuchs hierüber nachdenken und, während sie den Zweck des Experiments aus allerlei Anhaltspunkten zu ergründen versucht, sich nicht genügend der eigenen Aufgabe widmen. Der Psychologie fernstehende Personen vermuten oft in jedem psychologischen Versuch einen Persönlichkeits- oder Intelligenztest und nehmen daher eine zögernde, reservierte Einstellung an. Ein Hinweis, daß es sich um einen Forschungsversuch handelt, ist daher angezeigt, sofern dies wirklich der Fall ist. Auch etwas speziellere Hinweise dürfen oft ohne Nachteil für die Resultate gegeben werden. So kann man bei Versuchen über die Größenkonstanz (die Erscheinung, daß die Sehgröße von Objekten in wechselnder Entfernung innerhalb gewisser Grenzen gleich bleibt) der Vp mitteilen, daß man eine Untersuchung über die «Größenschätzung» ausführt, womit man auch nichts Unwahres sagt. Das Wort «Größenkonstanz» wird man aber vermeiden, weil damit über die interessierende Erscheinung schon etwas gesagt wäre, was das Ergebnis vorwegnähme und von der Vp auch so verstanden werden könnte.

Bei vielen Vpn besteht zu Beginn des Versuchs eine gewisse Erwartungsspannung und Unsicherheit, die aber meist bald abklingt. Besonders durch die Messung von Ausdruckssymptomen läßt sich dies deutlich nachweisen. Wenn bei bestimmten Versuchstätigkeiten eine solche Anfangsspannung als ein mutmaßlicher Störeinfluß in Frage kommt, so tut man gut daran, der Vp zuerst einige Anpassungsaufgaben zu stellen (sogenannte Pufferreize), die ihr Gelegenheit geben, sich auf die Versuchssituation und auf die Tätigkeit einzustellen. Die Reaktionen auf solche Pufferreize werden nicht mit den übrigen Ergebnissen zusammen ausgewertet.

Im weiteren Verlauf des Versuchs kann eine anfängliche Spannung nicht nur der erwünschten sicheren, aufgabebezogenen und gelösten Haltung weichen; es kann schließlich auch Gleichgültigkeit, Langeweile, Widerwille, Ungeduld oder sogar Schläfrigkeit aufkommen. Mit alledem ist besonders dann zu rechnen, wenn der Versuch lange dauert und die Versuchstätigkeit einförmig und nicht sehr schwierig ist. Abhilfe läßt sich schaffen, indem man für Abwechslung in der Tätigkeit sorgt beziehungsweise sie durch Pausen unterbricht, in denen man der Vp etwa Fragen stellt, vorausgesetzt, daß die Zielsetzung der Untersuchung dies nahelegt. Für die mögliche Dauer eines psychologischen Experiments läßt sich keine allgemeingültige Grenze nennen. Wo die Versuchsdauer ein methodisches Problem ist, sollten Vorversuche angestellt werden, aus denen sich dann erweist, welche Dauer bei einer bestimmten Gestaltung des Versuchs ohne Beeinträchtigung der Ergebnisse möglich ist.

In ihrer Gesamtheit sind die inneren Bedingungen weder vollständig zu erfassen, noch beliebig zu beeinflussen. Es gibt aber immerhin Möglichkeiten, nachzuprüfen, ob die dem Experiment angemessene Einstellung bei der Vp vorliegt. Die Beobachtung während des Versuchs kann hierzu Anhaltspunkte liefern, die durch eine Exploration der Vp nach dem Versuch ergänzt werden können. Zur experimentellen Überprüfung der Einstellung können manchmal sogenannte Nullversuche dienen. In eine Reihe von Aufgaben werden solche eingeschaltet, deren Lösung offenkundig nicht möglich ist. Bemerkt die Vp dies nicht oder erst sehr spät, so ist daraus zu entnehmen, daß es an der angemessenen Einstellung zum Versuch mangelt.

Beobachtung der Vp durch den Vl. Meist ist es notwendig, immer aber nützlich, die Vp während des Versuchs zu beobachten. Der erfahrene Vl kann hieraus erkennen, ob die Vp mit ihrer Aufgabe vertraut geworden ist, ob sie diese ernst nimmt, ob ihre Konzentration gleich bleibt oder nachläßt und anderes mehr. Bei manchen Versuchen, in denen Ausdruckserscheinungen mit technischen Hilfsmitteln gemessen und registriert werden, ist gleichzeitige Beobachtung des allgemeinen Verhaltens der Vp von vornherein unerläßlich, da die gleichen Erscheinungen auch aus rein körperlichen Ursachen auftreten können (Bewegungen, Veränderung der

Körperhaltung). Es sind daher Fehldeutungen der Ergebnisse möglich, wenn die zusätzliche Beobachtung unterbleibt.

Die Beobachtung soll möglichst unauffällig und beiläufig geschehen. Bemerkt die Vp, daß sie andauernd intensiv beobachtet wird und alle ihre Äußerungen eifrig notiert werden, so wird sie sich leicht wie in einem Verhör vorkommen; ihre Leistungen werden unter Befangenheit leiden oder es wird sich eine ablehnende, gereizte Haltung einstellen, je nach der persönlichen Eigenart. Ein amerikanischer Psychologe unternahm einmal eine Untersuchung über den mimischen Ausdruck, wobei er die durch verschiedenartige Reizsituationen ausgelösten mimischen Veränderungen photographierte. Um die Aufnahmen später genauer auswerten zu können, markierte er vor den Versuchen die Gesichtsmuskeln seiner Vpn mit dunklen Strichen. Das Ergebnis, nämlich eine merkwürdige Gleichförmigkeit und Starrheit des Ausdrucks in den verschiedenen Situationen bei den einzelnen Individuen und lediglich eine gewisse Variation zwischen den Individuen, sollte bei einem derart unpsychologischen Experiment niemanden überraschen. Ein wenigstens ebenso krasser Fehler wird freilich begangen, wenn aus solchen Resultaten irgendwelche Schlüsse auf das natürliche Verhalten gezogen werden.

Hilfsmittel der Beobachtung, die die Vp stören können, sollen ihren Blicken möglichst entzogen werden. Dies gilt besonders für umfangreichere technische Anlagen. Ferner soll man möglichst geräuscharme Apparate verwenden; so wähle man zum Beispiel beim Gebrauch einer elektromagnetischen Stoppuhr nur eine solche mit leisem Gang. Sind große oder geräuschvoll arbeitende Registriergeräte nicht zu vermeiden, so ist zu empfehlen, diese in einem Nebenraum aufzustellen. Ihre Bedienung kann dann allerdings einen zweiten Vl erforderlich werden lassen.

Mit der Forderung nach unauffälliger, unaufdringlicher Beobachtung soll aber nicht nahegelegt werden, die Beobachtung vor der Vp zu verheimlichen. In manchen Fällen ist zwar eine Beobachtung ohne Wissen der Vpn angezeigt. Sollen Kindergruppen beim Spielen durch mehrere Personen beobachtet werden, so sind Spiegelfenster, durch die man sehen kann, ohne selbst gesehen zu werden, gewiß von Nutzen, da sich bei Anwesenheit mehrerer Erwachsener im selben Raum ein ungezwungenes natürliches Verhalten der Kinder nicht so rasch einstellen würde. Bei erwachsenen Vpn unterlasse man aber tunlichst eine Verheimlichung der Beobachtung. Wenn man sich etwas davon verspricht, die Äußerungen einer Vp auf Tonband aufzunehmen, so unterrichte man die Vp vorher davon und stelle das Mikrophon offen vor sie hin. Ebenso verfahre man, wenn photographische Aufnahmen vorgesehen sind. Die meisten Vpn fühlen sich nach einer Phase der Eingewöhnung weniger gestört, als man vielleicht meinen möchte. Entdeckt die Vp dagegen eine verborgene Beobachtungseinrichtung oder kommt ihr ein entsprechender Verdacht, was sehr leicht geschehen kann, so wird sie verstimmt; sie beginnt allerlei Spekulationen über einen geheimgehaltenen eigentlichen Versuchszweck anzustellen und kommt dabei womöglich zu ganz abwegigen Vorstellungen. Vielleicht wird die Vp im stillen den Vl der Neugier und der Schnüffelei bezichtigen und wird solches auch im Kreis ihrer Bekannten äußern. Dies trägt dann wieder dazu bei, daß in der Öffentlichkeit ein falsches Bild vom Psychologen entsteht und viele Menschen ein affektbetontes Vorurteil gegen die Psychologie fassen, und dies nach einem solchen Anlaß nicht einmal ganz zu Unrecht.

Sollen im Versuch Ausdruckserscheinungen gemessen werden, so gibt man beim Anlegen der dazu erforderlichen Hilfsmittel eine allgemein gehaltene Erklärung, wobei man auf das Elektrokardiogramm oder die Blutdruckmessung Bezug nehmen kann, auf Verfahren also, die den Vpn meistens bekannt sind. Ein Hinweis auf die Ungefährlichkeit der Messung ist nicht immer überflüssig, denn manche Menschen werden insgeheim recht ängstlich, wenn ihnen zum Beispiel Elektroden angelegt werden.

In Gruppenversuchen sind die Möglichkeiten, das Verhalten der einzelnen Vp zu beobachten, naturgemäß stark eingeschränkt. Soll das Gesamtverhalten eines jeden Gruppenmitglieds erfaßt und wenigstens in kurzen Anmerkungen protokolliert werden, so darf die Gruppe aus nicht mehr als vier bis fünf Personen bestehen. Sollen nur besonders auffällige Verhaltensweisen einzelner Teilnehmer festgehalten werden, so kann die Gruppe größer sein. Bei großen Gruppen besteht die Tätigkeit des Vls während des Versuchs im wesentlichen nur in der Beaufsichtigung. Eine Aufsicht, die auch den Vpn als solche erkenntlich ist, tut hier not, wenn eine gegenseitige Beeinflussung ausgeschlossen werden soll. Auch bei erwachsenen Teilnehmern hat man damit zu rechnen, daß der eine vom anderen abschreibt oder daß einzelne über den Versuch leise zu diskutieren beginnen und Ergebnisse austauschen, wenn die Gruppe sich selbst überlassen ist.

Sprachliche Äußerungen der Vp. Meist braucht man die Mitteilungen der Vp nur soweit zu notieren, als sie mit der Versuchsaufgabe in unmittelbarem Zusammenhang stehen, und dann nur sinngemäß; lediglich sehr bezeichnende Aussagen halte man im Wortlaut fest. Will man aus besonderen Gründen alle sprachlichen Äußerungen festhalten, so kann man sie während des Versuchs auf Tonband aufnehmen und dann später unter inhaltlichen wie auch ausdruckspsychologischen Gesichtspunkten auswerten. Indessen wird dieses Vorgehen bei den meisten Versuchen nicht in Betracht kommen. Für Versuche mit gebundener Beobachtung wäre es von vornherein unnötiger Umstand gegenüber der direkten Protokollierung (ausgenommen spezielle Zwecke, wie etwa den der nachträglichen Messung und Analyse sprachlicher Reaktionszeiten aus der Tonbandaufnahme; s. hierzu TRAXEL 1961 b). In Versuchen mit freier Beobachtung sind dagegen Tonbandaufnahmen häufiger am Platz; doch auch hier ist jeweils zu überlegen, ob der Gewinn den durch das Abhören und die Protokollierung der Aufnahme entstehenden zusätzlichen Zeitaufwand lohnt.

In vielen Fällen, namentlich in Gruppenversuchen, kann man die Vpn ihre Äußerungen schriftlich machen lassen und ihnen somit einen Teil der Protokollierung selbst übertragen. Es entfällt dann freilich der sonst für eine Ausdrucksdeutung relevante Anteil dieser Äußerungen.

Vor allem nach dem Abschluß eines Versuchs sind Fragen der Vp über seine Zielsetzung oder auch zu einzelnen Details zu erwarten. Grundsätzlich spricht nichts dagegen, der Vp die gewünschten Auskünfte zu geben, wenn man nicht damit zu rechnen hat, daß sie ihr Wissen an andere künftige Vpn weitergibt, wodurch diese bereits mit unkontrollierbaren Vorkenntnissen ausgestattet zum Versuch kämen. Namentlich für Untersuchungen, die mit Studenten als Vpn in Instituten unternommen werden, liegt hierin eine ernstzunehmende Fehlerquelle.

Fragen des Vls. Man kann die Fragen des Vls in *Ergänzungsfragen* und *Erkundungsfragen* einteilen. Fragen der ersten Art dienen nur dazu, etwa unvollständige oder nicht eindeutige Äußerungen der Vp zu klären. Man läßt zum Beispiel eine Vp einen Sachverhalt, den sie ausdrücken möchte, noch einmal mit anderen Worten sagen. Erkundungsfragen dagegen verfolgen einen weitergehenden Zweck. Die Vp soll hiermit auf einen neuen Gesichtspunkt ihrer Beobachtung hingewiesen werden. Eine solche Frage liegt zum Beispiel vor, wenn eine Vp aufgefordert wird, anzugeben, ob ihr ein Erinnerungsinhalt in unanschaulicher Weise (als reines Wissen) oder in anschaulicher Form (als Vorstellungsbild) im Erleben gegeben ist.

Bei allen Fragen muß der Vl darauf achten, eine fehlerhafte Beeinflussung der Vp zu vermeiden. Besonders bei den Erkundungsfragen ist mit der Möglichkeit des Suggestionseinflusses zu rechnen. Diese Gefahr ist geringer, wenn die Frage auf mehrere Gesichtspunkte hinweist und die in Betracht kommenden Aspekte möglichst vollzählig umfaßt. Damit wird auch vermieden, daß einzelne Gesichtspunkte durch die Frage zu sehr nahegelegt und andere benachteiligt werden.

Trotz der genannten Fehlerquelle kann man auf Erkundungsfragen oft nicht verzichten. Wenn es darauf ankommt, erste Informationen zu einer Fragestellung zu sammeln, sind solche Fragen sogar immer unentbehrlich. Wenn es der Plan der Untersuchung erlaubt, stelle man Erkundungsfragen erst gegen Ende des Versuchs.

Fragen jeder Art unterlasse man, während die Vp gerade eine Beobachtung ausführt. Das Aufmerken auf die Frage und die Formulierung einer Antwort ziehen die Konzentration vom Gegenstand der Beobachtung ab. Dies gilt besonders bei der Untersuchung relativ flüchtiger Erscheinungen.

Nach dem Versuch ist es oft zweckmäßig, allgemeinere Fragen an die Vp zu richten. So kann man zum Beispiel feststellen, ob die Vp in der Lage war, sich durchweg gut zu konzentrieren und ob sie ihrer Meinung nach ihre einzelnen Aufgaben mit größerer oder geringerer Sicherheit gelöst hat. Ferner kann man die Vp auffordern, sich kritisch zum Versuch zu äußern, um vielleicht Anhaltspunkte für eine Verbesserung der Gestaltung späterer Versuche zu erhalten. In Vorversuchen ist dies immer zu empfehlen. Voraussetzung ist allerdings meist, daß man die Vp genauer über die Fragestellung der Untersuchung aufklärt, bevor man solche weitergehenden Informationen einholt.

Macht es das Versuchsziel notwendig, Fragen sehr persönlicher Art zu stellen, so soll man diese ebenfalls an das Ende des Experiments stellen.

Verwerfung von Versuchsergebnissen. Es kommt vor, daß einzelne Ergebnisse für die Auswertung nicht verwendbar sind (zum Beispiel wegen einer technischen Störung in einem Gerät) oder daß man den Versuch gar nicht erst ausführen kann (wenn etwa die Vp die Instruktion nicht verstehen kann). In allen Fällen, in denen ein Resultat von der weiteren Verwertung ausgeschlossen wird, bedarf dies jedoch einer besonderen Rechtfertigung mit Angabe der für diese Entscheidung maßgebenden Gründe, aus denen hervorgeht, daß die Aufnahme des betreffenden Resultats in das auszuwertende Datenmaterial sinnlos gewesen wäre. Es sollten für solche Entscheidungen in der Sache sorgfältig begründete, von persönlichem Ermessen unabhängige Kriterien definiert werden. Andernfalls käme es zu der Gefahr, daß man, ohne dies eigentlich zu wollen, diejenigen Fälle bevorzugt, die in das eigene Konzept passen, und diejenigen benachteiligt, die ihm widersprechen. Dies gilt freilich nicht nur für experimentelle, sondern für sämtliche Beobachtungsdaten.

Zum Schluß dieses Abschnitts noch eine allgemeine Bemerkung: Im Lauf einer Versuchsreihe wird der Vl mit einer wenigstens zu einem Teil für ihn neuen Aufgabe mehr und mehr vertraut. Die Durchführung der Versuche verlangt ihm daher allmählich weniger Umsicht, Konzentration und Nachdenken ab. Außerdem erhält er oft schon bald einen Eindruck von dem zu erwartenden Gesamtergebnis der Versuchsreihe. Alles dies kann dazu führen, daß sein Interesse am einzelnen Versuch geringer wird und damit auch seine Sorgfalt, Geduld und Wachsamkeit abnehmen. Dieser Gefahr sollte der Vl gewärtig sein und daher stets darauf achten, daß er alle Einzelversuche einer Reihe peinlich genau in derselben Weise ausführt.

Zusammenfassung. In diesem Abschnitt werden Gesichtspunkte behandelt, die für die Ausführung psychologischer Experimente von allgemeiner Bedeutung sind (nachdem zuvor ein bestimmter einzelner Versuch mit den hierbei erforderlichen Überlegungen geschildert wurde). Die Gestaltung der äußeren Situation, die Formulierung der Instruktion, das Verhalten des Vls gegenüber der Vp, Fragen der Beobachtung sowie der Bewertung der Ergebnisse und dergleichen werden im einzelnen erörtert, namentlich im Hinblick auf eine möglichst zweckentsprechende Ausführung von Experimenten und auf die Vermeidung von Fehlern, die sich in den Ergebnissen nachteilig auswirken könnten.

4. TECHNISCHE HILFSMITTEL PSYCHOLOGISCHER EXPERIMENTE

Zu einem psychologischen Experiment gehört nicht notwendigerweise auch die Verwendung technischer Hilfsmittel. Viele psychologische Versuche lassen sich ohne jeden solchen Aufwand ausführen. So genügen zur Untersuchung vieler Fragen der Lern- und Denkpsychologie dem Experimentator Papier und Bleistift. Andererseits macht auch die systematische nichtexperimentelle Beobachtung nicht selten von technischen Hilfen Gebrauch. Da aber solche Mittel hauptsächlich bei experimentellen Arbeiten Verwendung finden und gerade diesen reichhaltige Möglichkeiten eröffnen, ist ihre Erörterung hier am Platz.

Nach dem jeweiligen Zweck lassen sich zwei Gruppen von Hilfsmitteln psychologischer Untersuchungen unterscheiden: Zu der ersten Gruppe rechnen wir solche Hilfsmittel, die zur Gestaltung der äußeren Situation, also zur Darbietung, Variation und Kontrolle von Reizen, dienen. Man kann sie als Hilfsmittel zur Reizgebung bezeichnen. Ihre Verwendung ist für das experimentelle Verfahren spezifisch. Zu der zweiten Gruppe gehören alle Vorrichtungen zur Erfassung von Reaktionsvariablen, also von Verhaltensdaten. Es sind Hilfsmittel der Beobachtung. Sie werden nicht allein, aber doch vorwiegend, in Experimenten angewendet.

Hilfsmittel der Reizgebung. Die Hilfsmittel dieser Gruppe sind sehr vielgestaltig, je nach Art und Besonderheit der Reize und Reizsituationen, die hergestellt werden sollen. Wir müssen uns hier auf Beispiele beschränken. Eine ausführliche Abhandlung der gebräuchlichen Geräte könnte ein eigenes Buch füllen.

Nach der Art der Reize kann man unterscheiden zwischen Hilfsmitteln zur Darbietung optischer, akustischer, thermischer, elektrischer, chemischer Reize usw., durch die bestimmte Wahrnehmungen ausgelöst werden, also Gesichts-, Gehörs-, Wärme- und Kälte-, Schmerz-, Geruchs- und Geschmackswahrnehmungen usw. Dabei braucht in der Auslösung des Wahrnehmungserlebnisses nicht der eigentliche Zweck des Versuchs zu liegen; vielmehr kann es sich zum Beispiel auch darum handeln, bestimmte Lernvorgänge oder Emotionen hervorzurufen. Dies geschieht aber im Versuch notwendigerweise auf dem Weg über die Wahrnehmung (zum Beispiel einer Reihe von Wörtern, eines Schmerz- oder Geruchsreizes und dergleichen).

Innerhalb einer Reizart lassen sich als Merkmale des Reizes nennen:

Qualität (zum Beispiel Farbton, Tonhöhe) und *Intensität* (zum Beispiel Helligkeit, Lautstärke) – wobei zu betonen ist, daß diese Merkmale aus den Empfindungen, die den Reizen entsprechen, hergeleitet sind –, ferner die *Dauer* und die *räumliche Lage*. Kommen mehrere Reize in Betracht, so ist auch deren *zeitliche Folge* und ihre *räumliche Konfiguration* von Bedeutung.

Diese Merkmale sind durch geeignete Hilfsmittel zu realisieren beziehungsweise zu variieren. Dafür einige Beispiele:

1. Qualität. Eine Reihe von Farbtafeln kann zur Hervorrufung von Nachbildern dienen, oder es kann damit der Wohlgefälligkeitsgrad einzelner Farben und Farbenkombinationen untersucht werden. Das Merkmal Farbqualität ist hier in Stufen variiert. Eine kontinuierliche Variation erlaubt der Farbenkreisel, auf dem durch schnelle Rotation verschiedenfarbiger Sektoren sämtliche Farbtöne herzustellen sind.

2. Intensität. Hier können dieselben einfachen Hilfsmittel genannt werden: Farbtafeln verschiedener Helligkeit, Herstellung verschieden heller Farbmischungen auf dem Farbenkreisel. Ferner Herstellung verschiedener Beleuchtungsgrade durch entsprechende Variation der Lichtverhältnisse.

3. Dauer. Die Beherrschung der Dauer einer Reizeinwirkung ermöglichen Geräte wie zum Beispiel das Tachistoskop. Hiermit wird ein optischer Reiz (beziehungsweise eine Reizkonfiguration oder eine Anzahl von Reizen) für eine bestimmte wählbare kurze Zeit (zum Beispiel $^1/_{100}$ sec, $^1/_{50}$ sec) dargeboten. Für die zeitlich genau begrenzte Darbietung einfacher Reize (zum Beispiel Lichtreize) werden auch elektrische Schaltuhren verwendet.

4. Räumliche Lage. Eine Variation der Raumlage eines Reizes oder mehrerer Reize ist zum Beispiel für die Untersuchung von Scheinbewegungen erforderlich, die bei rasch zwischen verschiedenen Raumstellen wechselnder Darbietung eines Lichtreizes gesehen werden. Durch mechanische oder elektrische Einrichtungen kann eine solche Darbietungsweise realisiert werden.

5. Zeitliche Folge. Die Regelung der Abfolgegeschwindigkeit einzelner Reize ist zum Beispiel notwendig zur Bestimmung der Flimmerverschmelzungsfrequenz. Hierbei wird festgestellt, bei wieviel Lichtblitzen pro Sekunde ein einheitlicher Lichteindruck entsteht. Ein dazu gebrauchtes sogenanntes Flimmergerät gestattet die kontinuierliche Veränderung der Frequenz von Lichtreizen. In vielen Versuchen der Lernpsychologie werden Gedächtnisapparate gebraucht, durch die die Einheiten eines Lernstoffs in gleichen Zeitabständen nacheinander dargeboten werden. Andere Versuche können eine Darbietung von Reizen in bestimmten un-

gleichen Abständen verlangen, die dann von einem entsprechend eingestellten Schaltmechanismus zu steuern sind.

6. Räumliche Konfiguration. Hiermit ist die Gestalt eines Reizkomplexes beziehungsweise die aus einzelnen Reizen gebildete räumliche Anordnung gemeint, eine Eigenschaft, die mit den zuvor genannten einzelnen Merkmalen noch nicht gegeben ist (wenn man von einer in der zeitlichen Folge liegenden Entsprechung, dem Rhythmus, absieht). Als Beispiel seien die optischen Täuschungen erwähnt. Zu ihrer Darbietung kann man sich einfacher Zeichnungen bedienen, oder auch besonderer Geräte, die eine Variation der Täuschungsfigur und damit auch des Täuschungsbetrags ermöglichen.

Die hier genannten Beispiele beschränken sich auf Hilfsmittel zur Auslösung visueller Wahrnehmungen. Sie könnten durch die Aufzählung weiterer Geräte ergänzt werden, die Gehörs-, Tast-, Temperaturwahrnehmungen usw. vermitteln.

Viele Geräte ermöglichen die Variation mehrerer Reizmerkmale zugleich. Ein Apparat zur Untersuchung der Scheinbewegungen kann so konstruiert werden, daß die kontrollierte Variation aller bisher genannten Merkmale gewährleistet ist: der Farbe, der Helligkeit, der Raumlage und Zeitfolge und schließlich der Konfiguration der dargebotenen optischen Reize (s. Rausch 1960, K. Müller 1968). Auch Hilfsmittel zur Darbietung von Reizen verschiedener Art sind im Gebrauch, zum Beispiel Reaktionsgeräte, die optische und akustische Signale in einer bestimmten Folge darbieten.

Apparate von gleichem Verwendungszweck liegen oft in mehreren Ausführungen vor. So sind zum Beispiel Gedächtnisapparate, Tachistoskope, Reaktionsgeräte nach zahlreichen verschiedenen technischen Prinzipien entworfen worden.

Viele Fragestellungen verlangen komplexere Anlagen zur Gestaltung der äußeren Situation, vor allem wenn innerhalb derselben Anordnung, die der Reizdarbietung dient, auch die Reaktionen auszuführen sind. Dies gilt zum Beispiel für die verschiedenen Bauarten der Reaktionsgeräte: Ein solcher Apparat besteht einerseits aus einer Vorrichtung zur Reizgebung, zum anderen aus einer Vorrichtung für die Beantwortung der Reize durch die Vp (zum Beispiel durch Druck auf eine Taste). Zwischen diesen beiden Teilen ist als drittes Glied ein Zeitmeßgerät eingeschaltet. Als weiteres Beispiel sei ein sogenannter Zweihandprüfer genannt, ein Gerät zur Untersuchung der Koordination der Bewegungen beider Hände. Es bietet die Reizgrundlage, der die Bewegungen folgen sollen, und enthält zugleich den Mechanismus, an dem diese Bewegungen auszuführen sind. Analoges gilt für experimentelle Untersuchungen des Denkens, in denen bestimmte Aufgaben an konkretem Material zu lösen sind (zum Beispiel Zusammensetzen von Teilen zu einer Figur). Auch die in Tierversuchen häufig verwendeten Irrgärten, in denen ein Tier den Weg erlernt, der zu einem Ziel in Gestalt eines Köders führt, können hier erwähnt werden, ebenso die sogenannten Problemkästen oder Vexierkästen (durch Riegel verschlossene Kästen, die ein Tier zu öffnen lernt, um eine Belohnung zu erhalten).

Allen zuletzt gebrachten Beispielen ist gemeinsam, daß hier zur Wahrnehmung einer Reizsituation und zur Ausführung einer Reaktion dasselbe Gerät dient. Im übrigen gelten auch hier die zuvor erwähnten Gesichtspunkte zur Gestaltung der einzelnen Reizmerkmale.

In neuester Zeit sind für umfangreiche Versuchsanordnungen elektronische Steuergeräte entwickelt worden, mit denen der gesamte technische Versuchsablauf exakt geregelt werden kann, so daß der Vl hiervon weitgehend entlastet wird. Solche Geräte lassen sich in ihrer Funktion auch durchaus dem Verhalten der Vp anpassen; so läßt es sich einrichten, daß die Darbietung eines bestimmten Reizes in Abhängigkeit von der Reaktion auf einen vorhergegangenen erfolgt.

Hilfsmittel zur Beobachtung, Messung und Registrierung. Einige Hilfsmittel von ziemlich allgemeiner Verwendbarkeit wurden schon im Kapitel über die psychologische Beobachtung erwähnt: Spiegelfenster für unmerkliche Beobachtung, Filmkamera und Tonbandgerät für die Aufnahme von Handlungsweisen, mimischen und sprachlichen Äußerungen. Im folgenden sollen Geräte und Verfahren beschrieben werden, die vor allem bei experimentellen Untersuchungen zur Anwendung kommen. Wir unterscheiden dabei drei Aufgaben: die Messung beziehungsweise Registrierung der Zeit, der Anzahl und der Intensität von Reaktionen.

1. Messung der Zeit. Wenn es darauf ankommt, die zwischen dem Eintritt eines Reizes und der darauf folgenden Reaktion liegende Zeit nicht nur in ganzen Sekunden zu messen, sondern auch noch Sekundenbruchteile mit einiger Genauigkeit zu bestimmen, so genügt hierfür die von Hand betätigte Stoppuhr nicht mehr. Es wird dann der Gebrauch einer präzisen elektromagnetischen Stoppuhr (frühere Bauarten als «Chronoskop» bezeichnet) notwendig, die mit dem Darbietungsgerät und mit einer Reaktionstaste für die Vp so geschaltet wird, daß sie im Moment der Darbietung zu laufen beginnt und durch die Reaktion augenblicklich angehalten wird. Zweckmäßig sind nur leise laufende und mit Schwachstrom arbeitende Uhren (Abb. 6/1); mit Netzstrom betä-

tigte Stoppuhren erfordern zum mindesten besondere Schutzmaßnahmen für die Vp. (Überhaupt hat der Experimentator bei der Verwendung elektrischer Geräte die Einhaltung der geltenden Schutzbestimmungen zu beachten, namentlich bei Geräten beziehungsweise Schaltungen, die er selbst herstellt.) In Versuchen mit sprachlichen Reaktionen wird das Zeitmeßgerät am besten über einen sogenannten Schallschlüssel gesteuert, ein Gerät, mit dem durch Schalleinwirkung auf eine Membran beziehungsweise auf ein Mikrophon ein elektrischer Kontakt betätigt wird (LÖHN und TRAXEL 1958, TRAXEL 1961 b).

Abb. 6/1. Präzisionsstoppuhr für elektrisches Starten, Stoppen und Nullstellen des Zeigers. Ablesung: $^1/_{100}$ sec (Jaquet, Basel).

Die Reaktionszeit kann auch auf graphischem Weg bestimmt werden. Auf einem mit bekannter Geschwindigkeit ablaufenden Registrierstreifen

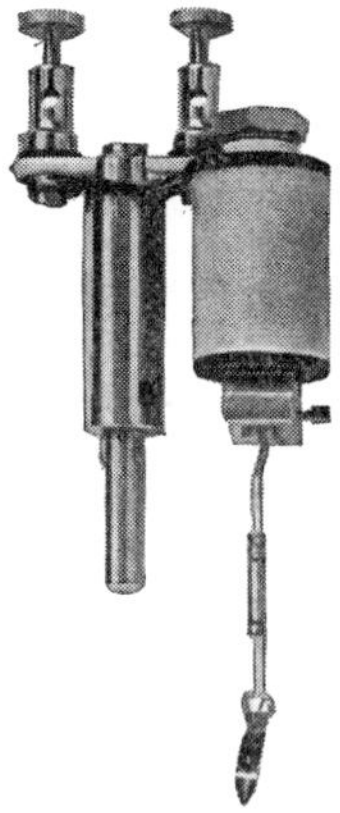

Abb. 6/2. Markiermagnet (Jaquet, Basel).

wird durch einen Elektromagneten, der mit einer Schreibvorrichtung versehen ist (Abb. 6/2), der Eintritt der Reizdarbietung und der Eintritt der darauf folgenden Reaktion markiert. Aus dem Abstand beider Markierungen auf dem Registrierstreifen ist die Reaktionszeit zu ersehen. Eigens zu diesem Zweck gebaute Apparate werden Chronographen genannt. Heute werden häufig Geräte verwendet, welche die Reaktionszeiten sofort in Ziffern anzeigen oder ausdrucken.

Was über die Messung der Reaktionszeit (Zeit zwischen der Darbietung und der Beantwortung eines Reizes) gesagt wurde, gilt entsprechend auch für die Messung der Reaktionsdauer (zum Beispiel der zur Lösung einer Denkaufgabe benötigten Zeit), die von der Reaktionszeit im engeren Sinn unterschieden werden kann.

2. Anzahl der Reaktionen. Zur automatischen Zählung gleichartiger Reaktionen, zum Beispiel der «Fehler», die ein Versuchstier beim Durchlaufen eines Irrgartens macht, dienen elektromagnetisch oder elektronisch arbeitende Zählwerke. Die Versuchsanlage muß in diesem Fall so

Abb. 6/3. Elektromagnetischer Impulszähler, mit Stoppuhr kombiniert (Jaquet, Basel).

konstruiert sein, daß jedesmal, wenn das Tier eine Sackgasse des Irrgartens betritt, ein elektrischer Kontakt geschlossen wird. Der hierdurch ausgelöste Impuls schaltet alsdann das Zählwerk um eine Stelle weiter. Die Anzahl der eingetretenen Reaktionen kann jederzeit an dem Zählwerk abgelesen werden.

Will man die innerhalb einer genau begrenzten Zeit (zum Beispiel während einer Minute) auftretenden Reaktionen feststellen, so verwendet man am besten einen mit einer Stoppuhr gekoppelten Impulszähler (Abb. 6/3). Die Stoppuhr gibt beim Start das Zählwerk frei und sperrt es beim Anhalten wieder, so daß man nach der Messung zugleich über die genaue Meßdauer und über die Reaktionszahl verfügt.

Die Anzahl der Reaktionen kann auf entsprechende Weise auch mit Hilfe eines Markiermagneten auf einem Registrierstreifen festgehalten werden, wobei freilich die Zählung nachträglich geschehen muß. Man wird jedoch von dieser Möglichkeit Gebrauch machen, wenn es darauf ankommt, nicht nur die Gesamtzahl der Reaktionen zu erfassen, sondern auch die jeweiligen Zeitpunkte ihres Eintretens und ihre zeitliche Verteilung über die Dauer der Messung.

3. Intensität der Reaktionen. Viele Reaktionen lassen sich nicht nur als «vorhanden» oder «nicht vorhanden» charakterisieren (wie zum Beispiel ein Fehler bei einer Bewegungsfolge), sondern stellen kontinuierliche Variable dar und sind entsprechend zu messen (neben ihrer zeitlichen Dimension, die bei allen Erscheinungen kontinuierlich erfaßbar ist).

Soweit es sich bei solchen kontinuierlichen Variablen um motorische Reaktionen beziehungsweise um Bewegungen handelt, wie zum Beispiel beim Blutdruck oder bei der Atmung, können sie mit einem einfachen pneumatischen Verfahren gemessen werden. Bekannt ist die Messung des arteriellen Blutdrucks, wie sie der Arzt ausführt. Die hierzu dienenden Verfahren (nach v. RECKLINGHAUSEN oder nach RIVA-ROCCI) beruhen im Prinzip darauf, daß der Blutdruck über einen äußeren Gegendruck (nämlich in der um den Arm gebundenen aufblasbaren Manschette) gemessen wird. Eine Abwandlung dieser Methode erlaubt es, nicht nur die maximalen und minimalen Blutdruckwerte zu bestimmen, sondern auch die Variationen des Blutdrucks in seinem Verlauf über eine längere Zeit. Wird die Manschette nur wenig aufgeblasen, so daß der Druck in ihr zwischen minimalem (diastolischem) und maximalem (systolischem) Blutdruck liegt, so führen dann eintretende Variationen des Blutdrucks zu entsprechenden Schwankungen des Manschettendrucks. Durch einen

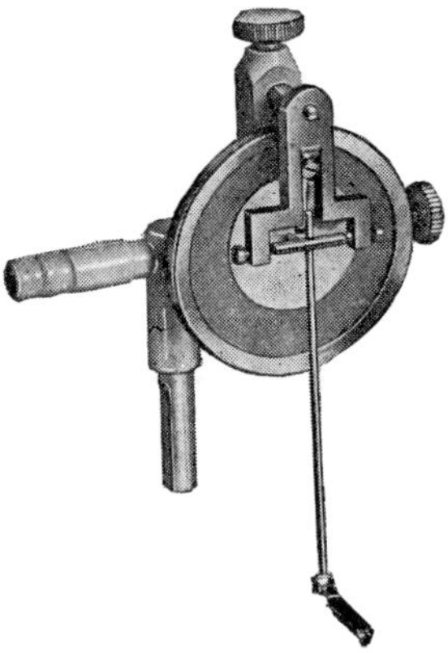

Abb. 6/4. Pneumatische Kapsel (Jaquet, Basel).

an die Manschette angeschlossenen Gummischlauch werden nun die in dieser auftretenden Druckänderungen auf eine Registrierkapsel (nach MAREY) übertragen, deren dünne Gummimembran dadurch mehr oder weniger stark gedehnt wird. Ein mit dieser Membran verbundener Schreibhebel zeichnet die Membranbewegungen in vergrößertem Maßstab auf ein darunter ablaufendes Registrierpapier (Abb. 6/4). Nach diesem Prinzip können auch die Atmungsbewegungen und deren Veränderungen sowie manche anderen physiologischen Variablen registriert werden.

Eine solche pneumatische Registrieranlage gibt unter gleichbleibenden Meßbedingungen die größere Reaktion durch einen größeren Hebelausschlag, die kleinere Reaktion durch einen kleineren Ausschlag wieder. Insofern ist zwischen den zu messenden Größen und den erhaltenen Meßdaten Übereinstimmung in der Rangordnung zu erwarten; es besteht aber hier keine genau lineare Beziehung. Trotz dieser Einschränkung ist die pneumatische Registrierung in vielen Fällen durchaus zweckentsprechend.

Andere kontinuierliche Reaktionsvariable können nur mit elektrischen Meßinstrumenten gemessen und registriert werden. Dies gilt zum Beispiel für die Veränderungen des Hautwiderstands und die hierbei zu beobachtende galvanische Hautreaktion (GHR), wie sie Abb. 6/5 wie-

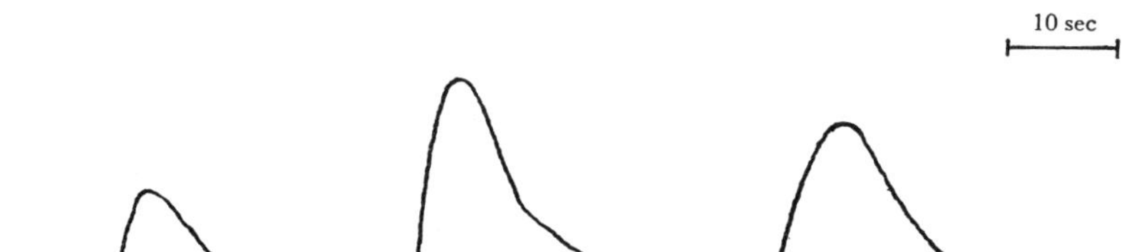

Abb. 6/5. Galvanische Hautreaktionen in einem Assoziationsversuch. Die Abnahme des Hautwiderstands ist, wie üblich, nach oben registriert. Auf der unteren Linie sind die Darbietungen der Reizwörter markiert.

dergibt, für die Veränderungen der Hauttemperatur und für die sogenannten Aktionsströme (sehr rasche Schwankungen in den Aktionspotentialdifferenzen zwischen verschiedenen Meßstellen am Körper), wie sie aus der Muskulatur (Elektromyogramm, EMG) und aus dem Gehirn (Elektroenzephalogramm, EEG) abgeleitet werden können.

Spielen sich die Veränderungen relativ langsam ab (wie zum Beispiel die galvanische Hautreaktion, die sich über mehrere Sekunden erstreckt), und sollen nur jeweils deren Maxima und nicht auch ihr Verlauf erfaßt werden, so können die Meßwerte vom Instrument abgelesen werden, wenn kein Registriergerät verfügbar ist (im Fall der GHR von einem hochempfindlichen Drehspulinstrument). In allen anderen Fällen ist auf die kontinuierliche Registrierung durch schreibende Galvanometer und Oszillographen nicht zu verzichten. Für Aktionsströme sind mit Rücksicht auf ihre Frequenz Instrumente mit geringer Trägheit erforderlich. Solche Instrumente sind relativ wenig empfindlich; es müssen ihnen daher stets elektronische Verstärker vorgeschaltet werden, zumal die zu messenden Spannungen äußerst schwach sind (Größenordnung: Mikrovolt).

Elektrische Meßgeräte sind leicht zu handhaben, vielseitig verwendbar und bei guter Behandlung recht funktionssicher. Daher ersetzt man eine mechanische (zum Beispiel pneumatische) Meßvorrichtung gerne durch eine elektrische, um so mehr, als sich mechanische Bewegungen (zum Beispiel der Atmung, des Pulses) leicht in elektrische Schwankungen umsetzen lassen. Man läßt etwa die Atembewegungen einen Schiebewiderstand steuern, der in einem Schwachstromkreis liegt. Die Zeigerausschläge eines ebenfalls in den Kreis geschalteten elektrischen Meßgeräts folgen dann dem Verlauf der Atembewegungen.

4. Registrierung. Ein altes Verfahren ist die Registrierung auf Rußpapier. Ein sehr leichter (zum Beispiel mit einer Mareyschen Kapsel verbundener) Schreibzeiger gleitet über eine sich gleichmäßig drehende, mit berußtem weißem Papier bespannte Trommel (Kymographion) und hinterläßt darauf gemäß den Bewegungen der Meßvorrichtung eine klare weiße Spur. Diese Registriermethode war ziemlich umständlich zu handhaben.

Ein sehr bequemes und billiges Verfahren ist die Tintenschreibung, wobei der Zeiger des Instruments (meist eines robusten Drehspulmeßwerks) als Schreibarm ausgebildet ist, der über das Registrierpapier gleitet (Abb. 6/6).

Diesen beiden und ähnlichen Verfahren, die als Direktschreibung bezeichnet werden, ist die Photoregistrierung gegenüberzustellen. Hier wird ein Meßinstrument (Drehspulgalvanometer, Schleifenoszillograph) verwendet, das statt eines Zeigers einen kleinen drehbaren Spiegel trägt. Durch eine Lampe wird ein Lichtstrahl auf den Spiegel gerichtet, der gemäß den Auslenkungen des Instruments reflektiert und auf einer Skala sichtbar wird (Poggendorffsche Spiegelablesung). Diese Methode ermöglicht Messungen von besonders hoher Präzision. Wird nun der vom Spiegel reflektierte Lichtstrahl nicht auf eine Skala, sondern durch eine

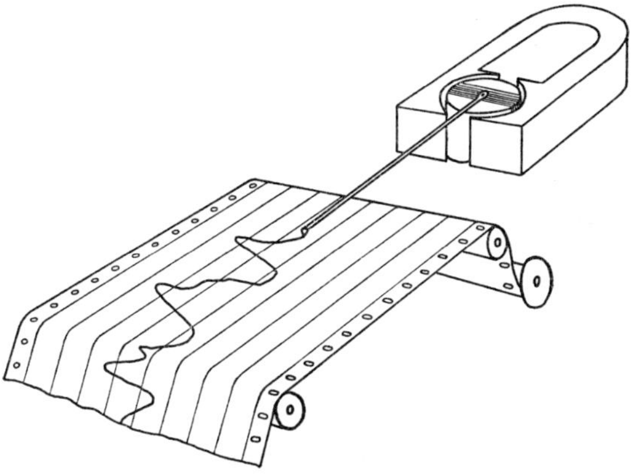

Abb. 6/6. Schemazeichnung eines Tintenschreibers (Drehspulinstrument).

Spaltblende auf einen abrollenden Film geworfen, so wird die Messung photographisch registriert (Photokymographion). Auch die Ausschläge des auf dem Schirm des Kathodenstrahloszillographen erscheinenden leuchtenden Punktes werden auf photographischem Weg festgehalten.

Die neuere Entwicklung der Registriertechnik hat vor allem die Direktschreibung weiter vervollkommnet. Ihre Vorzüge bestehen darin, daß die Aufzeichnung während des Versuchs genau verfolgt werden kann und keiner Nachbehandlung bedarf. Neben der Tintenschreibung gibt es mehrere andere Verfahren. Photoregistrierung und Direktschreibung sind in den Lichtpunktlinienschreibern vereinigt, die mit dem Licht einer Quecksilberdampflampe über ein Spiegelmeßwerk in sofort sichtbarer Schrift auf einen Spezialfilm registrieren.

Eine wesentliche Erweiterung der experimentellen Möglichkeiten bringt die neuere Entwicklung der Telemetrie mit sich. Mit telemetrischen Verfahren werden Meßsignale durch Funkübertragung einem Registriergerät zugeführt; die in vielen Fällen störende Einschränkung der Bewegungsfreiheit der direkt an das Registrierinstrument angeschlossenen Vp entfällt dabei weitgehend.

Für die Auswertung eines umfangreichen Ergebnismaterials sowie für die Analyse psychophysischer Reaktionsverläufe empfehlen sich die Verfahren der elektronischen Datenverarbeitung (s. hierzu Ax 1967, Guttmann und Steinringer 1969).

Häufig ist es notwendig, mehrere Variable zugleich auf demselben Streifen zu registrieren, zum Beispiel Pulsfrequenz, Atmungsbewegungen, Hautwiderstandsverlauf, Blutdruckänderungen einer Vp und dazu noch die Zeitpunkte der Reizdarbietungen. Es kann aber auch zweckmäßig sein, Reaktionen gleicher Art von mehreren Vpn in derselben Situation auf demselben Streifen festzuhalten. Es gibt daher für mehrere Registrierungen eingerichtete Geräte, die sogenannten Polygraphen. Abb. 6/7 zeigt einen speziell für psychologische Zwecke entworfenen Polygraphen für vier gleichzeitige Registrierungen beliebig wählbarer Variabler mit zusätzlicher Markiereinrichtung und mit variierbarer Papierablaufgeschwindigkeit.

Ergänzende Bemerkungen. So einfach die meisten der in der Psychologie verwendeten technischen Meß- und Registrierverfahren in den Prinzipien sind, so hat man doch dabei mit allerlei Schwierigkeiten zu rechnen,

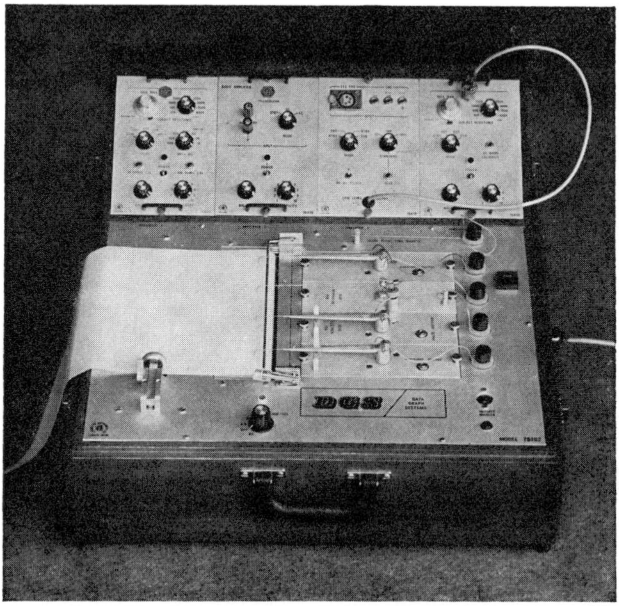

Abb. 6/7. Polygraph für psychophysiologische Messungen und Registrierungen verschiedenster Art (vier Kanäle und zusätzliche Zeit- oder Ereignismarkierung). Hier mit drei elektrischen Schreibern, einem pneumatischen Schreiber und einer speziellen Kombination von Verstärkern ausgerüstet. Auch für Telemetrie geeignet. (Lafayette Instrument Company; Lafayette, Indiana, USA.)

vor allem wenn man Geräte selbst entwerfen oder adaptieren muß. Denn nicht für alle Zwecke findet man auf dem Markt das Passende. Konstruktionsmängel und Betriebsstörungen eines Geräts können unter Umständen auch zu Artefakten in den Meßergebnissen führen. Genaue Kenntnis des jeweiligen Verfahrens und praktische Erfahrung sind auf jeden Fall für seine erfolgreiche Anwendung unerläßlich und können durch keine lehrbuchmäßige Beschreibung ersetzt werden.

Bei der Auswahl und Zusammenstellung der zu einem Versuch benötigten Geräte müssen zuerst die einschlägigen physiologischen Gesichtspunkte berücksichtigt werden, da ja mit den erwähnten Meß- und Registrierverfahren physische Variable erfaßt werden. Man muß daher die Charakteristika der zu untersuchenden Vorgänge genau kennen, um demgemäß die jeweils geeignete Meß- und Registriervorrichtung anwenden zu können. Nicht nur Fehler, sondern auch überflüssiger Aufwand können so vermieden werden. Benötigt man zum Beispiel eine Anlage zur Messung motorischer Reaktionen auf optische Reize, so wird man nicht zu diesem Zweck ein Zeitmeßgerät anschaffen, das die Reaktionszeit bis auf eine Zehntausendstelsekunde anzeigt. Denn die Reaktionszeit wird um weit größere Beträge durch unkontrollierbare variable physiologische Bedingungen beeinflußt, so daß eine derart genaue Messung gar nicht möglich ist. Es handelt sich dann um Pseudogenauigkeit, und hier zudem noch um eine kostspielige. Wenn nun noch die an ein solches Präzisionsinstrument angeschlossene Reaktionstaste bis zum Kontaktschluß fast um einen vollen Zentimeter niedergedrückt werden muß, so ist die ganze Anlage physiologisch unangemessen. In der Tat würde hier ein weit billigeres Reaktionsgerät mit Zeitangabe in Hundertstelsekunden, wenn dabei die Stoppuhr nicht durch Niederdrücken, sondern durch Loslassen der Taste (also durch Stromunterbrechung) geschaltet wird, erheblich genauere Resultate erbringen.

Bei der Messung und Registrierung physischer Variabler muß ferner bedacht werden, daß die auftretenden Veränderungen, aus denen man auf psychische Reaktionen zu schließen pflegt, auch rein körperliche Ursachen haben können. Dies gilt zum Beispiel für Hautwiderstandsänderungen, die ebenso wie durch momentane Änderungen der psychischen Erregungslage auch durch Husten, tiefes Einatmen und stärkere Bewegungen ausgelöst werden können. Auch bei anderen vegetativen Reaktionen ist Entsprechendes festzustellen. Die Vp muß daher während des Versuchs beobachtet werden, damit sich derartige Einflüsse erkennen lassen.

Der Psychologe wird in den seltensten Fällen zugleich auch Techniker sein; er benötigt aber technisches Verständnis und auch ein wenig technisches Geschick, wenn er mit den genannten Verfahren arbeiten will. Er wird kompliziertere Geräte meist nicht selbst bauen können, aber er muß in der Lage sein, unter Geräten, wie sie von der Industrie angeboten werden, dasjenige auszuwählen, das für seine Zwecke tatsächlich geeignet und auch preiswert ist. (Für die Medizin bestimmte Geräte sind häufig besonders kostspielig.) Die besten Voraussetzungen für seine Untersuchung kann der Psychologe oft schaffen (und gleichzeitig unnötige Ausgaben vermeiden), wenn er selbst eine Versuchsanlage aus einzelnen Bestandteilen (zum Beispiel Reaktionstasten, Elektrostoppuhr, Relais) zusammenstellen kann. Dazu muß er freilich die erforderlichen elektrischen Schaltungen selbst herstellen können. Ist es unumgänglich, eine komplizierte Anlage neu zu entwickeln, so muß er imstande sein, einem Fachmann genau anzugeben, was dieses Gerät im einzelnen leisten soll. Der Psychologe wird unzulängliche Geräte oft nicht selbst verbessern, defekte nicht reparieren können, doch muß er soviel technisches Wissen besitzen, um sich zum Beispiel von der Anzeigegenauigkeit eines ihm gelieferten Meßinstruments selbst zu überzeugen oder um Fehler, die während des Betriebs eintreten, sofort zu bemerken.

Zusammenfassung. Zwei Gruppen von technischen Hilfsmitteln psychologischer Experimente sind zu unterscheiden: solche zur Reizgebung und solche zur Erfassung der Reaktionen. Durch die Hilfsmittel der ersten Gruppe wird es ermöglicht, verschiedene einzelne Merkmale von Reizen beziehungsweise auch komplexe Reizanordnungen exakt und kontrolliert zur Wirkung zu bringen. Da sie dazu dienen, ein Geschehen auszulösen, ist ihre Anwendung auch für das experimentelle Verfahren spezifisch. Freilich sind nicht alle psychologischen Experimente auf den Gebrauch von Apparaten angewiesen.

Die technischen Hilfsmittel der zweiten Gruppe dienen zur Beobachtung, Messung und Registrierung von Reaktionen. Sie werden zwar auch bei systematischen gelegentlichen, meistens aber bei experimentellen Beobachtungen verwendet; daher wurden sie an dieser Stelle behandelt. Wir unterscheiden hier drei Aufgaben: die Messung (beziehungsweise auch Registrierung) der Zeit, der Anzahl und der Intensität der Reaktionen. Die hierzu gebräuchlichen technischen Verfahren werden in ihren Grundzügen näher beschrieben.

Manche Versuchsanlagen vereinigen technische Hilfsmittel beider Arten in sich (zum Beispiel die sogenannten Reaktionsgeräte, die sowohl die Reizgebung wie auch die Reaktionszeitmessung besorgen).

Der Psychologe, der mit technischen Hilfsmitteln arbeitet, muß nicht selbst Techniker sein; er braucht aber soviel technisches Wissen, um die für seine Untersuchung am besten geeigneten Geräte auswählen und ihre Funktion überprüfen zu können.

5. ZUR KRITIK DES PSYCHOLOGISCHEN EXPERIMENTS

Zur Klärung von Mißverständnissen. Keine Methode hat die neuere Geschichte der Psychologie in einer so entscheidenden Weise beeinflußt wie die experimentelle. Durch ihre Einführung hat sich erst die Entwicklung der Psychologie zu einer eigenständigen Wissenschaft vollzogen. Keine andere Methode war aber auch Gegenstand so scharfer und grundsätzlicher Meinungsverschiedenheiten. Die Stellungnahmen der an der Diskussion beteiligten Autoren reichten von uneingeschränkter Befürwortung bis zu radikaler Ablehnung des Experiments in der Psychologie.

Wenn auch heute diese Polemik abgeklungen ist, die Gegensätze sich gemildert haben und niemand mehr dem Experiment seinen Platz in der Psychologie streitig machen wird, so bestehen doch als Nachwirkungen jener Auseinandersetzungen noch häufig Mißverständnisse über das psychologische Experiment beziehungsweise die experimentelle Psychologie, die aufgeklärt werden sollten.

Schon beim Begriff *Experimentelle Psychologie* beginnen diese Mißverständnisse. Es wird hierunter zuweilen immer noch ein Teilgebiet oder eine «Richtung» der Psychologie verstanden, obwohl eine solche Auffassung seit mindestens vierzig Jahren als überholt gelten müßte.

Pauli (1927, Vorwort) konnte bereits schreiben: «Das Experiment ist eine besondere Verfahrungsweise, die experimentelle Psychologie demnach nicht ein eigenes Gebiet innerhalb oder neben der allgemeinen Psychologie – wie man wohl gemeint hat –, sondern lediglich eine Psychologie, die sich dieser Methode bedient, wo es angezeigt erscheint.»

Ähnlich hat dies später Guilford (1940, S. VI) ausgedrückt: "The term 'experimental psychology' is losing its traditional meaning, however, as a separate and distinct field. All fields are becoming more and more experimental, and so the term is coming to refer to a method rather than a field."

Im gleichen Sinn kommentierte Seashore (1942, S. III) den Titel eines von ihm herausgegebenen Buches: "The title 'Fields of Psychology: An Experimental Approach' indicates that experimental methods have now been extended to cover all of the special fields of psychology."

Und Woodworth (1938, S. 1) beschrieb in der Einleitung zu seiner berühmten "Experimental Psychology" die damalige Situation wie folgt: "Today we are inclined to claim for experimental psychology a scope as wide as that of psychology itself, while admitting that we do not yet know exactly how to subject some of the biggest problems to a rigorous experiment. Until these problems are attacked experimentally, they probably will not be solved."

Schon lange kann man also die experimentelle Psychologie nicht mehr als ein einzelnes Gebiet, wie etwa Tierpsychologie oder Persönlichkeitsforschung, betrachten, auch wenn dies im Anfang ihrer Entwicklung berechtigt gewesen sein mag. Aber experimentelle Forschung ist nicht an einen speziellen Gegenstand gebunden, und daher sind experimentelle Verfahren heute in fast allen Gebieten der reinen und der angewandten Psychologie in Gebrauch. Eine Abgrenzung der experimentellen von der nichtexperimentellen Psychologie innerhalb des weiteren Bereichs der empirischen Psychologie ist also nicht möglich.

Unzutreffend ist es auch, wenn die experimentelle Psychologie als eine Richtung verstanden wird. Denn das Experiment ist schon von sehr verschiedenen Richtungen angewendet worden, zum Beispiel von der Assoziationspsychologie ebenso wie von deren Widerpart, der Gestaltpsychologie, von der sich als behavioristisch verstehenden Psychologie ebenso wie von der sich für «introspektiv» haltenden Forschung. Wenn aber derart gegensätzliche Richtungen zur experimentellen Psychologie beitragen, so kann diese selbst offenbar keine Richtung sein.

Die experimentelle Psychologie ist demnach aufzufassen als die durch die Anwendung der experimentellen Methode charakterisierte Art psychologischer Forschung und das Insgesamt ihrer Ergebnisse. Den Begriff der experimentellen Methode werden wir dabei in dem schon angedeuteten umfassenderen Sinn (vgl. S. 182) zu verstehen haben.

Hiermit gewinnen wir auch eine Grundlage für die Beurteilung einzelner Einwände, die gegen das psychologische Experiment erhoben wurden.

Oft wurde das experimentelle Verfahren in Verbindung gebracht mit einer elementaristischen Betrachtungsweise. Mit dieser werde versucht, das Psychische in einzelne nicht weiter reduzierbare Bestandteile zu zergliedern, aus denen man sich das Ganze, etwa in Analogie zu den chemischen Verbindungen, aufgebaut denke (s. Kapitel III, 2).

Ein solcher Einwand hat freilich mit dem Wesen des Experiments nichts zu tun, denn eine unter experimentellen Bedingungen getroffene Feststellung ist grundsätzlich nicht mehr und nicht weniger elementaristisch als jeder andere Befund über einen psychologischen Sachverhalt. Die Zurückführung des Psychischen auf «Elemente» ist eine theoretische Deutung, die in den empirischen Resultaten noch nicht enthalten ist und auch nicht durch den Gebrauch einer bestimmten Methode bedingt wird.

Allerdings kann eine theoretische Auffassung zu bestimmten empirischen Fragestellungen führen, auf die dann die an sich in theoretischer Hinsicht neutrale Methode angewendet wird. In der Tat legte man im Anfangsstadium der experimentellen Psychologie wohl zu wenig Gewicht auf die Untersuchung der Zusammenhänge im psychischen Geschehen, und man mag hierin den Ausdruck einer elementaristischen Haltung sehen, wenn diese auch nie als erklärte Richtung in Erscheinung trat. Daß dies aber keineswegs notwendigerweise so ist, beweist schon die weitere Entwicklung, in der sich ausgesprochen «antielementaristische» Richtungen sehr ausgiebig und mit Erfolg des Experiments bedienten. So hat später die Lehre der Gestaltpsychologie die experimentell-psychologische Forschung stark angeregt. Der in Rede stehende Einwand ist also beim heutigen Stand antiquiert.

Ein anderer Einwand besagt, das Experiment sei das Werkzeug einer Psychologie, die in mechanistischer Weise das psychische Geschehen kausal, das heißt aus Ursachen, zu erklären versuche, während dieses in Wahrheit nur aus seinen Sinnzusammenhängen und aus den Zielen, auf die es angelegt sei, verstanden werden könne.

Auch hier geht es nicht um ein Problem der Methodik. Denn für die empirische Untersuchung ist es allein von Bedeutung, daß Beziehungen zwischen den Erscheinungen festgestellt werden, und dies und nicht mehr geschieht auch durch die experimentelle wie durch jede andere Beobachtung. Alles weitere ist eine Sache der Deutung des Beobachteten. In manchen psychischen Vorgängen (Erlebnissen der Motivierung) ist uns in der Tat eine Zielstrebigkeit mehr oder minder klar bewußt gegeben; insofern ist auch dies ein empirischer Sachverhalt. Ob aber darüber hinaus das Psychische als Ganzes und in seinem Wesen kausal zu erklären oder final, das heißt aus seiner Zielgerichtetheit, zu begreifen versucht wird, ist eine Frage des erkenntnistheoretischen und ontologischen Gesichtspunkts des Betrachters. Dazu sei noch erwähnt, daß beide Aspekte einander keineswegs ausschließen. Mit der Anwendung des Experiments wird jedenfalls keine Vorentscheidung über die Deutung eines Geschehens getroffen, und somit beruht auch dieser Einwand auf einem Mißverständnis.

Ein weiterer Einwand bezeichnet das Experiment als ein «Laboratoriumsgeschehen», das nur in sehr begrenztem Umfang Schlüsse auf das wirkliche Leben zulasse. Viele psychische Erscheinungen könnten in einer Laboratoriumssituation überhaupt nicht ausgelöst werden, da sie nur in «Ernstsituationen» entstehen könnten.

Hier endlich haben wir es mit einem Einwand zu tun, der die experimentelle Methode tatsächlich selbst berührt und der daher für ihre Fehler und Grenzen maßgebend sein kann. Wir werden uns mit ihm ausführlicher befassen.

Der Einfluß der Versuchssituation. Für das Experiment ist es charakteristisch, daß das zu beobachtende Geschehen absichtlich hervorgerufen wird. In diesem Unterschied gegenüber den gewöhnlichen Bedingungen, unter denen ein solches Geschehen sonst entsteht und beobachtet werden kann, haben wir auch die für das Experiment charakteristischen Fehlermöglichkeiten und Beschränkungen zu suchen.

Die absichtliche Beeinflussung des psychischen Geschehens bei einem anderen Menschen ist nun an sich nichts, was im täglichen Leben ungewöhnlich wäre; sie findet im sozialen Kontakt fortwährend statt, ja jeder soziale Kontakt beruht sogar hierauf. Auch ist eine solche Beeinflussung meist durchaus absichtlich und gezielt. Psychologisch gesprochen bedeutet sie nichts anderes, als daß wir bestimmte Wahrnehmungen, Erinnerungsvorgänge, Denkprozesse, Emotionen, Entschlüsse und dergleichen bei unseren Mitmenschen hervorrufen, also im Grunde dasselbe, was auch im Experiment geschehen soll.

Indessen sind die Möglichkeiten der Beeinflussung psychischen Geschehens im Experiment zweifellos beschränkt. Man kann hier nicht alle Auslösebedingungen schaffen, die das tägliche Leben schafft. Dies gilt zum Beispiel für Phänomene wie starke Affekte, Haß und Liebe, Gefühle der Verehrung und der Trauer, wichtige Entscheidungen, Gewissenskonflikte. Solche Erscheinungen können nicht einfach nur eben zum Zweck der Untersuchung, losgelöst von der Ernstsituation des Lebens, erzeugt werden.

Während hier das Experiment von vornherein nicht durchführbar ist, muß in anderen Fällen, wo die Auslösebedingungen immerhin herstellbar sind, unter Umständen mit Störungen gerechnet werden. Durch das Wissen der Vp, daß sie an einem Versuch teilnimmt, oder auch das speziellere Wissen von seinem Zweck, kann das Geschehen so verändert werden, daß es den natürlichen Verhältnissen nicht mehr entspricht. Soll zum Beispiel die allgemeine Zuverlässigkeit von Zeugenaussagen untersucht werden, wobei die Vpn aufgefordert werden, eine von einigen Personen dargestellte Handlung zu verfolgen, so wird das Bewußtsein der Vpn von der Versuchssituation und der gestellten Aufgabe die Beobachtungen wahrscheinlich stark beeinflussen.

Was kann geschehen, um den Einfluß der Versuchssituation zu unterbinden? Offenbar müssen hierzu lebensechte Verhältnisse geschaffen werden, unter denen das Experiment für die Vpn nicht mehr als solches erkenntlich ist. In einem solchen «Wirklichkeitsversuch» werden also bei der Untersuchung von Zeugenaussagen einige Personen scheinbar zufällig zu Zuschauern eines Vorfalls, etwa eines Streites, gemacht, der vorher mit den Darstellern genau abgesprochen wurde, und nachher als Zeugen vernommen. Ein derartiger Versuch hat nicht nur den Vorzug, daß er wirklichkeitsgetreu ist und daß die Vpn dabei ebenso wie in der Ernstsituation reagieren, er besitzt daneben auch den allgemeinen Vorzug des Experiments, daß die Auslösebedingungen – hier der wahre, von den Zeugenaussagen unabhängige Tatbestand – genau bekannt sind.

Der Anwendungsbereich solcher Versuche ist ziemlich groß. Sie können im täglichen Leben, etwa in der Schule, unter Umständen aber manchmal auch im psychologischen Laboratorium stattfinden. So kann zum Beispiel der Vl durch Vortäuschung irgendwelcher Zwischenfälle in einem Versuch echte Furcht und echten Ärger in der Vp auslösen und zugleich die dabei auftretenden Ausdruckssymptome registrieren (Ax 1953) Es gibt, vor allem außerhalb des Laboratoriums, viele Möglichkeiten, lebensnahe Situationen zu schaffen, die von der Vp nicht als Versuchssituation erkannt werden. Es ist weniger ein Mangel an methodischen Möglichkeiten, der die Grenzen der Anwendbarkeit solcher Wirklichkeitsversuche, und damit des psychologischen Experiments überhaupt, bestimmt, es sind vielmehr Gründe des Anstands und der Verantwortung, die ein Experimentieren da verbieten, wo es eine Verletzung der Achtung vor der Vp bedeuten würde oder zu einer psychischen Schädigung führen könnte.

In den Fällen, in denen ein Wirklichkeitsversuch aus dem einen oder anderen Grund nicht stattfinden kann, muß zunächst gefragt werden, wie weit sich die Versuchssituation wohl überhaupt auswirken wird. Sie ist keineswegs in allen Experimenten als gleich bedeutsam zu veranschlagen. Wie die oben genannten Beispiele zeigen, hat man vor allem bei der Untersuchung von Emotionen beziehungsweise stark emotional beeinflußten Erlebnissen mit dem Einfluß der Versuchssituation zu rechnen.

Es wäre aber verfehlt, zu glauben, daß selbst ein «Laboratoriumsversuch» zur Erforschung emotionaler oder in hohem Maß persönlichkeitsgebundener Prozesse nichts Wesentliches beitragen könnte. Denn auch die Teilnahme an einem solchen Versuch ist für die Vp nicht etwas, das etwa ohne Beziehung zu ihrem wirklichen Leben wäre. Auch die Versuchssituation ist in gewissem Sinn eine reale Lebenssituation, zu der die Vp ihre persönlichen Eigenschaften, Einstellungen und Werthaltungen mitbringt, in der sie mit einer anderen Person in Kontakt tritt, auf deren

Äußerungen und Handlungen reagiert, wie es ihrer Individualität entspricht, in der sie bestimmte Erwartungen hegt, Aufgaben übernimmt und in der sie Überraschung, Befriedigung, Enttäuschung usw. erfahren kann (s. hierzu LEWIN 1922). Alles dies braucht nun nicht lediglich Begleiterscheinung des Experiments zu bleiben, sondern die Fragestellung kann sich gerade hierauf richten und der Versuch von vornherein dementsprechend geplant werden. So können durch geeignete Anordnungen zum Beispiel bestimmte Einstellungen oder Motivierungen in der Vp hervorgerufen werden, und es sind auf Grund solcher Möglichkeiten bereits zahlreiche experimentelle Untersuchungen über Emotionen, Wahlhandlungen, Entschlüsse, Konflikte und dergleichen erfolgreich ausgeführt worden. Daß es sich hierbei nicht um ein «künstliches» Geschehen handelt (sofern es etwas künstliches Psychisches überhaupt gibt), zeigen schon die unter Umständen recht lebhaften charakteristischen Ausdruckssymptome der Vpn und nicht zuletzt auch die Aussagen der Vpn selbst. Wenn man zum Beispiel feststellt, daß männliche Personen auf die Darbietung der Bilder von Mädchen im Durchschnitt mit weit stärkeren Veränderungen des elektrischen Hautwiderstands reagieren als auf Bilder von Männern, während dies bei weiblichen Personen umgekehrt ist (TRAXEL 1960c), so ist gewiß der Schluß erlaubt, daß in einem solchen Versuch lebenswirkliche Einstellungen und Verhaltensweisen zur Geltung kommen.

Wir sehen an diesem Beispiel, daß zum mindesten manche Emotionen in einem Laboratoriumsversuch ausgelöst werden können. Aber auch in den Fällen, in denen solches nicht unmittelbar durch eine einfache Reizdarbietung geschehen kann, besteht noch ein gangbarer indirekter Weg: Man kann etwa an bestimmte Situationen anknüpfen, die die Vp schon erlebt hat, und sie auffordern, sich diese wieder zu vergegenwärtigen. Dies läßt die entsprechenden Emotionen oft selbst wieder aktuell werden; die Vp kann sie dann beschreiben, oder es können Ausdruckssymptome registriert werden.

Gewiß ist damit zu rechnen, daß im Experiment die untersuchten Vorgänge meist nicht mit der gleichen Intensität und in den gleichen Verknüpfungen auftreten wie im täglichen Leben. Dies ist jedoch nicht entscheidend und rechtfertigt nicht die Meinung, daß man vom Experiment nicht auf die Lebenswirklichkeit schließen könne. LEWIN schrieb hierzu (1927, S. 419):

«Solchen Einwänden gegenüber dürfte es gut sein, sich daran zu erinnern, daß man in der *jungen Physik* ähnliche Argumente verwendet hat. Als in der Physik die Idee allgemeiner Bewegungsgesetze auftrat, hat man eingewendet, daß etwas qualitativ so Verschiedenes wie die Bewegung eines Menschen auf der Erde, das Rollen einer Kugel, der Flug des Vogels und die himmlischen Bewegungen der Gestirne unmöglich dem gleichen Gesetz gehorchen können. Und was die quantitative Verschiedenheit der Prozesse anbelangt, so experimentiert ja auch der Physiker zur Erforschung der Elektrizität nicht lebensnah, d.h. nicht mit Donner und Blitz.

Die *Lebensnähe* des Experiments ist nicht in der quantitativen Übereinstimmung mit der Wirklichkeit zu suchen, sondern entscheidend ist, ob beide Male wirklich derselbe *Geschehenstypus* vorliegt. Handelt es sich nämlich um Geschehnisse gleicher Struktur, so ist innerhalb breiter Bereiche ein Schluß auch bei verschiedenen absoluten Intensitäten zulässig.»

Wir stellten fest, daß es Mittel gibt, den Einfluß der Versuchssituation auszuschalten, daß man aber auch dann, wenn diese Situation besteht, noch gültige psychologische Erkenntnisse gewinnen kann. Trotzdem kann sich natürlich die Versuchssituation in manchen Untersuchungen als erhebliches Hindernis auswirken, und die Möglichkeit ihres störenden Einflusses sollte daher bei der Planung und Ausführung psychologischer Experimente stets ins Auge gefaßt werden.

Alle Beschränkungen, die für das psychologische Experiment gelten, und auch alle Fehlerquellen, die für diese Methode spezifisch sind, ergeben sich einzig aus den Besonderheiten der Versuchssituation. Es gibt keine anderen Mängel und Fehlerquellen, die speziell für das Experiment kennzeichnend wären. Freilich können in psychologischen Versuchen auch alle diejenigen Fehler auftreten, die in nichtexperimentellen empirischen Untersuchungen unterlaufen können, etwa in der Formulierung der Fragestellung, in der Begriffsbildung, in der Beobachtung. Man wird daher bei experimentellen Arbeiten ebenso wie bei allen anderen an sie zu denken haben. Da aber hierüber weiter oben schon viel gesagt wurde, brauchen diese Fragen hier nicht aufs neue aufgegriffen zu werden. Lediglich auf die Schwierigkeiten, die bei der experimentellen Analyse auftreten können, wollen wir im folgenden noch eingehen, und zwar gerade deshalb, weil das Experiment das mächtigste Werkzeug wissenschaftlicher Analyse ist.

Komplexität der Bedingungen. Mit Beschränkungen der Ergiebigkeit psychologischer Experimente ist auch dann zu rechnen, wenn die Bedingungsstruktur des untersuchten Geschehens sehr komplex wird. Am deutlichsten zeigt sich dies bei Fragestellungen sozial- und kulturpsychologischer Art, was freilich nicht besagt, daß nichtexperimentelle Verfahren in diesen Fällen verläßlicher wären.

WUNDT gab dem Experiment in dem genannten Bereich keine Chancen. Er hielt das Experiment überall für anwendbar und unentbehrlich, «wo es sich um die Analyse rasch verlaufender, vergänglicher Erscheinungen, nicht um die Beobachtung relativ konstant bleibender Objekte handelt» (1908, S. 5). Daher sei es auch zur Untersuchung der Bewußtseinsinhalte, die ja flüchtige Ereignisse sind, geeignet, sofern deren äußere Bedingungen hergestellt werden können. Es steht damit in Einklang, wenn WUNDT meinte, es reiche «die Möglichkeit der Anwendung der experimentellen Methode in der Psychologie genau so weit, wie das individuelle Bewußtsein überhaupt reicht». Grenzen sind ihr nach WUNDT «erst da gesetzt, wo durch das Zusammenleben der Menschen geistige Vorgänge und Erzeugnisse eigener Art entstehen, die, wie die Sprache, die mythologischen Vorstellungen, die Sitten, der experimentellen Einwirkung unzugänglich sind» (1911, S. 12). WUNDT unterschied daher ausdrücklich zwei Arten wissenschaftlicher Psychologie: die experimentelle Psychologie und die Völkerpsychologie.

Nun sind freilich die meisten psychischen Erscheinungen durch das menschliche Zusammenleben beeinflußt oder wenigstens beeinflußbar. Aber auch sozialen Bedingungen unterliegende psychische Erscheinungen bleiben aktuelle, an einzelnen Personen beobachtbare Vorgänge, und was jene sozialen Bedingungen betrifft, so sind auch sie, wenigstens zum Teil und innerhalb gewisser Grenzen, herstellbar. (Es gilt hier das, was schon vorher über die Möglichkeiten experimenteller Einflußnahme gesagt wurde.)

Die weitere Entwicklung hat daher WUNDTS Auffassung nicht ganz bestätigt: Es wurde schon bald sowohl im weiteren Bereich der Völkerpsychologie wie auch auf engeren Gebieten, wie etwa dem der Sprachpsychologie oder der Religionspsychologie (GIRGENSOHN, GRUEHN, STÄHLIN), mit experimentellen oder zumindest durch experimentelle Verfahren unterstützten Untersuchungen begonnen. Allerdings handelte es sich dabei im wesentlichen um «unvollständige» Experimente, wie Darstellungsversuche und Tests. Dagegen sind auf dem Gebiet der Sozialpsychologie auch «vollständige» Experimente in großem Umfang ausgeführt worden, wie schon MURPHY, MURPHY und NEWCOMB (1937) in ihrem Sammelwerk demonstrieren konnten, und vor allem seit der Begründung der Kleingruppenforschung durch LEWIN ist die Anzahl solcher Arbeiten noch sehr viel weiter angewachsen (s. dazu HOFSTÄTTER 1957a, 1973, EYFERTH 1972).

Indessen hat Wundt aus einem anderen Grund teilweise Recht behalten: Wenn auch manche Bedingungen aus dem sozialen Bereich im Experiment herzustellen oder in das Experiment einzuführen sind, so sind mit ihnen fast immer noch viele weitere Bedingungen, ebenfalls aus dem sozialen Bereich, untrennbar verbunden, und zwar oft gerade solche, die sich besonders schwer erkennen und kontrollieren lassen, die aber für die untersuchte Frage wesentliche Bedeutung haben können. Soweit diese Bedingungen aber nicht bekannt und nicht kontrollierbar sind, können sie in Experimenten mit der gleichen Fragestellung durchaus auch systematisch verschieden gelagert sein, ohne daß es bemerkt wird. Daraus erklärt es sich, wenn sozialpsychologische Untersuchungen, die scheinbar in allen wesentlichen Punkten gleichartig angelegt sind und denselben Sachverhalt zum Gegenstand haben, dennoch voneinander abweichende, ja einander widersprechende Resultate ergeben. Es liegt dies dann also an den nicht berücksichtigten «Nebenbedingungen», die aber in Wahrheit stark genug sind, um die betreffenden Untersuchungen unvergleichbar zu machen.

Ebenso wie für Experimente aus der Sozialpsychologie gilt dies auch für solche aus der pädagogischen Psychologie und anderen Bereichen der praktischen Psychologie, in denen sehr komplexe Bedingungsverhältnisse vorliegen. Wird zum Beispiel die Leistungsfähigkeit einer bestimmten Unterrichtsmethode erforscht, so wird man dabei sicherlich solche Faktoren wie Schultypus, Alter und Geschlecht der Schüler berücksichtigen. Es wird indessen oft nicht bedacht, daß es für die Ergebnisse, die die Methode zeitigt, nicht gleichgültig ist, ob die Untersuchung an einem Montag oder einem Samstag, in der ersten oder in der letzten Schulstunde des Tages unternommen wird, und daß sie auch davon abhängen mögen, worüber in der vorhergehenden Stunde unterrichtet wurde. Schon hier kommen Einflüsse ins Spiel, die einen umfangreichen und komplexen Versuchsaufbau notwendig machen, der meist nicht realisiert wird und oft auch nicht realisierbar ist. Damit nicht genug; es kommen andere Bedingungen hinzu, die nun wirklich Imponderabilien darstellen, wie etwa individuelle Merkmale und Fähigkeiten des jeweiligen Lehrers, das kaum bestimmbare «Klima» der einzelnen Schulklasse, die soziale Herkunft der einzelnen Schüler und dergleichen mehr. Es würde einen Versuchsplan von riesigen Ausmaßen erfordern, um allen solchen Bedingungen zugleich Rechnung zu tragen. Da er praktisch nicht zu verwirklichen ist, müssen wir immerfort Teilergebnisse zusammentragen, in der Erwartung, daß sich die Fehler der einzelnen Untersuchungen im Ganzen ausgleichen und daß sich die Teilergebnisse schließlich zu einem richtigen Gesamtbild zusammenfügen werden. Doch sollte man nicht glauben, daß eine unter derart komplexen Bedingungen stehende Untersuchung annähernd exakt durch eine weitere zu reproduzieren sei.

Der kritische Betrachter solcher Untersuchungen wird oft im Hinblick auf die darin mitspielenden unwägbaren Einflüsse (über die er immerhin Vermutungen anstellen kann) die Ergebnisse auf ziemlich allgemeine, relativ grobe Aussagen zurückschneiden müssen. So mag er sich etwa auf Grund von Versuchsergebnissen davon überzeugen lassen, daß Vorurteile gegenüber einer bestimmten sozialen Gruppe geringer werden, wenn man nähere Bekanntschaft mit Angehörigen dieser Gruppe macht, oder daß es relativ wenig Freude bereitet, an einer Gemeinschaftsarbeit teilzunehmen, wenn man bei der vorgegebenen Versuchsanordnung von vornherein keine Chance hat, auch einmal selbst die Lösung für eine der Versuchsgruppe gestellte Aufgabe zu finden. Derartiges geht aus sozialpsychologischen Experimenten oft klar hervor. Allein, hier stellt sich auch die Frage, ob man erst Experimente unternehmen muß, um zu solchen Einsichten zu kommen, und ob ein Experiment hier gegenüber dem sogenannten gesunden Menschenverstand noch zusätzliche Überzeugungskraft besitzen kann. Reine Demonstrationsexperimente sind auf jeden Fall nützlich für Unterrichtszwecke; neue Erkenntnisse bringen sie jedoch kaum.

Eine Warnung muß noch ausgesprochen werden: Wo es keine sicheren Maßstäbe für die Handhabung der Variablen in einem Experiment gibt, besteht für den Experimentator ein ziemlich großer Ermessensspielraum. Gerade dies kann für ihn zu einer Versuchung werden. Nehmen wir als Beispiel wieder den Vergleich zweier Unterrichtsmethoden. Der Experimentator kann hier zur Darbietung der einen Methode, an die er selbst fest *glaubt*, einen Lehrer wählen, der seinerseits mit großem Enthusiasmus bereit ist, sich für diese Methode einzusetzen, für die andere dagegen einen Lehrer, dem es ziemlich gleichgültig ist, nach welcher Methode er unterrichtet. Und schon werden die Resultate die Überlegenheit der ersten Methode «beweisen», freilich nicht infolge ihrer sachlichen Überlegenheit, sondern auf Grund des unterschiedlichen persönlichen Engagements der beiden Lehrer. Die meisten Leser der Publikation der Resultate werden nicht danach fragen, ob die beiden Lehrer nach Zufall den beiden Methoden zugeordnet wurden; doch selbst wenn dies geschehen wäre, so könnte es hier die Bedenken nicht beseitigen. Man muß in einem solchen Fall nicht von absichtlicher Täuschung sprechen, denn dergleichen «Kunstgriffe» können nahezu unwillkürlich und aus echter persönlicher Überzeugung angewandt werden. Aber wie dem auch sei, der Weg der Wissenschaft ist hier verlassen.

Wir können hier nur diesen Rat geben: Ergebnisse von Untersuchungen komplexer Sachverhalte, deren Variablenklassen nicht in Maß und Zahl ausgedrückt und auch nicht wenigstens durch völlig eindeutige, klare Begriffe definiert sind, sollten niemals als schon feststehende Tatsachen hingenommen werden; noch weniger sollten sie voreilig auf andere, ähnliche Fälle verallgemeinert werden, von denen man nicht weiß, ob sie in allen wesentlichen Bedingungen auch wirklich gleichartig gelagert sind.

Zusammenfassung. Obwohl die experimentelle Methode das Bild der heutigen Psychologie in wesentlichen Zügen geprägt hat, bestehen noch Mißverständnisse über das psychologische Experiment und die experimentelle Psychologie.

Die Anwendung des Experiments ist weder an bestimmte Einteilungsgesichtspunkte noch an spezielle theoretische Voraussetzungen gebunden. Die experimentelle Psychologie ist daher weder ein einzelnes inhaltlich abgrenzbares Gebiet noch eine besondere «Richtung» innerhalb der empirischen Psychologie. Der Begriff «experimentelle Psychologie» ist die Bezeichnung für eine bestimmte Forschungsweise und die Gesamtheit ihrer Ergebnisse.

In psychologischen Experimenten können alle diejenigen Fehler auftreten, die in psychologischen Untersuchungen überhaupt mitspielen können. Diese sind also nicht für das psychologische Experiment spezifisch. Das Experiment unterscheidet sich von der gewöhnlichen Beobachtung durch die absichtliche Auslösung des betreffenden Vorgangs. Hierin und in dem sich daraus ergebenden Einfluß der Versuchssituation sind auch seine Beschränkungen und seine besonderen Fehlerquellen begründet. Indessen kann auch aus einem «Laboratoriumsexperiment» unter bestimmten Voraussetzungen auf die Verhältnisse im wirklichen Leben geschlossen werden. Und was den Einfluß der Versuchssituation betrifft, so läßt er sich in manchen Fällen ausschalten, in anderen wenigstens auf ein erträgliches Ausmaß reduzieren. Die Grenzen des psychologischen Experiments werden nicht entscheidend durch die Fehlerquellen der Methode bestimmt. Sie sind vielmehr da gegeben, wo die Auslösebedingungen für das zu untersuchende Geschehen nicht geschaffen werden können oder wo ein Experimentieren aus ethischen Gründen unstatthaft wäre. Im übrigen zeigen sich Beschränkungen der Aussagekraft bei experimentellen (ebenso wie bei nichtexperimentellen) Untersuchungen auch da, wo die Bedingungsstruktur des zu erforschenden Geschehens sehr komplex wird. Dies ist namentlich bei manchen Experimenten aus dem Bereich der Sozialpsychologie sowie aus einzelnen Gebieten der praktischen Psychologie zu erkennen.

Weitere Literatur: CRAFTS u.a. (1950), DÜKER (1970), FRAISSE (1966), GARRETT (1951), HECKHAUSEN (1969), HUMPHREY (1963), HUMPHREY und ARGYLE (1962), JANKE (1969), MEILI (1972), PAULI-ARNOLD (1972), PLUTCHIK (1968), RAMUL (1961), SELG (1972), TOWNSEND (1953), VALENTINE und WICKENS (1949), ZIMNY (1961).

Speziell über technische Verfahren und Hilfsmittel: ANDREWS (1948), BROWN (1967), CORNSWEET (1963), DEMLING und BACHMANN (1970), GREENFIELD und STERNBACH (1972), JAHN (1964), MILLNER und RICHWIEN (1969), PALM (1959, 1964), SCHÖNPFLUG (1969), VENABLES und MARTIN (1967).

VII. Prinzipien des Aufbaus psychologischer Untersuchungen

1. INHALTLICHE UND FORMALE PLANUNG

In der Gestaltung einer Untersuchung lassen sich zwei Hauptgesichtspunkte unterscheiden: Wir können von einer *materialen* oder *inhaltlichen* Seite und von einer *formalen* Seite des Untersuchungsplans sprechen. Beides läßt sich meist gut auseinanderhalten. Die inhaltliche Gestaltung ergibt sich im wesentlichen aus der schon vorhandenen, mehr oder weniger speziellen Kenntnis des jeweiligen Untersuchungsgegenstands; die formale Gestaltung folgt hauptsächlich aus der Berücksichtigung allgemeiner Anforderungen, welche die Logik der Untersuchung stellt.

Die inhaltliche Gestaltung muß davon ausgehen, *was* untersucht werden soll. Sie ist unmittelbar am Problem orientiert. Die genau formulierte Fragestellung ist bereits ein Ergebnis materialer Planung und drückt einiges davon aus. Die inhaltlichen Fragen stellen sich bei der Planung zuerst. Daher sind auch in den vorangegangenen Kapiteln vorwiegend Gesichtspunkte des inhaltlichen Aufbaus zur Sprache gekommen.

Beispiele inhaltlicher Fragen. Eine Reihe einzelner Fragen der inhaltlichen Gestaltung ließ sich unter anderem an unserem früher gebrachten Beispiel, der Bestimmung der Gedächtnisspanne, demonstrieren. Wir erinnern an die verschiedenen Überlegungen, die hier zur Auswahl eines bestimmten Versuchsmaterials (Zahlenreihen von unterschiedlicher Länge) führten, die für Art und Tempo der Darbietung (akustisch, eine Zahl pro Sekunde) maßgebend waren, und von denen auch die Form der Instruktion, die Art der Wiedergabe des Behaltenen (mündlich) und die Bewertungsvorschrift der Behaltensleistungen (nur völlig fehlerfreie Wiedergabe zählte als «richtig») bestimmt wurden. Die Begründungen für die jeweils getroffenen Entscheidungen wurden oben im Zusammenhang gegeben.

Ferner gehören zur inhaltlichen Planung alle diejenigen Erwägungen, die zuvor in den Hinweisen zur Ausführung von Beobachtungen und in den spezielleren Hinweisen zur Ausführung von Experimenten erörtert worden sind. Auch die Entscheidung für bestimmte technische Hilfsmittel ist Sache der materialen Planung. Ebenso fallen in diesen Aufgabenbereich die Maßnahmen zur Vermeidung solcher Fehlerquellen, wie sie im gerade vorausgegangenen Abschnitt behandelt wurden. Und auch die Fragen der psychologischen Begriffsbildung und Einteilung stehen oft in enger Beziehung zur inhaltlichen Gestaltung der Untersuchung.

Zur Ergänzung seien weitere Beispiele angeführt, aus denen einzelne Aufgaben der materialen Gestaltung erkenntlich werden.

Nehmen wir an, es solle untersucht werden, ob bestimmte meßbare körperliche Veränderungen für den Zustand der *Ermüdung* kennzeichnend sind. Zu diesem Zweck wird man bei einer Gruppe von Vpn bestimmte Funktionen einmal vor und einmal nach einer ermüdenden Tätigkeit prüfen. Welche Tätigkeit wird man ausführen lassen und welche Funktion wird man erfassen? Es sind dies Fragen des inhaltlichen Versuchsaufbaus. Man kann etwa erwägen, die Vpn über eine festzusetzende Zeit fortlaufend Zahlen addieren zu lassen und vorher wie nachher ein Elektroenzephalogramm aufzunehmen und die Reaktionsgeschwindigkeit zu messen. Damit man aus den gefundenen Resultaten Schlüsse ziehen kann, muß folgendes sichergestellt sein: Einmal muß die ausgeführte Tätigkeit wirklich zu dem Zustand führen, den man gewöhnlich als «Ermüdung» bezeichnet. Andernfalls könnten die etwa festgestellten Veränderungen gänzlich oder teilweise auch anderen Einflüssen zu verdanken sein. Es wäre hier an Einflüsse der Stimmungslage (Langeweile, Gereiztheit) zu denken oder an Einflüsse des sogenannten Tagesrhythmus. Insbesondere wird man sich Gedanken darüber machen müssen, welche brauchbaren Kriterien sich für das Vorliegen von «Ermüdung» überhaupt angeben lassen (etwa Leistungsabnahme im Verlauf der Versuchszeit oder Urteile der Vpn bei einer Befragung nach dem Versuch). Zum anderen besteht die Frage, ob man mit den Variablen des Elektroenzephalogramms und der Reaktionsgeschwindigkeit besonders geeignete Indikatoren ausgewählt hat. Jedoch ist es gerade die Aufgabe der Untersuchung, dies zu klären. Andererseits wird man sich nicht willkürlich für jene Variablen entschieden haben, sondern auf Grund von schon bestehenden Anhaltspunkten, nach denen sie als Ermüdungsindikatoren in Betracht kommen.

Als ein weiteres Beispiel mögen Fragen der inhaltlichen Gestaltung einer Meinungsbefragung, also einer nichtexperimentellen Untersuchung, herausgegriffen werden. Nehmen wir an, es solle die Meinung einer bestimmten Personengruppe zu irgendeiner Tagesfrage kultureller, wirtschaftlicher oder politischer Art erkundet werden. Dies kann entweder geschehen, indem man in Interviews mündlich bestimmte Fragen stellt oder indem man Fragebogen beantworten läßt. Die Entscheidung darüber, welchen Weg man einschlägt, ist nicht nur eine Sache der Ökonomie; sie muß sich auch nach Erwägungen der Ergiebigkeit beider Verfahrensweisen richten. Eine allgemeingültige Lösung läßt sich hier nicht angeben. Es kommt auf die jeweils zu untersuchende Fragestellung an, welches Vorgehen aufs Ganze gesehen als das zweckmäßigere zu betrachten ist.

Ist diese Entscheidung getroffen, so besteht die nächste Aufgabe im Aufbau des Interviews beziehungsweise des Fragebogens sowie in der Formulierung der zu stellenden Fragen im einzelnen. Es leuchtet ohne weiteres ein, daß es hierfür von erheblicher Bedeutung ist, welcher Personenkreis befragt werden soll. Ein Interviewplan oder ein Fragebogen, der für die Anwendung bei Jugendlichen bestimmt ist, wird in manchen Punkten anders aussehen als ein solcher, der für Erwachsene gedacht ist. Inhaltliche Erfahrungen sind also hier unerläßlich. Aber auch diese werden oft nicht ausreichen, und es werden sich besondere Untersuchungen an Vorentwürfen als notwendig erweisen, um eine Form zu finden, die von den Befragten gut aufgefaßt wird und auch aufschlußreiche Ergebnisse liefert.

Grundlagen inhaltlicher Planung. Die Probleme der inhaltlichen Gestaltung der Untersuchung sind äußerst vielgestaltig. Sie konnten zwar zum guten Teil durch viele bis hierher gebrachte Beispiele veranschaulicht werden; allein diese Beispiele ließen auch schon erkennen, daß je nach dem besonderen Gegenstand und dem Bereich der Untersuchung immer wieder andere und recht spezielle Fragen auftauchen können und auch immer wieder andere Schwierigkeiten und Fehlerquellen. So sind bei Untersuchungen des Lernens andere inhaltliche Gesichtspunkte zu berücksichtigen als bei solchen des Denkens oder des Wahrnehmens. Eine systematische Abhandlung der einschlägigen Fragen müßte daher nach einzelnen Gebieten psychologischer Forschung getrennt erfolgen, was aber hier nicht möglich ist. Wir müssen uns im wesentlichen darauf beschränken, auf die für die inhaltliche Planung in Betracht kommenden Informationsgrundlagen hinzuweisen.

Zunächst ist hier an die methodische Spezialliteratur zu denken. Umfassende Darstellungen, wie etwa ABDERHALDEN (1921–1935), ANDREWS

(1948) sind leider nur wenige erschienen und teilweise veraltet, enthalten aber gerade für die inhaltliche Untersuchungsplanung oft noch lesenswerte Abschnitte. Reichhaltiger vertreten sind die methodischen Abhandlungen über verschiedene einzelne Gebiete (wie zum Beispiel FESTINGER und KATZ 1953, MUSSEN 1960, MEILI 1965, LIENERT 1969, VENABLES und MARTIN 1967, SCHÖNPFLUG 1969). Viele wertvolle Informationen zur materialen Gestaltung liefern auch die «psychologischen Praktika» (BRUNSWIK 1935, PAULI-ARNOLD 1972, FRAISSE 1966, HECKHAUSEN 1969). Vor allem aber muß auf das Studium der vielen noch spezielleren einschlägigen Einzelveröffentlichungen, wie sie zu einem jeden Problem vorliegen, verwiesen werden. Die Kenntnis der bereits ausgeführten Untersuchungen und ihrer Resultate verschafft einen Überblick über die schon beschrittenen Wege zur Lösung des betreffenden Problems und gestattet es, deren Für und Wider abzuwägen und Betrachtungen über mögliche Unzulänglichkeiten und deren Vermeidung anzustellen. Darüber hinaus lassen sich aus der Literatur manche Anregungen zur Verbesserung von Methoden entnehmen.

Allerdings reicht das Literaturstudium – so sehr es auch immer empfohlen werden muß – oft nicht aus, um die nötigen Anhaltspunkte für die Gestaltung einer Untersuchung zu erhalten. Für die Behandlung mancher Fragestellungen findet man kaum mehr als Ansätze vor. Man kann dann zunächst versuchen, eine schon vorhandene Methode, die sich bei der Erforschung anderer Fragen bewährt hat, auf das interessierende Problem zu übertragen (etwa ein Verfahren der Wahrnehmungspsychologie auf die Emotionsforschung). Oft zeigt es sich dann bald, daß dies – wenn überhaupt – nur mit stärkeren Abwandlungen möglich ist, und es werden so Verfahren gefunden, die – wenigstens zu einem Teil – neuartig sind. Andere Probleme wieder erfordern die Entwicklung völlig neuer Methoden; doch ist dies eher eine Ausnahme, denn im allgemeinen sind die zur Behandlung einer Fragestellung in Betracht kommenden Methoden wenigstens dem Prinzip nach bekannt, und es kommt etwa hauptsächlich nur auf eine geeignete Kombination an. Jedoch sind Anwendbarkeit und Grenzen einzelner Verfahren keineswegs immer genügend praktisch erprobt, und es gibt hierüber manche Mißverständnisse, Fehleinschätzungen und Vorurteile, die man übrigens auch in der Literatur oft genug antrifft.

Aus alledem wird es wohl deutlich genug, daß es bei der inhaltlichen Planung einer Untersuchung hauptsächlich auf zwei Dinge ankommt: einmal auf eine möglichst umfassende Kenntnis der grundsätzlichen methodischen Möglichkeiten zur Erforschung einer bestimmten Frage, zum anderen auf Urteilsfähigkeit in methodischen Problemen, die nicht ohne eigene praktische, sachliche und methodische Erfahrung auf einigen Gebieten erworben werden kann. Hinzukommen muß einige Umsicht und Phantasie in der Verwertung dieser Erfahrungen. Man sollte stets darauf bedacht sein, sich Rechenschaft darüber abzulegen, welche Auswirkungen jede einzelne geplante methodische Maßnahme auf das zu untersuchende Geschehen haben könnte, und abzuschätzen, ob sie wirklich erforderlich oder auch in der vorgesehenen Form schon zweckmäßig genug ist. Vorversuche sind stets ein geeignetes Mittel der Erprobung.

Die materiale Gestaltung der Untersuchung wirft in der Regel mehr Probleme auf als die formale und ist daher im ganzen meist schwieriger. Es gibt keine feststehenden und durchgängig gültigen Regeln dafür; die Entscheidungen, die getroffen werden müssen, sind oft eine Sache des Ermessens und können sich nicht auf irgendwelche ausnahmslos geltenden Kriterien stützen. Schließlich nimmt die inhaltliche Planung die Erfindungsgabe des Forschers meist stärker in Anspruch als die formale Planung, für die sich schon eher einheitliche Regeln aufstellen lassen.

Hiermit hängt es zusammen, daß die Veröffentlichungen empirischer Untersuchungen häufig von einer besonderen Pflege des formalen Aufbaus zeugen, während demgegenüber die Sicherstellung des materialen Aufbaus vernachlässigt erscheint. Dies führt in manchen Fällen zwar zu recht sauberen Resultaten, denen jedoch der klare Bezug zum übrigen Wissen fehlt, die unter Umständen auch ganz andere Deutungen zulassen als diejenigen, die ihr Autor für sie gibt, und deren Aussagekraft daher sehr begrenzt ist. Soll eine empirische Arbeit für die psychologische Erkenntnis fruchtbar werden, so muß auf die inhaltliche und auf die formale Gestaltung der Untersuchung das gleiche Gewicht gelegt und die gleiche Sorgfalt verwendet werden.

Aufgaben der formalen Planung. Alle Maßnahmen der Planung von Untersuchungen (sowohl der inhaltlichen wie der formalen Planung) werden zu dem Zweck getroffen, nach Möglichkeit eine klare und eindeutige Antwort auf die gestellte Frage zu erhalten. Dennoch besteht ein wesentlicher Unterschied zwischen inhaltlicher und formaler Planung. Während sich die Anforderungen der inhaltlichen Gestaltung hauptsächlich nach der Besonderheit des untersuchten Gegenstands richten, ergeben sich die formalen Anforderungen des Aufbaus einer Untersuchung, mit denen wir uns im folgenden vorwiegend befassen werden, aus weit allgemeineren methodischen Prinzipien. Daher sind sie vom speziellen Untersuchungsgegenstand weitgehend loslösbar. Werden diese formalen

Grundsätze unberücksichtigt gelassen, so ist es später aus logischen Gründen nicht möglich, aus den Resultaten die angestrebten Entscheidungen zu treffen. Dabei brauchen diese Resultate im einzelnen an sich nicht «falsch» zu sein; sie werden vielmehr, genauer gesagt, belanglos und unbrauchbar, indem sie die gestellte Frage aus dem einen oder anderen Grund nicht beantworten können. Nachträgliche Versuche, aus einer formal mangelhaft angelegten Untersuchung noch etwas Brauchbares herauszuholen, sind sehr oft völlig vergeblich, zum mindesten (und im günstigsten Fall) muß dann eine erhebliche Zurücknahme des ursprünglichen Ziels in Kauf genommen werden.

Im wesentlichen dienen die Bemühungen um eine sachgerechte formale Planung den folgenden Zwecken: 1. die Vergleichbarkeit der Beobachtungen zu gewährleisten, 2. die Verallgemeinerung des gefundenen Resultats zu ermöglichen, und 3. eine ökonomische Durchführung der Untersuchung zu erreichen.

Zusammenfassung. Es werden eine inhaltliche, materiale, und eine formale Seite des Aufbaus einer Untersuchung unterschieden. Die inhaltlichen Gesichtspunkte, die zuvor schon durch manches Beispiel demonstriert wurden, ergeben sich aus der Besonderheit des jeweiligen Untersuchungsgegenstands. Um ihnen Rechnung tragen zu können, bedarf es entsprechender Spezialkenntnisse, wie sie zum Teil aus der einschlägigen Literatur, zum nicht geringeren Teil aber aus eigener methodischer Erfahrung auf einem bestimmten Forschungsgebiet zu gewinnen sind. Die formalen Gesichtspunkte ergeben sich, weitgehend unabhängig vom einzelnen Untersuchungsgegenstand, aus Anforderungen, welche die Logik der Erfahrungswissenschaft an eine Schlußfolgerung stellt. Sie müssen erfüllt sein, damit einzelne Beobachtungen sinnvoll miteinander verglichen und Forschungsresultate verallgemeinert werden können. Außerdem dient die formale Planung auch der Ökonomie der Untersuchung.

2. DIE GÜTE DER ERGEBNISSE

Präzision und Richtigkeit. Mit dem Begriff «Güte der Ergebnisse» soll hier zweierlei umfaßt werden: ihre Präzision und ihre Richtigkeit. Beides muß voneinander unterschieden werden. Denn ein präzises Resultat braucht noch kein richtiges Resultat zu sein.

Der Begriff «Präzision» hat seinerseits etwas voneinander abweichende Bedeutungen. Man versteht darunter einmal den Grad der Genauigkeit einer Angabe, die «Feinheit» einer Messung. Kann ein Meßergebnis in sehr kleinen Maßstabseinheiten ausgedrückt werden, so sagt man, es sei sehr präzis. Zum anderen versteht man unter «Präzision» auch den Grad der Übereinstimmung zwischen mehreren Angaben über denselben Sachverhalt. Präzision in diesem Sinn entspricht der später zu erörternden «Zuverlässigkeit». Diese Bedeutungen hängen freilich miteinander zusammen. Denn der Grad der Übereinstimmung mehrerer Feststellungen desselben Sachverhalts (also deren Zuverlässigkeit) entscheidet darüber, welcher Grad von Feinheit einer Messung faktisch noch sinnvoll ist. So wäre es nicht sinnvoll, die Höhe eines Berges bis auf einen Millimeter genau bestimmen zu wollen, erstens weil man sie so genau gar nicht wissen will, und zweitens und vor allem, weil das einmal gefundene Ergebnis bei wiederholter Messung schwerlich exakt wiedergefunden würde. Nur wenn die Messung in gleicher Genauigkeit reproduzierbar ist, kann ihr Feinheitsgrad auch etwas zu bedeuten haben, kann also von echter Präzision die Rede sein. Ist dies allerdings der Fall, so wird man sich auch um möglichst genaue Angaben bemühen, da diese dann dem tatsächlichen Sachverhalt am nächsten kommen können.

Die Richtigkeit ist die Übereinstimmung einer Feststellung mit dem betreffenden Sachverhalt selbst. Dieser Begriff entspricht im wesentlichen der ebenfalls später zu behandelnden «Gültigkeit» oder «Validität». Wenn auch ein präzises Ergebnis noch kein richtiges Ergebnis sein muß, so muß doch ein Ergebnis, um als richtig zu gelten, bestimmte Anforderungen an seine Präzision erfüllen. Präzision ist eine notwendige, aber keine hinreichende Bedingung der Richtigkeit.

Arten von Fehlern. Was ein «Fehler» ist, wurde schon an früherer Stelle definiert (S. 98 ff.), nämlich der Einfluß eines Faktors, den man nicht untersuchen wollte, auf ein Ergebnis. Auch die Unterscheidung von zufälligen und systematischen Fehlern wurde bereits eingeführt. Man spricht hier auch analog von variablen und konstanten Fehlern.

Sollen zum Beispiel in einem Experiment bestimmte physische Veränderungen festgestellt werden (vgl. Kap. VI, 4), so hängt die Güte der Ergebnisse schon von den verwendeten Meß- und Registriergeräten ab. Ermöglicht das Instrument – etwa wegen einer zu groben Einteilung der Skala – keine genaue Ablesung der angezeigten Meßgrößen, so ist man innerhalb eines gewissen Bereichs auf Schätzungen angewiesen. Dies ist zum Beispiel der Fall, wenn man Bruchteile von Milliampère von einem elektrischen Meßinstrument ablesen will, dessen Skala in ganze Milliampère geteilt ist (vgl. Abb. 7/1). Dabei werden die einzelnen Ablesungen auch dann verschieden ausfallen, wenn das Instrument tatsächlich dieselbe Größe anzeigt. So wird bei einer bestimmten Zeigerstellung etwa meist 5,7 abgelesen, in anderen Fällen aber 5,6 oder auch 5,8. Hier liegt also ein Beobachtungsfehler vor, der die Präzision unserer Messungen vermindert, und zwar ein variabler Fehler, beziehungsweise ein zufälliger Fehler, dessen Größe und Richtung nicht voraussagbar sind, ebensowenig wie sich vorhersagen läßt, auf welche Seite eine in die Luft geworfene Münze fallen wird.

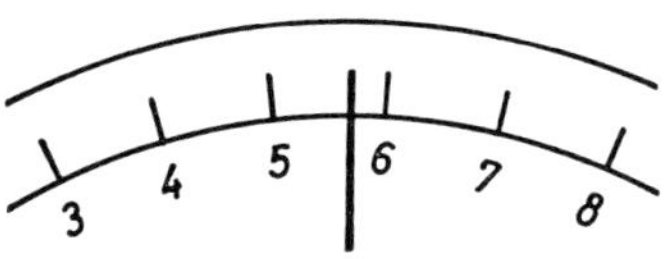

Abb. 7/1. Schlecht ablesbare Skala.

Abb. 7/2. Gut ablesbare Skala.

Wir verwenden in einem solchen Fall am besten ein anderes Instrument, dessen Skala in 0,1 mA geteilt ist.[1] Die Ablesung ist dann offenbar viel genauer (vgl. Abb. 7/2). Aber auch hier sind noch verhältnismäßig große Fehler möglich, etwa dann, wenn wir beim Ablesen nicht immer senkrecht auf den Zeiger blicken. Wir lesen dann infolge der Parallaxe einen falschen Wert ab. Blicken wir immer unter einem gleichen seitlichen spitzen Winkel auf die Skala, die an sich genau ablesbar ist, so finden wir bei gleicher Zeigerstellung immer den gleichen falschen Wert, wir begehen also einen konstanten oder systematischen Beobachtungsfehler.

Variable wie konstante Fehler können indessen auch durch das Instrument selbst entstehen. Ist das Instrument gegen äußere Einflüsse, zum

[1] Dies steht nicht im Widerspruch mit der Tatsache, daß unter Umständen gerade eine gröbere Skalenteilung zweckmäßiger sein kann, so wenn zum Beispiel die Zeigerstellung eines Kontrollinstruments fortlaufend zu überwachen ist (BARTLETT 1951, S. 24ff.).

Beispiel Temperaturschwankungen oder Veränderungen seiner Lage, sehr empfindlich, so wird es unter den verschiedenen Außenbedingungen für gleiche Größen verschiedene Werte anzeigen. Ist etwa die Skala zwar gut ablesbar, aber nicht richtig geeicht, so sind unsere Feststellungen wiederum mit einem konstanten Fehler behaftet.

Aber nicht nur durch den Beobachter und durch sein Meßinstrument entstehen Fehler. Denn auch der untersuchte Vorgang selbst ist Variationen unterworfen. Werden zum Beispiel die Reaktionszeiten einer Vp auf einen einfachen optischen Reiz wiederholt gemessen, so weichen die einzelnen Zeitwerte auch dann noch merklich voneinander ab, wenn wir eine höchst präzise und völlig fehlerfrei ablesbare Stoppuhr dazu verwenden. Diese Variationen treten fast allein und annähernd rein zutage, wenn die Messung einen Höchstgrad von Präzision erreicht; andernfalls sind sie in stärkerem Maß mit Beobachtungs- beziehungsweise Messungsfehlern vermischt.

Die Variationen im untersuchten Vorgang stören nun ebenso wie die zuvor erwähnten Fehler die Präzision unseres Resultats und sind auch ihrerseits als Fehler aufzufassen. Denn sie beruhen auf Einflüssen, die gemäß der Fragestellung der Untersuchung nicht interessieren, die aber in den beobachteten Vorgang mit eingehen und die Erkennung der festzustellenden Beziehung erschweren. Diese Fehlerfaktoren sind zum großen Teil unbekannt und daher auch in ihrem Ausmaß nicht direkt bestimmbar. So sind zum Beispiel die Reaktionszeiten nicht allein durch den Eintritt des Reizes und durch die Anweisung, so rasch wie möglich darauf eine Taste zu drücken, bestimmt. Hinzu kommen unter anderem Einflüsse von Konzentrationsschwankungen, Ermüdung oder wachsende Nachlässigkeit der Vp im Verlauf einer langen Reihe von Messungen; andererseits kann sich auch ein Übungseinfluß geltend machen. Ferner kann die jeweilige Tagesdisposition der Vp von Bedeutung sein usw.

Wie man sieht, handelt es sich dabei um variable Einflüsse, die die Reaktionszeit im Sinn einer Verkürzung oder Verlängerung mitbestimmen. Was für den einzelnen Fall gilt, gilt natürlich auch, wenn die Reaktionszeiten von mehreren Vpn gemessen werden. Dann kommt zu der intraindividuellen Variation der Meßergebnisse noch die interindividuelle hinzu. Entsprechendes gilt für unseren Versuch zur Bestimmung der Gedächtnisspanne.

Ebenso wie andere Fehler können auch die Abweichungen im beobachteten Vorgang sowohl die Eigenschaften von zufälligen wie auch von systematischen Fehlern annehmen. Letzteres ist namentlich dann der Fall, wenn etwa die Reaktionszeit auf Grund irgendeiner irrelevanten und unbekannten Bedingung regelmäßig länger oder regelmäßig kürzer ausfällt, als dies die bekannte und zu untersuchende Bedingung bewirken würde.

Hiermit sind nun Fehlerquellen aufgezeigt, die ganz allgemein die Güte der Ergebnisse beeinträchtigen. Es handelt sich also einmal um Fehler, die durch den Beobachter beziehungsweise durch das Beobachtungs- oder Meßinstrument zustande kommen. Wir wollen sie zusammenfassend als «Beobachtungsfehler» bezeichnen. Zum anderen gibt es Fehler, die schon aus dem untersuchten Vorgang herrühren. In beiden Fällen kann es sich sowohl um variable (zufällige) oder um konstante (systematische) Fehler handeln.

Diese Fehlerquellen lassen sich nie völlig beseitigen. Immer dann, wenn ein stetig variables Merkmal zu erfassen ist, und nicht etwa nur die Anzahl bestimmter Erscheinungen oder Ereignisse, ist eine ideal genaue Feststellung des Sachverhalts nicht möglich. Alle Messungen besitzen daher einen mehr oder minder großen Fehlerbereich, und unsere Aussagen über das Gemessene gelten deshalb mit gewissen Einschränkungen.

Die Größe dieses Fehlerbereichs ist offenbar für die Beurteilung einer getroffenen Feststellung von beträchtlicher Bedeutung. Wann ist dieser Fehlerbereich nun als groß, wann als klein zu bezeichnen? Dies läßt sich nicht absolut, sondern nur relativ zu der gemessenen Größe beurteilen. Von zwei Beobachtungsverfahren beziehungsweise Meßinstrumenten hat dasjenige den kleineren Fehlerbereich, bei dem die einzelnen Feststellungen über denselben Sachverhalt beziehungsweise dieselbe gemessene Größe in geringerem Ausmaß variieren, weniger *streuen*. Im übrigen kommt es darauf an, welche Forderungen man an die Genauigkeit der Messung zu stellen hat. Wird zum Beispiel die Körpergröße von Menschen gemessen, so kann man sich mit der Angabe von Zentimetern zufriedengeben; wird dagegen die Größe von Mäusen gemessen, so kann man auf die Bestimmung von Millimetern nicht verzichten. Ein Irrtum um einen Millimeter hat daher im zweiten Fall größere Bedeutung als im ersten.

Natürlich werden wir darum bemüht sein, den Fehlerbereich unserer Beobachtungen möglichst klein zu halten, also ihre Präzision zu steigern, soweit uns die Mittel dafür zur Verfügung stehen. Da nun aber selbst nach den besten Vorkehrungen die einzelnen Messungen derselben Größe immer noch etwas voneinander abweichen werden, stehen wir vor der Frage, welchen Meßwert aus einer Reihe von solchen wir als den eigentlich zutreffenden akzeptieren können.

Die Schätzung der wahren Größe. Wenn wir untersuchen, mit welcher Häufigkeit die einzelnen Meßwerte auftreten, so stellen wir meist fest, daß ein bestimmter Wert am häufigsten vorkommt, daß sich die Abweichungen von diesem ungefähr gleichmäßig nach beiden Seiten um ihn scharen und daß sie um so seltener werden, je größer sie sind. Die Variation der Meßwerte zeigt also eine Regelmäßigkeit. Wir können die Verteilung dieser Werte graphisch darstellen, indem wir auf der Abszisse eines Koordinatensystems von links nach rechts die Größe der gemessenen Werte und auf der Ordinate die Häufigkeit ihres Auftretens abtragen, so daß die Höhe der einzelnen Säulen der jeweiligen Häufigkeit der jeweiligen Meßwerte entspricht. Wir erhalten dann (wenn eine sehr große Anzahl von Daten vorliegt) ein charakteristisches Verteilungsbild, wie es in Abb. 7/3 wiedergegeben ist.

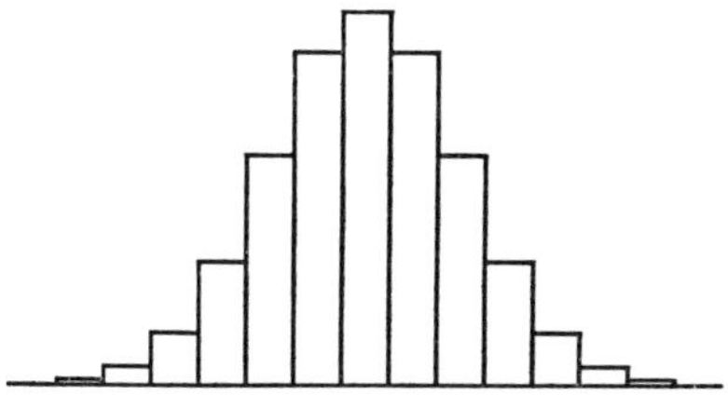

Abb. 7/3. Schematische Darstellung der Variabilität von Beobachtungswerten.

Welchen Meßwert hat man aber hier als den «wahren Wert» zu betrachten? Offenbar ist dieser nicht unmittelbar festzustellen; er ist vielmehr eine theoretische Größe. Wenn man voraussetzt, daß die einzelnen Messungen keinem konstanten (systematischen) Fehler unterliegen, also nur zufällig mehr oder weniger von dem wahren Wert abweichen, und daß positive und negative Abweichungen gleich häufig vorkommen, so errechnet man aus den einzelnen Messungen das *arithmetische Mittel* als beste Schätzung des wahren Wertes. In der in Abb. 7/3 gezeigten Verteilung entspricht diesem auch der am häufigsten aufgetretene Einzelwert.

Neben dem Mittelwert interessiert uns auch die *Streuung* unserer Meßergebnisse. Abb. 7/4 zeigt schematisch eine Verteilung mit relativ

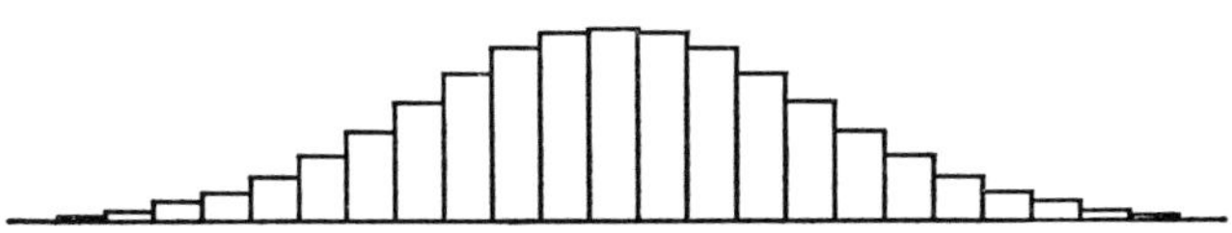

Abb. 7/4. Verteilung mit (relativ zu Abb. 7/3) großer Streuung.

großer Streuung. Eine solche ergibt sich etwa aus den einzelnen Ablesungen von einem sehr ungenauen Instrument. Abb. 7/5 zeigt vergleichsweise eine Häufigkeitsverteilung von geringer Streuung, wie sie bei Verwendung eines präzisen Instruments oder auch bei sehr geringen Variationen des untersuchten Vorgangs entstehen würde. Auch für das Ausmaß der Streuung lassen sich Kennwerte bestimmen, wodurch die Streuungen verschiedener Verteilungen miteinander vergleichbar werden.

Aus dem Vorangegangenen ist folgendes klar geworden: Wir werden uns, wo wir aus dem einen oder anderen Grund mit nicht unbedeutenden Variationen unserer Messungen zu rechnen haben, nicht mit einer einzelnen Messung begnügen, da deren Wert zufällig sehr weit von dem wahren Wert entfernt sein könnte. Statt dessen wiederholen wir die Mes-

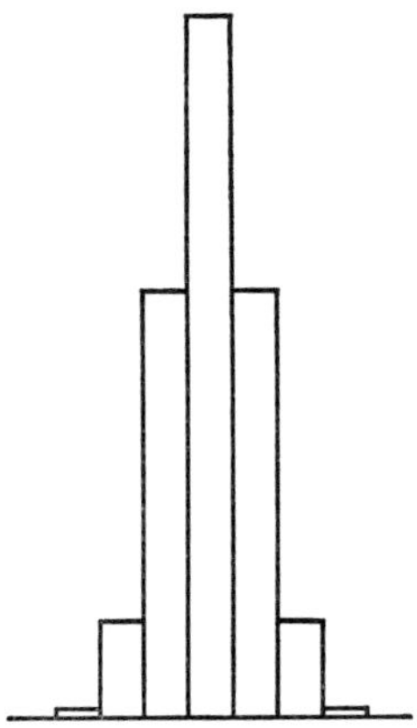

Abb. 7/5. Verteilung mit (relativ zu Abb. 7/3) kleiner Streuung.

sung mehrfach und bilden aus den Ergebnissen einen Mittelwert. Dabei leuchtet schon unmittelbar ein, daß wir uns mit einer geringeren Zahl von Messungen begnügen dürfen, wenn wir in den meisten Fällen dieselbe Zahl feststellen und die Abweichungen sehr klein sind, daß wir aber viele Messungen benötigen, wenn die einzelnen Resultate sehr weit streuen, die auftretenden Fehler also sehr groß sein können. Anders ausgedrückt: Ein Mittelwert erscheint uns bei gleicher Anzahl von Ausgangsdaten als Schätzung des wahren Wertes um so vertrauenswürdiger, je geringer die Streuung der Ausgangswerte ist, aus denen er gebildet wird, und um so weniger vertrauenswürdig, je größer die Streuung ist. Weiter können wir festhalten: Maßnahmen zur Steigerung der Präzision unserer Resultate bestehen praktisch in Vorkehrungen zur Einschränkung des Ausmaßes zufälliger Variation.

Wir müssen ferner versuchen, konstante Fehler auszuschalten. Wie sich ein konstanter Fehler auf die Meßwerte und auf die Bestimmung des als zutreffend angenommenen Mittelwerts auswirken muß, zeigt besser als viele Worte die Abbildung 7/6: Man ersieht daraus unmittelbar, wie die gesamte Verteilung «systematisch» nach einer Seite hin verschoben wird. Damit wird auch klar, daß ein systematischer Fehler insbesondere die Richtigkeit eines Gesamtresultats beeinträchtigt. Übrigens hat man sich zufällige und systematische Fehler nicht als voneinander getrennt

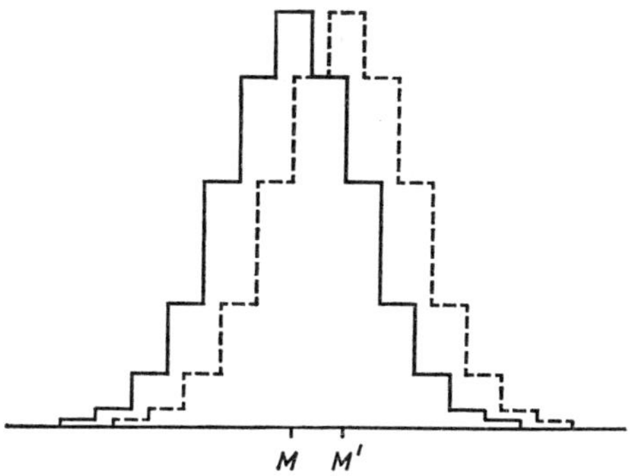

Abb. 7/6. Auswirkung des konstanten Fehlers: Sämtliche Meßwerte sowie ihr Mittelwert (M) sind nach der einen Seite der Skala verschoben.

auftretende Erscheinungen vorzustellen. Sie kommen vielmehr in ein und derselben Beobachtung vor. Erst die Analyse einer größeren Anzahl von Daten gestattet es, einen zufälligen und einen systematischen Fehleranteil voneinander zu unterscheiden.

Die Fehler beider Arten sollen auf ein Mindestmaß herabgedrückt werden. Welche Maßnahmen kommen hierzu in Betracht?

Einschränkung variabler Beobachtungsfehler. Was zur Vermeidung (genauer gesagt: Einschränkung) von Beobachtungsfehlern zu geschehen hat, wurde schon angedeutet. Es müssen möglichst solche Hilfsmittel bereitgestellt werden, deren technische Beschaffenheit Feststellungen von der gewünschten Genauigkeit zuläßt; dazu muß der Beobachter mit dem Gebrauch eines solchen Geräts vertraut sein. Gerade bei den technischen Hilfsmitteln psychologischer Untersuchungen läßt sich aber am ehesten ein hoher Grad von Präzision erreichen. So betragen zum Beispiel bei elektrischen Präzisionsinstrumenten die Abweichungen der angezeigten Größe von der tatsächlichen nicht mehr als 1 Prozent, sind also relativ recht gering. Man könnte also, da dieser Fehlerbereich vernachlässigbar klein erscheint, auf eine Wiederholung der Messung verzichten.

In vielen Fällen können wir zu unseren Beobachtungen aber keine technischen Hilfsmittel heranziehen, die uns Messungen von hoher Präzision gestatten. Wir können zwar zum Beispiel die Puls- und Atmungsfrequenz, die Reaktionszeit und viele Leistungen einer Person mit Geräten feststellen, die recht präzise Angaben zulassen; wir können aber nicht in gleicher Weise etwa den Grad der Bewegtheit des Mienenspiels registrieren. Zwar läßt sich das Mienenspiel im Film festhalten; es wird jedoch recht schwierig sein, etwa aus der Filmaufnahme Messungen des Bewegtheitsgrades vorzunehmen.

In solchen und ähnlichen Fällen müssen wir auf Meßgeräte verzichten und sind darauf angewiesen, das Beobachtete in bezug auf das interessierende Merkmal zu *schätzen*. Wir können die Bewegtheit des Mienenspiels dadurch zu erfassen suchen, daß wir sie (als Rangvariable aufgefaßt) einer von mehreren Kategorien zuordnen, die etwa lauten können: «unbewegt» – «kaum bewegt» – «etwas bewegt» – «mäßig bewegt» – «stark bewegt» – «äußerst bewegt». Eine solche Kategorienfolge wird «Schätzskala» genannt. Der Unterschied zwischen Schätzung und Messung im eigentlichen Sinne ist augenfällig, dennoch besteht etwas Gemeinsames: Beide Male wird ein stetig veränderliches Merkmal nach dem Grad seiner Stärke eingeordnet; beide Male ist demnach auch ein Maßstab vorhanden. Den Kategorien der Schätzskala können auch Zahlen unterlegt werden, wie zum Beispiel in den Schulnotensystemen, die ja Schätzskalen sind. Nur handelt es sich im einen Fall um einen «äußeren», im anderen um einen «inneren» Maßstab. Was uns daran interessiert, ist der Grad der Präzision. Es ist offensichtlich, daß die Schätzskala bei ihren wenigen Kategorien, die den Skalengraden eines Meßinstruments analog zu denken sind, verhältnismäßig grob ist. Auch ist damit zu rechnen, daß die einzelnen Stufen des inneren Maßstabs ungleich groß sind, wie dies für eine Rangvariable kennzeichnend ist. Hinzu kommt der Umstand, daß der Beobachter auf Grund variabler innerer Bedingungen weit weniger konstant urteilt, als ein Meßinstrument anzeigt. Schließlich liegt es in der Natur eines solchen Maßstabs, daß er nicht für alle Beobachter der gleiche ist, und demnach verschiedene Beobachter zu recht unterschiedlichen Schätzungen kommen. Somit wird eine Schätzung niemals die Präzision einer technischen Messung erreichen.

Aus diesen Gründen ist man hier in besonderem Maß darauf angewiesen, eine Angabe über denselben Sachverhalt wiederholt zu erfragen und vor allem verschiedene, voneinander unabhängig urteilende Personen dazu heranzuziehen, um aus deren einzelnen Schätzungen einen mittleren Wert zu bilden, dem eine größere Präzision zukommen wird als jedem einzelnen Schätzurteil. Zuvor muß aber durch entsprechende Anweisungen darauf hingewirkt werden, daß alle Beurteiler das zu schätzende Merkmal möglichst nach denselben Gesichtspunkten erfassen, damit nicht schon durch unterschiedliches Vorgehen bei der Beobachtung eine starke Variation der Schätzungen entsteht. Dazu ist für das Schätzen einige Übung erforderlich; sie führt zu einer größeren Konstanz des Schätzurteils beim einzelnen Beobachter, also ebenfalls zu einer geringeren Variation seiner Urteile über denselben Sachverhalt. Im einzelnen gibt es manche Möglichkeiten, den Schätzungen durch die Gestaltung der Schätzskala und des Schätzvorgangs größere Genauigkeit zu verleihen. Sie sind zum guten Teil eine Sache der inhaltlichen Planung, ebenso wie die Wahl der Beobachtungsverfahren oder der Meßinstrumente.

Einfacher liegen die Verhältnisse, wenn die Beobachtung keine Messung verlangt, sondern wenn es nur darauf ankommt festzustellen, ob ein bestimmtes Ereignis auftritt oder nicht, also ob zum Beispiel eine Aufgabe gelöst oder nicht gelöst wird, wie in unserem Beispiel der Bestimmung der Gedächtnisspanne. Hier läuft die Beobachtung lediglich auf Zählung hinaus. Es ist jedoch zu bedenken, daß die Zählung, gegenüber der Messung im eigentlichen Sinn, schon von vornherein ein grobes Verfahren ist, wenn nämlich da gezählt wird, wo im Prinzip auch gemessen werden könnte. So wird etwa bei der Zählung richtig gelöster Aufgaben außer acht gelassen, mit welchem Grad der Sicherheit diese Aufgaben gelöst wurden. Eine Messung der Güte der Leistung, sofern sie praktisch durchführbar ist, hat für uns mehr Informationswert als nur die Angabe, ob eine Aufgabe gelöst oder nicht gelöst wurde.

Einschränkung konstanter Beobachtungsfehler. Was muß zur Vermeidung konstanter Fehler geschehen? In unserem Beispiel hätten wir die Meßergebnisse des von uns verwendeten Instruments mit denen zu vergleichen, die das präziseste überhaupt verfügbare Instrument unter genau definierten Bedingungen für dieselben Meßgrößen angibt. Es wird also ein Instrument an einem anderen, und zwar dem besten, geeicht. Dieser Vorgang ist im Prinzip überall derselbe, wo es um die Ausschaltung solcher Fehler geht, auch wenn es sich nicht um technische Messungen handelt. Ein konstanter Beobachtungsfehler kann hierdurch praktisch vermieden werden. Stellt sich ein konstanter Fehler erst nachträglich heraus, so kann er – wenigstens im Prinzip – durch eine neue Eichung korrigiert werden. Wenn auch diese Möglichkeit nur vereinzelt in Betracht kommt, so zeigt sich doch darin etwas Wesentliches: Konstante Fehler sind nicht Fehler der Präzision, sondern vielmehr Fehler der Richtigkeit.

Konstante Fehler sind auch dann möglich, wenn nicht Messungen, sondern Schätzungen vorgenommen werden. So neigt ein Beobachter im Durchschnitt zu höherer oder niedrigerer Schätzung als ein anderer. Der Versuch, konstante Fehler dieser Art auszuschalten, stößt auf die Schwierigkeit, daß es hier keinen allgemein verbindlichen Maßstab gibt, der der Schätzskala zugrunde gelegt werden könnte. Es gibt kein festes Kriterium dafür, wann zum Beispiel das Mienenspiel als «stark bewegt» zu bezeichnen ist. Gäbe es hier einen äußeren Maßstab, so würde man sich ja nicht damit begnügen, zu schätzen, sondern messen. Man kann einen Ausweg wählen, indem man die Voraussetzung macht, daß die Mittelwerte der Schätzurteile verschiedener Personen über denselben Sachverhalt bei Abwesenheit konstanter Fehler gleiche Höhe haben müßten, und dieser Annahme gemäß die individuellen Urteile auf einen gleichen Mittelwert korrigiert. Diese Maßnahme entspricht einer nachträglichen Korrektur des konstanten Fehlers.

Einschränkung der Variationen im untersuchten Vorgang. Ist es gelungen, die Fehler der Beobachtung weitgehend zu reduzieren, so verbleiben in der Hauptsache nur noch die Variationen, die der untersuchte Vorgang selbst aufweist. Auch diese müssen freilich, so gut es geht, eingeschränkt werden, wenn immer eine sichere Feststellung über die Wirksamkeit ganz bestimmter Bedingungen beabsichtigt ist.

Zu diesem Zweck müssen wir Maßnahmen ergreifen, um die erwähnten Nebeneinflüsse so weit als möglich auszuschalten. Erreichen wollen wir damit, daß wir mehrmals annähernd die gleiche Erscheinung beobachten können.

Hierzu ist vor allem dafür zu sorgen, daß die äußeren Bedingungen der Untersuchung nicht bereits Variationen aufweisen, sondern konstant bleiben. So hatten wir zum Beispiel bei unserem Versuch zur Bestimmung der Gedächtnisspanne darauf zu achten, daß das Tempo des Vorsprechens der Zahlenreihen unverändert blieb, desgleichen die Lautstärke; die einzelnen Versuche mußten schon mit Rücksicht auf die Gleichheit der akustischen Verhältnisse stets im selben Raum stattfinden und desgleichen mehr. Ferner mußte immer dieselbe Instruktion gegeben werden. Hätten wir alle diese Bedingungen nicht konstant gehalten, so wäre es auf keine Weise zu beurteilen gewesen, in welchem Ausmaß sich die dann hierin auftretenden Variationen in den Reproduktionsleistungen niedergeschlagen haben könnten. Eine Maßnahme zur Konstanthaltung wurde auch bei der Zusammenstellung des Versuchsmaterials selbst getroffen. Die Schwierigkeit der Reproduktion sollte allein durch die Reihenlänge bedingt sein, nicht etwa auch durch eine Verschiedenheit der in den Reihen enthaltenen Ziffern oder Ziffernfolgen. Dieser Forderung wurde durch die Zufallsauswahl der Ziffern Rechnung getragen. Wir konnten daher annehmen, daß die einzelnen Reihen, abgesehen von ihrer unterschiedlichen Länge, gleich schwierig zu reproduzieren waren. Da, soweit ersichtlich, alle übrigen äußeren Bedingungen konstant blieben, war die Annahme gerechtfertigt, daß das Gelingen oder Mißlingen der Reproduktion im wesentlichen nur noch von der Länge der jeweils dargebotenen Reihe abhängen würde.

Neben den äußeren Versuchsbedingungen sind freilich auch die inneren Bedingungen der Vp von Bedeutung für die jeweilige Leistung. Die Möglichkeiten, auch sie konstant zu halten, sind im ganzen geringer. Zwar werden sie gewiß zu einem sehr erheblichen Teil durch die äußeren Versuchsumstände bestimmt, jedoch nicht durch sie allein. Denn die Vp bringt zum Versuch auch schon dispositionelle innere Bedingungen mit, die sich von außen nicht oder nicht sicher beeinflussen lassen. Hier ist zum Beispiel an die jeweilige Stimmungslage oder an Schwankungen der Leistungsfähigkeit zu denken. Solche Faktoren gehen in die einzelnen Leistungen mit ein und vergrößern die Streuung der Resultate, womit auch deren Mittelwert weniger sicher wird.

Ein sehr wichtiges Mittel zur Beeinflussung dieser inneren Variablen ist die Instruktion, die der Vp gegeben wird. Es kann hiermit zum Beispiel auf eine möglichst gleichbleibende Konzentration hingewirkt werden. Es gibt auch Wege, um den Erfolg der Instruktion zu überprüfen. In manchen Fällen, in denen eine direkte Beeinflussung nicht möglich ist, können an deren Stelle auch bestimmte Verfahren der Auswahl der Vpn treten, die zu einer größeren Einheitlichkeit der inneren Variablen führen. Man erhält zum Beispiel in den Ergebnissen einer Gruppe von Vpn häufig eine geringere Variation, wenn man hierzu nur Angehörige einer bestimmten Altersgruppe oder eines bestimmten Bildungsgrades auswählt. Andererseits wird hiermit der Geltungsbereich des Resultats entsprechend eingeschränkt.

Neben diesen Maßnahmen zur Steigerung der Präzision ist abermals auf die Wiederholung der Beobachtungen hinzuweisen. Denn bei allen Bemühungen um Konstanthaltung werden sämtliche Versuchsbedingungen, besonders die inneren, dispositionellen, aber auch die äußeren, situativen, doch gewisse Schwankungen zeigen. Im Beispiel der Untersuchung der Gedächtnisspanne wurde daher jede Reihenlänge mehrfach, und zwar dreimal, dargeboten. Hätten wir jede Reihenlänge der einzelnen Vp nur einmal vorgesprochen, so hätten in der Gesamtleistung dieser Vp zufällige Fehler oder Treffer eine größere Rolle spielen können als bei der gewählten Anordnung. So aber können wir uns in der späteren Auswertung der Ergebnisse, wobei die Leistung jeder Vp festgestellt werden soll, auf jeweils drei Reproduktionsversuche für jede Reihenlänge stützen. Das Resultat wird hierdurch weniger abhängig von Zufällen. Zweifellos erhielten wir ein noch präziseres Resultat, wenn wir jede Reihenlänge zehnmal dargeboten hätten.

Da die drei Reihen von jeder Länge wiederum untereinander verschieden waren, wurde auch noch eine Verbesserung des Versuchsmaterials im Sinn größerer Einheitlichkeit erreicht. Angenommen, es hätten trotz des geschilderten Verfahrens der Auswahl der Ziffern noch ungleiche Reproduktionsbedingungen (abgesehen von der Länge der Reihe) bestanden, etwa durch bestimmte, leichter oder schwerer zu behaltende Ziffernkombinationen in der einen oder anderen Reihe, so wäre auch damit bei der Verwendung jeweils dreier verschiedener Reihen kaum mehr zu rechnen. Auch von dieser Seite können wir also nur eine Steigerung der Präzision der Ergebnisse erwarten.

Konstante Fehler im untersuchten Vorgang. Neben den zufälligen Variationen gibt es auch hier konstante Fehler, die jedes einzelne Ergebnis systematisch in einer Richtung verschieben und sich daher auch bei noch so häufiger Wiederholung der Beobachtung im Gesamtresultat nicht aufheben.

Dafür ein Beispiel: Sollen in einem Versuch zwei Reize A und B (etwa zwei Gewichte oder zwei Farben) miteinander verglichen werden, und kommt dabei der Reiz A bei allen Vergleichen, die man von einer Reihe von Personen ausführen läßt, in räumlicher oder zeitlicher Ordnung immer an der einen, Reiz B immer an der anderen Stelle, so kann das Ergebnis mit einem systematischen Fehler behaftet sein (Fechnerscher Raum- oder Zeitfehler). Die stillschweigend, aber zu Unrecht gemachte Voraussetzung war die, daß die Abfolge der Darbietung keinen Einfluß auf den zu untersuchenden psychischen Prozeß des Vergleichens von Reizen hätte.

Einem systematischen Fehler kommt es auch gleich, wenn zum Beispiel eine Vp die Instruktion zu einer Reihe von ihr auszuführender Beobachtungen oder Leistungen mißversteht und dann ihre Aufgaben auf eine Weise zu lösen versucht, die nicht im Sinne der Fragestellung liegt. Ferner könnte sich der weiter oben (Kap. VI, 5) erörterte Einfluß der Versuchssituation einem konstanten Fehler gemäß auswirken.

Systematische Fehler im untersuchten Vorgang lassen sich im Prinzip ebenso in Rechnung stellen wie solche in der Beobachtung. Doch setzt die Beseitigung eines systematischen Fehlers stets die Möglichkeit einer Kontrolle voraus. Und im hier interessierenden Fall muß eine solche Kontrollmöglichkeit bereits in den untersuchten Vorgang eingebaut werden. Dies bedeutet aber, daß sie bereits bei der Planung einer Untersuchung vorgesehen werden muß. Andernfalls könnte man einen systematischen Fehlereinfluß auf die Ergebnisse (bei Kenntnis eines bestimmten Versuchsaufbaus) nur vermuten, nie aber feststellen. Klärung könnte dann nur eine neue, besser angelegte Untersuchung bringen.

Es gibt mehrere Verfahren zur Vermeidung systematischer Fehler im untersuchten Vorgang. Sie sollen erst später (S. 265ff.) dargestellt werden. Es ist zweckmäßig, zuvor noch den Begriff der Stichprobe zu erörtern.

Zusammenfassung. Die Güte der Ergebnisse ist bestimmt durch ihre Präzision und ihre Richtigkeit. Beides ist nicht dasselbe. Die Präzision ist der Genauigkeitsgrad, mit dem ein Ergebnis bei wiederholter Feststellung reproduzierbar ist. Die Richtigkeit ist die Übereinstimmung einer Feststellung mit dem betreffenden Sachverhalt selbst. Ein präzises Resultat ist noch nicht unbedingt ein richtiges Resultat. Andererseits wird ein Resultat um so richtiger sein können, je präziser es ist.

Die Güte der Ergebnisse wird durch variable (zufällige) und durch konstante (systematische) Fehler vermindert, die sowohl in der Beobachtung und in deren technischen Hilfsmitteln wie auch im untersuchten Vorgang selbst liegen können. Zufällige Fehler sind insbesondere der Präzision abträglich. Sie zwingen dazu, denselben Sachverhalt wiederholt festzustellen und aus den einzelnen Ergebnissen einen Mittelwert als beste Schätzung des wahren Wertes zu errechnen. Die Präzision läßt sich steigern durch Maßnahmen, die die zufällige Variation einschränken. Systematische Fehler lassen einen Mittelwert nicht unbeeinflußt, sondern verschieben ihn in einer bestimmten Richtung. Sie beeinträchtigen daher seine Richtigkeit, selbst bei guter Präzision. Systematische Fehler sind durch Kontrollmaßnahmen zu beheben. Soweit sie in der Beobachtung beziehungsweise Messung auftreten, lassen sie sich, wenigstens im Prinzip, nachträglich korrigieren. Gegen systematische Fehler im untersuchten Vorgang können indessen nur Kontrollen helfen, die von vornherein durch die Anlage der Untersuchung ermöglicht werden.

3. DIE STICHPROBE

Der Schluß vom Teil aufs Ganze. Es geht der Forschung beim Streben nach einem möglichst hohen Gütegrad der Ergebnisse im Grunde gar nicht um diese Ergebnisse selbst, auch wenn die Bemühungen um Präzision und Richtigkeit jeder einzelnen Beobachtung zugute kommen. Die Untersuchung wird nicht zu dem Zweck unternommen, nur Aussagen über das zu machen, was gerade in eben dieser Untersuchung beobachtet wurde, also etwa über das Verhalten bestimmter Personen oder Gruppen von Personen, die an einer Reihe von Versuchen teilgenommen haben. Es ist vielmehr das Ziel jeder empirischen Wissenschaft, die gewonnenen Resultate zu verallgemeinern, und es ist daher ihr Verfahren, von den beobachteten Fällen auf die Gesamtheit der gleichartigen nichtbeobachteten Fälle zu schließen. Diesem Ziel dienen also letztlich auch alle Maßnahmen beim Aufbau einer Untersuchung. Man nennt dieses Vorgehen «Induktion». Der Schluß vom Teil aufs Ganze heißt «Induktionsschluß». Das Verfahren der Induktion ist für eine Gruppe von Wissenschaften charakteristisch, so daß man sie als «induktive Wissenschaften» bezeichnet hat (zum Beispiel Physik, Chemie, Biologie).

Auch die Psychologie ist – wenigstens zu einem guten Teil – eine induktive Wissenschaft, die ihre aus einer begrenzten, meist relativ sehr kleinen Anzahl von Beobachtungen gewonnenen Ergebnisse zu verallgemeinern sucht, indem man etwa aus irgendeiner Feststellung an einer Gruppe von Vpn folgert, daß man ein zum mindesten sehr ähnliches Resultat auch bei vielen anderen solcher Gruppen, ja sogar bei einer entsprechend zusammengesetzten Gesamtheit von Personen erhielte, wenn man diese nur ebenfalls untersuchen würde, oder auch indem man aus einer einzelnen Leistung einer Person auf andere gleichartige Leistungen dieser Person schließt, wie dies besonders zur diagnostischen Voraussage gehört.

Oft wurde allerdings geltend gemacht, daß es die Psychologie mit «einmaligen» Vorgängen zu tun habe, die bei keinem Individuum in derselben Weise verliefen wie beim anderen; ja auch beim selben Individuum wiederhole sich kein Geschehen in völlig gleicher Weise.

Diese Feststellung kann jedoch nicht in ihrem wörtlichen Sinn verstanden werden. Träfe sie uneingeschränkt zu, so wäre induktives Verfahren in der Psychologie unmöglich. Jede psychologische Kenntnis könnte dann jeweils nur ein Wissen über eine einzelne Person sein. Damit wäre eine Psychologie, welcher Art und Richtung auch immer, weder als reine noch als angewandte Wissenschaft möglich, noch gäbe es eine praktische Menschenkenntnis; ja es gäbe nicht einmal ein Nacherleben oder Verstehen fremden seelischen Geschehens. Dies zu behaupten, hätte aber auch den Verfechtern des Satzes von der Einmaligkeit des psychologischen Gegenstands ferngelegen.

Wir haben uns schon an anderer Stelle (Kap. III) und in einem anderen Zusammenhang hiermit beschäftigt. Dabei zeigte sich auch, daß die Frage unter etwas differenzierteren Gesichtspunkten betrachtet werden muß und daß nicht schlechthin von «Einmaligkeit» geredet werden kann. Was aber nun speziell das induktive Verfahren in der Psychologie betrifft, so wird aus dem weiteren noch zur Genüge hervorgehen, daß dieses keineswegs in simplen Übertragungen und Analogieschlüssen besteht, wie sich dies manche schnellfertigen Kritiker gedacht haben mögen.

Population und Stichprobe. Die Gesamtheit, auf die aus den Resultaten der Untersuchung geschlossen werden soll, wird als *Population* bezeichnet. Der Ausdruck bedeutet wörtlich «Bevölkerung» und ist in der Biologie, wo er hauptsächlich zuerst gebraucht wurde, definiert als die Gesamtheit von Individuen einer Art an einem bestimmten Standort. In der weiteren Bedeutung des Begriffs in der Statistik versteht man darunter ganz allgemein eine «Grundgesamtheit» von Individuen, Objekten, Ereignissen oder Meßwerten, die unter bestimmtem Aspekt zu definieren ist.

Aus äußeren Gründen ist es praktisch kaum jemals möglich, eine Untersuchung auf die ganze Population auszudehnen. Andererseits ist dies unter dem Gesichtspunkt des Induktionsschlusses auch gar nicht nötig, da eine Vermehrung gleichartiger Beobachtungsdaten ins Uferlose faktisch keinen Präzisionsgewinn beim Gesamtresultat mehr bringt. Man begnügt sich daher mit einer Auswahl, die einen nur sehr kleinen Teil der Population ausmacht. Eine solche Auswahl von Individuen, Meßwerten oder dergleichen wird eine *Stichprobe* genannt. Unsere Gruppe von 60 Vpn, die zur Bestimmung der Gedächtnisspanne herangezogen wurde, war eine solche Stichprobe.

Aus den bei einer Stichprobe gefundenen Resultaten, wie etwa dem Mittelwert, der Maßzahl für die Streuung oder einem Prozentanteil, will man auf die entsprechenden Größen in der Population schließen. Diese Werte nennt man hier *Parameter*, während jene aus der Stichprobe errechneten Werte als *Statistiken* bezeichnet werden.

Ein solcher Schluß ist ohne weiteres möglich, wenn die Stichprobe in ihrer Zusammensetzung der Population entspricht, wenn sie gewissermaßen ein Modell der Population in stark verkleinertem Maßstab darstellt. Sie ist dann *repräsentativ* für die Population. Soll die Stichprobe etwa für die Gesamtheit der Einwohner einer Stadt repräsentativ sein, so müssen darin zum Beispiel beide Geschlechter, alle Lebensalter, Berufsgruppen, Bildungsgrade usw. in den gleichen Anteilen enthalten sein wie in dieser Population selbst. Praktisch ist dies jedoch nur in Annäherung zu erreichen, und gewisse Abweichungen der Zusammensetzung der Stichprobe von der Zusammensetzung der Population müssen in Kauf genommen werden. Daher ist die Schätzung des interessierenden Parameters auf Grund eines Stichprobenwerts mit einem Fehler, dem *Stichprobenfehler*, behaftet. Die Größe dieses Stichprobenfehlers kann aber aus der Stichprobe geschätzt werden, wenn diese eine zufällige Auswahl aus der Population darstellt. Alsdann läßt sich ein Bereich angeben, innerhalb dessen der Parameter mit einem bestimmten Grad von Wahrscheinlichkeit zu erwarten ist.

Haben wir also bei einer Stichprobe einen bestimmten Mittelwert für die Gedächtnisspanne gefunden, so können wir bei Kenntnis des *Stichprobenfehlers des Mittelwerts* auf den Bereich schließen, in dem die mittlere Gedächtnisspanne der betreffenden Population liegen wird.

Der Stichprobenfehler hängt von der Streuung der Beobachtungsdaten und von deren Anzahl ab; mit der Größe der Streuung nimmt er zu, mit der Anzahl der Daten wird er dagegen geringer. Daraus läßt sich die weitere Bedeutung der Maßnahmen zur Steigerung der Präzision der Beobachtungen verstehen, nämlich das Bemühen um die Einschränkung irrelevanter Variationen in den Beobachtungen einerseits und die Sammlung einer nicht zu kleinen Zahl von Daten andererseits. Auch die Vermeidung systematischer Fehler ist unter diesem Gesichtspunkt zu sehen; denn liegt im Stichprobenergebnis ein solcher Fehler vor, so kann daraus kein zutreffender Schluß auf den Parameter gezogen werden.

Ein besonderer Aspekt der Verallgemeinerung liegt auch dem *Vergleich* von Stichproben zugrunde. Nehmen wir an, es sei die Gedächtnisspanne an je einer Stichprobe männlicher und weiblicher Personen untersucht worden, und es habe sich dabei ergeben, daß die weiblichen Vpn im Durchschnitt 0,3 Ziffern mehr richtig reproduzierten. Können wir daraus entnehmen, daß weibliche Personen eine höhere durchschnittliche Gedächtnisspanne besitzen als männliche? Nach allem bisher Gesagten ist klar, daß ein solcher Schluß nicht ohne weiteres gezogen werden kann. Die Frage ist, ob sich die Populationsmittelwerte der Gedächtnisspannen unterscheiden. Hierauf muß aus den Stichprobenmittelwerten geschlossen werden. Dazu wird der *Stichprobenfehler der Differenz* benötigt, der sich wiederum aus den empirischen Ergebnissen schätzen läßt.

Man geht zunächst von der Annahme aus, daß die beiden Parameter identisch sind, also in Wahrheit kein Unterschied besteht. Diese Annahme, die zu prüfen ist, wird als *Nullhypothese* bezeichnet. Je größer nun eine gefundene Differenz gegenüber ihrem Stichprobenfehler ist, um so geringer ist die Wahrscheinlichkeit, daß sie rein zufälligen Umständen zu verdanken ist. Erreicht das Verhältnis zwischen Differenzbetrag und Stichprobenfehler einen bestimmten Grad sehr geringer Zufallswahrscheinlichkeit, so betrachtet man den Mittelwertsunterschied als gesichert oder *signifikant*. Die Nullhypothese wird damit abgelehnt, andernfalls wird sie aufrechterhalten. Näheres hierüber wird erst im Kapitel IX folgen.

Die Herstellung einer Stichprobe. Von der Stichprobe soll auf die Population geschlossen werden. Daher ist es notwendig, daß die Stichprobe sozusagen ein zwar stark verkleinertes, aber doch ziemlich maßstabgetreues Abbild jener Grundgesamtheit ist. Um jedoch eine Stichprobe herstellen zu können, muß man zuvor die betreffende Population genau definiert haben, weil ja die Stichprobe aus dieser Population entnommen werden muß.

Nehmen wir an, es solle die Meinung einer Gesamtheit von Personen zu einer bestimmten Frage erkundet werden, etwa zur Frage der Einführung eines neuen Schultypus. Aus der Stichprobe will man die Häufigkeit schätzen, in der jeweils verschiedene Standpunkte und Argumente in der Population vertreten werden, wobei die Population dann noch nach bestimmten Gesichtspunkten unterteilt werden kann.

Zuerst muß hier geklärt werden, wessen beziehungsweise welches Personenkreises Meinungen interessieren. Soll es sich dabei etwa um die Population aller Personen im Alter von über 18 Jahren oder etwa um die Population der Eltern schulpflichtiger Kinder handeln? Wie man sich auf Grund der jeweiligen Aspekte der Untersuchung auch entscheidet, stets ist eine genaue Definition der betreffenden Population unerläßlich. Wenn wir nur die Eltern schulpflichtiger Kinder befragen wollen, so muß vorher zum Beispiel festgelegt werden, ob wir darunter auch Pflegeeltern verstehen wollen und ob wir mit schulpflichtigen Kindern auch die berufsschulpflichtigen meinen. Alle für die Auswahl bedeutsamen Merkmale bedürfen einer solchen Präzisierung. Wie man sieht, ist dies ein inhaltliches Problem, ebenso wie in diesem Beispiel auch die Entscheidung darüber, ob die Befragung mündlich oder schriftlich vonstatten gehen soll und wie die zu stellenden Fragen im einzelnen formuliert werden sollen.

Die Bildung der Stichprobe erfolgt alsdann innerhalb des durch die Definition der Population gegebenen Rahmens nach formalen Prinzipien.

Wir können es nicht sicherstellen, daß die Stichprobe die Grundgesamtheit in idealer Weise repräsentieren wird. Denn um hierzu in der Lage zu sein, müßten wir von der Population eben das schon wissen, was wir mit Hilfe unserer Stichprobe erst festzustellen hoffen. Also werden wir damit zu rechnen haben, daß unsere Stichprobe in ihrer Zusammensetzung der Population nicht voll entspricht. Wenn wir jedoch erreichen können, daß bei der Herstellung der Stichprobe nur zufällige Fehler auftreten und keine systematischen, so ist damit sehr viel gewonnen. Denn zufällige Fehler heben sich, wenigstens der Tendenz nach, weitgehend gegenseitig auf; sie sind Fehler der Präzision, und diese läßt sich, wie schon bekannt, durch Wiederholung der Beobachtung erheblich steigern. Dagegen müssen wir darauf bedacht sein, alle systematischen Fehler bei der Bildung der Stichprobe auszuschließen, denn diese wären insbesondere der Richtigkeit abträglich. («Richtigkeit» läßt sich auch, negativ ausgedrückt, als die Abwesenheit systematischer Fehler definieren.) Nur auf zufällige Fehler lassen sich übrigens die statistischen Verfahren zur Schätzung von Parametern anwenden.

Aus diesen Gründen wird eine Stichprobe hergestellt, indem man aus der Population eine *Zufallsauswahl* vornimmt. Denn damit ist gewährleistet, daß die Stichprobe nur infolge zufälliger Einflüsse von der Population abweicht. Wird eine Stichprobe aus einzelnen Personen gebildet, so hat bei der Auswahl durch den Zufall jedes einzelne Individuum der betreffenden Population die gleiche Chance, in die Stichprobe aufgenommen zu werden. Dies wäre jedoch nicht der Fall, wenn die Auslese nach willkürlichen Entscheidungen des Untersuchers erfolgen würde. Ohne daß er dies wollte, kämen hierbei irgendwelche persönliche Einstellungen ins Spiel; er würde demnach bestimmte Individuen bevorzugen, andere benachteiligen. Überläßt er aber diese Entscheidung dem Zufall, so entfallen persönliche Einflüsse vollkommen, und strenge Objektivität der Auslese ist gewährleistet. Seit jeher verwendet man das Los, läßt also den Zufall walten, wenn eine streng neutrale, das heißt von jeder Erwartung, Willkür oder Wertung freie Entscheidung zu treffen ist.

Wenn für jedes Individuum die gleiche Chance besteht, für eine Stichprobe ausgelesen zu werden, so haben auch verschiedene Gruppen von Individuen hierfür die gleiche Chance, also zum Beispiel männliche und weibliche, große und kleine, jüngere und ältere, mehr und weniger intelligente Personen usw. Werden nun aus einer Population zahlreiche Individuen nach dem Zufall ausgelesen, so wird die aus ihnen gebildete Stichprobe annähernd die gleiche Zusammensetzung aufweisen wie die Population selbst.

Was hier geschieht, läßt sich am Beispiel des Würfelspiels veranschaulichen. Den sechs Flächen des Würfels entsprechend, können 1, 2, 3, 4, 5 oder 6 Augen erscheinen. Die Wahrscheinlichkeit, eine bestimmte Augenzahl zu werfen, ist jeweils die gleiche, nämlich 1/6. Wieviel Augen der einzelne Wurf bringen wird, ist völlig ungewiß; manchmal muß man den Würfel viele Male werfen, bis eine bestimmte Augenzahl auftritt, dafür kommen andere Zahlen zweimal oder sogar mehrmals nacheinander vor. Werfen wir aber den Würfel sehr oft, so können wir danach feststellen, daß jede Augenzahl fast gleich häufig vorgekommen ist, bei 6000 Würfen also jede nahezu 1000mal, was den zu erwartenden Häufigkeiten tatsächlich entspricht. Vorausgesetzt ist, daß der Würfel völlig regelmäßig geformt ist und wir nicht irgendwelche Tricks angewendet haben.

Sind nun in einer Population männliche und weibliche Personen je genau zur Hälfte vertreten, so werden wir, wenn wir ohne Ansehen der Person einzelne Individuen nach dem Zufall auswählen, in der Stichprobe annähernd das gleiche Häufigkeitsverhältnis antreffen, und zwar um so genauer, je größer die Stichprobe ist. In einer Stichprobe von 100 Personen werden wir vielleicht ein Verhältnis von 46 zu 54 finden, in einer von 1000 Personen aber vielleicht ein solches von 490 zu 510, was dem hier für die Population angenommenen Verhältnis von 1 : 1 noch näher kommt.

Sind in einer Population 3 Prozent Schwachsinnige enthalten, so beträgt die Wahrscheinlichkeit, einen von ihnen zufällig auszuwählen 3/100, und wir werden in einer Stichprobe von 1000 Personen aus dieser Population annähernd 30 Schwachsinnige erwarten können, wenn wir wirklich nach dem Zufall ausgewählt haben.

So kann durch eine Zufallsauswahl tatsächlich weitgehende Repräsentativität der Stichprobe erreicht werden, und zwar im Hinblick auf jedes einzelne Merkmal, denn diese Auslese erstreckt sich ja ganz von selbst auf sämtliche Merkmale. Dabei ist zu beachten, daß die Repräsentativität mit der Zahl der Fälle wächst und daß eine praktisch vollkommene Repräsentativität nur bei großen Stichproben bestehen kann.

Es gibt im einzelnen verschiedene Verfahrensweisen zur Herstellung von Zufallsstichproben. Erwähnt wurden schon die Tabellen von zufälligen Ziffernfolgen (S. 192). Sie können bei vielen Aufgaben verwendet werden. Wesentlich ist immer nur, daß nichts die Wirkung des Zufalls einschränkt. Will man zum Beispiel eine Umfrage unter den erwachsenen Einwohnern einer Stadt veranstalten, so kann man aus einer Einwohnerkartei nach einer Art Lotterieverfahren so viele Namen herausziehen, wie

Personen für die Stichprobe benötigt werden. Dabei soll sich die Auswahl gleichmäßig über die ganze Kartei verteilen. Enthält das Verzeichnis zum Beispiel 60 000 in Betracht kommende Personen und soll die Stichprobe 500 Personen umfassen, so kann man jeden hundertzwanzigsten Namen in der Reihenfolge notieren. Wieder ein anderes Vorgehen ist erforderlich, wenn die Umfrage auf ein ganzes Land ausgedehnt werden soll, wobei auch die einzelnen Erhebungsorte erst auszuwählen sind. Dies kann an Hand eines Gemeindeverzeichnisses geschehen. Man wird dabei allerdings nicht etwa einfach jeden zweihundertsten Ort aufnehmen, wenn die Anzahl aller Gemeinden 20 000 ist und an 100 Orten Umfragen stattfinden sollen. Denn so erhielte man fast nur kleine und kleinste Orte, da deren Anzahl sehr groß ist, und kaum eine Großstadt. Man addiert statt dessen fortlaufend die Einwohnerzahlen der einzelnen Orte und notiert jeden Ort, durch dessen Einwohnerzahl jeweils ein Mehrfaches einer bestimmten Grundzahl erreicht wird. Auf die so bestimmten Orte entfällt dann jeweils eine gleiche Zahl von Befragungen. Es wird damit erreicht, daß die Einwohner größerer und kleinerer Orte zu annähernd denselben Anteilen in die Stichprobe gelangen, in denen sie auch in der Population vertreten sind.

Systematische Fehler, die den Zufallscharakter einer Stichprobe aufheben, können sehr leicht und in vielgestaltiger Form unterlaufen und werden oft zu spät bemerkt. So wurde bei einer demoskopischen Umfrage schon ein solcher Fehler begangen, als man die Interviewer anwies, in jedem Häuserblock einer Stadt die Bewohner eines Eckhauses zu befragen. Denn die Bewohner dieser Häuser sind nicht repräsentativ für die Population dieser Stadt; man findet unter ihnen zum Beispiel mehr Geschäftsinhaber, als dies dem Durchschnitt der Population entspricht. Zu achten ist unter anderem auch auf die Berücksichtigung von sogenannten Stichtagen. Erstreckt sich eine Erhebung über längere Zeit, so können unter Umständen währenddessen eintretende Veränderungen die Resultate beeinflussen, zum Beispiel wenn zwei Stichproben miteinander verglichen werden sollen und die Personen der einen zum Zeitpunkt der Befragung durchschnittlich schon etwas älter sind als die der anderen. Wird eine Erhebung nach einem Jahr an derselben Stichprobe wiederholt, so ist zu bedenken, daß das Durchschnittsalter nun um ein Jahr höher liegt und für die Population nicht mehr repräsentativ sein kann.

Neben der Herstellung einer Stichprobe allein nach dem Zufall gibt es als anderen Weg die systematische Zusammenstellung nach bestimmten Gesichtspunkten. Man spricht dann von einer *organisierten* (auch «geschichteten») Stichprobe. Um Repräsentativität zu erreichen, wird die Stichprobe bezüglich der Verteilung wenigstens eines Merkmals der Population systematisch nachgebildet. Dies geschieht in der Weise, daß zum Beispiel je eine bestimmte Anzahl von Arbeitern, Angestellten, Gewerbetreibenden usw. auf Grund vorhandener Unterlagen entsprechend den Anteilen, in denen diese Gruppen in der Population vertreten sind, ausgelesen wird. In den einzelnen Gruppen entscheidet dann wieder der Zufall darüber, wer in die Stichprobe gelangt. Es ist üblich, die Stichprobe noch bezüglich weiterer Merkmale zu organisieren, so gegebenenfalls nach dem bekannten Altersaufbau der Population, nach den Anteilen von Stadt- und Landbevölkerung und dergleichen mehr.

Bemerkungen zur Frage der Repräsentativität. Es gibt Möglichkeiten, zu kontrollieren, ob der gewünschte repräsentative Charakter einer Zufallsstichprobe annähernd gegeben ist. Es ist hierzu notwendig, die tatsächliche Verteilung eines Merkmals in der Bevölkerung beziehungsweise dem Bevölkerungsteil, wofür die Stichprobe repräsentativ sein soll, zu kennen. Hiermit wird dann die Verteilung desselben Merkmals in der Stichprobe verglichen. Weicht sie erheblich von der Verteilung in der betreffenden Population ab, so ist die Stichprobe hinsichtlich des betreffenden Merkmals offenbar nicht repräsentativ und ist es auch wahrscheinlich in bezug auf andere Merkmale nicht. Ein solches Kontrollmerkmal kann zum Beispiel das Alter oder die Berufszugehörigkeit sein. Man erhält durch solche Kontrollen lediglich Anhaltspunkte für das Bestehen der Repräsentativität; freilich sind diese um so stärker, in je mehr Merkmalen praktische Übereinstimmung zwischen Stichprobe und Population vorliegt und in einer je engeren Beziehung diese Merkmale zu dem stehen, was untersucht werden soll.

In der psychologischen Forschung kommt es freilich selten vor, daß mit so großen Stichproben gearbeitet wird, wie in unseren letzten Beispielen, die das Prinzip demonstrieren sollten, angenommen wurde. Und abgesehen davon wird auch bei der Bildung kleiner Stichproben selten streng darauf geachtet, daß diese für eine definierte Population repräsentativ sein sollen. So wurden kaum jemals etwa für die Bestimmung der Gedächtnisspanne die dazu benötigten Personen nach der oben beschriebenen Weise aus dem Einwohnerverzeichnis ausgelost. In der Tat würde sich ein solches Verfahren in der praktischen Durchführung auch oft etwas schwierig gestalten. Es ist daher allgemein üblich, die Teilnehmer an einer Untersuchung aus dem näheren Umkreis zusammenzusuchen, und zwar solche, die sich hierzu ohne weiteres bereit erklären.

Was kann dies bedeuten? Nehmen wir an, die 60 Vpn in unserem

Versuch zur Bestimmung der Gedächtnisspanne seien Studenten und Studentinnen gewesen. Inwiefern kann man hier von einer Repräsentativität sprechen? Ein Schluß von dieser Stichprobe auf die Gesamtbevölkerung ist offenkundig nicht statthaft. Dagegen könnte auf eine größere Gruppe von Studenten und Studentinnen geschlossen werden, vielleicht auf die Population der Studierenden einer bestimmten Hochschule, der die Mitglieder der Stichprobe angehören. Vorausgesetzt ist freilich, daß bei der Auswahl der Stichprobe Vorsorge dagegen getroffen wurde, daß sie in systematischer Weise auch von dieser Population abwich.

Doch auch dies kann nicht als sicher angenommen werden. Die meisten psychologischen Untersuchungen wurden und werden mit Studenten oder Mitarbeitern der psychologischen Institute als Vpn ausgeführt; die Ergebnisse können also, genau genommen, nur für eine sehr begrenzte Population repräsentativ sein. Dennoch wird in der Regel diesen Ergebnissen stillschweigend ein viel weiterer Geltungsbereich zugeschrieben. Sofern man sich hierbei nicht genau auf bestimmte, in Maßzahlen ausgedrückte Resultate festlegt und sich mehr auf die rein qualitative Darstellung gewisser grundlegender Sachverhalte beschränkt, mag mit einer solchen aufs Geratewohl erfolgenden Verallgemeinerung noch kein wesentlicher Fehler verbunden sein. Immerhin liegt hier ein Problem, das Beachtung fordert. So kommt zum Beispiel möglicherweise dem unanschaulichen Denken im allgemeinen nicht dieselbe Bedeutung zu, wie man sie in den vorwiegend mit Studenten durchgeführten Untersuchungen fand.

Andererseits sind die angedeuteten Beschränkungen nicht immer als sehr schwerwiegend zu veranschlagen. Sehen wir von bestimmten Fragen der diagnostischen Psychologie (Testkonstruktion) ab, so geht es in psychologischen Untersuchungen im allgemeinen nicht darum, Mittelwerte für ganze Bevölkerungsgruppen zu schätzen, sondern viel häufiger darum, Beziehungen zwischen variablen Bedingungen und ihren jeweiligen Folgen festzustellen, wie sie sich etwa in der Differenz von Mittelwerten ausdrücken. Es kann zum Beispiel die Aufgabe eines Experiments sein, darüber zu entscheiden, ob die Gedächtnisspanne bei akustischer Darbietung einen anderen Wert annimmt als bei optischer. Für eine solche Entscheidung ist es nicht notwendig, daß ihr eine für eine Gesamtheit von Personen repräsentative Stichprobe zugrunde gelegt wird. Man will hier vielmehr eine innerhalb der Individuen bestehende und bei den einzelnen Personen aufweisbare allgemeine Gesetzmäßigkeit erkennen. Doch auch in diesem Fall wird eine Voraussetzung gemacht, über die man sich im klaren sein sollte, nämlich die der Unabhängigkeit der aufgefundenen Beziehung von anderen Faktoren, die mit der besonderen Zusammensetzung der Stichprobe etwas zu tun haben könnten. Findet man also bei einer Stichprobe von Studenten für die Gedächtnisspanne bei akustischer Darbietung einen höheren Wert als bei optischer, und verallgemeinert man dieses Resultat, so geht man stillschweigend von der Annahme aus, daß dieser Befund nicht durch eine besonders bei Studenten vorherrschende Auffassungsweise oder durch deren Bildungsstand bedingt sei. Unmöglich erscheint dies jedenfalls nicht, und man wird gut daran tun, wenigstens an einer oder zwei Stichproben anderer Bevölkerungsgruppen nachzuprüfen, ob sich hier die gleiche Beziehung wiederfindet.

Bis hierher wurde immer von Repräsentativität in bezug auf die eine Stichprobe bildenden Personen gesprochen, also in bezug auf die *P*-Variablen. Es gibt jedoch noch einen anderen Aspekt der Repräsentativität, nämlich im Hinblick auf die äußeren Untersuchungsbedingungen, also die *S*-Variablen. BRUNSWIK (1949) hat hierauf zuerst aufmerksam gemacht. Bleiben wir weiter beim Beispiel der Gedächtnisspanne. Wir hatten in dem beschriebenen Versuch darauf geachtet, daß bei der Feststellung dieser Größe ganz bestimmte Bedingungen bestanden und eingehalten wurden. Wollten wir in einem weiteren Versuch die Größen der Gedächtnisspanne bei akustischer und bei optischer Darbietung miteinander vergleichen, so würden wir ebenfalls darauf achten, daß alle übrigen Bedingungen, außer der zu variierenden Bedingung, die gleichen bleiben. Kann aber hier davon die Rede sein, daß *diese* Situation der Untersuchung repräsentativ sei für *sämtliche* Situationen und Gelegenheiten, in denen die Fähigkeit des unmittelbaren Behaltens tagtäglich in Anspruch genommen wird? Sicherlich nicht. Es ist nur beispielsweise daran zu denken, daß die Tageszeit von Einfluß auf die Behaltensleistung sein könnte, ebenso wie viele andere äußere Umstände, unter denen die Auffassung des zu Behaltenden erfolgt. Würden nun alle diese weiteren Bedingungen in die Untersuchung einbezogen und der Häufigkeit ihres tatsächlichen Auftretens entsprechend berücksichtigt, so läge auch Repräsentativität hinsichtlich der Situationsvariablen vor. Diese Repräsentativität hätte sich alsdann auch auf die unterschiedlichen Ausprägungsgrade zu erstrecken, in denen jene Bedingungen gewöhnlich auftreten. Es wäre also deren *repräsentative Variation* anzustreben.

Allerdings ist dies nur sehr schwer zu bewerkstelligen. Die Einbeziehung aller möglicherweise wesentlichen Variablen mit allen ihren Ausprägungsgraden in ein und dieselbe Untersuchung ließe diese außerordentlich umfangreich und komplex werden. Da hier Grenzen gesetzt sind, muß der Ausweg beschritten werden, die Wirksamkeit zahlreicher weiterer Variabler sukzessiv in weiteren Untersuchungen zu überprüfen. Freilich bringt dies auch Nachteile mit sich. Erforscht man zum Beispiel in der einen Untersuchung den Einfluß der Tageszeit auf die Gedächtnisspanne und in einer weiteren, von dieser unabhängig unternommenen Untersuchung etwa den Einfluß des Darbietungstempos auf dieselbe Leistung, so läßt sich nichts darüber aussagen, ob etwa ein kombinierter Effekt beider Variabler auf diese Leistung existiert. Man bezeichnet solche Abhängigkeit des Effekts der einen Variablen von einer anderen als «Wechselwirkung» oder «Interaktion».

Wie man sieht, wird hiervon die mit dem Induktionsschluß angestrebte Verallgemeinerung des Ergebnisses berührt. Die Frage ist, ob das gefundene Resultat unter den bekannten untersuchten Bedingungen gültig bleibt, wenn sich andere, nicht untersuchte Bedingungen verändern. Dies mahnt zur Vorsicht, insbesondere wenn die Resultate, die aus der Untersuchung einer notwendigerweise scharf eingegrenzten Fragestellung gewonnen worden sind, auf die vielgestaltigen und wechselhaften Verhältnisse im täglichen Leben übertragen werden sollen.

Ökonomie der Untersuchung. Wie bei jeder Arbeit, so wird man auch bei der wissenschaftlichen bestrebt sein, nicht mehr Zeit, Mühe und materielle Mittel zu investieren, als dies zur Erreichung des Ziels erforderlich ist. Andererseits wird man bei den gegebenen Möglichkeiten versuchen, soviel als möglich an gesicherten Resultaten zu gewinnen. Dies sind die beiden Aspekte des Ökonomieprinzips.

Vor allem ist es im Sinn der Ökonomie, daß man mit Stichproben von möglichst geringem Umfang auszukommen sucht. Hierzu kann durch die formale Planung des Aufbaus der Untersuchung viel beigetragen werden, wie noch weiter zu zeigen sein wird. Aber auch im inhaltlichen Aufbau können Gesichtspunkte der Ökonomie berücksichtigt werden. In unserem Versuch zur Bestimmung der Gedächtnisspanne geschah dies unter anderem mit der Begrenzung der Reihenlängen. Es wurden keine Reihenlängen aufgenommen, die mit Sicherheit außerhalb des Bereichs lagen, innerhalb dessen die Gedächtnisspanne zu erwarten war. Um diesen Bereich kennenzulernen, wurden Vorversuche unternommen. Durch diese möglichst enge Einschränkung der Zahl der Reihen wollten wir erreichen, daß unsere eigene Zeit und auch die unserer Vpn nicht über das notwendige Maß hinaus beansprucht wurde. Im Sinne der Ökonomie war auch die Verwendung eines Magnetophongeräts zur Darbietung der Zahlenreihen, da uns hierdurch Mühe abgenommen wurde. (In erster

Linie wurde diese Maßnahme freilich im Interesse der Konstanz der Versuchsbedingungen getroffen.)

Ob ökonomisch oder unökonomisch gearbeitet wird, ist allerdings für die Geltung des Resultats der Untersuchung ohne Belang. Auch eine sehr unökonomisch angelegte Arbeit kann richtige Ergebnisse bringen, ebenso wie eine ökonomisch durchgeführte zu falschen Resultaten führen kann. Mangelnde Ökonomie ist kein Fehler, und daher ist Ökonomie der Untersuchung keine Forderung wie zum Beispiel die nach Kontrolle der Bedingungen. Der Gesichtspunkt der Ökonomie ist also demgegenüber von untergeordneter Bedeutung. Lassen wir es an Ökonomie fehlen, so ist dies unser eigener Schaden; wir verschwenden Zeit, Arbeitskraft und Mittel und werden in unserer Arbeit unnötig lange aufgehalten.

Das Streben nach Ökonomie kann mit der Forderung nach Präzision in Konkurrenz treten. Zwar dient die Steigerung der Präzision, wie sie durch Einschränkung irrelevanter Variationen im untersuchten Vorgang oder in seiner Beobachtung zu erreichen ist, selbst dem Bedürfnis nach Ökonomie. Doch unter sonst gleichen Bedingungen wächst die Präzision eines Resultats mit der Zahl der zugrunde liegenden Beobachtungen, während der Gesichtspunkt der Ökonomie nahelegt, mit möglichst wenig Beobachtungen auszukommen. Es kommt daher darauf an, ein Optimum zu finden, bei dem eine Entscheidung über die Fragestellung schon möglich ist, die Zahl der Beobachtungen aber nicht sehr viel größer ist, als es für diese Entscheidung erforderlich ist.

Der große Nutzen einer ökonomischen Planung der Untersuchung zeigt sich vor allem dann, wenn diese so gestaltet werden kann, daß mehrere Fragestellungen in einem Arbeitsgang gelöst werden können. Speziell unter diesem Gesichtspunkt angelegte Untersuchungen werden in einem engeren Sinn als Planversuche bezeichnet. Wir kommen hierauf im letzten Abschnitt dieses Kapitels zu sprechen.

Nicht nur bei der einzelnen Untersuchung, sondern auch im Hinblick auf die gesamte Forschung kann man von Ökonomie sprechen. So erscheint es – denkt man an den Fortschritt einer Wissenschaft im ganzen – unökonomisch, wenn etwa zu einem bestimmten Problemkreis zahlreiche Untersuchungen mit nur geringfügigen Unterschieden in den jeweiligen Fragestellungen aufeinandergehäuft werden, während auf andern Gebieten derselben Wissenschaft erst spärliche Ergebnisse vorliegen.

Zusammenfassung. Wie eine jede empirische Wissenschaft, so ist auch die Psychologie bestrebt, die Ergebnisse ihrer Untersuchungen zu verallgemeinern. Aus den Beobachtungen einer Untersuchung und den daraus gezogenen Schlüssen soll weiter geschlossen werden auf zahllose andere Fälle, die gleichartig gelagert, aber nicht alle beobachtbar sind. Unter diesem Gesichtspunkt sind auch alle Maßnahmen zur Steigerung der Präzision beziehungsweise zur Vermeidung von Fehlern zu verstehen. Der Schluß von der beobachteten Teilmenge auf die praktisch nicht erfaßbare Gesamtmenge wird «Induktionsschluß» genannt.

Damit ein solcher Schluß gezogen werden kann, wird aus der betreffenden Gesamtheit (der Population) eine Stichprobe von Daten entnommen. Aus den für die Stichprobe gefundenen Kennwerten (den Statistiken) wird alsdann auf die entsprechenden Kennwerte (die Parameter) der Population zurückgeschlossen. Dazu muß die Stichprobe repräsentativ für die Population sein. Da dies nur in Annäherung zu erreichen ist, sind die Statistiken mit Fehlern behaftet. Die Kenntnis des Stichprobenfehlers erlaubt es jedoch, den Bereich zu errechnen, innerhalb dessen der betreffende Parameter mit bestimmter Wahrscheinlichkeit liegen wird.

Die hierzu verfügbaren Verfahren sind anwendbar, wenn die Stichprobe in ihrer Zusammensetzung nur infolge zufälliger Einflüsse von der Population abweicht. Daher bedient man sich zur Herstellung einer Stichprobe der Zufallsauswahl. Damit ist am ehesten gewährleistet, daß die Stichprobe zu einem getreuen Modell der Population wird, und zwar in um so besserer Annäherung, je größer diese Stichprobe wird.

Freilich können mancherlei Auslesefehler den Zufallscharakter der Stichprobe beeinträchtigen, und viele psychologische Untersuchungen finden überhaupt nicht an Zufallsstichproben statt. In diesen Fällen sind häufig nur recht ungefähre Verallgemeinerungen möglich; die erwähnte Bereichsschätzung wäre hier nicht am Platz.

Der Aspekt der Repräsentativität läßt sich auch auf die Untersuchungsbedingungen ausdehnen, die demnach ihrerseits eine repräsentative Auswahl aus allen in Betracht kommenden Situationen darstellen sollten. Allerdings ist dies in einer Untersuchung üblichen Umfangs nicht zu bewerkstelligen, am ehesten noch in mehreren aufeinander folgenden Untersuchungen, wobei dann aber Wechselwirkungen zwischen einzelnen Variablen nicht festgestellt werden.

Aus Gründen der Ökonomie versucht man, mit möglichst kleinen Stichproben auszukommen. Dieser Aspekt kann mit der Forderung nach Präzision (nicht des einzelnen Beobachtungsdatums, aber des Gesamtresultats) in Widerstreit geraten. Wenn freilich eine kleine Stichprobe schon ein hinreichend sicheres Resultat erbringt, wäre es unnötig, ihre Größe noch weiter zu steigern. Es gibt verschiedene Wege, durch den Aufbau einer Untersuchung einen hohen Grad von Ökonomie zu erzielen.

4. ZUR ANLAGE VON UNTERSUCHUNGSPLÄNEN

Allgemeine Gesichtspunkte. Der «Plan» einer Untersuchung, wenn man darunter wie üblich den rahmenhaften Entwurf ihrer Gesamtanlage, sozusagen ihren Grundriß versteht, kann nach Art und Umfang sehr unterschiedlich sein. Es gibt indessen einige Punkte, die man in jedem Fall zu bedenken hat.

Eine grundsätzliche Frage ist stets die, ob die zu erforschenden Bedingungen in der Untersuchung selbst geschaffen werden können oder nicht. Herstellbar sind – in den Grenzen der Anwendungsmöglichkeit des Experiments – sehr viele *S*-Variable. Dagegen sind Persönlichkeitsmerkmale (*P*-Variable) lediglich vorfindbar. Ist eine unabhängige Variable herstellbar, so können prinzipiell dieselben Personen nacheinander den verschiedenen Bedingungen, wie sie durch die Klassen dieser Variablen repräsentiert sind, unterzogen werden.

Es müssen ferner Störeinflüsse, wie sie aus verschiedenen Gründen auftreten können, möglichst behoben werden. Dabei ist zu beachten, daß sich solche Störfaktoren unter Umständen gerade aus der Art der Anlage einer Untersuchung erst ergeben (zum Beispiel aus der Wiederholung von Beobachtungen).

Von großer Bedeutung ist die Anzahl der unabhängigen Variablen. Ob mit einer, zwei oder mehreren solchen Variablen gearbeitet wird, ist zwar – neben vielem anderen – schon mit der genauen Festlegung der Fragestellung entschieden. Es ist jedoch im gegebenen Fall eine weitere Aufgabe, die verschiedenen unabhängigen Variablen im Grundriß der Untersuchung richtig anzuordnen.

Schließlich wird man sich schon vor der Untersuchung Gedanken über die anfallenden Ergebnisse machen, insbesondere über den Skalentypus (s. S. 96f.) der Reaktionsvariablen und die sich damit bietenden weiteren Verarbeitungsmöglichkeiten. Vor allem komplex angelegte Untersuchungen erfordern in ihrem Aufbau bereits die Berücksichtigung der speziell hierfür ausgebildeten statistischen Auswertungsverfahren.

Wir beschreiben im folgenden zunächst die wichtigsten der sogenannten Kontrollmethoden, weil diese eine universelle Rolle bei der Anlage von Untersuchungsplänen spielen.

Kontrollmethoden. Mit den Kontrollmethoden sollen namentlich die Einflüsse systematischer Fehler von miteinander zu vergleichenden Statistiken ferngehalten werden. Die in Betracht kommenden Fehlerquellen sind teils bekannt, teils nicht bekannt, teils vermeidbar, teils nicht vermeidbar. Je nachdem stehen verschiedene Kontrollmethoden zur Verfügung. Ist die Störvariable erstens bekannt und zweitens vermeidbar, so bietet sich die direkte *Eliminierung* an. (Dies gilt zum Beispiel für die Störvariable «Lärm» bei einem Lernversuch.) Ist sie zwar bekannt, aber nicht eliminierbar (wie etwa die Variable «Tageszeit der Untersuchung»), so kommt die als *Ausbalancieren* bekannte Kontrollmethode in Betracht. Ist die Störvariable unbekannt und daher auch von vornherein nicht eliminierbar (wie zum Beispiel die unterschiedliche Lernfähigkeit oder andere *P*-Variable innerhalb einer Gruppe von Vpn), so kann sie durch die Technik der zufälligen Aufteilung weitgehend unwirksam gemacht werden. Man bezeichnet dieses Verfahren als *Verzufallen*, *Verzufälligen* oder als «Randomisieren» (nach engl. at random, blindlings, ungezielt, zufällig). Eine verfeinerte Form dieses Verfahrens ist das *Parallelisieren.*

Die wirksamste Kontrollmethode ist zweifellos die *Eliminierung* eines Störfaktors, wo immer sie möglich ist. Haben wir anzunehmen, daß eine zu untersuchende Leistung durch Lärm beeinträchtigt werden könnte, so werden wir für die Versuche einen Raum wählen, der gegen solche Einflüsse möglichst geschützt ist. Muß ein Meß- oder Registriergerät verwendet werden, so werden wir es vorher prüfen und es, wenn notwendig, neu eichen. Auch an die Möglichkeit des Mißverstehens einer Instruktion durch die Vp ist hier wieder zu denken. Wir versuchen diesen Störeinfluß zu eliminieren, indem wir die Vpn die Instruktion in den Hauptpunkten wiederholen lassen.

Ebenso wie Störvariable eliminiert werden können, die aus den verschiedenartigen wechselnden Umständen der Untersuchung herrühren, lassen sich oftmals auch solche vermeiden, die in mehr oder weniger unabänderlichen Eigenschaften von Vpn liegen. So ist es im allgemeinen sinnvoll, eine Untersuchung über das Sehen von Nachbildern nur mit farbentüchtigen Personen auszuführen (es sei denn, man wollte gerade das Auftreten von Nachbildern bei Farbenblinden erforschen). Man wird daher in die Stichprobe nur solche Personen aufnehmen, die sich bei einer Prüfung des Farbensehens als voll farbentüchtig erwiesen haben.

Da sich die Wirksamkeit einer bestimmten Bedingung als Störeinfluß oft zunächst nur vermuten läßt, sind Vorversuche angebracht, in denen der Versuchsaufbau daraufhin überprüft wird (um also zum Beispiel die Frage zu klären, ob die vorgesehene Instruktion gut verständlich ist). Manchmal wird man mit wenigen Vorversuchen auskommen; manchmal wird man solche mit allen künftigen Vpn anzustellen haben (letzteres wenn zum Beispiel vor allem weiteren die Farbentüchtigkeit zu prüfen ist).

Genau läßt sich die Wirkung eines zunächst nur vermuteten Störeinflusses erkennen, indem man ihn absichtlich als eine weitere Variable einführt. Man würde also etwa die Gedächtnisspanne bei einer Gruppe von Vpn unter der Bedingung «Stille», bei einer anderen dagegen unter der Bedingung «Lärm» ermitteln und so feststellen, ob Störreize akustischer Art tatsächlich von Bedeutung für das gefundene Ergebnis sind. Freilich liefe dies auf eine Erweiterung des Versuchsziels hinaus, da ja hiermit eine zusätzliche Fragestellung in die Untersuchung aufgenommen würde.

Wie man sieht, hängt die Eliminierung von Fehlereinflüssen eng mit der inhaltlichen Planung zusammen. Je mehr inhaltliche Kenntnis wir von dem zu erforschenden Geschehen bereits besitzen, um so mehr Fehlerfaktoren werden wir erkennen oder vermuten können und um so eher werden wir sie ausschalten können. Darin zeigt sich übrigens, daß inhaltliches Wissen nicht nur eine Voraussetzung für den Entwurf lohnender Fragestellungen, sondern auch eine Voraussetzung für die Vermeidung unter Umständen sehr schwerwiegender Fehler ist.

Es ist klar, daß durch den vollständigen Wegfall einer Störvariablen auch das Ausmaß irrelevanter Variation zwischen den einzelnen Beobachtungen eingeschränkt und somit eine Steigerung der Präzision beim Gesamtresultat erreicht wird. In diesem Punkt können andere Kontrollmethoden nicht das gleiche leisten. Man wird daher stets zuerst danach fragen, ob ein Störfaktor eliminierbar ist.

Wir haben die direkte Eliminierung hier verhältnismäßig ausführlich behandelt, weil sie vor allen weiteren Überlegungen zum Anlageplan der Untersuchung zu erwägen ist und in diesem Plan dann nicht mehr auftaucht. Die übrigen Kontrollmethoden werden zunächst nur kurz erklärt und später im Zusammenhang mit Beispielen veranschaulicht.

Die Effekte nichteliminierbarer Störfaktoren können nicht von den einzelnen Beobachtungsdaten abgewendet werden; sie werden darin immer enthalten sein. Es kann lediglich dafür gesorgt werden, daß sich solche Faktoren nicht in ungleichem Maß mit den Klassen der untersuchten Variablen verbinden. Ihre Effekte sollen sich vielmehr bei einer größeren Anzahl von Beobachtungen sozusagen gegenseitig neutralisieren, so daß sie das Gesamtresultat, auf das es ankommt, nicht mehr systematisch beeinflussen. Dieses Ziel verfolgen alle weiteren Kontrollmethoden.

Beim *Ausbalancieren* werden die Klassen einer bekannten, möglicherweise fehlerbildenden Variablen derart mit den Klassen der zu untersuchenden Variablen kombiniert, daß sie an den miteinander zu vergleichenden Resultaten (etwa zwei Mittelwerten) gleichmäßig beteiligt sind. Die Höhe einer Leistung kann von der Tageszeit abhängen. Werden die Vpn zweier unterschiedlicher oder unterschiedlich behandelter Gruppen alle zur selben Tageszeit untersucht, so ist dieser Faktor konstant gehalten. Oft müssen aber – namentlich bei Einzelversuchen – mehrere Tageszeiten in Anspruch genommen werden. Dann müssen diese Versuche bei beiden Gruppen in gleicher Weise über die Tageszeiten verteilt werden, damit die möglichen Effekte dieser hier nicht interessierenden Variablen ausbalanciert sind.

Es leuchtet übrigens ein, daß ein derartiges Verfahren nicht nur gegen systematische Fehler im untersuchten Vorgang, sondern auch gegen solche der Beobachtung anwendbar ist. Werden zum Beispiel für die Beurteilung beziehungsweise Auswertung angefallener Einzelergebnisse mehrere Personen herangezogen, so ist auch hinsichtlich dieser Auswerter ein Ausbalancieren ratsam, sofern nicht vollkommene Objektivität der Auswertung gesichert ist. Man läßt also nicht den Auswerter A die Ergebnisse der Versuchsgruppe I und den Auswerter B die der Gruppe II bearbeiten, sondern man beteiligt beide Auswerter zu gleichen Anteilen an den Ergebnissen beider Gruppen. (Auch die nächste Kontrollmethode ist zu diesem Zweck brauchbar.)

Die *Zufallsauswahl* ist, wie schon früher ausgeführt, ein Mittel zur Gewinnung einer Stichprobe, die nur infolge zufälliger Einflüsse in ihrer Zusammensetzung von derjenigen der Grundgesamtheit abweicht. Zufälligen Fehlern aber vermögen die statistischen Verfahren, mit denen später eine Schlußfolgerung geprüft wird, Rechnung zu tragen.

Dieses allgemeine Prinzip ist auch dann anwendbar, wenn es darum geht, eine Gruppe von Personen wiederum in zwei oder mehr Untergruppen aufzuteilen, die dann verschiedenen Bedingungen zu unterwerfen sind. Man kann nach solchem Vorgehen die einzelnen Teilgruppen als äquivalent betrachten, abgesehen, wie gesagt, von zufallsbedingten Verschiedenheiten.

Durch die Methode des Verzufallens soll im Prinzip das gleiche erreicht werden, was mit dem Ausbalancieren auf systematischem Weg angestrebt wird. Doch das Ausbalancieren eignet sich nur für die bekannten oder wenigstens vermutbaren Fehlervariablen. Dagegen erstreckt sich die zufällige Aufteilung auf sämtliche Merkmale; es werden damit von selbst auch diejenigen Faktoren erfaßt und neutralisiert, die der Feststellung nicht zugänglich sind. Da solche Faktoren aber in keiner Untersuchung fehlen, ist auf die Technik der Zufallsauswahl beziehungsweise des Verzufallens in kaum einem Fall zu verzichten. Wird zum Beispiel beim Ausbalancieren des Einflusses der Tageszeit eine Gruppe in zwei Hälften aufgeteilt, von denen die eine am Vormittag, die andere am Nachmittag zur Untersuchung kommen soll, so ist im einzelnen wieder nach dem Zufall zu entscheiden, welche Vpn zu der ersten und welche zu der zweiten Hälfte gehören werden.

Die *Parallelisierung* empfiehlt sich besonders bei sehr kleinen Ausgangsstichproben. Nach dem «Gesetz der großen Zahl» nähert sich eine Zufallsstichprobe, je größer sie ist, um so besser an die Population an. Ebenso wird die Äquivalenz von Teilstichproben um so eher erreicht, je größer die Ausgangsstichprobe ist, aus der die Teilstichproben durch Verzufallen gebildet werden. Wollen wir aber eine Stichprobe von nur wenigen Vpn in zwei gleichwertige Gruppen aufteilen, so wird durch zufälliges Verteilen die Äquivalenz noch nicht einigermaßen gewährleistet. Man kann jedoch die beiden Gruppen besser aneinander angleichen, indem man wie folgt vorgeht: Von allen Vpn wird zuerst ein bestimmtes Merkmal festgestellt, das mit der zu untersuchenden Leistung in einem möglichst engen Zusammenhang steht. Auf Grund dieses «Vortestmerkmals» wird die Gesamtgruppe zu einer Reihenfolge geordnet. Dann greift man aus dieser Folge die beiden Vpn mit den höchsten Leistungen heraus und teilt nach Zufall die eine der ersten, die andere der zweiten Versuchsgruppe zu. Ebenso verfährt man mit den beiden nächsten Vpn in der Folge usw., wenn eben zwei Untergruppen gebildet werden sollen, die dann als «parallelisiert» gelten. Entsprechend wird vorgegangen, wenn mehr als zwei Gruppen herzustellen sind.

Die Kontrollmethoden lassen sich als Mittel verstehen, mit denen das «Prinzip der einen Variablen» gesichert werden soll. Wir erinnern uns, daß eine eindeutige Schlußfolgerung nur dann möglich ist, wenn dieses Prinzip erfüllt ist (vgl. Kapitel III, 3). Handelt es sich darum, einen einzelnen Störfaktor unwirksam zu machen, der diese Schlußfolgerung erschwert oder verhindert, so wird man zuerst seine Eliminierbarkeit erwägen, darauf die Möglichkeiten des Ausbalancierens, Verzufallens und Parallelisierens. Indessen hat man es in jeder Untersuchung mit mehreren solchen Faktoren zu tun, darunter auch unbekannten. Man wird hier daher in aller Regel von mehr als einer Kontrollmethode zugleich Gebrauch machen müssen.

Einfache Untersuchungspläne. Im einfachsten Fall soll nur mit einer Stichprobe unter gleichbleibenden Bedingungen eine bestimmte Größe festgestellt werden (so wie in der Beschreibung des Beispiels in Kapitel VI, 2), oder es soll auch durch dieselbe Stichprobe die Verteilung bestimmter Reaktionen ermittelt werden (etwa die Häufigkeiten verschiedener Antworten bei einer Befragung). Die Ausführung dieser Beispiele zeigte bereits, daß auch solche einfach angelegten Untersuchungen zahlreiche Überlegungen in inhaltlicher und formaler Hinsicht erfordern.

Häufiger kommt es allerdings vor, daß die Abhängigkeit einer bestimmten Größe von zwei oder mehr Klassen derselben unabhängigen Variablen, also von verschiedenen Bedingungen zu untersuchen ist. Auch dann handelt es sich um einen einfachen Plan.

Ein im Prinzip einfacher Fall liegt ferner vor, wenn eine wechselseitige Abhängigkeit zwischen zwei Variablen ermittelt werden soll. Wir können danach fragen, ob zwischen der Größe der Gedächtnisspanne und einer anderen Größe, etwa der «Intelligenz», ein Zusammenhang besteht.

Wenn man von einer Wechselbeziehung oder Korrelation zwischen zwei Variablen spricht, so meint man damit, daß die eine Variable in einem bestimmten Grad von der anderen derart abhängig ist, daß die eine Größe (zum Beispiel die Gedächtnisspanne) im allgemeinen um so höher liegt, je höher die andere (zum Beispiel die Intelligenz) ist, oder auch daß die eine im allgemeinen um so niedriger ist, je höher die andere ist. Im ersten Fall spricht man von positiver, im andern von negativer Korrelation. Der Grad des Zusammenhangs wird durch eine Maßzahl, den Korrelationskoeffizienten, angegeben. (Näheres hierüber im folgenden Kapitel.)

Versuche mit herstellbaren Bedingungen. Ist es unser Ziel, die Wirkung von zwei unterschiedlichen Bedingungen auf eine abhängige Variable festzustellen, so können wir hierzu zwei äquivalente Gruppen von Personen heranziehen, von denen die eine der ersten, die andere der zweiten Bedingung unterzogen wird. Dies ist der einfache «Zwei-Gruppen-Versuchsplan».

Nehmen wir an, es solle der Einfluß unterschiedlicher Motivierung auf eine Gedächtnisleistung untersucht werden. Zu diesem Zweck soll in der Instruktion die eine Gruppe von Vpn lediglich gebeten werden, sich zu bemühen, einen dargebotenen Stoff zu erlernen; der anderen Gruppe soll zusätzlich angekündigt werden, daß die besten Leistungen irgendwie honoriert werden. Auf diese Weise sind die Bedingungen herstellbar. Zu den Versuchen sollen 200 Vpn herangezogen werden, die zwei äquivalente und gleich große Stichproben ergeben sollen.

Der einfachste Weg besteht darin, jede künftige Vp nach dem Zufall der einen oder der anderen Gruppe zuzuordnen. Wir können zum Beispiel die Namen aller Vpn alphabetisch ordnen und fortlaufend numerieren. Dann bilden wir aus den 100 Vpn, die eine ungerade Zahl erhielten, die erste Gruppe (gewöhnliche Instruktion) und aus denen, auf die eine gerade Zahl entfiel, die zweite (stärker motivierende Instruktion). Daß damit die Teilung der gesamten Gruppe rein zufällig erfolgt, ist sicher, denn das verwendete Kriterium hat gewiß nichts mit der Lernfähigkeit oder Lernbereitschaft zu tun; mit einem systematischen Auslesefehler ist daher nicht zu rechnen.

Es ist denkbar, daß für die Versuche, etwa zum Zweck der Zeitersparnis, zwei Vl eingesetzt werden sollen. Dann muß die mögliche Störvariable «Versuchsleiterpersönlichkeit» ausbalanciert werden. Falsch wäre es, die erste Gruppe dem einen, die zweite dem anderen Vl zu übergeben. Vielmehr wird man dann jede Gruppe nochmals nach dem Zufall in zwei Hälften teilen. Jeder Vl übernimmt alsdann eine Hälfte der ersten und eine Hälfte der zweiten Gruppe. Ein unterschiedlicher Versuchsleitereinfluß wird somit auf beide Gruppen gleichmäßig verteilt und insofern neutralisiert.

Haben wir nur wenige Vpn, sagen wir im ganzen 20, zur Verfügung, so genügt sicherlich nur ein Vl. Doch wenn wir hier, wie es die angenommene Fragestellung vorschreibt, zwei Gruppen von je 10 Vpn bilden, so haben wir bei rein zufälliger Aufteilung noch damit zu rechnen, daß in der einen Gruppe weniger gute und mehr schlechte Lerner sein werden als in der anderen. Denn die Methode des Verzufallens wird erst bei großen Zahlen voll wirksam. Es ist daher in diesem Fall die Parallelisierung angebracht, die auch hier noch relativ präzise Ausgangsbedingungen für den späteren Vergleich schaffen kann.

In unserem Beispiel ist als Vortest mit allen Vpn eine Gedächtnisprüfung durchzuführen. Nach den zu einer Rangreihe geordneten Ergebnissen werden sodann auf die schon beschriebene Weise die beiden Gruppen aufgestellt (s. S. 269). Zu betonen ist, daß über die Zuweisung der Partner eines Paares zur einen oder anderen Gruppe tatsächlich nur der Zufall entscheiden darf. Ein nachträgliches Rangieren zwischen den Gruppen, etwa um durch Austausch einzelner Vpn zu genau gleichen Mittelwerten der Vortestergebnisse zu gelangen, ist unstatthaft.

Ein Vortest kann auch dann von Nutzen sein, wenn die beiden Gruppen nicht erst nach dem Vortestmerkmal parallelisiert werden können und daher schon vorher allein nach dem Zufall gebildet worden sind, etwa weil die Vpn nur einmal zum Versuch bestellt werden können. Mit besonderen statistischen Verfahren ist es möglich, auch eine Vortestleistung ohne nachfolgende Parallelisierung der Gruppen zu verwerten und damit die Präzision der Resultate zu verbessern.

Grundsätzlich können Gruppen auch nach zwei oder mehr Vortestmerkmalen parallelisiert werden. Praktisch wird dies aber schwierig; zum mindesten geht dabei ein Teil der vorgesehenen Vpn für die Untersuchung verloren. Andererseits ist zu bedenken, daß auch bei der Parallelisierung nach nur einem Merkmal alle übrigen Merkmale dennoch verzufallt werden, diese freilich bei kleinen Gruppen wiederum mit den erwähnten Einschränkungen.

Versuchsgruppe und Kontrollgruppe. In Untersuchungen mit herstellbaren Bedingungen ist es häufig möglich, bei der einen Gruppe von Vpn einen bestimmten Einfluß auszuüben, bei der anderen diesen jedoch gänzlich wegzulassen. In einem solchen Fall nimmt also die betreffende unabhängige Variable in der einen ihrer beiden Klassen den Ausprägungsgrad «Null» an. Dann (und nur dann) ist es sinnvoll, die eine Gruppe als «Versuchs-» oder «Experimentalgruppe» und die andere als «Kontrollgruppe» zu bezeichnen. Beispiel: Von einer Stichprobe von Neurotikern erhält die eine Hälfte eine bestimmte Therapie (Versuchsgruppe); die andere erhält keinerlei solche Behandlung (Kontrollgruppe). Ein weiteres Beispiel: Die Wirkung eines Anregungsmittels soll erforscht werden. Der Versuchsgruppe wird das Pharmakon verabreicht, der Kontrollgruppe dagegen nicht.

Beide Beispiele lassen deutlich eine Fehlerquelle erkennen: Allein das Wissen davon, daß ein Eingriff stattfindet, wird bei manchen Personen schon andere Reaktionsweisen hervorrufen. Diese müssen aber mit der Bedingung, die untersucht werden soll, gar nicht unbedingt etwas zu tun haben. Sie können auf Suggestion beziehungsweise Autosuggestion beruhen.

In der Pharmakopsychologie hat man zur Ausschaltung dieser Fehlerquelle den sogenannten Blindversuch eingeführt: Nicht nur der Versuchsgruppe, sondern auch der Kontrollgruppe wird etwas verabreicht, und zwar der letzteren ein dem echten Präparat äußerlich ähnliches, aber wirkungsloses «Leerpräparat» (Placebo). Da in keinem Fall einer Vp gesagt wird, ob sie das echte Präparat oder das Leerpräparat erhalten hat, werden sich Suggestionseinflüsse in beiden Gruppen gleich auswirken und somit die Vergleichbarkeit der Ergebnisse nicht beeinträchtigen. Um sicher zu gehen, daß auch nicht durch den Vl Suggestionseinflüsse entstehen können, kann man dafür sorgen, daß auch dieser nicht vor Ende der Versuche erfährt, ob er der einzelnen Vp das eine oder das andere Präparat gegeben hat («Doppelblindversuch»).

In unserem anderen Beispiel (psychotherapeutische Behandlung) ist es sehr viel schwieriger, Suggestionseinflüsse auszuschalten. Und auch in manchen anderen Fällen kann es große Schwierigkeiten bereiten, Versuchs- und Kontrollgruppe einander wirklich vergleichbar zu machen.

Die Unterscheidung von Versuchs- und Kontrollgruppe ist nur innerhalb desselben Experiments bedeutsam. Denn beide Gruppen sind ja notwendige Bestandteile des Untersuchungsplans. Es ist auch einleuchtend, daß derselben Kontrollgruppe mehrere Experimentalgruppen gegenübergestellt werden können, wenn nämlich mehr als zwei Klassen der betreffenden Variablen untersucht werden. Auch kann dieselbe Gruppe von Vpn einmal unter Kontrollbedingungen und andere Male unter Experimentalbedingungen verwendet werden, sofern die Versuche mit denselben Vpn wiederholbar sind.

Die Variable «Reihenfolge». Ist die unabhängige Variable herstellbar, so können grundsätzlich auch dieselben Vpn nacheinander den verschiedenen Bedingungen unterzogen werden. Hiervon wird in sehr vielen Experimenten Gebrauch gemacht. Es entsteht dann freilich mit der Darbietungsfolge eine neue Variable, die sich zusätzlich zu den zu untersuchenden Bedingungen auf die abhängige Variable auswirken kann. Somit ist die Reihenfolge eine typische, außerordentlich häufig präsente, bekannte, aber nicht eliminierbare Störvariable. Als solche muß sie durch Verfahren des Ausbalancierens oder des Verzufallens möglichst unschädlich gemacht werden.

Geläufige Ursachen von Reiheneffekten sind Übung und Ermüdung, die während eines Versuchs auftreten können. Aber auch an das Aufkommen von Langeweile, an die sogenannte Abstumpfung emotionaler Reaktionen oder an wachsende Vertrautheit mit der gesamten Situation ist hier zu denken. Was von alledem im einzelnen Fall vorliegt, ist meist kaum erfahrbar, braucht auch meist nicht entschieden zu werden. Denn der Erfolg ist, wenn er eintritt, insofern stets der gleiche, als die einzelnen Reaktionen einer Vp durch die Variable «Reihenfolge» ungleichwertig gemacht werden.

Angenommen, wir wollten eine Gruppe von Vpn Urteile über die ästhetischen Eindrücke einiger Bilder abgeben lassen. Es ist klar, daß das einzelne Urteil von der Stellung des betreffenden Bildes in der Darbietungsfolge aus dem einen oder anderen Grund mit abhängig sein kann. Damit ist übrigens nicht nur zu rechnen, wenn die Bilder eins nach dem anderen, sondern auch wenn sie nebeneinander zugleich vorgezeigt werden. (Neben dem Zeitfehler gibt es auch den Raumfehler; vgl. S. 250).

Wir können versuchen, diese Effekte im Gesamtergebnis zu neutralisieren, indem wir einer jeden Vp die Bilder in einer anderen Reihenfolge bringen.

Der Methode des Ausbalancierens entspricht es, die Abfolge der Reize systematisch zu permutieren. Indessen ist dies nur bei einer kleinen Anzahl von Reizen praktikabel. Bei vier Reizen gibt es $4 \times 3 \times 2 \times 1 = 24$ Permutationen; bei fünf Reizen sind es 120, bei sechs schon 720. Dies gilt freilich für die vollständige Permutation, bei der nicht nur jeder Reiz gleich oft an jeder Stelle in der Folge steht, sondern auch jedem Reiz je einmal jeder andere Reiz vorausgeht und nachfolgt. Hier wird also die Anzahl der erforderlichen Versuche bald unrealisierbar groß.

Begnügt man sich jedoch damit, jeden Reiz gleich häufig an jeder Stelle auftreten zu lassen, so kann diese Zahl sehr viel niedriger gehalten werden. Zweckmäßigerweise wird man dann aber die Reihenfolge verzufallen, um eine systematische Bevorzugung bestimmter Aufeinanderfolgen von einzelnen Reizen zu vermeiden. Die so gebildeten verschiedenen Folgen kann man dann als eine Zufallsstichprobe aus der Gesamtzahl aller möglichen Folgen, wie sie durch vollständige Permutation gegeben wären, ansehen.

Gehen wir davon aus, daß jeder Vp dieselben zehn Bilder gezeigt werden sollen. Wir bilden nach dem Zufall für jede Vp eine neue Darbietungsfolge, insgesamt so viele solcher Folgen, wie wir Vpn zur Verfügung haben. Dies ist eine Stichprobe aus den mehr als 3,6 Millionen verschiedener Folgen, die bei zehn Elementen der Reihe möglich sind. Die Anlage der Untersuchung läßt sich durch das nebenstehende Schema darstellen, wobei die einzelnen Vpn mit römischen Ziffern, die Bilder mit Buchstaben und deren Stellung in der Darbietungsfolge mit arabischen Ziffern bezeichnet sind.

In einer größeren Anzahl von Versuchen werden sich die Stellenwerte für die einzelnen Bilder annähernd gleichmäßig über den gesamten Versuchsablauf verteilen. Hätten wir ebensoviele Vpn wie Darbietungen pro Vp vorgesehen (oder auch ein Mehrfaches von Vpn), so wäre auch eine Anordnung der Reizabfolge nach dem Prinzip des sogenannten lateinischen Quadrats möglich gewesen, in dem jedes Bild je einmal in jeder Zeile und in jeder Spalte vorgekommen wäre. Wir gehen später noch auf diese Anordnung ein.

Im hier angenommenen Fall können die Reiheneffekte auf die eine oder andere Art nur über die gesamte Gruppe ausgeglichen werden, nicht aber bei der einzelnen Vp, da die Reize hier ja jeweils alle verschieden waren. Werden dagegen bei jeder Vp in der Darbietungsfolge mehrere

		Darbietungsfolge									
		1	2	3	4	5	6	7	8	9	10
Vp	I	H	J	B	A	K	C	F	E	G	D
	II	B	F	G	E	J	H	K	A	C	D
	III	K	C	H	F	G	D	B	E	A	J
	IV	B	J	C	E	F	G	A	K	D	H
	V	A	D	C	G	F	K	B	E	J	H
	VI	D	G	A	J	C	H	E	F	K	B
	VII	F	G	H	D	E	J	K	C	B	A
	VIII	B	E	H	J	D	A	F	K	C	G
	IX	D	K	H	E	C	B	A	F	G	J

gleiche oder äquivalente Reize verwendet, so wird auch eine Neutralisierung der Reiheneffekte bei der einzelnen Vp möglich, und zwar wiederum durch Ausbalancieren oder Verzufallen. Im Beispiel der Bestimmung der Gedächtnisspanne wurde etwas derartiges angestrebt, indem wir die 30 darzubietenden Zahlenfolgen nach dem Zufall anordneten. Hierbei sollten, wie erinnerlich, jeweils drei äquivalente Zahlenreihen von derselben Länge vertreten sein (s. S. 192). Bei zufälliger Darbietungsfolge konnten wir annehmen, daß sich leichtere und schwierigere Aufgaben über den ganzen Versuch annähernd gleichmäßig verteilen würden. Darüber hinaus hätten wir auch hier noch von Vp zu Vp die Reihenfolge der Aufgaben variieren können, was jedesmal eine neue Tonbandaufnahme erfordert hätte und ziemlich umständlich geworden wäre. Grundsätzlich kann man aber die Neutralisierung der Reihenfolgewirkung zwischen den Vpn mit derjenigen innerhalb jeder Vp kombinieren, vorausgesetzt, daß jeder Reiz bei der Vp in gleicher oder äquivalenter Form wiederholt angewendet wird.

Zur Frage der Wiederholbarkeit. In vielen Untersuchungen ist es unerläßlich, jede Vp auf mehrere Reize reagieren zu lassen. Dies gilt zum Beispiel für fast alle Versuche im Gebiet der noch zu besprechenden Psychometrie. Es wäre häufig auch kaum sinnvoll, jede Vp nur eine einzige Reaktion abgeben zu lassen. Denn gerade die ersten Reaktionen stehen oft unter inneren Bedingungen, die keineswegs repräsentativ für die Reaktionsweise einer Vp sind. Sie sind unter anderem durch die noch mangelnde Vertrautheit mit der Aufgabe und durch Erwartungsspannung beeinflußt. Die adäquate Reaktionsweise einer Vp stellt sich daher oft gerade erst im Verlauf des Versuchs ein, woraus sich ja auch die Notwendigkeit, sogenannte Pufferreize einzuführen (s. S. 201 f.), ergeben kann.

Andererseits bilden die erwähnten Reiheneffekte eine Störvariable, die nach Möglichkeit unwirksam gemacht werden soll. In der Tat wird dies bei Anwendung des geeigneten Verfahrens wohl meistens annähernd erreicht; allein eine Garantie dafür gibt es nicht.

Sollen die Reiheneffekte innerhalb der Reaktionen der einzelnen Vpn ausgeglichen werden, so nimmt das Ausbalancieren die Form des sogenannten Counterbalancing an. Die eine Reaktion bildet dabei sozusagen das Gegengewicht für die andere, und beide Reaktionen, die frühere und die spätere in der Abfolge, werden gemittelt, in der Erwartung, daß damit der Störeinfluß des Faktors «Reihenfolge» behoben sei. Doch diese Erwartung trügt, falls die Wirkung dieses Faktors nicht geradlinig verläuft, wenn sich also etwa sein Einfluß nur im ersten Viertel der Reaktionen stark geltend macht, in den restlichen drei Vierteln dagegen fast überhaupt nicht mehr. Dann führt offenbar die Ausgleichsrechnung zu falschen, das heißt nicht miteinander vergleichbaren Ergebnissen. Daher ist die sogenannte Spiegelbildanordnung aufeinanderfolgender Reize, nämlich die Folge ABBA oder ABCCBA usw., wobei jeweils die Reize A, B, C usw. für die Auswertung zusammengezogen werden, ein fragwürdiges Verfahren. Es empfiehlt sich dann eher, für jede Vp eine andere, und zwar eine zufällige Reihenfolge vorzusehen, in der die Reize A, B, C usw. jeweils nur einmal dargeboten werden, wenn die Fragestellung des Versuchs dies erlaubt.

Kontrollmaßnahmen verfehlen jedoch überhaupt ihren Zweck, wenn durch eine bestimmte Reizsituation die Reaktionen auf alle folgenden Situationen systematisch verändert werden. Dies kann sogar dann der Fall sein, wenn sich genau dieselbe Reizsituation nicht bei derselben Vp wiederholt und wenn für die eine Gruppe lediglich die Folge AB und für die andere die Folge BA vorgesehen wird. Denn es können hier durch die Teilnahme am Versuch unter der einen Bedingung die Voraussetzungen für die aufgabengerechte Teilnahme unter der anderen Bedingung erheblich beeinträchtigt werden.

Angenommen, es solle der Erfolg zweier verschiedener Lernmethoden untersucht werden. In der einen Gruppe erhalten die Vpn die Anweisung, den Lernstoff nach bestimmten Gesichtspunkten zu gruppieren; in der anderen wird dagegen die Anweisung gegeben, alle Teile des Stoffs gleichmäßig aufzufassen. Hier kann es nun eintreten, daß die Vpn, die an dem Versuch nach der ersten Anweisung zuerst teilgenommen haben, dadurch schon eine bestimmte Lerngewohnheit ausgebildet haben, die sie absichtlich oder unabsichtlich auch im zweiten Versuch anwenden, in dem nach einer anderen Methode vorgegangen werden soll. Bei der anderen Gruppe, die in der umgekehrten Reihenfolge untersucht wird, ist dies dagegen nicht der Fall; sie lernt tatsächlich beide Male im Sinn der Anweisung. Das bedeutet, daß die beiden Versuchsbedingungen in einem ungleichen Verhältnis verwirklicht worden sind; im äußersten Fall wurde dann die erste Bedingung dreimal, die zweite dagegen nur einmal untersucht. Praktisch wäre es allerdings wohl so, daß die erste Bedingung zweimal, die zweite einmal und ein Gemisch aus beiden einmal gegeben wäre; denn die unterschiedliche Instruktion würde trotz der bei der einen Gruppe vorangegangenen Erfahrung nicht ganz wirkungslos sein.

Jedenfalls wird man immer, wenn mit derartigen Einflüssen zu rechnen ist, die zu einer Art *Umstimmung* der Vp führen können und die sich durch die inhaltliche Gestaltung des Versuchs nicht mit Sicherheit vermeiden lassen, gut daran tun, auf Wiederholung an denselben Vpn zu verzichten und die Versuche mit verschiedenen Gruppen auszuführen.

Versuche mit vorgefundenen Bedingungen. Oft ist eine zu untersuchende unabhängige Variable nicht willkürlich herstellbar; ihre einzelnen Klassen werden vielmehr lediglich vorgefunden. Dies gilt zum Beispiel für die Variablen Lebensalter, Geschlecht, Bildungsgrad, Berufszugehörigkeit, Familienstand und solche, deren Klassen sich durch Gegenüberstellungen wie «neurotisch – nicht neurotisch», «Raucher – Nichtraucher» usw. ausdrücken lassen. Alle methodischen Maßnahmen, die speziell bei herstellbaren Bedingungen anzuwenden sind, kommen hier natürlich nicht in Betracht, soweit es eben in der Untersuchung um die Behandlung der betreffenden vorgefundenen Variablen geht. Es fallen damit freilich nicht methodische Probleme weg, sondern vielmehr bestimmte methodische Möglichkeiten.

Bei vorgefundenen Bedingungen sind gleichartige Voraussetzungen für die Untersuchung meist weniger einfach zu verwirklichen, unter anderem schon deshalb, weil die Teilstichproben nicht durch Verzufallen beziehungsweise Parallelisieren aus derselben Ausgangsstichprobe gebildet werden können. Auch wiederholte Beobachtung mit denselben Vpn unter den verschiedenen Bedingungen ist hier ausgeschlossen. Es sind andererseits verhältnismäßig große Stichproben erforderlich. Dies kann verschiedene Schwierigkeiten bereiten.

Wir wollen zum Beispiel feststellen, ob Unterschiede in einer Lernleistung zwischen Jungen und Mädchen bestehen. Günstige Verhältnisse für die Bildung zweier äquivalenter Gruppen finden wir alsdann noch bei neunjährigen Kindern vor. Denn in diesem Alter werden noch alle Kinder in der Volksschule angetroffen (die wenigen Sonderschüler ausgenommen), und für bereits erworbene Lerngewohnheiten dürfen gleichartige äußere Voraussetzungen angenommen werden. Wir können ferner erwarten, bei einer zufälligen Auswahl von Jungen und von Mädchen aus derselben Schule zwei Stichproben zu erhalten, die sich nach häuslichem Milieu und anderen Merkmalen nicht wesentlich unterscheiden. Mit einer Komplikation wäre aber schon bei der Untersuchung Elfjähriger zu rechnen, da in diesem Alter schon ein Teil der Kinder in die Oberschulen abgewandert ist. Das wäre nicht unbedingt bedeutsam, wenn sich dieser Auslesefaktor nicht möglicherweise auf beide Geschlechter ungleich auswirken würde. Wenn nämlich bei gleicher Begabung im ganzen mehr Jungen als Mädchen in die Oberschule geschickt werden, so verschiebt sich dadurch der durchschnittliche Begabungsstand zwischen den in der Volksschule Verbliebenen; das heißt aber, daß dann Jungen und Mädchen nicht mehr die gleiche Auswahl aus der Population des betreffenden Lebensalters darstellen. (Entsprechendes könnte sogar bei den Neunjährigen schon der Fall sein, wenn zum Beispiel von Fällen gleicher Minderleistung mehr Jungen als Mädchen in Sonderschulen geschickt würden.) Es bleibt dann die Möglichkeit, die Untersuchung auf Volks- und Oberschulen auszudehnen und die Ergebnisse zunächst danach getrennt zu behandeln, da durch unterschiedlichen Unterricht in beiden Schularten wiederum ungleiche Vorbedingungen gegeben sein können.

Wir würden uns aber auch dann, wenn wir eine solche Untersuchung mit Volksschülern durchführen wollten, zweckmäßigerweise nicht mit einem Stichprobenpaar aus derselben Schule zufriedengeben, sondern mehrere Schulen einbeziehen. Denn es ist möglich, daß eine Lernleistung auch von dem besonderen Charakter der jeweiligen Schule abhängt. Handelt es sich um Lernleistungen von Jungen und Mädchen, so ist daran zu denken, daß in Schulen mit gemeinsamem Unterricht beider Geschlechter ein anderes Verhältnis zwischen deren Leistungen bestehen kann als in Schulen mit getrennter Unterrichtung. Um solche Wechselwirkungen zwischen einzelnen Bedingungen zu erkennen, bedarf es einer Variation des Einflusses, von dem eine solche Abhängigkeit vermutet wird, in diesem Fall also des Einflusses, der durch verschiedene Schulen ausgeübt wird.

Die hier als Beispiel genannte Untersuchung müßte freilich nicht an Schulen beziehungsweise Schulklassen durchgeführt werden; die Bildung der Zufallsstichproben könnte sich auch auf amtliche Register stützen. Indessen wäre damit sehr viel organisatorischer Aufwand verbunden. Daher wird ein solches Verfahren selten praktiziert. Aber das Hauptproblem bei der Untersuchung vorgefundener Merkmale liegt auch weniger in diesem Bereich, als vielmehr in den erwähnten Wechselbeziehungen. Vorgefundene Variable sind besonders häufig mit anderen solchen Variablen in einer schwer erkennbaren Weise verknüpft. So ist es zum Beispiel durchaus wahrscheinlich, daß das Merkmal «Berufszugehörigkeit» mit bestimmten Persönlichkeits- und Begabungsmerkmalen systematisch zusammenhängt. Es ist daher bei solcher Verwobenheit vorgefundener Bedingungen oft nicht sicher zu entscheiden, ob für ein Ergebnis tatsächlich der untersuchte Faktor ausschlaggebend ist, oder vielleicht irgendein anderer, gar nicht in Betracht gezogener. Wie schon einmal gesagt, kann hier nur durch eine größere Zahl von Untersuchungen, von denen jede andere Aspekte erkundet, eine schrittweise Klärung erreicht werden (vgl. S. 261 f.).

Komplexere Untersuchungspläne. Es können in ein und derselben Untersuchung die Effekte von zwei oder mehr unabhängigen Variablen auf eine abhängige Variable erforscht werden. Hierzu werden die einzelnen Klassen der verschiedenen unabhängigen Variablen miteinander kombiniert zur Wirkung gebracht. Dies widerspricht keineswegs dem Prinzip der einen Variablen beziehungsweise der isolierenden Variation, denn die Anordnung wird so getroffen, daß die Effekte der einzelnen Variablen mit ihren jeweiligen Klassen dabei durchaus unterscheidbar bleiben.

Beginnen wir nochmals mit einem einfachen Fall: Es solle der Einfluß unterschiedlicher Darbietungsgeschwindigkeit (Variable A) auf die Größe der Gedächtnisspanne geprüft werden. Zu diesem Zweck sollen die Zeitabstände der darzubietenden Zahlen in drei Stufen (A_1, A_2 und A_3) variiert werden. Aus einer Ausgangsgruppe von 60 Vpn werden drei verzufallte Gruppen gebildet, von denen jede einer dieser drei Bedingungen unterzogen wird. Der Plan dieses Versuchs sieht dann so aus:

A_1	A_2	A_3
20 Vpn	20 Vpn	20 Vpn

Indem wir die Mittelwerte der drei Gruppen (bei einer anderen Fragestellung könnten es auch Häufigkeitswerte sein) miteinander vergleichen, versuchen wir zu entscheiden, ob die Variable «Darbietungstempo» tatsächlich von Einfluß auf die Größe der Gedächtnisspanne ist.

Ebenso wie wir hier die Wirkung von drei verschiedenen Einflüssen auf drei gleichartige Gruppen untersuchen, könnten wir in einem anderen Fall auch die Wirkung desselben Einflusses auf drei verschiedenartige Gruppen bestimmen, nämlich bei der Untersuchung einer vorgefundenen Variablen.

Wir können eine weitere unabhängige Variable in den Plan aufnehmen. Wir vermuten etwa, daß es einen Unterschied machen könnte, ob die Darbietung akustisch (vom Tonband) oder optisch (durch einen Gedächtnisapparat) erfolgt. Folglich machen wir auch die Darbietungsart zu einer Variablen (B) mit den Klassen B_1 (akustisch) und B_2 (optisch). Daraus geht folgendes Schema von Kombinationen hervor:

	A_1	A_2	A_3
B_1	10 Vpn	10 Vpn	10 Vpn
B_2	10 Vpn	10 Vpn	10 Vpn

Die Zahl der Gruppen ergibt sich, indem man die Anzahl der Klassen der einen Variablen mit der Anzahl der Klassen der anderen multipliziert; dies sind im vorliegenden Fall $3 \times 2 = 6$. Damit sind alle Kombinationen zwischen allen Variablenklassen hergestellt, nämlich A_1B_1, A_2B_1, A_3B_1, A_1B_2, A_2B_2 und A_3B_2. Wenn wir für jede dieser Gruppen mit zehn Vpn rechnen, so ergibt sich $3 \times 2 \times 10 = 60$ für die Gesamtzahl der an den Versuchen teilnehmenden Personen. (Die Anzahl der Vpn muß nicht in jeder Gruppe die gleiche sein; dies ist zum Beispiel dann von Bedeutung, wenn man bei Fragestellungen mit vorgefundenen Variablen für die eine oder andere Gruppe nur wenige Vpn findet, die das zu untersuchende Merkmal besitzen.)

In der Auswertung der nach einem solchen Plan angefallenen Resultate ist mit geeigneten statistischen Verfahren folgendes festzustellen:

1. ob die verschiedenen Einflüsse A_1, A_2 und A_3 zu unterschiedlichen Ergebnissen führen, deren Abweichungen nicht mehr auf den Zufall zurückgeführt werden können, 2. ob zwischen den Bedingungen B_1 und B_2 ein solcher Unterschied besteht, und ob 3. Wechselwirkungen zwischen A und B vorhanden sind, derart, daß die Wirkung der einen Bedingung von der anderen abhängig ist. In unserem Beispiel heißt dies, daß danach gefragt wird, ob die Geschwindigkeit der Darbietung einen Einfluß auf die Gedächtnisspanne ausübt, weiter ob die Wahrnehmungsmodalität (auditiv oder visuell) hierfür von Bedeutung ist und schließlich auch, ob etwa je nach der Wahrnehmungsmodalität die Darbietungsgeschwindigkeit unterschiedlichen Einfluß hat (Wechselwirkung zwischen Wahrnehmungsmodalität und Darbietungsrate). Es wäre beispielsweise denkbar, daß bei auditiver Auffassung eine schnellere, bei visueller Auffassung jedoch eine langsamere Darbietung zu einer höheren Gedächtnisspanne führt.

Noch weitere unabhängige Variable können in die Untersuchung einbezogen werden. So ist es vielleicht von Interesse, ob die Gedächtnisspanne unterschiedlich groß ist, je nachdem ob die Vpn ausgeruht oder ermüdet sind. Demnach könnte eine dritte Variable (C) mit den Klassen C_1 (ausgeruht) und C_2 (ermüdet) im Versuchsplan untergebracht werden, der dann wie folgt aussähe:

		A_1	A_2	A_3
B_1	C_1	5 Vpn	5 Vpn	5 Vpn
	C_2	5 Vpn	5 Vpn	5 Vpn
B_2	C_1	5 Vpn	5 Vpn	5 Vpn
	C_2	5 Vpn	5 Vpn	5 Vpn

Die Anzahl der Gruppen beträgt jetzt $3 \times 2 \times 2 = 12$. Wie man aber sieht, ist die Anzahl der schon bei der einfachen ersten Anordnung vorgesehenen Vpn, nämlich 60, nicht größer geworden. Denn mit der Einführung einer jeden weiteren Variablen wurde zugleich die Anzahl der Vpn pro Feld des Plans halbiert. Trotzdem stehen für den Vergleich der Bedingungen A_1, A_2 und A_3 nach wie vor jeweils 20 Vpn zur Verfügung. Zum Vergleich der Bedingungen B_1 und B_2 werden je 30 Vpn herangezogen und dieselbe Anzahl für den Vergleich der Bedingungen C_1

und C_2. Neben diesen Vergleichen ist die Bestimmung der Wechselwirkungen A × B, A × C und B × C möglich sowie die einer sekundären Wechselwirkung, nämlich A × B × C.

Der ökonomische Gewinn eines solchen Aufbaus, den man als *faktoriellen Versuchsplan* bezeichnet, leuchtet ein, wenn man bedenkt, daß bei aufeinanderfolgenden getrennten Untersuchungen der einzelnen Variablen bei gleicher Präzision ein Mehrfaches an Vpn beziehungsweise einzelnen Versuchen erforderlich gewesen wäre. Im letzten Beispiel des 3×2×2-Plans mit 60 Vpn wären in jenem Fall 180 Vpn benötigt worden; dabei ist die Bestimmung der Wechselwirkungen noch nicht berücksichtigt, die einen noch sehr viel größeren weiteren Mehraufwand bedingt hätte.

Unser Versuchsplan wäre noch weiterer Aussgestaltung fähig. Es könnte etwa noch eine vierte unabhängige Variable eingebracht werden, oder es könnten bereits berücksichtigte Variable in mehr Klassen untergliedert werden. Je mehr Bedingungen wir in einem Versuchsplan Rechnung tragen, desto stärker können wir uns damit den natürlichen Verhältnissen annähern, in denen ja auch jedes Geschehen von mehreren variablen Bedingungen abhängig ist. Freilich gibt es auch für die faktoriellen Pläne aus verschiedenen Gründen Einschränkungen. So lassen sich bei wiederholter Beobachtung Reiheneffekte in den Reaktionen der einzelnen Vpn nicht neutralisieren. (Es kann indessen die Reihenfolge als eine zu untersuchende Variable eingeführt und auf ihre Auswirkung überprüft werden.) Ferner wird die praktische Durchführung auch dieser Pläne mit wachsendem Umfang umständlich. So ergeben sich für einen Plan mit drei unabhängigen Variablen zu je drei Klassen bereits 27 Kombinationen.

Die Anzahl der Kombinationen kann vermindert werden, wenn der Versuchsplan als sogenanntes *lateinisches Quadrat* (nach R.A. Fisher) angelegt wird. Hier wird, anders als bei den vorher erwähnten faktoriellen Plänen, darauf verzichtet, jede Klasse der einen Variablen mit jeder Klasse der übrigen Variablen zu verbinden; es wird vielmehr jede Klasse der einen Variablen nur jeweils mit einer Klasse der übrigen Variablen kombiniert. So reduziert sich bei drei Variablen zu je drei Klassen die Anzahl der Felder von 27 auf 9.

Im Planschema des lateinischen Quadrats werden in den Spalten die Klassen der ersten Variablen angeordnet, in den Zeilen die der zweiten. In die Felder werden die Klassen der dritten Variablen (gewöhnlich durch lateinische Buchstaben bezeichnet) eingesetzt, und zwar derart, daß jede Klasse je einmal in jeder Spalte und in jeder Zeile erscheint.

Wir wollen als neues Beispiel annehmen, es sei der Einfluß von vier Dosierungen eines Anregungsmittels auf eine Rechenleistung zu vier verschiedenen Tageszeiten bei vier verschiedenen Altersgruppen zu untersuchen. Wir bilden hierzu vier Gruppen mit sagen wir je fünf Vpn und bezeichnen diese Gruppen mit den römischen Ziffern I bis IV. Den verschiedenen Dosen des Anregungsmittels (von denen eine ein Placebo sein kann) teilen wir die Buchstaben A, B, C und D zu, den verschiedenen Tageszeiten die arabischen Ziffern 1 bis 4. Diesen Ziffern entspricht auch die Reihenfolge der Anwendung der Präparate beziehungsweise der Leistungsprüfungen bei den einzelnen Gruppen. Der Versuchsplan sieht dann so aus:

	I	II	III	IV
1	A	B	C	D
2	B	D	A	C
3	C	A	D	B
4	D	C	B	A

Hieraus ist folgendes zu erkennen: 1. Jede Gruppe von fünf Vpn erhält einmal jede Dosis und nimmt einmal zu jeder der vier Tageszeiten am Versuch teil. 2. Jeder der vier Dosierungen geht einmal jede der drei anderen voraus und folgt einmal jede andere nach. (Dies ist nur in solchen Quadraten mit einer geraden Anzahl von Klassen möglich.) Hiermit wird dafür gesorgt, daß etwa vorhandene systematische Beeinflussungen durch die Aufeinanderfolge bestimmter Dosierungen innerhalb des ganzen Plans gleichmäßig verteilt sind und einander wahrscheinlich aufwiegen. 3. Die Zahl der Kombinationen ist 16 und ist somit nicht vollständig; sie würde dann nämlich $4 \times 4 \times 4 = 64$ betragen. So trifft es zum Beispiel für die Gruppe I ein, daß die Dosierung A zur Tageszeit 1 angewendet wird, nicht dagegen für die Gruppen II, III und IV; die Kombination C4 wird nur an Gruppe II untersucht; allgemein gilt also, daß jede Kombination nur an einer der unterschiedenen Gruppen zur Anwendung kommt.

Zur sachgerechten Durchführung dieser Untersuchung müssen natürlich die Wiederholungen der Versuche mit verschiedenen Dosierungen in genügend großen zeitlichen Abständen erfolgen, so daß die Wirkung der einen Dosis mit Sicherheit völlig abgeklungen ist, bevor die nächste Dosis angewendet wird. Ferner müssen die Aufgabenserien, an denen die Rechenleistung nach jeder Verabreichung festgestellt werden soll, immer von gleichem Schwierigkeitsgrad sein.

Die Auswertung gestattet festzustellen: 1. ob die vier Dosierungen A, B, C und D von unterschiedlichem Einfluß auf die Rechenleistung sind, 2. ob die Tageszeit auf die Leistung einen Einfluß ausübt und 3. ob zwischen den vier Gruppen von Vpn Leistungsunterschiede bestehen. Dagegen läßt das lateinische Quadrat keine Bestimmung vielleicht bestehender Wechselwirkungen zwischen den Variablen zu. Sind in der Tat starke Wechselwirkungen vorhanden, so vergrößern sie den Fehlerbereich der Ergebnisse beträchtlich, so daß bestehende Unterschiede unter Umständen nicht mehr nachgewiesen werden können.

Eine weitere Ausgestaltung wäre möglich, wenn wir auch die Aufgabenserien in derselben Weise wie die Dosierungen anordneten, so daß also jede einmal von jeder Gruppe und einmal zu jeder Tageszeit zu bearbeiten wäre. Hierbei wären die einzelnen Serien (mit den griechischen Buchstaben α, β, γ und δ bezeichnet) derart mit den Dosierungen A, B, C und D zu verbinden, daß alle Kombinationen (Aα, Aβ, Aγ, Aδ, Bα, Bβ usw.) einmal auftreten. Man bezeichnet einen solchen Versuchsplan als *lateinisch-griechisches Quadrat.* Es könnten damit zusätzlich noch die vier Aufgabenserien – unabhängig von den übrigen Variablen – auf mögliche Schwierigkeitsunterschiede geprüft werden.

Zahlreiche weitere Ausgestaltungen eines Versuchsplans sind möglich. Uns kam es hier nur darauf an, die allgemeinen Prinzipien aufzuzeigen, auf denen diese Anordnungen beruhen. Betont muß werden, daß es genauer Kenntnis mathematisch-statistischer Prüfmethoden bedarf (bei komplexen Versuchen speziell der von R.A. Fisher entwickelten Varianzanalyse), um die Ergebnisse der Untersuchung in der jeweils angemessenen Weise zu verarbeiten und die richtigen Schlüsse daraus zu ziehen. Auch die statistischen Prüfmethoden können später (Kapitel IX) nur in ihren Grundzügen dargestellt werden, und dies nicht, um damit schon ihren praktischen Gebrauch im einzelnen Fall zu ermöglichen, sondern vielmehr um das Verständnis für ihre Eigenart, ihre Leistungen und ihre Anwendungsmöglichkeiten auszubilden.

Zusammenfassung. Bei aller Verschiedenheit der Anlagepläne von Untersuchungen gibt es doch eine Reihe von Gesichtspunkten, die in jedem Fall zu berücksichtigen sind.

Zur Ausschaltung oder Neutralisierung von Störvariablen dienen Kontrollmethoden. Je nachdem ob ein Störfaktor vermeidbar oder nicht vermeidbar, bekannt oder unbekannt ist, kommt eine andere von den erwähnten Kontrollmethoden (Eliminierung, Ausbalancieren, Verzufallen, Parallelisieren) in Betracht. In der Regel muß in derselben Untersuchung mehr als eine Kontrollmethode angewendet werden.

Ein einfacher Untersuchungsplan liegt vor, wenn zum Beispiel die Effekte von zwei Klassen einer unabhängigen Variablen auf eine abhängige Variable festgestellt werden (Zwei-Gruppen-Versuchsplan). Mit den jeweils geeigneten Kontrollmethoden läßt sich für möglichst präzise Voraussetzungen für den Vergleich der Ergebnisse sorgen.

Wird eine Bedingung von bestimmter Ausprägung gegen den Ausprägungsgrad «Null» geprüft, so bezeichnet man die beiden zugeordneten Gruppen als Versuchsgruppe und Kontrollgruppe.

Von Bedeutung ist es, ob die unabhängige Variable eine in der Untersuchung selbst herstellbare Bedingung ist oder ob sie als ein bereits ausgebildetes Merkmal vorgefunden wird. Bei herstellbaren Variablen können die Beobachtungen unter den verschiedenen Bedingungen grundsätzlich an denselben Vpn wiederholt werden. Dabei ergeben sich freilich unerwünschte Reihenfolgeeffekte, denen man wiederum mit Kontrollmethoden begegnen muß. In manchen Fällen muß auf die Wiederholung verzichtet werden.

Bei Untersuchungen mit vorgefundenen Variablen sind gleichartige Voraussetzungen in der Regel schwieriger zu schaffen, weil hier wesentliche Aspekte der Kontrolle nicht anwendbar sind. Auch die Wiederholung von Beobachtungen unter den verschiedenen experimentellen Bedingungen entfällt hier. Vor allem sind aber vorgefundene Variable oft mit anderen unbekannten Variablen systematisch verknüpft, worunter die Sicherheit der Interpretation der Resultate leidet.

Komplexere Untersuchungspläne sehen die Feststellung der Auswirkungen von zwei oder mehr unabhängigen Variablen im selben Arbeitsgang vor. Bei den faktoriellen Plänen wird jede Klasse der einen mit jeder Klasse der anderen Variablen einmal kombiniert. Dies widerspricht nicht dem «Prinzip der einen Variablen», weil die Effekte einer jeden Variablen unterscheidbar bleiben. Solche Anordnungen sind außerordentlich ökonomisch, vor allem aber gestatten sie die Bestimmung von Wechselwirkungen und können sich somit den realen Verhältnissen besser annähern als die einfachen Untersuchungspläne. Die als «lateinisches Quadrat» und «lateinisch-griechisches Quadrat» bezeichneten Anordnungen gestatten eine erhebliche Verminderung der Kombinationen, nicht aber die Feststellung von Wechselwirkungen.

In allen Untersuchungsplänen müssen schon die Möglichkeiten der späteren Auswertung in Betracht gezogen werden. Dies gilt besonders für die komplexeren Pläne, deren Konzeption in enger Verbindung mit dem Verfahren der Varianzanalyse steht.

Weitere Literatur: Cochran und Cox (1957), Dieterich (1972), Edwards (1970), Fisher (1966), Fraisse (1966), Kerlinger (1964), König (1967/69), de Landsheere (1971), Linder (1969), Maxwell (1958), Mittenecker (1970), Travers (1972).

VIII. Die Darstellung von Resultaten

1. AUFGABEN UND MITTEL DER DARSTELLUNG

Der erste Teil der Auswertung von Beobachtungen besteht in deren Darstellung oder Beschreibung. Aufgabe der Darstellung ist es, die Ergebnisse einer Untersuchung überschaubar zu machen und in eine Form zu bringen, die eine weitere Verarbeitung ermöglicht.

Deskriptive Statistik. Die systematische, besonders die experimentelle Untersuchung wird stets so angelegt sein, daß ihre Einzelresultate nach Gesichtspunkten ihrer Übereinstimmung oder Verschiedenheit geordnet, zusammengestellt und miteinander verglichen werden können. Es läßt sich dann ein solcher Datensatz durch bestimmte Kennwerte (zum Beispiel Mittelwert, Streuungsmaß) charakterisieren.

Die Mittel für diese Art der Darstellung liefert die deskriptive (beschreibende) Statistik. Welche Art der Veranschaulichung für die Ergebnisse anzuwenden ist und welche Kennwerte zu errechnen sind, hängt jeweils von den allgemeinen Merkmalen der zu verarbeitenden Daten ab.

Schon früher (vgl. S. 96f.) war von verschiedenartigen Variablen (Nominal-, Ordinal-, Intervall-, Verhältnisvariablen) die Rede. Diese Unterscheidung bezieht sich auf bestimmte Typen von Skalen, die der Feststellung der Merkmale zugrunde liegen. Je nach dem vorliegenden Skalentypus ist die Bestimmung gewisser Kennwerte angebracht und die Bestimmung anderer nicht angebracht. Im folgenden sind die wichtigsten Kennwerte zusammengestellt, die für die verschiedenen Variablen in Betracht kommen. Die meisten von diesen Kennwerten werden später erläutert.

Für eine *Nominalvariable*, das heißt ein nach einer Nominalskala erfaßtes Merkmal, läßt sich als Kennwert der Modus, dies ist die Kategorie mit der größten Häufigkeit von Fällen, angeben. Ein Zusammenhang zwischen zwei Nominalvariablen kann durch den Kontingenzkoeffizienten ausgedrückt werden.

Für eine *Ordinal-(Rang-) Variable* kommen weiter in Betracht: der Median als Maß für die zentrale Tendenz, die Quartilabweichung als Variationsmaß sowie die Angabe von Prozenträngen, ferner der Rangkorrelationskoeffizient als Maßzahl für die Abhängigkeit zwischen zwei solchen Variablen.

Eine *Intervallvariable* gestattet (zusätzlich zu den schon genannten Kennzahlen) die Errechnung des arithmetischen Mittels, der Standardabweichung, der Produktmoment-Korrelation.

Eine *Verhältnisskala* ermöglicht schließlich (wiederum zusätzlich zu dem bereits Genannten) die Bestimmung des geometrischen Mittels und des Variabilitätskoeffizienten.

Es sei betont, daß die Unterscheidung von Nominal-, Ordinalvariablen usw. die Art der Erfassung eines Merkmals betrifft. Dasselbe Merkmal kann indessen oft auf verschiedene Weise erfaßt werden. Dies gilt zum Beispiel für die Feststellung vieler Leistungen. Man kann aus einer Reihe von Leistungen eine Rangordnung nach ihrer Höhe bilden; aber dieselben Ergebnisse lassen sich unter Umständen auch als Daten einer Intervall- oder Verhältnisskala ausdrücken. So stellen zum Beispiel die zur Beurteilung von Schulleistungen üblichen Notensysteme Rangskalen dar. Läßt es sich bewerkstelligen, daß die Abstände zwischen den Noten 1 und 2, 2 und 3 usw. bezüglich des zugrunde liegenden Leistungsmerkmals gleich groß sind, so ist eine Intervallskala gegeben. Eine Verhältnisskala liegt schließlich vor, wenn eine Leistung als das Doppelte, Dreifache usw. der anderen zu betrachten ist (zum Beispiel wenn die Ergebnisse in der Anzahl gelöster Aufgaben bestehen). Mit Rücksicht auf die weitere Auswertung wird man im allgemeinen bestrebt sein, die Ergebnisse als Intervall- oder Verhältnisvariable zu gewinnen. Man hat daher Verfahren entwickelt, auch solche Daten nach diesen Skalen auszudrücken, die zunächst nur als Nominal- und Ordinalvariable vorliegen (zum Beispiel Urteile über die Empfindungsstärke, über die ästhetische Anmutung. Siehe darüber Kapitel X.)

Sind statistische Methoden angemessen? Die Angemessenheit statistischer Verfahren für Fragestellungen der Psychologie ist oft bezweifelt oder bestritten worden, mit dem Argument, daß sich das Psychische nicht quantifizieren lasse. In dieser allgemeinen Form ist ein solcher Einwand gewiß unzutreffend; zum mindesten müßte schon von vornherein eingeräumt werden, daß sich die *Äußerungen* von Psychischem zahlenmäßig erfassen lassen; und hieraus können doch bedeutsame Schlüsse auch auf das Psychische selbst gezogen werden. Und wie ließe sich denn das Psychische überhaupt anders erforschen als auf dem Weg über seine Äußerungen? (Wir erinnern hier an unsere Ausführungen in Kapitel II, 1.) Aber oft haben grundsätzliche Bedenken, die immer wieder erhoben werden, einen wahren Kern und entspringen nicht allein aus Vorurteilen. So auch hier. In der Tat erfordert die Quantifizierung stets eine Abstraktion aus der Vielfalt der angetroffenen Erscheinungen (weit mehr noch als die Begriffsbildung), und dem auf solche Abstraktion eingestellten Beobachter wird oft kaum noch bewußt, wie stark alle seine Feststellungen vom Gedanken an die Quantifizierung gelenkt sind und wie sehr sie hierdurch unter Umständen eingeschränkt werden. Namentlich bei der Untersuchung erst wenig bekannter Sachverhalte bildet das vorzeitige Bestreben nach quantitativer Behandlung der Resultate eine ernste Gefahr.

Doch hierüber dürfen Nutzen und Notwendigkeit zahlenmäßiger Auswertung nicht verkannt werden. Es wäre zum Beispiel nicht einmal möglich, die Leistungen zweier oder mehrerer Schulklassen insgesamt oder in einem einzelnen Fach sinnvoll miteinander zu vergleichen, würde man darauf verzichten, etwa jeweils Medianwerte der Noten als Kennzahlen der mittleren Leistung zu bestimmen. Ferner wäre ohne die Ermittlung eines Variationsmaßes nichts Verbindliches darüber auszusagen, ob relativ viele «gute» und «schlechte» oder viele «mittlere» Schüler der Klasse angehören. Daß die hier als Grundlage der Beurteilung angenommene Schulnotenskala ein kontinuierliches Merkmal repräsentiert, sei nebenbei erwähnt, wodurch der Sinn eines Vergleichs von mittleren Noten wie 2,4 und 2,9 unmittelbar einleuchtet. (Auch bei diskontinuierlichen Merkmalen ist übrigens die Bestimmung von Mittelwerten mit Dezimalstellen durchaus angebracht, so zum Beispiel die Angabe, daß bei einer Reihe von Aufgaben durchschnittlich 4,7 Fehler gemacht wurden, oder daß die Familien einer bestimmten Bevölkerungsgruppe im Durchschnitt 2,3 Kinder haben.)

Beschränkungen statistischer Darstellung. Der Darstellung mit den Mitteln der Statistik wird man sich immer bedienen, wenn das zu verarbeitende Ergebnismaterial dies gestattet. Ein Verzicht darauf wäre dann kaum zu rechtfertigen; man würde sich damit wesentlicher Erkenntnismöglichkeiten begeben. Es gibt jedoch eine große Zahl von Fällen, in denen die statistischen Darstellungsverfahren nicht oder – in einem bestimmten Stadium der Kenntnis des Problems – noch nicht anwendbar sind.

Die statistische Darstellung kann dadurch vereitelt oder zumindest erschwert werden, daß die Ergebnisse nur sehr beschränkt miteinander vergleichbar sind. Wir finden dies, wenn die Resultate von sehr komplexer

Natur sind und wenn es nicht angängig erscheint, einzelne Aspekte, unter denen ein Vergleich möglich wäre, aus dem Ganzen herauszulösen, weil damit wieder wesentliche Zusammenhänge vernachlässigt werden müßten. Fehlt es aber an Vergleichbarkeit, so gibt es in den betreffenden Punkten auch keine Möglichkeit statistischer Darstellung der Resultate. Als ein Beispiel sei die psychologische Erforschung von Lebensläufen genannt, wenn es dabei etwa um die Auffindung bestimmter, für die Entwicklung der Persönlichkeit relevanter Faktoren gehen soll. Gleiches gilt für sehr viele andere Längsschnittstudien.

Meist handelt es sich hier allerdings nicht um prinzipielle, ein für allemal bestehende Grenzen statistischer Betrachtung, sondern eher um zeitweilige, insbesondere durch äußere Umstände der Untersuchung und den derzeitigen Wissensstand bedingte Grenzen. Das genannte Beispiel läßt dies schon erkennen. Auch für einen Gegenstand von komplexer Art lassen sich fast immer Gesichtspunkte der Betrachtung finden, unter denen sich einzelne Merkmale unterscheiden und vergleichen lassen.

Solche Gesichtspunkte sind zum Beispiel bei der Erforschung von Faktoren im Lebenslauf: Zahl der Geschwister, Stellung in der Geschwisterreihe, Herkunft aus vollständiger oder unvollständiger Familie usw. So kann man zum Beispiel die Anteile neurotischer und normaler Kinder, die aus harmonischen und aus disharmonischen Ehen hervorgegangen sind, miteinander vergleichen und hieraus bestimmte Schlüsse ziehen. Allein solche Beispiele zeigen auch, daß manche Unterscheidungen, die zum Zweck des Vergleichs getroffen werden, relativ grob sind und nur als vorläufiger Behelf gelten können. Viele Besonderheiten, die im einen oder anderen individuellen Fall von entscheidender Bedeutung sein mögen, werden damit oft nicht erfaßt.

Andere Formen der Darstellung. Läßt das Ergebnismaterial keine statistische Behandlung zu, so bleibt nichts anderes übrig, als die Befunde einzeln aufzuführen und allein mit den Mitteln der Sprache zu beschreiben. Die sprachliche Darstellung einer Reihe von Fällen, die individuell in mehrfacher Beziehung verschieden gelagert sind, aber unter einem übergeordneten Gesichtspunkt gesammelt worden sind und betrachtet werden, wird in der Psychologie (wie auch in der Medizin, Rechtswissenschaft und Moraltheologie) eine *Kasuistik* genannt. Als Beispiel kann eine Sammlung der Lebensgeschichten von Selbstmördern dienen.

Auch bei einer solchen Darstellung sind Forderungen zu beachten, die die Übersichtlichkeit und den Aussagewert der Sammlung betreffen. Vor allem sollten auch hier nach Möglichkeit Gruppierungen getroffen werden, so daß ähnlich beschaffene Fälle beieinander zu stehen kommen. Dann sollten die einzelnen Beschreibungen nach einem einmal durchdachten und festgelegten Aufbauplan abgefaßt werden. Die Schilderung selbst soll eindeutig sein, dazu ausführlich genug, ohne Überflüssiges zu bringen.

Darüber hinaus müssen speziellere Grundsätze beachtet werden. Ebenso wie die statistische Darstellung dient die Kasuistik der Mitteilung von Forschungsergebnissen. Hier wie dort ist eine genaue, vom Beobachter nicht irgendwie veränderte, reine Beschreibung vorgefundener Sachverhalte gefordert. In der Kasuistik muß vor allem streng unterschieden werden, was reiner empirischer Befund und was bereits Deutung dieses Befundes ist. Die Gefahr, daß beides miteinander vermengt wird, ist hier oft groß. Aber vielleicht noch größer ist die Gefahr einseitiger Darstellung. Ebenso wie das Einbringen von Deutungen in die Schilderung des Tatsachenmaterials ist dies die Folge einer Voreingenommenheit. Sie wirkt sich aus in der Überbetonung einzelner Momente und in der Vernachlässigung anderer. Dies kann sich schon in der Zusammenstellung der zu beschreibenden Fälle geltend machen, indem hierfür vorwiegend oder ausschließlich solche Beispiele ausgewählt werden, die zu einer vorgefaßten Hypothese passen, während andere, die damit nicht in Einklang stehen, weggelassen werden. Wer seine Befunde schon bei der Darstellung unter einem bestimmten theoretischen Vorurteil betrachtet, wird, ohne es selbst zu bemerken, zu einer einseitigen Auswahl verleitet. Unter solchen Bedingungen entstehen dann Kasuistiken, die weder hinsichtlich der Auswahl im Ganzen repräsentativ sein können, noch in der Schilderung des einzelnen Falls objektiv sind. Der Leser, der sich aus einer solchen Kasuistik informieren will, wird dies sehr häufig nicht erkennen, besonders wenn die Einzelfälle recht anschaulich und mit sprachlichem Geschick beschrieben werden und die Folgerungen, die der Autor damit beweisen möchte, in überzeugungskräftiger Diktion vorgetragen werden.

Wie man sieht, können bei der Anlage einer Kasuistik durch Überbewertung und Vernachlässigung im Einzelnen wie im Ganzen schwerwiegende Fehler begangen werden, die zu einer Verzerrung des Bildes der wirklichen Verhältnisse führen. Ist aber eine Kasuistik frei von solchen Mängeln, bietet sie also wirklich eine sachgerechte und das jeweils Wesentliche enthaltende Information über ihren Gegenstand, so kann sie von großem Wert sein. Insbesondere vermag sie dem Leser jene Grundlage von allgemeinem Wissen über einen bestimmten Problemkreis zu vermitteln, die er oft als Ergänzung seiner Erfahrung benötigt, bevor er selbst zur systematischen Untersuchung einer spezielleren Frage aus diesem Problemkreis übergehen kann. In diesem Zusammenhang sei noch einmal darauf zurückverwiesen, was über die inhaltliche Gestaltung von Untersuchungen gesagt wurde (Kap. VII, 1). Die allgemeine Kenntnis von Sachverhalten und ihren Beziehungen mit anderen ist hierfür meist fruchtbarer als die Kenntnis einer Reihe thematisch eng gefaßter Spezialarbeiten zu dem betreffenden Problem. Auch verhilft der kasuistische Überblick zur Findung neuer heuristischer Hypothesen, während man allein mit systematischen Spezialkenntnissen eher nur zu einer mehr oder minder abgewandelten Nachahmung schon vorliegender anderer Spezialuntersuchungen kommt.

Die Bedeutung der nichtstatistischen beziehungsweise kasuistischen Wiedergabe von Befunden darf aus diesen Gründen nicht zu gering eingeschätzt werden. Die Art der Darstellung, die sich nach der Eigenart des zu Beschreibenden richten muß, ist nicht entscheidend für die tatsächliche wissenschaftliche Bedeutung eines Resultats. Nicht selten sind es gerade wichtige, auch für die psychologische Praxis relevante Befunde, die sich zunächst nur aus der Untersuchung der Struktur von Einzelfällen erheben lassen.

Freilich müssen auch für die in einer Kasuistik dargestellten Einzelfälle gewisse Vergleichsmöglichkeiten bestehen. Denn wo es gar nichts zu vergleichen gäbe, wären nicht einmal mutmaßliche Folgerungen denkbar. Nur sind diese Vergleichsmöglichkeiten hier wegen der von Fall zu Fall recht unterschiedlichen Bedingungskonstellation sehr viel stärker eingeschränkt als etwa bei den Ergebnissen einer experimentellen Untersuchung. Es bleibt daher oft dem Leser einer Kasuistik überlassen, auch selbst Vergleichsgesichtspunkte zu finden, und es muß ihm dies sogar weitgehend überlassen werden, damit er weiterführende Hypothesen entwickeln kann.

Es spricht übrigens nichts dagegen, sich auch bei statistischer Darstellung nebenbei der kasuistischen zu bedienen, wenn man davon eine inhaltliche Ergänzung des Bildes von den Resultaten erwarten kann. Besonders ist dies zu empfehlen, wenn die für die statistische Darstellung getroffene Merkmalsbildung als provisorisch zu gelten hat. Bleibt dabei vielleicht Wesentliches noch unberücksichtigt, so läßt die mitgegebene Kasuistik immer noch eine umfassende Betrachtung zu, oder sie kann wenigstens weitere Anhaltspunkte für die Beurteilung der Befunde liefern.

In diesem Zusammenhang ist auf die Verwendung von Nebenergebnissen von experimentellen Untersuchungen hinzuweisen. Es kann sich hier zum Beispiel um die Beschreibung verschiedenartiger Reaktionsweisen einzelner Vpn, um die Wiedergabe bestimmter Aussagen von Vpn und besonderer Beobachtungen des Vls handeln. Solche Nebenergebnisse können große Bedeutung für die Beurteilung des Hauptresultats erhalten, zuweilen sogar diesem an Wichtigkeit gleichkommen. Man kann sich etwa ein Urteil darüber bilden, ob die Vpn bei der Lösung einer Aufgabe nach einheitlicher Methode arbeiteten oder auf verschiedene Weise vorgingen, ob sie die Tätigkeit anstrengend oder leicht, interessant oder langweilig fanden, ob sie gewissenhaft oder sorglos an ihre Aufgabe herangingen, ob sie einzelne Fragen aufrichtig beantworteten oder etwas dabei verheimlichten und dergleichen. Man erfährt damit etwas von Faktoren, deren Wirkung man nicht zu untersuchen beabsichtigte, die aber gleichwohl die Ergebnisse wesentlich beeinflußt haben können. Ohne die Berücksichtigung solcher Nebenresultate ergibt die Darstellung der Untersuchung unter Umständen ein unvollständiges Bild; bei ihrer Beachtung wird man aber oft neue Gesichtspunkte finden, die weitere Fragestellungen der systematischen Erforschung erschließen.

Zusammenfassung. Die Auswertung von Untersuchungsergebnissen beginnt mit deren möglichst übersichtlicher Darstellung. Hieran schließt sich später die weitere Verarbeitung an.

Die Resultate systematischer, vor allem experimenteller Untersuchungen können in der Regel durch bestimmte statistische Kennwerte beschrieben werden. Welche dieser Kennwerte jeweils in Frage kommen, hängt vom Skalentypus der betreffenden Daten ab.

Ein Verzicht auf statistische Verfahren ist nicht zu rechtfertigen, wenn immer ihre Anwendung möglich ist. Es ist jedoch, zumindest in manchen Fällen, zu bedenken, daß die mit der Quantifizierung verbundene Abstraktion zu einer Einschränkung des Gesichtskreises führen kann.

Fehlt es, etwa bei sehr unterschiedlich gelagerten Fällen, an der eindeutigen Vergleichbarkeit, so sind statistische Methoden nicht anwendbar. Man wird sich dann zweckmäßigerweise der kasuistischen Darstellungsweise bedienen. Auch hier muß freilich eine gewisse, wenn auch stark reduzierte, Möglichkeit des Vergleichens und Verallgemeinerns bestehen, wenn überhaupt Schlüsse aus den Resultaten gezogen werden sollen. In Anfangsstadien der Forschung erweisen sich sorgfältige kasuistische Darstellungen als sehr wertvoll.

Die Abhandlung statistischer Methoden in diesem und dem folgenden Kapitel (IX) soll nicht eine Einführung in die Statistik ersetzen. Gute Lehrbücher dieses Gebiets liegen in hinreichender Anzahl vor (s. Literaturhinweise). Hier soll es im wesentlichen nur darum gehen, die statistischen Verfahren an Hand einiger Beispiele in den gesamten Zusammenhang psychologischer Methodik zu stellen und so die Funktion zu erläutern, die ihnen darin zukommt.

Verteilungen diskreter Merkmale. Eine Stichprobe von 1000 Jugendlichen (je 500 von beiden Geschlechtern) einer bestimmten Altersstufe sei nach ihrer Lieblingslektüre befragt worden. Jeder Befragte habe instruktionsgemäß eine der auf einem Fragebogen vorgegebenen Lektüregattungen (Kriminalrome, Reiseerzählungen, Liebesgeschichten usw.) angekreuzt. Zehn Kategorien dieser Nominalvariablen seien unterschieden worden.

Die Ergebnisse der Auszählung werden in einer *Tabelle* (8/1) zusammengefaßt, wobei zwischen den Antworten männlicher und weiblicher Befragter unterschieden wird:

Tabelle 8/1

Literatur-gattung	Häufigkeit der Nennung als Lieblingslektüre		
	Männlich	h	Gesamt
A	104	59	163
B	37	50	87
C	87	179	266
D	19	27	46
E	41	3	44
F	8	29	37
G	20	11	31
H	145	82	227
J	12	16	28
K	27	44	71
Summe	500	500	1000

Eine Tabelle wird meist übersichtlicher, wenn die Häufigkeitsangaben in *Prozenten* ausgedrückt werden. Dies empfiehlt sich besonders dann, wenn Zahlen miteinander verglichen werden sollen, die Anteile von unterschiedlich großen Stichproben darstellen (so etwa wenn in unserem Beispiel die eine Gruppe aus 500, die andere aus 300 Personen bestanden hätte). In Prozentzahlen ergeben unsere Resultate die folgende Verteilung (Tabelle 8/2):

Tabelle 8/2

Literaturgattung	Häufigkeit der Nennung als Lieblingslektüre in %		
	Männlich	Weiblich	Gesamt
A	20,8	11,8	16,3
B	7,4	10,0	8,7
C	17,4	35,8	26,6
D	3,8	5,4	4,6
E	8,2	0,6	4,4
F	1,6	5,8	3,7
G	4,0	2,2	3,1
H	29,0	16,4	22,7
J	2,4	3,2	2,8
K	5,4	8,8	7,1
Summe	100,0	100,0	100,0

Die Verwendung von Prozentzahlen soll unterbleiben, wenn die Stichprobe nur aus wenigen Daten besteht. Ferner dürfen nie Prozentzahlen allein mitgeteilt werden, sondern es müssen immer auch die zugrunde

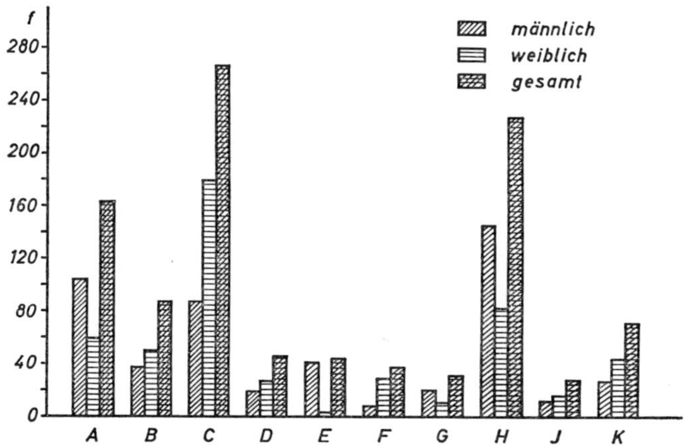

Abb. 8/1. Säulendiagramm nach Tabelle 8/1.

liegenden Ausgangszahlen angegeben werden, zum mindesten aber die Gesamtzahl der Beobachtungen, aus der die Relativzahlen bestimmt worden sind. Ausgangszahlen und Prozentwerte können nebeneinander in derselben Tabelle untergebracht werden. Außerdem ist die Tabelle ausreichend zu beschriften, so daß ihr Inhalt unmittelbar verständlich wird.

Neben der Tabelle kommt die *graphische Darstellung* in Betracht. In ihr werden die Ergebnisse in räumliche Beziehungen übertragen; inhaltlich entspricht sie der Tabelle. Es gibt mehrere Arten graphischer Darstellung. Für die Resultate unserer Umfrage zeigt Abbildung 8/1 die hier übliche Form, ein sogenanntes *Säulendiagramm*. Die Höhe der einzelnen Säulen ist proportional der Häufigkeit, mit der die einzelnen Literaturgattungen (A bis K) genannt wurden.

Die Säulendarstellung ist immer für Nominalvariable angebracht. Indem man die Säulen getrennt nebeneinanderstellt, deutet man an, daß zwischen den Kategorien des Merkmals keine Übergänge angenommen werden. In Abbildung 8/1 sind jeder Kategorie drei Säulen zugeordnet, nämlich eine für die Häufigkeit der Nennungen insgesamt und je eine für die Nennungen der männlichen und der weiblichen Befragten.

Gegenüber der Tabelle besitzt die graphische Darstellung Vorzüge durch ihre größere Einprägsamkeit und bessere Überschaubarkeit. Während eine Tabelle oft unübersichtlich wird, wenn sie viele und große Zahlen enthält, kann die graphische Darstellung meist auch dann noch so gestaltet werden, daß sie ihre Anschaulichkeit und Übersichtlichkeit behält. Ein Nachteil der graphischen Darstellung kann dagegen darin bestehen, daß sie bei kleinem Maßstab keine genaue Ablesung gestattet. Daher ist es üblich, die Verteilung der Ergebnisse einer Untersuchung zuerst in Tabellenform und darauf in graphischer Form darzustellen.

Verteilungen stetiger Merkmale. Für Ordinal-, Intervall- und Verhältnisvariable werden Tabellen in derselben Weise aufgestellt wie für Nominalvariable. In der Anlage von graphischen Darstellungen bestehen dagegen Unterschiede.

In einem Versuch mit 96 Personen wurde die Farbe des Nachbildes von einem reinen gesättigten Rot bestimmt. Jede Vp hatte 60 sec lang die Mitte eines 10 × 10 cm großen Kartons von dieser Farbe, der auf einem Grund von mittlerem Grau bei diffusem Tageslicht dargeboten wurde, zu fixieren. Danach beobachtete die Vp das entstandene Nachbild auf einer Projektionsfläche und wählte aus den Farben eines vor ihr liegenden genormten Farbenkreises diejenige Farbe aus, die der ihres

Nachbildes entsprach. Da die im Farbenkreis enthaltenen Farben mit fortlaufenden Ziffern versehen sind, brauchte die Vp die Farbqualität nicht zu benennen, sondern sie gab nur die entsprechende Zahl an. Die einzelnen Farbmuster seien so ausgewählt, daß zwischen jeweils zwei benachbarten ein gleich merklicher Qualitätsunterschied besteht; insofern wird das Merkmal «Nachbildfarbe» als eine Intervallvariable erfaßt. Ferner handelt es sich um ein kontinuierliches Merkmal: Man könnte zwischen die einzelnen Farbmuster (zum Beispiel Grünblau und Blaugrün) noch beliebig viele, allerdings kaum noch unterscheidbare Zwischenstufen einfügen.

Tabelle 8/3

Nachbild-farbe X	Häufigkeit der Nennung f
16	2
17	7
18	15
19	26
20	22
21	15
22	8
23	1
	Summe 96

Die als Nachbildfarbe angegebenen Qualitäten reichen von einem Grünblau (16) bis zu einem Gelbgrün (23). Die Verteilung der Resultate gibt die Tabelle 8/3 wieder. Wir ersehen daraus, mit welcher Häufigkeit jede einzelne Farbnuance als Nachbildfarbe genannt wurde. Das Merkmal Nachbildfarbe wird mit dem Buchstaben X, die Häufigkeit des Auftretens mit f («Frequenz») bezeichnet.

Dieselbe Verteilung in graphischer Darstellung zeigt Abbildung 8/2. Man nennt eine solche Darstellung ein *Histogramm* oder *Treppenpolygon*, auch *Stufendiagramm*. Im Unterschied zum vorangegangenen Beispiel (Abb. 8/1) sind hier die einzelnen Klassen nicht durch Zwischenräume voneinander getrennt, sondern direkt aneinandergereiht.

Dem kontinuierlichen Übergang zwischen den einzelnen Klassen eines Merkmals kann durch das sogenannte *Frequenzpolygon* Rechnung getragen werden (Abb. 8/3). Entsprechend der Häufigkeit der Fälle in den ein-

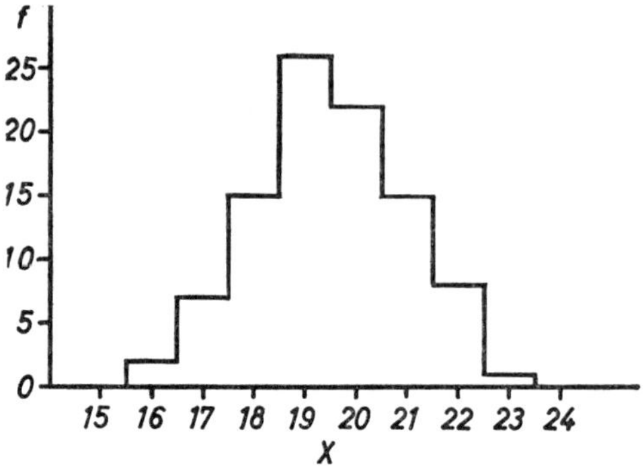

Abb. 8/2.
Treppenpolygon nach Tabelle 8/3.

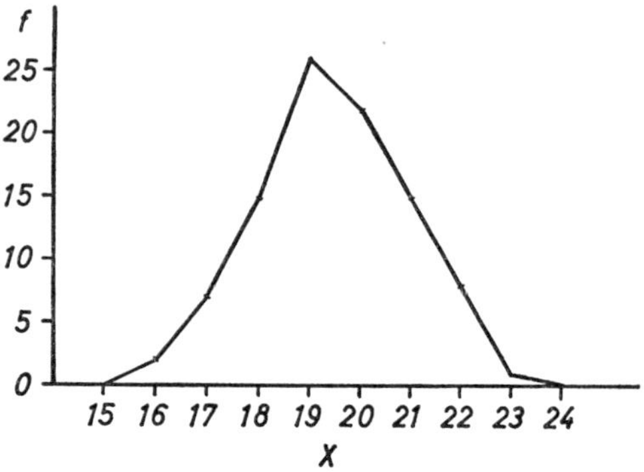

Abb. 8/3.
Frequenzpolygon nach Tabelle 8/3.

zelnen Klassen werden als Ordinaten einzelne Punkte jeweils über der Mitte der auf der Abszisse abgetragenen Klassen eingezeichnet und durch gerade Linien verbunden. Das Polygon beginnt und endet bei den Klassen, in denen die Häufigkeit Null beträgt.

Vom Frequenzpolygon ist es nur noch ein Schritt zur *Verteilungskurve* (Abb. 8/4):

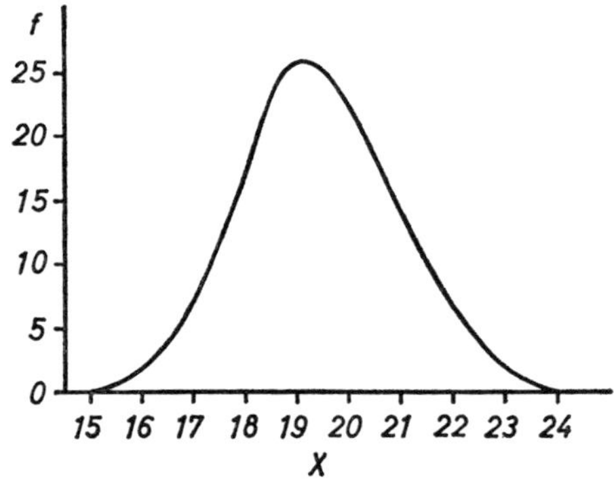

Abb. 8/4. Verteilungskurve nach Tabelle 8/3.

Hiermit wird die Annahme ausgedrückt, daß im Histogramm und im Frequenzpolygon etwa erscheinende Unregelmäßigkeiten zufällig seien und bei einer sehr großen Zahl von Beobachtungen verschwinden würden. Ferner deutet der Kurvenzug an, daß man bei der Einbeziehung beliebig vieler Stufen zwischen den Klassen einen stetigen Verlauf der Verteilung zu erwarten hätte; man schließt aus den ermittelten Punkten auf die wahrscheinliche Lage der nicht ermittelten.

Gruppierung von Daten. Sind die einzelnen Klassen nur schwach besetzt und ist zugleich die Anzahl der Klassen relativ groß, so empfiehlt sich eine Gruppierung der Daten zu neuen, größeren Klassen. Als Beispiel können die Resultate der Bestimmung der Gedächtnisspanne dienen, die sich auf zahlreiche Klassen verteilen.

Die individuellen Ergebnisse müssen in diesem Fall auf eine spezielle Art ermittelt werden, die einer Erläuterung bedarf. Hier die angenommene Leistung einer einzelnen Vp:

	3	4	5	6	7	8	9	10	11	12
1.	+	+	+	+	+	+	—	—	—	—
2.	+	+	+	+	+	—	—	—	—	—
3.	+	+	+	+	—	+	—	—	—	—

Auf der Waagrechten stehen die zehn Reihenlängen, auf der Senkrechten sind die Reproduktionsergebnisse angegeben (+ wenn die Lösung gelang, — wenn sie mißlang). Die Zeilen 1., 2. und 3. fassen wir als Darstellung dreier Versuchsteile auf. Nach den Eintragungen in der oberen Zeile beträgt die Gedächtnisspanne 8, da hier soviel Zahlen noch richtig wiedergegeben wurden, nach der mittleren Reihe nur 7. In der unteren Zeile finden wir eine falsche Wiedergabe schon bei der Reihenlänge 7, aber wieder eine richtige bei der Länge 8. In diesem Fall rechnet man die richtige Lösung bei 8 für die mißglückte Lösung bei 7 an, so daß die Gedächtnisspanne hier wiederum 7 beträgt. Aus den Resultaten der drei Versuchsteile (8, 7 und 7) entnehmen wir als mittlere Schätzung für die Gedächtnisspanne dieser Vp 7,33 richtig nachgesprochene Zahlen.

Auf diese Weise seien die Ergebnisse aller 60 Versuchsteilnehmer bestimmt worden, und es sei folgende Verteilung entstanden (Tab. 8/4; S.300). Diese Tabelle ist ebenso wie die nach ihr gezeichnete graphische Darstellung (Abb. 8/5) wenig übersichtlich.

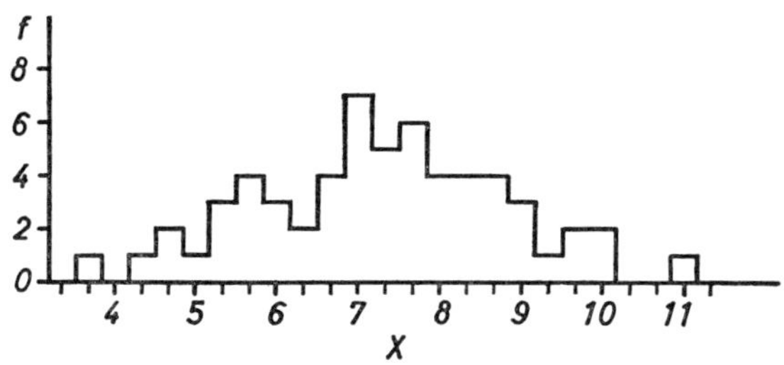

Abb. 8/5. Verteilung der Meßwerte für die Gedächtnisspanne nach Tabelle 8/4.

Tabelle 8/4

Größe der Gedächtnisspanne X	Anzahl der Fälle f
3,66	1
4,00	0
4,33	1
4,66	2
5,00	1
5,33	3
5,66	4
6,00	3
6,33	2
6,66	4
7,00	7
7,33	5
7,66	6
8,00	4
8,33	4
8,66	4
9,00	3
9,33	1
9,66	2
10,00	2
10,33	0
10,66	0
11,00	1
	Summe 60

Weit besser überschaubar wird die Verteilung, wenn jeweils drei Klassen zusammengefaßt werden. Die erste neue Klasse entsteht aus den alten Klassen 3,66, 4,00 und 4,33 und wird nach der mittleren Zahl mit 4 benannt. Ebenso wird mit den nächsten drei Zahlen verfahren, für die dann die Zahl 5 steht usf. In der hiernach aufgestellten Tabelle 8/5 verteilen sich die 60 Einzelergebnisse auf nur noch acht Klassen (vorher auf 23). Bei der größeren Zahl von Fällen pro Klasse wird nun auch der Verlauf der Verteilung regelmäßiger, wie Abbildung 8/6 besonders deutlich zeigt (vgl. Abb. 8/5).

Je nach der Variationsweite der Verteilung und der Gesamtzahl der Beobachtungen können auch mehr Zahlen zu einer Klasse vereinigt werden. Meist geht man so vor, daß hierdurch zehn bis zwölf Klassen entstehen.

Tabelle 8/5

Größe der Gedächtnisspanne X	Anzahl der Fälle f
4	2
5	6
6	9
7	16
8	14
9	8
10	4
11	1
	Summe 60

Zu beachten sind *Klassengrenzen* und *Klassenmitten*. Die erste Klasse der Verteilung in Tabelle 8/5 umfaßt das Intervall 3,50 bis 4,499, die zweite das Intervall von 4,5 bis 5,499 usw. Die Mitte des Intervalls ist im ersten Fall 4, im zweiten 5 usw. Für die Einordnung der gefundenen Daten sind die Klassengrenzen wichtig, für spätere Berechnungen meist nur die Klassenmitten. Für die bis jetzt beschriebenen graphischen Darstellungen ist anzumerken, daß die Eintragungen auf der y-Achse stets über den Klassenmitten stehen müssen.

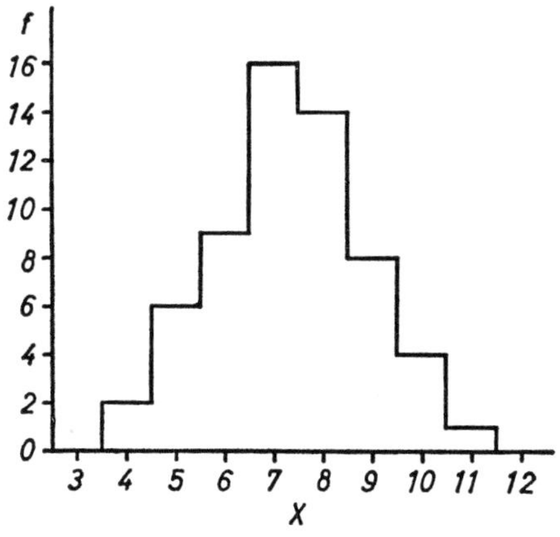

Abb. 8/6. Verteilung der Meßwerte für die Gedächtnisspanne nach Tabelle 8/5.

Kumulative Frequenz. Als eine andere Form tabellarischer oder graphischer Darstellung sei die der sogenannten kumulativen Frequenz (Summenverteilung) erwähnt. Die Summenverteilung entsteht, indem man zur Häufigkeit in einer jeden Klasse jeweils die Häufigkeitszahlen in den vorhergehenden Klassen addiert. Unserem letzten Beispiel entspricht hierfür die Tabelle 8/6:

Tabelle 8/6

Größe der Gedächtnisspanne X	Anzahl der Fälle f	Summen-frequenz cum. f	Prozent-summe cum. f %
4	2	2	3,3
5	6	8	13,3
6	9	17	28,3
7	16	33	55,0
8	14	47	78,3
9	8	55	91,7
10	4	59	98,3
11	1	60	100,0

In der letzten Spalte sind zusätzlich die Prozentwerte für die Summenfrequenz angegeben. Man beachte, daß sich die Angabe der Summenfrequenz auf den Punkt bezieht, bis zu dem sie jeweils erreicht ist; dies ist die obere Intervallgrenze. So liegen zum Beispiel 17 Fälle nicht unter 6, sondern unter 6,5. Die graphische Darstellung erfordert es demgemäß, die Punkte, die die Summenfrequenz repräsentieren, hier nicht über die Klassenmitten, sondern über die oberen Klassengrenzen zu setzen.

Die graphische Darstellung für Tabelle 8/6 ist in Abbildung 8/7 wiedergegeben. Die Ausgangsverteilung ist zum Vergleich mit eingezeichnet, wobei der Ordinatenmaßstab gegenüber Abbildung 8/6 verkleinert ist. Das Summenfrequenzpolygon läßt sich durch eine Kurve, die *Summenkurve*, ausgleichen.

Aus der Summenverteilung ist zu entnehmen, wieviel Fälle bis zu einer bestimmten Klasse auftreten, beziehungsweise diese Klasse nicht überschreiten. So stellen wir zum Beispiel aus Tabelle 8/6 oder Abbildung 8/7 fest, daß unsere Verteilung bis zur Klasse 7 (obere Grenze 7,49) 33 Ergebnisse enthält, anders ausgedrückt, daß 33 von 60 Vpn (das entspricht 55 %) eine Gedächtnisspanne haben, die unter 7,5 (der unteren Grenze des Intervalls 8) liegt, oder daß 59 von 60 Vpn einen Wert für die Gedächtnisspanne erzielt haben, der unter 10,5 liegt.

Ausgleichsmethoden. Zur Darstellung von Ergebnissen durch eine Kurve seien noch einige Erläuterungen angefügt.

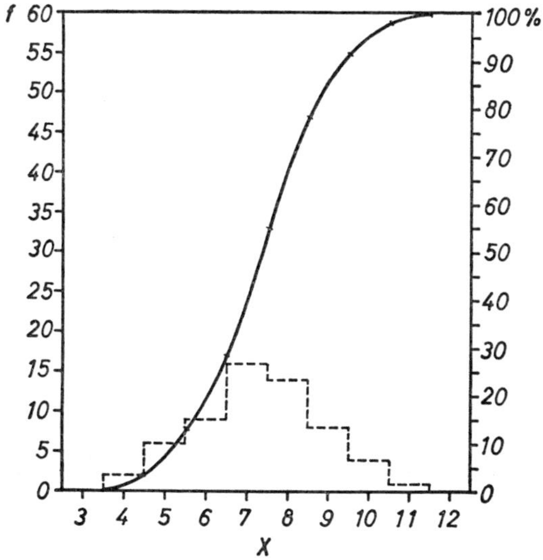

Abb. 8/7. Summenkurve der Meßwerte für die Gedächtnisspanne nach Tabelle 8/6.

Es gibt mehrere Verfahren, um zu einer Reihe empirischer Punkte eine Kurve zu zeichnen. Bei übersichtlichen Verhältnissen kann nach dem Augenmaß eine sogenannte *Freihandkurve* gezogen werden. Die Kurve muß dabei so durch die einzelnen Punkte geführt werden, daß an keiner Stelle ein Knick entsteht; ferner muß die Kurve so verlaufen, daß von dem ursprünglichen Vieleck etwa ebensoviel Fläche über ihr wie unter ihr liegt.

Ein genaueres Ausgleichsverfahren besteht in der Anwendung des sogenannten *gleitenden Durchschnitts*. Hier wird jeweils eine ungerade Anzahl von benachbarten Werten (drei, fünf oder mehr) addiert und durch diese Anzahl dividiert. Der resultierende Mittelwert ist dann der neue Wert für den in der Mitte dieser Reihe stehenden Punkt. Ein Beispiel für einen Ausgleich über drei Punkte gibt Abbildung 8/8.

Die Darstellung dieses Gedächtnisversuchs (Erlernen einer Reihe dreistelliger Zahlen durch mehrere Einprägungen) geht von einem Punkt 0 vor der ersten Einprägung aus, da hier die Vp noch nichts von dem Lernstoff beherrschte. Der erste Ausgleichswert läßt sich für die erste Einprägung bestimmen, nach der die Vp drei Zahlen reproduzierte. Dazu werden addiert der vorangehende Wert 0 und der nachfolgende Wert 5. Der neue Wert für die erste Einprägung ist demnach $(0+3+5):3=2{,}7$. Als neuer Wert für die zweite Einprägung ergibt sich $(3+5+8):3=5{,}3$. Für den nächsten Wert erhalten wir: $(5+8+7):3=6{,}7$.

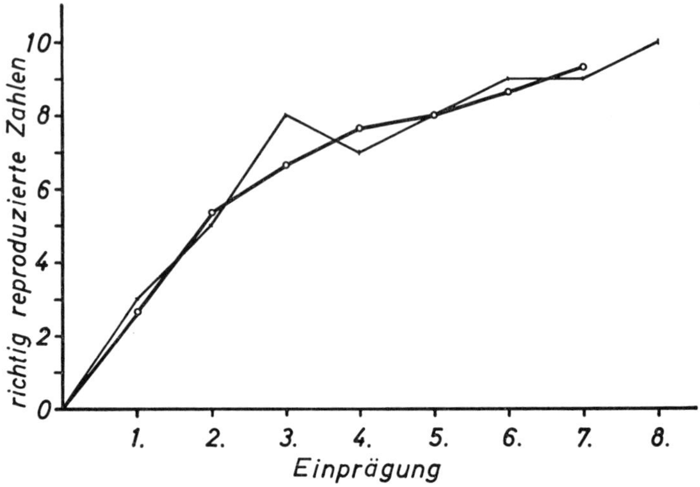

Abb. 8/8. Beispiel für die Anwendung des gleitenden Durchschnitts.

Neben den genannten Verfahren kommt die *Methode der kleinsten Quadrate* in Betracht. Hiermit wird eine mathematische Funktion errechnet, für die die Quadrate der Abweichungen der empirischen Punkte ein Minimum ergeben und die somit die beste Annäherung bildet. Der allgemeine Kurventyp muß dabei schon vorher feststehen (vgl. S. 362 ff.).

Zusammenfassung. Verteilungen können in tabellarischer und in graphischer Darstellung wiedergegeben werden. Häufig wird man von beiden Darstellungsformen Gebrauch machen. Prozentzahlen sollen nie allein angegeben werden. Für die Darstellung in Tabellenform spielt der Variablentypus grundsätzlich keine Rolle; graphische Darstellungen (Säulendiagramm, Stufendiagramm, Frequenzpolygon, Verteilungskurve) müssen sich indessen danach richten, ob ein diskretes oder ein stetiges Merkmal vorliegt. Sind die Klassen einer Verteilung nur schwach besetzt, so ist eine Gruppierung der Daten von Nutzen. Eine besondere Form der (tabellarischen oder graphischen) Darstellung ist (bei stetigen Variablen) die der kumulativen Frequenz. Für die Gewinnung einer Kurve (ebenfalls nur bei stetigen Variablen) stehen verschiedene graphische und rechnerische Ausgleichsverfahren zur Verfügung.

3. MITTELWERTE, STREUUNGSMASSE, VERTEILUNGSFORMEN

Auf die tabellarische oder graphische Darstellung von Ergebnissen folgt die Bestimmung von *Statistiken,* die die Verteilung in einfachster Weise charakterisieren sollen. Solche Statistiken sind unter anderem Mittelwerte und Streuungsmaße.

Mittelwerte. Es gibt verschiedene Ausdrücke der «zentralen Tendenz» einer Verteilung. Am gebräuchlichsten ist das *arithmetische Mittel.* Es wird gebildet, indem man die Einzelwerte (X) addiert und die Summe durch die Anzahl (N) dividiert:

$$\bar{X} = \frac{\Sigma X}{N}$$

Wir bestimmen das arithmetische Mittel[1] für unser Beispiel in Tabelle 8/5 (S. 301):

Tabelle 8/7

X	f	fX
4	2	8
5	6	30
6	9	54
7	16	112
8	14	112
9	8	72
10	4	40
11	1	11
Summe	60	439

Die Summe der Einzelwerte erhalten wir am einfachsten, indem wir jeden Wert von X mit der Häufigkeit seines Vorkommens f multiplizieren und die Produkte fX addieren. Es ergibt sich somit:

$$\bar{X} = \frac{\Sigma fX}{N} = \frac{439}{60} = 7{,}317$$

Das Mittel der Gedächtnisspanne unserer 60 Vpn beträgt demnach rund 7,32 richtig wiedergegebene Ziffern.

---

[1] Neben dem Symbol $\bar{X}$ (gesprochen «X quer») ist auch die Bezeichnung M üblich.

Die Errechnung des arithmetischen Mittels aus zu Klassen zusammengefaßten Daten geht von der (in der Regel erfüllten) Voraussetzung aus, daß die Klassenmitten annähernd den Mittelwerten der in den Klassen enthaltenen Zahlen entsprechen.

Der *Median* (abgekürzt: *Mdn*) ist derjenige Zahlwert, der in der Mitte einer Reihe nach ihrer Größe geordneter Einzelwerte liegt. Oberhalb und unterhalb des Medians liegt also eine gleiche Anzahl von Daten. Man nennt den Median daher auch «Zentralwert» (Z) oder «Stellungsmittel».

In einer Reihe von 13 Meßwerten:

6, 7, 9, 10, 10, 12, *15*, 16, 19, 21, 24, 25, 27

ist der siebente, nämlich 15, der Median.

Besteht die Reihe aus einer geraden Anzahl, so ergibt sich der Median als arithmetisches Mittel der beiden in der Mitte stehenden Zahlen:

$$6,\ 7,\ 9,\ 10,\ 10,\ \underbrace{12,\ 15,}_{13{,}5}\ 16,\ 19,\ 21,\ 24,\ 25$$

Meist wird jedoch der Median ebenso wie das arithmetische Mittel aus Klassen bestimmt. Man findet ihn dann durch Interpolation zwischen den Grenzen des ihn enthaltenden Intervalls.

Der *Modus* ist der in der Verteilung am häufigsten auftretende Einzelwert beziehungsweise die Klassenmitte des mit der größten Häufigkeit besetzten Intervalls. Er heißt auch «Modalwert» oder «Dichtemittel» (D).

In einer symmetrischen Häufigkeitsverteilung fallen die genannten drei Maße der zentralen Tendenz zusammen. In unserer nahezu symmetrischen Verteilung in Tabelle 8/5 beziehungsweise Abbildung 8/6 beträgt das arithmetische Mittel rund 7,32, der Median 7,31 und der Modus 7.

Voraussetzungen für die Anwendung des einen oder anderen dieser Kennwerte wurden bereits erwähnt (vgl. S. 287f.). Unter sonst gleichen Bedingungen ist das arithmetische Mittel zu bevorzugen, wegen seiner besseren Eignung für die weitere statistische Behandlung der Ergebnisse. Der Median verdient jedoch den Vorzug, wenn die Verteilung auf einer Seite extreme Werte aufweist. Solche Extremwerte beeinflussen das arithmetische Mittel stark, so daß es die zentrale Tendenz nicht mehr gut wiedergibt, während sie sich auf den Median nicht auswirken. Dieser ist auch dann noch zu ermitteln, wenn einige Extremwerte nicht mehr bestimmt wurden (zum Beispiel übermäßig lange Lösungszeiten von Aufgaben). Der Modus wird selten und im allgemeinen nur für umfangreiche Stichproben diskontinuierlicher Variabler verwendet (zum Beispiel wenn danach gefragt ist, welcher Berufswunsch am häufigsten auftritt). Weitere Mittelwerte, das geometrische und das harmonische Mittel, können hier übergangen werden.

Streuungsmaße. Ein Mittelwert sagt nichts darüber aus, ob sich die Einzelwerte in größeren oder kleineren Abständen um ihn herum verteilen. Hierüber geben die Variationsmaße Auskunft, von denen es mehrere Arten gibt.

Die *Variationsbreite* ist die Differenz zwischen dem höchsten und dem niedrigsten Wert einer Verteilung. Als Streuungsmaß wird sie kaum verwendet; ihre Kenntnis kann aber bei der Planung einer Untersuchung wichtig sein, wenn es etwa auf die Auswahl oder die Herstellung eines der Variabilität des zu messenden Merkmals adäquaten Meßinstruments ankommt.

Die mittlere quadratische Abweichung oder *Standardabweichung* (s) ist das wichtigste und am häufigsten gebrauchte Streuungsmaß und ist meist gemeint, wenn von «Streuung» gesprochen wird.[2] Sie ist insbesondere für statistische Prüfungen (siehe Kap. IX) von Bedeutung.

Die Standardabweichung ist die Quadratwurzel aus der *Varianz* s^2. Zur Berechnung der Varianz werden die Abweichungen der einzelnen Maßzahlen X vom Mittelwert $\bar{X}$ quadriert; deren Summe, die sogenannte Quadratsumme, wird durch die um 1 verminderte Anzahl der Daten dividiert:[3]

$$s^2 = \frac{\Sigma (X - \bar{X})^2}{N - 1} \quad \text{bzw.} \quad s^2 = \frac{\Sigma\, x^2}{N - 1}, \qquad \text{wenn} \quad x^2 = (X - \bar{X})^2$$

$$s = \sqrt{\frac{\Sigma (X - \bar{X})^2}{N - 1}}$$

Die Errechnung der Varianz beziehungsweise der Standardabweichung wird erleichtert, wenn man sich folgender Formel bedient:

$$s^2 = \frac{1}{N - 1}\,(\Sigma X^2 - \bar{X} \Sigma X)$$

---

[2] Neben dem Symbol s ist auch der Buchstabe σ gebräuchlich (heute allerdings meist nur für die Streuung einer Population).

[3] Die nach dieser Formel errechnete Varianz dient auch als Schätzung einer Populationsvarianz (s. S. 330).

Hierdurch werden die Subtraktionen $X - \bar{X}$ und damit das Auftreten umständlich zu quadrierender Dezimalzahlen vermieden.

Die Bestimmung der Streuung der individuellen Gedächtnisspannen (Tabelle 8/5, S. 301) erfolgt nach Tabelle 8/8:

Tabelle 8/8

X	f	fX	X^2	fX^2
4	2	8	16	32
5	6	30	25	150
6	9	54	36	324
7	16	112	49	784
8	14	112	64	896
9	8	72	81	648
10	4	40	100	400
11	1	11	121	121
Summe	60	439		3355

Die einzelnen Zahlen ergeben in die obenstehende Formel eingesetzt:

$$s^2 = \frac{1}{59}(3355 - 7{,}32 \cdot 439) = 2{,}40$$

$$s = 1{,}55$$

Die *Quartilabweichung* (Q) ist das dem Median zugehörige Streuungsmaß. Zu ihrer Bestimmung werden zunächst zwei Werte in der Beobachtungsreihe ermittelt: derjenige, über dem $^3/_4$ aller Zahlwerte der Reihe liegen (unteres Quartil, Q_1), und derjenige, über dem $^1/_4$ aller Zahlwerte liegen (oberes Quartil, Q_3). Die beiden Quartile werden auch unterer und oberer Zentralwert genannt, während man den Zentralwert selbst als Q_2 bezeichnen kann. Man findet diese Werte ebenso wie den Median durch Abzählen oder bei gruppierten Daten aus der Summenverteilung durch Interpolation.

Die Quartilabweichung ist:

$$Q = \frac{Q_3 - Q_1}{2}$$

Aus der Tabelle 8/6 (S. 302) läßt sich $Q_1 = 6{,}28$ und $Q_3 = 8{,}36$ errechnen; daraus ergibt sich $Q = 1{,}04$.

Die Differenz $Q_3 - Q_1$ umschließt die mittleren 50% der Fälle in einer Verteilung. Die Streuung ist also durch diese Mittelzone charakterisiert. In einer annähernd symmetrischen Verteilung liegt der Median

(Q_2) ziemlich genau in der Mitte zwischen oberem und unterem Quartil. In asymmetrischen Verteilungen sind die Differenzen $Q_3 - Q_2$ und $Q_2 - Q_1$ ungleich, wie aus Abbildung 8/9 hervorgeht; innerhalb des Bereichs $Q_2 \pm Q$ liegt dann ein Anteil, der von 50% abweicht. Daher sollten in diesem Fall statt Q besser Q_1 und Q_3 angeführt werden.

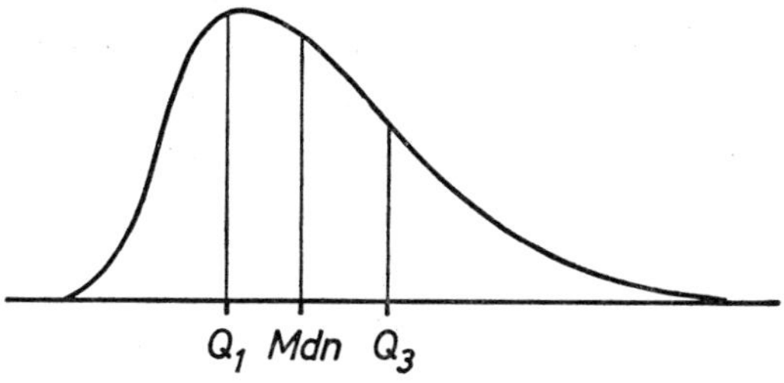

Abb. 8/9. Asymmetrische Verteilung mit den über Median und Quartilwerten abgegrenzten gleich großen Flächenstücken.

Der *Variabilitätskoeffizient* (V) gibt die Streuung in Prozenten des arithmetischen Mittels an:

$$V = \frac{s}{\bar{X}} \cdot 100$$

Dieses Maß dient zum Vergleich von Streuungen unter Berücksichtigung verschieden großer Mittelwerte. So ist zum Beispiel die Standardabweichung der Körpergröße bei Erwachsenen absolut größer als bei sechsjährigen Kindern, relativ zum Mittelwert der Körpergröße jedoch geringer als bei diesen. Die Verwendung des Variabilitätskoeffizienten setzt eine Verhältnisskala voraus.

Die Normalverteilung. Die graphische Darstellung einer Häufigkeitsverteilung zeigt in vielen Fällen eine charakteristische, ungefähr symmetrische Form, wie sie bereits aus Abbildung 8/2 (S. 298) zu ersehen ist: Die am stärksten besetzte Klasse steht in der Mitte des Diagramms; die Häufigkeiten in den zu beiden Seiten stehenden Klassen nehmen nach den Enden der Verteilung hin regelmäßig ab. Dieser Verlauf tritt um so klarer hervor, je größer die Anzahl der Klassen und die Gesamthäufigkeit sind.

Der Ausgleich einer solchen Verteilung liefert eine glockenförmige Kurve, die oft in mehr oder weniger genauer Annäherung einer theoretischen Verteilungsfunktion, der von Gauss beschriebenen *Normalverteilung* («Gaußsche Kurve»), entspricht. Man kann von vielen Merkmalen, die Gegenstand psychologischer Untersuchung sind, annehmen, daß sie sich in der Population annähernd normal verteilen; daher wird die Normalverteilung auch als ein Modell bei der statistischen Behandlung empirischer Daten verwendet.

Die Normalverteilung ist durch ihren Mittelwert μ und die Standardabweichung σ vollständig charakterisiert, so daß sich bei Kenntnis von μ und σ die gesamte Verteilung aus ihrer Gleichung errechnen läßt. Die Form der Normalverteilung wird nur durch die Standardabweichung bestimmt. Abbildung 8/10 zeigt drei Normalverteilungen von gleicher Fläche (dies entspricht gleicher Gesamthäufigkeit) und gleichem Mittelwert bei unterschiedlicher Streuung.

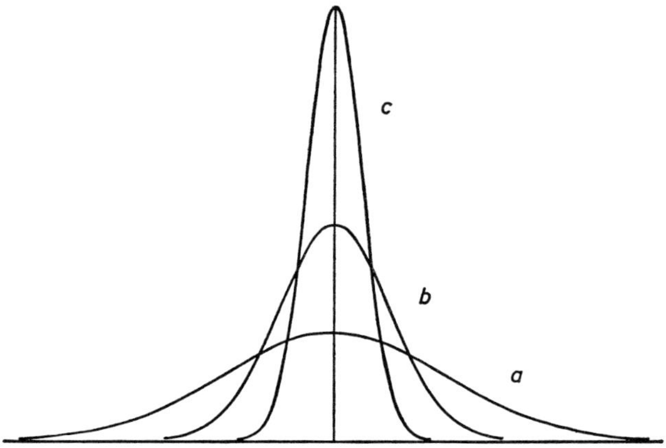

Abb. 8/10. Normalverteilungen von gleichem Mittelwert, gleicher Fläche und verschieden großer Streuung.

Standardwerte. Die Normalverteilung erhält durch «Standardisierung» stets die gleiche Form. Hierbei wird σ als Abszisseneinheit ($=1$) verwendet, $\mu = 0$ und die Fläche $= 1$ gesetzt. Man gelangt zu dieser *Standardnormalverteilung* durch Transformation der einzelnen Zahlenwerte in Werte der sogenannten *Standard-* oder *z-Skala*, indem die als Abweichungen von ihrem Mittelwert ausgedrückten Zahlwerte durch die Standardabweichung dividiert werden: $z = x/\sigma$.

Die Standard-Normalverteilung ist tabelliert. Aus der Tabelle ist abzulesen, welcher Anteil der ($=1$ gesetzten) Verteilungsfläche zwischen dem Mittelwert μ und einem bestimmten *z-Wert* liegt. Da die Verteilung symmetrisch ist, gelten für positive und negative z-Werte dieselben Größen. Tabelle 8/9 gibt die Normalverteilungstabelle im Auszug wieder.

Eine Veranschaulichung zu Tabelle 8/9 gibt Abbildung 8/11. Die jeweils zwischen zwei z-Werten liegenden Flächenstücke sind hier in Pro-

Tabelle 8/9

z	Fläche	z	Fläche	z	Fläche	z	Fläche
0,0	0,0000	1,0	0,3413	2,0	0,4772	3,0	0,49865
0,1	,0398	1,1	,3643	2,1	,4821	3,5	,49977
0,2	,0793	1,2	,3849	2,2	,4861	4,0	,49997
0,3	,1179	1,3	,4032	2,3	,4893	4,5	,499997
0,4	,1554	1,4	,4192	2,4	,4918	5,0	,4999997
0,5	,1915	1,5	,4332	2,5	,4938		
0,6	,2257	1,6	,4452	2,6	,4953		
0,7	,2580	1,7	,4554	2,7	,4965		
0,8	,2881	1,8	,4641	2,8	,4974		
0,9	,3159	1,9	,4713	2,9	,4981		

zent der Gesamtfläche angegeben. Man beachte, daß die Flächenangaben in Tabelle 8/9 stets vom Mittelwert der Verteilung (bei dem $z = 0$) ausgehend zu verstehen sind; dies darf namentlich bei negativen z-Werten nicht übersehen werden (vgl. Abb. 8/11 d bis f).

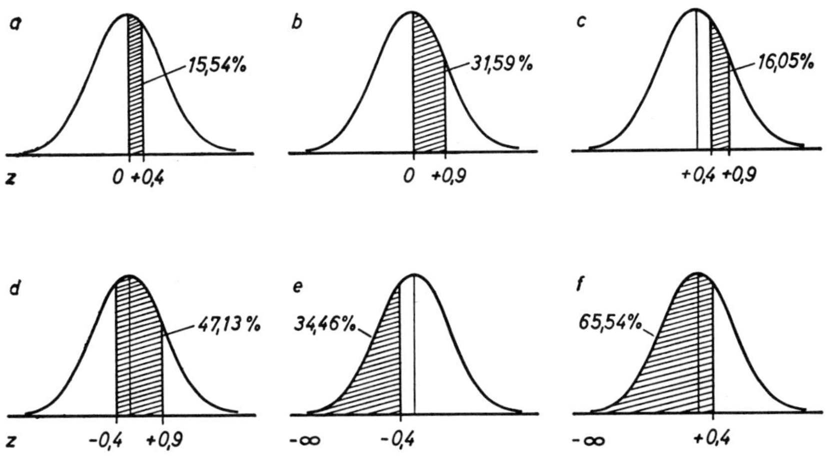

Abb. 8/11. Veranschaulichung zum Gebrauch der Normalverteilungstabelle. Angabe der Flächenstücke in Prozent der Gesamtfläche.

Bemerkt sei noch, daß nahezu die gesamte Verteilungsfläche, nämlich 99,7 %, im Bereich zwischen $z = -3$ und $z = +3$ liegt. Jedoch erreicht die Kurve nicht die X-Achse, beginnt also bei $z = -\infty$ und endet bei $z = +\infty$.

Die Kenntnis der geschilderten Beziehungen kann auch auf eine empirische Verteilung angewendet werden, wenn diese der Normalverteilung annähernd entspricht. Wir wollen zum Beispiel feststellen, wie viele Meßwerte für die Größe der Gedächtnisspanne den Wert 8 überschreiten. Für die in Tabelle 8/5 verzeichneten Resultate beträgt der Mittelwert 7,32 und die Standardabweichung 1,55. Wir errechnen damit einen Standardwert:

$$z = \frac{X - \bar{X}}{s} = \frac{8 - 7{,}32}{1{,}55} = +0{,}44$$

Zwischen $z = 0$ und dem (in Tabelle 8/9 nicht enthaltenen) Wert $z = 0{,}44$ liegen rund 17 % der Gesamtverteilung. Da unter dem Mittelwert 50 % der Meßwerte liegen, folgt, daß bis zu dem Wert 8 rund 67 % aller Fälle anzutreffen sind. Bei etwa zwei Dritteln der Personen ist demnach eine Gedächtnisspanne bis zur Größe 8 zu erwarten, beim restlichen Drittel eine Gedächtnisspanne, die darüber liegt.

Soll allerdings festgestellt werden, wie groß der Anteil der Fälle bis einschließlich der Klasse 8 ist, so ist zu berücksichtigen, daß die obere Grenze dieser Klasse bei 8,5 liegt. (Die Intervallbreite ist 1 in unserem Beispiel.) Daher ist dann zu rechnen:

$$z = \frac{8{,}5 - 7{,}32}{1{,}55} = +0{,}76$$

Die ungekürzte Normalverteilungstabelle nennt für $z = 0{,}76$ den Wert 0,2764. Der Anteil der Personen, die eine Gedächtnisspanne bis zur oberen Grenze der Klasse 8 erreichen, umfaßt demnach rund 50 % + 28 % = 78 %. Es leuchtet ein, daß dieser Anteil größer ist als der bis zur Intervallmitte reichende Anteil. Immer wenn man die Angabe auf die ganze Klasse bezieht, ist die Intervallgrenze zu berücksichtigen. Man bezeichnet dies als *Kontinuitätskorrektur*.

In analoger Weise kann der zwischen zwei Meßwerten einer Verteilung liegende Anteil der Fälle ermittelt werden.

Mit den oben beschriebenen Berechnungen erreichen wir im Prinzip das gleiche wie durch die Zeichnung der Summenkurve der Verteilung und die daraus vorzunehmenden Ablesungen (vgl. S. 302f.): Auch damit konnten wir Aussagen über die Stellung einzelner Meßwerte innerhalb der Gesamtheit beziehungsweise über die Anzahl der Fälle innerhalb eines bestimmten Bereichs machen. Die z-Tafel gibt die Summenverteilung der Normalverteilung wieder (Abb. 8/12). Die interessierenden Größen lassen sich hieraus rascher ermitteln als aus der Summenkurve, die für jede gegebene Verteilung erst zu zeichnen wäre. Weicht die empirische Verteilung indessen erheblich von der Normalverteilung

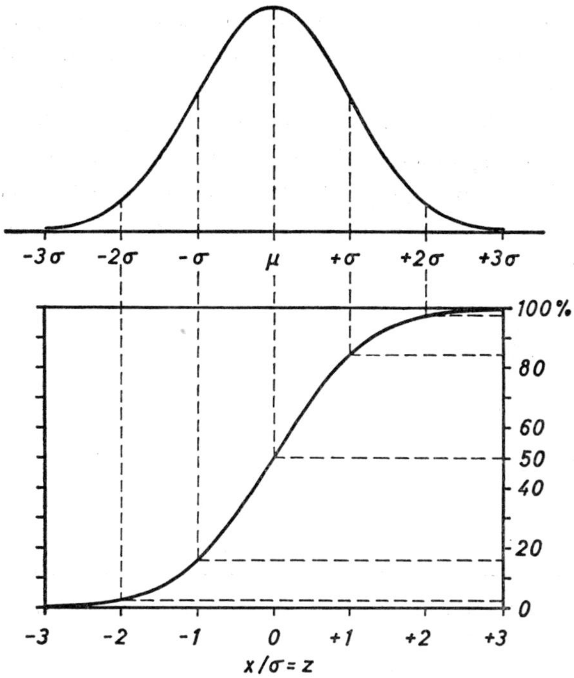

Abb. 8/12. Normalverteilung mit Summenprozentkurve.

ab, so ist es nicht angemessen, mit *z*-Werten zu arbeiten. Es gibt besondere statistische Verfahren, mit denen geprüft wird, ob die Annahme einer Normalverteilung gerechtfertigt ist.

Andere Verteilungsformen. Nicht selten werden von der Normalverteilung durch ausgeprägte Asymmetrie abweichende, «schiefe» Verteilungen gefunden. Abbildung 8/13 zeigt eine linksseitig asymmetrische (linksgipflige) Verteilung. Solche Verteilungsformen können oft durch Transformation des Abszissenmaßstabs in eine Normalverteilung umgewandelt werden (siehe Abb. 8/13 rechts). Dies kann zum Beispiel geschehen, indem man

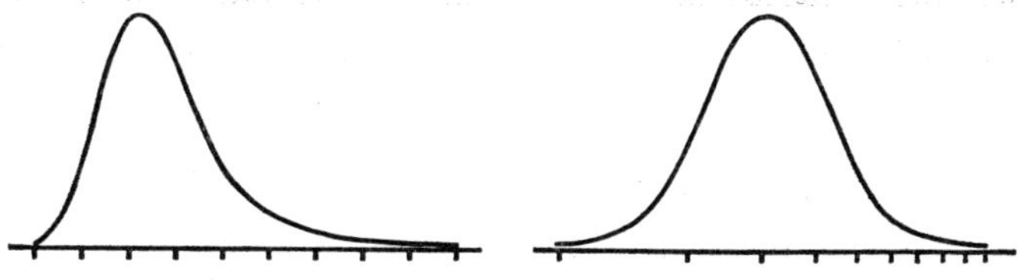

Abb. 8/13. Links: Asymmetrische Verteilung. Rechts: Dieselbe Verteilung durch Transformation des Abszissenmaßstabs «normalisiert».

jeden Meßwert in seinen Logarithmus oder seine Quadratwurzel transformiert, unter Umständen nachdem man eine Konstante hinzugezählt hat.

Es kommen weiterhin empirische Verteilungen vor, die zwar wie die Normalverteilung symmetrisch sind, aber eine größere Steilheit oder Breite aufweisen (Abb. 8/14). Die Beziehungen der Normalverteilung gelten hier nicht. Auch für solche Verteilungen gibt es Verfahren, um sie zu «normalisieren».

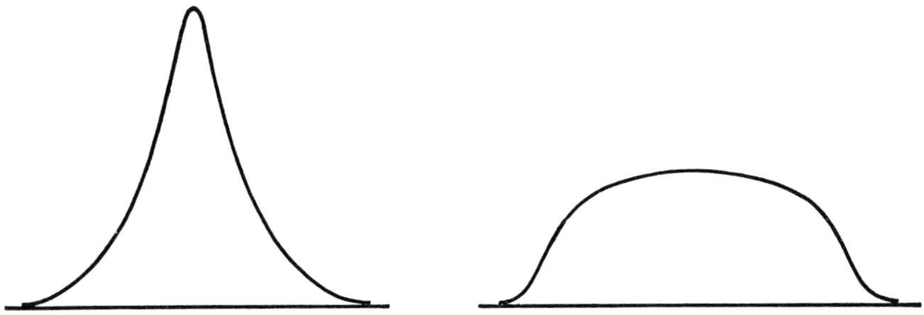

Abb. 8/14. Nichtnormale symmetrische Verteilungen.

Ferner sind die zwei- oder mehrgipfligen Verteilungen zu erwähnen. Ihr Auftreten läßt oft darauf schließen, daß der Untersuchungsgegenstand in irgendeiner Hinsicht heterogen war. Echte Zweigipfligkeit (die nicht etwa auf zufällige Häufigkeitsschwankungen in den Klassen zurückgeführt werden kann) deutet auf eine Überlagerung zweier (möglicherweise normaler) Verteilungen hin (Abb. 8/15).

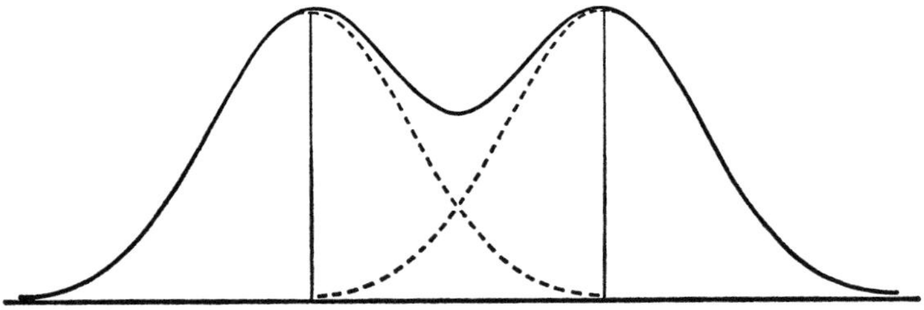

Abb. 8/15. Zweigipflige (bimodale) Verteilung, durch Überlagerung zweier Normalverteilungen entstanden.

Neben der Normalverteilung gibt es andere theoretische Verteilungsfunktionen, wie zum Beispiel die binomische Verteilung, die ein Verteilungsmodell für diskontinuierliche und insbesondere asymmetrisch verteilte Variable darstellt und sich, wenn die Zahl der Daten sehr groß wird, der Normalverteilung nähert, oder die ebenfalls diskontinuierliche Poissonverteilung, die ein Verteilungsmodell für das Auftreten seltener Ereignisse bildet.

Zusammenfassung. Mittelwerte und Streuungsmaße dienen zur Kennzeichnung einer Datenverteilung. Je nach den gegebenen Voraussetzungen wird man das eine oder andere Durchschnitts- oder Variationsmaß verwenden.

Empirische Verteilungen nähern sich oft einer theoretischen Verteilungsfunktion, nämlich der Normalverteilung, an. Daher spielt das Modell der Normalverteilung eine Rolle bei der weiteren statistischen Behandlung der Ergebnisse. Lassen sich die Daten als normalverteilt betrachten, so lassen sich auf sie die für die Standardnormalverteilung geltenden Beziehungen anwenden, unter Umständen nach einer «Normalisierung» der ursprünglichen Verteilung.

In bestimmten Fällen sind den Daten andere theoretische Verteilungsmodelle angemessen.

4. KORRELATION

Allgemeines über Korrelation. Weitere Verfahren, die jetzt kurz erörtert werden sollen, dienen der Untersuchung des wechselseitigen statistischen Zusammenhangs, der Korrelation, zwischen zwei (oder mehr) Variablen.

Ein solcher Zusammenhang wird zum Beispiel zwischen den Variablen Körpergröße (X) und Körpergewicht (Y) gefunden. Es besteht zwischen diesen beiden Merkmalen keine vollkommene Abhängigkeit, denn bei Menschen von gleicher Körpergröße variiert das Gewicht, ebenso bei Menschen von gleichem Gewicht die Größe. Auf jeden Wert von X treffen hier also verschiedene Werte von Y und umgekehrt auf jeden Wert von Y verschiedene Werte von X. Indessen läßt sich in unserem Beispiel feststellen, daß die Mittelwerte der auf jede Klasse von X entfallenden Werte von Y mit der Größe von X ansteigen, ebenso die entsprechenden Mittelwerte von X mit der Größe von Y. Es liegt also ein mehr oder weniger enger Zusammenhang vor. Dessen Größe läßt sich ermitteln.

Zur Bestimmung der Korrelation wird, wie aus dem Gesagten schon hervorgeht, von jedem Merkmalsträger je ein Paar von Beobachtungen bezüglich der Variablen X und Y benötigt. In einem sogenannten Kor-

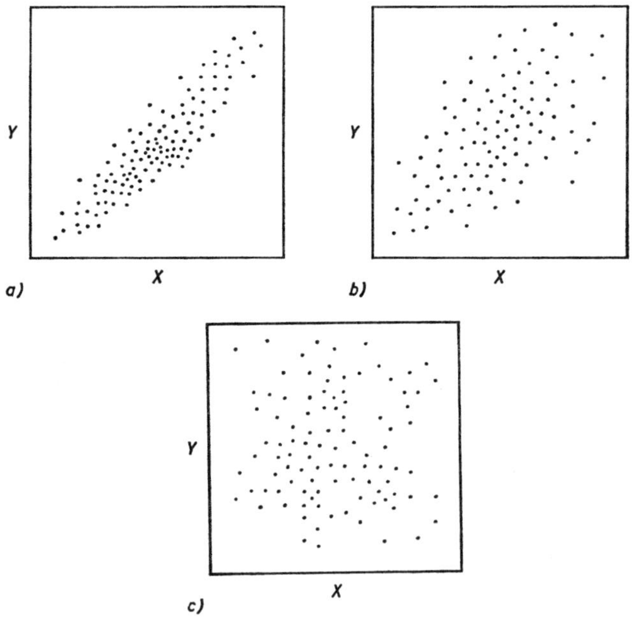

Abb. 8/16. Verschiedene Grade der Korrelation.

relationsdiagramm kann die «bivariate» Verteilung dieser Daten veranschaulicht werden, indem jedes Beobachtungspaar durch einen Punkt repräsentiert wird, der dessen Lage bezüglich der beiden Variablen angibt. Es entsteht so ein Punkteschwarm, dessen Form einen mehr oder weniger ausgeprägten Zusammenhang erkennen läßt. Abbildung 8/16 zeigt drei solche Korrelationsdiagramme. Abbildung 8/16a stellt einen sehr engen Zusammenhang zwischen den Variablen *X* und *Y* dar, Abbildung 8/16b dagegen einen weit geringeren, während aus Abbildung 8/16c überhaupt keine Korrelation zu erkennen ist.

Die Abbildungen 8/16a und b geben eine positive Korrelation wieder, das heißt, hier gehen, der Tendenz nach, höhere Meßwerte der einen Variablen auch mit höheren Meßwerten der anderen einher, wenn auch diese Tendenz in beiden Fällen ungleich stark ist. Daneben gibt es die negative Korrelation. Hier besteht die Tendenz, daß die Meßwerte des einen Merkmals um so höher liegen, je niedriger die des anderen sind (siehe Abb. 8/17).

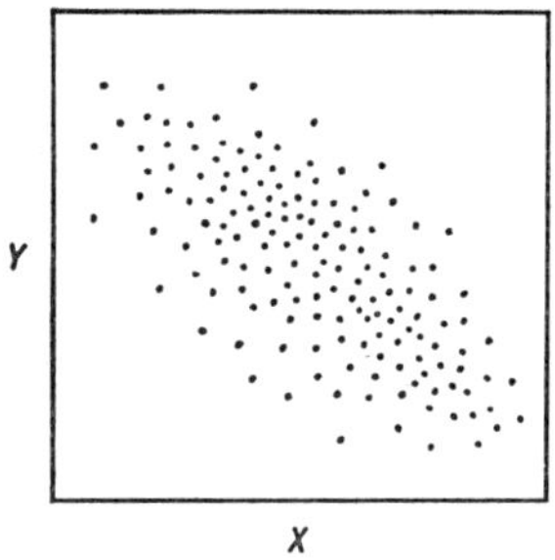

Abb. 8/17. Negative Korrelation.

Beim Vorliegen einer Korrelation kann aus der Kenntnis eines Merkmalswertes *X* auf einen zugehörigen Merkmalswert *Y* geschlossen werden. Dies geschieht mit Hilfe der Regressionsrechnung. Es leuchtet ein, daß die Vorhersage von *Y* aus *X* (oder umgekehrt) um so genauer ist, je enger der Zusammenhang beider Variabler ist.

Der Grad des Zusammenhangs wird durch den Korrelationskoeffizienten angegeben, der Werte zwischen —1 und +1 annehmen kann. Der Wert +1 (beziehungsweise —1), der praktisch kaum erreicht wird, besagt vollkommene lineare Abhängigkeit zwischen den Merkmalen (bei —1 ist dies eine umgekehrte Abhängigkeit), der Wert 0 drückt (bei linearer Regression; vgl. S. 320) das Fehlen jeglichen Zusammenhangs aus. Zwischen 0 und +1 (beziehungsweise —1) liegen die verschiedenen Grade positiver (beziehungsweise negativer) Korrelation.

Für die Beurteilung einer Korrelation ist es wesentlich, daß der Koeffizient (r) nicht im Sinn einer Prozentzahl zu verstehen ist. Ein Koeffizient von 0,80 bezeichnet nicht einen doppelt so starken Zusammenhang wie ein solcher von 0,40. Dagegen gibt das sogenannte *Bestimmtheitsmaß*, das dem Quadrat des Korrelationskoeffizienten entspricht, an, welcher Anteil der Varianz des einen Merkmals aus der Varianz des anderen vorausgesagt werden kann. Der Grad des Zusammenhangs kann daher in Prozenten ausgedrückt werden, indem r^2 mit 100 multipliziert wird. Er beträgt zum Beispiel 1 %, wenn $r = 0{,}10$; 25 %, wenn $r = 0{,}50$ und 64 %, wenn $r = 0{,}80$. Wie man sieht, liegt nur bei hohem Koeffizienten ein beträchtlicher Zusammenhang vor.

Der Korrelationskoeffizient sagt nichts über eine kausale Abhängigkeit des einen Merkmals vom anderen aus. Es ist vielmehr eine Sache der Deutung auf Grund anderer Information, wenn man die Variation des einen Merkmals als durch die des anderen «verursacht» betrachtet. Im Fall einer Korrelation zwischen Lebensalter und einer Gedächtnisleistung bei Kindern ist es klar, welche Variable man als durch die andere mitbestimmt betrachten wird. In vielen Fällen ist aber keine solche Entscheidung zu treffen. Ferner ist damit zu rechnen, daß eine Korrelation zwischen zwei Variablen durch den Einfluß einer dritten (oder mehrerer anderer) Variablen bedingt sein kann.

Es gibt eine Reihe verschiedener Korrelationskoeffizienten. Welcher von diesen im gegebenen Fall zu errechnen ist, hängt von den Eigenschaften des zu verarbeitenden Datenmaterials ab.

Die Maßkorrelation oder Produktmomentkorrelation nach Bravais-Pearson wird für Intervall- oder Verhältnisvariable bestimmt. Die Formel dieses Koeffizienten lautet:

$$r = \frac{\Sigma xy}{\sqrt{\Sigma x^2 \cdot \Sigma y^2}}$$

Darin bedeuten x und y die als Abweichungen von ihrem Mittelwert ausgedrückten Meßwerte. Die paarweise zusammengehörigen Abweichungen werden miteinander multipliziert und die Produkte summiert. Deren Summe wird dividiert durch die Quadratwurzel aus dem Produkt der Summen der quadrierten Zahlen x und y.

Die Rechnung kann durch verschiedene Maßnahmen vereinfacht werden, mit denen das Auftreten vielstelliger Zahlen umgangen wird. Bei der Verwendung einer Rechenmaschine empfiehlt sich eine von den ursprünglichen Meßwerten X und Y ausgehende Berechnung von r nach der Formel:

$$r = \frac{N\,\Sigma\,X\,Y - \Sigma\,X\,\Sigma\,Y}{\sqrt{N\,\Sigma\,X^2 - (\Sigma\,X)^2}\;\sqrt{N\,\Sigma\,Y^2 - (\Sigma\,Y)^2}}$$

Ein Beispiel: Mit 132 Schülern sei ein Schulleistungstest (Variable X) und ein Konzentrationstest (Variable Y) durchgeführt worden, wobei die Höhe der Leistungen jeweils durch Punktzahlen (Anzahl gelöster Aufgaben) ausgedrückt wurde. Die Variationsbreiten beider Variabler seien so gruppiert worden, daß sich die Resultate auf jeweils 10 Klassen (bezeichnet mit den Zahlen 0 bis 9) verteilen. Die hiernach aufgestellte Korrelationstafel sei in Tabelle 8/10 wiedergegeben.[4] Wie man zum Beispiel

Tabelle 8/10

X	0	1	2	3	4	5	6	7	8	9	Σ
f	2	7	13	19	23	25	17	14	7	5	
fX	0	7	26	57	92	125	102	98	56	45	608 ΣX
X^2	0	1	4	9	16	25	36	49	64	81	
fX^2	0	7	52	171	368	625	612	686	448	405	3374 ΣX^2

Y \ X	0	1	2	3	4	5	6	7	8	9	f_y	fY	Y^2	fY^2	ΣX	XY
9							1		2	1	4	36	81	324	31	279
8						1	1	2	1	2	7	56	64	448	51	408
7				1	2	3	2	5	2	1	16	112	49	784	98	686
6			1	3	3	5	4	3	1		20	120	36	720	101	606
5		1	2	4	5	5	4	2	1	1	25	125	25	625	117	585
4		2	4	6	5	7	3	1			28	112	16	448	108	432
3		1	2	3	5	3	1	1			16	48	9	144	62	186
2	1		3	1	2	1	1				9	18	4	36	28	56
1	1	1		1	1						4	4	1	4	8	8
0		2	1								3	0	0	0	4	0
											132 N	631 ΣY		3533 ΣY^2	608	3246 ΣXY

[4] Die ursprünglichen Punktwerte, die bei der einen Variablen zwischen 8 und 36, bei der anderen zwischen 21 und 66 gelegen haben mögen, erscheinen hierin nicht. Einfachheitshalber verwendet man zur Bezeichnung der Klassen möglichst kleine Zahlen. Die Höhe des Korrelationskoeffizienten wird dadurch nicht beeinflußt.

daraus entnehmen kann, erzielten sechs Probanden im Test X einen Punktwert, der in die Klasse 3, und im Test Y einen Wert, der in die Klasse 4 fällt. Fünf Probanden fallen nach Test X in Klasse 7 und nach Test Y ebenfalls in Klasse 7. Aus der Tabelle 8/10 erhalten wir den Koeffizienten:

$$r = \frac{132 \cdot 3246 - 608 \cdot 631}{\sqrt{132 \cdot 3374 - 608^2} \cdot \sqrt{132 \cdot 3533 - 631^2}} = 0{,}62$$

Eine Untersuchung der bivariaten Verteilung durch Inspektion des Korrelationsdiagramms oder durch spezielle Prüfmethoden ist erforderlich, damit nicht aus dem errechneten Koeffizienten unter Umständen falsche Schlüsse gezogen werden. Die Prüfung von Hypothesen (vgl. Kapitel IX) über die Maßkorrelation setzt annähernd normale Verteilung beider Variabler voraus.

Angenommen, es solle der Zusammenhang zwischen der elektrischen Leitfähigkeit der Haut (L) und der Reaktionszeit (R) bestimmt werden, und die Verteilungstafel der gewonnenen Daten sähe wie folgt aus (Abb. 8/18):

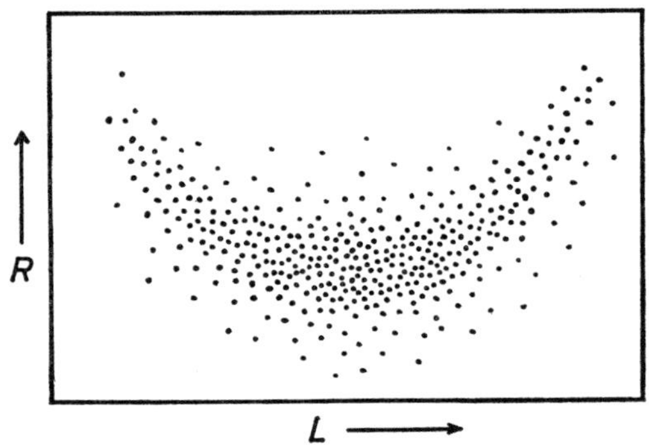

Abb. 8/18. Kurvilinearer Zusammenhang zweier Merkmale.

Die Berechnung des Koeffizienten ergibt hier einen Wert nahe Null, obwohl eine klare Beziehung vorliegt. Es handelt sich um einen *kurvilinearen* Zusammenhang, der mit den Mitteln elementarer Korrelationsrechnung nicht zu bestimmen ist.

Andere Fehlerquellen liegen in der Zusammenstellung der Stichproben. Abbildung 8/19 soll die Korrelation zwischen den Ergebnissen eines Intelligenztestes (X beziehungsweise IQ) und eines Rechentests (Y) darstellen. Ist nun die Stichprobe aus irgendeinem Grund auf einen Teilbereich der Variation des Merkmals X beschränkt geblieben, enthält sie

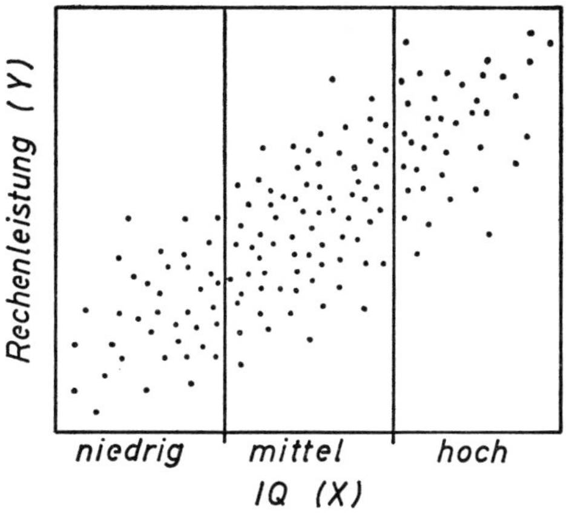

Abb. 8/19. Zur Veranschaulichung der Wirkungen nichtrepräsentativer Auswahl von Beobachtungen auf den Korrelationskoeffizienten.

also vorwiegend oder ausschließlich niedrige, mittlere oder hohe Merkmalswerte von *X*, so liegt der Korrelationskoeffizient jeweils niedriger als bei Einbeziehung der ganzen Variationsweite. Wird umgekehrt der mittlere Bereich ausgelassen und die Korrelation aus sogenannten Extremgruppen errechnet, so fällt der Koeffizient höher aus als bei einer Stichprobe, die den gesamten Variationsbereich annähernd repräsentiert.

Die Rangkorrelation. Wie der Name sagt, handelt es sich hier um die Bestimmung des Zusammenhangs zwischen zwei Ordinal-(Rang-)Variablen.

Wir nehmen an, ein Lehrer wolle an 15 Schülern den Zusammenhang zwischen ihren Leistungen im Rechnen und in der Rechtschreibung bestimmen. Er bildet eine Rangordnung dieser Schüler für jedes der beiden Unterrichtsfächer. Diese beiden Reihen sollen wie in Tabelle 8/11 wiedergegeben lauten.

In der Rangreihe der Rechenleistungen wurden der siebente und der achte Schüler gleich beurteilt. Sie erhalten daher beide den mittleren Rangplatz 7,5. In der Reihe der Rechtschreibleistungen wurden der achte, neunte und zehnte gleich beurteilt. Der mittlere Rangplatz für alle drei ist 9.

Die Höhe der Korrelation gibt der Koeffizient r_s (oft auch durch den griechischen Buchstaben ϱ bezeichnet) von Spearman an:[5]

[5] Eine größere Anzahl gemittelter Ränge bewirkt eine ungerechtfertigte Erhöhung des Koeffizienten r_s, die durch eine Korrektur zu beheben ist (s. Siegel 1956, S. 206 ff.).

$$r_s = 1 - \frac{6\,\Sigma D^2}{N\,(N^2 - 1)}$$

Dabei bedeuten D die Differenzen der zusammengehörigen Rangplätze, N die Anzahl der Rangplatzpaare.

Tabelle 8/11

Schüler	Rangplatz für Rechnen	Rangplatz für Rechtschreibung	D	D^2
A	11	4	7	49
B	3	5	−2	4
C	14	15	−1	1
D	9	3	6	36
E	7,5	11	−3,5	12,25
F	2	1	1	1
G	10	14	−4	16
H	6	6	0	0
J	1	2	−1	1
K	7,5	13	−5,5	30,25
L	4	7	−3	9
M	15	9	6	36
N	13	9	4	16
O	5	9	−4	16
P	12	12	0	0
			0 (ΣD)	227,50 (ΣD^2)

Für unser Beispiel in Tabelle 8/11 erhalten wir:

$$r_s = 1 - \frac{6 \cdot 227{,}5}{15\,(15^2 - 1)} = +0{,}59$$

Weitere Korrelationsmethoden. Liegt das eine Merkmal nur in zwei Klassen vor (zum Beispiel starke und schwache Emotionen), während das andere (zum Beispiel Grad einer Ausdruckserscheinung) mehrere Klassen besitzt, so kann eine sogenannte *biseriale* Korrelation errechnet werden. Sind beide Variable in nur je zwei Klassen unterteilt, so läßt sich eine *Vierfelderkorrelation* bestimmen. Den Grad des Zusammenhangs zwischen zwei Nominalvariablen (zum Beispiel Berufszugehörigkeit und bevorzugte Art der Freizeitbeschäftigung) erfährt man durch Bestimmung des *Kontingenzkoeffizienten.*

In manchen Fällen ist zu vermuten, daß die Korrelation zwischen zwei Variablen (zum Beispiel zwischen Mathematik- und Lateinnote bei Gymnasiasten) durch eine oder mehrere andere Variable («allgemeine

Intelligenz») bedingt ist. Man bestimmt dann die *partielle* Korrelation; das ist jener Grad des Zusammenhangs zwischen den beiden ersten Variablen, der verbleibt, wenn ihre Korrelation mit der (oder den) betreffenden anderen Variablen in Rechnung gestellt wird.

Zu erwähnen ist ferner die *multiple* Korrelation. Hier wird die Korrelation eines Merkmals mit zwei oder mehr anderen Merkmalen errechnet. Es ist das Ziel, die maximale Korrelation mit einer linearen Kombination der unabhängigen Merkmale zu bestimmen, um damit die genaueste Voraussage für die eine Variable (zum Beispiel Grad der Berufseignung) aus den anderen Variablen (Ergebnisse verschiedener Berufseignungstests) treffen zu können.

Ein besonderes Anwendungsgebiet der Korrelationsrechnung ist die von dem englischen Psychologen CH. SPEARMAN begründete und von mehreren Forschern weiterentwickelte *Faktorenanalyse*. Von mehreren Variablen (zum Beispiel Ergebnisse verschiedener Intelligenztests, Persönlichkeitsmerkmale) werden paarweise alle Korrelationen bestimmt; aus der Matrix dieser «Interkorrelationen» können unter bestimmten Voraussetzungen «Faktoren» isoliert werden, die als in den verschiedenen Variablen enthalten zu denken sind und auf die sich deren Interkorrelationen zurückführen lassen. Diese Faktoren werden inhaltlich interpretiert, zum Beispiel als «Faktor des induktiven Denkens», «Faktor der Raumauffassung», «sprachlicher Faktor», «Neurosefaktor» usw.

Zusammenfassung. Variiert ein Merkmal in statistischer Abhängigkeit von einem anderen, so bezeichnet man diesen Sachverhalt als «Korrelation». Der Grad dieses (positiven oder negativen) Zusammenhangs wird durch den Korrelationskoeffizienten ausgedrückt. Die Errechnung des Koeffizienten ist an gewisse Voraussetzungen gebunden. Je nach dem Variablentypus kommen verschiedene Koeffizienten in Betracht. Eine Aussage über eine kausale Abhängigkeit des einen Merkmals vom andern geht aus dem Bestehen einer Korrelation nicht unmittelbar hervor. Es gibt verschiedene speziellere Anwendungen der Korrelationsrechnung.

Weitere Literatur: BARTEL (1971/72), BRADLEY und MCCLELLAND (1971), CLAUSS und EBNER (1971), FERGUSON (1971), FRÖHLICH und BECKER (1971), HARMAN (1967), HOFSTÄTTER und WENDT (1972), LORENZ (1965), MCCOLLOUGH und VAN ATTA (1972), MCNEMAR (1969), MITTENECKER (1970), SACHS (1972), ÜBERLA (1971), WALKER (1970), ERNA WEBER (1972), WITTE (1970).

IX. Die Beurteilung von Resultaten

1. STATISTISCHE SCHLUSSFOLGERUNG

Beobachtungen werden nicht um ihrer selbst willen angestellt und beschrieben. Man will vielmehr aus den gefundenen Ergebnissen den verallgemeinernden Schluß vom Teil aufs Ganze ziehen, wie dies im Sinn der Fragestellung liegt (vgl. Kapitel VII, 3). Ein solcher Schluß scheint sich aus der Darstellung der Ergebnisse oft direkt anzubieten, und man könnte es auf den ersten Blick für unproblematisch halten, etwa aus der Differenz zweier Mittelwerte eine allgemeingültige Aussage über einen Unterschied der betreffenden Gruppen zu machen oder aus einem errechneten Korrelationskoeffizienten auf den Zusammenhang zweier Merkmale zu schließen. Aber die gewonnenen Resultate sprechen noch keineswegs für sich selbst, auch wenn man auf den Aufbau der Untersuchung alle erdenkliche Sorgfalt verwendet hat. Dies wird zum Beispiel augenfällig, wenn Untersuchungen, die in den wesentlichen Punkten gleichartig angelegt sind, dennoch zu unterschiedlichen Ergebnissen führen, ohne daß Fehlerquellen in der einen oder anderen erkenntlich sind.

Wir sehen hier noch ganz ab von Folgerungen, die den Bereich der Beobachtungen verlassen, so wenn zum Beispiel aus Untersuchungen über das negative Nachbild Schlüsse auf die Natur des Farbensehens gezogen werden oder wenn eine Erklärung für das Phänomen der Gedächtnisspanne gesucht wird oder praktische Folgerungen aus dieser Erscheinung gezogen werden. Vordem ist noch die Frage zu klären, inwieweit die Beobachtungen selbst eine allgemeinere Geltung beanspruchen können. Denn wie nach allem Vorhergegangenen genügend klar ist, können wir trotz aller Kontrollen nicht erwarten, bei einer zweiten Beobachtung exakt das gleiche Ergebnis zu finden wie bei der ersten. Hierin liegen in der Tat Beschränkungen für den Induktionsschluß. Die Variabilität der Resultate läßt also deren Verallgemeinerung nicht ohne weiteres zu. Sie macht jedoch nicht etwa die verallgemeinernde Aussage überhaupt gegenstandslos, sondern sie setzt ihrer Geltung lediglich gewisse

Grenzen. Es ist eine Aufgabe statistischer Methoden, diese Grenzen genauer zu bestimmen.

Die Größe der Variation ist maßgebend für die Verallgemeinerungsfähigkeit der Resultate. Bei den meisten Aufgabestellungen lassen sich aus Beobachtungsdaten, die relativ wenig variieren, mit größerer Sicherheit verallgemeinernde Schlüsse ziehen als aus solchen, die einer relativ starken Variation unterliegen. Die praktische Bedeutung des Streuungsmaßes für den Induktionsschluß ist hieraus zu erkennen, ferner die Bedeutung aller schon erwähnten Maßnahmen zur Steigerung der Präzision, die man ja auch als Maßnahmen zur Verminderung irrelevanter zufälliger Variation der Beobachtungsdaten betrachten kann.

In diesem Kapitel werden zwei Themen behandelt, die die Verallgemeinerung von Resultaten betreffen: Zunächst die statistischen Verfahren, mit denen mit Hilfe der Wahrscheinlichkeitslehre Schlußfolgerungen aus dem empirischen Datenmaterial gezogen werden, und im darauf folgenden Abschnitt (S. 346ff.) die unter Umständen angezeigte Überprüfung der Induktionsgrundlage, wobei die Methode der Datengewinnung nach bestimmten Gesichtspunkten untersucht wird.

Aufgaben und allgemeine Verfahrensweise. Die hier zu erörternden Verfahren dienen dazu, von den aus einer Stichprobe gewonnenen Statistiken (zum Beispiel $\bar{X}$, s, r) auf die zugehörigen Parameter der Population (zum Beispiel μ, σ, ϱ) zu schließen[1], die sich auf Grund äußerer Beschränkungen der empirischen Untersuchung in der Regel nicht ermitteln lassen. Diese Schlüsse gehen davon aus, daß zwischen den Stichprobenwerten und den Populationswerten bestimmte mathematisch-statistische Beziehungen bestehen, und setzen stets Zufallsstichproben voraus.

Im besonderen kann die statistische Schlußfolgerung zwei Aufgaben erfüllen, von denen die erste seltener, die zweite dagegen sehr häufig gestellt wird:

1. Die Angabe des Vertrauensbereichs. In unserem früheren Beispiel wurde bei einer Stichprobe von 60 Studierenden im Alter von 20 bis 30 Jahren für die Gedächtnisspanne als Mittelwert $\bar{X} = 7{,}32$ gefunden. Wären aus derselben Population unter genau den gleichen Versuchsbedingungen mehrere Zufallsstichproben entnommen worden, so hätten

---

[1] Parameter werden in der neueren Literatur meist durch kleine griechische Buchstaben bezeichnet: μ = Mittelwert einer Population, σ = Standardabweichung einer Population, ϱ = Korrelationskoeffizient einer Population von Meßwertpaaren.

sich dennoch andere, wenn auch wohl nicht sehr stark voneinander abweichende, Mittelwerte ergeben (zum Beispiel 7,21, 7,31, 7,36, 7,43). Denn auch bei zufälliger Auswahl werden die Stichproben nicht völlig gleich sein; die Mittelwerte werden daher variieren. Die einzelnen Stichprobenwerte stellen verschiedene Schätzungen eines Parameters (der mittleren Gedächtnisspanne der entsprechenden Population) dar. Von einer Statistik kann also, wie man sieht, nie behauptet werden, daß sie mit dem unbekannten Parameter identisch sei. Es läßt sich jedoch ein bestimmter Bereich um eine Statistik (hier: um $\bar{X}$) angeben, innerhalb dessen der Parameter (μ) vermutlich liegen wird. Dieser Bereich wird «Vertrauensbereich» oder «Konfidenzintervall» genannt; seine Grenzen heißen «Vertrauens-» oder «Konfidenzgrenzen».

2. Die Prüfung von Hypothesen. In einer Untersuchung der Gedächtnisspanne seien die Ergebnisse der männlichen und der weiblichen Vpn einander gegenübergestellt und hierfür die Mittelwerte $\bar{X}_1 = 7{,}19$ und $\bar{X}_2 = 7{,}47$ gefunden worden. Man kann aus dieser Differenz von 0,28 richtig wiedergegebenen Ziffern noch nicht darauf schließen, daß die Population der weiblichen Personen eine andere mittlere Gedächtnisspanne besitzt als die Population der männlichen. Eine solche Differenz hätte sich vielleicht auch zwischen Stichproben ergeben, die nur aus männlichen oder nur aus weiblichen oder aus Vpn beider Geschlechter zusammengesetzt waren. In einem zweiten Versuch würde man möglicherweise für die männlichen Vpn einen höheren Mittelwert als für die weiblichen finden, und nach weiteren solchen Versuchen könnte sich herausstellen, daß der Mittelwert der jeweils gefundenen Differenzen bei Null liegt.

Es ist aber, wie angenommen, nur *ein* Versuch ausgeführt worden, aus dem die beiden Mittelwerte $\bar{X}_1$ und $\bar{X}_2$ hervorgegangen sind. Es ist zu prüfen, ob die Verschiedenheit dieser Mittelwerte einen Schluß auf die Verschiedenheit der Populationsmittelwerte μ_1 und μ_2 zuläßt. Hierzu wird eine statistische Hypothese, die sogenannte *Nullhypothese* (H_0) aufgestellt. Sie besagt, daß die Parameter μ_1 und μ_2, für die $\bar{X}_1$ und $\bar{X}_2$ Schätzungen sind, nicht voneinander abweichen, also:

$$H_0\colon \mu_1 - \mu_2 = 0$$

Bei Geltung der Nullhypothese sind demnach die beiden Statistiken $\bar{X}_1$ und $\bar{X}_2$ nur zufällig voneinander verschieden; die beiden Stichproben sind aus Populationen mit demselben Mittelwert entnommen.

Der Nullhypothese wird eine Alternativhypothese (H_1) gegenübergestellt, welche die Verschiedenheit beider Parameter behauptet

(H_1: $\mu_1 - \mu_2 \neq 0$). Die Aufgabe der statistischen Prüfung besteht nun darin, zu ermitteln, wie groß bei Zufallsstichproben die Wahrscheinlichkeit für das Auftreten der gegebenen oder einer größeren Mittelwertsdifferenz ist, wenn die Nullhypothese gilt. Erweist sich diese Wahrscheinlichkeit als gering, so kann die Nullhypothese abgelehnt werden, womit die Alternativhypothese angenommen wird. Die gefundene Differenz kann dann kaum noch durch Stichprobenfehler erklärt werden, und das Ergebnis wird als *signifikant*, das heißt statistisch bedeutsam, betrachtet. Erwiese sich in unserem Beispiel die Differenz der beiden Mittelwerte $\bar{X}_1$ und $\bar{X}_2$ als signifikant, so wäre zu schließen, daß die mittleren Gedächtnisspannen der beiden Populationen tatsächlich voneinander verschieden sind.

Die Alternativhypothese H_1 kann auch als «gerichtete Hypothese» ausgedrückt werden. In diesem Fall wird von vornherein danach gefragt, ob ein bestimmter Parameter größer ist als der andere (H_1: $\mu_1 > \mu_2$ oder H_1: $\mu_1 < \mu_2$). Diese sogenannte einseitige Fragestellung bedarf besonderer Rechtfertigung aus der Anlage der Untersuchung. Im allgemeinen wird die sogenannte zweiseitige Wahrscheinlichkeitsfrage gestellt, das heißt man geht von der Frage aus, ob überhaupt mit einer Verschiedenheit der Parameter zu rechnen ist.

Bei welcher Wahrscheinlichkeit p für das Eintreten eines bestimmten Ergebnisses bei Geltung der Nullhypothese (in unserem Beispiel einer Mittelwertsdifferenz) ist nun die Nullhypothese abzulehnen? Diese Entscheidung beruht auf einer Übereinkunft. Es sind zwei «Signifikanzgrenzen» üblich, die 5-%-Grenze und die 1-%-Grenze. Ist p gleich oder kleiner als 5 % (oder in Anteilen von 1 geschrieben: 0,05), so nennt man das Resultat «signifikant», ist p gleich oder kleiner als 1 % (beziehungsweise 0,01), heißt es «sehr signifikant». Anders ausgedrückt: Ein Ergebnis ist signifikant, wenn es in diesem Größenbereich bei Geltung der Nullhypothese in 20 gleich angelegten Versuchen nur einmal, sehr signifikant, wenn es in 100 solchen Versuchen nur einmal auf Grund zufälliger Bedingungen zu erwarten wäre.

Die statistischen Prüfungen vermögen bei der Natur der Signifikanzgrenzen Fehlschlüsse über die empirischen Daten nicht auszuschließen. Solche Fehler können darin bestehen, daß die Nullhypothese zu Unrecht abgelehnt wird (sogenannte Fehler erster Art) oder daß sie zu Unrecht beibehalten wird (Fehler zweiter Art). Bei einer Signifikanzgrenze von 5 % ist zu erwarten, daß die Nullhypothese in 20 Fällen, in denen sie zutrifft, einmal abgelehnt wird, bei der 1-%-Grenze in hundert Fällen einmal. Bei Annahme der 1-%-Grenze wird indessen ein Fehler zweiter

Art häufiger begangen werden als bei Annahme der 5-%-Grenze. Dies bezieht sich nur auf die Fehler, die sich aus der Festsetzung der Signifikanzgrenzen ergeben, nicht dagegen auf Untersuchungsfehler, die bereits im empirischen Material vorliegen. Auch auf Grund solcher Fehler kann die Nullhypothese zu Unrecht verworfen oder aufrechterhalten werden, was dann freilich nicht zu Lasten des statistischen Prüfverfahrens geht, das auf die vorhandenen Daten angewendet wird.

Zu beachten ist, daß die Nullhypothese nicht aus den Statistiken bewiesen werden kann, sondern stets nur als Möglichkeit besteht. Auch ein Unterschied, der zum Beispiel mit $p = 30\,\%$ weit unter einer Signifikanzgrenze liegt, kann auf einer tatsächlichen Verschiedenheit der Parameter beruhen, ist aber bei den gestellten Anforderungen nicht erwiesen. Man kann daher ein Ergebnis nie als «zufallsbedingt» bezeichnen. Daher sagt man, daß die Nullhypothese, falls sie nicht widerlegt ist, «beibehalten» wird.

Die Aufgaben bei der Bestimmung des Vertrauensbereichs und der Prüfung von Hypothesen wurden hier am Beispiel des Mittelwerts und der Mittelwertsdifferenz geschildert. Dieselben Aufgaben stellen sich auch für andere Kennwerte, zum Beispiel Varianzen, Korrelationskoeffizienten, Proportionen usw.

Die Verfahren der statistischen Schlußfolgerung beruhen auf Wahrscheinlichkeitsmodellen, die bei der Untersuchung der empirisch gewonnenen Resultate herangezogen werden. Voraussetzung für die sinnvolle Anwendung eines bestimmten statistischen Verfahrens ist, daß das empirische Material bestimmte Forderungen erfüllt, die das theoretische Modell stellt. Es ist auf Grund der Eigenschaften der gegebenen Resultate (Skalentypus, Verteilungsform) jeweils zu entscheiden, welches Verfahren in Frage kommt. Über die wahrscheinlichkeitstheoretischen Grundlagen der statistischen Schlußfolgerung und über die Durchführung der verschiedenen Verfahren im einzelnen orientiert die reichhaltige Spezialliteratur. Im folgenden werden nur einige besonders wichtige Beispiele für die zahlreichen Methoden gebracht.

Die Sicherheit des Mittelwerts. Wird aus einer Population eines Merkmals X (wobei X eine Intervall- oder Verhältnisvariable ist) eine sehr große Zahl voneinander unabhängiger gleich großer Zufallsstichproben entnommen und für jede von diesen ihr Mittelwert $\bar{X}$ errechnet, so ergibt sich eine Stichprobenverteilung der Mittelwerte. Diese ist eine Normalverteilung mit dem Mittelwert μ, vorausgesetzt, daß die Verteilung des Merkmals X in der Population selbst nicht sehr stark von der Normalverteilung abweicht. Daher sind hier die für Normalverteilungen geltenden Beziehungen anwendbar. Bei der Gestalt der Normalverteilung wird man – allgemein gesprochen – weit häufiger einen Mittelwert $\bar{X}$ erhalten, der relativ wenig von μ abweicht, als einen solchen, der sehr weit davon entfernt ist. Es läßt sich, wenn auch die Standardabweichung der Stichprobenmittelwerte ($\sigma_{\bar{x}}$) bekannt ist, auf Grund der Beziehung $z = (\bar{X} - \mu) / \sigma_{\bar{x}}$ die Wahrscheinlichkeit errechnen, mit der ein Mittelwert, der einer bestimmten Größe gleichkommt oder sie überschreitet, zu erwarten ist.

Die Standardabweichung der Stichprobenverteilung, auch «Stichprobenfehler des Mittelwerts» genannt, hängt von der Populationsstreuung σ und der Stichprobengröße N ab. Mittelwerte aus kleineren Stichproben variieren bei gleicher Populationsstreuung stärker als solche aus größeren. Die Formel dieses Stichprobenfehlers lautet:

$$\sigma_{\bar{x}} = \frac{\sigma}{\sqrt{N}}$$

Nun sind aber μ und σ nicht bekannt, und die Aufgabe besteht auch nicht darin, von Parametern auf Statistiken zu schließen, sondern der umgekehrte Schluß wird verlangt: Es soll mit der Kenntnis gegebener Größen ein *Vertrauensintervall* bestimmt werden, innerhalb dessen Grenzen der Parameter μ zu erwarten ist. Es wird daher für $\sigma_{\bar{x}}$ ein Schätzwert ($s_{\bar{x}}$) errechnet, indem für die unbekannte Populationsstreuung (σ) die Streuung der Stichprobe (s) eingesetzt wird:

$$s_{\bar{x}} = \frac{s}{\sqrt{N}}$$

Bei einer großen Stichprobe sind die «95-%-Vertrauensgrenzen» bestimmt durch $\bar{X} \pm 1{,}96\, s_{\bar{x}}$, die «99-%-Vertrauensgrenzen» durch $\bar{X} \pm 2{,}58\, s_{\bar{x}}$. Die Zahlen 1,96 beziehungsweise 2,58 rühren daher, daß in der Normalverteilung 95 % der Fläche innerhalb der Grenzen von $\pm 1{,}96$ σ-Einheiten, 99 % innerhalb der Grenzen von $\pm 2{,}58$ σ-Einheiten, vom Mittelwert aus gerechnet, liegen. (Die z-Werte 1,96 und 2,58 sind in der Tabelle 8/9 nicht aufgeführt.) Ist ein 95-%-Vertrauensintervall angegeben, so bedeutet dies, daß die Behauptung, wonach der Parameter in diesem Intervall liegt, in 19 von 20 derartigen Fällen zutreffen wird. Bei Angabe eines 99-%-Vertrauensintervalls wird diese Behauptung in 99 von 100 Fällen zu Recht bestehen.

Für die Bestimmung der Vertrauensgrenzen mit Hilfe des Schätzwerts $s_{\bar{x}}$ bildet bei kleinen Stichproben nicht die Normalverteilung das geeignete Modell, sondern die *t-Verteilung* nach GOSSET (Pseudonym: STUDENT, daher auch Studentsche Verteilung). Man bedient sich dann nicht der z-Werte, sondern entsprechender t-Werte. Mit wachsender Stichprobengröße nähert sich diese (ebenfalls symmetrische, aber flachere) Verteilung der Normalverteilung an.

Es sollen die Vertrauensgrenzen für die aus unserem Versuch über das unmittelbare Behalten hervorgegangene Statistik $\bar{X} = 7{,}32$ ermittelt werden; dabei war $s = 1{,}55$ und $N = 60$.

Wir errechnen den Schätzwert des Stichprobenfehlers des Mittelwerts:

$$s_{\bar{x}} = \frac{1{,}55}{\sqrt{60}} = 0{,}20$$

Der für die Bestimmung der Vertrauensgrenzen maßgebende t-Wert hängt von der Stichprobengröße ab und ist aus einer Tabelle zu entnehmen. Zu berücksichtigen ist dabei die Anzahl der *Freiheitsgrade*. Hierunter versteht man diejenige Anzahl von Gliedern einer Reihe von Größen, die frei variabel sind, während die Reihe eine bestimmte Bedingung erfüllt (zum Beispiel eine bestimmte Summe ergibt, einen bestimmten Mittelwert besitzt). Für unser Beispiel ist die Zahl der Freiheitsgrade: $N - 1$. Tabelle 9/1 ist ein Auszug aus der t-Tabelle.

Tabelle 9/1

Signifikante und sehr signifikante Werte von t

(Irrtumswahrscheinlichkeit 5% und 1%, FG = Freiheitsgrade)

FG	5%	1%	FG	5%	1%
1	12,71	63,66	12	2,18	3,05
2	4,30	9,92	14	2,14	2,98
3	3,18	5,85	16	2,12	2,92
4	2,78	4,60	18	2,10	2,88
5	2,57	4,03	20	2,09	2,85
6	2,45	3,71	30	2,04	2,75
7	2,36	3,50	40	2,02	2,70
8	2,31	3,36	60	2,00	2,66
9	2,26	3,25	120	1,98	2,62
10	2,23	3,17	∞	1,96	2,58

In unserem Beispiel ($N = 60$) können wir den t-Wert für 60 Freiheitsgrade verwenden, da sich dieser von dem nicht verzeichneten t-Wert für 59 Freiheitsgrade praktisch nicht unterscheidet. Die 95-%-Vertrauensgrenzen sind hier also gegeben durch $7{,}32 \pm 2{,}00 \cdot 0{,}20$, die 99-%-Vertrauensgrenzen durch 7,32 ± 2,66 · 0,20. Die Grenzen sind somit im ersten Fall 6,92 und 7,72, im zweiten Fall 6,79 und 7,85. Wir können also auf Grund unserer Versuchsergebnisse mit 95 % Sicherheit erwarten, daß der Populationsmittelwert der Gedächtnisspanne zwischen 6,92 und 7,72 liegt, und mit 99 % Sicherheit, daß er zwischen 6,79 und 7,85 liegt.

Unterschiede zwischen Mittelwerten. Die Signifikanzprüfung der Differenz zweier Stichprobenmittelwerte setzt die Kenntnis der Stichprobenverteilung dieser Differenzen voraus. Wird aus zwei normalverteilten Populationen einer Variablen X, die gleiche Mittelwerte ($\mu_1 = \mu_2$) besitzen, eine sehr große Zahl voneinander unabhängiger Paare von Zufallsstichproben von der Größe N_1 beziehungsweise N_2 entnommen, so bilden die Mittelwertsdifferenzen $\bar{X}_1 - \bar{X}_2$ dieser Stichprobenpaare eine Normalverteilung. Diese Stichprobenverteilung der Mittelwertsdifferenzen hat den Mittelwert $\mu_{\bar{x}_1-\bar{x}_2} = 0$; ihre Standardabweichung ist der «Stichprobenfehler der Mittelwertsdifferenz»:

$$\sigma_{\bar{x}_1-\bar{x}_2} = \sqrt{\sigma_{\bar{x}_1}^2 + \sigma_{\bar{x}_2}^2} = \sqrt{\frac{\sigma_1^2}{N_1} + \frac{\sigma_2^2}{N_2}}$$

Sind die Populationsvarianzen σ_1^2 und σ_2^2 gleich groß, so läßt sich schreiben:

$$\sigma_{\bar{x}_1-\bar{x}_2} = \sigma \sqrt{\frac{1}{N_1} + \frac{1}{N_2}}$$

Sind die paarweise aus beiden Populationen entnommenen Stichproben nicht voneinander unabhängig (dies ist zum Beispiel der Fall, wenn die Meßwerte X_1 und X_2 Beobachtungen an denselben Personen darstellen, die unter zwei verschiedenen Bedingungen untersucht wurden), so gilt für die Standardabweichung der Mittelwertsdifferenzen:

$$\sigma_{\bar{x}_1-\bar{x}_2} = \sqrt{\sigma_{\bar{x}_1}^2 + \sigma_{\bar{x}_2}^2 - 2\varrho_{12}\,\sigma_{\bar{x}_1}\sigma_{\bar{x}_2}}$$

Dabei ist ϱ_{12} der Populationswert der Korrelation zwischen den Meßwerten X_1 und X_2. Der Stichprobenfehler wird durch das Bestehen dieser Korrelation vermindert. Die zuletzt genannte Formel ist die allgemeine Formel für den Stichprobenfehler der Mittelwertsdifferenz. Die zuvor angegebenen Formeln gelten für den Fall, in dem die Korrelation Null ist.

Für die Signifikanzprüfung einer Mittelwertsdifferenz sei das folgende Beispiel gebracht: Eine Gruppe von $N_1 = 64$ Jungen und eine Gruppe von $N_2 = 58$ Mädchen (beide Gruppen aus dem neunten Schuljahr der Volksschule) habe einen Test über das technische Verständnis ausgeführt. Für die Testleistung der Jungen habe sich ergeben: $\bar{X}_1 = 9{,}4$ und $s_1 = 2{,}05$, für die der Mädchen $\bar{X}_2 = 8{,}2$ und $s_2 = 2{,}26$.

Die Standardabweichungen $s_1 = 2{,}05$ und $s_2 = 2{,}26$ weisen, wie hier vorweggenommen sein soll, nicht auf eine Verschiedenheit der Populationsvarianzen σ_1^2 und σ_2^2 hin; es wird daher «Homogenität» der Varianzen ($\sigma_1^2 = \sigma_2^2 = \sigma^2$) angenommen. Der Schätzwert für den Stichprobenfehler der Differenz ist also wie folgt zu errechnen:

$$s_{\bar{x}_1 - \bar{x}_2} = s\sqrt{\frac{1}{N_1} + \frac{1}{N_2}}$$

Als beste Schätzung für σ^2 wird das sogenannte gewogene Mittel aus s_1^2 und s_2^2 errechnet:

$$s^2 = \frac{s_1^2\,(N_1 - 1) + s_2^2\,(N_2 - 1)}{N_1 + N_2 - 2}$$

Die oben genannten Stichprobenwerte ergeben in diese Formel eingesetzt:

$$s^2 = \frac{4{,}20 \cdot 63 + 5{,}11 \cdot 57}{64 + 58 - 2} = 4{,}63; \quad s = 2{,}15$$

Wir finden nun für den Schätzwert des Stichprobenfehlers:

$$s_{\bar{x}_1 - \bar{x}_2} = 2{,}15\sqrt{\frac{1}{64} + \frac{1}{58}} = 0{,}38$$

Wie schon bei der Bestimmung der Sicherheit des Mittelwerts, so ist auch hier (bei geschätzter Populationsvarianz) ein t-Wert zu errechnen, indem die Differenz $\bar{X}_1 - \bar{X}_2$ (zu verstehen als Abweichung vom Mittelwert aller Differenzen $\mu = 0$) in Einheiten des Stichprobenfehlers $s_{\bar{x}_1 - \bar{x}_2}$ ausgedrückt wird:

$$t = \frac{\bar{X}_1 - \bar{X}_2}{s_{\bar{x}_1 - \bar{x}_2}}$$

Die Zahlenwerte unseres Beispiels ergeben darin eingesetzt:

$$t = \frac{9{,}4 - 8{,}2}{0{,}38} = 3{,}16$$

Die Anzahl der Freiheitsgrade beträgt bei homogenen Varianzen $N_1 + N_2 - 2$. Sie ist in diesem Fall: $64 + 58 - 2 = 120$. Tabelle 9/1 nennt bei 120 Freiheitsgraden für 5 % Irrtumswahrscheinlichkeit $t = 1{,}98$ und 1 % Irrtumswahrscheinlichkeit $t = 2{,}62$. Unser t-Wert 3,16 liegt über dem letzteren Wert; die Mittelwertsdifferenz der Testleistungen der Jungen und Mädchen ist daher «sehr signifikant».

Die Annahme, daß die Varianzen s_1^2 und s_2^2 von einer gemeinsamen Populationsvarianz σ^2 herrühren, wird, wenn – wie meistens – s_1^2 und s_2^2 verschieden groß sind, vor Ausführung des t-Tests durch den *F-Test* (nach R. A. Fisher) überprüft. Hierzu wird der Quotient der beiden Varianzen gebildet, der den F-Wert angibt.

$$F = \frac{s_1^2}{s_2^2}$$

Die größere Varianz wird stets in den Zähler gesetzt, so daß der Quotient immer über 1 liegen wird. Nach der Nullhypothese ist $\sigma_1^2/\sigma_2^2 = 1$. Die Signifikanzprüfung des Unterschieds zwischen den Varianzen unkorrelierter Stichproben gründet sich auf die Stichprobenverteilung der Größe F. Für den praktischen Gebrauch gibt es hierzu die F-Tabelle, aus der sich die Varianzverhältnisse ersehen lassen, die nur von 5 % beziehungsweise 1 % je zweier Zufallsstichproben derselben Population erreicht oder überschritten werden, wobei die Anzahl der Freiheitsgrade für jede Stichprobe getrennt zu berücksichtigen ist. Ist F signifikant, so liegt höchstwahrscheinlich «heterogene» Varianz vor; die Populationswerte σ_1^2 und σ_2^2 sind verschieden.

Bei der Signifikanzprüfung von Mittelwertsdifferenzen können die Varianzen s_1^2 und s_2^2, wenn F signifikant ausfällt, nicht zur Schätzung einer gemeinsamen Populationsvarianz σ^2 dienen. Der Stichprobenfehler der Differenz ist dann zu schätzen nach der Formel:

$$s_{\bar{x}_1 - \bar{x}_2} = \sqrt{\frac{s_1^2}{N_1} + \frac{s_2^2}{N_2}}$$

Bei diesem «t-Test bei heterogener Varianz» kann die Anzahl der Freiheitsgrade nur in Annäherung bestimmt werden.

Entstammen die zu vergleichenden Mittelwerte aus voneinander abhängigen Stichproben, das heißt aus derselben Gruppe von Merkmalsträgern oder aus Parallelstichproben, so kann die Prüfung aus den Differenzen zwischen je zwei zusammengehörigen Einzelwerten (X_1 und X_2) erfolgen. Die allenfalls bestehende Korrelation zwischen den Ergebnissen muß hierzu nicht errechnet werden, da der Stichprobenfehler der Differenz nicht nach der oben erwähnten allgemeinen Formel, sondern auf einem kürzeren Weg geschätzt wird.

Wir nehmen an, es sei an einer Gruppe von $N = 10$ Versuchstieren deren Bewegungsaktivität im gesättigten Zustand (Bedingung A_1) und im hungrigen Zustand (Bedingung A_2) beobachtet und in Meßwerten (X_1 beziehungsweise X_2) erfaßt worden. Die Resultate X_1 und X_2 von jedem Versuchstier sowie deren Differenzen ($D = X_1 — X_2$) und die Quadrate der Differenzen seien in Tabelle 9/2 wiedergegeben:

Tabelle 9/2

Versuchstier	Bewegungsaktivität unter Bedingung A_1	A_2		
	X_1	X_2	D	D^2
1	3	7	− 4	16
2	11	9	2	4
3	5	8	− 3	9
4	6	10	− 4	16
5	8	9	− 1	1
6	10	12	− 2	4
7	5	4	1	1
8	7	12	− 5	25
9	8	8	0	0
10	4	6	− 2	4
Summe	67	85	−18	80
Mittel	6,7	8,5	− 1,8	

Der Mittelwert der Differenzen: $\bar{D} = -1{,}8$ ist gleich der Differenz der Mittelwerte: $\bar{X}_1 - \bar{X}_2 = 6{,}7 - 8{,}5 = -1{,}8$. Zur Signifikanzprüfung ist der Stichprobenfehler $\sigma_{\bar{D}}$ zu schätzen nach der Formel:

$$s_{\bar{D}} = \frac{s_D}{\sqrt{N}}$$

Das Verfahren entspricht der Prüfung eines Mittelwerts ($\bar{D}$) auf dessen signifikante positive oder negative Abweichung von einem angenommenen Wert $\mu_D = 0$.

Die Varianz der Differenzen ist $s_D^2 = 5{,}3$; die Anzahl der Meßwertpaare ist $N = 10$. Damit erhalten wir:

$$s_{\bar{D}} = \sqrt{\frac{5{,}3}{10}} = 0{,}73$$

Es ergibt sich für t:

$$t = \frac{\overline{D} - 0}{s_{\overline{D}}} = \frac{1{,}8}{0{,}73} = 2{,}46$$

Bei $N - 1 = 9$ Freiheitsgraden ist für einen signifikanten Wert an der 5-%-Grenze $t = 2{,}26$, an der 1-%-Grenze $t = 3{,}25$ gefordert. Unser t-Wert liegt zwischen diesen Grenzen. Die Behauptung, daß den Versuchsbedingungen A_1 und A_2 voneinander verschiedene Populationsmittelwerte der Bewegungsaktivität entsprechen, hat weniger als 5 % Irrtumswahrscheinlichkeit.

Dieser «t-Test für Mittelwertsdifferenzen korrelierter Stichproben» ist wesentlich präziser als die entsprechende Prüfung bei voneinander unabhängigen Stichproben. Um bei gleicher gegebener Differenz zu dem gleichen Prüfungsergebnis zu gelangen, wäre bei unabhängigen Stichproben ein Mehrfaches an Beobachtungen erforderlich gewesen. Das zuletzt geschilderte Verfahren ist also sehr ökonomisch, und man wird daher von der Möglichkeit der Untersuchung verschiedener Bedingungen an derselben Gruppe von Merkmalsträgern oder der Parallelisierung immer Gebrauch machen, wenn die besonderen Verhältnisse dies erlauben (vgl. S. 276f.).

Varianzanalyse. In den vorangegangenen Beispielen waren jeweils zwei Mittelwerte miteinander zu vergleichen. Viele Untersuchungen erfordern indessen Vergleiche zwischen mehreren Mittelwerten. Dies ist der Fall, wenn mehrere Kategorien derselben Variablen (A_1, A_2, A_3 usw.) als Versuchsbedingungen dienen, zum Beispiel wenn der Einfluß einer Reihe verschiedener Lehrmethoden auf den Lernerfolg an einer entsprechenden Anzahl von zufällig ausgewählten Schülergruppen untersucht wird oder wenn die Auswirkungen verschieden großer Dosen eines Pharmakons auf eine Leistungsvariable an mehreren Stichproben von Vpn festgestellt werden. Entsprechende Versuchspläne wurden in Kapitel VII beschrieben. Die von dem englischen Forscher R.A. Fisher entwickelte Varianzanalyse ist die geeignete Methode für die Auswertung solcher Versuche.

Die Varianzanalyse ist ein Verfahren, mit dem die Variation der Untersuchungsdaten in einzelne Komponenten zerlegt wird, die ihrerseits bestimmten Ursachen zuzuordnen sind. Zur Veranschaulichung sei das schon angedeutete Beispiel herangezogen: Der Erfolg von fünf verschiedenen Lehrmethoden eines bestimmten Stoffs, die gewisse inhaltliche Besonderheiten besitzen, sei an fünf voneinander unabhängigen Zufallsstichproben von Schülern festgestellt worden. Für die unter diesen fünf Versuchsbedingungen (A_1, A_2 usw.) aufgetretenen Behaltensleistungen wurden jeweils Mittelwert und Varianz errechnet. Nach der Nullhypothese sind die fünf Mittelwerte nur zufällige Abweichungen von einem gemeinsamen Populationsmittelwert, das heißt die Verschiedenheit der Lehrmethoden bewirkt keinen unterschiedlichen Lernerfolg.

Voraussetzungen der Varianzanalyse sind, neben Unabhängigkeit der Gruppen, Normalverteilungen in den Populationen und Homogenität der zugehörigen Varianzen sowie die Annahme, daß die Wirkungen, die verschiedene Faktoren auf die Gesamtvariation ausüben, additiv sind.

Die Varianzanalyse besteht in ihrem Prinzip darin, daß aus den empirischen Daten voneinander unabhängig zwei Schätzungen der nach der Nullhypothese angenommenen gemeinsamen Populationsvarianz vorgenommen werden können. Eine Schätzung dieses Parameters kann aus den Varianzen der Stichproben (s_1^2, s_2^2 usw.) gewonnen werden, wobei aus diesen der Mittelwert (bei unterschiedlicher Stichprobengröße ein sogenanntes gewogenes Mittel) errechnet wird («Varianz innerhalb der Gruppen»). Eine zweite Schätzung der Populationsvarianz ist aus den Stichprobenmittelwerten ($\bar{X}_1$, $\bar{X}_2$ usw.) möglich, indem deren Varianz («Varianz zwischen den Gruppen») bestimmt wird und hieraus, auf Grund der Beziehung $\sigma_{\bar{x}}^2 = \sigma^2/N$, auf σ^2 zurückgeschlossen wird.

Ist die Varianz zwischen den Gruppen größer als die Varianz innerhalb der Gruppen, so wird das Varianzverhältnis mit dem erwähnten F-Test geprüft. Erweist dieser eine signifikante Verschiedenheit der Varianzen, so ist daraus zu folgern, daß die Mittelwerte stärker variieren, als dies zu erwarten wäre, wenn sie nur zufällige Abweichungen von einem gemeinsamen Mittelwert wären, und daß also noch eine zusätzliche Quelle der Variation wirksam ist. In dem genannten Beispiel bedeutete dies, daß die fünf verschiedenen Lehrmethoden tatsächlich zu ungleichen Resultaten führen, denn nur die Variable «Lehrmethode» wäre hier als weitere Variationsursache in Betracht zu ziehen (Abwesenheit systematischer Versuchsfehler vorausgesetzt).

Das Ergebnis der Varianzanalyse zeigt nur an, ob überhaupt signifikante Mittelwertsunterschiede vorhanden sind; es sagt aber nichts darüber aus, welche von den Mittelwerten im einzelnen sich signifikant unterscheiden. Daher werden im Anschluß an ein signifikantes Resultat der Varianzanalyse jeweils zwei Mittelwerte durch den t-Test (wenn sie größenmäßig benachbart sind) beziehungsweise durch speziellere Prüfverfahren miteinander verglichen.

Die praktische Durchführung der Varianzanalyse arbeitet mit den «Quadratsummen» (vgl. S. 307), die der Varianz innerhalb der Gruppen und der Varianz zwischen den Gruppen zugrunde liegen und die zusammen die «totale Quadratsumme» bilden, das ist die Summe der quadrierten Abweichungen sämtlicher Meßwerte von ihrem gemeinsamen Mittelwert.

Die Varianzanalyse kann in vielfältiger Weise ausgestaltet werden. Ihr Hauptanwendungsgebiet ist die Auswertung komplexer Planversuche. So kann in unserem Beispiel neben der Lehrmethode eine weitere Bedingung, etwa das Lebensalter der Vpn, im selben Arbeitsgang bezüglich ihrer Wirkung auf die Behaltensleistung untersucht werden (Varianzanalyse mit doppelter Klassifikation). Hierzu hätte man dieselben Meßwerte, nach mehreren Altersgruppen aufgegliedert, in gleicher Weise zu analysieren. Eine solche zweifache Varianzanalyse gestattet auch noch die Untersuchung von «Wechselwirkungen» zwischen den Versuchsbedingungen. (In unserem Beispiel wäre also festzustellen gewesen, ob die Wirksamkeit einer Lehrmethode vom Lebensalter beeinflußt wird.)

Weitere Klassifikationen sind möglich, entsprechend den in Kapitel VII als Beispiele skizzierten Versuchsplänen, die meist von vornherein auf eine varianzanalytische Behandlung der Resultate angelegt werden.

Der Vergleich von Häufigkeiten. In sehr zahlreichen Fällen erfordert die Auswertung einer Untersuchung den Vergleich von Häufigkeitszahlen. Ein solcher Fall ist gegeben, wenn das Merkmal, über das Beobachtungen gemacht werden, eine Nominalvariable ist, sich also in qualitativ verschiedene Kategorien gliedert (Geschlecht, Körperbautypus, Berufszugehörigkeit, Lieblingslektüre), oder wenn von einem Merkmal, das an sich eine graduelle Unterscheidung zuläßt, aus besonderen Gründen – etwa der Ökonomie – nur jeweils beobachtet wird, ob es vorhanden ist oder nicht. (Letzteres beispielsweise, wenn man sich in einer Untersuchung damit begnügt, festzustellen, ob auf einen Reiz hin eine bestimmte Ausdruckserscheinung eintritt oder nicht, unabhängig davon, welchen Grad sie bei ihrem Eintreten erreicht.) Es wird dann jeweils gezählt, wie viele Beobachtungen in die einzelnen Kategorien fallen.

Zu statistischen Prüfungen von Häufigkeitszahlen bedient man sich der von dem englischen Forscher K. PEARSON entwickelten χ^2-Methode (so genannt nach der Prüfgröße χ^2, gesprochen «Chi-Quadrat»). Das Verfahren besteht in einem Vergleich der empirisch gefundenen Häufigkeitszahlen mit den bei Annahme der Nullhypothese erwarteten.

Für diesen Vergleich wird χ^2 errechnet nach der Formel:

$$\chi^2 = \sum \frac{(b-e)^2}{e}$$

Darin sind b die beobachteten, e die erwarteten Häufigkeiten.

Wir nehmen an, es seien $N = 100$ Personen danach gefragt worden, welches von fünf bekannten Fabrikaten (A bis E) eines Gebrauchsgegenstands sie für das beste hielten. Es ist zu untersuchen, ob die Verteilung der Nennungen für A bis E signifikant von der als Nullhypothese angenommenen «Gleichverteilung» abweicht. Erwartet ist im Sinn der Nullhypothese, daß alle Fabrikate gleich häufig genannt werden. Somit ist (bei $N = 100$ und bei 5 Kategorien) $e = 100/5 = 20$ für jede Kategorie. Die Häufigkeiten der Nennungen b sollen aus der zweiten Spalte der Tabelle 9/3 hervorgehen, die auch die gesamte Rechnung wiedergibt.

Tabelle 9/3

Fabrikat	b	e	$b-e$	$(b-e)^2$	$(b-e)^2/e$
A	21	20	1	1	0,05
B	13	20	− 7	49	2,45
C	34	20	14	196	9,80
D	23	20	3	9	0,45
E	9	20	−11	121	6,05
Summe	100	100	0		$\chi^2 = 18{,}80$

In unserem Fall erhalten wir $\chi^2 = 18{,}8$. Ob ein solcher Wert signifikant ist, ergibt sich aus der Stichprobenverteilung von χ^2, die für jede Anzahl von Freiheitsgraden eine andere ist. In unserem Beispiel ist, wenn bei gegebenem N vier der fünf Teilhäufigkeiten bekannt sind, die fünfte schon determiniert; die Anzahl der Freiheitsgrade beträgt hier demnach vier. Tabelle 9/4 gibt einige kritische Werte für ein signifikantes und sehr signifikantes χ^2 an.

Bei 4 Freiheitsgraden nennt die Tabelle für ein χ^2 an der 5-%-Signifikanzgrenze den Wert 9,49, an der 1-%-Grenze den Wert 13,28. Unser χ^2-Wert 18,80 überschreitet die letztere Grenze. Es ist demnach mit weniger als 1 % Irrtumswahrscheinlichkeit anzunehmen, daß die Aussagen der 100 befragten Personen sich nicht rein zufällig verteilen, sondern unter einem systematischen Einfluß stehen. Worin dieser freilich besteht, ist eine Frage der Interpretation: Es kann sich um tatsächliche Erfahrungen über die Güte der fünf Fabrikate handeln, die sich in der Verteilung der Nen-

Tabelle 9/4
Signifikante und sehr signifikante Werte von χ^2

FG	5%	1%	FG	5%	1%
1	3,84	6,64	11	19,68	24,72
2	5,99	9,21	12	21,03	26,22
3	7,82	11,34	13	22,36	27,69
4	9,49	13,28	14	23,68	29,14
5	11,07	15,09	15	25,00	30,58
6	12,59	16,81	16	26,30	32,00
7	14,07	18,48	17	27,59	33,41
8	15,51	20,09	18	28,87	34,80
9	16,92	21,67	19	30,14	36,19
10	18,31	23,21	20	31,41	37,57

nungen niederschlagen, aber auch um die Auswirkung unterschiedlich überzeugungskräftiger Werbung für die einzelnen Artikel oder um andere Einflüsse.

Die χ^2-Methode ist ein vielseitig anwendbares Verfahren. So können mit ihr auch zwei Stichproben, die jeweils aus Häufigkeitszahlen in den einzelnen Klassen einer Nominalvariablen bestehen, auf ihre signifikante Verschiedenheit geprüft werden. Ferner dient sie zum Vergleich einer empirischen Verteilung mit einer angenommenen Populationsverteilung, etwa einer Normalverteilung. In diesem Fall wird zu der gegebenen Verteilung mit den Kennzahlen $\bar{X}$, s, N eine Normalverteilung errechnet, die dieselben Kennzahlen besitzt. Der Vergleich der Häufigkeiten in den einzelnen Klassen beider Verteilungen ergibt, ob die empirische Verteilung signifikant von der Normalverteilung abweicht.

Mit Hilfe der χ^2-Methode läßt sich auch der Zusammenhang zwischen zwei Nominalvariablen errechnen, der durch den *Kontingenzkoeffizienten* ausgedrückt wird (zum Beispiel ein Zusammenhang zwischen den Nominalvariablen «politische Überzeugung des Vaters» und «politische Überzeugung des Sohnes» oder zwischen den Merkmalen «Körperbautypus» und «Geisteskrankheit»). Werden in beiden Variablen je drei qualitative Kategorien unterschieden, so ordnen sich die Häufigkeitszahlen entsprechend den möglichen Kombinationen zwischen je einer Kategorie der einen mit einer der anderen Variablen in einem Schema von neun Feldern an. Der Begriff der Kontingenz oder auch der «Assoziation» ist nicht gleichbedeutend mit dem spezielleren Begriff der Korrelation. Kontingenz bedeutet allgemeiner einen nicht näher bestimmten Zusammenhang. Der Kontingenzkoeffizient ist im Unterschied zum

Korrelationskoeffizienten stets positiv und kann nicht die Größe 1 erreichen.

Schließlich kann auf dem Weg über die χ^2-Methode eine *Vierfelderkorrelation* bestimmt werden, wenn Häufigkeiten von zwei in je zwei Klassen aufgeteilten Merkmalen vorliegen (zum Beispiel Merkmal A: Vorhandensein oder Nichtvorhandensein einer emotionalen Veränderung nach der Angabe der Vp; Merkmal B: Vorhandensein oder Nichtvorhandensein einer Hautwiderstandsänderung). Aus der zugehörigen Vierfeldertafel wird über χ^2 der Koeffizient Φ (sogenannter Punktvierfelder-Koeffizient) bestimmt, der Werte zwischen —1 und +1 annehmen kann.

Verteilungsunabhängige Prüfverfahren. Mit Ausnahme der zuletzt beschriebenen χ^2-Methode gehen die genannten statistischen Prüfverfahren (t-Test, F-Test, Varianzanalyse) von der Voraussetzung aus, daß die Populationsverteilung eine Normalverteilung ist. In manchen Fällen ist diese Voraussetzung jedoch entweder sehr wahrscheinlich nicht gegeben (signifikante Verschiedenheit einer empirischen Verteilung von der Normalverteilung) oder praktisch nicht zu überprüfen (wenn die Stichprobe sehr klein ist). Die Ausführung eines t-Tests könnte dann zu einem falschen Schluß führen. Man bedient sich dann einer der zahlreichen sogenannten nichtparametrischen oder «verteilungsfreien» Prüfmethoden, deren theoretisches Modell freilich auch gewisse Voraussetzungen enthält, die jedoch weniger speziell und sicherer zu erfüllen sind.

Für Nominal- und Ordinalvariable sind verteilungsfreie Prüfverfahren immer angemessen. Ihre Anwendung auf Daten einer Intervall- oder Verhältnisskala ist oft mit einem erheblichen Informationsverlust verbunden, wenn nämlich diese Daten in Rangzahlen umgewandelt werden müssen oder nur die Vorzeichen von Differenzen zwischen Meßwerten zur Prüfung verwendet werden, wie dies viele verteilungsfreie Methoden vorschreiben. Aus dem oben genannten Grund sind indessen diese Methoden nicht selten auch bei Prüfungen mit Intervall- und Verhältnisvariablen zu bevorzugen.

Die Sicherheit von Korrelationskoeffizienten. Bei der Prüfung von Korrelationskoeffizienten kehren die schon erörterten Aufgaben in analoger Form wieder. So lassen sich für einen gegebenen Koeffizienten der Maßkorrelation dessen Vertrauensgrenzen bestimmen. Meist begnügt man sich jedoch mit der Feststellung, ob ein Koeffizient signifikant von dem nach der Nullhypothese angenommenen Parameter $\varrho = 0$ abweicht. Hierzu bedient man sich des t-Tests. Man erhält den t-Wert nach der Formel:

$$t = r\sqrt{\frac{N-2}{1-r^2}}$$

Es sei bei einer Stichprobe von $N = 25$ Meßwertpaaren ein Korrelationskoeffizient $r = 0{,}38$ gefunden worden. Der entsprechende t-Wert ist:

$$t = 0{,}38\sqrt{\frac{25-2}{1-0{,}38^2}} = 1{,}97$$

Bei $N-2 = 23$ Freiheitsgraden ist laut vollständiger t-Tabelle für einen an der 5-%-Grenze signifikanten Koeffizienten $t = 2{,}07$ gefordert. Unser Koeffizient ist also nicht signifikant, liegt aber nahe der Grenze. ($r = 0{,}396$ ist bei $FG = 23$ signifikant.)

Zur Signifikanzprüfung von r ist es allerdings gar nicht erst erforderlich, den t-Wert zu errechnen, da wiederum eine Tabelle zur Verfügung steht, die für verschiedene Anzahlen von Freiheitsgraden die signifikanten und sehr signifikanten Mindestgrößen von r angibt. Tabelle 9/5 gibt hieraus einen Auszug.

Tabelle 9/5

Signifikante und sehr signifikante Mindestgrößen von r

FG	5%	1%	FG	5%	1%
1	0,997	1,000	20	0,423	0,537
2	0,950	0,990	25	0,381	0,487
3	0,878	0,959	30	0,349	0,449
4	0,811	0,917	40	0,304	0,393
5	0,754	0,874	50	0,273	0,354
6	0,707	0,834	60	0,250	0,325
7	0,666	0,798	80	0,217	0,283
8	0,632	0,765	100	0,195	0,254
9	0,602	0,735	150	0,159	0,208
10	0,576	0,708	200	0,138	0,181
12	0,532	0,661	300	0,113	0,148
14	0,497	0,623	400	0,098	0,128
16	0,468	0,590	500	0,088	0,115
18	0,444	0,561	1000	0,062	0,081

Die entsprechenden Werte für den Spearmanschen Rangkorrelationskoeffizienten r_s gehen aus Tabelle 9/6 hervor. Analoge Tabellen gibt es für andere Korrelationsmaße.

Eine weitere Aufgabe besteht in der Prüfung der Differenz zwischen zwei Korrelationskoeffizienten r_1 und r_2 im Hinblick auf eine Verschie-

Tabelle 9/6
Signifikante und sehr signifikante Mindestgrößen von r_s
(N = Anzahl der Rangplatzpaare)

N	5%	1%	N	5%	1%
4	1,000	—	10	0,564	0,746
5	0,900	1,000	12	0,506	0,712
6	0,829	0,943	14	0,456	0,645
7	0,714	0,893	16	0,425	0,601
8	0,643	0,833	18	0,399	0,564
9	0,600	0,783	20	0,377	0,534

denheit der zugehörigen Parameter ϱ_1 und ϱ_2 (H_0: $\varrho_1 - \varrho_2 = 0$). Als Beispiel sei die Frage genannt, ob sich eine bei Jungen gefundene Korrelation zwischen Intelligenz und Schulleistung (r_1) signifikant von einer Korrelation zwischen denselben Merkmalen bei Mädchen (r_2) unterscheidet. Hierzu ist eine besondere Transformation der Koeffizienten vorzunehmen und für die transformierten Werte ein Stichprobenfehler zu ermitteln.

Ergänzende Bemerkungen zur Beurteilung der Ergebnisse. Wenn ein Resultat, etwa die Differenz zweier Mittelwerte, die aus Versuchen mit zwei Gruppen von Vpn unter verschiedenen Bedingungen gewonnen wurde, oder ein Korrelationskoeffizient, nicht signifikant ausfällt, so mag man sich oft mit der Feststellung zufrieden geben, daß den betreffenden Bedingungen wahrscheinlich keine wesentlich verschiedene Wirksamkeit zukommt beziehungsweise daß zwischen den beiden untersuchten Variablen wahrscheinlich kein wesentlicher Zusammenhang besteht, und man wird das Problem nicht weiter untersuchen. Nicht selten wird man sich jedoch von diesem Resultat noch nicht überzeugen lassen, zumal wenn andere Beobachtungen doch für einen solchen Unterschied oder Zusammenhang sprechen, und besonders dann, wenn die errechnete Prüfgröße der Signifikanzgrenze bereits nahekommt. Man tut dann unter Umständen gut daran, die Fragestellung weiter zu verfolgen; es könnte sonst ein wichtiger Sachverhalt unerkannt bleiben; möglicherweise würde man sich sogar den Zugang zu weiteren wichtigen Fragestellungen verbauen.

Ob ein Resultat, zum Beispiel eine bestimmte Mittelwertsdifferenz, die Signifikanzgrenze erreicht oder nicht, hängt wesentlich vom Stichprobenumfang ab. Dieselbe Differenz, die bei zwei kleinen Stichproben nicht signifikant ist, kann sich bei größeren Stichproben doch als signifikant erweisen. Es mag daher aussichtsreich sein, die Beobachtungen fortzusetzen, das heißt die Stichproben zu vergrößern. Es läßt sich errechnen, bei welchem Stichprobenumfang die gefundene Differenz signifikant wäre. (Allerdings kann man sich keineswegs darauf verlassen, bei den erweiterten Stichproben wiederum dieselbe Differenz zu finden wie zuvor.) Dieses Vorgehen erfordert keine Änderung im Untersuchungskonzept, ja es schließt diese sogar aus. Anders dagegen, wenn man sich für eine weitere Möglichkeit, nämlich die empfindlichere Prüfung an abhängigen Stichproben, entscheidet. Die Anzahl der Beobachtungen muß hier nicht unbedingt größer sein, darf unter Umständen sogar viel kleiner sein als bei unabhängigen Stichproben, um zu einem signifikanten Resultat zu führen. Es wird hier aber ein neuer Versuchsaufbau notwendig.

Eine Vergrößerung der Stichprobe ist auch vorzunehmen, wenn zum Beispiel der Vertrauensbereich eines Mittelwerts so groß ausfällt, daß die Aussage über den Populationsmittelwert nur wenig aufschlußreich ist. (So etwa, wenn in unserem früheren Beispiel bei Annahme eines 95-%-Vertrauensintervalls der Populationswert der Gedächtnisspanne zwischen 5 und 9 gelegen hätte.)

Bei alledem ist abgesehen von systematischen Fehlern in den Untersuchungsbedingungen, die ein Ergebnis möglicherweise beeinträchtigen. Ein Resultat mag nur deshalb nicht signifikant ausgefallen sein, weil irgendein systematischer Störeinfluß der Realisierung der zu untersuchenden Bedingung entgegengewirkt hat. Aber auch ein signifikantes Resultat steht nicht außer allem Zweifel, abgesehen davon, daß (bei Annahme einer 5-%-Signifikanzgrenze) unter Zufallsbedingungen eine unberechtigte Ablehnung der Nullhypothese einmal unter 20 Fällen zu erwarten ist. Denn sowohl nichtsignifikante wie auch signifikante Ergebnisse können geradezu durch systematische Fehler hervorgerufen werden, je nachdem, ob diese Fehler im Sinn einer Verkleinerung oder einer Vergrößerung des tatsächlich bestehenden Unterschieds wirken.

Wie man daraus sieht, wird die Anwendung statistischer Prüfverfahren überhaupt erst sinnvoll, wenn man sicher sein kann, daß im Aufbau der Untersuchung allen möglichen Störeinflüssen Rechnung getragen worden ist. Es ist hier auf alles das zu verweisen, was an anderen Stellen bereits über Fehler und über Kontrollmethoden gesagt worden ist.

Zusammenfassung. Mit der Frage, ob und wie weit aus Stichproben gewonnene Ergebnisse verallgemeinert werden können, befassen sich die Verfahren der statistischen Schlußfolgerung, denen wahrscheinlichkeitstheoretische Überlegungen zugrunde liegen.

Fundamentale Aufgaben bestehen in der Bestimmung von Vertrauensbereichen und in der Prüfung von Hypothesen mit Hilfe von Parameterschätzungen, die sich aus den Stichprobenresultaten errechnen lassen. Mittelwertsdifferenzen können mit dem *t*-Test auf ihre Signifikanz geprüft werden. Für komplexe Planversuche ist die Varianzanalyse die geeignete Prüfmethode. Der χ^2-Test ist beim Vergleich von Häufigkeitswerten angezeigt. Neben Prüfverfahren, die Normalverteilung der betreffenden Merkmale bei der Population voraussetzen, gibt es andere («verteilungsunabhängige»), die hieran nicht gebunden sind.

Die statistische Prüfung kann zu einer unzutreffenden Schlußfolgerung (unberechtigtes Verwerfen oder Beibehalten der Nullhypothese) führen, was verschiedene Gründe haben kann. Vor allen Dingen hat man darauf zu achten, daß nicht schon verfälschtes Datenmaterial in die statistische Auswertung eingegeben wird.

2. DIE BEURTEILUNG DER DATENGEWINNUNG

Die in diesem Abschnitt zu erörternden Fragen der Zuverlässigkeit und Gültigkeit spielen besonders in der Testpsychologie eine große Rolle. Sie müssen vor allem da gestellt werden, wo eine Beobachtung nicht mehrmals gemacht werden kann und wo die Resultate als Indikatoren für bestimmte Eigenschaften der untersuchten Person aufgefaßt werden, also vornehmlich in der psychologischen Diagnostik. Aber auch für die allgemeinpsychologische Forschung sind diese Fragen relevant, wenn sie hier auch seltener aufgeworfen werden. Sie stellen sich hier insbesondere, wenn es zweifelhaft ist, ob die Maßnahmen, die man zur Sicherstellung möglichst präziser und richtiger Einzelbeobachtungen getroffen hat, zum Erfolg führen. Um darüber Klarheit zu erhalten, kann man den Prozeß der Datengewinnung unter verschiedenen Gesichtspunkten überprüfen.

Die Zuverlässigkeit von Ergebnissen. Beobachtungen sind mehr oder minder mit Fehlern behaftet. Sind diese Fehler zufällig, so ergeben sie im Mittel annähernd den Wert Null, beeinflussen also den Mittelwert der Beobachtungen so gut wie nicht. Die zufälligen Fehler vergrößern aber die Streuung der Beobachtungen; zu der echten Varianz der Beobachtungswerte kommt die «Fehlervarianz» hinzu. Diese geht auch in die Schätzung eines Stichprobenfehlers mit ein und vermindert somit die Genauigkeit einer Aussage, verschlechtert etwa die Chance, die unterschiedliche Wirksamkeit zweier verschiedener Bedingungen nachzuweisen. Aus dieser Tatsache lassen sich alle Bemühungen um Präzision der einzelnen Beobachtung verstehen.

Der Anteil der echten Varianz an der gesamten Varianz läßt sich durch die Errechnung eines Zuverlässigkeitskoeffizienten bestimmen. Unter dem Grad der Zuverlässigkeit (englisch reliability) verstehen wir den Grad der Genauigkeit von Beobachtungen, ausgedrückt durch den Grad der Übereinstimmung zwischen wiederholten Feststellungen desselben Sachverhalts. In die Zuverlässigkeit gehen verschiedene Faktoren ein: die *Objektivität*, die *Stabilität* und die *Merkmalskonstanz*.

Objektivität ist zu verstehen als die Zuverlässigkeit der Beobachter. Eine Beobachtung ist dann vollkommen objektiv, wenn alle Beobachter über den vorliegenden Sachverhalt dieselbe Aussage machen (vgl. S. 54ff.). Liegt ein Gewicht auf einer Waage und lesen alle Beobachter von der

Skala der Waage denselben Wert ab, so ist die Messung objektiv, das heißt unabhängig von persönlichen Einflüssen.

Eine Feststellung kann mehr oder weniger objektiv sein; Objektivität ist eine Sache des Grades. Der Objektivitätsgrad läßt sich errechnen, indem man die Korrelation zwischen den voneinander unabhängigen Angaben verschiedener Beobachter für dieselbe Reihe von Größen bestimmt. Bei völliger Übereinstimmung der Angaben wird der Koeffizient die Größe 1 besitzen.

Wann muß in der psychologischen Forschung die Frage nach der Objektivität gestellt werden?

Können zur Beobachtung technische Hilfsmittel, wie Meßinstrumente, Registriergeräte, herangezogen werden, die eine genaue Ablesung gestatten, so ist an ausreichender Objektivität nicht zu zweifeln. Persönliche Bedingungen des Beobachters werden hier im allgemeinen keine wesentliche Rolle spielen können; eine besondere Prüfung der Objektivität erübrigt sich. Dasselbe gilt, wenn klar definierte Leistungen zu erfassen sind, zum Beispiel «Ja»- und «Nein»-Antworten zu zählen sind oder die Anzahl gelöster Aufgaben, die sich eindeutig als «richtig» oder «falsch» bezeichnen lassen. Die Möglichkeit von Zählfehlern außer acht gelassen, wird hier kein Beobachter zu einem anderen Resultat kommen als ein anderer.

Anders dagegen, wenn das Ergebnis nicht durch Messen oder Zählen gewonnen wird, sondern erst durch einen mehr oder minder komplexen Urteilsakt des Beobachters zustande kommt, wobei die jeweiligen Urteilsgrundlagen des Beobachters eine maßgebliche Rolle spielen. Da der «innere Maßstab», nach dem solche Schätzungen vollzogen werden, weder bei derselben Person konstant bleibt, noch bei verschiedenen Personen der gleiche ist, kommt diesen Angaben eine wesentlich geringere Präzision zu. Verschiedene Personen geben für denselben Sachverhalt unter Umständen Schätzungen ab, die recht stark voneinander abweichen.

Die Auswirkung unvollkommener Objektivität soll an einem Beispiel, der schon früher erwähnten Bestimmung der Rangkorrelation zwischen Rechtschreibung und Rechnen, veranschaulicht werden (vgl. S. 321 f.). Die Rangreihen für beide Leistungen wurden von einem Lehrer aufgestellt, der die 15 Schüler gut kannte. Nun habe ein zweiter Lehrer, der die Schüler ebenso gut kannte, für diese auch eine Rangordnung gebildet, und zwar für das Fach Rechnen. Beide Rangordnungen stellen wir einander gegenüber und errechnen ihre Korrelation (Tabelle 9/7):

Tabelle 9/7

Schüler	Rangordnung der Leistungen im Rechnen		D	D^2
	Lehrer A	Lehrer B		
A	11	13	−2	4
B	3	4	−1	1
C	14	11	3	9
D	9	8	1	1
E	7,5	5	2,5	6,25
F	2	3	−1	1
G	10	7	3	9
H	6	6	0	0
I	1	1	0	0
K	7,5	12	−4,5	20,25
L	4	2	2	4
M	15	14	1	1
N	13	10	3	9
O	5	9	−4	16
P	12	15	−3	9
			0 (ΣD)	90,50 (ΣD^2)

Nach der Formel der Rangkorrelation (siehe S. 322) finden wir für den Zusammenhang der Beurteilungen durch beide Lehrer:

$$r_s = 1 - \frac{6 \cdot 90{,}5}{15\,(225 - 1)} = 0{,}84$$

Der Koeffizient $r_s = 0{,}84$ ist bei $N = 15$ nach Tabelle 9/6 (S. 343) sehr signifikant.

Es ist aber von Interesse, welche Korrelation sich zwischen der Leistung im Rechnen und der Leistung im anderen Fach (Rechtschreibung) ergibt, wenn wir für Rechnen jetzt die Rangordnung des Lehrers B zugrunde legen. Wir erhalten dann $r_s = 0{,}51$, während wir vorher (vgl. S. 322) für den gleichen Zusammenhang $r_s = 0{,}59$ gefunden hatten. Man sieht hieran, wie sich die begrenzte Objektivität auf die weitere Verarbeitung der Daten auswirkt. Beide Koeffizienten sind hier zwar signifikant vom Wert Null verschieden, und ihre Differenz ist nicht bedeutend; in einem anderen Fall könnte aber der eine Koeffizient die Signifikanzgrenze überschreiten, während der andere sie nicht erreicht.

Zu einer genaueren Bestimmung des Objektivitätsgrades sind freilich Urteile mehrerer Personen miteinander zu vergleichen. Handelt es sich wie in unserem Beispiel um Rangordnungen, die auf ihre Übereinstimmung zu prüfen sind, so kann man den «Konkordanzkoeffizienten» nach KENDALL bestimmen, der aus mehreren Rangreihen zugleich errechnet wird.

Was kann getan werden, um einen als zu gering befundenen Objektivitätsgrad zu steigern? Sicherlich ist die Güte von Schätzurteilen, um die es sich hier ja handelt, stark von der Erfahrung des Schätzers abhängig. Es ist daher sinnvoll, nur solche Personen zu Schätzungen heranzuziehen, die nach ihrer Vorbildung hierfür kompetent erscheinen. Die Aussagen solcher Experten werden häufiger den wahren Sachverhalt treffen und weniger voneinander abweichen, also objektiver sein als die von Nichtfachleuten.

Da nun aber auch fachmännische Urteile mehr oder minder variieren, tut man zu weiterer Präzisionssteigerung gut daran, im gegebenen Fall mehrere Experten heranzuziehen und, soweit die Art der Angabe dies gestattet, eine mittlere Schätzung aus den einzelnen Urteilen zu bilden, die verläßlicher ist als jede einzelne.

Das beste Mittel zur Steigerung der Objektivität besteht jedoch darin, die Schätzurteile durch Messung oder Zählung zu ersetzen. Das kann in unserem Beispiel dadurch geschehen, daß man an die Stelle der Rangordnung nach der Erfahrung des Lehrers das Resultat von Leistungsprüfungen setzt. Indessen erhalten dann wieder andere Probleme stärkeres Gewicht. Insbesondere ist die Frage zu klären, wie weit das Ergebnis einer solchen Prüfung tatsächlich den Leistungsstand des betreffenden Schülers in Rechnen oder Rechtschreibung widerspiegelt und in welchem Maß sich zufällige und irrelevante Einflüsse darin geltend machen. Von dem in geringerem Grad objektiven Urteil des Lehrers ist dagegen zu erwarten, daß es sich auf eine längere und relativ gründliche Kenntnis des zu beurteilenden Schülers stützt, daß die für die Beurteilung wesentlichen Aspekte darin vertreten sind und daß es auch irgendwelchen Zufälligkeiten Rechnung tragen kann.

Objektivität muß stets angestrebt werden; andererseits sollte darauf geachtet werden, daß sie nicht mit einer nachteiligen Einschränkung der Bedeutsamkeit des Informationsgehalts erkauft wird.

Stabilität ist zu betrachten als die Zuverlässigkeit eines Meßinstruments. Ein Instrument ist vollkommen stabil, wenn es bei mehreren Messungen derselben Größe stets denselben Wert anzeigt. Hierzu wieder das Beispiel der Waage: Wird dasselbe Gewicht wiederholt aufgelegt, so gibt die völlig stabil messende Waage hierfür stets denselben Meßwert an. Der

Grad der Stabilität läßt sich errechnen, indem man die Korrelation zwischen zwei Reihen von Messungen derselben Reihe von Größen bestimmt. Dabei ist vorausgesetzt, daß die Beobachtung völlig objektiv ist. Bei vollkommener Stabilität hat der Stabilitätskoeffizient die Größe 1.

Von technischen Hilfsmitteln, wie Waagen, Uhren, Galvanometern, wird man eine Stabilität erwarten können, die diesem Höchstmaß sehr nahe kommt. Kleine Variationen der Messung (etwa infolge von Temperatureinflüssen) sind bei guten Instrumenten so unbedeutend, daß sie das einzelne Meßergebnis nicht merklich verändern. Es gibt aber in der Psychologie viele Hilfsmittel nichttechnischer Art, mit denen im weiteren Sinn des Wortes Messungen vorgenommen werden. So wenn man einer Vp bestimmte Aufgaben stellt, um an den Lösungen die Größe einer bestimmten Leistung festzustellen, wie bei unserem früheren Beispiel, der Bestimmung der Gedächtnisspanne. Das «Meßinstrument» sind hier die Zahlenreihen von unterschiedlicher Länge, mit deren Hilfe die Gedächtnisspanne einer Vp ermittelt wird. Man kann diesen Versuch als aus drei Teilversuchen bestehend betrachten, da jede Reihenlänge dreimal vertreten ist und aus jeder der drei Serien ein Wert für die Gedächtnisspanne bestimmt werden kann (vgl. S. 299). Diese Werte werden oft nicht übereinstimmen. Dies kann verschiedene Gründe haben. Möglicherweise sind Reihen gleicher Länge trotz gleichartigen Materials und zufälliger Zusammenstellung der Zahlenfolge doch nicht immer von gleichem Schwierigkeitsgrad für die Reproduktion, sind also in dieser Hinsicht nicht völlig «homogen». In diesem Fall liegt ein Mangel in der Stabilität vor. Die Verschiedenheit der Einzelwerte kann indessen auch durch andere Einflüsse verursacht oder mitverursacht sein. Es können momentane situative Nebenbedingungen die einzelne Reproduktion beeinflussen und damit zu Schwankungen des Meßergebnisses «Gedächtnisspanne» führen.

Die Messung einer Leistung anhand einer Reihe von Aufgaben ist ein komplexerer Vorgang als etwa die Messung eines Gewichts mit der Waage, und es gehen hier in den Stabilitätsgrad verschiedenartige Faktoren ein, die nicht allein die Stabilität des «Meßinstruments» betreffen. Zur Bestimmung von Stabilitätskoeffizienten gibt es mehrere Methoden. Ein in der Testpsychologie gebräuchliches Verfahren besteht darin, die Gesamtheit der einzelnen Aufgaben des Tests in zwei Hälften zu teilen (durch Abzählen nach der Reihenfolge, nach dem Zufall oder nach anderen speziellen Gesichtspunkten) und dann für jede Person deren Resultat aus der einen und aus der anderen Hälfte zu bestimmen. Aus einer Gruppe von Personen erhält man dann einen Stabilitätskoeffizienten, indem man die Korrelation der Ergebnisse der einen mit denen der anderen Testhälfte bestimmt (sogenanntes Halbierungsverfahren oder Split-half-Methode). Die Halbierung der Reihe kann durch eine «Aufwertung» des Koeffizienten nach Spearman-Brown in Rechnung gestellt werden.

Es gibt verschiedene Möglichkeiten, die Stabilität von Messungen zu erhöhen, wenn dies erforderlich erscheint. In der Testpsychologie ist das wichtigste Verfahren die Verlängerung der Aufgabenreihe, denn mit der Länge des Tests wächst unter sonst gleichen Bedingungen die Stabilität des Resultats. Auch in der allgemeinen Psychologie kann man in vielen Fällen von einer solchen Möglichkeit Gebrauch machen. Eine Überprüfung der bekannten äußeren Durchführungsbedingungen einer Messung im Hinblick auf vermeidbare Fehlerfaktoren kann oft ebenfalls zu einer Verbesserung der Stabilität führen.

Merkmalskonstanz. Die genaue Bestimmung der Stabilität eines Meßinstruments setzt, neben vollkommener Objektivität der Messung, voraus, daß das Merkmal, das gemessen wird, währenddessen konstant bleibt. Bei physikalischen Messungen kann dies hinreichend sichergestellt werden. Es muß meist nicht bezweifelt werden, daß ein auf die Waage gelegter Gegenstand bei kurz aufeinander folgenden Wägungen dasselbe Gewicht besitzt. Veränderte sich jedoch das Gewicht (etwa infolge von Verdunstung), so würde eine Variation der Meßwerte gefunden, die weder auf mangelnde Objektivität der Messung, noch auf mangelnde Stabilität des Instruments, sondern auf die Veränderung der gemessenen Größe zurückzuführen wäre.

In psychologischen Untersuchungen läßt sich eine Veränderung des gemessenen Merkmals nicht gleichermaßen ausschalten oder erkennen wie bei physikalischen Messungen. Die Stabilität (aufgefaßt als Stabilität des Meßinstruments) läßt sich daher nur näherungsweise bestimmen, indem man Merkmalsschwankungen durch möglichst genaue Kontrolle der Untersuchungsbedingungen auf ein Mindestmaß zu reduzieren versucht und im übrigen die Stabilität innerhalb eines Zeitintervalls prüft, in dem noch nicht mit einer Veränderung des Merkmals zu rechnen ist.

In größeren Zeitabständen hat man stets mit Veränderungen einer Merkmalsgröße zu rechnen, die nicht mehr als Zufallsschwankungen angesehen werden können. Die durch wiederholte Messung gewonnenen Werte zeigen dann oft eine bestimmte Verlaufstendenz (zum Beispiel Ansteigen der Gedächtnisspanne bei einem Kind im Lauf einiger Jahre). Ein häufiger Grund solcher systematischen Merkmalsänderungen liegt in der entwicklungsbedingten Reifung einer Funktion. Nicht immer erstrecken sich systematische Veränderungen über relativ lange Zeitspannen. Ist das untersuchte Merkmal zum Beispiel eine übungsabhängige Leistung, so kann schon im Lauf eines einzigen Versuchs eine wesentliche Veränderung eintreten. Ist das untersuchte Merkmal die Stimmungslage, so wird man Variationen, die nicht auf mangelnder Stabilität beruhen, ebenfalls innerhalb relativ kurzer Zeitintervalle finden, wobei allerdings eine deutliche Verlaufstendenz sehr häufig nicht erwartet werden kann.

Zuverlässigkeit ist der komplexe Sachverhalt, in den die erwähnten einzelnen Aspekte konstituierend eingehen. Dabei ist zu bemerken, daß Objektivität und Stabilität den Meßvorgang unmittelbar betreffen, während die Frage der Merkmalskonstanz durch die Zeitfolge der Messungen aufgeworfen wird. Der Grad der Zuverlässigkeit wird durch den Zuverlässigkeitskoeffizienten ausgedrückt, den man durch die Bestimmung der Korrelation zwischen den Resultaten einer ersten Messung und denen einer zweiten Messung an denselben Merkmalsträgern erhält. Von hoher Zuverlässigkeit kann man sprechen, wenn der Koeffizient etwa 0,8 bis 0,9 beträgt. Für psychologische Tests wird eine solche Größe oft als Mindestforderung genannt.

In den Koeffizienten gehen die Fehlerkomponenten der Objektivität, der Stabilität und gegebenenfalls auch einer Merkmalsänderung ein. In der allgemeinen Psychologie wird man in der Regel bestrebt sein, den Einfluß einer Merkmalsänderung bei der Bestimmung der Zuverlässigkeit so gut dies geht fernzuhalten; in der Testpsychologie muß aber auch die Zuverlässigkeit unter Einschluß der Möglichkeit einer solchen Veränderung interessieren, da das Testergebnis meist eine Prognose bezüglich dieses Merkmals darstellen soll und somit auch sichergestellt werden muß, daß mit dem Test nicht etwa ein sich sehr rasch wandelnder Sachverhalt erfaßt wird.

Bei Kenntnis der Zuverlässigkeit läßt sich unter bestimmten Voraussetzungen ein *Standardmeßfehler* des einzelnen Meßwerts angeben. Der Standardmeßfehler ist ein Schätzwert für die Standardabweichung der Meßwerte, die man von einem Individuum erhielte, wenn man dieselbe Messung mit einer großen Anzahl gleichartiger Tests («Paralleltests») wiederholen würde (sofern das Merkmal dabei konstant bleibt). Mit Hilfe des Standardmeßfehlers läßt sich ein Vertrauensbereich um den gefundenen Meßwert abgrenzen, analog dem Vertrauensbereich des Mittelwerts und anderer Statistiken.

Bei bekannter Zuverlässigkeit zweier Merkmale läßt sich ferner deren «wahre» Korrelation schätzen, das heißt die nicht durch Fehlerfaktoren der genannten Arten herabgesetzte Korrelation. Bei dieser «Minderungskorrektur» werden die Zuverlässigkeitskoeffizienten der beiden Variablen in Rechnung gestellt.

Die Gültigkeit der Ergebnisse. Der Zuverlässigkeitsgrad einer Messung sagt noch nichts darüber aus, was mit dem Meßverfahren überhaupt erfaßt wird. Es ist möglich, daß eine Messung höchst zuverlässig ist, daß sie aber dennoch nicht das angibt, was man feststellen möchte und festzustellen glaubt.

Als anschauliches Beispiel diene wiederum die Waage. Gesetzt den Fall, daß jemand die Waage nach einem anderen Maßsystem geeicht hätte (etwa in Zentimetern, um damit auf bequeme Weise verschieden lange Stücke derselben Drahtsorte zu messen). Hier gäbe die Waage über Gewichtsgrößen direkt gar keine Auskunft. Die mit einer derart veränderten Waage ausgeführten Wägungen könnten sich bei ihrer Wiederholung gleichwohl als sehr zuverlässig erweisen, was dann für hohe Objektivität der Ablesung, hohe Stabilität des Instruments und hohe Konstanz des gewogenen Gegenstands spräche. Es ist denkbar, daß man bei einer solchen Prüfung von den Veränderungen an der Waage vielleicht gar nichts bemerken würde. Der Zuverlässigkeitsgrad ist unabhängig davon, in welcher Weise das Gemessene definiert ist. Im angenommenen Fall werden die Meßwerte nach einer Skala ausgedrückt, die insofern falsch ist, als die nach ihr gemachten Angaben nicht der Definition entsprechen, von der man bei den Messungen ausgehen will. In bezug darauf sind die Messungen dann «ungültig».

Unter der *Gültigkeit* (englisch validity) einer Messung versteht man somit deren Übereinstimmung mit dem, was gemessen werden soll. Offenbar ist die Gültigkeit gegenüber der Zuverlässigkeit von übergeordneter Bedeutung. Zuverlässigkeit ist eine Voraussetzung der Verwendbarkeit einer Methode. Doch eine noch so verläßliche Methode wäre nicht brauchbar, wenn sie nicht auch gültige Resultate lieferte. Wo aber gibt es Probleme der Gültigkeit in der Psychologie, und was haben wir uns hier unter diesem Begriff im einzelnen vorzustellen?

In vielen Untersuchungen wird die Frage nach der Gültigkeit der Resultate überhaupt nicht aufgeworfen. So in unserem Beispiel der Bestimmung der Gedächtnisspanne. Wir fragen hier allenfalls nach der Zuverlässigkeit der Ergebnisse. Der Grund dafür ist folgender: Die Gedächtnisspanne ist durch die Art ihrer Feststellung selbst definiert; der Begriff steht direkt für ein Versuchsergebnis. Man kann daher sagen, der Begriff «Gedächtnisspanne» sei rein operational, nämlich durch das, was zu ihrer Bestimmung geschieht, definiert. Insofern stellt sich hier das

Problem der Gültigkeit nicht, wenigstens so lange wir unter «Gedächtnisspanne» die Gedächtnisspanne für in einem bestimmten Tempo vorgesprochene Ziffern verstehen. Anders liegt der Fall schon, wenn wir von der Größe der Gedächtnisspanne auf eine angenommene allgemeinere Fähigkeit, genannt «unmittelbares Behalten» oder «Merkfähigkeit», schließen wollten. Hier wäre zu fragen, inwieweit die Gedächtnisspanne gültiger Ausdruck dieser Fähigkeit sein kann.

Ein anderes allgemeinpsychologisches Beispiel, in dem sich das Problem der Gültigkeit stellt: Wie man weiß, treten bei emotionalen Erregungen Veränderungen der elektrischen Leitfähigkeit der Haut auf. Wie weit ist man nun berechtigt, die Leitwertsänderung in Forschungsexperimenten als Indikator emotionaler Erregung zu verwenden? So lange man sich hierbei nur auf Gelegenheitsbeobachtungen stützt, ist dies nicht geklärt; eine systematische Untersuchung ist hierzu notwendig. Sie verlangt ein Kriterium, das mit größtmöglicher Sicherheit dasjenige repräsentiert, wofür die Messungen gültig sein sollen. Der Gültigkeitsgrad wird durch die Höhe der Korrelation der Meßwerte mit jenem Kriterium ausgedrückt. Wir werden die Urteile von Vpn über ihre Emotionen als Gültigkeitskriterium verwenden. Prinzipiell könnten wir auch auf Grund unserer eigenen Beobachtungen zu beurteilen versuchen, ob in der Vp eine emotionale Veränderung vorgeht, und die so gewonnenen Ergebnisse als Kriterium heranziehen. Indessen würde dann die eine Ausdruckserscheinung an einer anderen geprüft. Dies setzt aber voraus, daß für die andere Ausdruckserscheinung bereits ein hoher Gültigkeitsgrad in bezug auf das zu erfassende Merkmal erwiesen ist. Zweckmäßiger ist es, den direkten Weg, die Befragung der Vpn nach ihren emotionalen Erlebnissen, zu wählen, denn auf diese Erscheinungen zielt die Gültigkeitsuntersuchung in unserem Beispiel ja ab. Eine sekundäre methodische Frage ist die, wie die Vp ihre Urteile formulieren soll. Man kann sie die im Versuch erlebten Emotionen nach einer Skala von Stärkegraden beurteilen lassen, oder nur zwischen Vorhandensein und Nichtvorhandensein einer Emotion unterscheiden lassen, oder sie auffordern, die Emotionen in eine Rangordnung nach ihrer Stärke zu bringen. Eine weitere Möglichkeit besteht darin, Vergleiche zwischen je zwei Emotionsgrößen anstellen zu lassen.

Die Frage der Gültigkeit spielt vor allem bei Tests eine hervorragende Rolle. Von einem Test, mit dem zum Beispiel das sogenannte mechanisch-technische Verständnis geprüft werden soll, muß erwiesen sein, daß er tatsächlich ein solches Merkmal erfaßt. Bei der entscheidenden Bedeutung, die ein solcher Test als Eignungsprüfung für das Berufsschicksal des

Probanden haben kann, bedarf dies keiner weiteren Begründung. Die Resultate eines Tests, der praktisch keine Gültigkeit besäße, hätten keinen größeren Wert als rein willkürliche Aussagen über den Probanden. Da wäre es besser, wenn sich der Diagnostiker nur nach seinem mehr oder minder unsicheren allgemeinen Eindruck vom Probanden richtete und auf die Anwendung des Tests überhaupt verzichtete.

Auch bei Tests liegt die Gültigkeit zuweilen auf der Hand, und man verzichtet daher auf eine besondere Kontrolle. Man spricht dann von «logischer» oder auch von «trivialer» Gültigkeit. Eine solche kann man zum Beispiel bei einem Test als gegeben annehmen, mit dem die Kenntnisse eines Probanden in der Rechtschreibung mit einem Diktat geprüft werden.

Anders jedoch, wenn Testleistung und Kriterium nicht in einem so offenkundigen Zusammenhang stehen und der Test eine spätere Leistung voraussagen soll, wie dies etwa bei Schulreifetests der Fall ist. Hier ist eine empirische Prüfung der Gültigkeit erforderlich, indem die Testergebnisse mit dem späteren tatsächlichen Schulerfolg der Probanden in Beziehung gesetzt werden. Eine solche *Bewährungskontrolle* setzt voraus, daß keine Auslese auf Grund der Testresultate vorgenommen wird. In unserem Beispiel bedeutet dies, daß zunächst alle Schüler in die Schule aufgenommen werden müssen, damit sich feststellen läßt, wie sich die mit dem Test getroffene Voraussage erfüllt hat. Als Kriterium dient das Urteil des Lehrers über die tatsächliche Schulreife, das dieser nach einiger Zeit abzugeben vermag, wobei er natürlich die Testergebnisse nicht kennen darf. Entsprechendes gilt für die Bewährungskontrolle von Eignungsuntersuchungen. Nach einiger Zeit, etwa nach Abschluß der Lehrzeit, wird anhand der Urteile von Fachleuten ermittelt, wie viele der als geeignet befundenen Probanden und wie viele der als ungeeignet beurteilten sich jeweils tatsächlich als geeignet und als ungeeignet erwiesen haben. Der Gültigkeitsgrad wird durch einen Korrelationskoeffizienten angegeben, für das vorangegangene Beispiel durch einen Vierfelderkoeffizienten, der sich aus folgendem Schema ergibt:

Tabelle 9/8

		Nach Testergebnis	
		geeignet	ungeeignet
Nach Kriterium	geeignet	65	27
	ungeeignet	19	49

Die Anforderungen, die an die Höhe des Gültigkeitskoeffizienten zu stellen sind, richten sich nach dem spezielleren Verwendungszweck. Ein Koeffizient von der Größe 0,6 bis 0,7 wird meist als ausreichend betrachtet.

Es gibt weitere Gültigkeitsaspekte, auf die hier nicht näher einzugehen ist. Auch auf eine weitere Erörterung der verschiedenen Arten von Kriterien soll verzichtet werden. Hervorgehoben sei nur, daß vor allem bei Tests die Wahl des Kriteriums oftmals problematisch ist und daß man manchmal überhaupt kein befriedigendes Kriterium findet. In diesem Fall wird freilich die Anwendungsberechtigung des betreffenden Tests in der Praxis recht fragwürdig.

Mängel des Gültigkeitskriteriums lassen sich allerdings in Rechnung stellen, soweit sie dessen Zuverlässigkeit betreffen und nicht darauf beruhen, daß noch andere Faktoren die Bedeutung des Kriteriums herabsetzen. Hierzu wird die schon erwähnte Minderungskorrektur angewendet. Der errechnete korrigierte Koeffizient gibt die sogenannte praktische Gültigkeit wieder, bei der die begrenzte Zuverlässigkeit des Kriteriums berücksichtigt ist. Die Zuverlässigkeit des Meßwerts beziehungsweise des Tests wird nicht in die Korrektur einbezogen, weil sie notwendigerweise in die praktische Gültigkeit eingeht, das heißt weil mit dieser unvollkommenen Zuverlässigkeit immer praktisch gerechnet werden muß. (Nicht dagegen, wenn es sich um die theoretische Kenntnis des von Meßfehlern unbeeinflußten Zusammenhangs handelt.) In vielen Fällen läßt sich aber die Zuverlässigkeit des Kriteriums aus äußeren Gründen kaum feststellen, so daß eine solche Korrektur unterbleiben muß.

Zusammenfassung. Für die Beurteilung der Datengewinnung sind namentlich die Gesichtspunkte der Zuverlässigkeit und der Gültigkeit von Bedeutung. In die Bestimmung des Zuverlässigkeitsgrades durch einen Korrelationskoeffizienten gehen die Objektivität der Beobachtung, die Stabilität des Meßinstruments und der Grad der Merkmalskonstanz mit ein. Aus alledem ergibt sich der Genauigkeitsgrad, mit dem derselbe Sachverhalt bei wiederholter Feststellung wiedergefunden wird, eben die Zuverlässigkeit. Es gibt Möglichkeiten, eine als zu gering befundene Zuverlässigkeit zu verbessern.

Der Grad der Zuverlässigkeit einer Feststellung gestattet noch keine Aussage darüber, was diese Feststellung bedeutet, das heißt ob und wieweit sie gültig ist für das, was man festzustellen wünscht. Zwar geht der Zuverlässigkeitsgrad wiederum in den Gültigkeitsgrad ein; doch die Überprüfung der Gültigkeit ist eine eigene Aufgabe. Hierzu ist ein Gültigkeitskriterium erforderlich, und es ist die Korrelation der gewonnenen Daten mit diesem Kriterium zu errechnen. In manchen Fällen kann die Definition eines mit Sicherheit geeigneten Gültigkeitskriteriums Schwierigkeiten bereiten.

Die Fragen nach Zuverlässigkeit und Gültigkeit stellen sich notwendigerweise vor allem in der psychologischen Diagnostik; sie sind aber auch bei vielen Untersuchungen der allgemeinen Psychologie aufzuwerfen.

Weitere Literatur (zusätzlich zu der bei Kap. VIII genannten) : Anastasi (1970), Attneave (1968), Bredenkamp (1968, 1972), Cronbach (1971), Fischer (1968), Guilford (1954, 1965), Gulliksen (1963), Hays (1963), Krauth und Lienert (1973), Lienert (1969, 1973f.), Pawlik (1968), Siegel (1956), Winer (1971).

X. Bestimmung funktionaler Beziehungen. Psychometrie

1. AUFGABEN, PROBLEME UND METHODEN

Funktionale Abhängigkeit. Bei der Untersuchung der Beziehungen zwischen Variablen begnügt sich die gegenwärtige Psychologie noch weitgehend damit, Mittelwertsdifferenzen, Häufigkeitsunterschiede und Korrelationen zu errechnen und zu prüfen. Damit kann durchaus der Nachweis erbracht werden, *daß* die eine Variable sich mit der anderen ändert; es kann jedoch noch nichts darüber ausgesagt werden, *wie* (das heißt in welchem Grad) die eine Variable mit der anderen zunimmt oder abnimmt. Am Beispiel einer gefundenen Mittelwertsdifferenz soll dies demonstriert werden.

Die Abbildung 10/1 soll die Resultate eines Experiments wiedergeben, in dem eine bestimmte Leistung unter dem Einfluß von zwei unterschiedlichen Motivationsgraden gemessen wurde. Auf der X-Achse sei der operational definierte Motivationsgrad abgetragen (1 = schwache, 2 = starke Motivation), auf der Y-Achse die jeweils dabei im Mittel erreichte Leistung. Die Mittelwertsdifferenz sei signifikant; die starke Motivation führe in der Tat zu einer höheren Leistung als die schwache.

Nun gibt es aber gewiß zwischen schwacher und starker Motivation

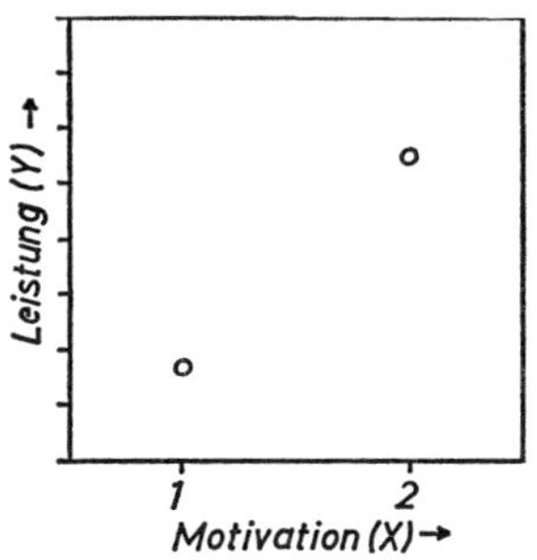

Abb. 10/1. Angenommenes Ergebnis einer Untersuchung über die Auswirkung schwächerer (1) und stärkerer (2) Motivation auf eine Leistung, ausgedrückt in Mittelwerten.

eine Reihe von Übergangsstufen mehr oder weniger schwacher und starker Motivation, die hier nicht untersucht wurden. Hätten wir auch einige dieser Übergangsstufen in das Experiment einbezogen, die unabhängige Variable also in mehr als zwei Klassen aufgegliedert, so hätten wir zwischen den beiden schon erhaltenen eine Reihe weiterer Werte gefunden. Wir könnten dann – unter bestimmten Voraussetzungen – die Art der funktionalen Abhängigkeit der Leistung von der Motivationsstärke durch eine mathematische Gleichung angeben, also Y als eine Funktion von X ausdrücken, ebenso wie wir dies von vielen naturwissenschaftlichen Gesetzen kennen.

Die Kenntnis von nur zwei Punkten reicht hierzu offenbar auf keinen Fall aus, selbst wenn den durch sie repräsentierten Mittelwerten sehr kleine Vertrauensbereiche zukämen. Abbildung 10/2 macht dies deutlich. Der am einfachsten erscheinenden Annahme einer linearen Beziehung (Abb. 10/2a) vom allgemeinen Typus $Y = a + bX$ kommt keineswegs von vornherein mehr Wahrscheinlichkeit zu als einer anderen. Es kann sich ebensowohl um einen alinearen Verlauf handeln, aus dem man zwei Punkte herausgegriffen hat, etwa vom Typus $Y = a + b \log X$ oder $Y = a + b e^{nX}$ (Abb. 10/2b und c).

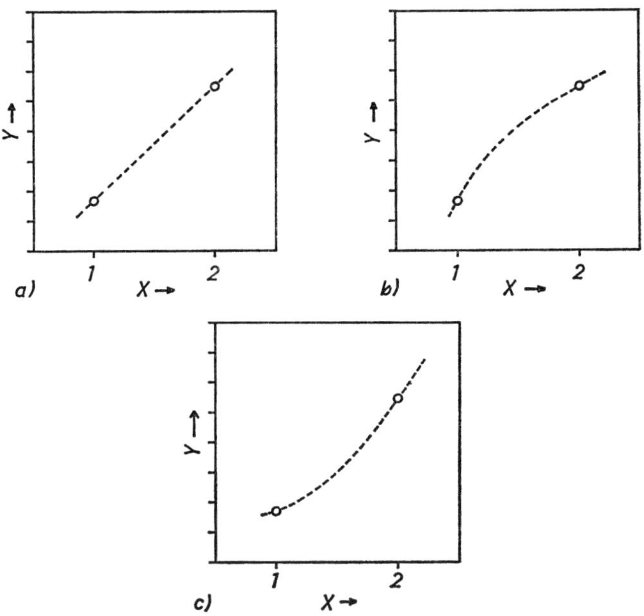

Abb. 10/2. Beispiele möglicher Beziehungen zwischen X und Y.
a) $Y = a + bX$; b) $Y = a + b \log X$; c) $Y = a + be^{nX}$.

Erst wenn man über mehrere Werte verfügt, wie es das in Abbildung 10/3 wiedergegebene Beispiel zeigt, läßt sich eine Vermutung darüber anstellen, welcher mathematischen Funktion der Verlauf entsprechen könnte. Weiterhin setzt die Bestimmung einer solchen Funktion voraus, daß Intervall- oder Verhältnisvariable vorliegen. Nach dem früher Gesagten (vgl. Kap. III, 3) leuchtet ein, daß die Beziehung auch bei mehreren gegebenen Punkten nicht bestimmt werden könnte, wenn die eine oder die andere Variable eine Rangvariable wäre und somit die Intervallgrößen unbekannt und möglicherweise verschieden wären.

Die Abbildung 10/3 soll die Resultate eines Versuchs wiedergeben, in dem die Größenveränderung des Nachbildes gemessen wurde. Das Nachbild, das man von einer zuvor fixierend angesehenen Vorlage, etwa einer quadratischen Farbfläche, erhält (vgl. S. 296f.), wird um so größer, je weiter die Projektionsfläche, auf der man das Nachbild erblickt, vom Auge entfernt ist. Dies sei mit einer 10 × 10 cm großen Vorlage über acht Entfernungen an fünf Vpn untersucht worden. In Abbildung 10/3 sind sowohl die individuellen Daten wie auch die Mittelwerte der jeweiligen Nachbildgrößen verzeichnet.

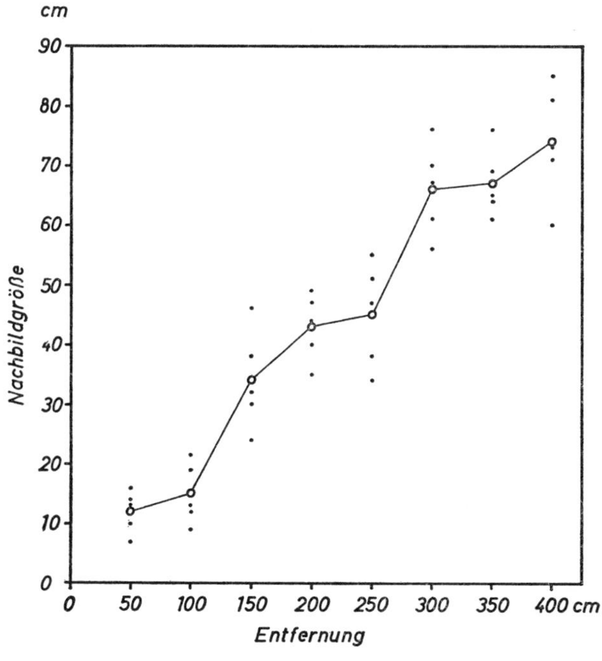

Abb. 10/3. Angenommene Resultate eines Experiments über die Abhängigkeit der Nachbildgröße von der Entfernung der Projektionsfläche (Einzel- und Mittelwerte).

Dieselbe Abbildung zeigt auch anschaulich den Zusammenhang zwischen Mittelwertsdifferenzen, Korrelation und funktionaler Beziehung: Einmal ist sie als eine Darstellung von Mittelwertsdifferenzen aufzufassen (wenn man nur die kleinen Kreise beachtet). Zum anderen kann man darin ein Korrelationsdiagramm sehen (bei Beachtung der einzelnen Punkte). Und schließlich läßt der Verlauf der Mittelwerte im vorliegenden Fall auch eine bestimmte ihm zugrunde liegende funktionale Abhängigkeit vermuten.

Nebenbei sei bemerkt: Aus einem Korrelationsdiagramm läßt sich für jede Klasse von X der Mittelwert aller zugehörigen Y-Werte errechnen, wie hier bereits geschehen (Regression von Y auf X). Andererseits kann für jede Klasse von Y der Mittelwert der darauf entfallenen X-Werte bestimmt werden (Regression von X auf Y). Dementsprechend lassen sich Gleichungen für zwei Regressionslinien (Geraden oder Kurven) errechnen, die einander schneiden. (Nur bei $r = 1{,}0$ und $r = -1{,}0$ fallen beide zusammen.) Da wir indessen in unserem Beispiel nur mit einer Abhängigkeit in einer Richtung zu rechnen haben, nämlich mit der Abhängigkeit der Nachbildgröße von der Entfernung, und der umgekehrte Bedingungszusammenhang von vornherein nicht in Betracht kommt, ist hier nur die Regression von Y auf X von Interesse.

Die Inspektion der in Abbildung 10/3 verzeichneten Mittelwerte legt die Annahme nahe, daß diese Werte am besten durch eine Gerade angenähert werden können. Demnach besteht also zwischen Nachbildgröße und Entfernung der Projektionsfläche ein linearer Zusammenhang; Seitenlänge des Nachbildes und Entfernung sind einander direkt proportional. Diese Annahme wird übrigens auch durch theoretische Gründe gestützt; sie ist aber keineswegs so selbstverständlich, als daß die experimentelle Bestätigung unnötig wäre. (Man hätte zum Beispiel nicht voraussagen können, daß beim Nachbild die Größenkonstanz keine Rolle spielt.)

Wenn wir die einzelnen Mittelwerte durch eine mathematische Funktion annähern, so geht darin die Voraussetzung ein, daß die mehr oder minder großen Abweichungen der Mittelwerte von dieser Funktion (hier einer Geraden) auf zufälligen Fehlern beruhen. In der Tat ist die Feststellung der Nachbildgröße nie sehr exakt. (Sie erfolgt oft in der Weise, daß der Vl nach den Weisungen der Vp einen Zirkel so einstellt, daß dessen Spitzen das Nachbild einfassen; es gibt auch andere, ebenfalls nicht sehr genaue Verfahren.) Jedenfalls nehmen wir an, daß bei Abwesenheit aller möglichen zufälligen Meßfehler sämtliche Mittelwerte auf eine Gerade gefallen wären.

Für die Berechnung dieser Funktion gibt es verschiedene mathematische Verfahren. Nach der bevorzugten Methode der kleinsten Quadrate wird eine Gerade errechnet, für die die Summe der Abweichungsquadrate der Mittelwerte von den ihnen entsprechenden Punkten auf der Geraden ein Minimum ergibt.

Auf die Einzelheiten der Rechnung kann hier nicht eingegangen werden. Wir finden für die Gerade, deren allgemeine Gleichung $Y = a + bX$ lautet, in unserem Beispiel $a = 2{,}09$ und $b = 0{,}19$ und somit die Gleichung $Y = 2{,}09 + 0{,}19\,X$. Diese Gerade ist in Abbildung 10/4 zu den Mittelwerten eingezeichnet. Als Fehlermaß kann die Varianz der Differenzen zwischen den Mittelwerten und den zugehörigen Punkten auf der Geraden bestimmt werden. Der Bereich dieses Fehlers ist in Abbildung 10/4 durch gestrichelte Linien angegeben. Es kann jetzt als Ausdruck der Güte der Anpassung ein Bestimmtheitsmaß errechnet werden. Es ergibt sich hierfür in unserem Beispiel $r^2 = 0{,}96$. Demnach wird 96% der Varianz der Mittelwerte mit ihrer Annäherung durch die Gerade mit der Gleichung $Y = 2{,}09 + 0{,}19\,X$ Rechnung getragen. Es darf damit als sicher gelten, daß mit keiner anderen monotonen Funktion eine bessere Anpassung erreicht worden wäre.

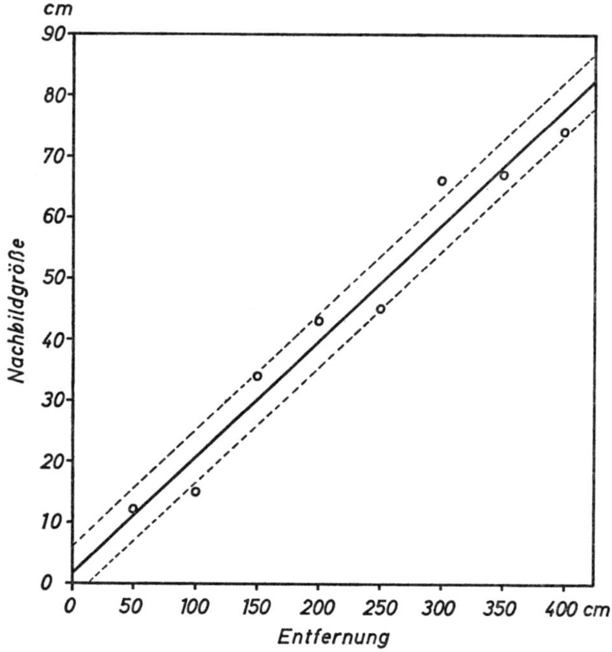

Abb. 10/4. Zu den Ergebnissen in Abb. 10/3 errechnete Funktion vom Typus $Y = a + b\,X$ mit Angabe des Streuungsbereichs.

Der Wert $a = 2{,}09$ besagt hier, daß die Gerade das Koordinatensystem sehr nahe beim Nullpunkt schneidet. (Daß a überhaupt von Null abweicht, mag auf Meßfehler zurückzuführen sein.) Jedenfalls wäre bei der Entfernung Null auch die Nachbildgröße nahezu Null. Der Wert $b = 0{,}19$ (oder rund $^1/_5$) gibt den Anstieg der Geraden an. Er hängt bei gleichbleibenden Entfernungen von der Größe der gewählten Nachbildgröße ab. Hätten wir in unserem Versuch eine kleinere oder eine größere Vorlage verwendet, so wäre auch dieser Anstieg kleiner oder größer geworden.

Allerdings erübrigte es sich durchaus nicht, den geschilderten Versuch mit Vorlagen anderer Größen zu wiederholen. Erst wenn sich dann jeweils wiederum ein linearer Zusammenhang ergäbe, wäre das allgemeine Gesetz bestätigt. Was die hier behandelte Abhängigkeit der Nachbildgröße von der Entfernung betrifft, so ist dies freilich schon längst geschehen. Es handelt sich dabei um das bekannte Emmertsche Gesetz. Dieses Gesetz diente uns hier nur zur Ausführung eines Beispiels.

Nicht mehr als der Sinn einer solchen Funktionsbestimmung und die elementaren Schritte zur Lösung dieser Aufgabe sollten damit demonstriert werden. Denn es sind gerade in der Psychologie sehr häufig nichtlineare Beziehungen zwischen Variablen anzutreffen. Schon die Frage, welcher Funktionstypus in Betracht kommt, ist dann nicht immer leicht zu beantworten und erfordert oft mehrere Ansätze. Ferner wird die Rechnung verwickelter; es müssen dazu mit den Ausgangsdaten meist bestimmte Transformationen vorgenommen werden. Davon abgesehen, gibt es speziellere und grundsätzliche theoretische und methodologische Probleme psychologischer Messung, zu denen verschiedene Standpunkte eingenommen werden.

Psychometrie und Psychophysik. In dem angenommenen Beispiel bestanden für die Bestimmung der Funktion keinerlei Schwierigkeiten. Sowohl die Entfernung (unabhängige Variable) wie auch die Nachbildgröße (abhängige Variable) sind Verhältnisvariable, und was bei der Messung der letzteren an Exaktheit fehlt, kann durch Wiederholung der Messung und Mittelwertsbildung wettgemacht werden. Läßt sich aber auch eine derartige Beziehung feststellen, wenn die eine oder die andere Variable nicht mit Hilfe eines äußeren Maßstabs gemessen werden kann, sondern wenn nur etwa Vergleichs- oder Schätzurteile darüber abgegeben werden können? Kann man, beispielsweise, angeben, in welchem Verhältnis die Schwereempfindung beim Aufheben eines Gewichts mit der in Gramm gemessenen Größe des Gewichts zunimmt? Offenbar ist dies nicht ohne weiteres möglich. Doch es gibt Wege, auch für nicht direkt meßbare Eindrücke Skalen zu bilden, nach denen sie als Daten von Intervall- oder Verhältnisvariablen behandelt werden können. Dies und die dann folgende Bestimmung der funktionalen Beziehungen sind die wichtigsten Fragestellungen der Psychometrie und Psychophysik.

Wie der Name sagt, bedeutet «Psychometrie» die Messung von Psychischem. Praktisch versteht man unter diesem Begriff sowohl solche Messung als methodischen Vollzug wie auch das gesamte Forschungsgebiet, das sich mit psychologischen Messungen befaßt. Der auf Chr. Wolff zurückgehende Begriff hat im Lauf der Zeit eine Bedeutungserweiterung erfahren: Ursprünglich bezog er sich nur auf die Untersuchung der zeitlichen Verhältnisse der psychischen Vorgänge, während er heute in dem genannten allgemeinen Sinn verstanden wird.[1]

Das erste Gebiet, in dem psychologische Messungen ausgeführt wurden, ist die von Fechner (1860) begründete *Psychophysik.* Als ihr Gegenstand gelten die quantitativen Beziehungen zwischen Reizgrößen und den ihnen entsprechenden Empfindungen. Von den hierzu unternommenen Forschungen ging der Plan zu einer Psychologie als experimenteller Erfahrungswissenschaft aus. Jedoch blieben die Versuche, psychische Größen zu messen, zunächst im wesentlichen auf den engeren Problemkreis der Psychophysik, die funktionale Abhängigkeit zwischen Reiz und Empfindung, beschränkt. Ein weiterer Ursprung der Psychometrie ist die später ebenfalls von Fechner entworfene *experimentelle Ästhetik*, die jedoch weniger psychometrisch angriffsfähige Fragestellungen als vielmehr zu psychometrischen Zwecken verwendbare Methoden beisteuerte. Als ein dritter Ursprung ist die Psychometrie im alten Sinn zu nennen, also die Erforschung der zeitlichen Dimension des Psychischen. Sie war von Versuchen ausgegangen, die man schon früher in der Astronomie zur Prüfung der zeitlichen Präzision von Beobachtungen angestellt hatte. Später entwickelte sich hieraus die experimentelle Untersuchung und Analyse der Reaktionszeiten.

Der Gedanke, daß man etwas Psychisches messen könne, ist für den der Psychometrie Fernstehenden meist befremdlich, ja erscheint ihm ge-

---

[1] Zu dem Wort Psychometrie sei ergänzend erwähnt, daß es auch noch in einer ganz anderen Bedeutung gebraucht worden ist: In der sogenannten Parapsychologie hat man unter Psychometrie den Versuch verstanden, vermöge übersinnlicher, hellseherischer Fähigkeiten anhand eines Gegenstands («psychometrisches Objekt») Aussagen über dessen Vorgeschichte oder über das Schicksal seines Besitzers zu machen.

In der amerikanischen Psychologie wird als «Psychometrie» (psychometrics) praktisch alles bezeichnet, was mit Quantifizierung zu tun hat: psychologische Statistik, Faktorenanalyse, Testpsychologie, bestimmte mathematisch formulierte Lerntheorien.

radezu als mit der Eigenart des Gegenstands unvereinbar. Daß man bestimmte durch psychische Vorgänge bedingte *Leistungen* in Maßeinheiten ausdrücken kann, etwa auf dem Gebiet des Lernens oder des Denkens, und daß man auch aus diesen Leistungen auf Psychisches zurückschließen kann, ohne freilich die funktionale Abhängigkeit zwischen beidem angeben zu können, wird ohne weiteres eingesehen. Daß man aber auch etwas Psychisches selbst, zum Beispiel die Intensität einer visuellen oder auditiven Empfindung *messen* könne, leuchtet nicht ebenso leicht ein. Denn man ist gewohnt, die Vorstellung einer Messung nur mit Dingen und Vorgängen in der Außenwelt zu verbinden, wo sich an das zu Messende irgendein äußerer Maßstab anlegen läßt.

In der Tat können die psychologischen Meßoperationen nicht von derselben Art sein wie physikalische Messungen. Auch wird der Begriff des Messens in der Psychologie oft in einer weiteren als der allgemein üblichen Bedeutung gebraucht.

Im engeren Sinn versteht man unter *Messung* ein Verfahren zum Vergleich verschiedener Größen gleicher Art, mit dem festgestellt wird, um wieviel diese (zum Beispiel zwei Gewichte, zwei Längen) voneinander verschieden sind. Dies ist die geläufige Bedeutung des Begriffs. In einer weiteren Bedeutung kann indessen unter Messung jede Zuordnung von Zahlen zu Objekten oder Ereignissen verstanden werden, die nach bestimmten Regeln erfolgt. Es ist zweckmäßig, bei der Erörterung psychologischer Messungen von dieser allgemeineren Definition auszugehen, was aber nicht heißen soll, daß diese erst durch eine solche Ausweitung des Messungsbegriffs ermöglicht würden.

Als die primitivste Stufe (oder besser als eine Vorstufe) der Messung kann man in dieser weiten Bedeutung des Begriffs die Erfassung eines Merkmals nach einer Nominalskala (vgl. S. 96ff., S. 287ff.) betrachten. Daß sich psychische Inhalte im Sinn einer Nominalskala ordnen lassen, erscheint selbstverständlich. Dies ist zum Beispiel der Fall, wenn zwischen einzelnen Empfindungsqualitäten unterschieden wird. Es liegt aber ebenso nahe, daß auch quantitative Abstufungen getroffen werden können. So ist ein Beobachter in der Lage, festzustellen, daß unter Sinneseindrücken gleicher Art (zum Beispiel Helligkeits-, Ton- oder Tastempfindungen) der eine Eindruck stärker oder schwächer ist als der andere. Somit bieten sich auch dem Gebrauch der Ordinalskala keine grundsätzlichen methodischen Schwierigkeiten. Es ist zum Beispiel meist ohne weiteres möglich, eine Reihe gegebener Helligkeiten nach ihrer Intensität in eine Rangordnung zu bringen.

Das Interesse der Psychometrie konzentriert sich aber auf die Herstellung von Intervall- und Verhältnisskalen für solche Größen. Man wird also in unserem Beispiel, über die Aufstellung einer Rangordnung hinaus, auch danach fragen müssen, *um wieviel* beziehungsweise *wievielmal* der eine Eindruck stärker ist als der andere. Damit treten zwei Aufgaben in den Vordergrund, die hierzu notwendigerweise gelöst werden müssen: die Bestimmung von gleichen Intervallen und von Nullpunkten für diese Eindrücke. Wie diese Aufgaben zu lösen sind, stellt das Kernproblem der psychometrischen Methodik dar.

Einzelne Aufgaben. PAULI hat im besonderen für die Psychophysik fünf Aufgaben herausgestellt (PAULI-ARNOLD, 1972, 1. Bd., S. 38f.), die als Grundoperationen zu bezeichnen sind und die sich auf die gesamte Psychometrie sinngemäß übertragen lassen:

1. Die Bestimmung der absoluten Schwelle («Reizschwelle»). Es wird diejenige Reizgröße gesucht, bei der ein Eindruck gerade merklich wird. Als Beispiel kann die Schwellenbestimmung auf dem Gebiet des Gehörssinns dienen. Nicht jede Schwingungsfrequenz wird als Ton vernommen; es gibt eine untere Hörschwelle (bei ungefähr 16 Hz), bei der der tiefste Ton gehört wird, und eine obere Hörschwelle (ungefähr 20 000 Hz, mit dem Alter abnehmend), die dem höchsten noch hörbaren Ton entspricht. Die untere Hörschwelle bildet den Nullpunkt im Kontinuum der Tonhöhenwahrnehmung.

2. Die Bestimmung der Unterschiedsschwelle. Nicht jeder Reizänderung entspricht auch eine Änderung des Eindrucks im Sinn einer Zu- oder Abnahme. Es bedarf vielmehr einer bestimmten Mindeständerung der Reizgröße, damit ein Unterschied merklich wird. Die Unterschiedsschwelle ist diejenige Reizdifferenz, bei der die Verschiedenheit der Reize in 50 Prozent der Fälle erkannt wird. Je nachdem, ob dies für eine Zu- oder Abnahme des Reizes festgestellt wird, spricht man von oberer oder unterer Unterschiedsschwelle. Im allgemeinen wird nur die obere Unterschiedsschwelle bestimmt, und in der Regel ist auch nur diese gemeint, wenn einfach von der «Unterschiedsschwelle» die Rede ist.

3. Die Bestimmung zweier gleichwertig erscheinender Reize, zum Beispiel qualitativ verschiedener Farben (etwa Blau und Grün) von gleichem Helligkeitsgrad.

4. Die Bestimmung zweier gleichwertig erscheinender Reizunterschiede. Es wird zum Beispiel zu zwei gegebenen unterschiedlichen Helligkeiten eine dritte gesucht, die von der zweiten ebenso stark verschieden erscheint wie diese von der ersten, oder eine solche, die in der Mitte zwischen der ersten und der zweiten zu liegen scheint.

5. Die Bestimmung zweier gleichwertig erscheinender Reizverhältnisse. Zu einem gegebenen Verhältnis zweier Reizgrößen ist ein gleiches Verhältnis zweier anderer Reizgrößen zu suchen. Es wird zum Beispiel eine Linie dargeboten, die im Verhältnis 2:3 unterteilt ist. An einer anderen, längeren oder kürzeren Linie soll von der Vp eine Unterteilung im gleichen Verhältnis vorgenommen werden.

Die Verwirklichung aller dieser Aufgaben verlangt jeweils bestimmte Versuchsanordnungen, in denen kontinuierlich oder in Stufen veränderliche Reize dargeboten werden und jeweils gemäß der besonderen Instruktion von der Vp entweder zu beurteilen sind oder so abzuändern sind, daß sie dem gesuchten Resultat entsprechen. Je nachdem, ob die Vp das eine oder das andere zu tun hat, spricht man von Verfahren der *Urteilsfindung* oder der *Reizfindung*.

Problemkreise der Psychometrie. Die genannten methodischen Aufgaben sind, wie schon gesagt, keineswegs allein an die Probleme der Psychophysik gebunden, sondern sie kehren in analogen Formen bei der Untersuchung anderer psychometrischer Fragen wieder. Man hat drei Problemgruppen der Psychometrie unterschieden:

a) Die Untersuchung der Beziehung zwischen Reizen und den durch sie ausgelösten psychischen Eindrücken. Dies ist der Problemkreis der Psychophysik, deren Resultate auch heute noch den größten Anteil am Ertrag der gesamten Psychometrie ausmachen. Man sollte aber hier schon den Begriff «Reiz» in einem weiteren Sinn auffassen als in der herkömmlichen Empfindungslehre. Man kann darunter allgemeiner jede Gegebenheit außerhalb des Organismus, insbesondere auch komplexere Bedingungen verstehen, die eine psychische Verarbeitung erfahren. Auf der anderen Seite handelt es sich dann nicht nur um die korrespondierenden Empfindungen, sondern wiederum um psychische Reaktionen aller Art auf diese äußeren Bedingungen.

b) Die Untersuchung der Beziehungen zwischen körperlichen Vorgängen und ihren psychischen Korrelaten. Als Beispiel diene die funktionale Abhängigkeit zwischen einer vom Nervensystem gesteuerten physischen Änderung (etwa der elektrischen Hautleitfähigkeit) und einer emotionalen Änderung. Diese Zusammenhänge sind mit psychometrischen Methoden bis jetzt kaum untersucht worden, doch ist hierin ein Forschungsgebiet zu erblicken, das in seiner Bedeutung der herkömmlichen Psychophysik zum mindesten gleichkommt.

c) Die Untersuchung der funktionalen Beziehungen zwischen psychischen Variablen untereinander. Als Beispiel kann die Abhängigkeit der

Motivationsstärke vom Grad der erlebten affektiven Erregung angeführt werden. Auch zur Erforschung dieses Problemkreises liegen zur Zeit erst Ansätze vor.

Bei den beiden zuletzt erwähnten Problemgruppen handelt es sich indessen nicht um erst neuerdings entdeckte Forschungsgebiete, zumal schon FECHNER derartige Fragen unter dem Thema einer «inneren Psychophysik» erörterte und nach Möglichkeiten zu ihrer Lösung suchte, ohne allerdings beim damaligen Stand hierzu schon gangbare Wege finden zu können. Gegenwärtig bildet die Psychometrie einen Schwerpunkt der psychologischen Forschung überhaupt. Es kommt ihr auch eine wachsende praktische Bedeutung zu. Im folgenden kann nicht mehr als eine erste Orientierung über die psychometrische Methodik geboten werden, die es dem Leser ermöglichen soll, die Psychometrie im ganzen Zusammenhang der psychologischen Methodik zu sehen. Manche Aufgabenbereiche und Methoden, wie etwa das gesamte Gebiet der multidimensionalen Skalierung, können dabei nicht behandelt werden. Ihre Beherrschung erfordert ein Spezialstudium, zu dem besonders die am Schluß dieses Kapitels verzeichneten Werke empfohlen seien.

Psychometrische Methoden. Zur Lösung der genannten einzelnen Aufgaben dienen verschiedene Verfahren. Wir beschreiben zuerst die von FECHNER entwickelten klassischen «psychophysischen Methoden». Sie können in verschiedener Weise ausgestaltet werden, und je nach den spezielleren Umständen der Untersuchung wird man die eine oder die andere bevorzugen.

1. Das Herstellungsverfahren (von FECHNER «Methode der mittleren Fehler» genannt). Die Vp hat die Aufgabe, einen gegebenen Reiz so zu verändern, daß er einer gesuchten Größe entspricht. Diese Aufgabe kann zum Beispiel darin bestehen, ein Licht einem anderen in der Helligkeit anzugleichen, oder die Seitenlänge eines verschiebbaren Rechtecks so einzustellen, daß sich die wohlgefälligste oder die am wenigsten gefällige Proportion ergibt. Es kann auch auf entsprechende Weise eine Reizstärke gesucht werden, die gerade als unangenehm erlebt wird.

2. Das Grenzverfahren (von FECHNER als «Methode der ebenmerklichen Unterschiede», von anderen später auch als «Methode der Minimaländerungen» bezeichnet). Im Unterschied zum Herstellungsverfahren nimmt hier der Vl die Reizänderung selbst vor. Diese geht einmal von einer Reizgröße aus, die gewiß größer als die gesuchte ist und ihr kontinuierlich oder in kleinen Stufen allmählich genähert wird, bis der Beobachter das vereinbarte Urteil (zum Beispiel «Gleich» oder «Schwä-

cher») abgibt (sogenanntes absteigendes Verfahren). Das gleiche wird alsdann von einer deutlich kleineren Reizgröße ausgehend in umgekehrter Richtung wiederholt (aufsteigendes Verfahren). Aus beiden Ergebnissen wird der Mittelwert gebildet. Als Beispiel können auch hier die oben erwähnten Fragestellungen dienen.

3. Das Konstanzverfahren (ursprünglich «Methode der richtigen und falschen Fälle»). Hier wird kein sich in bestimmter Richtung ändernder Reiz verwendet, sondern es wird eine Reihe gleichmäßig abgestufter einzelner Reize, die den gesuchten Wert einschließt, in zufälliger Abfolge der Vp dargeboten. Diese Reize sind mit einem Standardwert, dem sogenannten Normalreiz, zu vergleichen. Je nach ihrem Eindruck beurteilt die Vp die einzelnen Vergleichsreize als «stärker», «gleich» oder «schwächer» gegenüber dem Normalreiz. Das gesuchte Resultat, etwa eine Helligkeit, die einer anderen gleich erscheint, oder ein Gewicht, das ebenmerklich schwerer ist als ein anderes, kann mit verschiedenen Methoden aus den Häufigkeiten der Urteilskategorien ermittelt werden.

Allen drei Verfahren ist gemeinsam, daß die Darbietungen bei derselben Vp mehrfach wiederholt werden müssen, so daß ein Durchschnittswert aus mehreren Einzelwerten gebildet werden kann. Das Herstellungs- und das Grenzverfahren werden als Methoden der *Reizfindung* bezeichnet, weil es hier darauf ankommt, eine Reizgröße zu erhalten, der ein bestimmtes Urteil zukommt. Das Konstanzverfahren ist dagegen eine Methode der *Urteilsfindung*, das heißt ein Urteil von wenigstens zwei möglichen, ist abzugeben.

Mit den psychophysischen Methoden können alle oben genannten Aufgaben (s. S. 367f.) gelöst werden. Insbesondere dienen sie zur Bestimmung von Reizschwellen und Unterschiedsschwellen (s. Abschnitt 2 dieses Kapitels). Außer ihnen gibt es weitere psychometrische Verfahren, die zu sehr verschiedenen Aufgaben herangezogen werden können. Aus Beispielen in den vorhergehenden Kapiteln sind diese Methoden, die ganz allgemeine Möglichkeiten psychologischer Forschung verkörpern, zum Teil schon bekannt (zum Beispiel die Wahlmethode bei der Untersuchung der Beliebtheit verschiedener Literaturarten, S. 294ff.). Sie sollen aber hier noch einmal im Zusammenhang dargestellt werden. Diese Verfahren entstammen hauptsächlich der experimentellen Ästhetik; sie sind insbesondere aus der Wahlmethode abgeleitet, stehen zum Teil aber auch mit den schon erwähnten psychophysischen Methoden in Beziehung.

4. Die Wahlmethode. Die Vp hat aus einer Reihe von Elementen eines auszuwählen, dem ein bestimmtes Urteil zukommt, also zum Beispiel aus einer Anzahl vorgelegter Farben diejenige zu nennen, die ihr am

wohlgefälligsten ist, gegebenenfalls dazu auch noch diejenige, die ihr am wenigsten gefällt. Die Wahlmethode ist ein relativ grobes Verfahren. Es ist daher wichtig, daß die Gruppe der Vpn nicht zu klein ist und die Anzahl der Elemente nicht zu groß. Die Größe der Gruppe sollte ein Vielfaches (wenigstens das Fünfzigfache der Anzahl der Elemente) betragen.

5. Die Rangordnung. Wenn man die Wahlmethode dahingehend erweitert, daß nach einem Urteilskriterium eine erste, eine zweite, dritte Wahl usw. getroffen wird, bis schließlich ein letztes Element übrig bleibt, so erhält man eine Rangordnung, die sich zum Beispiel von der wohlgefälligsten bis zur am wenigsten wohlgefälligen Farbe erstreckt. Gegenüber der Wahlmethode bringt dieses Verfahren auch mit weniger Vpn weit mehr Information, da sämtliche Eindrücke in die Beurteilung einbezogen werden.

6. Der Paarvergleich. Aus der zu untersuchenden Reihe von Elementen werden Paare gebildet. Die Vp hat jeweils die beiden Teile eines Paares miteinander zu vergleichen und ein Urteil darüber abzugeben (zum Beispiel welche von zwei Farben die wohlgefälligere ist). Es müssen hierzu alle möglichen Kombinationen unter den einzelnen Elementen gebildet werden. Die Anzahl der verschiedenen Paare beträgt allgemein, wenn N die Anzahl der verwendeten Elemente ist: $N(N-1)$. Da aber meistens die Folge innerhalb der Kombination (*ab* oder *ba*) außer Betracht bleiben kann, vermindert sich die Anzahl der Paare auf $N(N-1)/2$. Sollen also sechs verschiedene Farbqualitäten paarweise miteinander verglichen werden, so ergeben sich $6(6-1)/2 = 15$ Kombinationen je zweier verschiedener Farben. Bei zehn Farben sind es schon 45 solcher Kombinationen. Es muß aber darauf geachtet werden, daß in der Gesamtheit der Paarkombinationen jeder Reiz (zum Beispiel die Farbe Grün) gleich häufig an erster wie an zweiter Stelle steht, um systematischen Fehlern vorzubeugen (vgl. S. 250). Zur Auswertung wird die Zahl der auf jeden Reiz entfallenden Bevorzugungen (also etwa der «Wohlgefälliger»-Urteile) bestimmt.

Der paarweise Vergleich hat gegenüber der Rangordnung den Vorzug, daß er die Vp zum systematischen Vergleichen eines jeden Eindrucks mit jedem anderen zwingt. Bei der Rangordnung kann es eher geschehen, daß die Vp nicht die gleiche Sorgfalt bei der Beurteilung der ganzen Reihe walten läßt. Ein Nachteil des Paarvergleichs liegt darin, daß er bei einer größeren Anzahl von Elementen recht umständlich wird. Aber auch die Rangordnung hat bei langen Reihen ihre Mängel, da die Vp sie nicht mehr gut überblicken kann und in der Beurteilung unsicher wird.

Die drei zuletzt beschriebenen Verfahren haben gemeinsam, daß die Urteile zueinander in Relation stehen. Es handelt sich um *Vergleichsurteile*. Bei der Wahlmethode nennt die Vp zum Beispiel eine Farbe, die, verglichen mit anderen Farben, ihr am wohlgefälligsten ist. Bei der Rangordnung sind ebenso Vergleiche zu vollziehen wie beim Paarvergleich, der in der Art der Urteilsleistung der Konstanzmethode entspricht. Das nächste Verfahren unterscheidet sich hierin wesentlich von den vorhergehenden.

7. Das Schätzverfahren (engl. rating). Dieses Verfahren entspricht einer speziellen psychophysischen Methode, der «Methode der einzelnen Reize». Es wird jeweils ein Element dargeboten, das nach einer vorgegebenen Skala zu beurteilen ist. Eine solche Schätzskala enthält mindestens zwei, höchstens sieben bis neun Grade. Sie kann zum Beispiel lauten:

1 sehr angenehm
2 angenehm
3 neutral
4 unangenehm
5 sehr unangenehm

Die Vp kann ihr Urteil entweder durch die Nennung der Schätzzahl oder durch die volle Bezeichnung abgeben, je nach Vereinbarung. Es gibt Schätzskalen, die wie die obenstehende einen Nullpunkt in der Mitte besitzen. Es können dann auch positive und negative Zahlen verwendet werden (+2 für «sehr angenehm», —2 für «sehr unangenehm»). Andere Skalen haben einen Nullpunkt am Anfang, zum Beispiel:

0 nicht gefühlsbetont
1 eben gefühlsbetont
2 mäßig gefühlsbetont
3 stark gefühlsbetont
4 sehr stark gefühlsbetont

Beim Schätzverfahren muß die Vp offenbar keine Vergleiche zwischen den verschiedenen Elementen anstellen; es ist ein sogenanntes Verfahren des *absoluten Eindrucks*. Dies bezeichnet die Tatsache, daß ein Reiz zum Beispiel als «sehr unangenehm» oder als «mäßig gefühlsbetont» festgestellt wird, während die anderen Methoden keine Auskunft über eine solche «absolute» Qualität liefern, sondern immer nur den einzelnen Eindruck in eine Beziehung zu den übrigen Eindrücken setzen. So kann zum Beispiel von der Farbe, die in der Rangordnung den letzten Platz einnimmt, nur gesagt werden, daß sie weniger wohlgefällig ist als alle übrigen, nicht dagegen jedoch, daß sie als «sehr häßlich» erlebt würde. In der Beurteilung nach einer Schätzskala kann dieser Farbe durchaus etwa das Prädikat «neutral» zugesprochen werden.

Die Urteilsbildung im Schätzverfahren erfordert im Unterschied zu den Vergleichsurteilen einen «inneren» Maßstab, ein Bezugssystem, nach dem die Vp vorgeht. In manchen Fällen bringt die Vp diesen Maßstab zum Versuch schon mit, wenn es sich nämlich um die Beurteilung von Erlebnissen handelt, die ihr aus dem Alltagsleben geläufig sind. Dies gilt zum Beispiel für die Beurteilung von emotionalen Eindrücken. Ob ein bestimmter Reiz nur «eben gefühlsbetont» oder «mäßig gefühlsbetont» ist, kann die Vp auch ohne Bezugnahme auf die übrigen dargebotenen Reize entscheiden. In anderen Fällen dagegen muß dieses Bezugssystem erst durch Anleitung der Vp und Einübung des Urteilens ausgebildet werden, wozu dann Vorversuche erforderlich sind. Im übrigen sei darauf hingewiesen, daß ein Bezugssystem nichts Konstantes ist. Es verändert sich mit neuen Erfahrungen, oft auch schon im Verlauf eines einzigen längeren Versuchs. Insbesondere ist es von der Zusammenstellung der zu beurteilenden Eindrücke abhängig. Sind zum Beispiel Gewichte nach den Kategorien «Sehr leicht», «Leicht», «Mittel», «Schwer», «Sehr schwer» zu beurteilen, und wird in einem ersten Versuch eine Reihe leichterer Gewichte, in einem zweiten aber eine Reihe schwererer Gewichte dargeboten, so verschiebt sich das Bezugssystem entsprechend. Wie man sieht, ist der Begriff des «absoluten Eindrucks» mit Einschränkungen zu verstehen.

In der Anwendung ist das Schätzverfahren meist einfach und – etwa gegenüber einer Rangordnung oder einem Paarvergleich von zahlreichen Elementen – recht ökonomisch. Da die Vpn teils zu höheren, teils zu niedrigeren Schätzungen neigen, fallen die Mittelwerte ihrer Schätzurteile verschieden aus. Entsprechendes gilt für die Streuungen der Urteile. Daher ist es bei manchen Fragestellungen ratsam, die einzelnen Resultate zu standardisieren, indem die mittlere Schätzung und die Standardabweichung für jede urteilende Person bestimmt und dann alle Ergebnisse in Einheiten des Streuungsmaßes (z-Skala) ausgedrückt werden (vgl. S. 310ff.).

Zusammenfassung. In einem fortgeschritteneren Stadium der Untersuchung will man sich nicht mit der Aussage begnügen, daß eine Variable überhaupt von einer anderen abhängt, wie sich dies etwa in einem Mittelwertsunterschied ausdrücken kann, sondern man will diese Abhängigkeit, wenn es möglich erscheint, als eine funktionale Beziehung darstellen.

Dies setzt die Kenntnis von wesentlich mehr als nur zwei Punkten aus einem kontinuierlichen Verlauf voraus; außerdem müssen Intervall- oder Verhältnisvariable vorliegen. Alsdann lassen sich – etwa nach der Methode der kleinsten Quadrate – die empirischen Daten durch eine mathematische Funktion annähern.

In der Psychologie sind außerordentlich häufig Daten zu verarbeiten, die auf Vergleichs- oder Schätzurteilen beruhen. Die Mittel, auch solche Daten für die Bestimmung funktionaler Abhängigkeiten geeignet zu machen, stellt die Psychometrie beziehungsweise das speziellere Gebiet der Psychophysik bereit, deren Aufgabe es ist, besondere Meßverfahren für die nicht unmittelbar meßbaren «inneren» Eindrücke zu entwickeln und anzuwenden. Dies erstreckt sich auf die Ermittlung von Zusammenhängen zwischen Reizen und Empfindungen (oder anderen psychischen Reaktionen), zwischen physiologischen Variablen und psychischen Reaktionen und schließlich auf die Zusammenhänge von inneren Variablen untereinander.

Die klassischen psychophysischen Methoden werden zu verschiedenen Aufgaben, namentlich zur Bestimmung von Schwellenwerten herangezogen; daneben gibt es weitere psychometrische Methoden, denen ein sehr umfangreicher Anwendungsbereich zukommt.

2. DIE BESTIMMUNG VON SCHWELLEN

Allgemeines über Schwellen. Die Bestimmung von Schwellen ist ein methodischer Bestandteil in der Herstellung von Skalen, worauf wir in einem weiteren Abschnitt noch eingehen werden. Für sich genommen liegt die Bedeutung solcher Versuche darin, daß die Schwellenwerte etwas über die Empfindlichkeit eines Sinnes aussagen, und zwar die Reizschwelle über die absolute Empfindlichkeit, die Unterschiedsschwelle über den Grad der Unterschiedsempfindlichkeit. Hinsichtlich der Unterschiedsempfindlichkeit können verschiedene Sinne miteinander verglichen werden, da sich die Unterschiedsschwellen relativ angeben lassen (indem man den für einen ebenmerklichen Unterschied erforderlichen Reizzuwachs auf den zuvor vorhandenen Reiz bezieht) und da das so gebildete Verhältnis innerhalb derselben Sinnesleistung annähernd konstant ist (Webersches Gesetz). So ist zum Beispiel – gemessen an den jeweils erforderlichen relativen Reizänderungen – unsere Unterscheidungsfähigkeit für Druckreize außerordentlich grob, «stumpf», im Vergleich zu dem viel feineren Unterscheidungsvermögen für Helligkeitsänderungen.

Die Notwendigkeit, einen Schwellenwert stets mehrmals zu bestimmen, folgt aus der Tatsache, daß dieser niemals eine konstante Größe darstellt, auch nicht bei der einzelnen Vp. Nach dem in den vorangegangenen Kapiteln Gesagten wird man auch gar nichts anderes erwarten, als daß die Schwelle als ein Mittelwert aufgefaßt werden muß. Die Variation des Schwellenwerts kann die folgenden Gründe haben, wenn man von mangelnder Objektivität und Stabilität der Messung (vgl. S. 346ff.) absieht.

1. Änderungen im Zustand des Sinnesorgans. Die Empfindlichkeit des reizempfangenden Organs bleibt nicht konstant. Sie kann sich schon während eines Versuchs von einigen Minuten Dauer verändern. Ein Beispiel ist auf dem Gebiet des Lichtsinns die Adaptation, die Anpassung der Netzhautelemente an die herrschenden Lichtverhältnisse. Beim Gehörssinn sind es zum Beispiel Schwankungen der Trommelfellspannung, die den Schwellenwert beeinflussen.

2. Änderungen in der Einstellung der Vp. Das Wahrnehmen eines Reizes ist nicht nur vom Sinnesorgan, sondern auch von zentralen Faktoren abhängig. Hier sind vor allem die Schwankungen der Konzentration zu nennen, als deren Folge ein Reiz nicht immer in gleicher Weise aufgefaßt wird. Ferner ist an Ermüdung zu denken, die sich im Lauf eines Versuchs einstellen kann.

3. Die Beziehungen zwischen den einzelnen Darbietungen. Es handelt sich um Einflüsse, die einmal durch die zeitliche Abfolge der Reize, zum anderen durch deren räumliche Anordnung entstehen können. So wird zum Beispiel bei der Bestimmung einer absoluten Schwelle nach dem aufsteigenden Grenzverfahren (wobei man von einem unmerklichen Reiz ausgeht) meist ein höherer Reizwert als Schwellenwert gefunden als beim absteigenden Verfahren (bei dem von einem übermerklichen Reiz ausgegangen wird). Hier wird also die Wirkung eines Reizes von vorhergegangenen Reizungen mitbestimmt, deren Reihenfolge Erwartungshaltungen oder Gewöhnung, Effekte des Kontrasts oder auch der Angleichung hervorrufen kann. Beim Vergleich von je zwei Reizen, wie dies die Bestimmung der Unterschiedsschwelle erfordert, wird der folgende Reiz vorwiegend stärker eingeschätzt als der vorhergehende, auch wenn beide Reize gleich sind. Neben solchen sogenannten Fechnerschen Zeitfehlern kommen entsprechende Raumfehler vor, indem etwa ein auf der linken Seite befindlicher Reiz anders beurteilt wird als einer auf der rechten. Es muß darauf geachtet werden, daß sich solche Fehler nicht systematisch auswirken. Die geeignete Kontrollmethode besteht hier in der zufälligen Anordnung der Reizabfolge (s. S. 265ff.).

Auch der Bereich der zur Schwellenbestimmung verwendeten Reizgrößen kann die Schwelle selbst beeinflussen. Es ist nicht gleichgültig, ob ein größerer oder ein kleinerer Anteil der Reize oberhalb oder unterhalb der durchschnittlich wahrnehmbaren Größe liegt. Entsprechendes zeigt sich, wenn zu einem gegebenen Reiz ein zweiter, ihm gleich erscheinender, gesucht wird. Wird am einen Ende oder in einem bestimmten Abschnitt der Reihe der Vergleichsreize ein zusätzlicher Reiz eingeschoben, so kann sich dadurch die Reizgröße, die dem konstanten Standardreiz gleich erscheint, verschieben, und zwar in der Richtung auf den zusätzlich eingeschobenen Reiz hin, den man in solchen Versuchen als «Anker» bezeichnet. Dies zeigt, daß die Gesamtheit der Reizgrößen das einzelne Urteil mitbestimmt; aus ihr formt sich das Bezugssystem der Beurteilung. Der jeweilige neutrale Punkt des veränderlichen Bezugssystems wird als «Adaptationsniveau» (HELSON) bezeichnet.

Schwellenbestimmungen sind in der Psychologie ziemlich häufig und kommen nicht nur in der Psychophysik vor. So war unser mehrmals herangezogenes Versuchsbeispiel, die Bestimmung der Gedächtnisspanne, nichts anderes als die Feststellung einer Schwelle, nämlich derjenigen Anzahl von Ziffern, die bei einmaliger Darbietung eben noch reproduziert werden kann. Das dazu verwendete Verfahren entsprach der Konstanzmethode. Ein weiteres Beispiel ist die Feststellung der Flimmerverschmelzungsfrequenz. Dies ist diejenige Frequenz, bei der ein periodisch wiederkehrender Lichtreiz als eine gleichbleibende Helligkeit erlebt wird, das Flimmern also nicht mehr merklich ist. Da dieser Schwellenwert bei Ermüdung niedriger liegen soll als im Zustand der Frische, wird die Flimmergrenze häufig bei Untersuchungen der Ermüdung gemessen.

Im folgenden soll die Bestimmung von Schwellenwerten nach den angeführten psychophysischen Methoden an zwei Beispielen jeweils rechnerisch und graphisch demonstriert werden, und zwar die Feststellung der unteren Hörgrenze nach dem Grenzverfahren und der Unterschiedsschwelle für ein gehobenes Gewicht nach dem Konstanzverfahren.

Bestimmung der Reizschwelle. Die Bestimmung der unteren Hörgrenze besteht in der Ermittlung der niedrigsten Schwingungszahl, die als Ton wahrgenommen wird. Bei Anwendung des Grenzverfahrens ist der Abhängigkeit des Urteils von der Reizfolge Rechnung zu tragen, indem man aufsteigende und absteigende Darbietung abwechseln läßt. Ferner ist zu berücksichtigen, daß die Reizschwelle auch aus den genannten anderen Gründen kein konstanter Wert ist, was eine mehrmalige Wiederholung beider Verfahrensweisen bedingt. Zur Darbietung der akustischen Reize von verschiedener Schwingungszahl dient ein geeichter Tongenerator.

Die einzelnen Ergebnisse eines solchen Versuchs sollen aus Tabelle 10/1 hervorgehen. Wie man daraus sieht, begann die erste (absteigende) Darbietungsreihe bei einer Schwingung von 24 Hz, die von der Vp gehört wurde. Die folgenden jeweils um 1 Hz verminderten Schwingungen wurden bis zur Frequenz von 15 Hz ebenfalls noch gehört, bis schließlich bei 14 Hz die Vp ein negatives Urteil gab. Die untere Hörgrenze liegt nach dieser Darbietungsreihe zwischen 15 und 14 Hz, der wahrscheinlichste Wert beträgt also 14,5 Hz. Diese Zahl ist unter der Spalte eingetragen. Die zweite (aufsteigende) Darbietungsfolge begann mit einem Reiz von 10 Hz. Hier gab die Vp bei 16 Hz erstmals ein positives Urteil. Demnach liegt hier die Grenze zwischen 15 und 16 Hz, also bei 15,5 Hz. In dieser Weise wurde zehnmal verfahren, je fünfmal in aufsteigender und in absteigender Reihe. Die Ausgangspunkte wurden von dem Vl unterschiedlich gewählt, um Gewöhnungseffekte bei der Vp auszuschließen. In drei Fällen trat das Urteil «Unsicher» auf; die Vp konnte also nicht genau angeben, ob sie einen Ton hörte oder nicht. Da hier schon ein Wechsel der Aussage vorliegt, wurden diese Urteile der anderen Urteilskategorie zugeschlagen.

Die zehn Einzelwerte (X) sind zusammenzufassen. Dies kann zunächst für die des aufsteigenden und die des absteigenden Verfahrens getrennt

Tabelle 10/1

Bestimmung der unteren Hörschwelle nach dem Grenzverfahren

(Beispiel nach TITCHENER aus WOODWORTH und SCHLOSBERG 1954, S. 197)

Reizgröße (Frequenz)	↓	↑	↓	↑	↓	↑	↓	↑	↓	↑
24	+									
23	+									
22	+		+							
21	+		+							
20	+		+						+	
19	+		+				+		+	
18	+		+		+		+		+	
17	+		+		+		+		+	
16	+	+	+		+		+		+	
15	+	–	+	+	+	+	+		+	+
14	–	–	–	–	?	–	?	+	?	–
13		–		–		–		–		–
12		–		–		–		–		–
11		–		–		–		–		
10		–		–				–		
9				–				–		
8				–				–		
7				–				–		
X	14,5	15,5	14,5	14,5	14,5	14,5	14,5	13,5	14,5	14,5

(↓ bedeutet absteigendes, ↑ aufsteigendes Verfahren, + und – geben an, ob bei der betreffenden Frequenz ein Ton gehört wurde oder nicht, ? bezeichnet ein unsicheres Urteil der Vp.)

geschehen, wenn man einen Unterschied zwischen beiden feststellen will. In unserem Beispiel findet sich allerdings kein solcher Unterschied; wir erhalten als Mittelwert aus den je fünf Einzelresultaten beide Male $\bar{X} = 14{,}5$. Somit ergibt sich auch insgesamt für die Reizschwelle:

$$SL = 14{,}5 \text{ Hz}$$

Die Abkürzung *SL* bedeutet wörtlich «Stimulus-Limen» (lat. limen, Schwelle). Auch die Abkürzung *RL* (Reiz-Limen) ist gebräuchlich.[2]

[2] Anmerkung: In der älteren, besonders der deutschen psychophysischen Literatur wird für den Reiz meist der Buchstabe *R*, für die Empfindung (lat. sensatio) meist *S* geschrieben, während die neuere Literatur, durch die amerikanische Terminologie beeinflußt, gerade umgekehrt *S* für den Reiz (lat. stimulus) und *R* für die Reaktion (engl. response), auch für die Empfindung setzt. Im Interesse einheitlicher Bezeichnungen schließen wir uns hier der neueren, üblicheren Schreibweise an.

Die Variation des Schwellenwerts läßt sich durch die bekannten Streuungsmaße (vgl. S. 307ff.) ausdrücken. In unserem Beispiel, in dem die zehn Einzelwerte nur gering voneinander abweichen, erhalten wir als Standardabweichung:

$$s = 0{,}47$$

Für die Bestimmung der Sicherheit des Schwellenwerts gilt das, was in Kapitel IX, S. 329ff., über die Sicherheit von Mittelwerten gesagt wurde.

Es muß nicht besonders demonstriert werden, daß die Bestimmung der unteren Hörgrenze auch nach den anderen psychophysischen Methoden, dem Herstellungs- und dem Konstanzverfahren, erfolgen kann. Die Art des Vorgehens ergibt sich direkt aus den Eigenschaften dieser Methoden.

Von Interesse ist die Verteilung der Urteilskategorien, die sich in vollständiger Form bei der Anwendung der Konstanzmethode zeigt, da hier zu den einzelnen Darbietungen stets die gesamte Reihe der Reizgrößen herangezogen wird. Wir wollen dies an einem allgemein gehaltenen Beispiel aufzeigen. Alle Größen (1 bis 8) einer bestimmten Reizart (S) wurden in zufälliger Folge sehr oft dargeboten. Die Vp hatte wie üblich jedes Mal anzugeben, ob sie den Reiz wahrgenommen hatte oder nicht. Die Ergebnisse lassen sich in einem Diagramm darstellen, in dem auf der waagrechten Achse die Reizgrößen, auf der senkrechten die jeweiligen Häufigkeiten der beiden Urteilskategorien in Anteilen von 1 (p) abgetragen werden. Es ergibt sich dann in der Regel ein ähnliches Bild wie in Abbildung 10/5.

Wir entnehmen aus Abbildung 10/5, daß zum Beispiel bei der untersten Reizstufe 1 nur negative Urteile abgegeben wurden, der Reiz also in keinem Fall merklich war. Bei der nächsten Reizstufe wurde dann in neun Zehnteln der Fälle der Reiz nicht wahrgenommen (linker Maßstab), in einem Zehntel der Fälle dagegen schon wahrgenommen (rechter Maßstab). Bei den folgenden Stufen verschiebt sich das Verhältnis nun ständig zugunsten der positiven Urteile, bis schließlich bei der letzten Stufe nur noch solche auftreten, der Reiz also immer bemerkt wird. Der Verlauf der Punkte, die die bestehenden Urteilsverhältnisse wiedergeben, läßt bereits ungefähr die Form einer Summenkurve (sogenannte Ogive) erkennen. Eine solche Darstellung nennt man ein *S-p-Diagramm.*

Werden die Punkte des *S-p*-Diagramms durch eine Kurve angenähert, so werden einmal zufällige Abweichungen von der Urteilsfunktion dadurch ausgeglichen, zum andern läßt sich daraus für jede Reizgröße,

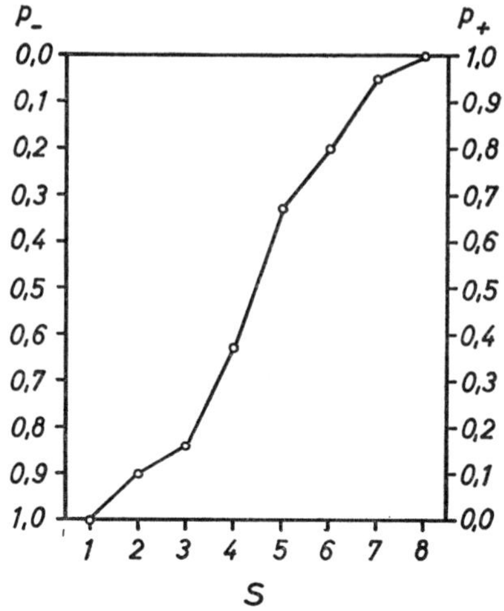

Abb. 10/5. *S*-*p*-Diagramm für zwei Urteilskategorien (*S*: Reizgröße, p_+: Anteil bejahender Urteile, p_-: Anteil verneinender Urteile).

auch für die zwischen den dargebotenen Stufen liegenden Größen, die relative Häufigkeit der dabei zu erwartenden positiven und negativen Urteile entnehmen. In Abbildung 10/6 ist zu den acht empirischen Punkten eine Freihandkurve gezeichnet, was bei der recht regelmäßigen Lage dieser Punkte mit ziemlicher Genauigkeit möglich ist.

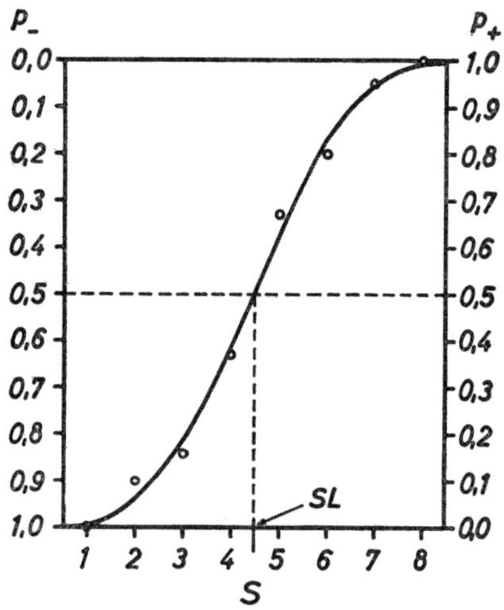

Abb. 10/6. Graphische Bestimmung der Reizschwelle (*SL*) mit Hilfe der in das *S*-*p*-Diagramm eingezeichneten Ogive.

Das *S-p*-Diagramm gibt einen interessanten Einblick in das Zustandekommen der Urteilsverteilung. Es sei daran erinnert, daß sich eine solche Kurve allgemein dann ergibt, wenn die Häufigkeiten in den einzelnen Klassen einer symmetrischen Verteilung fortlaufend zueinander addiert werden (daher die Bezeichnung «Summenkurve» oder «kumulierte Frequenz»). Das Auftreten dieser Verteilungsfunktion bei Schwellenbestimmungen legt daher den Gedanken nahe, daß hier eine andere Verteilung zugrunde liegt. Diese Verteilung kann eine Normalverteilung sein, wenn die untere und die obere Hälfte der Summenkurve zueinander symmetrisch sind, wie dies in Abbildung 10/6 annähernd der Fall ist. Welches Merkmal kann es aber sein, das die hier zugrunde liegende Verteilung bildet, und wie kann diese dargestellt werden?

Wir können aus Abbildung 10/6 zum Beispiel entnehmen, daß ein Reiz von der Größe 4 in etwa 37 % der Darbietungen ein bejahendes Urteil auslöst, ein Reiz von der Größe 6 dagegen bereits in 84 % der Darbietungen. Dies läßt sich so interpretieren, daß in 37 % der Fälle der variable Schwellenwert unterhalb der Reizgröße 4 liegt beziehungsweise sie gerade erreicht, in 84 % der Fälle jedoch unter beziehungsweise gleich der Reizgröße 6 ist. Durch Subtraktion der relativen Häufigkeiten der kumulativen Verteilung in Abbildung 10/6 läßt sich die Verteilung der hypothetischen variablen Schwellenwerte erschließen. Dies ist in Abbildung 10/7 geschehen. Zu der Summenkurve sind unten die relativen

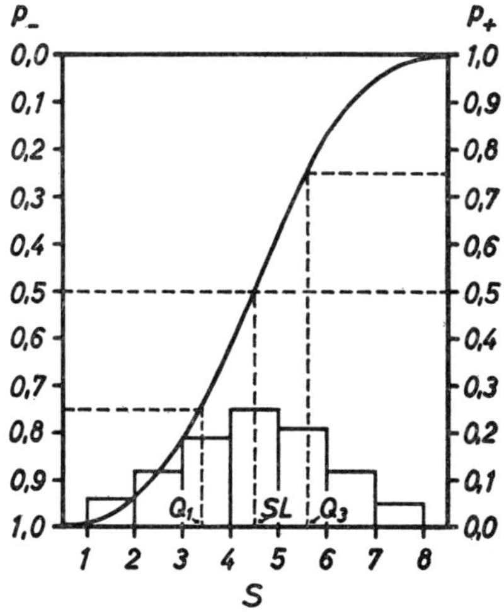

Abb. 10/7. *S-p*-Diagramm mit eingezeichneter Ogive und hypothetischer Schwellenverteilung.

Häufigkeiten dargestellt, die sich aus der Differenz zwischen je zwei Punkten ergeben. Man sieht daraus, daß der Schwellenwert zum Beispiel in 6 % der Fälle zwischen den Reizgrößen 1 und 2, in 12 % zwischen 2 und 3 zu finden ist usw.

Aus Abbildung 10/7 geht ferner hervor, wie die mittlere Schwelle, auf deren Bestimmung es ja ankommt, zu ermitteln ist. Sie liegt unter demjenigen Punkt der Kurve, in dem je zur Hälfte bejahende und verneinende Urteile abgegeben werden. Nach Abbildung 10/6 oder Abbildung 10/7 können wir diesen Wert graphisch bestimmen, indem wir von der Kurve im Punkt $p_+ = 0{,}5$ beziehungsweise $p_- = 0{,}5$ das Lot auf die Skala der Reizgrößen fällen, wie dies in den beiden Abbildungen eingezeichnet ist. Wir erhalten auf diesem Weg für *SL* den Wert 4,5. Dieser Wert entspricht dem Median der in Abbildung 10/7 unten eingetragenen Häufigkeitsverteilung der hypothetischen Schwellenwerte und, falls diese symmetrisch ist, auch deren arithmetischem Mittel.

Ebenso läßt sich die Variation des Schwellenwerts charakterisieren, und zwar durch Angabe des oberen und unteren Quartils. Hierzu wird von der Kurve im Punkt $p_+ = 0{,}25$ und im Punkt $p_+ = 0{,}75$ das Lot auf die Waagrechte gefällt. Es ergibt sich so $Q_1 = 3{,}4$ und $Q_3 = 5{,}6$. Zwischen diesen Werten ist demnach die Schwelle in 50 % der Fälle zu finden. Bei normaler Verteilung der Schwellenwerte und einer dazugehörigen Normalogive kann auch die Standardabweichung angegeben werden.

Der Ausgleich der empirischen Punkte des *S*-*p*-Diagramms durch eine

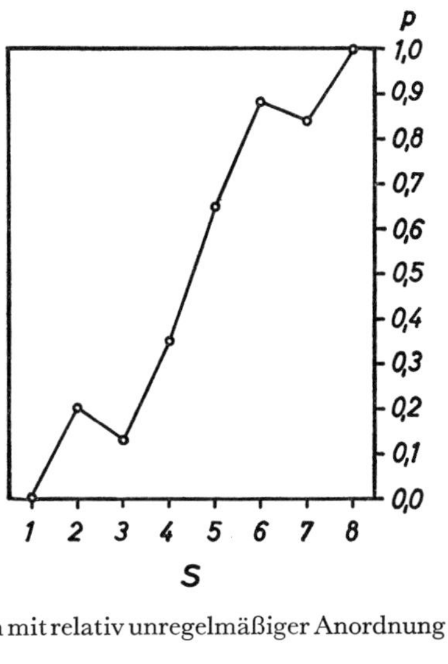

Abb. 10/8. *S*-*p*-Diagramm mit relativ unregelmäßiger Anordnung der empirischen Punkte.

Summenkurve ist nicht immer mit gleicher Sicherheit möglich. Bei einer weniger regelmäßigen Anordnung der einzelnen p-Werte wird es schwierig, die am besten dazu passende Ogive nach dem Augenmaß einzuzeichnen. Als Beispiel diene die in Abbildung 10/8 wiedergegebene Reihe von Punkten.

Es ist dann günstiger, die p-Werte in z-Werte zu transformieren. Für diese ist dann die zugehörige Funktion nicht mehr eine Summenkurve, sondern eine Gerade. Die Annäherung der Punkte durch eine Gerade bereitet jedoch keine Schwierigkeiten.

Im folgenden sind die acht p-Werte aus Abbildung 10/8 sowie die entsprechenden z-Werte wiedergegeben:

p	z	p	z
0,00	$-\infty$	0,65	+0,39
0,20	−0,84	0,88	+1,18
0,13	−1,13	0,84	+0,99
0,35	−0,39	1,00	$+\infty$

Für die Auffindung der z-Werte sei auf Tabelle 8/9 (S. 311) verwiesen. Man beachte stets, daß von der Mitte der Verteilung ausgegangen wird. Bei $p = 0{,}50$ ist $z = 0$; p-Werte, die kleiner als 0,5 sind, ergeben z-Werte mit negativem Vorzeichen. Man findet die z-Werte, indem man von dem betreffenden p-Wert immer 0,5 subtrahiert, dann die resultierende Zahl in der Spalte der Flächenanteile aufsucht und den davorstehenden z-Wert abliest. Für den zweiten p-Wert in Abbildung 10/8 ($p = 0{,}20$) ergibt sich demnach: $0{,}20 - 0{,}50 = -0{,}30$. Dem Flächenanteil 0,3 kommt der z-Wert 0,84 am nächsten. Dieser ist mit negativem Vorzeichen zu versehen, da der Ausgangswert $p = 0{,}20$ kleiner als 0,5 ist. In gleicher Weise verfährt man mit den übrigen p-Werten.

In Abbildung 10/9 sind nun die gefundenen z-Werte an die Stelle der p-Werte gesetzt. Eine solche Darstellung wird S-z-Diagramm genannt. Der erste Punkt ($z = -\infty$ für $p = 0{,}0$) und der letzte ($z = +\infty$ für $p = 1{,}0$) müssen entfallen, so daß sechs Punkte übrig bleiben. (p-Werte, die über 0,95 oder unter 0,05 liegen, werden überhaupt weggelassen, da geringen Zufallsschwankungen dieser Werte außerordentlich große Schwankungen der z-Werte entsprechen, so daß diese mit einer großen Unsicherheit behaftet sind.)

Für die zu zeichnende Gerade sind zwei Punkte erforderlich, die aus den sechs empirischen Punkten zu ermitteln sind. Das einfachste Verfahren besteht darin, die drei unteren und die drei oberen z-Werte zu

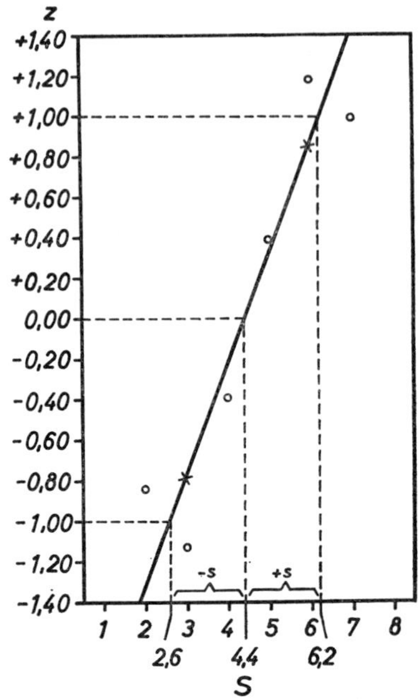

Abb. 10/9. *S*-*z*-Diagramm nach Abb. 10/8 mit eingezeichneter Geraden zur graphischen Bestimmung der Reizschwelle und deren Standardabweichung.

mitteln. Der untere mittlere *z*-Wert beträgt —0,79 und liegt über der Reizgröße 3, der obere beträgt +0,85 und liegt über dem Reizwert 6. Von der durch diese beiden Punkte gezogenen Geraden wird im Punkt $z=0$ (dieser entspricht $p=0{,}50$) das Lot gefällt, und wir finden den Schwellenwert bei der Reizgröße 4,4. Wenn wir ferner von der Geraden in den Punkten $z=-1$ und $z=+1$ ebenfalls das Lot fällen, erhalten wir die Standardabweichung des Schwellenwerts. Sie liegt zwischen 4,4 und 2,6 nach unten und zwischen 4,4 und 6,2 nach oben, *s* beträgt also 1,8.

Die Gerade des *S*-*z*-Diagramms kann in eine Summenkurve übertragen werden, indem man in der Geraden eine genügend große Zahl von Punkten aufsucht, in *p*-Werte umwandelt und diese dann in einem *S*-*p*-Diagramm zu einer Kurve verbindet. Auf diese Weise läßt sich eine gute Anpassung der *p*-Werte erreichen. Das *S*-*z*-Diagramm erlaubt im übrigen eine augenscheinmäßige Prüfung der hypothetischen Schwellenverteilung auf ihre Normalität. Wenn sich die Punkte im *S*-*z*-Diagramm gut durch eine Gerade annähern lassen, also keinen kurvenförmigen Verlauf zeigen, darf man mit großer Sicherheit Normalität annehmen.

Die Auswertung der Schwellenuntersuchung mit Hilfe des *S*-*p*-Diagramms und des S-z-Diagramms setzt nicht voraus, daß die unterste und die oberste Reizstufe völlig einheitlich beurteilt wurden, wie aus den vorstehenden Abbildungen selbst hervorgeht. Es muß also nicht p_+ bei der ersten Stufe 0 und bei der letzten 1 sein, weil diese Werte für die Bestimmung der Schwelle nicht benötigt werden.

Die beschriebenen graphischen Verfahren, die bei Anwendung der Konstanzmethode in Betracht kommen, sind im allgemeinen von ausreichender Genauigkeit. Für die Annäherung der empirischen Punkte gibt es, wie zuvor erwähnt (s. S. 362f.), noch exaktere Verfahren, insbesondere die Methode der kleinsten Quadrate. Da hier jedoch die Kenntnis der mathematischen Funktion nicht notwendig ist, genügen in der Regel die angegebenen Methoden.

Bestimmung der Unterschiedsschwelle. Folgender Versuch sei unternommen worden: Eine Reihe von 21 Gewichten, zwischen 80 g und 120 g in Abständen von je 2 g abgestuft, waren mit einem Normalgewicht von 100 g zu vergleichen. Bezogen auf diesen Standardreiz konnte die Beurteilung der Vergleichsgewichte lauten: «Schwerer», «Gleich» oder «Leichter». Alle verwendeten Gewichte unterschieden sich in ihrem Aussehen nicht voneinander. Die Reihe wurde in zufälliger Folge dargeboten, wie dies dem Konstanzverfahren entspricht, und zwar zehnmal bei einer Vp. Es liegen also nach dem Versuch insgesamt 210 Urteile vor, deren Verteilung gleich aus der graphischen Darstellung in Abbildung 10/10 hervorgehen soll.

In der Auswertung dieser Ergebnisse sind zunächst zwei Größen zu bestimmen: derjenige Reizwert, der gerade das Urteil «Schwerer» auslöst (oberer Unterschieds- oder Differenzreiz), und derjenige, der ausreicht, um das Urteil «Leichter» hervorzurufen (unterer Unterschiedsreiz). Anders ausgedrückt: Es ist auf der Skala der Reizgrößen der Punkt zu suchen, in dem die «Schwerer»-Urteile in die «Gleich»-Urteile übergehen, und der Punkt, in dem die «Gleich»-Urteile von den «Leichter»-Urteilen abgelöst werden.

Der obere Differenzreiz (DS_o) ergibt sich nach der Formel:

$$DS_o = \left(S_o + \frac{i}{2}\right) - \frac{\Sigma Sch}{n} \cdot i$$

Es bedeutet darin:

S_o die höchste Stufe des Vergleichsreizes,
i den Stufenabstand der Vergleichsreize (Intervallbreite),
ΣSch die Summe der «Schwerer»-Urteile,
n die Anzahl der Urteile pro Reizstufe.

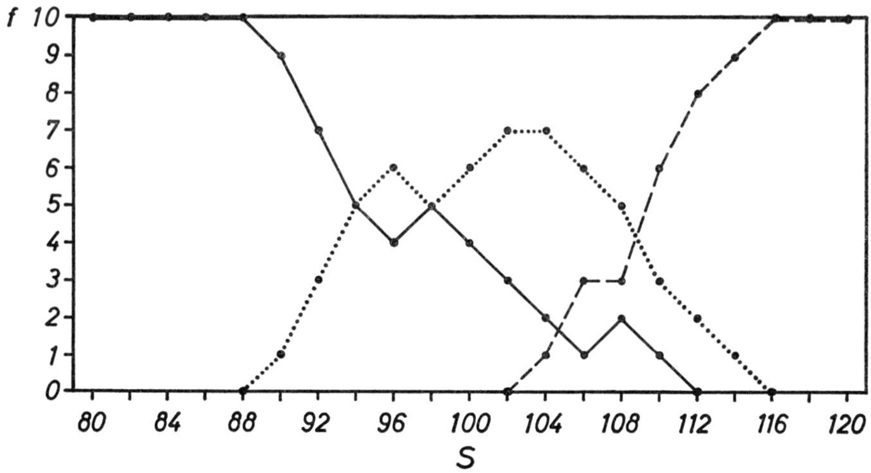

Abb. 10/10. Häufigkeitsverteilungen dreier Urteilskategorien. ——— «Leichter»-Urteile, ······· «Gleich»-Urteile, – – – – «Schwerer»-Urteile. (Beispiel nach PAULI-ARNOLD 1972, S. 41 f.)

Der untere Differenzreiz (DS_u) wird wie folgt errechnet:

$$DS_u = \left(S_u - \frac{i}{2}\right) + \frac{\Sigma L}{n} \cdot i$$

Dabei ist:

S_u die niedrigste Stufe des Vergleichsreizes,
ΣL die Summe der «Leichter»-Urteile.

Im angeführten Beispiel ist $S_o = 120$ g, $S_u = 80$ g, $i = 2$, $\Sigma Sch = 60$, $\Sigma L = 94$ und $n = 10$. Wir erhalten somit:

$$DS_o = \left(120 + \frac{2}{2}\right) - \frac{60}{10} \cdot 2 = 109$$

$$DS_u = \left(80 - \frac{2}{2}\right) + \frac{94}{10} \cdot 2 = 97{,}8$$

Die «Schwerer»-Urteile scheiden sich also bei der Reizgröße 109 g von den «Gleich»-Urteilen, und die «Gleich»-Urteile bei 97,8 g von den «Leichter»-Urteilen. Die Rechnung läßt sich überprüfen, indem man die Zone der «Gleich»-Urteile (*Gl*) ermittelt. Sie muß der Differenz DS_o—DS_u entsprechen:

$$\frac{\Sigma Gl}{n} \cdot i = DS_o - DS_u$$

Im beschriebenen Versuch sind 56 «Gleich»-Urteile aufgetreten, und wir erhalten:

$$\frac{56}{10} \cdot 2 = 11{,}2 = 109 - 97{,}8$$

Was bei der Berechnung von DS_o und DS_u geschieht, veranschaulicht Abbildung 10/11. Die drei Frequenzpolygone, die die Häufigkeiten der drei Urteilskategorien wiedergeben, werden in Rechtecke, sogenannte Idealgebiete umgewandelt, deren Fläche jeweils der Fläche unter dem betreffenden Polygonzug gleich ist. Die Punkte, in denen je zwei Rechtecke aneinandergrenzen, entsprechen einer Urteilshäufigkeit von 50% für jede der beiden Kategorien.

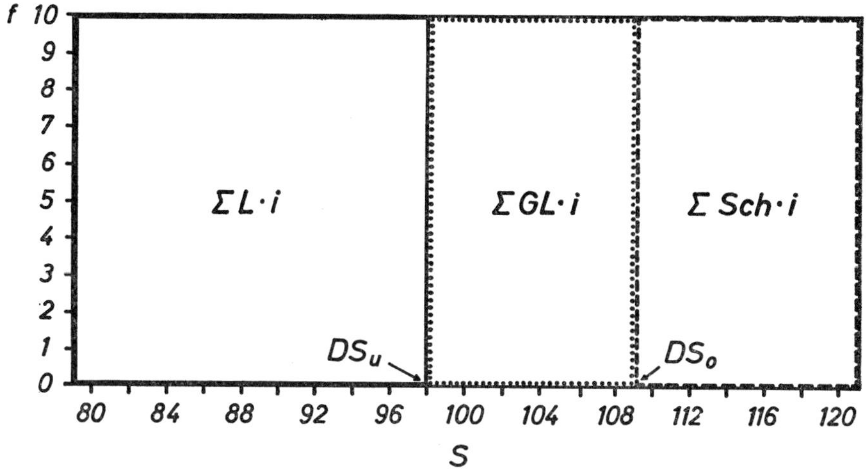

Abb. 10/11. Idealgebiete der drei Urteilskategorien, zur Veranschaulichung der Berechnung von oberem und unterem Unterschiedsreiz (DS_o und DS_u). *L*: «Leichter»-Urteile, *Gl*: «Gleich»-Urteile, *Sch*: «Schwerer»-Urteile, *i*: Intervallbreite.

In diesem Versuch ist eine obere und eine untere Unterschiedsschwelle zu bestimmen. Die obere Unterschiedsschwelle DL_o, also diejenige Reizgröße, um die der vorhandene Reiz gesteigert werden muß, damit eine Wahrnehmungsänderung eintritt, erhält man durch Subtraktion des Standardreizes S_{St} (hier 100 g) von DS_o:

$$DL_o = 109 - 100 = 9$$

(*DL* ist die Abkürzung von «Differenz-Limen».)

In gleicher Weise ergibt sich die untere Unterschiedsschwelle:

$$DL_u = 97{,}8 - 100 = -2{,}2$$

Obere und untere Unterschiedsschwelle weichen hier in ihrem absoluten Betrag beträchtlich voneinander ab. Man findet eine solche Abweichung, wenn der Standardreiz und der ihm gleiche Reiz in der Vergleichsreihe verschieden wahrgenommen werden. Bei Gewichtsvergleichen kommt dies vor, wenn das Normalgewicht stets mit der einen, die Vergleichsgewichte stets mit der anderen Hand gehoben werden. Man kann dann aus den Ergebnissen auch diejenige Reizgröße errechnen, die dem Standardreiz unter diesen Verhältnissen gleich erscheint. Man bezeichnet sie als den Punkt der subjektiven Gleichheit oder den Äquivalenzwert (A):

$$A = \frac{DS_o + DS_u}{2}$$

In unserem Beispiel ergibt sich hierfür:

$$A = \frac{97{,}8 + 109}{2} = 103{,}4$$

Infolge der unterschiedlichen Gewichtsempfindlichkeit beider Hände muß also das eine Gewicht um 3,4 g schwerer sein als das in der anderen Hand gehaltene Gewicht von 100 g, damit es als diesem gleich wahrgenommen wird. Vom Äquivalenzwert aus gerechnet beträgt die Unterschiedsschwelle in unserem Beispiel 5,6 g nach unten und nach oben.

Man beachte: Die Berechnung der Unterschiedsreize und der Unterschiedsschwelle nach den angegebenen Formeln ist (im Unterschied zur Bestimmung aus dem S-p-Diagramm) nur dann statthaft, wenn drei Voraussetzungen gegeben sind: Erstens müssen die beiden Endstufen der Vergleichsreihe ausnahmslos richtig beurteilt worden sein, da sich sonst die Grenzen der Idealgebiete nicht angeben lassen, zweitens müssen die Abstände zwischen den einzelnen Reizstufen gleich groß sein und drittens müssen alle Stufen gleich häufig dargeboten und beurteilt worden sein. Ist eine dieser Voraussetzungen nicht erfüllt, so führt die Anwendung der Formeln zu einem falschen Resultat.

Ergänzend sei erwähnt, daß mit den Schwellenformeln in analoger Weise auch Reizschwellen ermittelt werden können, wobei die Urteilskategorien etwa lauten können: «Ja», «Nein» und «Unsicher» (bezüglich der Wahrnehmbarkeit der dargebotenen Reizgröße). Die Berechnung von SL ist in diesem Fall analog der des Äquivalenzwerts A. Auch bei Verwendung von nur zwei Urteilskategorien («Ja» und «Nein») kann SL mit den Schwellenformeln bestimmt werden. Hierbei ergeben sich nicht in Analogie zu DS_o und DS_u zwei Werte, sondern nur ein Wert, der dann bereits die Reizschwelle darstellt.

Im folgenden sei noch die Bestimmung einer Unterschiedsschwelle aus dem *S-p*-Diagramm demonstriert, die etwas anders verläuft als die von Reizschwellen nach dem gleichen Verfahren. Wir bleiben aber nun beim selben Beispiel, um die Ergebnisse der graphischen Methode mit denen der mathematischen Auswertung durch die Schwellenformeln vergleichen zu können.

Für die in Abbildung 10/10 verzeichneten Resultate ergibt sich das folgende *S-p*-Diagramm (Abb. 10/12):

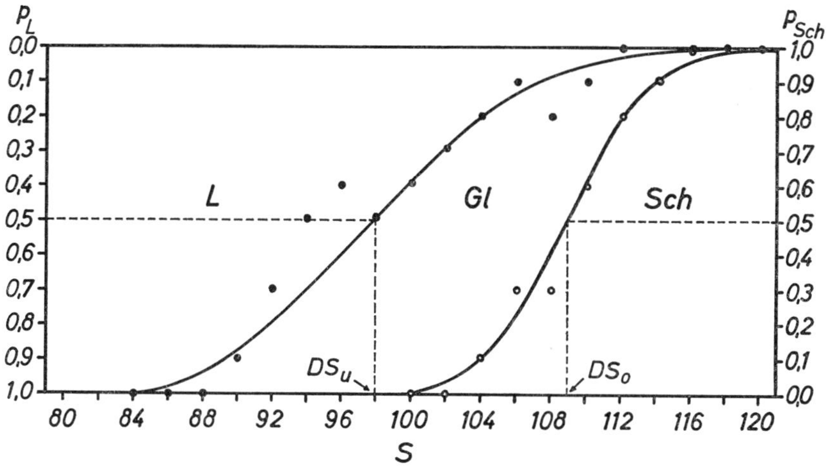

Abb. 10/12. *S-p*-Diagramm für drei Urteilskategorien zur graphischen Bestimmung von oberem und unterem Unterschiedsreiz. p_L: Anteil der «Leichter»-Urteile, p_{Sch}: Anteil der «Schwerer»-Urteile, *L*: Gebiet der «Leichter»-Urteile, *Gl*: Gebiet der «Gleich»-Urteile, *Sch*: Gebiet der «Schwerer»-Urteile.

In diesem Diagramm sind zwei Summenkurven als Ausgleich für die empirischen Punkte eingezeichnet. Die Fläche unter der rechten Kurve stellt das Gebiet der «Schwerer»-Urteile dar. Für deren Häufigkeit gilt der Maßstab an der rechten Seite. Man sieht, wie die «Schwerer»-Urteile zunehmen, bis sie schließlich den höchsten Anteil 1,0 erreichen. Die linke Kurve gibt in Umkehrung die Anteile der «Leichter»-Urteile wieder. Man beachte, daß deren Gebiet über der Kurve liegt und daß hierfür der linke, gegenläufige Maßstab gilt. Die «Leichter»-Urteile machen bei den unteren Reizstufen noch die Gesamtheit der Urteile aus und werden dann weniger, bis sie bei den höheren Stufen allmählich verschwinden. Die zwischen beiden Kurven liegende Fläche bildet das Gebiet der «Gleich»-Urteile. Vergleichen wir die Verläufe beider Kurven miteinander, so erkennen wir, daß zwischen den «Schwerer»- und den «Gleich»-Urteilen eine schärfere Abgrenzung vorliegt als zwischen den «Gleich»- und den «Leichter»-Urteilen, da die rechte Kurve deutlich steiler ansteigt als die linke.

Um den oberen Unterschiedsreiz DS_o zu finden, fällen wir von der rechten Kurve bei $p_{Sch} = 0{,}5$ das Lot. Wir treffen damit auf den Reizwert 109 g, erhalten also die gleiche Größe wie zuvor durch Berechnung. Für DS_u ergibt sich auf analoge Weise aus der anderen Kurve ein Reizwert von 98 g, der von dem vorher errechneten (97,8 g) kaum abweicht, obwohl der Ausgleich der empirischen Punkte bei deren etwas unregelmäßigem Verlauf mit geringerer Sicherheit erfolgt. Die Resultate der beiden Methoden zeigen also eine recht gute Übereinstimmung. Dabei ist zu betonen, daß in der Vorlage zu Abbildung 10/12 beide Kurven nur nach dem Augenmaß eingezeichnet wurden, während die auf der Waagrechten stehenden Zahlen abgedeckt waren. Bei einer größeren Anzahl von Urteilen pro Stufe, wie sie für die Herstellung eines *S-p*-Diagramms eigentlich erwünscht ist, findet man regelmäßigere Verläufe, die dem Freihandausgleich meist keine Schwierigkeit bereiten. Im übrigen sei auf die Auswertung durch das *S-z*-Diagramm hingewiesen, die auch für Unterschiedsschwellen anwendbar ist.

Bei den bis hierher behandelten Methoden der Unterschiedsschwellenbestimmung wurde stets mit drei Urteilskategorien gearbeitet. Dies erscheint selbstverständlich und notwendig, denn die Ermittlung der oberen und unteren Unterschiedsschwelle fordert die Kenntnis der beiden Punkte, in denen sich die «Schwerer»- von den «Gleich»- und die «Gleich»- von den «Leichter»-Urteilen scheiden, zweier Punkte also, die zwischen drei Urteilskategorien liegen und bei denen jeweils in 50 % der Fälle ein Stärker- beziehungsweise Schwächerwerden des Eindrucks angegeben wird. Die Größe der Unterschiedsschwelle wird notwendigerweise durch die Größe des Bereichs der «Gleich»-Urteile, des sogenannten Unsicherheitsintervalls (*UI*) determiniert. Werden mehr «Gleich»-Urteile abgegeben, so wird die Unterschiedsschwelle größer, werden weniger «Gleich»-Urteile abgegeben, so wird sie kleiner. Dies gäbe keinen Anlaß zu Bedenken, wenn der Gebrauch der Kategorie «Gleich» von nichts anderem als von der tatsächlichen Unterscheidungsfähigkeit abhinge. Das ist jedoch nicht der Fall. Vielmehr spielen hier, allgemein gesprochen, auch Einstellungen der Vp eine Rolle. Ob die Vp eine gewissenhafte oder sorglose, eine kritische oder weniger kritische Haltung im Versuch einnimmt, hat einen Einfluß auf die Verwendung der Urteilskategorie «Gleich». Besondere Experimente haben zudem erwiesen, daß auch die Formulierung der Instruktion hierfür von Bedeutung ist. Es macht einen Unterschied, wenn im einen Fall etwa gesagt wird, «Gleich»-Urteile seien dann zu geben, wenn die Reize nicht sicher zu unterscheiden seien, und im andern dagegen «Gleich»-Urteile nur bei wirklich wahrgenommener Gleichheit verlangt werden. Im ersten Fall treten mehr, im zweiten weniger «Gleich»-Urteile auf.

Diese Schwierigkeiten lassen sich umgehen, indem man auf die mittlere Kategorie verzichtet und nur zwei Urteilsarten verwendet. Da sich aber auf diese Weise nur ein Äquivalenzwert und nicht das Unsicherheitsintervall beziehungsweise die Unterschiedsschwelle nach der üblichen Definition bestimmen läßt, muß hierfür eine andere Definition gebildet werden. Man nimmt daher nach FULLERTON und CATTELL für das Unsicherheitsintervall die Strecke zwischen den beiden Punkten an, bei denen jeweils 75 % der Urteile richtig sind.

Die «Gleich»-Urteile werden entweder schon im Versuch ausgeschaltet, indem man die Vp auffordert, sich immer nur für eine von zwei Kategorien («Leichter» oder «Schwerer» beziehungsweise «Kleiner» oder «Größer», «Schwächer» oder «Stärker» usf.) zu entscheiden, oder indem man die «Gleich»-Urteile erst in der Auswertung unter den beiden anderen Kategorien aufteilt. Letzteres kann auf zweierlei Art geschehen: Entweder werden die bei jeder Reizstufe aufgetretenen «Gleich»-Urteile je zur Hälfte den beiden anderen Kategorien zugeschlagen, oder aber sie werden nach Maßgabe der jeweiligen Anteile dieser beiden Kategorien in den einzelnen Reizstufen aufgeteilt. Liegen zum Beispiel bei einer Stufe 8 «Schwerer»-, 3 «Gleich»- und 4 «Leichter»-Urteile vor, so werden in diesem Fall 2 «Gleich»-Urteile den «Schwerer»-Urteilen, eines den «Leichter»-Urteilen zugeschlagen. Es lassen sich Gründe für die eine wie für die andere Art der Aufteilung geltend machen.

Das weitere sei in einem *S*-*p*-Diagramm veranschaulicht, das jetzt nur eine Summenkurve enthält (Abb. 10/13). Gemäß der neuen Definition liegt jetzt DS_o bei $p_{Sch} = 0{,}75$ $(= Q_3)$, DS_u bei $p_{Sch} = 0{,}25$ (Q_1) beziehungsweise bei $p_L = 0{,}75$. Die «Gleich»-Urteile haben wir jeweils halb und halb aufgeteilt. Auf dem schon gewohnten graphischen Weg finden wir $DS_o = 110$ g und $DS_u = 97{,}0$ g. Für den Äquivalenzwert, den wir nun auch auf diese Weise bestimmen können, ergibt sich 103,5 g. DL_o beträgt demnach (bezogen auf den Standardwert von 100 g) 10 g; für DL_u ergibt sich —3 g. Vom Äquivalenzwert aus gerechnet beträgt $DL \pm 6{,}5$ g (die Hälfte des Unsicherheitsintervalls).

Der Äquivalenzwert muß mit dem bei der früheren Berechnung aus drei Kategorien ermittelten (103,4 g) annähernd übereinstimmen, was

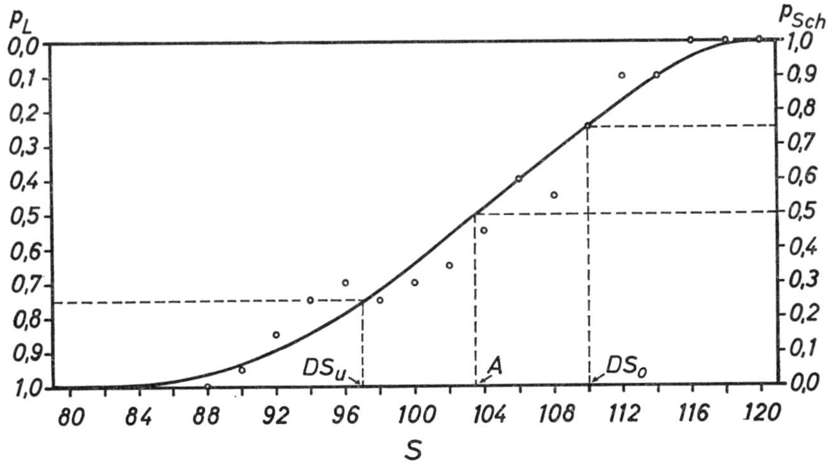

Abb. 10/13. *S-p*-Diagramm nach Aufteilung der «Gleich»-Urteile zur graphischen Bestimmung von oberem und unterem Unterschiedsreiz (definiert durch jeweils 75% richtiger Urteile).

auch der Fall ist. Dagegen muß das Unsicherheitsintervall (DS_o—DS_u) größer sein als bei dem üblichen Vorgehen und zwangsläufig ebenso die Größe *DL*, da hierfür nun weiter gesteckte Grenzen (75% richtiger Urteile) gelten. Auf den verschiedenen Definitionen beruhende Werte von *DS*, *UI* und *DL* sind selbstverständlich nicht miteinander vergleichbar. Der Vorzug der «75-%-Schwelle» liegt darin, daß sie aus den genannten Gründen stabiler ist als die herkömmliche «50-%-Unterschiedsschwelle».

Zusammenfassung. Schwellenwerte werden bestimmt, um psychologische Skalen zu erstellen oder lediglich um den Grad der absoluten Empfindlichkeit oder der Unterschiedsempfindlichkeit eines Sinnes zu ermitteln.

Ein Schwellenwert ist keine konstante Größe; er variiert vielmehr auf Grund verschiedener Einflüsse. Daher wird er stets aus mehreren Darbietungen einer Reihe von Reizgrößen gewonnen.

Sowohl die Bestimmung der Reizschwelle wie auch die der Unterschiedsschwelle kann nach den verschiedenen psychophysischen Methoden erfolgen. Die Auswertung der experimentellen Daten kann sich entweder mathematischer oder graphischer Verfahren bedienen, wobei jeweils bestimmte Vorschriften zu beachten sind. Die einzelnen Verfahrensweisen werden an Beispielen demonstriert; in diesem Zusammenhang werden auch speziellere methodische Begriffe und Probleme erörtert.

3. ÜBER DIE KONSTRUKTION PSYCHOLOGISCHER SKALEN

Wie schon erwähnt, geht es insbesondere um die Herstellung von Intervall- und Verhältnisskalen. Das soll nicht heißen, daß Nominal- und Ordinalskalen von geringem Wert seien; diese sind vielmehr für viele Zwecke durchaus schon hinreichend. Es steht aber außer Zweifel, daß die Verwendung von Intervall- und Verhältnisskalen der psychologischen Forschung wesentliche weitere Möglichkeiten eröffnet. Man versuche sich vorzustellen, wo etwa die Physik stehengeblieben wäre, hätten sich ihre Beobachtungen nur in Nominal- und Rangskalen ausdrücken lassen.

In der Psychologie wirft indessen die Messung nach diesen höheren Skalentypen besondere methodologische Probleme auf. Im folgenden sollen die Grundgedanken dargestellt werden, die entwickelt worden sind, um solche Messungen möglich zu machen.

Das Prinzip der indirekten Skalierung. Die erste psychologische Skalierung geschah mit der Feststellung einer Abhängigkeit zwischen Reiz und Empfindung, die FECHNER als «psychophysisches Grundgesetz» bezeichnete und der man später den Namen «Fechnersches Gesetz» gab. FECHNER war von einer Entdeckung des Physiologen E.H. WEBER ausgegangen. Dieser hatte die Unterschiedsempfindlichkeit des Tastsinns erforscht und gefunden, daß der Reizzuwachs ΔS, der für eine ebenmerkliche Verstärkung der Empfindung erforderlich ist, in einem konstanten Verhältnis zum Ausgangsreiz S steht. Dieses «Webersche Gesetz» drückt sich in der Formel aus:

$$\frac{\Delta S}{S} = k$$

Wenn zum Beispiel der Quotient $\Delta S/S$ für auf die Hand aufgelegte (nicht gehobene) Gewichte $^1/_3$ beträgt, so muß zu einem Gewicht von 100 g ein solches von 33 g hinzukommen, damit eine stärkere Empfindung eintritt. Ein Ausgangsreiz von 200 g erfordert dann für den gleichen Erfolg einen Zuwachs von 67 g, ein Ausgangsreiz von 300 g einen Zuwachs von 100 g usf. Die Unterschiedsschwelle kann also in Prozent des Ausgangsreizes ausgedrückt werden (relative Unterschiedsschwelle), vorausgesetzt, daß das Webersche Gesetz auf dem gesamten Bereich der Reizgrößen tatsächlich erfüllt ist.

FECHNER machte nun die Annahme, daß die einzelnen ebenmerklichen Unterschiede empfindungsmäßig untereinander gleich seien. Demnach ist also im oben genannten Fall der Empfindungsunterschied zwischen 100 und 133 g ebenso groß wie der zwischen 200 und 267 g und dieser wiederum genau so groß wie derjenige zwischen 300 und 400 g. Darin liegt hier das Prinzip der gesamten Skalierung: Gleiche Stufen der Merklichkeit bedeuten subjektiv gleiche Intervalle. Dazu wird als Merklichkeitsstufe ein Minimalwert, der ebenmerkliche Unterschied, eingesetzt, der bei der Bestimmung der Unterschiedsschwelle gefunden wird. Die Abhängigkeit zwischen Reiz- und Empfindungsstärke kann man sich anschaulich vergegenwärtigen, indem man die einzelnen ebenmerklichen Unterschiede aneinanderfügt.

Wir gehen von einem Reiz der Größe 100 aus. Die relative Unterschiedsschwelle soll wieder $^1/_3$ betragen. Wir finden dann den ersten ebenmerklichen Unterschied bei dem Reizwert 133. Zu diesem fügen wir wieder $^1/_3$ hinzu und erhalten so 177. Indem wir so fortfahren, ergeben sich für die nächsten Stufen die Größen 235, 313, 416 und 553 (die Zahlen sind gerundet). Zwischen der Reizgröße 100 und der Reizgröße 553 liegen somit nach Webers Gesetz sechs ebenmerkliche Unterschiede, die nach Fechner sechs gleiche Empfindungsstufen sind. In Abbildung 10/14 ist dies wiedergegeben. Diese Skala ist eine Intervallskala. Es fehlt bei dieser Darstellung noch der Nullpunkt der Empfindung. Für diesen hat Fechner die Reizschwelle angenommen, was ohne weiteres einleuchtet.

Wie Abbildung 10/14 zeigt, ergibt die Verbindung der Punkte eine Kurve, die zuerst steiler, dann immer weniger steil ansteigt. Es handelt sich um eine logarithmische Funktion, welche die Gesetzmäßigkeit wie-

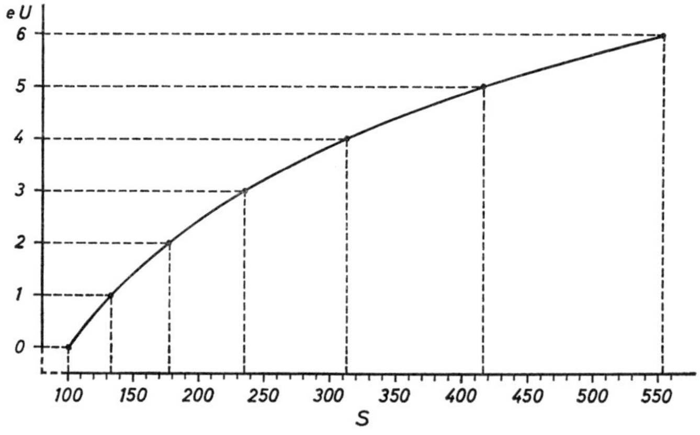

Abb. 10/14. Veranschaulichung des Fechnerschen Gesetzes (eU: ebenmerklicher Unterschied).

dergibt, die FECHNER mit den erwähnten Voraussetzungen aus der Weberschen Formel abgeleitet hat. Demnach gilt für die Stärke der Empfindung (R) die Gleichung:

$$R = k \cdot \log S + C$$

Darin bedeutet k die Webersche Konstante, C ist eine Integrationskonstante. Die Empfindungsstärke ist an der Schwelle = 0. Als Einheit für die Reizstärke nahm FECHNER den Schwellenreiz.

Die Stärke der Empfindung entspricht nach diesem Fechnerschen Gesetz also dem Logarithmus des Reizes; anders ausgedrückt: die Empfindung nimmt arithmetisch zu, wenn der Reiz geometrisch anwächst.

Wie steht es nun mit der Geltung dieses Gesetzes? Hierüber ist viel diskutiert worden. Tatsache ist, daß es (unter den gegebenen Voraussetzungen) für die mittleren Reizstärken ungefähr zutrifft, und zwar auf verschiedenen Sinnesgebieten beziehungsweise bei verschiedenen Sinnesleistungen, wovon man sich durch zahlreiche Untersuchungen überzeugt hat. Jedoch gilt es nicht für sehr kleine, nahe der Schwelle liegende Reizgrößen und auch nicht für sehr hohe Reizstärken. Der Grund hierfür liegt aber nicht im Vorgang der Skalierung, sondern vielmehr darin, daß der Quotient $\Delta S/S$ nicht für den gesamten Bereich der Reizgrößen konstant ist, das Webersche Gesetz also nicht durchgängig gilt. Man gelangt daher zu einer genaueren Bestimmung der Beziehung zwischen S und R, wenn man nicht von einem konstanten Wert für $\Delta S/S$ ausgeht, sondern die ebenmerklichen Unterschiede durch den ganzen Bereich einzeln empirisch ermittelt, sie aneinanderreiht und hiernach dann die funktionale Abhängigkeit errechnet. Es sind nach solchem Vorgehen als Alternativen zum Fechnerschen Gesetz andere Formeln vorgeschlagen worden. Nach einer von diesen soll die Empfindungsstärke der Quadratwurzel des Reizes oder allgemeiner einer bestimmten Potenz der Reizgröße folgen.

Ein Skalierverfahren von der geschilderten Art bezeichnet man als ein indirektes, weil hier die Vp selbst über die gesuchten gleichen Skalenabstände nichts aussagt und diese vielmehr aus der Verteilung der Urteilsarten erschlossen werden. Die oben beschriebene Art dieser indirekten Skalierung läßt wohl das Prinzip des Verfahrens deutlich werden; in der Durchführung wird sie aber oft langwierig und ist außerdem nur in den Fällen anwendbar, in denen ebenmerkliche Unterschiede auf Grund der Reizanordnung bestimmt werden können. Die am meisten angewendete indirekte Skaliermethode ist indessen der Paarvergleich, der hierzu nach besonderen Regeln ausgewertet wird, die aus dem von dem amerikanischen Psychologen L. L. THURSTONE aufgestellten «Gesetz vom Vergleichsurteil» (law of comparative judgment) folgen. Auf die zugrundeliegende Theorie vom Paarvergleich kann hier kaum eingegangen werden. Es sei nur erwähnt, daß die Skalierung auf den Proportionen zweier Urteilskategorien bei den jeweiligen Reizkombinationen beruht, also zum Beispiel auf dem Verhältnis von «Größer»- und «Kleiner»-Urteilen. («Gleich»-Urteile müssen wegfallen.) Der Grundgedanke der Skalenbildung ist der, daß innerhalb des «subjektiven Kontinuums» der Empfindungen zwei Eindrücke um so enger benachbart sind, je häufiger die betreffenden Reize in der Beurteilung miteinander verwechselt werden, und um so weiter voneinander entfernt sind, je seltener dies geschieht. Die mathematisch formulierte Theorie des Paarvergleichs erlaubt es, die jeweiligen Abstände zwischen den Eindrücken zu errechnen. Diese Skaliermethode führt zu einer Intervallskala. Um diese in eine Verhältnisskala umzuwandeln, muß der Nullpunkt des skalierten Merkmals aufgesucht werden. Dies geschieht etwa durch die Bestimmung einer absoluten Schwelle oder durch die Beziehung der aus dem Paarvergleich gewonnenen Skala auf eine nach dem Schätzverfahren für dasselbe Merkmal gebildete Skala, die einen Nullpunkt enthält.

Mit dem Paarvergleich kann auf diese Weise praktisch jedes Merkmal, das sich in einer Dimension anordnen läßt, skaliert werden, auch wenn es sich dabei um komplexere Eindrücke (etwa ästhetischer oder emotionaler Art) handelt, und auch wenn diese nicht wie etwa Druck- oder Lichtreize durch physikalische Maßeinheiten definiert werden können. Dabei ist das Verfahren recht ökonomisch. Der Skalierprozeß erfordert im Experiment meist keinen größeren Aufwand als die Bestimmung einer Unterschiedsschwelle aus 100 Urteilen pro Reizstufe.

Intervallskalen lassen sich im übrigen auch mit Hilfe der Rangordnung und des Schätzverfahrens herstellen, indem man bestimmte Annahmen über die Verteilungen der Rangzahlen beziehungsweise der Schätzzahlen auf einer Intervallskala zugrunde legt. Das Verfahren besteht im wesentlichen in der Normalisierung der Verteilungen dieser Zahlen, wobei die ursprüngliche Rang- oder Schätzskala so transformiert (gestreckt oder gestaucht) wird, daß sie gleiche Abstände repräsentiert. Die theoretische Grundlage der Skalierung ist hier das «Gesetz vom Kategorialurteil» (law of categorical judgment).

Das Prinzip der direkten Skalierung. Die direkten Skaliermethoden verlangen von der Vp eine Beurteilung der Abstände oder der Verhältnisse zwischen den Reizen. Die Urteile werden dann unmittelbar zur Skalenbildung verwertet, daher die Bezeichnung «direkte» Skaliermethoden, im Unterschied zu den vorher genannten. Diese Verfahren sind nur wenig jünger als die «indirekten»; sie sind aber erst in neuerer Zeit in großem Umfang angewendet worden.

Man kann zwei Gruppen direkter Skaliermethoden unterscheiden, die mit einigen Abwandlungen aus den im folgenden beschriebenen Grundformen hervorgegangen sind.

1. Die Methode der mittleren Abstufungen. Sie wurde von dem belgischen Physiker J. A. F. Plateau entworfen, der sie zuerst zur Ordnung der Sterngrößen nach ihrer Lichtstärke benutzte und sie später für experimentell-psychologische Messungen vorschlug. Das Verfahren ist dieses: Es werden drei Reize dargeboten. Von diesen bleiben der untere (S_u) und der obere (S_o) konstant. Der dazwischen liegende (S_m) soll nun so eingestellt werden, daß er die Mitte zwischen den beiden anderen Reizen bildet. Ist dies geschehen, so besteht zwischen S_u und S_m der gleiche eindrucksmäßige Abstand wie zwischen S_m und S_o. Der Versuch wird dann fortgesetzt, wobei S_m nun zum oberen oder unteren konstanten Reiz gemacht wird und wiederum die Mitte zwischen diesem und dem verbleibenden anderen Reiz gesucht wird. Dies kann mehrmals wiederholt werden, und man gelangt auf diese Weise, indem man jeweils die für die Mitten genannten Reizgrößen feststellt, zu einer Beziehung zwischen Reizen und Empfindungsgrößen, die einer Intervallskala entspricht. Als Beispiel mag man sich die Herstellung einer Reihe von Grautönen gleicher eindrucksmäßiger Abstufung denken. Man kann an einem Farbvariator nach Musil (Farbenkreisel mit während des Laufs verstellbaren Sektoren) die gesuchte Größe für S_m durch das Grenzverfahren oder durch das Herstellungsverfahren ermitteln, oder man kann aus einer größeren Anzahl von Graumustern dasjenige auswählen lassen, das dem gesuchten Grauton entspricht.

2. Die Methode der Verhältnisschätzung. Die Grundform ist die in den achtziger Jahren erstmals von J. Merkel angewendete «Methode der doppelten Reize». Man läßt zu einem gegebenen Reiz einen zweiten finden, dem im Urteil der Vp die doppelte Intensität zukommt. Merkel bediente sich hierzu des Grenzverfahrens. Von dem neuen Reizwert ausgehend, läßt sich dann ein weiterer finden, der wiederum diesem gegenüber den doppelten Empfindungswert hat, usw. Auf diese Weise gelangt man zu einer Verhältnisskala. Die Methode der doppelten Reize ist weiter ausgestaltet worden, indem man zu dem Ausgangsreiz solche Reizwerte feststellt, bei denen der Eindruck das Drei-, Vier- und Mehrfache beträgt («Methode der multiplen Reize»). Auf der anderen Seite ist man

auch dazu übergegangen, solche Reizwerte zu bestimmen, bei denen der Eindruck gleich der Hälfte, einem Viertel oder einem anderen Bruchteil des Eindrucks ist, den der Ausgangsreiz auslöst. Dieses Verfahren trägt die Bezeichnung «Fraktionierungsmethode». Freilich besteht hier kein wesentlicher Unterschied; ob man zu einer Größe das Doppelte oder die Hälfte sucht, es handelt sich um zwei Formen desselben Vorgangs, nämlich der Verhältnisschätzung.

Zur Kontrolle wiederholt man das Verfahren der Verhältnisschätzung, bei einem anderen Ausgangsreiz beginnend. Es müssen sich dabei Resultate zeigen, die mit den zuvor gewonnenen innerhalb annehmbarer Fehlergrenzen übereinstimmen.

Neben dem Prinzip der Reizfindung wird auch das der Urteilsfindung angewendet. Dies geschieht zum Beispiel nach der «Methode der konstanten Summen». Hier werden jeweils zwei Reize dargeboten, deren Verhältnis von der Vp in Teilen von 100 anzugeben ist. So können zum Beispiel zwei Eindrücke als im Verhältnis 40:60, 70:30 oder 10:90 stehend beurteilt werden.

Von Interesse ist die Frage nach der Übereinstimmung der mit direkten und indirekten Methoden für dasselbe Eindruckskontinuum gewonnenen Skalen. Fest steht zunächst einmal, daß beide Arten von Verfahrensweisen zu in sich selbst konsistenten Resultaten führen. Der Vergleich zwischen beiden zeigt indessen teils sehr ähnliche, teils voneinander stärker abweichende Ergebnisse. Welche Methode nun im allgemeinen die getreuere Skalierung erbringt, läßt sich gegenwärtig nicht entscheiden, und man läßt sich daher meist von den spezielleren methodischen Gegebenheiten der Untersuchung leiten, wenn man sich im einzelnen Fall zu einem Skalierverfahren der einen oder der anderen Art entschließt. Die ältere Psychometrie übte gegenüber den direkten Methoden Zurückhaltung und wendete sie verhältnismäßig wenig an. Man bezweifelte, daß es überhaupt möglich sei, richtig zu beurteilen, ob der eine Eindruck drei- oder viermal oder halb so stark sei wie ein anderer und daß die dabei unterlaufenden Fehler sich im Mittel ausgleichen würden. Es ist denkbar, daß die Zahlangaben, wie man sie bei Abstands- und Verhältnisschätzungen von einer Vp verlangt, nicht als arithmetische Zahlen zu verstehen sind. In der Tat sind die direkten Verfahren anfällig für verschiedene Arten möglicher systematischer Fehler, was seit langem bekannt ist (G. E. Müller 1906). Es bedarf noch intensiver methodologischer Untersuchung, bis diese Fragen gelöst sein werden, soweit dies überhaupt möglich ist.

Wird tatsächlich Psychisches gemessen? Über die bis hierher zurückgestellte Frage, ob auf die beschriebene Weise Psychisches tatsächlich meßbar sei, ist mit tauglichen und untauglichen Argumenten viel gestritten worden. Immer wieder und bis in die neueste Zeit wurde vor allem der Einwand erhoben, daß man psychische Inhalte nicht als Größen betrachten, also nicht messen könne, da sie sich nur als Qualitäten auszeichneten.

Angesichts eines solchen grundsätzlichen Einwandes kann angeführt werden, was noch FECHNER selbst (1882, S. 325) einem Kritiker darauf erwiderte: «Aber der Verfasser wird doch zugeben, daß sich von einer schwächeren zu einer stärkeren Licht- oder Schallempfindung etwas ändert, und daß man von verschiedenen *Größen* dieser Änderung sprechen kann, oder meint er nicht so, so hat er einen anderen Sprachgebrauch als alle Welt; ich meine aber auch gezeigt zu haben, daß man die Größen jener Änderungen auch als Änderungen von Größen behandeln und dabei von erfahrungsmäßigen Ausgangspuncten zu erfahrungsmäßigen Folgerungen gelangen kann.»

Diesem Anspruch FECHNERS wird man stattgeben müssen. Und wenn sich die Größen der Änderungen mit Hilfe psychometrischer Methoden als Änderungen von Größen darstellen lassen, so ist auch der Begriff des Messens hier gewiß am Platz. Dennoch halten wir es für notwendig, danach zu fragen, was von der Psychometrie eigentlich gemessen wird und insbesondere, ob dies das Psychische als solches ist.

Die Antwort liegt sehr nahe, daß ja die Größe einer Empfindung, etwa der Schwere eines aufgehobenen Gewichts, und damit auch ein psychischer Inhalt gemessen werde. Doch darauf läßt sich mit der Frage erwidern, ob denn die Messung eines Gewichts das eine Mal durch die Briefwaage und das andere Mal durch Abwägen in der Hand zwei derart verschiedenartige Prozesse sind, daß sie geradezu verschiedenen Welten angehören.

Gewiß, beides ist nicht ein und dasselbe. Im einen Fall wird das Gewicht mit Hilfe der Mechanik eines Gegengewichts auf einer Skala ablesbar gemacht; im anderen dient eine Druckempfindungen vermittelnde organische Struktur zu seiner Bestimmung. Im einen Fall ist es möglich, die Wahrnehmung der zu messenden Größe (hier die Zeigerstellung) direkt auf die Wahrnehmung einer mitgegebenen Größennorm (Skala des Instruments) zu beziehen und in deren Einheiten auszudrücken. Im anderen Fall existiert kein solcher äußerer und unveränderlicher Maßstab, mit dem die wahrgenommene Größe verglichen werden könnte; daher kann sie hier nicht ohne weiteres und unbedingt in Einheiten, sondern lediglich ungefähr, als eine Schätzung, angegeben werden.

Abgesehen von dem weit höheren Objektivitäts- und Präzisionsgrad beim ersten Verfahren ist aber beiden Fällen dies gemeinsam, daß die Konstatierung der Gewichtsgröße in jedem Fall ein psychischer Akt ist. Im einen Fall wird diese Größe ins Optische übersetzt; ihre Feststellung erfolgt durch das Auge. Im anderen Fall sind es Sinnesorgane in Haut, Muskeln und Gelenken, durch die sie angezeigt wird.

Das Gemeinsame beider Verfahrensweisen, nämlich daß so oder so ein Wahrnehmungsakt vorliegt, scheint uns weit wesentlicher als die Verschiedenheiten der Prozedur, die darin bestehen, daß diese durch die eine oder durch die andere Wahrnehmungsmodalität vollzogen wird und daß mehr oder weniger variable Angaben gefunden werden.

Was folgt aus diesen Überlegungen? Zunächst werden wir uns mit dem Gedanken vertraut machen müssen, daß es einen grundsätzlichen Unterschied zwischen der Feststellung von Reizen und der von Empfindungen nicht gibt. Es ist sicherlich verfehlt, wenn – meist stillschweigend – vorausgesetzt wird, es werde auf der Waage der «objektive» Reiz (gedacht als etwas Absolutes), auf der Hand hingegen die «subjektive» Empfindung bestimmt. Denn zum einen richtet sich die Aussage beide Male auf einen Gegenstand, und dieser ist beide Male derselbe, und zum anderen liegen der Aussage beide Male Empfindungen zugrunde. Es scheint, daß diese Tatsache weitgehend übersehen oder vergessen worden ist. Der Grund dafür kann nur in dem schon früher (vgl. Kap. II, 1) kritisierten naiven Glauben gesucht werden, wonach uns zwei Sphären der Wirklichkeit, nämlich eine physische und eine psychische, jede für sich und unmittelbar, zugänglich seien. (Vgl. hierzu auch die Ausführungen über die vermeintliche Selbstbeobachtung; Kap. V, 2.)

Wird aber nun tatsächlich *das Psychische* gemessen? Wir sehen uns nicht imstande, hierüber zu entscheiden. Zwar ist, wie zu zeigen versucht wurde, keine Messung und überhaupt keine Aussage über etwas ohne irgendeine psychische Tätigkeit möglich. Aber was ist an einer solchen Aussage psychischer und was außerpsychischer Inhalt oder Anteil? Dies ist ein metaphysisches Problem, und eine Psychologie, die sich als Erfahrungswissenschaft versteht, wird sich damit nicht befassen. Sie hat dies auch nicht nötig, zumal sich ihr ganz andere Aufgaben stellen.

Was die Psychophysik betrifft, so bestehen diese Aufgaben darin, die funktionalen Beziehungen zwischen Messungen (im üblichen Sinn des Wortes) und «rein eindrucksmäßigen» Beurteilungen derselben Reihen von Gegebenheiten zu untersuchen. Die psychometrischen Methoden erlauben es ja, auch Vergleichs- und Schätzurteile auf Intervall- und Verhältnisskalen zu lokalisieren und sie somit in einem spezielleren Sinn als

Meßdaten zu behandeln, oder, um mit Fechner zu sprechen, die Größen der Änderungen auch als Änderungen von Größen auszudrücken.

Nun hat sich gezeigt, daß die Bestimmung von Größen an Hand eines «inneren» Bezugssystems einem anderen Gesetz folgt als die Bestimmung derselben Größen mit Hilfe des «äußeren», der Wahrnehmung beigefügten Maßstabs. Darin liegt – wieder einmal – die diskrepante Erfahrung, durch die sich ein Faktor verrät, der unmißverständlich auf eine psychische Verarbeitung hinweist. Schon Webers Gesetz allein hätte dafür den unwiderleglichen Beweis erbringen können.

Wir können nicht behaupten, das Psychische als solches messen zu können, ebensowenig, wie wir den Anspruch erheben können, die äußere Welt in ihrer absoluten Beschaffenheit zu erkennen. Aber wir erkennen durch die «Psychometrie» die Bedeutsamkeit psychischer Faktoren überhaupt.

Die Psychometrie bringt freilich weit mehr als nur diese allgemeine Erkenntnis. Wir können zum Beispiel mit indirekten oder direkten Verfahren die Stärke emotionaler Eindrücke skalieren und diese auf eine damit korrespondierende physiologische Variable beziehen. Es läßt sich somit angeben, in welchem Maß die durch ein Urteil ausgedrückte emotionale Veränderung mit der physiologischen Veränderung anwächst (s. hierzu Traxel 1960b, 1960c, 1972). Damit ist in Gestalt der physiologischen Variablen ein Indikator für emotionale Veränderungen gewonnen, von dem eine höhere Objektivität und Stabilität zu erwarten ist als von dem Urteil selbst, das zudem in bestimmten Fällen noch besonderen Fehlerquellen ausgesetzt sein kann. Will man zum Beispiel die Wirkung eines Anregungs- oder eines Beruhigungsmittels auf die emotionale Erregbarkeit prüfen, so wird man dabei lieber auch einen solchen Indikator heranziehen, als sich allein auf die Urteile der Vpn zu verlassen.

Es können weitere Beispiele dafür genannt werden, daß die Psychometrie nicht nur unter rein wissenschaftlichen Gesichtspunkten von Interesse ist, sondern auch praktische Bedeutung hat. So ist die nach psychometrischen Grundsätzen entwickelte Phon-Skala der Lautstärke in der praktischen Anwendung wesentlich zweckmäßiger als die Skala der physikalisch gemessenen Schalldruckwerte.

Jedenfalls besitzt die «Psychometrie», gerade wenn die Frage nach der Meßbarkeit des Psychischen offen gelassen wird, eine konkrete, von zweifelhaften Annahmen freie Grundlage sowohl für rein wissenschaftliche als auch für praktisch orientierte Forschungen.

Zusammenfassung. Mit den Methoden der Skalierung sollen Intervall- und Verhältnisskalen auch für solche Variable hergestellt werden, die durch Vergleichs- und Schätzurteile repräsentiert sind. Nach dem Prinzip der indirekten Skalierung werden gleiche Abstände (etwa ebenmerkliche Unterschiede von Reizgrößen) aus Vergleichsurteilen errechnet. Auf diese Weise ist aus dem Weberschen Gesetz mit Hilfe zusätzlicher Annahmen das Fechnersche Gesetz hervorgegangen, das die funktionale Beziehung zwischen Reizgröße und Empfindungsstärke wiedergeben soll. Bei der direkten Skalierung sollen dagegen schon im Urteil selbst die Größenverhältnisse von Eindrücken erfaßt werden. Indirekte und direkte Methoden führen teils zu einander ähnlichen, teils zu voneinander abweichenden Resultaten, wenn sie auf dasselbe Eindruckskontinuum angewendet werden.

Die Frage, ob mit solchen Methoden Psychisches als solches gemessen werde, ist nicht zu beantworten. Jede Feststellung richtet sich auf einen Gegenstand; andererseits besteht sie stets in einem psychischen Akt. Was hier psychischer und was außerpsychischer Anteil ist, läßt sich nicht nachprüfen. Man kann daher auch nicht behaupten, daß die Messung des Reizes und die Messung der von ihm ausgelösten Empfindung voneinander unabhängig möglich seien. Aufgabe der Psychometrie kann es somit nur sein, funktionale Beziehungen zwischen verschiedenen Erfassungsweisen derselben Größenreihe darzustellen, wenn also einmal die Aussagen nach einem «äußeren» Maßstab erfolgen, ein andermal aber sich auf ein «inneres» Bezugssystem stützen.

In diesem Kapitel verwendete Abkürzungen:

A Äquivalenzwert
DL Unterschiedsschwelle (Differenz-Limen)
  DL_u untere, DL_o obere } Unterschiedsschwelle
DS Unterschiedsreiz (Differenz-Reiz)
  DS_u unterer, DS_o oberer } Unterschiedsreiz
eU ebenmerklicher Unterschied
R Reaktion, auch Empfindung, subjektive Größe
S Reiz (Stimulus)
  S_u unterster Reiz, S_o oberster Reiz } in einer Reihe von Reizen
  S_m Reiz zwischen zwei anderen Reizen
  S_{St} Normalreiz (Standardreiz)
SL Reizschwelle (Reiz-Limen)
UI Unsicherheitsintervall

Weitere Literatur: d'Amato (1970), Ekman (1972), Engen (1971), Guilford (1954), Hajos (1972), Johannsen (1941), Kristof (1969), Sixtl (1967), Stevens (1951), Torgerson (1958), Thurstone (1959).

XI. Die Deutung von Zusammenhängen

1. VERSTEHEN UND ERKLÄREN

Zur Bedeutung der Begriffe. Die Begriffe «Verstehen» und «Erklären» bilden im gewöhnlichen Sprachgebrauch keinen Gegensatz. Es läßt sich etwas «verstehen», wenn es in seinen Zusammenhängen aufgewiesen, insofern also «erklärt» worden ist. Man kann zum Beispiel den Mechanismus einer Maschine «verstehen», wenn man die Funktion der einzelnen Teile und ihr Ineinandergreifen erfaßt hat.

In der Psychologie dagegen werden beide Begriffe in unterschiedlicher und jeweils wesentlich engerer Bedeutung aufgefaßt. Nach manchen Autoren sind Verstehen und Erklären grundverschiedene Arten der Deutung von Zusammenhängen. Hierüber sind umfangreiche methodologische Auseinandersetzungen geführt worden; man versuchte sogar, eine «verstehende» und eine «erklärende» Psychologie einander gegenüberzustellen.

Es ist zweckmäßig, den Begriff des Verstehens, wie er in der Psychologie meist verwendet wird, zuerst zu erläutern. Verstehen heißt hier soviel wie Nacherleben fremden seelischen Geschehens, indem man sich in dieses «hineinversetzt». So können wir etwa verstehen, daß ein Mensch in einer bestimmten Situation diese und keine andere Entscheidung getroffen hat. Dazu brauchen wir uns nicht momentan in einer gleichen oder ähnlichen Situation zu befinden; es genügt, wenn wir uns die Lage des anderen in der Vorstellung vergegenwärtigen, und wir können ermessen, daß wir unter diesen Verhältnissen wohl ebenso gehandelt hätten oder zumindest hätten handeln können wie er.

Zur Orientierung sei bemerkt, daß es noch eine weitere spezielle Bedeutung des Begriffs «Verstehen» gibt, in der dieses Wort das intuitive Erfassen des «Wesens» eines Gegenstands oder von überindividuellen Sinnzusammenhängen bezeichnet. Jedoch handelt es sich hier um eine philosophische Denkweise und nicht um eine psychologische Methode, wenn sie auch ursprünglich auf dem psychologischen Verstehen beruht und von diesem auf Nichtpsychisches übertragen wurde. Halten wir also fest, daß Verstehen im psychologischen Sinn immer ein «Sichhineinversetzen», ein «Sicheinfühlen» in einen anderen Menschen ist.

Was soll demgegenüber psychologisches Erklären bedeuten? Kehren wir noch einmal zu einem früheren Beispiel zurück (vgl. Kap. III, 3). Hier wurden auf die Darbietung zweier unterschiedlicher Reizmuster zwei voneinander abweichende Reaktionen gefunden. Da die Muster nur in einem einzigen Merkmal variierten, konnte auf die Bedingung geschlossen werden, die für die Verschiedenheit der Urteile maßgebend war. Ein Sicheinfühlen oder Hineinversetzen in das innere Geschehen bei der Vp war hier weder möglich noch notwendig. Der Vl konnte den Schluß ohne Rückgriff auf sein eigenes Erleben ziehen; sogar jemand, der die Muster selbst gar nicht betrachtet hätte, wäre bei Kenntnis der Resultate dazu imstande gewesen. Dies ist charakteristisch für das erklärende Verfahren, mit dem in allen Erfahrungswissenschaften nach allgemeinen Denkprinzipien aus Beobachtungen etwas gefolgert wird. Die Erklärung fängt freilich mit der Auffindung der maßgeblichen Bedingung erst an. Sie schreitet fort, indem mehrere ähnliche Zusammenhänge dieser Art aus einem übergeordneten theoretischen Prinzip hergeleitet werden (zum Beispiel indem man viele verschiedene geometrisch-optische Täuschungen auf die Wahrnehmung einer scheinbaren Perspektive zurückführt).

Die erklärende Betrachtung zeigt uns zwar, daß der Zusammenhang besteht und schließlich welches seine Gründe sind. Sie sagt uns jedoch nicht, daß dies von vornherein notwendigerweise so sein müsse und gar nicht anders sein könne. Anders verhält es sich, wenn wir erfahren, daß ein Mensch auf eine ungerechte Behandlung mit Enttäuschung oder Empörung reagiert habe und wenn wir uns in unserer Vorstellung in die gleiche Lage versetzen. Wir können dann bemerken, daß sich bei uns, wenn auch wohl schwächer ausgeprägt, ähnliche emotionale Reaktionen einstellen. Auf Grund dieses Erlebnisses verstehen wir den anderen. Aber damit sind wir zugleich auch von der inneren Notwendigkeit dieses Zusammenhangs überzeugt. Wir erleben gewissermaßen direkt mit, wie das eine aus dem anderen sinnvoll hervorgeht. Daher bedarf es auch nicht vielfacher Erfahrung an gleichgelagerten anderen Fällen, wie dies für das Erkennen eines lediglich erklärbaren Zusammenhangs häufig unerläßlich ist.

Anwendbarkeit von Verstehen und Erklären. Das wiederum herangezogene Beispiel der geometrisch-optischen Täuschung zeigte schon, daß das Verstehen keine universelle psychologische Methode sein kann: Nicht alles, was sich erklären läßt, ist auch zu verstehen. In der Tat sind viele Bereiche der Psychologie dem Verstehen überhaupt nicht zugänglich und dem Erklären allein vorbehalten. Dies gilt nicht nur für das ganze Gebiet der Wahrnehmungen, sondern zum Beispiel auch für das des Lernens und Behaltens, für das der psychophysischen Beziehungen, ja selbst für die intellektuellen Leistungen. Man muß hierbei freilich stets im Auge behalten, was das Wort «Verstehen» im psychologischen Sinn bedeutet. Daß ein optischer Reiz eine bestimmte visuelle Wahrnehmung auslöst, daß Gedächtnisinhalte erworben und wieder vergessen werden, daß psychische Erregungen mit körperlichen Veränderungen einhergehen, daß durch das Denken Probleme gelöst werden, dies alles ist nicht unmittelbar einfühlbar. Können aber hier die Phänomene selbst nicht Gegenstand des Verstehens sein, so sind ihre Beziehungen und ihre Gesetze dem Verstehen um so mehr verschlossen. Hier kann die Forschung nur mit dem Prinzip des Erklärens operieren.

Das dem Verstehen zugängliche Gebiet ist das Gebiet der emotionalen Reaktionen und der von ihnen ausgehenden Motivierungserlebnisse. Hier ist in der Tat vieles einfühlbar, wenn auch nicht in allen Fällen, wie noch zu zeigen sein wird. Dies ist allerdings ein weiter Bereich von zentraler Bedeutung, und wenn die Anwendung des Verstehens nur hier möglich ist, so ist dies kein Grund, seine Bedeutung als psychologische Methode gering einzuschätzen. Doch eine verstehende Psychologie kann keine vollständige Psychologie sein. Der Anwendungsbereich des Erklärens ist erheblich weiter als der des Verstehens, und was verstehbar ist, kann immer auch erklärt werden. Versuche, eine verstehende Psychologie als eine eigene Richtung darzustellen, wie etwa der von GRUHLE (1956), sind wohl nicht konsequent durchführbar. Auf der anderen Seite scheint es der Psychologie nicht gut zu bekommen, wenn man meint, auf das Verstehen grundsätzlich verzichten zu können.

Grundlagen und Leistungen des Verstehens. FRÖBES (1935, S. 6) hat geltend gemacht, daß das Verstehen ein inneres Experiment einschließt: «Man denkt sich in die Voraussetzungen des fremden Handelns hinein und sieht nach, ob man dann das gleiche Erlebnis erfährt und so den Zusammenhang zwischen Bedingungen und Erlebnis tatsächlich auch selbst erlebt.» In der Tat stimmt das Verstehen in seinem Vollzug weitgehend mit einem inneren Experiment (s. Kap. VI, 1) überein. Aber damit ist noch nichts darüber gesagt, worauf das Verstehen beruht, was ein solches «Sicheinfühlen» ermöglicht.

Die wichtigste Grundlage für das Verstehen anderer ist durch die Tatsache gegeben, daß das psychische Geschehen bei allen Menschen in seiner Grundstruktur übereinstimmt. Soweit ein psychischer Zusammenhang diesem Allgemeinmenschlichen angehört, kann er daher von anderen im allgemeinen auch verstanden werden, trotz aller individuellen Besonderheit derer, die sich hierum bemühen. Gewiß ist diese individuelle Eigenart nicht ohne Bedeutung für die Fähigkeit, zu verstehen. Jemand, der über reichhaltige Erinnerungen an eigene psychische Reaktionen verfügt und dazu die Gabe besitzt, sich intensiv bestimmte Bedingungen zu vergegenwärtigen, wird in der Lage sein, andere Menschen innerhalb eines verhältnismäßig weiten Spielraums zu verstehen. Hierin besteht das, was man im üblichen Sinn «psychologische Begabung» nennt. Diese Begabung wird vervollkommnet durch Erfahrungen, teils durch solche aus dem eigenen Erleben, teils durch solche, die man am Leben anderer teilnehmend erwirbt.

Aber dieser Spielraum ist – auch auf dem Gebiet des Emotionalen und der Motivation – wiederum beschränkt. Wenn sich seine Grenzen auch nicht genau angeben lassen, so kann doch aufgewiesen werden, daß nur dann ein Verstehen möglich ist, wenn bestimmte Beziehungen qualitativer und quantitativer Art im fremden psychischen Geschehen verwirklicht sind. Hat zum Beispiel ein Mensch einen schweren Verlust erlitten, so können wir ihn verstehen, wenn er daraufhin traurig, deprimiert oder verzweifelt ist. Eine andere Reaktion, wie etwa Gleichgültigkeit oder gar Vergnügtheit, könnten wir sicherlich nicht verstehen; wir würden in diesem Fall nach einem weiteren, uns noch unbekannten Grund für ein solches Verhalten suchen oder aber eine pathologische Störung vermuten. Eine bestimmte qualitative Beziehung zwischen Grund und Folge muß also gegeben sein, damit der Erlebniszusammenhang verstehbar ist. Aber auch eine gewisse quantitative Entsprechung ist dafür Voraussetzung: Wir könnten einen Menschen, der über einen wirklich unbedeutenden Gewinn ebenso glücklich wäre wie über einen großen Erfolg, nicht recht verstehen. Wiederum müßten wir nach einem weiteren, uns vielleicht verheimlichten Motiv forschen, mit dessen Berücksichtigung die inadäquate Reaktion doch noch verstehbar würde.

Wie man an diesen einfachen Beispielen sieht, lassen sich Beziehungen im fremden psychischen Geschehen am besten dann verstehen, wenn sie einer allgemein-menschlichen Norm entsprechen. Was dieser Norm widerspricht, bereitet dem Verstehen zumindest Schwierigkeiten; was davon in krasser Weise abweicht, bleibt ganz unverständlich. So sind die Geisteskrankheiten psychologisch gerade dadurch gekennzeichnet, daß es bei ihnen an den verstehbaren qualitativen und quantitativen Beziehungen in Erleben und Verhalten fehlt.

Auf der anderen Seite hängt das Verstehen, wie schon angedeutet, vom Beobachter selbst wesentlich ab. Persönliche Bedingungen, wie Lebensalter, Lebenserfahrung, soziales und kulturelles Milieu, die gesamte individuelle Eigenart, spielen eine maßgebliche Rolle. Ein Mensch, der sich selbst in wesentlichen Persönlichkeitsmerkmalen von einer Norm stark unterscheidet, wird andere, die dieser Norm entsprechen, weniger gut verstehen können als jemand, der ihr selbst angehört. Daß das Verstehen von Angehörigen anderer Völker und Kulturkreise, in denen andere Wertesysteme gelten, Schwierigkeiten bereiten kann, ist oft genug betont worden. Doch wir brauchen so weit gar nicht zu gehen. Es ist schon die Frage, in welchem Umfang und mit welcher Sicherheit ein normaler Erwachsener die Motive und Reaktionen ebenso normaler Jugendlicher und Kinder seiner eigenen Umgebung tatsächlich einfühlend und nacherlebend verstehen kann.

Allgemein gesprochen, beruht die Möglichkeit des Verstehens auf der Basis einer gemeinsamen psychischen Struktur der verstehenden und der verstandenen Person. Der Grad dieser Gemeinsamkeit bestimmt die Grenzen des Verstehens.

Was leistet das Verstehen? Wir sind nicht der Meinung, daß aus dem Verstehen neue, bisher unbekannte Zusammenhänge, die noch nicht Inhalt der Erfahrung waren, abgeleitet werden können. Darin unter anderem unterscheidet sich das Verstehen vom theoretischen Denken: Es ist ein induktives, kein deduktives Verfahren. Es gestattet immer nur die Übertragung der im eigenen Erleben zugänglichen Erfahrung auf fremdes Erleben, wenn dieses ähnlich beschaffen ist wie das eigene. Allerdings vermischt sich die verstehende Betrachtung wohl in der Regel mit der erklärenden, ohne daß sich die Anteile beider auseinanderhalten ließen. Dadurch mag dann der Bereich des Einfühlbaren beträchtlich weiter erscheinen.

Wir wollen damit nicht leugnen, daß manche Zusammenhänge auch mit dem Verstehen allein zu deuten sind. Doch die verstehende Methode kann selbst in ihrem eigenen Gebiet, nämlich dem der Motivationspsychologie, nicht alles leisten. Nehmen wir als Beispiel das krankhafte Phänomen der Agoraphobie («Platzangst»). Man kann wohl verstehen, wie einem von solcher Angst Befallenen zumute ist, welche Einschränkungen seines Handelns er erlebt und wie dies wieder auf seinen psychischen Zustand zurückwirkt. Kann aber durch das Nacherleben die wichtige Frage beantwortet werden, wie es zu solchen Angstzuständen kommt?

Man sagt, daß die Angst «unbegründet», «sinnlos» sei und daß ihr langandauernde ungelöste Konflikte zugrunde liegen, die «nicht bewußt» seien. Dies spricht aber gerade dafür, daß der Zusammenhang zwischen Bedingung und Folge hier nicht durch Einfühlen erkannt wird. In der Tat folgt die Deutung der Agoraphobie (wie auch die anderer Phobien) dem erklärenden Prinzip. Doch vielleicht wird ein solcher Zusammenhang tatsächlich – vielleicht auch nur vermeintlich – verstehbar, nachdem er erklärt worden ist.

Wenn das Verstehen von manchen Forschern als ein fragwürdiges Verfahren angesehen oder sogar ganz abgelehnt wird, so liegt der Hauptgrund dafür indessen wohl weniger in seiner begrenzten Anwendungsfähigkeit als vielmehr in seiner starken Abhängigkeit von persönlichen Bedingungen. Verstehen ist Deutung fremden psychischen Geschehens auf Grund des eigenen Erlebens. Damit wird offenkundig, daß das Verstehen in besonderem Maß Fehlerquellen ausgesetzt ist, die kaum kontrollierbar sind und die zu vollkommenen Mißdeutungen der Zusammenhänge führen können. Die Gefahr des Scheinverstehens oder des «Hineindeutens» besteht unabweisbar.

Als ein Verfahren, das weitgehend auf persönlicher Erfahrung und Kennerschaft beruht und bei dem das Kriterium für die Geltung der damit erhaltenen Einsichten in der persönlichen Überzeugung besteht, wird das Verstehen zweifellos nicht den Ansprüchen gerecht, die an eine exakte wissenschaftliche Methode gestellt werden müssen. Dennoch wäre es verfehlt, das Verstehen wegen dieser Unvollkommenheiten aus der Psychologie verbannen zu wollen. Man bedenke vor allem, daß jede praktische Menschenkenntnis im Verstehen ihre Wurzel hat und daß diese zu Aussagen über psychische Zusammenhänge befähigen kann, die nicht nur etwa triviale, selbstverständliche Feststellungen sind, ganz abgesehen davon, daß sie im sozialen Kontakt von immenser, in der Tat lebenswichtiger Bedeutung ist. Gewiß ist es nicht das Hauptziel psychologischer Forschung, praktische Menschenkenntnis zu vermitteln, aber ebenso wie eine rein «verstehende Psychologie», als besondere Richtung aufgefaßt, keine vollständige Psychologie sein kann, so bleibt auch eine Psychologie ohne Verstehen unvollkommen. Dies sei gerade dem experimentell und statistisch arbeitenden Psychologen gesagt. Bei vielen experimentellen Untersuchungen wird es sich als von Nutzen erweisen, wenn man versucht, bestimmte Verhaltensweisen der beteiligten Personen verstehend zu erfassen. Selbstverständlich erhält man dadurch keine anderen Resultate. Aber es ergeben sich unter Umständen neue Gesichtspunkte für die Beurteilung der Resultate und Hinweise für die Gestaltung weiterer

Versuche. Wer es ganz unterließe, sich in die Lage seiner Versuchspersonen hineinzuversetzen, könnte bei der Untersuchung mancher Fragestellungen zu recht lebensfremden, paradoxen Interpretationen seiner Resultate kommen. Dies gilt für alle Fälle, in denen mit einer wesentlichen Beteiligung emotionaler Faktoren am Resultat zu rechnen ist, und somit für einen Großteil aller Untersuchungen, unbedingt aber für Untersuchungen des emotionalen Geschehens selbst, insbesondere der Motivation. Die verstehende Betrachtung liefert hier oft schon die heuristischen Hypothesen, die dann zur Entwicklung der präzisen Aufgabestellung führen, sowie auch unentbehrliche Gesichtspunkte für den inhaltlichen Aufbau.

Auch die im folgenden zu erörternde Theorienbildung, die als die Domäne einer «erklärenden Psychologie» angesehen wird, geht in nicht seltenen Fällen von verstehend erfaßten Zusammenhängen aus. Daher wird man auch den methodischen Tatsachen nicht gerecht, wenn man Verstehen und Erklären (letzteres aufgefaßt als die gewissermaßen äußerliche, das heißt nicht einfühlbare, Zurückführung von Erscheinungen auf ihre Gründe) als miteinander unverträglich bezeichnet.

Zusammenfassung. Verstehen und Erklären gelten in der Psychologie als zwei Arten der Deutung von Zusammenhängen. Kann man sich in eine psychische Reaktion eines anderen Menschen «hineinversetzen», so wird sie im Zusammenhang mit ihren Gründen in ihrer inneren Notwendigkeit verstehbar. Viele Beziehungen zwischen Situationen und Reaktionen können indessen nicht einfühlend und nacherlebend verstanden werden; sie lassen sich vielmehr nur «äußerlich» erklären, indem man zunächst nachweist, daß die Verschiedenheit der Reaktionen auf die Verschiedenheit bestimmter Bedingungen zurückführbar ist, und darauf diesen Sachverhalt aus einem allgemeineren Prinzip abzuleiten versucht.

Die Anwendung des Verstehens beschränkt sich auf den Bereich des Emotionalen und der Motivation, ist aber auch da nicht überall möglich. Für die Anwendung des Prinzips des Erklärens bestehen keine solchen Begrenzungen.

Die Möglichkeit, zu verstehen, beruht auf einer gemeinsamen psychischen Grundstruktur der verstehenden und der verstandenen Person. Wo es an dieser Gemeinsamkeit fehlt, muß das Verstehen versagen. Das Verstehen erlaubt es nicht, aus bekannten Sachverhalten völlig neue, bisher unbekannte Tatsachen abzuleiten; es ist ein induktives, kein deduktives Verfahren.

Die starke Abhängigkeit des Verstehens von persönlichen Bedingungen führt zur Gefahr des Scheinverstehens und «Hineindeutens». Trotz dieser methodischen Mängel sollte man das Verstehen nicht aus der Forschung verbannen wollen. Denn wir verdanken ihm psychologische Grundkenntnisse, die wir auch in der Forschung anwenden müssen. Es liefert zudem oft Ansätze zu Fragestellungen, die anders nicht zu gewinnen wären, dann aber mit exakteren Methoden untersucht werden können. Daher ist die verstehende Betrachtung mit der erklärenden nicht unverträglich.

2. THEORIENBILDUNG

Über Wesen und Funktion von Theorien. Alle empirische Forschung bleibt notwendigerweise insofern unvollständig, als ein Hauptziel der Wissenschaft, die Einordnung der festgestellten Tatsachen in größere Zusammenhänge, mit ihr allein nicht erreicht werden kann. Dafür ist empirische Forschung die unabdingbare Voraussetzung; sie bedarf aber der Ergänzung durch weitere Verarbeitung des Tatsachenmaterials. Es sind gedankliche Bindeglieder herzustellen, die die einzelnen Befunde zu einem großen Gefüge von Gründen und Folgen vereinigen, die eine Überschau über die Fülle der empirischen Befunde ermöglichen und verschiedenartige Erscheinungen aus gemeinsamen übergeordneten Prinzipien herleiten, und die schließlich auch Vorhersagen über neue, noch nicht beobachtete Sachverhalte zu treffen gestatten. Dies sollen die Theorien leisten.

Das Wort «Theorie» bedeutete ursprünglich im Griechischen soviel wie «Schau», «Betrachtung». Später verstand man darunter auch soviel wie «Lehre», insbesondere die reine, nicht auf irgendeine Nutzanwendung gerichtete wissenschaftliche Kenntnis. In dieser Bedeutung bildet die Theorie bekanntlich den Gegensatz zur «Praxis». Allerdings ist dies eine sehr unscharfe und im konkreten Fall oft gar nicht vollziehbare Unterscheidung. Denn wie ganz zu Anfang (Kap. I, 1) schon einmal betont, hat es weder mit der Methode noch mit der Eigenart der Resultate grundsätzlich etwas zu tun, ob eine Untersuchung beziehungsweise die daraus gewonnene Erkenntnis dem Bereich der reinen Wissenschaft oder dem der Praxis zuzurechnen ist. Vielmehr ist dies eine Frage der Zielsetzung einer Untersuchung und der mehr oder minder klar erkannten praktischen Verwertbarkeit ihrer Ergebnisse. Uns wird daher im folgenden dieser scheinbare Gegensatz nicht weiter zu interessieren haben. Es kommt uns auf die Theorie in einem anderen Sinn an, nämlich als Gegenstück und Ergänzung zur Empirie.

Was in diesem Sinn unter einer Theorie zu verstehen ist, wurde eben schon angedeutet, und wir können nun eine Theorie kurz bezeichnen als eine durch das Denken geschaffene Verknüpfung beobachteter Tatsachen zu einem in sich widerspruchslosen Zusammenhang von Gründen und Folgen. Denn nichts anderes bedeutet das Wort «Theorie» im speziellen wissenschaftlichen Sprachgebrauch. Man kann die Theorienbildung, ebenso wie zum Beispiel die statistische Analyse, zu den «Methoden des Denkens» rechnen (zum Unterschied von den Methoden der Beobachtung, wiewohl auch hierbei das Denken eingeht). Gegenüber der statistischen Analyse kommt aber bei der Theorienbildung etwas Neues hinzu, nämlich die Zurückführung der gefundenen Resultate auf Gründe, und zwar auf solche von möglichst allgemeiner Art.

Angenommen, in einem Experiment habe sich folgendes ergeben[1]: Die Vpn erzielten in einer bestimmten Tätigkeit im Durchschnitt höhere Leistungen, wenn sie einem ständigen gleichmäßigen Lärm von mäßiger Stärke ausgesetzt waren, als wenn im Versuchsraum völlige Stille herrschte. Dagegen waren die Leistungen bei sehr starkem Lärm wiederum geringer als bei mäßigem. Die statistische Prüfung habe dies als signifikant erwiesen. Wir können daraus einen Schluß ziehen, insofern als wir den unterschiedlichen Versuchsbedingungen unterschiedliche Auswirkungen zuerkennen. Aber dieser Schluß geht über den bloßen Sachverhalt noch nicht hinaus; wir akzeptieren ihn lediglich als einen gesicherten, nicht nur zufällig erhaltenen Befund, den wir bei einer Wiederholung des Experiments mit hoher Wahrscheinlichkeit wieder zu erwarten hätten. Über die Gründe des Phänomens ist damit noch gar nichts ausgesagt.

Aber wir kommen nicht umhin, nach diesen Gründen zu forschen; andernfalls bliebe unser Ergebnis eine isolierte, nicht einzuordnende Tatsache. Hier setzt das theoretische Denken ein. Im gegebenen Beispiel können wir zunächst die Annahme machen, daß durch Geräuschreize der Grad der psychophysischen Aktivität eines Individuums gesteigert werde und daß hiervon wieder die Leistung abhänge. Das Ergebnis wird also, anders ausgedrückt, damit gedeutet, daß den akustischen Reizen eine anregende Wirkung zukommen soll. Wie läßt sich aber dann das Absinken der Leistung bei sehr starken Reizen erklären? Dem kann nur mit einer zusätzlichen Annahme Rechnung getragen werden: Überschreitet der Grad der Aktivierung eine bestimmte Höhe, so wird die Tätigkeit nicht weiter gefördert. Es treten Ablenkungen und Störungen der Konzentration, wohl auch Unlustgefühle ein, wodurch die Leistung wieder vermindert wird.

Mit diesen Annahmen ist ein größerer theoretischer Zusammenhang von Reizung, Aktivierung und Leistung gestiftet worden, in den sich einerseits das gefundene experimentelle Resultat einfügt, nach dem sich aber andererseits dieses Resultat als Spezialfall der Verwirklichung eines allgemeineren Prinzips darstellt. Freilich handelt es sich hier um Vermutungen. Sie sind nicht aus der Luft gegriffen, sondern mit Hilfe ver-

---

[1] Siehe zu diesem Beispiel das Experiment von Hörmann und Todt (1960).

schiedener schon vorliegender anderer Erfahrungen formuliert worden. Aber es ergibt sich nun die Aufgabe, diese Vermutungen auf die Probe zu stellen. Es ist darüber zu entscheiden, ob das theoretische Prinzip auch in verschiedenartigen weiteren Spezialfällen, in denen es sich manifestieren müßte, tatsächlich in Erscheinung tritt. Denn aus einer theoretischen Annahme lassen sich immer speziellere Annahmen ableiten, die nachprüfbar sein müssen.

So werden wir also weitere Untersuchungen planen. Wir wissen zum Beispiel, daß sich der Grad der Aktivierung auch in bestimmten unwillkürlichen körperlichen Veränderungen ausdrückt. Wir werden daher prüfen, ob ein solcher physischer Indikator tatsächlich auf Variationen des Lärmpegels reagiert. Ist dies der Fall, so können wir auch untersuchen, ob bei einem sehr hohen Aktivationsgrad die Leistung tatsächlich wieder absinkt, und zwar auch dann, wenn die Erhöhung des Aktivationsgrades nicht durch akustische Reize, sondern durch Einflüsse irgendeiner anderen Art hervorgerufen wird. Überhaupt werden wir festzustellen versuchen, ob sich die zuerst gefundene Beziehung in analoger Weise wieder zeigt, wenn wir andere Reize verwenden und auch wenn verschiedene andere Tätigkeiten auszuführen sind.

Die theoretische Betrachtung geht, wie man sieht, über den einzelnen Untersuchungsbefund hinaus; sie unterstellt ihn einem allgemeineren Erklärungsprinzip. Die Voraussagen, die sich dabei ergeben, sind von anderer Art als die der induktiven empirischen Forschung. Das theoretische Denken verfährt im Gegensatz dazu deduktiv. Es wird nicht ein Resultat verallgemeinert, indem man es auf unbeobachtete gleichartige Fälle überträgt, sondern es wird aus der Theorie etwas Spezielleres, Andersartiges vorhergesagt, also eine neue Hypothese aufgestellt. Dies ist insofern möglich, als das Erklärungsprinzip verschiedenartige Sachverhalte zu umfassen und miteinander zu verbinden vermag.

Solche Sachverhalte liegen oft schon vor, und es läßt sich dann zuweilen leicht aufzeigen, daß sie mit der Theorie übereinstimmen, also zu ihren Gunsten sprechen. Oft müssen aber neue Untersuchungen entworfen und ausgeführt werden, um die Theorie zu prüfen.

Manchmal kann ein Versuch so angelegt werden, daß er hierüber eine eindeutige Entscheidung bringen muß. Man nennt ihn dann ein «kritisches Experiment». Als einfaches Beispiel diene die theoretische Annahme, wonach das Sehen einer sogenannten Scheinbewegung (vgl. S. 209) auf Augenmitbewegungen zurückzuführen ist. Im kritischen Experiment muß hier eine Darbietungsweise optischer Reize angewendet werden, die normalerweise Scheinbewegungen hervorruft. Zugleich müssen aber Blickbewegungen ausgeschaltet werden.[2] Das Resultat zeigt, daß die Scheinbewegungen auch dann unverändert auftreten. Dies ist ein neues Ergebnis. Die erwähnte Theorie ist damit eindeutig widerlegt. Es kann demnach nur eine andere Erklärung für das Phänomen der Scheinbewegung in Betracht kommen.

Nicht in allen Fällen läßt sich eine derart klare Entscheidung durch ein kritisches Experiment herbeiführen. Aber immer besteht zwischen Empirie und Theorie eine Wechselbeziehung derart, daß die aus der Beobachtung gewonnenen Befunde zu einer Erklärung herausfordern, diese aber wieder einer empirischen Bestätigung bedarf, wodurch bestimmte experimentelle Untersuchungen angeregt und in ihrer Fragestellung von der Theorie – unter Umständen bis in Einzelheiten – vorgeschrieben werden. Dieses Zusammenspiel von Empirie und Theorie (zumeist von Experiment und Theorie) hat sich in den Naturwissenschaften als außerordentlich fruchtbar erwiesen und war an ihrem raschen Aufstieg entscheidend beteiligt. Als ein Beispiel sei das von L. Meyer und Mendelejew aufgestellte periodische System der Elemente erwähnt, dessen theoretische Konzeption die Existenz bestimmter noch unbekannter Elemente voraussehen ließ und für deren Entdeckung wegweisend wurde.

Grundsätze theoretischen Denkens. Während die empirischen Methoden einer Wissenschaft sich nach den besonderen Eigenschaften des jeweiligen Gegenstands richten und sich demgemäß bei den einzelnen Erfahrungswissenschaften voneinander unterscheiden, sind die Prinzipien theoretischen Denkens auf allen Gebieten weitgehend dieselben. Für jedes deduktive Verfahren gelten die logischen Regeln des Schlußfolgerns. Ebenso sind die von der Logik formulierten allgemeinen Denkvorschriften («Denkgesetze») hier von fundamentaler Bedeutung. Sie seien daher kurz wiedergegeben:

1. Der Satz der Identität: Jeder Gegenstand ist mit sich selbst identisch. Der Satz verlangt, daß jeder Begriff im Zusammenhang eines Denkakts seine Bedeutung beibehält.

2. Der Satz des Widerspruchs: Kontradiktorisch einander entgegengesetzte Urteile (von denen also das eine bejaht, was das andere verneint) können nicht beide zugleich wahr sein.

3. Der Satz vom ausgeschlossenen Dritten: Zwei kontradiktorische Urteile können nicht beide falsch sein, sondern das eine ist wahr, das

[2] Wertheimer (1912) hat diese Frage gelöst, indem er Scheinbewegungen gleichzeitig in entgegengesetzten Richtungen verlaufen ließ.

andere falsch. Das bedeutet: Neben Richtig und Falsch gibt es kein Mittleres.

4. Der Satz vom zureichenden Grund: Jedes Urteil bedarf, um als richtig gelten zu können, eines Grundes; jede wissenschaftliche Aussage muß begründet sein.

In der Theorienbildung, wie im wissenschaftlichen Denken überhaupt, darf gegen solche Regeln nicht verstoßen werden, wenn ein Gedanke Gültigkeit beanspruchen soll. Sie reichen freilich für die formal richtige Konzeption einer Theorie nicht aus; denn sie geben lediglich an, was in einem Denkverlauf nicht geschehen darf. Über die Art der Verknüpfung der zu erklärenden Beobachtungstatsachen und über die Gedankeninhalte, die diese Verbindung herstellen, sagen sie uns nichts.

Diese Verknüpfung erfolgt in der Weise, daß man sich zu einem empirisch festgestellten Sachverhalt einen anderen als dessen Ursache denkt. Es kann sich dabei um einen tatsächlich gefundenen oder auch um einen nur vermuteten Sachverhalt handeln. Die Theorienbildung macht also Gebrauch von dem sogenannten Kausalitätsprinzip; sie versucht Zusammenhänge im Sinn von Ursache und Wirkung herzustellen.

Über das Kausalitätsprinzip und den Umfang seiner Geltung gibt es seit jeher philosophische Diskussionen. Nach Auffassung des Empirismus gibt es keine Kausalität. In neuerer Zeit wurden Ergebnisse der Quantenmechanik (Unbestimmtheitsrelation nach Heisenberg) unter weitgehender Verallgemeinerung als Argumente gegen die Kausalität ausgewertet, wobei man von der Nichtvorhersagbarkeit von Vorgängen in einem bestimmten Gebiet auf die Nichtexistenz der Kausalität schloß.

In der Tat ist es eine philosophische Frage, ob Kausalität den Vorgängen sozusagen selbst innewohnt oder ob sie lediglich die Art und Weise ausdrückt, in der das wahrnehmende Subjekt nacheinander stattgefundene Beobachtungen verknüpft. Die Psychologie könnte indessen lehren, daß dieses Problem prinzipiell nicht zu entscheiden, sondern nur spekulativ zu erörtern ist. Denn wir machen mit dem kausalen Denken keine diskrepanten Erfahrungen, durch die es sich uns als ein Erzeugnis eigenen Zutuns zu unseren Beobachtungen verriete. (Die Tatsache, daß ein Beobachtungsprozeß das beobachtete Geschehen verändern kann, hat damit nichts zu tun.)

Glücklicherweise ist dieses Problem für die Psychologie selbst belanglos, auch abgesehen davon, daß sie es nicht mit Ereignissen im sogenannten mikrophysikalischen Bereich zu tun hat. Wir können uns nach einer Formulierung Kants richten: «Alles was geschieht (anhebt zu sein), setzt etwas voraus, worauf es nach einer Regel folgt» (1781, S. 180). Verstehen wir Kausalität in diesem allgemeinen Sinn, so braucht es uns nicht zu kümmern, ob diese Regel nur in uns oder auch außerhalb von uns gültig ist. Aber wir können gar nicht anders als nach dem Kausalitätsprinzip verfahren, wenn wir etwas erklären wollen, und zwar auch dann nicht, wenn uns die Problematik dieses Prinzips klar bewußt ist. Ob es sich um den allgemeinen Zusammenhang zwischen Aktivation und Leistung oder um den speziellen Fall des Schulversagens eines bestimmten Kindes handelt, stets müssen wir nach den Ursachen fragen. Und vor allem: Dieses Verfahren bewährt sich, in der Wissenschaft ebenso wie im täglichen Leben. Bei der Suche nach der Ursache eines beobachteten Sachverhalts werden neue Sachverhalte entdeckt, und die Kenntnis der Ursache-Wirkung-Beziehung ermöglicht die Beherrschung der Dinge und das praktische Handeln. Schon beim Versuch einer Erklärung rechnet man stillschweigend mit der Geltung des Kausalitätsprinzips, und dies im Bereich der Psychologie ebenso wie in allen anderen Bereichen. (Es spielt dabei auch keine besondere Rolle, ob wir von «Ursachen», «Gründen» oder «Bedingungen» sprechen. Denn wir meinen damit in unserem Denken doch das gleiche.) Dabei machen auch die verstehbaren psychischen Zusammenhänge keine Ausnahme; denn auch hier wird für die eine Tatsache eine andere, ihr zeitlich vorausgehende, als Grund gesucht.

Oft wurde der kausalen Betrachtung, der Forschung nach Ursachen, die finale oder teleologische Betrachtungsweise, die sich auf das Ziel und den Zweck eines Geschehens richtet, gegenübergestellt. Merkwürdigerweise wurde dabei die Meinung vertreten, das eine schließe das andere aus, ein Geschehen, das final bestimmt sei, könne nicht kausal erklärt werden und umgekehrt. Aber es handelt sich hier nur um verschiedene Aspekte der Deutung eines Zusammenhangs. Ebenso wie man nach den Ursachen eines Vorgangs fragen kann, so kann man auch nach seinem Ziel fragen. Ist dies aber bei jeglichem Geschehen angebracht?

Allemal ist dies gerechtfertigt bei menschlichem Wollen und Handeln. Aus diesem Bereich sind ja die Begriffe «Ziel» und «Zweck» wohl entnommen. Aber es erscheint durchaus sinnvoll, diese Begriffe in analoger Bedeutung auf andere Bereiche zu übertragen. Bei unbefangener Betrachtung wird man sich dem Eindruck nicht verschließen können, daß auch psychische Prozesse, die nicht direkt mit Motivation zu tun haben, und selbst rein physische Prozesse einem Ziel dienlich, «zweckmäßig», sind, insofern als durch sie die Erhaltung des Organismus unter den gegebenen Bedingungen seiner Umwelt ermöglicht wird.

Für die Theorienbildung kommt der Gesichtspunkt der Zweckbestimmtheit eines Geschehens allerdings kaum in Betracht. Denn damit, daß man dieses auf ein Ziel bezieht, ist keine wissenschaftliche Erklärung für seinen Verlauf und seine Zusammenhänge gegeben. Wohl können wir das Verhalten eines Menschen unter Umständen aus einer Absicht erklären, dann aber führen wir es auf eine vorausgehende Zielvorstellung zurück (die prinzipiell empirisch faßbar ist) und deuten das Verhalten somit doch wieder kausal. Wollen wir aber die Größenkonstanz erklären, so kann hier nicht die Rede davon sein, daß das Subjekt nach einer Zielvorstellung handele, und die unleugbare Tatsache, daß die Größenkonstanz zweckmäßig ist, trägt zu ihrer Erklärung gar nichts bei. Hieraus wird es wohl verständlich, daß nur eine unter dem Kausalaspekt arbeitende Forschung zu einem gründlichen und umfassenden Wissen von den in der Erfahrung gegebenen Phänomenen führen wird.

Die Frage nach dem Zweck kann jedoch als praktische Leitlinie des Denkens von großem Wert sein. So tritt man zum Beispiel an die Erforschung der Funktion eines Organs mit der Erwartung heran, daß dieses wohl irgendeine Aufgabe im Organismus erfüllen werde, und diese Erwartung kann zu bestimmten konkreten Fragestellungen hinleiten. Um so mehr kann eine solche Besinnung auf einen Zweck in der Psychologie am Platz sein. So bietet zum Beispiel die Idee der Existenzanalyse (Frankl), daß der Mensch nach dem Ziel der «Selbstverwirklichung» strebt, sicherlich eine Leitlinie, die auch zur Aufstellung einzelner Hypothesen über die Entstehung bestimmter Reaktionsweisen (etwa bei Neurosen) und schließlich auch zu deren Erklärung hinführen kann.

Theorie und Hypothese. Das Erklärungsprinzip, das einer Theorie zugrunde liegt, ist nicht von formaler, sondern stets von inhaltlicher Art: ein bestimmtes Gesetz oder eine bestimmte Annahme. Kann ein anderweitig festgestelltes Gesetz zur Grundlage der Theorie werden, so besteht diese lediglich in den sachlogischen Folgerungen, die sich aus dem Gesetz zur gemeinsamen Erklärung einer Reihe von Tatsachen ziehen lassen. In dieser Weise bildet zum Beispiel das Schweregesetz die Grundlage für die Theorie der Wurfbahnen und das Reflexionsgesetz die Grundlage für die Theorie des Hohlspiegels. Bavink (1949, S. 29ff.) hat solche Theorien, die kaum ein hypothetisches Element benötigen, «ausführende Theorien» genannt. Häufiger besteht jedoch die Grundlage einer Theorie nicht in einem Gesetz, sondern in einer Hypothese, mit deren Hilfe verschiedene Tatsachen erklärbar werden. Es versteht sich, daß eine derartige Hypothese meist sehr viel allgemeiner sein wird als diejenige, die in einer einzelnen Untersuchung zur Entscheidung gestellt wird. Eine solche umfassende Hypothese war zum Beispiel in der Entwicklungstheorie LAMARCKS die Annahme der Vererblichkeit erworbener Eigenschaften. DARWIN dagegen erklärte die Entwicklung der Arten mit der Hypothese der Selektion der bestangepaßten Lebewesen durch den Kampf ums Dasein (struggle for existence). In der Chemie behauptete sich lange die sogenannte Phlogistontheorie (STAHL), die mit der Annahme eines «Feuerstoffs» die Vorgänge bei der Verbrennung und Oxydation zu deuten versuchte. Theorien von dieser Art kann man mit BAVINK als «erklärende Theorien» im engeren Sinn bezeichnen. Die Hypothese bleibt in diesen Theorien stets als solche erhalten, da sich das Erklärungsprinzip an den beobachteten Tatsachen selbst nicht direkt aufweisen läßt, sondern allenfalls nur durch seine Übereinstimmung mit dem Verhalten der Tatsachen seine Bestätigung erfährt. Die Theorien in der Biologie und in der Psychologie gehören sämtlich zu dieser zweiten Art.

WUNDT hat offenbar die erklärenden Theorien gemeint, wenn er feststellte, «daß die Theorie die Hypothese samt der Deduktion der Erscheinungen umfaßt, zu deren Erklärung die Hypothese gemacht wurde» (1924, S. 442). Es trifft nicht zu, wenn behauptet wird, es würde eine solche Hypothese zur Theorie, sobald sie bewiesen wäre. Denn Hypothese und Theorie sind zweierlei und unterscheiden sich nicht nur graduell nach ihrer Wahrscheinlichkeit. Und wie gesagt, läßt sich eine solche Hypothese gar nicht direkt empirisch beweisen; sie kann lediglich fortschreitend «erhärtet» werden, im günstigsten Fall bis zur Denknotwendigkeit, nämlich dann, wenn alle zugehörigen Tatsachen für sie sprechen und keine dieser Tatsachen ihr widerspricht.

Will man die Vorläufigkeit einer Hypothese besonders betonen, so spricht man häufig von einer «Arbeitshypothese» (s. auch S. 132ff.). Eine solche Arbeitshypothese kann man zum Beispiel darin sehen, wenn man in der Psychologie in Forschung und Praxis davon ausgeht, daß im Sinn der Wechselwirkungslehre (vgl. S. 56f.) kausale Beziehungen zwischen Psychischem und Physischem in beiden Richtungen verlaufen. Gewiß entspricht diese Annahme am ehesten der alltäglichen Beobachtung; doch ist sie nicht in der Weise durch empirische Gründe gestützt, daß andere Deutungsversuche des psychophysischen Zusammenhangs ausgeschlossen wären. Die Wechselwirkungslehre gibt lediglich eine brauchbare gedankliche Grundlage für bestimmte methodische Operationen.

Den Arbeitshypothesen kann eine gewisse Wahrscheinlichkeit zugebilligt werden, auch wenn man – wie im Fall der Wechselwirkungslehre – nicht mit der Möglichkeit einer direkten empirischen Verifizierung rechnen kann. Daneben gibt es aber auch sogenannte Fiktionen, dies sind solche Annahmen, die wohl einige Tatsachen zu erklären vermögen, aber mit anderen in Widerspruch stehen. Man weiß dann wohl, daß eine solche Annahme nicht zutrifft, man behält sie aber bis zur Konzeption einer befriedigenden Hypothese bei, da sie wenigstens eine Teillösung bietet. Indessen sind Fiktionen von fragwürdigem Wert, denn werden sie nicht klar genug als solche erkannt und herausgestellt, so können sie den weiteren Fortschritt der Forschung hemmen (vgl. S. 135f.).

Für die Theorienbildung wird das «Prinzip der sparsamsten Erklärung» geltend gemacht: Es sollen zur Aufstellung einer Theorie nicht mehr Hypothesen gebildet werden, als dafür unbedingt erforderlich sind, denn je mehr Hypothesen, desto größer die Unsicherheit der Erklärung. Von zwei oder mehr miteinander konkurrierenden Theorien wird man daher unter sonst gleichen Bedingungen zu derjenigen das größere Zutrauen fassen, die mit den wenigsten Annahmen auskommt. Nachteilig ist es meist, wenn einer Hypothese noch Hilfshypothesen angegliedert werden müssen, die einzelnen Sachverhalten Rechnung tragen sollen, für die die Haupthypothese nicht aufkommt oder die sogar mit ihr im Widerspruch stehen. Eine solche Hilfshypothese war zum Beispiel in der erwähnten Phlogistontheorie die Annahme eines «negativen Gewichts» des vermuteten Feuerstoffs. Sie wurde durch die Tatsache notwendig, daß eine Substanz nach der Oxydation (dem Entweichen des vermeintlichen Feuerstoffs) schwerer ist als vorher.

Psychologische Theorien und theoretische Psychologie. Die Psychologie ist auf theoretischem Gebiet bisher weit weniger erfolgreich gewesen als auf empirischem. Es gibt eine außerordentlich große Anzahl psychologischer Theorien, aber es ließen sich nur sehr wenige nennen, denen über längere Zeit hin allgemeine Anerkennung zuteil geworden wäre. Das Zusammenspiel zwischen Theorie und Experiment hat sich in der Psychologie bei weitem nicht so wirkungsvoll entfalten können wie in den exakten Naturwissenschaften. Denn zum einen lassen sich in der Psychologie theoretische Gedanken oft nur schwer, manchmal fast gar nicht in den Entwurf eines kritischen Experiments übersetzen; zum anderen sind die Ergebnisse der empirischen Prüfung oft nicht eindeutig genug, um über die Theorie zu entscheiden. Gerade dies aber macht es möglich, daß einander widersprechende Theorien unbestätigt und unwiderlegt lange Zeit nebeneinander bestehen können.

Man könnte meinen, theoretisches Denken in der Psychologie sei im wesentlichen eine Sache der reinen Forschung. Dies ist jedoch nicht der Fall. Gerade auch in der psychologischen Praxis zeigt sich deutlich eine starke Neigung zur Theorienbildung. Dies wird verständlich aus dem Bedürfnis, praktische Erfahrungen und Maßnahmen in ein möglichst gut überschaubares Schema zu bringen. Als solche aus der Praxis erwachsene Theorien findet man gewisse Regeln der tatsächlichen oder vermeintlichen Menschenkenntnis. Hiervon ausgehend kann man zum Beispiel zur Aufstellung von charakterologischen Typologien gelangen, die in verallgemeinernden und vereinfachenden Kategorisierungen bestimmte psychische Merkmale miteinander in Beziehung bringen und aufeinander zurückführen. Man kann sogar sagen, daß der Praktiker im allgemeinen rascher dazu bereit ist, theoretische Vorstellungen zu bilden, als der «reine Wissenschaftler», der hier meist eher eine vorsichtige, ja bisweilen skeptische Zurückhaltung zeigt. Meist werden jedoch die allein aus der Praxis entstandenen und nur für die Praxis bestimmten Theorien nicht in systematischer Form entwickelt und ausdrücklich formuliert. Sie bleiben oft eine Sache des persönlichen Gebrauchs. Wir werden uns mit ihnen nicht beschäftigen, zumal in ihnen die Merkmale wissenschaftlicher Theorienbildung nicht rein verwirklicht sind und auch noch Gedankenelemente eingehen, deren Herkunft vielfältig und kaum kontrollierbar ist.

Psychologische Theorien können, wie Theorien überhaupt, von sehr unterschiedlichem Umfang sein. Auf der einen Seite gibt es Theorien, die nur eine Tatsache oder verhältnismäßig wenige Tatsachen erklären sollen. Als Beispiele können hier die Theorien des Farbenkontrasts und die Theorie der Mondtäuschung (der Erscheinung, daß der Mond am Horizont größer erscheint als im Zenit) angeführt werden. Auf der anderen Seite gibt es Theorien, die eine Deutung des gesamten psychischen Geschehens oder wenigstens eines größeren Ausschnitts daraus anstreben. Hierzu gehören die Assoziationstheorie, die Gestalttheorie und die Psychoanalyse. Allerdings ist der Umfang einer Theorie nichts Feststehendes; zuweilen läßt sich eine Theorie ausdehnen, indem weitere Tatsachen in den Zusammenhang einbezogen werden können, oder aber eine Theorie geht in einer anderen, umfassenderen auf und verliert damit ihre Selbständigkeit.

Als Beispiel einer Theorie, der immer mehr Tatsachen untergeordnet wurden, kann die Duplizitätstheorie des Sehens genannt werden, die besonders durch v. Kries ausgestaltet wurde. Grundlage dieser Theorie ist die Existenz verschiedener Nervenelemente der Netzhaut, der Stäbchen und der Zapfen. Nach der Theorie haben diese verschiedene Funktionen, und zwar treten die Zapfen beim Tageslicht in Tätigkeit und vermitteln das Farbensehen, während die Stäbchen dem Sehen in der Dämmerung dienen und nur Helligkeitsunterschiede vermitteln. Viele Tatsachen aus dem Gebiet des Sehens konnten hiermit ihre Erklärung finden. Dies gilt zum Beispiel für das in Kapitel V beschriebene Purkinjesche Phänomen. Dieses Phänomen ist Ausdruck der allgemeineren Tatsache, daß die Helligkeitsverhältnisse im Farbenspektrum beim Sehen in der Dämmerung andere sind als beim Sehen im Tageslicht, und zwar ist das Helligkeitsmaximum in der Dämmerung nach der Seite der kürzeren Wellen im Spektrum (also nach Violett hin) verschoben. Dieses unterschiedliche Verhalten wird damit verständlich, daß hier zwei getrennte Sehapparate in Tätigkeit sind. Andere Tatsachen, die die Duplizitätstheorie zu erklären vermag, sind zum Beispiel die Nachtblindheit und die totale Farbenblindheit, die Adaptation (Anpassung des Sehens an außerordentlich stark verschiedene Lichtverhältnisse), die unterschiedliche Farbenempfindlichkeit im Zentrum und in der Peripherie der Netzhaut und die Nachtblindheit der Fovea centralis retinae (der Stelle des schärfsten Sehens bei Tag), Abweichungen in der Unterschiedsempfindlichkeit beim Tages- und Dämmerungssehen und vieles andere mehr. Da andererseits keine Tatsachen entscheidend gegen die Duplizitätstheorie sprechen, ist diese heute praktisch kaum umstritten.

Im beschriebenen Beispiel haben wir es mit einer «physiologischen» Erklärung zu tun: Es werden psychische Erscheinungen (hier die des Farbensehens) mit bestimmten physischen Substraten in Beziehung gebracht und auf bestimmte Nervenprozesse zurückgeführt. Solchen Theorien stehen die «psychologischen» Erklärungen gegenüber. Sie nehmen als Grund für eine psychische Erscheinung eine andere psychische Erscheinung an. Der Gegensatz zwischen physiologischer und psychologischer Erklärung findet sich in weiten Gebieten der psychologischen Forschung.

Ein Beispiel für eine psychologische Erklärung gibt die Theorie des Simultankontrasts von Helmholtz ab. Die Tatsache, daß zum Beispiel eine graue Fläche auf weißem Grund sehr viel dunkler erscheint als auf schwarzem, daß sie auf gelbem Grund einen bläulichen, auf blauem einen gelblichen Einschlag erhält, wurde durch diese Theorie mit einer gegenseitigen Beeinflussung der Wahrnehmungseindrücke, mit einer Art «Urteilstäuschung», also mit der Annahme einer psychischen Grundlage, erklärt. Diese Anschauung konnte durch sehr scharfsinnig erdachte kritische Experimente geprüft werden. Es wurde dabei nachgewiesen, daß sich die Kontrasterscheinungen von den Bedingungen, unter denen sie bei Geltung dieser Theorie allein auftreten könnten, loslösen lassen und daß der Kontrast völlig unabhängig von der Möglichkeit des Vergleichens und Urteilens weiterbesteht (s. dazu die Versuchsanordnung bei Pauli-Arnold 1972, 1. Bd., S. 91 f.). Heute ist daher eine physiologische

Deutung für die Grundlage des Kontrastsehens akzeptiert. Sie schließt freilich nicht aus, daß die Kontrastphänomene durch psychische Faktoren noch zusätzlich beeinflußt werden können.

Die vorangegangenen Beispiele sollen nicht den Eindruck erwecken, als seien die physiologischen Erklärungsversuche durchweg von größerer Sicherheit als die psychologischen. Nur wenige physiologische Theorien sind durch ein so umfangreiches experimentelles Material belegt wie etwa die Duplizitätstheorie. Fehlt aber diese empirische Grundlage, so werden auch die physiologischen Deutungsversuche zu bloßen Spekulationen, die eine gewisse Überzeugungskraft nur dem Vorurteil verdanken, daß man sich auf sicherem Boden bewege, wenn man sich auf ein physisches Substrat beruft. Demgegenüber ist zu fordern, daß gerade hier nur von wirklich aufweisbaren Tatsachen ausgegangen wird, da andernfalls die Theorienbildung leicht ins Uferlose geraten kann. In all den Fällen, in denen die empirische Kenntnis von psychophysischen Beziehungen noch nicht weit fortgeschritten ist, wie etwa beim Motivationsgeschehen, erscheint es daher ratsam, bei der Aufstellung von theoretischen Konzeptionen zunächst einmal sämtliche rein psychologischen Gesichtspunkte auszuwerten, die hierfür in Betracht kommen.

Es wäre hier nicht möglich, einen inhaltlichen Überblick über die in der Psychologie aufgestellten Theorien zu bieten, selbst wenn man diese lediglich nach bestimmten Kategorien zusammengefaßt abhandeln wollte. Es sei daher auf die Werke der am Schluß dieses Kapitels genannten Autoren verwiesen, soweit sie speziell Systeme und Theorien in der Psychologie zum Gegenstand haben.

Wie schon erwähnt, verfügt die Psychologie über eine beträchtliche Anzahl von Theorien auf allen ihren Gebieten. Sie besitzt jedoch noch keine eigene theoretische Disziplin, so wie es eine theoretische Physik als Gegenstück und Ergänzung zur Experimentalphysik gibt. Bis jetzt pflegt die psychologische Forschung ihre Theorien jeweils einzeln und von Fall zu Fall mit den gegebenen Mitteln zu prüfen. Im Unterschied dazu bestünde die Aufgabe einer theoretischen Psychologie darin, die vorhandenen psychologischen Theorien systematisch, insbesondere auch in ihren Zusammenhängen, zu untersuchen, ihre Erklärungsprinzipien kritisch zu bearbeiten und zu erkunden, wie weit sich dabei möglichst allgemeine Erklärungsgrundlagen gewinnen lassen.

Ansätze zur Begründung einer solchen theoretischen Disziplin wurden schon vor längerer Zeit von Pauli (1920), Lindworsky (1932) und anderen gemacht. Es wurden seitdem auch weitere größere theoretische Konzeptionen ausgebildet, jedoch immer nur auf einzelnen Gebieten oder unter dem Einfluß bestimmter Richtungen. Eine theoretische Psychologie, die – nicht auf ein bestimmtes Gebiet beschränkt und keiner Richtung verpflichtet – der empirischen Psychologie an die Seite gestellt werden könnte, ist bis jetzt im wesentlichen nur Programm geblieben. Von einer solchen Disziplin könnten entscheidende Fortschritte erwartet werden, vor allem wäre damit zu rechnen, daß dadurch die Wechselwirkung zwischen Theorie und Experiment, die sich in der Psychologie bisher nicht in dem wünschenswerten Ausmaß entwickelt hat, eine starke Belebung erführe.

Theorien und Modelle. Seit mehreren Jahren macht die Psychologie in zunehmendem Maß von sogenannten Modellvorstellungen Gebrauch. Diese Entwicklung wurde besonders durch die neueren Fortschritte auf dem Gebiet der Kybernetik (Regelungstechnik) und in der Konstruktion elektronischer Rechner begünstigt. Es hat den Anschein, daß – wenigstens in manchen Bereichen der Psychologie – Modellentwürfe an die Stelle der Theorienbildung treten. Manchmal wird aber auch nur der Begriff «Modell» gebraucht, wo man sonst von einer Theorie gesprochen hätte. In der öffentlichen Umgangssprache ist sogar das Wort «Modell» zu einem Modeausdruck geworden, mit dem alles mögliche bezeichnet wird, zum Beispiel ein bestimmter Plan, eine Vorschrift oder auch nur irgendeine Meinung. Hier kommt es freilich zunächst nur darauf an, zu präzisieren, was man unter einem Modell, im Unterschied zu einer Theorie, verstehen kann.

In der ursprünglichen Bedeutung ist ein Modell entweder ein Vorbild für etwas anderes oder auch eine Nachbildung von etwas anderem. Es kann also mit dem Wort «Modell» sowohl das «Original» (Modell des Malers) wie auch die «Kopie» eines Originals (Modelleisenbahn) gemeint sein. In beiden Fällen besteht jedoch zwischen dem Modell und dem ihm Entsprechenden eine mehr oder weniger weitgehende Analogie in einzelnen oder mehreren Merkmalen. Diese Analogie kann etwa nur auf den visuellen Eindruck (das «Aussehen») beschränkt bleiben; sie kann sich aber auch auf Struktur und Funktion erstrecken, wobei unter Umständen von einer Übereinstimmung in äußerlichen Merkmalen gar keine Rede sein kann.

Die Verwendung des Wortes «Modell» in unterschiedlichen Beziehungen kann zu Mißverständnissen führen. Daher sei betont, daß in den Erfahrungswissenschaften Modelle nur als Nachbildungen aufgefaßt werden können, insofern als sie etwas repräsentieren sollen, das unabhängig von ihnen bereits existiert.

Manche Modelle, deren sich die Wissenschaft bedient, sind lediglich Hilfsmittel der Veranschaulichung. Dies gilt für solche gegenständlichen Modelle, die (wie zum Beispiel ein Gehirnmodell) eine bestimmte Struktur darstellen. Aber in der bloßen Veranschaulichung ist nicht die einzige und nicht die wichtigste Aufgabe wissenschaftlicher Modellkonstruktionen zu sehen. Dies zeigen besonders die sogenannten Funktionsmodelle. Eines der ersten Modelle dieser Art war das Gerät, an dem Lillie eine Reihe von Erscheinungen, wie sie bei der Erregung eines Nervs eintreten, demonstrieren konnte (zum Beispiel mechanische, elektrische und chemische «Reizbarkeit», «Aktionsströme», die Existenz einer «Reizschwelle» und anderes mehr). Auch Lillies Modell war etwas Gegenständliches; es bestand im wesentlichen aus einem in konzentrierter Salpetersäure liegenden Eisendraht. Daher würde es gewiß niemand als eine «Theorie» bezeichnet haben. Und doch läßt sich nach dem eben davon Berichteten schon verstehen, daß dieses Modell auf Grund der bestehenden Analogien zum Verhalten des erregten Nervs zu theoretischen Gedanken über noch ungelöste Fragen der Erregungsleitung im Nerv anregen konnte.

Ein Modell von anderer Art entstand mit dem wohl zuerst von dem Physiologen R. Wagner geäußerten, dann von Cannon und anderen weiterentwickelten Gedanken (Prinzip der «Homöostase»), daß man bestimmte organische Funktionssysteme als Regelkreise auffassen könne. Demnach werden zum Beispiel die Aufrechterhaltung des Blutdrucks und der Körpertemperatur unter wechselnden Bedingungen, die Steuerung der Herztätigkeit und der Atmung, nach der Analogie selbsttätiger Regelsysteme verstanden, wie sie in der Technik zur Erhaltung bestimmter Zustandsgrößen erdacht worden sind. (Beispiele: die Steuerung der Dampfzufuhr bei der Dampfmaschine durch den Zentrifugalregulator zur Erzielung gleichmäßigen Laufs bei unterschiedlicher Belastung, die Konstanthaltung der Temperatur in einem Raum durch den Thermostaten, die automatische Einstellung der holländischen Windmühle in den günstigsten Winkel zur jeweiligen Windrichtung). Das Regelkreismodell läßt sich auch auf manche psychophysischen und psychischen Funktionszusammenhänge anwenden. So läßt sich eine emotionale Erregung als Ausdruck einer Störung des «inneren Gleichgewichts» ansehen und der der Emotion innewohnende Handlungsimpuls als ein auf die Wiedergewinnung dieses Gleichgewichts gerichteter Antrieb.

Regelkreise sind gegenständliche Gebilde, Regelkreismodelle daher auf jeden Fall etwas Anschauliches. Aber die Analogie ist hier (im Vergleich mit dem Lillieschen Modell) sehr viel allgemeiner, und sie läßt sich überhaupt nicht auf konkrete Details der miteinander verglichenen Funktionen anwenden. Es wird lediglich ausgedrückt, daß in zwei gänzlich verschiedenen Realitätsbereichen, die sonst kaum etwas miteinander zu tun haben, ein gemeinsames Prinzip wirksam sei. Das Regelkreismodell kann als charakteristisches Beispiel einer Modell*vorstellung* gelten.

Es gibt ferner wissenschaftliche Modelle, denen auch das Merkmal der Anschaulichkeit oder Vorstellbarkeit fehlt. Dazu gehören besonders rein mathematische Modelle von abstrakter Art, wie sie zum Beispiel entworfen worden sind, um den Verlauf von Lernvorgängen zu beschreiben. Wenn man allerdings für einen Lernprozeß, von bestimmten Voraussetzungen ausgehend, ein mathematisch formuliertes Gesetz aufstellt, von dem man annimmt, daß der Lernverlauf ihm folgt, so kann es fragwürdig werden, worin hier eine Analogie zu etwas anderem bestehen soll. In der Tat liegt dann oft eher eine Theorie als ein Modell vor. Es besteht indessen die Neigung, solche Theorien, die sich in mathematischer oder überhaupt in exakter Formulierung ausdrücken lassen, ebenfalls als Modelle zu bezeichnen.

Der wesentliche Unterschied zwischen Theorie und Modell sollte jedoch nicht verwischt werden. Das theoretische Denken verläßt nicht das Gebiet, dem der Untersuchungsgegenstand angehört; die Theorie soll den Zusammenhang der Erscheinungen direkt unter diesen selbst herstellen. Dagegen soll das Modell Entsprechendes leisten, indem eine Analogie zu etwas anderem gebildet wird, das schon genauer bekannt oder leichter zugänglich ist als die Zusammenhänge im Untersuchungsgegenstand selbst.

Eine ganz scharfe Abgrenzung ist allerdings nicht immer möglich. Die Psychoanalyse zum Beispiel wird man, im Ganzen gesehen, sicherlich als eine Theorie betrachten; sie enthält aber auch modellhafte Elemente. Dagegen ist die sogenannte Schichtentheorie, nach der man sich die Persönlichkeit aus einzelnen, gewissermaßen übereinandergelagerten, entwicklungsgeschichtlich jüngeren und älteren oder niederen und höheren «Schichten» aufgebaut denkt, gewiß eine reine Modellvorstellung.

Welchen Wert haben Modelle für die Forschung? Die Bedeutung eines Modells ist hier nicht größer und nicht geringer als die Bedeutung, die überhaupt einer Analogiebildung oder einem Analogieschluß beigemessen werden kann. Eine Analogie kann nichts beweisen, nichts widerlegen und auch nichts erklären. Denn die Analogie ist aus einem anderen Bereich hergenommen, und die mit ihr hervorgehobene Übereinstimmung kann zufällig und nur «äußerlich» sein, das heißt es braucht ihr gar kein gemeinsames Prinzip zugrunde zu liegen. Aber Analogien können Möglichkeiten demonstrieren, die zur Erklärung von Zusammenhängen in Betracht kommen. Damit erweisen sich Modelle als eine spezielle Art von Arbeitshypothesen (s. S. 132f.), die immer den Charakter des Vorläufigen haben. Als solche können sie von größtem heuristischem Wert sein. Arbeitshypothesen lassen sich durch empirische Untersuchungen überprüfen, und wenn sie durch deren Ergebnisse hinreichend wahrscheinlich werden, so können sie zum Aufbau einer Theorie dienen. Läßt es sich also beispielsweise plausibel machen, daß sich bestimmte psychische Funktionssysteme nicht nur mit Regelkreisen *vergleichen* lassen, sondern daß sie tatsächlich selbst Regelkreise *sind*, so wird aus der Modellvorstellung eine psychologische Theorie.

Über Aufbau und Beurteilung von Theorien. Der vielleicht häufigste Mangel in der Theorienbildung liegt darin, daß man zu früh damit anfängt. Zwar kann man diesen Umstand noch nicht als einen Fehler im eigentlichen Sinn bezeichnen; er zieht jedoch manchen Fehler in der Konzeption von Hypothesen und im weiteren Ausbau der Theorie nach sich. Ein Grundbestand an gesicherten Erfahrungstatsachen ist die sachliche Voraussetzung für jede erfolgversprechende Theorienbildung. Wer es unternimmt, eine Theorie zu entwickeln, sollte freilich nicht nur diese Tatsachen aus der Literatur kennengelernt und sich mit ihnen auseinandergesetzt haben; er sollte sich vielmehr auch selbst zuvor längere Zeit und möglichst auf verschiedenen Gebieten in der empirischen Forschung betätigt haben. Denn nur hierdurch erwirbt man ein sicheres Urteilsvermögen für die empirischen Sachverhalte, die einer Theorie zugrunde gelegt werden müssen, und die Fähigkeit, fremde theoretische Gedankengänge nachzuvollziehen und ihnen gerecht zu werden.

Zuweilen ist es aber überhaupt verfrüht, auf einem bestimmten Gebiet mit der Aufstellung von Theorien zu beginnen. Liegen erst sehr unvollkommene Einsichten vor, die noch einen sehr weiten Spielraum der Deutung zulassen, und werden hierauf sogleich Theorien aufgebaut, so kann leicht das Gegenteil von dem erreicht werden, was mit Theorien unter anderem bezweckt wird: Es werden keine sicheren Leitlinien für die weitere Forschung gewonnen, und wenn dann noch die Vertreter verschiedener möglicher Deutungen von ihren jeweiligen Anschauungen unerschütterlich überzeugt sind, so kommt es zu einer Zersplitterung der Forschung in «Schulen» oder «Richtungen». Aber das Bedürfnis nach Erklärung und Verallgemeinerung läßt sich kaum unterdrücken, und gegensätzliche Meinungen können sich so sehr anregend auf die Forschung auswirken, daß man sie nicht vermissen möchte, sofern sie nicht zu sehr weiten Umwegen führen. Es sollte nur jeder bereit sein, seine eigenen theoretischen Vorstellungen zu korrigieren oder aufzugeben, wenn durch die Tatsachen andere Vorstellungen nahegelegt werden.

Im übrigen ist zu betonen, daß die Beweislast stets demjenigen zufällt, der eine Behauptung vertritt. Wenn es nicht möglich ist, eine Behauptung zu entkräften, so ist dies kein Beweis für ihre Geltung. Vielmehr müssen positive Gründe für diese Behauptung vorgebracht werden (Satz vom zureichenden Grund), allenfalls zusammen mit schlüssigen Gegenargumenten zu anders lautenden Behauptungen. Aber selbst wenn eine theoretische Konzeption plausibel in sich und durch Tatsachen begründet ist, so ist noch zu erwägen, ob nicht eine andere das gleiche leisten kann.

Der wichtigste Grundsatz, der bei allem theoretischen Denken respektiert werden muß, ist der, daß stets die Empirie über die Theorie und niemals die Theorie über die Empirie zu entscheiden hat. So selbstverständlich dies auch ist, wird doch oft genug dagegen verstoßen. Denn wenn man einmal eine bestimmte theoretische Konzeption entworfen hat, ist man leicht dazu geneigt, alle einschlägigen Tatsachen nur noch unter diesem Gesichtspunkt zu betrachten und das, was sich ihm nicht fügt, ungewollt zu übersehen oder umzudeuten. Ein jeder Erfahrungstatbestand, der von der Theorie erklärt werden müßte, mit ihr aber in Widerspruch steht, kann indessen die gesamte Theorie entkräften oder wenigstens einschränken, je nachdem, welche Bedeutung er für die Geltung des Erklärungsprinzips besitzt.

Im einzelnen lassen sich folgende Fehlerquellen der Theorienbildung unterscheiden, deren Kenntnis für den Aufbau wie auch für die Beurteilung von Theorien wesentlich ist:

1. Fehler im empirischen Material. Allgemein kommen hier sämtliche Fehler in Betracht, die im inhaltlichen und formalen Aufbau einer Untersuchung sowie in deren Ausführung eine Rolle spielen können. In den vorausgegangenen Kapiteln ist darüber schon genug gesagt worden. Daß solche Fehler, mögen sie in einem unangemessenen Untersuchungsentwurf, im Unterlassen notwendiger Kontrollmaßnahmen, in der Ausübung von Suggestionen auf die Vpn oder in Artefakten bei technischen Messungen bestehen, zu falschen theoretischen Folgerungen führen können, ist leicht zu verstehen. Sie gehen dann als sogenannte Grundirrtümer in eine Theorie ein.

2. Falsche Schlüsse. Es handelt sich um Verstöße gegen die Gesetze der Logik bei ihrer Anwendung auf empirische Inhalte. So wenn zum Beispiel das zu Beweisende schon in einer stillschweigend gemachten Voraussetzung enthalten ist (circulus vitiosus, Zirkelschluß), wenn ein un-

gewisser Satz als Beweisgrund herangezogen wird (petitio principii, Erschleichung des Beweisgrundes), wenn statt des zu Beweisenden etwas ganz anderes bewiesen wird (ignoratio elenchii, Unkenntnis des Beweisgegenstands), wenn ein Begriff in doppelter Bedeutung gebraucht wird, je nachdem was gerade bewiesen werden soll (quaternio terminorum, vier statt drei Begriffe im logischen Schluß) oder wenn im Gedankengang die natürliche Ordnung umgekehrt, das Spätere an die Stelle des Früheren gesetzt wird (hysteron proteron, «das Spätere zuerst»).

Logische Fehler, die im Umgang mit konkretem empirischem Material begangen werden, sind oft nicht leicht zu erkennen. E. R. Jaensch behauptete in seiner Lehre von der «Eidetik», es gebe zwischen Nachbildern und Vorstellungen eine Zwischenstufe, die «subjektiven optischen Anschauungsbilder». Hierzu hätte unbedingt der empirische Nachweis gehört, daß ein als Anschauungsbild bezeichnetes Phänomen, das sich von einem Vorstellungsbild unterschied, kein Nachbild sein konnte, und andererseits daß ein solches Phänomen, wenn es sich von einem Nachbild unterschied, kein Vorstellungsbild war. Dieser Nachweis wurde indessen nie geführt. Im konkreten einzelnen Fall wurde vielmehr stets nur die Abgrenzung entweder nach der einen oder nach der anderen Seite versucht, nie aber nach beiden Seiten zugleich, wie dies unerläßlich gewesen wäre. Auf diese Art läßt sich wohl dem nicht kritisch eingestellten Leser leicht die Existenz einer «Zwischenstufe» plausibel machen, erwiesen ist diese damit freilich noch keineswegs. Wir sehen hier davon ab, daß die «Anschauungsbilder» auch nicht gegenüber den schon lange bekannten nachbildähnlichen Pseudohalluzinationen abgegrenzt wurden, und von vielen anderen methodischen und theoretischen Mängeln dieser Lehre, ebenso wie von den aus ihr gezogenen weiteren Folgerungen, die, wie es Hofstätter (1957b, S. 313) ausgedrückt hat, «eine merkwürdige Mittelstellung zwischen Wissenschaft und Wahngebilde» einnehmen (s. hierzu auch Traxel 1962b, 1966b, Düker 1965).

3. Unberechtigte Verallgemeinerung. Dieser Fehler sei gesondert herausgestellt, da er sehr häufig ist. Eine theoretische Erklärung mag für eine bestimmte Gruppe von Erscheinungen richtig sein; das Bestreben des Vertreters einer solchen Theorie, immer mehr Tatsachen in sie einzubeziehen und sie auf immer weitere Gebiete auszudehnen, kann aber schließlich zu fragwürdigen oder unzutreffenden Deutungen führen. (Nebenbei bewirkt solche Verallgemeinerung nicht selten auch einen Inhaltsverlust des ursprünglichen theoretischen Grundgedankens.) Wir haben es hier mit den als «einseitig» bezeichneten Theorien zu tun, die in größerer Zahl anzutreffen sind.

Ein Beispiel hierfür bieten die verschiedenen Anschauungen über die Funktion der Gefühle im psychischen Geschehen. Man hat Gefühle als eine Art von Erkenntnissen, als Ahnungen und dunkles Wissen von der Nützlichkeit oder Schädlichkeit von Reizen gedeutet (LEIBNIZ, WOLFF) oder aus den Wechselbeziehungen zwischen den psychischen Vorgängen zu erklären versucht (HERBART, NAHLOWSKY). Namentlich stärkere Emotionen wurden auch als Ausdruck eines Konflikts oder einer Störung im normalen psychischen Ablauf angesehen (DEWEY, JANET).

Solche zuerst unvereinbar erscheinenden Aussagen erweisen sich zuweilen als doch miteinander verträglich, wenn man sie als «Teilwahrheiten» erkennt, die auf ihren tatsächlichen Geltungsbereich einzuschränken sind, indem man die unberechtigte Verallgemeinerung zurücknimmt. So ist die Ansicht, daß in den Gefühlen ein instinktives Erkennen von Nutzen oder Schaden liegt, wohl in manchen Fällen (zum Beispiel bei Ekelerlebnissen), aber keineswegs durchgängig zutreffend. Auch die Annahme, wonach Gefühle aus Wechselbeziehungen im psychischen Geschehen entstehen, ist wenigstens insofern nicht abzulehnen, als sich in der Tat Gefühle an andere psychische Vorgänge anschließen, die oft sehr kompliziert miteinander verflochten sind. Und auch die Auffassung der Gefühle als Störungen hat ihre Berechtigung, nämlich bei starken Affekten und bei krankhaften Erscheinungen, wie etwa bei der Depression; allgemein läßt sie sich jedoch nicht aufrechterhalten.

Falsch werden solche Theorien erst durch den voreilig erhobenen Anspruch der Allgemeingültigkeit, der aus dem Bedürfnis entspringt, die Erklärung mit einem einzigen Prinzip zu leisten. Wie man sieht, kann dieses Bedürfnis dem theoretischen Denken auch zum Hindernis werden.

Ferner hat man im gegebenen Fall zu bedenken, ob verschiedene theoretische Aussagen überhaupt miteinander konkurrieren, derart, daß die Geltung der einen die der anderen ausschließt. Wenn zum Beispiel für das Eintreten emotionaler Erregungen bestimmte Vorgänge im Nervensystem als physische Korrelate angenommen werden, so steht eine solche Erklärung überhaupt nicht im Widerstreit mit der einen oder anderen der vorher erwähnten Ansichten über die Funktion der Gefühle im psychischen Geschehen. Ein und derselbe Gegenstand stellt eben verschiedene Probleme, und zu jedem dieser Probleme müssen wiederum verschiedene theoretische Erklärungen erwogen und durch empirische Untersuchungen geprüft werden.

Beim gegenwärtigen Stand der Dinge besteht eine wesentliche Aufgabe auch darin, das Gemeinsame in verschiedenen, einander zum Teil tatsächlich oder scheinbar widersprechenden Theorien zu erkennen, um so zu einer einheitlicheren theoretischen Betrachtung zu finden. Dazu gehört es auch, die Begriffe, mit denen eine Theorie arbeitet, auf Inhalt und Umfang genau zu untersuchen, denn zuweilen überschneiden die in verschiedenen Theorien gebrauchten Grundbegriffe einander in ihrer Bedeutung. Eine solche Klärung sollte immer der Analyse der einer Theorie zugrunde gelegten Tatsachen und der aus ihnen gezogenen Folgerungen vorausgehen.

4. Der Einfluß vorgefaßter Meinungen. Auch dies ist eine Fehlerquelle, die man nicht gering zu veranschlagen hat. Bestimmte Standpunkte methodologischer, wissenschaftstheoretischer, philosophischer oder weltanschaulicher Art können den Charakter von Vorurteilen annehmen, wenn sie zur Leitlinie des erfahrungswissenschaftlichen Denkens gemacht werden. Sie können dann zu fehlerhafter Theorienbildung (wie übrigens auch schon zu Fehlern in der Datengewinnung) führen, genauer gesagt: dazu motivieren. Diese Fehlerquelle ist dann von übergeordneter Bedeutung; es handelt sich gewissermaßen um den Einfluß einer allgemeineren Theorie auf eine andere, speziellere.

Als der frühe Behaviorismus sich anschickte, von dem gesamten Gebiet der Psychologie Besitz zu ergreifen, sah er sich unter anderem auch vor die Aufgabe gestellt, etwas derart «Subjektives» wie das Denken seinem Konzept gefügig zu machen, nachdem alles, womit es die Psychologie zu tun hatte, nur ein Verhalten sein konnte. Folglich mußte auch das Denken als ein «objektives» Verhalten dargestellt werden. Der allgemeineren Theorie zuliebe wurde eine mit ihr konforme speziellere Theorie gebildet, nach der das Denken als ein «inneres Sprechen» gedeutet wurde. Spezieller wurde das Denken im wesentlichen mit rudimentären Bewegungen der Sprechorgane gleichgesetzt. Die empirische Beweisführung für diese Behauptung gelang indessen nicht, und die Erklärung des Denkens als «subvocal talking» ließ sich nicht aufrechterhalten (s. dazu Woodworth u. Schlosberg 1954, S. 816f.). Gleichwohl wurde das Denken nun weniger konkret als ein «inneres» oder «unbeobachtbares Verhalten» bezeichnet, womit man den ihm vorgeschriebenen «objektiven» Charakter gerettet zu haben glaubte.

Vorurteile, die sich auf die Theorienbildung auswirken, sind freilich keineswegs in allen Fällen, wahrscheinlich nicht einmal in den meisten, in der betreffenden Wissenschaft selbst entstanden. Sie entstammen vielmehr oft außerwissenschaftlichen Grundanschauungen. In der Psychologie sind es namentlich die unterschiedlichen Überzeugungen vom Wesen des Menschen und von seiner Bestimmung (die sogenannten Menschenbilder) gewesen, die die Theorienbildung in der einen oder anderen

Richtung beeinflußt haben. Vielleicht ist solches sogar unumgänglich. Man ginge jedoch fehl in der Annahme, es bestünde hier, sei es auch nur in einzelnen Bereichen, eine Abhängigkeit einseitiger Art. Denn seit es Wissenschaft gibt, beeinflußt und verändert sie ihrerseits und aus sich heraus, oft dem «Geist der Zeit» entgegen, die als gültig erachteten außerwissenschaftlichen Anschauungen über die Welt, den Menschen und das Leben.

Die Erörterung dieser Fehlerquellen könnte den falschen Eindruck erwecken, als sei jede Theorienbildung ein recht zweifelhaftes Unterfangen. Daher sei betont, daß diese Fehler vermeidbar sind, und zwar um so eher, je besser man sie kennt. Etwas Fragwürdiges haftet allerdings fast jeder Theorie insofern an, als ein hypothetisches Element meist in ihr erhalten bleibt. Indessen läßt sich in der Tat darüber entscheiden, ob eine Theorie zu verwerfen ist oder ob man nach aller Wahrscheinlichkeit mit ihr zu rechnen hat. (Willkürliche vage Behauptungen wären freilich nicht als wissenschaftliche Theorien zu bezeichnen.) Es muß aber nicht einmal sofort über die Verifizierung im einzelnen gesprochen werden. Die Forschung braucht Theorien, wenn sie vorwärtskommen und sich nicht in Kleinarbeit verlieren soll, und sicherlich werden die großen Auseinandersetzungen, die für die Entwicklungsrichtung einer Wissenschaft bestimmend werden, nicht weniger auf theoretischem als auf empirischem Gebiet ausgetragen.

Zusammenfassung. Die Forschung kann bei ihren empirischen Resultaten nicht stehenbleiben, denn diese Resultate bedürfen, damit sie überschaubar und erklärbar werden, der Einordnung in größere Zusammenhänge von Gründen und Folgen. Dies zu leisten, ist die Hauptaufgabe der Theorien. Da eine Theorie stets die Geltung eines allgemeineren Prinzips behauptet und somit über die einzelne Untersuchung hinausgeht, kann sie auch auf bisher nicht bemerkte Probleme hinweisen und bestimmte neuartige Untersuchungen nahelegen. Die Aussagen einer Theorie können ein kritisches Experiment fordern, das über ihre Geltung entscheidet und das zugleich eine neue empirische Erkenntnis bringt. Es besteht also eine Wechselbeziehung zwischen der deduktiv verfahrenden Theorie und der induktiv arbeitenden Empirie.

Die Theorienbildung verlangt die Beachtung der allgemeinen Regeln des logischen Denkens. Sie macht ferner Gebrauch vom sogenannten Kausalitätsprinzip, ganz unabhängig davon, wie man über dieses Prinzip, vom erkenntnistheoretischen Standpunkt aus gesehen, denken mag. Denn immer stellt man sich vor, daß eine bestimmte zu erklärende Erscheinung auch bestimmte Gründe haben müsse (gleichgültig ob man diese als «Ursachen» oder als «Bedingungen» bezeichnet). Die kausale (auf die Gründe gerichtete) Betrachtung schließt die finale (an Zielen oder Zwecken orientierte) Betrachtung nicht aus, soweit diese ebenfalls anwendbar ist.

Jeder Theorie liegt ein inhaltliches Erklärungsprinzip zugrunde. Handelt es sich dabei um ein exakt formuliertes Gesetz, so besteht die Theorie unter Umständen lediglich aus den daraus sachlogisch ableitbaren Folgerungen (ausführende Theorie). Meist besteht aber das Erklärungsprinzip in einer Hypothese (erklärende Theorie). Diese Hypothese kann dann nicht direkt empirisch bewiesen werden. Vielmehr wird sie, je nachdem ob sich mehr oder weniger Tatsachen mit ihr widerspruchsfrei erklären lassen, indirekt «erhärtet». Eine besondere Art von Hypothesen sind die sogenannten Arbeitshypothesen. Unter sonst gleichen Bedingungen gibt man derjenigen Theorie den Vorzug, die mit den wenigsten hypothetischen Elementen auskommt (Prinzip der sparsamsten Erklärung).

Die Psychologie neigt nicht nur in der reinen Forschung, sondern auch in der Praxis sehr stark zur Theorienbildung. Auch die psychologischen Theorien erheben teils einen engeren, teils einen weiteren Geltungsanspruch. Nur wenige sind über längere Zeit unangefochten geblieben. Ein weite Gebiete der Psychologie durchziehender Gegensatz besteht zwischen sogenannter psychologischer und physiologischer Deutung. Eine eigene theoretische Disziplin, entsprechend der theoretischen Physik, besitzt die Psychologie trotz einiger Ansätze noch nicht.

Während sich theoretisches Denken immerhin im Gebiet der betreffenden Wissenschaft bewegt, greifen Modellvorstellungen auf andersartige Gebiete über. Modelle sind stets Analogien und zunächst Hilfsmittel der Veranschaulichung; doch gibt es auch unanschauliche Modelle. Letztlich sollen aber Modelle meist doch wenigstens Arbeitshypothesen abgeben, die Erklärungsmöglichkeiten demonstrieren sollen. Ein Modell kann zur Theorie werden, wenn sich zeigen läßt, daß sich die hierin ausgedrückten Beziehungen in der Tat auf den eigentlichen Forschungsgegenstand übertragen lassen, also mehr bedeuten als nur eine Analogie.

Theorienbildung wird erst ergiebig, wenn ein gewisser Bestand an empirischen Ergebnissen zum jeweiligen Problem schon vorliegt. Stets entscheidet die Empirie über die Theorie und nicht umgekehrt. Aufbau wie Beurteilung von Theorien setzen die Kenntnis der Fehlerquellen voraus, die das theoretische Denken beeinträchtigen können. Viele fehlerhafte Theorien sind nicht durchweg falsch, sondern ihr Mangel besteht nur in ihrer «Einseitigkeit». Dies gilt es zu erkennen, wie es überhaupt unter anderem oft darauf ankommt, aus voneinander abweichenden Theorien diejenigen Erklärungsmomente herauszufinden, die sich in einer gegenstandsgerechten Synthese vereinigen lassen.

Weitere Literatur: Bochenski (1971), Chaplin und Krawiec (1968), Holzkamp (1964), Klir und Valach (1967), Klix (1971), Kuhn (1967), Marx und Hillix (1973), Osgood (1953), Popper (1966), Seiffert (1971), Wolman (1960).

ANHANG

Über Aufbau und Abfassung wissenschaftlicher Abhandlungen[1]

VORBEMERKUNG

Welche Bedeutung in der Wissenschaft der Mitteilung von Forschungsergebnissen zukommt, muß nicht besonders herausgestellt werden. Jeder, der sich lernend, lehrend, praktizierend oder forschend mit einer Wissenschaft befaßt, ist in höchstem Maß auf die Kenntnis der von anderen erarbeiteten Resultate angewiesen. Jede empirische oder theoretische Untersuchung verdient es daher, dem Kreis der Interessierten zugänglich gemacht zu werden, falls aus ihr Ergebnisse hervorgegangen sind, die brauchbar, das heißt methodisch einwandfrei gewonnen sind, und wissenswert, das heißt nicht trivial und selbstverständlich, erscheinen. In der Tat hat man auch meist schon bei der Planung und Ausführung einer Untersuchung ihre spätere Veröffentlichung im Auge.

Aus diesen Gründen soll hier eine Reihe von Hinweisen zur Technik der Darstellung von Untersuchungen gegeben werden.

1. DER TITEL

Für die Formulierung des Titels der Arbeit sind zwei Gesichtspunkte von Bedeutung, die nicht selten miteinander in Konkurrenz geraten: Einmal soll der Titel möglichst kurz und einprägsam gefaßt sein. Wortreiche Überschriften über einer Arbeit muten leicht ungeschickt und pedantisch an. Andererseits soll der Titel als die erste Information über die Untersuchung nicht zu allgemein gehalten sein, sondern möglichst schon Genaueres über den Inhalt aussagen. Das wiederum erfordert meist einen größeren Aufwand an Wörtern.

---

[1] Dieser Abschnitt ist eine erweiterte Fassung von «Richtlinien für die formale Gestaltung schriftlicher Arbeiten», die der Verfasser 1954 für die Studenten des Marburger Instituts für Psychologie zusammengestellt hat.

Wenn ein Widerstreit beider Gesichtspunkte eintritt, so sucht man nach einer Kompromißlösung, die jedem von beiden einigermaßen gerecht wird. Zweckmäßig wird es immer sein, zuerst einmal den Titel so ausführlich zu notieren, wie er den Inhalt der Arbeit am genauesten charakterisiert. Dann erwäge man, welche Wörter daraus gestrichen werden können, ohne daß wesentliche Information verlorengeht, ferner ob zwei oder mehr Wörter in diesem vorläufigen Titel durch einen einzigen, kürzeren Ausdruck ersetzt werden können. Auf diese Weise kommt man häufig zu einer befriedigenden Formulierung.

Gelingt dies jedoch nicht, so versuche man, den zu umfangreichen Titel in einen Ober- und einen Untertitel zu teilen. Der Obertitel ist dann sehr kurz und ganz allgemein gefaßt, der Untertitel, der nun länger sein darf, gibt hierzu die ergänzende Erläuterung:

DIMENSIONEN DER GEFÜHLE (Obertitel)

Das Problem der Klassifikation der Gefühle und die Möglichkeit seiner empirischen Lösung (Untertitel)

Bei der Formulierung des Titels soll man den Eindruck vermeiden, daß die Arbeit das betreffende Problem in seiner gesamten Entwicklung und in seiner ganzen Breite behandle, wenn dies nicht wirklich der Fall ist. Jemand der zum Beispiel an 50 Kindern die Größenkonstanz unter bestimmten Bedingungen experimentell untersucht hat, wird seiner Arbeit nicht den Titel: «Die Größenkonstanz beim Kind» geben, auch dann nicht, wenn er die wichtigsten vorliegenden Arbeiten zu diesem Thema mit heranzieht. Er würde damit den Anschein erwecken, als maße er sich eine allgemeingültige Antwort auf das Problem an, ohne dieses genügend durchdrungen zu haben. Niemand wird indessen diesen Eindruck haben, wenn der Titel lautet: «Über die Größenkonstanz beim Kind» oder «Eine Untersuchung über die Größenkonstanz beim Kind» und gegebenenfalls noch eine Spezifizierung, etwa bezüglich des Alters der untersuchten Kinder, enthält.

2. DIE GLIEDERUNG

Die Gliederung einer wissenschaftlichen Abhandlung, das heißt ihre Unterteilung in mehrere einzelne Abschnitte mit jeweils besonderer Aufgabestellung, muß so angelegt sein, daß sie als Gerüst für eine sachgerechte, folgerichtige und übersichtliche Darstellung der Untersuchung dienen kann. Die Gliederung soll gewährleisten, daß die Arbeit als ein in sich geschlossenes Ganzes wirkt. Wie man dieser Forderung am besten nachkommt, wird wesentlich durch Art und Umfang des zu beschreibenden Stoffs bestimmt; es gibt keine Regeln der Gliederung, die sich auf sämtliche Abhandlungen anwenden ließen. Wir wollen uns hier hauptsächlich mit dem einfachsten und zugleich häufigsten Fall beschäftigen, nämlich mit der Gliederung einer Untersuchung, die – bei unterschiedlichem Umfang – ein einzelnes, inhaltlich eng begrenztes Problem behandelt. Zu dieser Gattung rechnet der größte Teil aller zu Prüfungen verfaßten Abhandlungen sowie der in den Fachzeitschriften publizierten Arbeiten. Zum mindesten für diese können die im folgenden ausgeführten Aufbauregeln Geltung beanspruchen.

Im allgemeinen ist hierfür eine Gliederung in sechs Abschnitte am zweckmäßigsten:

I. Einleitung
II. Stand des Problems
III. Methodik der Untersuchung
IV. Ergebnisse der Untersuchung
V. Diskussion der Ergebnisse
VI. Zusammenfassung

Die *Einleitung* ist nichts anderes als die ausführliche Entwicklung des Themas. Hier ist die Fragestellung sowohl in ihren spezielleren thematischen Details wie auch – wenigstens andeutungsweise – in ihrer allgemeinen Bedeutung und in ihrem weiteren Zusammenhang innerhalb des betreffenden Forschungsgebiets darzulegen. Man vermeide es dabei jedoch, Ergebnisse der Arbeit schon vorwegzunehmen; es kommt vielmehr darauf an, gewissermaßen den Rahmen für das Folgende herzustellen. Der Umfang der Einleitung soll nicht mehr als einige Seiten betragen. Der Leser erwartet eine kurze und klare Aufklärung über alles Wesentliche, worum es in der Arbeit geht. Von der Fassung der Einleitung hängt es mit ab, ob die Untersuchung das Interesse des Lesers trifft oder verfehlt. Dies wolle man stets beachten, doch hüte man sich davor, hier Versprechen abzugeben, die der weitere Inhalt nicht erfüllen kann. Auch ist zu bedenken, daß die Ausführungen im Verlauf der Abhandlung in allen wichtigen Punkten auf den Inhalt der Einleitung zu beziehen sein müssen.

Nach der Einleitung kann im nächsten Kapitel der *Stand des Problems* erörtert werden. Es ist ein übersichtlicher Bericht über die zum behandelten Thema schon vorliegenden wichtigen Untersuchungen und deren Ergebnisse zu erstatten. Dieser Bericht darf kurz gehalten werden; er muß aber auf jeden Fall tatsächlich den Anschluß an den gegenwärtigen Stand herstellen und darf nicht zum leeren Ritual verkümmern, indem etwa lediglich Autorennamen und Literaturhinweise aneinandergereiht werden.

Als Leitlinie dieser Darstellung kommt in der Regel die Folge der einschlägigen Arbeiten nach deren Erscheinungsdatum in Betracht. Die stets erforderliche Wahrung der sachlichen Zusammenhänge kann allerdings gewisse Abweichungen von dieser Folge nahelegen. Es wird heute im allgemeinen nicht mehr erwartet, daß sämtliche Arbeiten erwähnt werden, die jemals über das Problem publiziert worden sind, aber es wäre für den Verfasser doch peinlich, wenn er etwa eine bedeutende ältere Monographie, deren Kenntnis man bei jedem, der mit dem speziellen Gegenstand vertraut ist, voraussetzt, unberücksichtigt ließe.

Dieses Kapitel muß im wesentlichen referierend gehalten sein. Jedoch kann man hier schon auf Lücken oder wahrscheinliche Mängel in der bisherigen Erforschung des Problems kurz hinweisen und gegebenenfalls daraus die eigene Fragestellung nochmals begründen. Wenn zum Stand des Problems bei der Lage der Sache nur wenig zu sagen ist, so kann die Erörterung auch mit der Einleitung in einem Kapitel vereinigt werden.

Es folgt in der Darstellung der empirischen Untersuchung die Beschreibung des *methodischen Aufbaus*. Man bemühe sich in diesem Kapitel vor allem um eine vollständige Wiedergabe mit sorgfältiger Begründung der einzelnen methodischen Schritte. Von der Brauchbarkeit der Methode hängt der Wert der Untersuchung ab. Der fachkundige Leser pflegt daher die Ergebnisse hauptsächlich nach dem angewendeten Verfahren zu beurteilen und möchte sich hiervon ein klares Bild machen können. Es gilt als Leitsatz, daß die Einzelheiten der Methode so genau mitgeteilt werden müssen, daß einem anderen dadurch eine Wiederholung der Untersuchung unter annähernd denselben Bedingungen möglich wäre. Dies setzt zum Beispiel voraus, daß die Anweisungen, die Vpn erteilt worden sind, in allen wesentlichen Punkten wörtlich oder wenigstens inhaltsgetreu wiedergegeben werden. Entsprechendes gilt für alle anderen möglicherweise für die Ergebnisse bedeutsamen Versuchsumstände. Wurde eine Fragebogenmethode verwendet, so ist ein Muster des Originalbogens beizufügen.

Ist die Methode erst auf Grund von Erfahrungen aus Voruntersuchungen allmählich erarbeitet worden, so kann auch diese Entwicklung geschildert werden; man bemühe sich dabei allerdings um besondere Kürze.

Das nächste Kapitel bringt die *Ergebnisse* der Untersuchung, das heißt die Zusammenstellung der gewonnenen Befunde sowie deren Verarbeitung durch die vorgesehenen Auswertungsmethoden. Es versteht sich von selbst, daß man hierbei von den jeweils angemessenen Hilfsmitteln der Veranschaulichung (Tabellen, graphischen Darstellungen) Gebrauch macht. Es sei an dieser Stelle nochmals betont, daß die Resultate vollständig mitgeteilt werden müssen. Einzelresultate, die nicht verarbeitet wurden, sind auf jeden Fall zu erwähnen; über die Gründe ihrer Verwerfung ist Rechenschaft zu geben. Wo neben der quantitativen Darstellung auch die Wiedergabe von besonderen individuellen Befunden (zum Beispiel bestimmten Bemerkungen von Vpn) in Betracht kommt, begnügt man sich, um den Umfang der Abhandlung nicht zu sehr anschwellen zu lassen, mit einer Auswahl, die aber für die Gesamtheit dieser Befunde repräsentativ sein muß und nicht etwa solche Angaben bevorzugt, die mit den Erwartungen des Verfassers übereinstimmen.

Nach der Darstellung der Ergebnisse kommt in einem weiteren Kapitel deren kritische *Diskussion*. Während zuvor die gewonnenen Resultate gewissermaßen ohne Kommentar beschrieben wurden, werden sie nun unter verschiedenen Aspekten erörtert, wie dies der Aufgabestellung entspricht. Dazu gehört es, die Resultate mit den aus früheren Untersuchungen schon vorliegenden zu vergleichen und die Gründe für etwa aufgetretene Abweichungen zu erwägen. Vor allem ist zu klären, ob oder wie weit das Ergebnis der Arbeit die gestellte Frage beantwortet. Ist das Ergebnis in diesem Sinn positiv, so versucht man es soweit wie möglich in größere Zusammenhänge einzuordnen, Gründe für die gefundenen Tatsachen anzugeben, die theoretische Bedeutung festzustellen und im gegebenen Fall praktische Folgerungen zu ziehen. Ist das Ergebnis negativ, läßt sich also die gestellte Frage daraus nicht beantworten, so bedeutet dies noch nicht, daß die Untersuchung nicht mitteilenswert wäre. Zum mindesten können hieraus methodische Anregungen hervorgehen, die sich für spätere Untersuchungen als nützlich erweisen. Einige Hinweise auf noch ungelöste Probleme, insbesondere auf solche, die sich durch die Arbeit erst ergeben haben, können in jedem Fall das Kapitel «Diskussion der Ergebnisse» abschließen.

Am Ende der Arbeit steht die *Zusammenfassung*. Sie wiederholt den Gang der ganzen Untersuchung in konzentrierter Form. Man bemühe sich, den Inhalt der vorangehenden Kapitel jeweils durch einige Sätze zu umreißen. In diesem summarischen Überblick entfallen alle Begründungen und Argumentationen. Der Umfang der Zusammenfassung wird oft nicht mehr als eine Druckseite betragen müssen.

Andere Arbeiten, die von dem hier behandelten Typus abweichen, erfordern auch einen andersartigen Aufbau. Wenn der Verfasser zum Beispiel selbst keine empirischen Untersuchungen zu dem Thema angestellt hat, dieses also «literarisch» behandelt, so fallen in der beschriebenen Gliederung die Kapitel III (Methodik der Untersuchung) und IV (Ergebnisse) weg. An die Darstellung der bisherigen Forschungen reiht sich unmittelbar die vergleichende und kritische Betrachtung an, wenn hier nicht sogar beides in einem geschehen kann. Entscheidend ist dafür jeweils der Umfang des Stoffes. Es kommt bei solchen Arbeiten für den Verfasser darauf an, diejenigen neuen Gesichtspunkte zu finden und Schlüsse zu ziehen, die durch die Zusammenstellung der von anderen Autoren gewonnenen Ergebnisse nahegelegt werden. Daher ist es verständlich, daß hier der Stand des Problems mit besonderer Sorgfalt und Ausführlichkeit erörtert werden muß, wenn man dem Leser in der Diskussion ein plausibles Resultat anbieten will.

Umfangreichere empirische Arbeiten, in denen mehrere Einzelfragen untersucht werden, verlangen aus Gründen der Überschaubarkeit oft eine Abwandlung der beschriebenen Gliederung. Man läßt dann jeweils auf die Darstellung der Ergebnisse zu einer Einzelfrage sofort eine Diskussion folgen, die freilich die Grenzen des Teilproblems nicht verläßt. In einem späteren Kapitel wird der Ertrag dieser Erörterungen unter dem Gesichtspunkt der übergeordneten Fragestellung wieder aufgegriffen und zu ihrer Beantwortung verarbeitet.

Wieder andere Grundsätze des Aufbaus gelten zum Beispiel für rein theoretische oder wissenschaftshistorische Abhandlungen, Sammelreferate und für größere systematische Werke. Wir brauchen hier darauf nicht einzugehen.

Bei Abhandlungen jeder Art müssen indessen die einzelnen Kapitel in der Regel jeweils noch unterteilt werden. Die Unterteilungen sind hauptsächlich durch den Inhalt bestimmt; sie können aber formal unterschiedlich gehandhabt werden.

Werden zum Beispiel die Kapitel mit den römischen Ziffern I, II, III usw. bezeichnet, so können die einzelnen Abschnitte eines jeden Kapitels mit den arabischen Ziffern 1, 2, 3 usw. und deren Unterabschnitte jeweils mit den Buchstaben a), b), c) usw. benannt werden. Wenn unbedingt erforderlich, so kann durch griechische Buchstaben α), β), γ) usw. noch weiter untergliedert werden. Andererseits lassen sich mehrere Kapitel zu größeren Teilen (A, B, C usw.) zusammenfassen, wenn der Inhalt dies nahelegt.

Neben dieser herkömmlichen Gliederungsform wird heute die sogenannte Dezimalgliederung viel angewendet, die nur von arabischen Ziffern Gebrauch macht. Jede Unterteilung beginnt stets wieder mit den

Ziffern 1, 2 usw., die der jeweiligen Ziffer des übergeordneten Abschnitts nachgestellt werden. Das folgende Beispiel zeigt die beiden Gliederungsformen nebeneinander.

	Herkömmliche Gliederung	«Dezimale» Gliederung
(Teil)	A.	1
(Kapitel)	I.	11
(Abschnitt)	1.	111
(Unterabschnitte)	a)	1111
	b)	1112
	c)	1113
(Abschnitt)	2.	112
(Unterabschnitte)	a)	1121
	b)	1122
(Abschnitt)	3.	113
(Kapitel)	II.	12
(Abschnitt)	1.	121
	.	.
	.	.
	.	.
(Teil)	B.	2
(Kapitel)	I.	21
	.	.
	.	.
	.	.

Die Ziffernfolgen der «dezimalen» Gliederung werden meistens durch dazwischengesetzte Punkte unterteilt. Unbedingt notwendig wird dies, wenn an irgendeiner Stelle die Zahl 9 überschritten werden muß.

Beide Gliederungsarten haben ihre Vorzüge und Nachteile. Dem Verfasser einer Abhandlung mag die Dezimalgliederung näher liegen, weil sie einfacher zu erstellen ist; übersichtlicher für den Leser ist sie aber wohl kaum. In diesem Punkt, auf den es freilich ankommt, scheint sich die herkömmliche Gliederung der «dezimalen» doch als überlegen zu erweisen.

3. DER SPRACHLICHE AUSDRUCK

Mit einem folgerichtigen Aufbau ist für die Arbeit schon viel gewonnen. Natürlich gehört aber auch zur sachgemäßen wissenschaftlichen Darstellung eine adäquate sprachliche Fassung im einzelnen. BUFFONS Wort «Le style est l'homme même» gilt sicherlich auch hier. Die Maßstäbe, die hier angelegt werden, sind allerdings andere als in der schönen Literatur. Auf kunstvolle Diktion und originell wirkende Wendungen kommt es nicht an. Daß man stilistische Unschönheiten zu vermeiden sucht, ist selbstverständlich. Die wesentlichen Qualitäten der wissenschaftlichen Formulierung liegen indessen in Kürze, Klarheit und Präzision des Ausdrucks. Arbeiten, die hierin das Mögliche erreichen, haben die besten Chancen, gelesen und richtig verstanden zu werden. Sie können sogar nebenbei auf den Leser eine angenehme ästhetische Wirkung ausüben.

Man mache sich stets Gedanken darüber, was die Wörter, die man wählt, bedeuten und ob sie genau das ausdrücken, was man ausdrücken will. Auch allgemein gebräuchliche oder sehr geläufige speziellere Begriffe übernehme man nicht kritiklos; sie könnten zu unbestimmt, mißverständlich oder auch falsch gebildet sein.

Die Kürze der Formulierung darf nicht auf Kosten der Vollständigkeit der Aussage erkauft werden. Sehr oft wird man aber feststellen, daß zum Beispiel durch eine kurze Einfügung in einen Satz ein ganzer weiterer Satz erspart werden kann. Wenn dadurch keine langen, unübersichtlichen Sätze entstehen, mache man stets von einer solchen Möglichkeit Gebrauch. Man überschätze nicht die Geduld des Lesers. Weitschweifige Abhandlungen, die viel Überflüssiges enthalten, erschöpfen sein Interesse meist rasch; er legt die Arbeit zur Seite oder liest allenfalls nur die Zusammenfassung. Viele Arbeiten, die man in Zeitschriften findet, könnten auf die Hälfte ihres Umfangs gekürzt werden, ohne daß wesentliche Information verlorenginge.

Die Rücksicht auf den Leser erfordert es auch, immer wieder zu überprüfen, ob man nicht in die Darstellung Voraussetzungen eingehen läßt, die einem zwar selbst nach der Beschäftigung mit dem speziellen Problem selbstverständlich erscheinen, die dem Leser aber keineswegs gegenwärtig sein müssen. Es empfiehlt sich daher, solche Voraussetzungen wenigstens in beiläufiger Form zu erwähnen, wenn das Verständnis des Ganzen davon mit abhängen kann. Aus demselben Grund scheue man sich nicht vor kurz gefaßten, unter Umständen in einem Nebensatz untergebrachten Wiederholungen im Verlauf der Abhandlung oder vor

Verweisungen auf vorhergehende Ausführungen (mit Seitenangaben). Es ist auch nicht notwendig, zur Beschreibung eines bestimmten Sachverhalts nach immer neuen Ausdrücken zu suchen; im Gegenteil kann die Beibehaltung einer Formulierung oder eines Terminus das Verständnis erleichtern. Die einfachste und schlichteste sprachliche Fassung ist fast immer die beste, nur ist es leider oft nicht leicht, sie zu finden.

Die Psychologie besitzt wie andere Wissenschaften eine große Zahl von Fachausdrücken, die aus dem Griechischen und Lateinischen stammen. Es ist selbstverständlich, diese Begriffe zu gebrauchen, und es wäre verfehlt, sie durch deutsche Wörter ersetzen zu wollen, zumal sie zum größten Teil international eingeführt sind. Im übrigen sei man aber lieber sparsam mit Fremdwörtern und verwende sie in der Regel nur dann, wenn kein ebenso angemessener deutscher Begriff an ihre Stelle treten kann. Vor allem Aneinanderreihungen mehrerer Fremdwörter können – nicht nur für den Laien – ein wenig gespreizt und komisch wirken. Englische Fachwörter soll man nur übernehmen, wenn es in der deutschen Fachsprache tatsächlich kein entsprechendes Wort dafür gibt. Wenn jemand etwa in einer deutschen Veröffentlichung von «memory span» schreibt, während der Terminus «Gedächtnisspanne» seit Jahrzehnten in Gebrauch ist, so erweckt er damit den Eindruck oberflächlicher Sachkenntnis, und dies nicht einmal zu Unrecht. Man weiß auch, daß Autoren und Vortragende, die ihre Ausführungen mit englischen Wörtern durchsetzen, häufig in Verlegenheit geraten, wenn man sie darum bittet, die Bedeutung dieser Wörter zu erklären. Auf keinen Fall sollten Sprachungetüme auftreten, wie sie sich manchmal aus unglücklichen Verdeutschungsversuchen ergeben. Man sollte daher nicht schreiben, daß eine Variable «manipuliert» worden sei, ein Test «administriert» worden sei oder daß eine Vp so oder so hoch «geskort» habe (von engl. score, Punktzahl, Meßwert), sondern vielmehr die geringe Mühe auf sich nehmen, mit der sich gewiß eine geschmackvollere Formulierung finden läßt. Nebenbei bemerkt: Manche für englische Wörter gehaltene Fachausdrücke sind anderen Ursprungs: «Item» (einzelner Punkt, insbesondere einzelne Aufgabe) stammt aus dem Lateinischen, ebenso «Median»; die Abkürzung «IQ» ist (wie auch der Begriff «Intelligenzquotient») deutscher Herkunft.

Auseinandersetzungen mit anderen Autoren sollten im sachlichsten Ton geführt werden. Sie wirken dann auch meistens am überzeugendsten. Ältere Autoren für solche Fehler zu tadeln, die sich beim heutigen Stand leicht vermeiden lassen, ist wenig fair und spricht nicht für gutes Verständnis der historischen Zusammenhänge. Will man eine Ansicht eines anderen geradezu als «falsch» bezeichnen, so muß man sich auf eine gründliche eigene Erforschung des betreffenden Sachverhalts stützen können und sich seiner Sache sehr sicher sein. Auch dann wird man nicht leichthin etwa von einer «unsinnigen Theorie» sprechen. Tatsächlich ist in der Wissenschaft – bei allen schon begangenen Fehlern – nur sehr selten etwas ganz und gar Unsinniges geäußert worden. Oft mangelt es nur beim Kritiker an der genauen Kenntnis eines komplexen Problems, und er vermag nur deshalb die Berechtigung einer fremden Meinung oder wenigstens einen berechtigten Aspekt daran nicht zu erkennen. Aber selbst wenn entschiedenste Ablehnung am Platz ist, kann sie auf sachliche Art ausgedrückt werden. Man bedenke hier besonders die Beständigkeit des geschriebenen, vor allem des gedruckten Wortes. Persönliche, boshafte Angriffe, wie man sie namentlich in der älteren Zeitschriftenliteratur ab und zu findet, diskreditieren ihren Urheber auch dann noch, wenn er sein Verhalten längst als verfehlt erkannt und bedauert hat.

4. HINWEISE ZUR GESTALTUNG DES MANUSKRIPTS

Titelblatt. Prüfungsarbeiten und größere Abhandlungen erhalten ein besonderes Titelblatt. Bei Prüfungsarbeiten ist die Form des Titelblatts meist von der Stelle, der sie eingereicht werden (Institut, Fakultät), vorgeschrieben.

Vorwort. Ein Vorwort ist nur bei zum Druck bestimmten größeren Werken üblich. Es steht meist zwischen Titelblatt und Inhaltsübersicht, kann aber auch der Inhaltsübersicht nachgestellt werden. Wird eine Widmung gebracht, so folgt sie direkt auf das Titelblatt, steht also jedenfalls vor Vorwort und Inhaltsübersicht.

Inhaltsübersicht. Hier sind nicht nur die einzelnen Kapitel, sondern auch deren Unterteilungen (alle Überschriften, gegebenenfalls auch sogenannte Zeilentitel im folgenden Text) mit Seitenangaben zu verzeichnen.

Anordnung des Textes. Auch hierfür geben die Prüfungsausschüsse und manche Verlage Richtlinien. Allgemein gilt folgendes: Die Blätter eines Manuskripts werden nur einseitig beschrieben. An der linken Seite des Blattes wird ein 4 bis 5 cm breiter Rand gelassen. Die Abstände zwischen den Zeilen betragen eine halbe oder eine volle Zeilenhöhe (sogenannter eineinhalbzeiliger oder zweizeiliger Abstand). Bei Prüfungsarbeiten können einzelne für das Verständnis des Ganzen weniger bedeutsame Teile, wie zum Beispiel Versuchsprotokolle, «engzeilig» geschrieben werden. Gleiches gilt für die Beschriftungen zu Tabellen und Abbildungen. Verlage wünschen oft den großen Abstand für den gesamten Text; soll etwas in Kleindruck erscheinen, so wird dies am Rand vermerkt. Der Beginn der einzelnen Kapitel beziehungsweise Abschnitte ist durch größere Abstände und hervorgehobene Überschriften (Großbuchstaben, Unterstreichungen) deutlich zu kennzeichnen. Absätze werden, wie beim gedruckten Text, durch Einrücken oder aber durch einen größeren Zeilenabstand angedeutet. Autorennamen werden im Manuskript am besten lediglich durch Unterstreichung ausgezeichnet; nur im Druck werden sie gewöhnlich in Großbuchstaben (Kapitälchen) gesetzt. Ist ein Name Teil eines Begriffs (zum Beispiel Fechnersches Gesetz), so muß er nicht hervorgehoben werden. Von geläufigen Abkürzungen mache man Gebrauch; neue, eigene Abkürzungen führe man möglichst wenig ein. Die Erklärung von Abkürzungen wird zweckmäßigerweise in einer Fußnote gebracht. Anmerkungen zum Text gebe man nur dann, wenn sich ihr Inhalt nicht im Text selbst unterbringen läßt, ohne den Zusammenhang der Darstellung zu stören. Auch hier sind Fußnoten angezeigt, denn in einem besonderen Anhang gesammelte Anmerkungen werden vom Leser häufig übergangen.

Tabellen und Abbildungen. Bei Prüfungsarbeiten werden Tabellen und Abbildungen an den passenden Stellen in den Text eingefügt. (Zu den Abbildungen rechnen auch graphische Darstellungen.) Umfangreiches Zahlenmaterial und Berechnungen, die der Gutachter zur Beurteilung und Kontrolle benötigt, werden dagegen besser als Anhang zur Arbeit gebracht. Zu achten ist auf eine ausreichende Beschriftung (Legende) von Tabellen und Abbildungen. Sie müssen verständlich sein, ohne daß man lange im Text nachzulesen braucht. Es soll zum Beispiel in der Beschriftung einer graphischen Darstellung, die Teilergebnisse einer Befragung veranschaulichen soll, nicht etwa salopp heißen: «Häufigkeiten zu Frage 5», sondern es ist hier auch der Inhalt der Frage wiederzugeben; ferner muß klar sein, worauf sich das Wort «Häufigkeiten» hier bezieht. Zum Druck bestimmte Manuskripte sollen keine Abbildungen enthalten; diese werden vielmehr gesondert beigefügt.

Nach Möglichkeit soll die Gestaltung der Tabellen und Abbildungen in der ganzen Arbeit einheitlich sein; gleiche Zeichen in verschiedenen graphischen Darstellungen sollen immer die gleiche Bedeutung besitzen; der Maßstab von Abbildungen soll sich nicht ohne Not ändern. Die Erklärung der Zeichen darf nicht irgendwo im Text versteckt sein, sondern muß, ebenso wie die von Abkürzungen, an einer Stelle stehen, wo sie der Leser leicht wiederfinden kann.

Wiedergabe von Literaturstellen. Alles, was im Inhalt der Arbeit von anderen Autoren übernommen worden ist, muß entsprechend gekennzeichnet sein. Hierauf ist aufs genaueste zu achten. Eine Ausnahme bildet nur dasjenige, was Allgemeingut der Wissenschaft geworden ist; dies sind die grundlegenden Begriffe und Tatsachen, die man in jedem größeren einschlägigen Lehrbuch finden kann und deren Kenntnis für Verfasser und Leser selbstverständlich ist. Bei der Wiedergabe von Literaturstellen handelt es sich entweder um wortgetreue Wiederholungen (Zitate) oder um sinngemäß aus dem Inhalt einer anderen Arbeit entnommene Angaben. Zitate sind unbedingt in Anführungszeichen zu setzen. Hinzu kommt die Kennzeichnung der Literaturstelle (siehe unter *Literaturhinweise*).

Man wird bestrebt sein, Zitate nicht allzu lang werden zu lassen. Darunter darf jedoch auf keinen Fall die Treue der Wiedergabe leiden. Man darf nicht, um vielleicht ein paar Zeilen weniger zitieren zu müssen, einen Satz weglassen, in dem der andere Autor seine Aussage näher erläutert, einschränkt oder nuanciert. Dies könnte dem zitierenden Verfasser den Verdacht eintragen, er habe den Text nicht verstanden oder das daraus Wiedergegebene mit Absicht aus seinem Zusammenhang gerissen (letzteres namentlich dann, wenn auf Grund der Weglassung die fremde Meinung leichter angreifbar wird).

Stellen aus fremdsprachigen Texten werden in der Originalsprache zitiert. Die Kenntnis des Englischen und des Französischen wird beim Leser vorausgesetzt. Bei Zitaten in anderen Sprachen wird eine Übersetzung (entweder im Text daran anschließend in Klammern oder als Fußnote) gegeben, mit der Bemerkung «vom Verfasser übersetzt».

Weit häufiger als durch wörtliche Zitate wird auf die Literatur mit lediglich inhaltsgemäßen Angaben Bezug genommen. Anführungszeichen werden dann nicht gesetzt; was im Original in fremder Sprache geschrieben ist, wird ohne besondere Bemerkung deutsch ausgedrückt. Natürlich wird auch hier eine unbedingt inhaltsgetreue Wiedergabe verlangt; die Kennzeichnung der herangezogenen Stellen muß ebenso gewissenhaft erfolgen wie bei Zitaten.

Wenn es irgend möglich ist, sollen bei der Erörterung anderer Forschungen die Originalarbeiten der Autoren herangezogen werden und nicht darüber referierende Darstellungen. Ist die Originalliteratur nicht erhältlich, so kann zum Zweck der reinen Darstellung auch die Sekundärliteratur verwendet werden; dies muß aber dann aus dem zugehörigen Literaturhinweis ersichtlich sein. Auch empfiehlt sich dies nur, wenn es als Ausnahme geschieht, andernfalls entsteht ein «Referat von Referaten», auf das man sich niemals recht verlassen kann. Bei kritischen Auseinandersetzungen ist es immer unerläßlich, die Originalliteratur zugrunde zu legen. Es sollte selbstverständlich sein, daß man sich nicht kritisch über die Arbeit eines Autors äußern kann, wenn man diese nur aus der Darstellung durch einen dritten kennt.

Die akademischen Titel der angeführten Forscher werden im Text nicht genannt, auch dann nicht, wenn es sich um den eigenen Lehrer handelt. Dies gilt nicht, wenn jemand sozusagen als Privatperson erwähnt wird, so wenn zum Beispiel zu einer Stelle im Text in einer Fußnote geschrieben wird: «Schriftliche Mitteilung von Herrn Prof. Dr. N. N.». Auch bei der Erwähnung von Personen im Vorwort eines Buches werden deren Titel und Amtsbezeichnungen genannt, soweit es sich nicht um bereits historische Persönlichkeiten handelt.

Literaturhinweise. Die Kennzeichnung der Literaturstellen kann entweder durch Fußnoten oder direkt im Text mit Hilfe von Verweisungen auf das Literaturverzeichnis erfolgen.

Das erste Verfahren empfiehlt sich dann, wenn nicht sehr viele Literaturhinweise zu geben sind. Es wird heute meist nur in größeren monographischen Abhandlungen angewendet. An der betreffenden Stelle im Text wird eine etwas höher gestellte Ziffer oder ein Stern eingefügt; in der zugehörigen Fußnote steht dann der Titel der Veröffentlichung mit der Seitenangabe. Es soll jedesmal der ganze Titel (in der noch zu beschreibenden Form) genannt werden, auch wenn er sich im Verlauf der Abhandlung mehrmals wiederholt. Das häufig anzutreffende a.a.O. («am angeführten Ort») oder l.c. («loco citato») als Hinweis auf vorhergehende Fußnoten wird vom Leser als Rücksichtslosigkeit angesehen, da er dann oft erst nach langem Zurückblättern die Fußnote mit dem Titel findet. Geht die herangezogene Literaturstelle über eine Seite hinaus, so wird an die Seitennummer ein «f.» angehängt, bei mehreren Seiten «ff.».

Die andere Art des Literaturhinweises, die heute zumindest in der Psychologie bereits üblicher ist und von der auch in diesem Buch Gebrauch gemacht wird, hat folgende Form: Es wird im Text der Name des Verfassers genannt, dazu das Erscheinungsjahr der betreffenden Arbeit und die Nummer der Seite, auf der sich der wiedergegebene Inhalt befindet; zum Beispiel:

WOODWORTH (1938, S. 381 f.) berichtet von seinen Versuchen, daß ...; oder: Besonders häufig traten folgende Antworten auf (WOODWORTH 1938, S. 744): ...

Der zugehörige Titel wird nur im Literaturverzeichnis genannt. Wie man sieht, kann der Verfassername innerhalb der Klammern oder auch davor stehen, je nach der Formulierung. Jahreszahlen und Seitennummern müssen hier aber stets in Klammern stehen. Bezieht man sich auf Veröffentlichungen von wenigen Seiten (in der Regel Zeitschriftenaufsätze), so kann die Seitennummer wegbleiben (nicht jedoch bei wörtlichen Zitaten); sie entfällt auch dann, wenn sich der Hinweis auf eine Veröffentlichung als Ganzes bezieht. Innerhalb einer Klammer können auch Hinweise auf Arbeiten mehrerer Autoren stehen, wenn sie in den gleichen Zusammenhang gehören, zum Beispiel:

... (LASKA 1890, JASTROW 1892, LIPPS 1892) ...

Ebenso kann auf mehrere Publikationen desselben Verfassers in einer Klammer verwiesen werden, zum Beispiel:

... (KLINEBERG 1935, S. 186; 1940, S. 319) ...

oder, wenn der Name des Autors in den Satz gestellt ist:

Nach KLINEBERG (1935, S. 186; 1940, S. 319) ist ...

Mit der Angabe der Jahreszahl erhält der Leser nebenbei bereits einen wichtigen Hinweis: Er kann die betreffende Untersuchung sofort zeitlich einordnen, ohne im Literaturverzeichnis nachschlagen zu müssen. Bei älteren Veröffentlichungen, von denen Neudrucke vorliegen, muß daher das ursprüngliche Erscheinungsdatum genannt werden, und nicht das des Neudrucks. Man wird also beispielsweise nicht schreiben: «(BRENTANO 1955, S. 10)», wenn sich der Hinweis auf ein 1874 erschienenes Werk dieses Forschers bezieht, sondern die Jahreszahl 1874 einsetzen. Im Literaturverzeichnis wird dann die Originalausgabe angeführt, gegebenenfalls auch der Nachdruck, vor allem wenn die Seitenangaben dem Nachdruck folgen, was dann ebenfalls zu vermerken ist.

Werden zwei oder mehr Arbeiten desselben Verfassers aus demselben Erscheinungsjahr herangezogen, so werden zur Unterscheidung kleine Buchstaben an die Jahreszahlen angehängt; dementsprechend verfährt man dann im Literaturverzeichnis. Fehlt die Angabe des Erscheinungsjahres, was aber bei wissenschaftlicher Literatur nur selten vorkommt, so tritt an ihre Stelle die Angabe «o.J.».

Wird auf den Beitrag eines Verfassers zu einem Sammelwerk Bezug genommen, so genügt es nicht, im Literaturhinweis den Namen des Herausgebers zu erwähnen, sondern der Name des Verfassers muß auch genannt werden. Handelt es sich zum Beispiel um einen Beitrag von MEILI in einem von KATZ herausgegebenen Sammelwerk, so kann es nicht heißen: «(KATZ 1951, S. 169)», sondern der richtige Hinweis lautet: «(MEILI in: KATZ 1951, S. 169)». Der betreffende Beitrag kann aber auch wie eine einzelne Veröffentlichung behandelt werden: «(MEILI 1951, S. 169)»; im Literaturverzeichnis wird dann der Beitrag dieses Verfassers in entsprechender Weise aufgeführt (siehe unten).

Sind an allen Kapiteln eines Buches mehrere Autoren gemeinsam beteiligt, und ist keiner von ihnen Herausgeber, so müssen beim Literaturhinweis im Text nicht alle genannt werden, sondern der Name des ersten genügt; zum Beispiel:

... (CRAFTS u.a. 1950, S. 327).

Im Literaturverzeichnis müssen die Namen aller Autoren angegeben werden.

Ist eine Angabe nicht der Originalarbeit entnommen, so wird dies gekennzeichnet, indem der Autor der Originaluntersuchung nur im Satz und der Autor, dessen referierende Darstellung verwendet wurde, im Literaturhinweis genannt wird; zum Beispiel:

Nach einer Schätzung von STODDARD (nach SALLER 1951, S. 60) beträgt die Zahl der ...

Soviel sei hier zur Technik des Literaturhinweises gesagt. Ergänzend sei noch ein drittes Verfahren erwähnt, das aber seltener angewendet wird. Es besteht darin, daß in den Text nur Nummern eingesetzt werden, die sich auf ein Literaturverzeichnis am Schluß der Abhandlung beziehen. Dieses muß dann neben den Titeln auch die Seitenangaben zu den Literaturstellen bringen. Dadurch wiederum werden in vielen Fällen Wiederholungen einer Titelangabe unumgänglich.

Titelangaben. Schon im vorigen Jahrhundert gab es Richtlinien für Titelangaben; es hat sich aber bis heute noch kein völlig einheitlicher

Gebrauch ausgebildet, und die Gepflogenheiten wechseln im Detail von Zeit zu Zeit immer wieder. Die im folgenden beschriebene Handhabung richtet sich im wesentlichen nach den Deutschen Normen (DIN) und entspricht dem, was vorwiegend üblich ist und auch sinnvoll erscheint.

Für alle wissenschaftlichen Arbeiten kommt nur die sogenannte gekürzte Titelangabe in Betracht. (Die ausführliche Titelangabe wird nur zu bibliographischen Zwecken gebraucht.)

Bücher werden wie folgt angeführt: Name des Verfassers (Vorname meist abgekürzt), Titel des Werkes (Untertitel kann entfallen), Ordnungszahl der Auflage, Erscheinungsort und Erscheinungsjahr. Zum Beispiel:

MIERKE, K.: Wille und Leistung. Göttingen 1955.
ROHRACHER, H.: Kleine Charakterkunde. 12. Aufl. Wien, Innsbruck 1969.

Handelt es sich bei dem genannten Namen um den des Herausgebers, so ist dies zu kennzeichnen; zum Beispiel:

KATZ, D. (Hrsg.): Handbuch der Psychologie. Basel 1951.

Die Namen der Mitarbeiter werden hier nicht erwähnt; dagegen ist ein in der Arbeit herangezogener Beitrag eines Mitarbeiters gesondert aufzuführen:

MEILI, R.: Denkpsychologie. In: KATZ 1951.

Aber auch folgende Regelung ist möglich:

MEILI, R.: Denkpsychologie. In: KATZ, D. (Hrsg.): Handbuch der Psychologie. Basel 1951.

Das erste empfiehlt sich, wenn mehrere Beiträge aus demselben Sammelwerk zu nennen sind, das zweite, wenn es sich nur um einen Beitrag handelt.

Ist eine Veröffentlichung von mehreren Autoren verfaßt, von denen keiner Herausgeber ist, so wird sie in folgender Form angegeben:

CRAFTS, L.W.; SCHNEIRLA, T.C.; ROBINSON, E.E.; GILBERT, R.W.: Recent experiments in psychology. 2nd edition. New York, Toronto, London 1950.

(«Edition» wird hier besser nicht mit «Auflage» übersetzt, da beides nicht gleichbedeutend ist.)

Vornamen werden nicht abgekürzt, wenn dies zu einer Verwechslung mit einem anderen Autor führen könnte. Die Vornamen weiblicher Autoren werden oft ausgeschrieben. Verlagsnamen müssen in der gekürzten

Titelangabe nicht genannt werden. Wird aber der Verlagsname angegeben, so steht er zwischen Erscheinungsort und Erscheinungsjahr.

Zeitschriftenartikel werden in dieser Folge angeführt: Verfassername, Titel des Aufsatzes, Name der Zeitschrift (hier können meist Abkürzungen verwendet werden), Ordnungszahl des Bandes, Nummer der Seite, auf der der Aufsatz beginnt (oder erste bis letzte Seite des Aufsatzes), Jahreszahl der Veröffentlichung (meist in Klammern). Zum Beispiel:

SCOLA, F.: Über das Verhältnis von Vorstellungsbild, Anschauungsbild und Nachbild. Arch. ges. Ps. *52*, 297 (1925).
JONES H.E.; WECHSLER, D.: Galvanometric technique in studies of association. Amer. J. Ps. *40*, 607 (1928).

Im maschinengeschriebenen Manuskript wird die Nummer des Bandes unterstrichen. Verlagsnamen werden bei Zeitschriften nicht genannt. Nicht selten findet man Angaben über Zeitschriftenliteratur, in denen der Titel weggelassen ist, zum Beispiel:

SCOLA, F.: Arch. ges. Ps. *52*, 297 (1925).

Es sollte jedoch stets der volle Titel genannt werden. Der Leser wird hiernach eher entnehmen können, ob er die Veröffentlichung schon kennt, oder auch besser beurteilen können, ob sie für seine eigene Arbeit von Interesse ist.

Die Titel von Veröffentlichungen in fremder Sprache werden in dieser Sprache wiedergegeben; andernfalls erhielte der Leser den Eindruck, daß die betreffende Publikation in deutscher Sprache vorläge. Bei Sprachen, deren Kenntnis nicht beim Leser vorausgesetzt werden kann, wird dem Originaltitel dessen deutsche Übersetzung in Klammern hinzugefügt. Fremde Alphabete (ausgenommen das griechische) werden meist transliteriert, das heißt nach den jeweils dafür geltenden Regeln in lateinische Buchstaben übertragen.

Die Titelangabe muß vor allem eine ausreichende Information geben und sinnvoll angeordnet sein. Dies ist wichtiger als die peinlich genaue Befolgung bestimmter Vorschriften, zumal diese von konkurrierenden anderen Vorschriften in den Einzelheiten doch wieder abweichen. Ob man an einer bestimmten Stelle jeweils einen Doppelpunkt, einen Punkt oder ein Komma setzen soll, ob man Vornamen der Verfasser deren Familiennamen nachstellen oder aber (namentlich in Fußnoten) voranstellen soll und dergleichen mehr, kann allenfalls für Pedanten zur Streitfrage werden. Jedenfalls ließe sich ein schon oben angeführtes Werk beispielsweise ebenso gut auch wie folgt anführen:

L.W. Crafts, T.C. Schneirla, E.E. Robinson und R.W. Gilbert, Recent experiments in psychology, 2nd edition, New York, Toronto und London 1950.

(In einem alphabetisch geordneten Literaturverzeichnis wird in diesem Fall nur der Vorname des ersten Autors nachgestellt.)

Die Regelung, zu der man sich einmal entschlossen hat, sollte dann freilich in der ganzen Abhandlung konsequent einheitlich beibehalten werden.

Literaturverzeichnis. Das Literaturverzeichnis, in dem alle Titel alphabetisch nach Verfassernamen gesammelt werden, steht bei Prüfungsarbeiten und Zeitschriftenaufsätzen stets am Ende der Arbeit. Es werden darin nur die Titel derjenigen Veröffentlichungen aufgenommen, die auch tatsächlich für die Untersuchung herangezogen wurden und im Text ausdrücklich erwähnt werden. Werke, aus denen man lediglich gewisse allgemeine Kenntnisse bezogen hat und die im Text nicht genannt werden, bleiben auch im Literaturverzeichnis unerwähnt. Es wird nicht geschätzt, wenn das Literaturverzeichnis durch Titel unverarbeiteter Publikationen angereichert wird. Dies gilt jedoch nicht bei Lehrbüchern, in denen dem Leser Literatur empfohlen wird, in der er Weiteres über das im Text Gesagte findet. Hier wird die Literatur häufig auch am Ende der einzelnen Kapitel zusammengestellt. Werden in dem oben zuerst erwähnten Verfahren der Literaturverweisung die Titel in Fußnoten verzeichnet, so kann ein besonderes Literaturverzeichnis entfallen, wenn es nicht als Gesamtübersicht über die herangezogenen Schriften wünschenswert erscheint.

5. BEMERKUNGEN ZUM WISSENSCHAFTLICHEN VORTRAG

Neben der schriftlichen Darstellung von Untersuchungen ist die mündliche, der Vortrag, oft von kaum geringerer Bedeutung für die Verbreitung der Resultate in der Fachwelt. Vieles, was für die schriftliche Arbeit gilt, läßt sich auch auf den Vortrag anwenden, insbesondere die Gesichtspunkte des Aufbaus und die Forderung nach Klarheit und Kürze. Indessen untersteht der Vortrag doch weitgehend eigenen, wenn auch weniger festlegbaren Regeln.

Vor allem überlege man sich, an welches Publikum man sich wendet. Im Zweifelsfall achte man lieber etwas mehr als weniger auf gute Verständlichkeit. Bewußt esoterisch gehaltene Ausführungen, mit denen der Vortragende allenfalls ein paar gerade anwesende Spezialisten anspricht, vermögen zwar bei der Mehrheit der Zuhörer momentan eine gewisse Betroffenheit, sonst aber wenig Wirkung hervorzurufen. Einer weiteren Verbreitung der entwickelten Gedanken ist damit jedenfalls nicht gedient. Freilich ist dies oft auch gar nicht beabsichtigt.

Es ist ein verbreiteter Irrtum, daß es genüge, über die Sache genau Bescheid zu wissen und frei und unbefangen zu reden, um einen ansprechenden Vortrag zu bringen. Demgegenüber ist zu betonen, daß es hierzu nur zwei sichere Voraussetzungen gibt, nämlich entweder die Verwendung eines ausgearbeiteten Manuskripts oder aber einer in Stichworten straff aufgebauten Disposition, die sämtliche Hauptpunkte enthält, während man einzelne Formulierungen dazu im Gedächtnis bereit hat. Nur wenigen ist es gegeben, ohne eine solche Vorbereitung einen wirkungsvollen, einwandfreien Vortrag zu halten, wovon man sich auf wissenschaftlichen Tagungen immer wieder überzeugen kann. Kaum jemand ist von der Gunst des Augenblicks ganz unabhängig und findet stets sofort die Formulierung, die seinem Gedanken den präzisesten Ausdruck gibt, oder besitzt eine solche Gabe des Überblicks, daß er allen Punkten stets diejenige Betonung verleiht und sie mit dem Grad von Ausführlichkeit bringt, der vom Thema her jeweils angemessen ist. Der mangelhaft vorbereitete Vortrag verrät sich durch folgende Schwächen: zu lange Einleitung, Umständlichkeit und geringe Präzision des Ausdrucks, überflüssige Wiederholungen und Fehlen erwünschter Wiederholungen, ungenügende Betonung des Wesentlichen, Hast und schwindende Ausführlichkeit gegen das Ende hin und schließlich Überschreitung der Vortragszeit.

Die Notwendigkeit genauer Vorbereitung sollte sich schon aus der verfügbaren Zeit ergeben, die meist vorgeschrieben ist. Sie liegt bei Kongreßvorträgen im allgemeinen zwischen 15 und 30 Minuten, seltener bei 45 Minuten. Der Vortragende steht bei dieser verhältnismäßig kurzen Spanne vor dem Problem, seine Untersuchung als ein geschlossenes Ganzes darzustellen, ohne sich jedoch – aus Rücksicht auf die Verständlichkeit – ebenso konzentriert ausdrücken zu können wie im geschriebenen Text. Die Auswahl des wirklich Wesentlichen wird schon aus diesem Grund zur Hauptaufgabe. Manche Details, die in einer schriftlichen Arbeit durchaus am Platz wären, müssen dabei entfallen. Im übrigen vermeide man zu viele Einzelheiten auch im Interesse der Übersichtlichkeit. Man bedenke, daß der Zuhörer nicht wie der Leser eines Artikels die Möglichkeit hat, sich etwas wiederholt zu vergegenwärtigen, sondern darauf angewiesen ist, das Dargebotene augenblicklich zu verstehen. Diesem Umstand muß sich der Vortragende anpassen, indem er alles für das Verständnis Wichtige besonders klar herausstellt, bestimmte Punkte nebenbei wiederholt und vor allem stets den Zusammenhang in der Darstellung wahrt.

Die Projektion von Diapositiven graphischer Darstellungen, nicht zu umfangreicher Tabellen und der Bilder von Versuchsanordnungen ist stets willkommen. Sie lockert den Vortrag auf und regt das Interesse des Hörers immer wieder aufs neue an.

Der Satzbau muß im Vortrag dem der gesprochenen Sprache angemessen sein. Vor allem sind lange Schachtelsätze zu vermeiden. Bei der Ausarbeitung eines Manuskripts ist man leicht in Gefahr, dies zu übersehen und sich des in der Schrift üblichen Stils zu bedienen, dem der Zuhörer nicht gut folgen kann. Glaubt man, den Vortrag fertig ausgearbeitet zu haben, so versäume man nicht, ihn nach dem Manuskript oder nach der Disposition einem oder mehreren sachverständigen kritischen Zuhörern zur Probe vorzusprechen; es ergeben sich dabei oft noch wichtige Hinweise. Man beachte auch das Tempo des Sprechens im Hinblick auf die zur Verfügung stehende Zeit. Vor einem großen Auditorium spricht man lauter und daher erheblich langsamer als im kleinen Kreis. Der Anfänger macht oft den Fehler, zu rasch zu sprechen. Besonders wenn man ein Manuskript verwendet, muß man darauf bedacht sein, mit dem Publikum Kontakt zu halten und den Text mit den in der Rede üblichen Betonungen vorzutragen und nicht monoton abzulesen.

Literatur: Deutsche Normen (1961), Duden (1969), Huber (1966), W. Koch (1966), Kolle (1964), Poenicke (1966), Reiners (1943), Seiffert (1972), Standop (1965).

LITERATURVERZEICHNIS

ABDERHALDEN, E. (Hrsg.): Handbuch der biologischen Arbeitsmethoden. Abteilung VI: Methoden der experimentellen Psychologie. 5 Teile in 8 Bänden. Berlin, Wien 1921 bis 1935.

AMATO, M.R.D': Experimental psychology: Methodology, psychophysics and learning. New York 1970.

ANASTASI, ANNE: Psychological testing. 3rd edit. New York 1970.

ANDREAS, B.G.: Experimental psychology. 2nd edit. New York, London 1972.

ANDREWS, T.G. (Hrsg.): Methods of psychology. New York 1948.

ARNOLD, W.: Angewandte Psychologie. Stuttgart, Berlin, Köln 1970.

ATTNEAVE, F.: Informationstheorie in der Psychologie (Übers. aus dem Amerikan.). 2. Aufl. Bern, Stuttgart, Wien 1968.

AX, A.F.: The physiological differentiation between fear and anger in humans. Psychosom. Medicine *15*, 433 (1953).

AX, A.F.: Electronic storage and computer analysis. In: VENABLES u. MARTIN (1967).

BAADE, W.: Über psychologische Darstellungsexperimente. Arch. ges. Ps. *35*, 1 (1916).

BARTEL, H.: Statistik für Psychologen, Pädagogen und Sozialwissenschaftler. 2 Bde. Stuttgart 1971/72.

BARTLETT, F.: Denken und Begreifen. Experimente der praktischen Psychologie. (Aus dem Engl., hrsg. von E. SEEGER.) Köln, Berlin 1951.

BAVINK, B.: Ergebnisse und Probleme der Naturwissenschaften. 9. Aufl. Zürich 1949.

BERNARD, C.: Introduction à l'étude de la médecine expérimentale. 2. Aufl. Paris 1865 (Neuausgabe Paris 1952).

BOCHENSKI, I.M.: Die zeitgenössichen Denkmethoden. 5. Aufl. München 1971.

BORING, E.G.: A history of experimental psychology. 2nd edit. New York 1950.

BORING, E.G.: A history of introspection. Ps. Bull. *50*, 169 (1953).

BRADLEY, J.I.; MCCLELLAND, J.N.: Grundlegende statistische Begriffe. Ein Text zur Selbstinstruktion (Übers. aus dem Amerikan.). 3. Aufl. Bern, Stuttgart, Wien 1971.

BREDENKAMP, J.: F-Tests zur Prüfung von Trends und Trendunterschieden. Z. exp. ang. Ps. *15*, 239 (1968).

BREDENKAMP, J.: Der Signifikanztest in der psychologischen Forschung. Frankfurt 1972.

BRENTANO, F.: Psychologie vom empirischen Standpunkte. Erster (einzig erschienener) Band. Leipzig 1874. (In 2 Bände geteilte Neuausgabe, Hamburg 1955/59.)

BRENTANO, F.: Von der Klassifikation der psychischen Phänomene. Leipzig 1911 (2. Aufl. eines Teils der «Psychologie vom empirischen Standpunkte»).

BRIDGMAN, P.W.: The logic of modern physics. New York 1927.

BROWN, C.C. (Hrsg.): Methods in psychophysiology. Baltimore 1967.

BROWN, C.W.; GHISELLI, E.E.: Scientific method in psychology. New York, Toronto, London 1955.

BRUNSWIK, E.: Experimentelle Psychologie in Demonstrationen. Wien 1935.

BRUNSWIK, E.: Systematic and representative design of psychological experiments. Berkeley 1949.

CHAPLIN, J.P.; KRAWIEC, T.S.: Systems and theories of psychology. New York, London 1968.

CLAUSS, G.; EBNER, H.: Grundlagen der Statistik für Psychologen, Pädagogen und Soziologen. Berlin 1971.

COCHRAN, W.G.; COX, GERTRUDE M.: Experimental designs. 2nd edit. New York 1957.

COMTE, A.: Cours de philosophie. 1. Bd. 2. Aufl. Paris 1864.

CORNSWEET, T.N.: The design of electric circuits in the behavioral sciences. New York, London 1963.

CRAFTS, L.W.; SCHNEIRLA, T.C.; ROBINSON, E.E.; GILBERT, R.W.: Recent experiments in psychology. New York, Toronto, London 1950.
CRONBACH, L.J.: Essentials of psychological testing. 3rd edit. New York, London 1971.
DAVIES, J.T.: The scientific approach. 2nd edit. New York, London 1973.
DEMLING, L.; BACHMANN, K.: Biotelemetrie. Stuttgart 1970.
DESSOIR, M.: Geschichte der neueren deutschen Psychologie. Erster (einzig erschienener) Band. 2.Aufl. Berlin 1902. (Nachdruck Amsterdam 1964).
DESSOIR, M.: Abriß einer Geschichte der Psychologie. Heidelberg 1911.
Deutsche Normen: Titelangaben von Schrifttum. DIN 1505. Berlin 1961.
DIEMER, A.: Was heißt Wissenschaft? Meisenheim 1964.
DIETERICH, R.: Einführung in die methodischen Grundlagen der Pädagogischen Psychologie. München, Basel 1972.
DÖRNER, D.: Die kognitive Organisation beim Problemlösen. Habil.-Schr. Univ. Kiel 1972
DORSCH, F.: Geschichte und Probleme der angewandten Psychologie. Bern, Stuttgart 1963.
DUDEN: Satzanweisungen und Korrekturvorschriften. Duden-Taschenbücher Bd. 5/5a. Mannheim, Zürich 1969.
DÜKER, H.: Untersuchungen über die sogenannte Aufmerksamkeit. Ber. 20. Kongr. der Dt. Ges. f. Ps. in Berlin 1955. Göttingen 1956.
DÜKER, H.: Hat Jaenschs Lehre von der Eidetik heute noch Bedeutung? Ps. Beitr. *8*, 237 (1965).
DÜKER, H.: Möglichkeiten und Grenzen des Experiments in der Psychologie. Schweiz. Z. Ps. *29*, 26 (1970).
EDWARDS, A.L.: Versuchsplanung in der psychologischen Forschung (Übers. aus dem Amerikan.). Weinheim 1970.
EHRENSTEIN, W.: Probleme der ganzheitspsychologischen Wahrnehmungslehre. 2.Aufl. Leipzig 1947.
EKMAN, G.: Psychophysik und psychologische Meßmethoden. In: MEILI u. ROHRACHER (1972).
ENGEN, T.: Psychophysics. In: KLING u. RIGGS (1971).
ENGLISH, H.B.; ENGLISH, A.C.: A comprehensive dictionary of psychological and psychoanalytical terms. London 1958.
ERTEL, S.: Die emotionale Natur des «semantischen» Raumes. Ps. Forsch. *28*, 1 (1964).
ESSLER, W.K.: Wissenschaftstheorie. 4 Bde. Freiburg, München 1970f.
EYFERTH, K.: Sozialpsychologie. In: MEILI u. ROHRACHER (1972).
FECHNER, G.TH.: Elemente der Psychophysik. 2 Bde. Leipzig 1860 (Nachdruck Amsterdam 1964).
FECHNER, G.TH.: Revision der Hauptpuncte der Psychophysik. Leipzig 1882 (Nachdruck Amsterdam 1965).
FERGUSON, G.A.: Statistical analysis in psychology and education. 3rd edit. New York, London 1971.
FESTINGER, L.; KATZ, DANIEL (Hrsg.): Research methods in the behavioral sciences. New York 1953.
FISCHER, G. (Hrsg.): Psychologische Testtheorie. Bern, Stuttgart 1968.
FISHER, R.A.: The design of experiments. 8th edit. Edinburg, London 1966.
FOPPA, K.: Über die Angemessenheit psychologischer Beobachtungsweisen. Schweiz. Z. Ps. *29*, 34 (1970).
FRAISSE, P.: Praktikum der experimentellen Psychologie. (Aus dem Französ., hrsg. von W.TRAXEL.) Bern, Stuttgart 1966.
FRÖBES, J.: Lehrbuch der experimentellen Psychologie. Nachtrag zu Bd. I. Freiburg 1935.
FRÖHLICH, W.D.; BECKER, J.: Forschungsstatistik. 5.Aufl. Bonn 1971.
GARRETT, H.E.: Great experiments in psychology. 3rd edit. New York 1951.

GERLACH, W.: Die Sprache der Physik. Bonn 1962.
GRAUMANN, C.F.: Social perception. Z. exp. ang. Ps. *3*, 605 (1956).
GREENFIELD, N.S.; STERNBACH, R.A. (Hrsg.): Handbook of psychophysiology. New York 1972.
GRUHLE, W.: Verstehende Psychologie. 2.Aufl. Stuttgart 1956.
GUILFORD, J.P. (Hrsg.): Fields of psychology. New York, Toronto, London 1940.
GUILFORD, J.P.: Psychometric methods. 2nd edit. New York, Toronto, London 1954.
GUILFORD, J.P.: Fundamental statistics in psychology and education. 4th edit. New York, Toronto, London 1965.
GULLIKSEN, H.: Theory of mental tests. 3rd edit. New York 1963.
GUTTMANN, G.; STEINRINGER, H.: Einrichtungen zur Messung und Analyse von bioelektrischen Prozessen. In: SCHÖNPFLUG (1969).
HAJOS, A.: Wahrnehmungspsychologie. Psychophysik und Wahrnehmungsforschung. Berlin, Köln 1972.
HARMAN, H.H.: Modern factor analysis. 2nd edit. Chicago, London 1967.
HAYS, W.L.: Statistics. New York, London 1963.
HEBB, D.O.: Einführung in die moderne Psychologie (Übers. aus dem Amerikan.). 7.Aufl. Weinheim 1973.
HECKHAUSEN, H.: Ein verbessertes Beobachtungsfenster. Z. exp. ang. Ps. *10*, 326 (1963).
HECKHAUSEN, H.: Allgemeine Psychologie in Experimenten. Göttingen 1969.
HELLER, O.; KRUEGER, H.P.: Ich messe Ich. Eine programmierte Einführung in die experimentelle Psychologie im Selbstversuch. Tübingen 1971.
HESSEN, J.: Lehrbuch der Philosophie. 1.Bd. Wissenschaftslehre. 3.Aufl. München 1964.
HILGARD, E.R.; BOWER, G.H.: Theorien des Lernens (Übers. aus dem Amerikan.). 1.Bd. Stuttgart 1970.
HÖRMANN, H.; TODT, E.: Lärm und Lernen. Z. exp. ang. Ps. *7*, 422 (1960).
HOFSTÄTTER, P.R.: Gruppendynamik. Hamburg 1957a.
HOFSTÄTTER, P.R.: Psychologie (Fischer-Lexikon). Frankfurt, Hamburg 1957b.
HOFSTÄTTER, P.R.: Sozialpsychologie. 5.Aufl. Berlin 1973.
HOFSTÄTTER, P.R.; WENDT, D.: Quantitative Methoden der Psychologie. 4.Aufl. München 1972.
HOLZKAMP, K.: Theorie und Experiment in der Psychologie. Berlin 1964.
HUBER, H. (Verlag): Richtlinien zur Abfassung von Manuskripten und zur Erledigung der Autorkorrekturen. Bern, Stuttgart 1966.
HUMPHREY, G. (Hrsg.): Psychology through experiment. London 1963.
HUMPHREY, G.; ARGYLE, M. (Hrsg.): Social psychology through experiment. London 1962.
INGENKAMP, K.; PAREY, EVELORE (Hrsg.): Handbuch der Unterrichtsforschung (Deutsche Bearbeitung von N.L.GAGE: Handbook of research on teaching). 3 Bde. Weinheim, Basel 1971.
JAHN, W.S.: Elektrisch Zählen, Messen, Registrieren. München 1964.
JANKE, W.: Das Experiment in der Psychologie. In: R.THIEL (Hrsg.): Enzyklopädie der geisteswissenschaftlichen Arbeitsmethoden. München, Wien 1969.
JASPERS, K.: Allgemeine Psychopathologie. 7.Aufl. Berlin 1959.
JODL, F.: Lehrbuch der Psychologie. 1.Bd. 5./6.Aufl. Stuttgart, Berlin 1924.
JOHANNSEN, DOROTHEA E.: The principles of psychophysics with laboratory exercices. New York 1941.
JONES, E.E.; GERARD, H.B.: Foundations of social psychology. New York, London 1967.
KAMLAH, W.; LORENZEN, P.: Logische Propädeutik. Mannheim, Wien, Zürich 1967.
KANT, I.: Kritik der reinen Vernunft. 1781 (zitiert nach der Ausgabe von K.KEHRBACH, Leipzig o.J.).
KANT, I.: Metaphysische Anfangsgründe der Naturwissenschaft. 1786 (zitiert nach der Ausgabe von G.HARTENSTEIN, Leipzig 1867).

KANT, I.: Anthropologie in pragmatischer Hinsicht. 1798 (zitiert nach der Ausgabe von G. HARTENSTEIN, Leipzig 1868).

KATZ, DAVID: Gestaltpsychologie. 2. Aufl. Basel 1948.

KERLINGER, F. N.: Foundations of behavioral research. London, New York 1964.

KIRCHHOFF, R.: Allgemeine Ausdruckslehre. Göttingen 1957.

KIRSCHMANN, A.: Grundzüge der psychologischen Maßmethoden. 1927. In: ABDERHALDEN (1921–1935).

KLAGES, L.: Die Grundlagen der Charakterkunde. 10. Aufl. Bonn 1948.

KLEMM, O.: Geschichte der Psychologie. Leipzig, Berlin 1911.

KLING, J. W.; RIGGS, L. A. (Hrsg.): Woodworth and Schlosberg's Experimental psychology. 3rd edit. New York 1971.

KLIR, J.; VALACH, M.: Cybernetic modelling. London 1967.

KLIX, F.: Information und Verhalten. Berlin 1971.

KOCH, S. (Hrsg.): Psychology: A study of a science. 1. Bd. New York, Toronto, London 1959.

KOCH, W.: Die Doktorarbeit. 6. Aufl. München 1966.

KÖNIG, R. (Hrsg.): Beobachtung und Experiment. Köln 1956.

KÖNIG, R. (Hrsg.): Handbuch der empirischen Sozialforschung. 2 Bde. Stuttgart 1967/69.

KOLLE, K.: Leitfaden für Verfasser wissenschaftlicher Arbeiten. Berlin, Göttingen, Heidelberg 1964.

KRAUTH, J.; LIENERT, G. A.: Die Konfigurationsfrequenzanalyse und ihre Anwendung in Psychologie und Medizin. Freiburg, München 1973.

KRISTOF, W.: Über die Einordnung geometrisch-optischer Täuschungen in die Gesetzmäßigkeiten der visuellen Wahrnehmung. Arch. ges. Ps. *113*, 1, 127 (1961).

KRISTOF, W.: Eine empirische Untersuchung zur Klassifikation der Gefühle. Ps. Forsch. *28*, 46 (1964).

KRISTOF, W.: Untersuchungen zur Theorie psychologischen Messens. Meisenheim 1969.

KÜLPE, O.: Gefühl. In: Handwörterbuch der Naturwissenschaften. 4. Bd. Jena 1913.

KUHN, T. S.: Die Struktur wissenschaftlicher Revolutionen (Übers. aus dem Amerikan.). Frankfurt 1967.

LANDSHEERE, G. DE: Einführung in die pädagogische Forschung (Übers. aus dem Französ.). 2. Aufl. Weinheim 1971.

LANGE, F. A.: Geschichte des Materialismus und Kritik seiner Bedeutung in der Gegenwart. 2. Bd. 2. Aufl. Iserlohn 1875.

LATHROP, R. G.: Introduction to psychological research. New York, Evanston, London 1969.

LERSCH, PH.: Aufbau der Person. 11. Aufl. München 1970.

LEWIN, K.: Eine experimentelle Methode zur Erzeugung von Affekten. Ber. 3. Kongr. f. exp. Ps. Jena 1922.

LEWIN, K.: Gesetz und Experiment in der Psychologie. Symposion *1*, 375 (1927). Separater Neudruck: Darmstadt 1967.

LIENERT, G. A.: Verteilungsfreie Methoden in der Biostatistik. 2. Aufl. 2 Bde. Meisenheim 1973 f.

LIENERT, G. A.: Testaufbau und Testanalyse. 3. Aufl. Weinheim 1969.

LINDER, A.: Planen und Auswerten von Versuchen. 3. Aufl. Basel 1969.

LINDWORSKY, J.: Theoretische Psychologie im Umriß. 4. Aufl. Leipzig 1932.

LIPPS, TH.: Das Selbstbewußtsein. Empfindung und Gefühl. Wiesbaden 1901.

LÖHN, K.; TRAXEL, W.: Über einen elektronischen Schallschlüssel. Z. exp. ang. Ps. *5*, 339 (1958).

LORENZ, P.: Anschauungsunterricht in mathematischer Statistik. 1. Bd. Leipzig 1965.

LÜER, G.: Gesetzmäßige Denkabläufe beim Problemlösen. Ein empirischer Beitrag für eine psychologische Theorie der Entwicklung des Denkens. Weinheim, Basel 1973.

MARX, M.H.; HILLIX, W.: Systems and theories in psychology. 2nd edit. New York, Toronto, London 1973.
MAXWELL, A.E.: Experimental design in psychology and the medical sciences. London 1958.
McCOLLOUGH, C.; ATTA, L. VAN: Statistik programmiert. Ein Grundkurs zum Selbstunterricht (Übers. aus dem Amerikan.). 3.Aufl. Weinheim 1972.
McCURDY, H.G.: Consciousness and the galvanometer. Ps. Review *57*, 322 (1950).
McNEMAR, Q.: Psychological statistics. 4th edit. New York 1969.
MEILI, R.: Anfänge der Charakterentwicklung. Methoden und Ergebnisse einer Längsschnittuntersuchung. Bern 1957.
MEILI, R.: Lehrbuch der psychologischen Diagnostik. 5.Aufl. Bern u. Stuttgart 1965.
MEILI, R.: Das psychologische Experiment. In: MEILI u. ROHRACHER (1972).
MEILI, R.; ROHRACHER, H. (Hrsg.): Lehrbuch der experimentellen Psychologie. 3.Aufl. Bern, Stuttgart, Wien 1972.
METZGER, W.: Das Experiment in der Psychologie. Stud. Gen. *5*, 142 (1952).
METZGER, W.: Selbstdarstellung. In: PONGRATZ, TRAXEL u. WEHNER (1972).
MILLER, G.A.; GALANTER, E.; PRIBRAM, K.H.: Plans and the structure of behavior. New York 1960.
MILLNER, R.; RICHWIEN, R.: Grundlagen der medizinischen Elektronik. Leipzig, Frankfurt 1969.
MISIAK, H.; SEXTON, VIRGINIA S.: History of psychology. New York, London 1966.
MITTENECKER, E.: Planung und statistische Auswertung von Experimenten. 8.Aufl. Wien 1970.
MÜLLER, G.E.: Die Gesichtspunkte und Tatsachen der psychophysischen Methodik. Wiesbaden 1906.
MÜLLER, K.: Phänomenale Resultanten kombinierter Real- und Scheinbewegungen. Ps. Beitr. *10*, 446 (1968).
MURPHY, G.: Historical introduction to modern psychology. 2nd edit. New York 1949.
MURPHY, G.; MURPHY, L.B.; NEWCOMB, T.: Experimental social psychology. 2nd edit. New York, London 1937.
MUSSEN, P.H. (Hrsg.): Handbook of research methods in child development. New York 1960.
NICKEL, H.: Entwicklungspsychologie des Kindes- und Jugendalters. 1.Bd. Bern, Stuttgart, Wien 1972.
OERTER, R.: Moderne Entwicklungspsychologie. 11.Aufl. Donauwörth 1973.
OSGOOD, C.E.: Method and theory in experimental psychology. New York 1953.
PALM, A.: Registrierinstrumente. 2.Aufl. Berlin, Göttingen, Heidelberg 1959.
PALM, A.: Elektrische Meßgeräte und Meßeinrichtungen. Berlin, Göttingen, Heidelberg 1964.
PAULI, R.: Über psychische Gesetzmäßigkeit. Jena 1920.
PAULI, R.: Einführung in die experimentelle Psychologie. Leipzig 1927.
PAULI, R.: Psychologisches Praktikum. Leitfaden für experimentell-psychologische Übungen. 4.Aufl. Jena 1930.
PAULI, R.: Psychologisches Praktikum. Leitfaden für psychologische Übungen. 7.Aufl., hrsg. von W.ARNOLD. 2 Bde. Stuttgart 1972.
PAWLIK, K.: Dimensionen des Verhaltens. 2.Aufl. Bern, Stuttgart 1971.
PLUTCHIK, R.: Operationism as methodology. Behav. Sci. *8*, 234 (1963).
PLUTCHIK, R.: Foundations of experimental research. New York, London 1968.
POENICKE, K.: Das wissenschaftliche Manuskript. 3.Aufl. Berlin 1966.
PONGRATZ, L.J.: Problemgeschichte der Psychologie. Bern, München 1967.
PONGRATZ, L.J.; TRAXEL, W.; WEHNER, G.E. (Hrsg.): Psychologie in Selbstdarstellungen. Bern, Stuttgart, Wien 1972.
POPPER, K.: Logik der Forschung. 2.Aufl. Tübingen 1966.

Port, K.: Die Enge des Bewußtseins. Eßlingen 1955.
Ramul, K.: Psychologische Demonstrationsversuche. Leipzig 1961.
Rausch, E.: Eine stroboskopische Versuchsapparatur. Ps. Beitr. *4*, 111 (1960).
Reichenbach, H.: Der Aufstieg der wissenschaftlichen Philosophie (Übers. aus dem Amerikan.). Braunschweig 1968.
Reiners, L.: Stilkunst. Ein Lehrbuch deutscher Prosa. München 1943 (Neuausgabe München 1967).
Roback, A.A.: A history of American psychology. 2nd edit. New York, London 1964.
Rohracher, H.: Einführung in die Psychologie. 10.Aufl. Wien, Innsbruck 1971.
Rubin, E.: Die Nichtexistenz der Aufmerksamkeit. Ber. 9.Kongr. f. exp. Ps. Jena 1926.
Rubinstein, S.L.: Grundlagen der allgemeinen Psychologie (Übers. aus dem Russ.) Berlin 1960.
Sachs, L.: Statistische Auswertungsmethoden. 3.Aufl. Berlin, Heidelberg, New York 1972.
Schneewind, K.A.: Methodisches Denken in der Psychologie. Bern, Stuttgart, Wien 1969.
Schönpflug, W. (Hrsg.): Methoden der Aktivierungsforschung. Bern, Stuttgart, Wien 1969.
Seashore, R.H. (Hrsg.): Fields of psychology: An experimental approach. New York 1942.
Seiffert, H.: Einführung in die Wissenschaftstheorie. 2 Bde. 3.Aufl. München 1971.
Seiffert, H.: Einführung in das wissenschaftliche Arbeiten. Braunschweig 1972.
Selg, H.: Einführung in die experimentelle Psychologie. 3.Aufl. Stuttgart, Berlin, Köln 1972.
Siegel, S.: Nonparametric statistics for the behavioral sciences. New York, Toronto, London 1956.
Sixtl, F.: Meßmethoden der Psychologie. Theoretische Grundlagen und Probleme. Weinheim 1967.
Spranger, E.: Lebensformen. 5.Aufl. Halle 1925.
Standop, E.: Die Form der wissenschaftlichen Arbeit. 4.Aufl. Dortmund 1965.
Stegmüller, W.: Hauptströmungen der Gegenwartsphilosophie. 4. Aufl. Stuttgart 1969.
Stern, W.: Psychologie der frühen Kindheit. 3.Aufl. Leipzig 1923.
Stevens, S.S.: Mathematics, measurement and psychophysics. In: S.S. Stevens (Hrsg.): Handbook of experimental psychology. New York 1951.
Süllwold, F.: Das unmittelbare Behalten und seine denkpsychologische Bedeutung. Göttingen 1964.
Syz, H.C.: Observations on the unreliability of subjective reports of emotional reactions. Brit. J. Ps. *17*, 119 (1926).
Tausch, R.: Optische Täuschungen als artifizielle Effekte der Gestaltungsprozesse von Größen- und Formenkonstanz in der natürlichen Raumwahrnehmung. Ps. Forsch. *24*, 299 (1954).
Tausch, R.: Nichtbewußte (sog. unbewußte) Vorgänge bei der optischen Größenwahrnehmung von Gegenständen. Ps. Forsch. *25*, 28 (1955).
Thomae, H.: Beobachtung und Beurteilung von Kindern und Jugendlichen. 10.Aufl. Basel 1971.
Thomae, H.; Feger, H.: Hauptströmungen der neueren Psychologie. Frankfurt, Bern, Stuttgart 1969.
Thurstone, L.L.: The measurement of values. Chicago 1959.
Torgerson, W.S.: Theory and methods of scaling. New York 1958.
Townsend, J.C.: Introduction to experimental method. New York, Toronto, London 1953.
Travers, R.M.W.: Einführung in die erziehungswissenschaftliche Forschung (Übers. aus dem Amerikan.). München 1972.

TRAXEL, W.: Die Bestimmung einer Unterschiedsschwelle für Gefühle. Ps. Forsch. *25*, 433 (1959).

TRAXEL, W.: Empirische Untersuchungen zur Einteilung der Gefühlsqualitäten. Ber. 22. Kongr. der Dt. Ges. f. Ps. in Heidelberg 1959. Göttingen 1960a.

TRAXEL, W.: Die Möglichkeit einer objektiven Messung der Stärke von Gefühlen. Ps. Forsch. *26*, 75 (1960b).

TRAXEL, W.: Über die Bestimmung der Affektbetonung verschiedener Erlebnisinhalte. Ps. Beitr. *4*, 146 (1960c).

TRAXEL, W.: Ein empirisches System der Gefühlsqualitäten. Wiss. Z. der Univ. Leipzig *10*, 275 (1961a).

TRAXEL, W.: Über die Verwendung von Tonbandgerät und Schallschlüssel zur Zeitmessung sprachlicher Reaktionen. Z. exp. ang. Ps. *8*, 149 (1961b).

TRAXEL, W.: Grundzüge eines Systems der Motivierungen. Arch. ges. Ps. *114*, 143 (1962a).

TRAXEL, W.: Kritische Untersuchungen zur Eidetik. Arch. ges. Ps. *114*, 260 (1962b). Auch separat: Frankfurt 1962.

TRAXEL, W.: Ein Erkundungsexperiment zum System der Motivierungen. Ps. Beitr. *9*, 309 (1966a).

TRAXEL, W.: Zum Problem des Nachweises eidetischer Phänomene. Schule u. Ps. *13*, 257 (1966b).

TRAXEL, W.: Über Gegenstand und Methode der Psychologie. Bern, Stuttgart 1968.

TRAXEL, W.: Diskrepante Erfahrungen als Ursprünge psychologischer Forschung. Arch. ges. Ps. *121*, 285 (1969).

TRAXEL, W.: Gefühl und Gefühlsausdruck. In: MEILI u. ROHRACHER (1972).

TRAXEL, W.; BECHER, S.: Beiträge zur Meßmethodik und Interpretation von Hautwiderstandsänderungen. Z. Ps. *160*, 282 (1957).

TRAXEL, W.; HEIDE, H.J.: Dimensionen der Gefühle. Ps. Forsch. *26*, 179 (1961).

TRAXEL, W.; WREDE, GUNHILD: Hautwiderstandsänderungen bei Musikdarbietung. Z. exp. ang. Ps. *6*, 293 (1959).

ÜBERLA, K.: Faktorenanalyse. 2. Aufl. Berlin 1971.

UNDERWOOD, B.J.: Psychological research. New York 1957.

VALENTINE, W.L.; WICKENS, D.D.: Experimental foundations of general psychology. 3rd edit. New York 1949.

VENABLES, P.; MARTIN, IRENE (Hrsg.): A manual of psychophysiological methods. Amsterdam 1967.

WAITZ, TH.: Lehrbuch der Psychologie als Naturwissenschaft. Braunschweig 1849.

WALKER, HELEN M.: Statistische Methoden für Psychologen und Pädagogen (Übers. aus dem Amerikan.). 10. Aufl. Weinheim 1970.

WEBER, ERICH: Erziehungsstile. Donauwörth 1970.

WEBER, ERNA: Grundriß der biologischen Statistik. 7. Aufl. Stuttgart 1972.

WEINSCHENK, C.: Das Wirklichkeitsproblem der Erkenntnistheorie und das Verhältnis des Psychischen zum Physischen. Leipzig 1936.

WERTHEIMER, M.: Experimentelle Studien über das Sehen von Bewegungen. Z. Ps. *61*, 161 (1913).

WINER, B.J.: Statistical principles in experimental design. 2nd edit. New York, Toronto, London 1971.

WITTE, W.: Struktur, Dynamik und Genese von Bezugssystemen. Ps. Beitr. *4*, 218 (1960).

WITTE, W.: Zu den Beziehungen zwischen praktischer Psychologie, angewandter Psychologie und psychologischer Grundlagenforschung. Ps. Beitr. *9*, 368 (1966).

WITTE, W.: 25 Kongresse – ein Stück Wissenschaftsgeschichte. Ber. 25. Kongr. der Dt. Ges. f. Ps. in Münster 1966. Göttingen 1967.

WITTE, W.: Einführung in die mathematische Behandlung psychologischer Probleme. In: F. DORSCH: Psychologisches Wörterbuch. 8. Aufl. Hamburg, Bern 1970.

Wolman, B.B.: Contemporary theories and systems in psychology. New York 1960.
Woodworth, R.S.: Experimental psychology. New York 1938.
Woodworth, R.S.; Schlosberg, H.: Experimental psychology. 2nd edit. New York, London 1954.
Woodworth, R.S.; Schlosberg, H.: siehe Kling u. Riggs (1971).
Wundt, W.: Grundzüge der physiologischen Psychologie. 1. Bd. 6. Aufl. Leipzig 1908.
Wundt, W.: Vorlesungen über die Menschen- und Tierseele. 5. Aufl. Hamburg, Leipzig 1911.
Wundt, W.: Logik. 1. Bd. Allgemeine Logik u. Erkenntnistheorie. 5. Aufl. Stuttgart 1924.
Zimny, G.H.: Method in experimental psychology. New York 1961.

PERSONENREGISTER

SACHREGISTER